A Galileia no tempo de Jesus

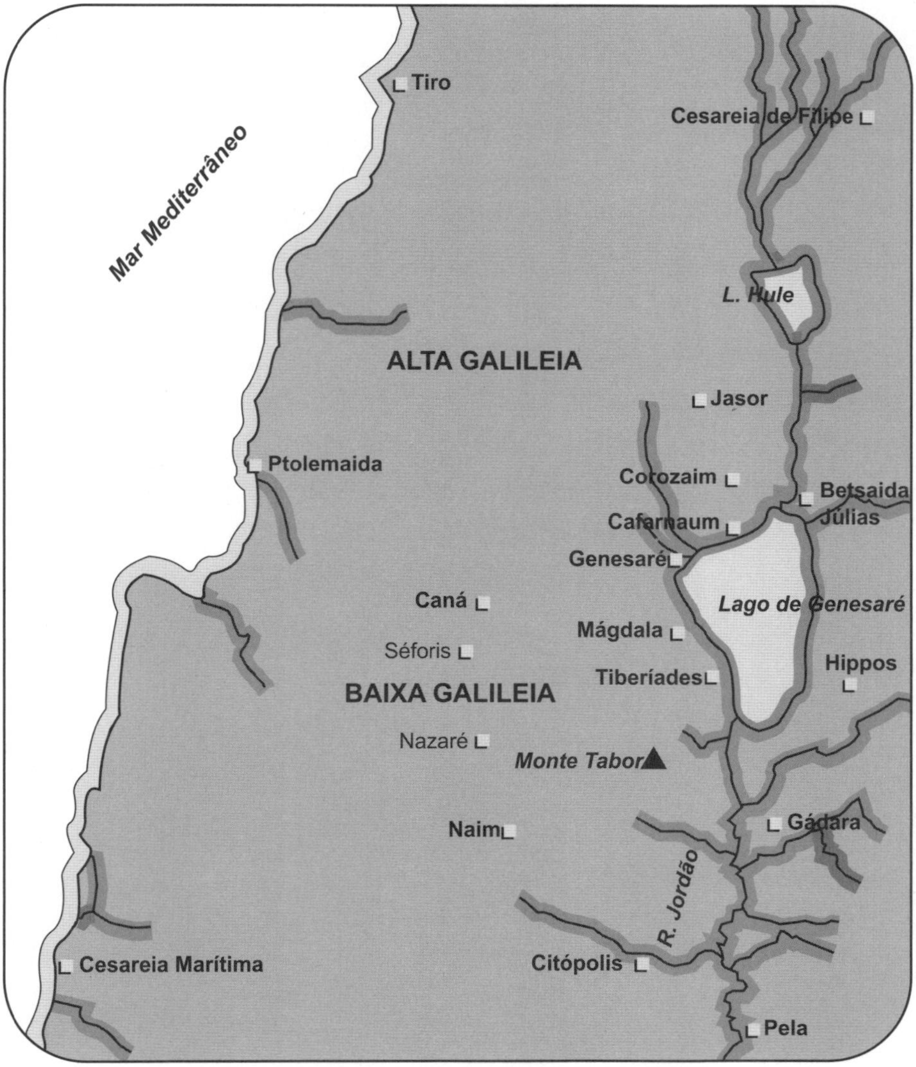

JESUS

Dados Internacionais de Catalogação na Publicação (CIP)
(Câmara Brasileira do Livro, SP, Brasil)

Pagola, José Antonio
Jesus : aproximação histórica / José Antonio Pagola ; tradução de Gentil Avelino Titton. 7. ed. – Petrópolis, RJ : Vozes, 2014.

Título original: Jesús : aproximación histórica.
Bibliografia.

8ª reimpressão, 2025.

ISBN 978-85-326-4017-8

1. Jesus Cristo – Biografia 2. Jesus Cristo – Historicidade 3. Jesus Cristo – Pessoa e missão I. Título.

10-03823 CDD-232.901

Índices para catálogo sistemático:
1. Jesus Cristo : Vida : Cristologia 232.901

José Antonio Pagola

JESUS

APROXIMAÇÃO HISTÓRICA

Tradução de Gentil Avelino Titton

EDITORA
VOZES
Petrópolis

Edição brasileira publicada sob licença da PPC Editorial & Distribuidora.

Tradução do original em espanhol intitulado *Jesús – Aproximación histórica*

Direitos de publicação em língua portuguesa – Brasil:
2010, Editora Vozes Ltda.
Rua Frei Luís, 100
25689-900 Petrópolis, RJ
www.vozes.com.br
Brasil

Editoração: Maria da Conceição B. de Sousa
Diagramação: AG.SR Desenv. Gráficos
Capa: Felipe Souza | Aspectos

ISBN 978-85-326-4017-8 (Brasil)
ISBN 978-84-288-2081-3 (Espanha)

Este livro foi composto e impresso pela Editora Vozes Ltda.

SUMÁRIO

Apresentação

Quem foi Jesus? Que segredo se esconde neste galileu fascinante, nascido há dois mil anos numa aldeia insignificante do Império romano e executado como um malfeitor perto de uma antiga pedreira, nos arredores de Jerusalém, quando beirava os 30 anos? Quem foi este homem que marcou decisivamente a religião, a cultura e a arte do Ocidente chegando até a impor inclusive seu calendário? Provavelmente ninguém teve um poder tão grande sobre os corações; ninguém expressou como ele as inquietudes e interrogações do ser humano; ninguém despertou tantas esperanças. Por que seu nome não caiu no esquecimento? Por que ainda hoje, quando as ideologias e religiões passam por uma crise profunda, sua pessoa e sua mensagem continuam alimentando a fé de tantos milhões de homens e mulheres?

Por que escrevi este livro?

O livro não é uma ideia nova em mim[1]. Sempre senti a necessidade de se fazer conhecer a pessoa e a mensagem de Jesus. Estou convencido de que Jesus é o melhor que temos na Igreja e o melhor que podemos oferecer hoje à sociedade moderna. E mais. Creio, com muitos outros pensadores, que Jesus é o melhor que a humanidade produziu. O potencial mais admirável de luz e de esperança com que nós seres humanos podemos contar. O horizonte da história se empobreceria se Jesus caísse no esquecimento.

---

1. Em 1981 publiquei *Jesús de Nazaret:* el hombre y su mensaje. San Sebastián: Idatz.

Por isso magoa-me ouvir falar dele de maneira vaga ou dizendo todo tipo de coisas que não resistiriam ao mínimo confronto com as fontes que possuímos sobre ele. Jesus vai se apagando lentamente nos corações, enquanto circulam entre nós certos "clichês" que empobrecem e desfiguram sua pessoa: esse Jesus não pode atrair, nem seduzir e nem enamorar. Causa-me sofrimento também ouvir um discurso rotineiro, desgastado há muito tempo: não inflama os corações nem põe seu fogo no mundo; não desencadeia conversão.

Entristece-me também ver como se pode desfocar inconscientemente o anúncio do verdadeiro projeto de Jesus, e com que facilidade se recorta sua mensagem mutilando sua boa notícia: por exemplo, como se pode falar e escrever tanto sobre Jesus esquecendo seu anúncio do reino de Deus? Muito mais lamentável resulta dar uma olhada em tantas "obras de ficção", escritas com delirante fantasia, que prometem revelar-nos por fim o Jesus real e seus "ensinamentos secretos", e não são senão fraude de impostores que só buscam assegurar-se polpudos negócios.

Meu propósito fundamental foi "aproximar-me" de Jesus com rigor histórico e com linguajar simples, para aproximar sua pessoa e sua mensagem ao homem e à mulher de hoje. Quis pôr nas mãos de você, leitor e leitora, um livro que os oriente para não enveredar por caminhos atraentes mas falsos, de tanto romance-ficção, escrito à margem e contra a investigação moderna. Mas procurei muito mais. Quero despertar na sociedade moderna o "desejo de Jesus" e sugerir um caminho pelo qual se possam dar os primeiros passos em direção ao seu mistério.

Desde sua primeira edição, meu livro sobre Jesus teve uma acolhida muito mais ampla e positiva do que eu podia esperar. De ambientes cristãos e de setores afastados da fé recebi o testemunho de centenas de pessoas manifestando-me sua gratidão por aquilo que a leitura deste livro significou neste momento de sua vida. Mas minha obra recebeu também críticas negativas e despertou questões e receios que podem criar mal-entendidos. Tudo isso levou-me a preparar uma nova edição, revisando o texto e, sobretudo, oferecendo uma apresentação mais detalhada de meu estudo e uma notável ampliação do capítulo conclusivo. Faço isto com o único objetivo de que Jesus continue fazendo o bem a quem se aproximar dele através destas páginas.

O que ofereço neste livro?

Sou cristão e esforço-me por seguir Jesus, nem sempre com a fidelidade que eu desejaria, no seio da Igreja católica. Nela alimento e celebro minha fé em Jesus Cristo e a partir dela procuro viver a serviço do reino de Deus inaugurado por ele. No entanto, não escrevi este livro para estudar e expor o conteúdo de minha fé em Jesus Cristo, Filho de Deus encarnado para nossa salvação.

Como diz o subtítulo, trata-se de uma "aproximação histórica" à figura de Jesus, utilizando a metodologia e os meios que se empregam na investigação moderna. Os leitores encontrarão nestas páginas um estudo histórico sobre Jesus que procura responder a perguntas como estas: Como era ele? Como entendeu sua vida? Quais foram os traços básicos de sua atuação e as linhas de força ou conteúdo essencial de sua mensagem? Por que o mataram? Em que terminou a aventura de sua vida?

Já há vários anos os especialistas falam do "Jesus histórico" e do "Cristo da fé" como duas formas ou caminhos diferentes de chegar a Jesus. Quando dizemos "Jesus histórico", estamos falando do conhecimento de Jesus que os historiadores podem obter utilizando os métodos científicos da moderna investigação histórica. Quando, pelo contrário, dizemos "Cristo da fé", estamos falando do conhecimento a que a Igreja chega respondendo com fé à ação reveladora de Deus encarnado em Jesus. É preciso não confundir minha investigação sobre o "Jesus histórico" com um estudo sobre o "Cristo da fé" no qual nós cristãos cremos.

Mas, que necessidade temos nós cristãos de recorrer à investigação histórica se, pela fé, conhecemos o mistério que se encerra em Jesus? É legítima esta investigação? É necessária? Ora, não só é legítima, mas é um trabalho ao qual a Igreja não pode renunciar. A razão é simples. Se em Jesus confessamos o Filho de Deus encarnado em nossa própria história, como não vamos utilizar todos os meios que estejam ao nosso alcance para conhecer melhor sua dimensão histórica e sua vida humana concreta? Nossa própria fé o está exigindo[2].

No entanto, precisamos ser modestos e realistas nesta aproximação a Jesus. Mediante a investigação histórica não é possível chegar à "realidade total de Jesus"; só podemos ir recuperando um retrato incompleto e sempre melhorável de sua atuação na Galileia dos anos 30 do século I. Por isso, é claro que a investigação histórica da vida de Jesus não pode, por si mesma, despertar a fé em Jesus Cristo, Filho de Deus encarnado por nossa salvação. A fé da Igreja em Jesus Cristo não depende dos avanços dos investigadores. Se nós cristãos cremos em Jesus Cristo, não é por causa dos estudos que vão sendo publicados por J.P. Meier, J. Gnilka, R.E. Brown, J. Schlosser e outros[3].

Mas, dito isto, precisamos afirmar que a investigação histórica, levada a cabo com rigor, pode despertar a atração, o interesse e a admiração de não poucos por Jesus. Conhecê-lo de maneira mais viva e concreta pode ser para muitos homens e mulheres de hoje, submersos na crise e na confusão religiosa, o primeiro passo para iniciar uma relação mais viva, real e profunda com ele. Quanto aos crentes, pode ajudá-los a reavivar sua fé em Jesus Cristo. Quanto aos menos crentes ou aos pouco ou nada crentes, pode convidá-los a procurá-lo de maneira mais sincera.

Por que a figura histórica de Jesus tem tanto poder de atração? Simplesmente porque nos aproxima de um Jesus "de carne e osso", dando concre-

---

2. Em seu recente livro *Jesus de Nazaré* (ed. espanhola: *Jesús de Nazaret*. Madri: La Esfera de los Libros, 2007), o papa reafirma a legitimidade e necessidade desta investigação histórica em termos claros e precisos: "O método histórico [...] é e continua sendo uma dimensão do trabalho exegético a que não se pode renunciar" (p. 11). "Se a história, o fático, faz parte essencial da fé cristã, esta deve enfrentar o método histórico. A própria fé o exige" (p. 11).

3. Por outro lado, também os estudos e análises dos cristólogos não podem produzir por si sós a fé em Jesus Cristo. Esta fé é fruto da ação de Deus em nós e de nossa resposta fiel por caminhos diferentes e complementares de busca pessoal, escuta da Palavra de Deus, inserção na comunidade cristã, seguimento fiel de Jesus, escuta de seu Evangelho no seio da Igreja...

ção e vida à sua humanidade. Nós cristãos confessamos que Jesus é "verdadeiro Deus e verdadeiro homem". As duas coisas. No entanto, acontece com frequência que afirmamos com muita ênfase que ele é Deus. E precisamos fazê-lo, porque do contrário ficaria destruída a nossa fé. Mas, se, pelo fato de acentuar sua condição divina, esquecemos que Jesus é homem e ignoramos sua vida humana concreta, dissolvemos igualmente nossa fé[4]. É significativo que o papa tenha expressado seu "máximo agradecimento" à exegese moderna "pela grande contribuição que nos trouxe e nos traz". Concretamente, J. Ratzinger agradece o fato de que a exegese moderna "nos proporcionou uma grande quantidade de material e de conhecimentos através dos quais a figura de Jesus pode se nos tornar presente com uma vivacidade e profundidade que há algumas décadas não podíamos nem sequer imaginar"[5].

Como trabalhei a aproximação à história de Jesus?

Em poucas palavras, meu livro é um estudo de investigação histórica sobre Jesus, escrito por um crente que não procura apenas reconstruir cientificamente a história de Jesus na Galileia dos anos 30, mas o faz também com a vontade de aproximar sua pessoa aos homens e mulheres de hoje, convencido de que nele se encerra a "melhor notícia" que eles podem ouvir nos tempos atuais. É uma pretensão excessiva? É possível abrir este caminho? Vou explicar o que me propus e como o realizei.

• Para realizar meu trabalho de investigação sobre Jesus segui os métodos empregados pela ciência histórico-crítica. A história, como as demais ciências, tem sua própria autonomia e suas próprias leis. O fato de eu ser crente não me proporciona um instrumento privilegiado a mais para levar a cabo o trabalho de investigador. "A exegese católica não tem um método de

---

4. Para sermos fiéis ao próprio coração do dogma cristão (Concílio de Calcedônia), precisamos defender com a mesma firmeza tanto a condição divina de Jesus quanto sua condição humana.

5. Op. cit., p. 19-20.

interpretação próprio e exclusivo, mas, começando pela base histórico-crítica, isenta de pressupostos filosóficos ou de outros, contrários à verdade da nossa fé, ela utiliza todos os métodos atuais, procurando em cada um a semente do Verbo"[6]. Seguindo este princípio básico, esforcei-me em cada um dos passos por trabalhar com a ajuda dos critérios científicos aceitos hoje pela imensa maioria dos que fazem investigações sobre Jesus e procurei fazê-lo com a maior objetividade possível[7]. Como direi logo a seguir, minha fé teve uma grande importância em outra ordem de coisas, mas não recorri a ela como instrumento de interpretação histórica.

• Em princípio, esforcei-me por investigar Jesus a partir de todas as *fontes literárias* disponíveis[8]. Nisto há um consenso generalizado entre os investigadores, cristãos ou não cristãos. Isto não significa de modo algum equiparar arbitrariamente seu valor ou credibilidade. De fato, os quatro evangelhos são, sem dúvida alguma, a fonte mais importante e decisiva. Não por serem os escritos oficialmente aceitos pelas Igrejas cristãs, mas porque provêm do grupo mais próximo de seguidores de Jesus e oferecem o contexto em que sua memória foi conservada de forma mais completa e autêntica. O leitor um pouco atento observará que meu estudo está totalmente fundamentado e centrado na análise das fontes evangélicas.

De fato, as outras fontes, tão valorizadas hoje por alguns setores do mundo anglo-saxão, não trazem na prática informação confiável de interesse para aproximar-nos de Jesus. Ao lado dos investigadores de maior prestígio, também eu subscrevo a conclusão a que chega o eminente investigador J.P. Meier: "Não creio que o material rabínico, os *agrapha*, os evangelhos apócrifos e os códices de Nag Hammadi (em particular o *Evangelho de Tomé*)

---

6. Discurso pronunciado por João Paulo II a 23 de abril de 1993 na apresentação do documento *A interpretação da Bíblia na Igreja*. Petrópolis: Vozes, 1994, p. 14 [Documentos Pontifícios, 260].

7. PONTIFÍCIA COMISSÃO BÍBLICA. *A interpretação da Bíblia na Igreja*. Op. cit., p. 30ss.

8. Para conhecer minha visão das fontes literárias e sua avaliação geral para o estudo de Jesus, cf. Anexo 3, p. 587-594.

nos ofereçam informação nova e confiável nem ditos autênticos e independentes do Novo Testamento"[9]. O leitor que se detiver em examinar as notas de meu livro observará que estou atento ao evangelho apócrifo de Tomé e outros escritos semelhantes, mas não para fundamentar minhas posições, e sim para analisá-los criticamente ou, ocasionalmente, para dar mais ênfase a algum aspecto assinalado pelos evangelhos canônicos[10].

• Como é óbvio, para não agir de forma arbitrária ou leviana, é necessário levar em consideração, ao longo da investigação, *critérios* claros que nos permitam avaliar o conteúdo das fontes. Com efeito, embora os evangelhos ocupem um lugar privilegiado na investigação sobre Jesus, não são fontes que garantam automaticamente a historicidade de suas palavras e dos fatos tal como aparecem narrados num determinado texto. Os evangelistas não compuseram uma "biografia" de Jesus no sentido moderno desta palavra. Seus escritos estão impregnados de sua fé no Cristo ressuscitado, são sumamente seletivos, foram narrados em função de problemas e necessidades das primeiras comunidades cristãs e estão ordenados e orientados para objetivos teológicos concretos. Por isso exigem um estudo crítico cuidadoso antes de podermos obter deles informações fidedignas para a investigação.

Como é natural, segui os *critérios de historicidade* que estão hoje mais consolidados entre os investigadores: o critério de *dificuldade* (se um dado cria dificuldades, é muito provável que provenha de Jesus e não de uma criação posterior da tradição cristã); o critério de *descontinuidade*, utilizado de maneira plausível (se um dado não pode ser explicado nem recorrendo ao judaísmo nem à Igreja primitiva, é muito possível que tenhamos que atribuí-lo a Jesus); o critério de *testemunho múltiplo* (se um dado aparece em fontes múltiplas e independentes, cresce sua confiabilidade histórica); o cri-

---

9. J.P. MEIER. *Un judío marginal* – Nueva visión del Jesús histórico. "I. Las raíces del problema y de la persona". Estella: Verbo Divino, 2001, p. 159. Cf. Anexo 3, p. 587ss.

10. Esta atenção à literatura apócrifa pode parecer supérflua. Talvez o seja. Mas faço-o para mostrar que os escritos apócrifos, que tanto interesse despertam hoje nos leitores dos romances-ficção, devem ser estudados criticamente.

tério de *coerência* (é mais confiável o que se harmoniza com as circunstâncias históricas ou com os dados bem estabelecidos)[11].

Precisamos lembrar que a história não é uma ciência exata. O leitor observará que, em muitas ocasiões, vou matizando minhas propostas com diversas expressões ("provavelmente", "talvez", "certamente", "tudo leva a pensar que...", "não é fácil saber"). É a linguagem humilde do historiador. O importante é esforçar-nos para chegar ao essencial: o perfil básico da pessoa de Jesus, os traços mais característicos de sua atuação, o conteúdo e as linhas de força de sua mensagem[12].

• Seguindo a atitude generalizada da investigação moderna, que não se limita ao estudo crítico das fontes literárias que possuímos sobre Jesus, mas emprega todo tipo de *métodos e ciências*, esforcei-me também eu para estar atento às contribuições mais relevantes da arqueologia, da antropologia cultural, da sociologia das sociedades agrárias da bacia mediterrânea, da economia...[13] Esta forma de abordar o estudo de Jesus de maneira interdisciplinar está conseguindo uma melhor contextualização de Jesus na Galileia dos anos 30 do século I, lançando nova luz sobre sua atuação e sua mensagem (atividade curadora, comensalidade com "publicanos e pecadores", estilo de vida de Jesus entre os últimos, exigências concretas do reino de Deus, chamado concreto à conversão...). Prestei atenção especial a esta investigação, porque, recolhendo pacientemente matizes e detalhes geralmente descuidados, torna-se possível introduzir em nossa visão do Jesus narrado nos evangelhos aquela "vivacidade" e "profundidade" das quais fala J. Ratzinger. Crentes habituados a chegar a Jesus somente no contexto, às vezes rotineiro, da celebração litúrgica e da pregação homilética poderão talvez contemplar esse mesmo Jesus com luz nova, ao vê-lo contextualizado em sua vida concreta na Galileia.

---

11. Pode-se conferir o Anexo 4, p. 595-597.

12. Os títulos de cada capítulo foram maduramente pensados e procuram recolher aspectos básicos do perfil de Jesus, de sua mensagem e de sua atuação.

13. Levei em consideração de maneira especial os critérios e orientações da Pontifícia Comissão Bíblica sobre a necessidade da abordagem sociológica, a importância da abordagem a partir da antropologia cultural, a contribuição da abordagem liberacionista e da abordagem feminista. Cf. Anexo 2, p. 583-586.

• Por último, quero dizer que fiz um grande esforço para conhecer da maneira mais completa possível os trabalhos mais importantes dos que se dedicam hoje à investigação sobre Jesus. Na medida de minhas possibilidades estudei, avaliei e sintetizei as contribuições dos autores mais reconhecidos por seu rigor histórico e pela solidez de suas propostas[14].

• Não agi de maneira acrítica. Em meu trabalho distancio-me de um setor de investigadores que, por sua metodologia, utilização das fontes apócrifas ou radicalidade de suas posições, afasta-se ostensivamente da investigação mais equilibrada e reconhecida[15]. Distancio-me também claramente da tendência que se observa em alguns autores de entender a investigação como um esforço por ir eliminando drasticamente da tradição tudo aquilo que foi supostamente acrescentado ou retocado posteriormente pela tradição cristã, até chegar a um "Jesus puro" que viria substituir praticamente o "Cristo da fé". Segui, pelo contrário, o critério de James D.G. Dunn e outros de ficar atento ao impacto que, de fato, Jesus causou em seus seguidores mais próximos. Aproximamo-nos de Jesus estudando sobretudo a lembrança que ele deixou nos seus[16].

Fiz também um esforço por não permanecer fechado na "reconstrução" pessoal de um autor ou outro, mesmo de prestígio reconhecido. Na investigação destes últimos anos esboçaram-se diferentes modelos de Jesus: Jesus "reformador social", Jesus "itinerante cínico", Jesus "profeta escatológico", Jesus "mestre sapiencial", Jesus "carismático piedoso"... Os grandes investigadores correm o risco de focalizar sua investigação naquilo que melhor

---

14. Em meu estudo *Jesús de Nazaret* – El hombre y su mensaje, de 1981, eu me baseava nos grandes investigadores daquele momento (Jeremias, Käsemann, Bornkamm, Fuchs, Schürmann, Schnackenburg, Schlier, Léon-Dufour, Grelot, Taylor, Perrin, Dodd...). Neste livro acolho o que ficou confirmado de sua obra e inclusive utilizo diretamente alguns de seus estudos para questões concretas (Schürmann, Jeremias, Perrin, Léon-Dufour...), mas meu trabalho baseia-se sobretudo na investigação que está sendo realizada a partir da década de 1980 até os nossos dias.

15. Penso sobretudo em J.D. Crossan, nos membros do *Jesus Seminar* e nos que se movem em sua órbita. Este distanciamento crítico não impede que, às vezes, eu acolha pequenos dados ou matizes que confirmam e enriquecem posições sólidas e equilibradas da investigação atual.

16. DUNN, J.D.G. *Redescubrir a Jesús de Nazaret* – Lo que la investigación sobre el Jesús histórico ha olvidado. Salamanca: Sígueme, 2006. • DUNN, J.D.G. *Jesus remembered*. Grand Rapids, MI/Cambridge: Eerdmans, 2003, p. 96-136.

condiz com seu "modelo" de Jesus, descuidando outros aspectos importantes que também estão solidamente recolhidos na tradição. Quanto a mim, procurei estar atento às contribuições mais sólidas destes "modelos" diversos, recolhendo o que aparece razoavelmente compatível entre si[17].

Que papel desempenhou minha fé?

Devo dizer que não senti nenhuma incompatibilidade entre meu trabalho de investigação histórica e minha fé em Jesus Cristo. Como é natural, não recorri à minha fé como instrumento de investigação. Recorri a métodos científicos. Mas prescindir da fé para estudar historicamente Jesus não significa de modo algum negar a fé.

Minha fé foi desde o início o estímulo principal em meu trabalho. Este livro nasceu de minha fé e de meu amor a Jesus Cristo. Nunca investigarei a história do imperador Tibério nem a vida de Aristóteles. A nós cristãos interessa muito conhecer tudo o que pudermos sobre a pessoa e vida de Jesus precisamente porque cremos que, através dessa pessoa e dessa vida concreta, Deus se nos revelou de forma única, excepcional e irrepetível. Se em Jesus me encontro com o mistério de Deus encarnado, como não me interessará conhecer com a maior concreção possível como ele é, o que defende, de quem se aproxima, que atitude adota perante os que sofrem, como busca a justiça, como trata a mulher, como entende e vive a religião...?[18]

Durante a elaboração deste livro fiz algo que nunca havia feito anteriormente. Depois de examinar uma questão concreta avaliando criticamente os dados que os investigadores me proporcionavam, passei muitas horas em silêncio procurando sintonizar com o protagonista. Algumas vezes o fiz como histo-

17. Conheço as dificuldades que isto acarreta, mas meu estudo pretende de alguma forma sintetizar e utilizar de maneira equilibrada a investigação atual.

18. No já citado discurso que João Paulo II pronunciou na apresentação do documento *A interpretação da Bíblia na Igreja*, o papa afirma solenemente que "a Igreja de Cristo toma a sério o realismo da Encarnação e é por este motivo que ela atribui uma grande importância ao estudo histórico-crítico da Bíblia" (Op. cit., p. 9).

riador (em terceira pessoa): "Quem é este Jesus que deixou atrás de si tantas interrogações e debates?", "o que podemos dizer hoje de sua atuação e de sua mensagem?" Outras vezes o fiz como crente (em segunda pessoa): "Quem és tu?", "qual o primeiro sentimento que brotava em ti ao ver as pessoas sofrerem?", "como posso contar tua história com verdade aos homens e mulheres de hoje?" Entenda-se de forma correta. Não o fiz para modificar os dados criticamente estabelecidos, mas para penetrar melhor no significado desses dados e para sintonizar mais vitalmente com a pessoa de Jesus e sua mensagem.

Quero dizer também que, estimulado pela fé, procurei desenvolver duas atitudes de ordem "existencial", que vão além de qualquer posição confessional ou agnóstica. A primeira é a *afinidade*. É claro que, se o investigador tem uma afinidade vivida com aquilo que está investigando, isso lhe permite captar e expressar melhor seu significado[19]. Não há dúvida de que a sintonia com a mensagem de Jesus, a atitude aberta e positiva para com seus apelos, a simpatia por suas atitudes fundamentais... aumentam a capacidade do exegeta de captar sua verdade. Procurei sintonizar com Jesus, mas quantas coisas ter-me-ão escapado por eu não ser um seguidor mais fiel!

Em segundo lugar, a fé me estimulou a narrar a história de Jesus de maneira significativa para a sociedade moderna. Esta preocupação com o que Jesus pode significar para a vida humana de hoje é legítima em qualquer investigador e serve de incentivo na busca histórica[20]. Tive a intenção de pôr os homens e as mulheres de hoje diante de Jesus. Por isso, ao redigir minha obra, afastei-me do gênero literário empregado comumente pelos investiga-

---

19. De acordo com a Pontifícia Comissão Bíblica, é conveniente recordar que "o conhecimento justo do texto bíblico só é acessível àquele que tem uma afinidade viva com aquilo do qual fala o texto" (Op. cit., p. 69). Cf. Anexo 2, p. 583-586.

20. Há alguns anos Albert Nolan escreveu um livro de título muito significativo: *Jesús antes del cristianismo* – Quién es este hombre? Santander: Sal Terrae, 1981. Ele apresenta assim seu objetivo: "Vamos, portanto, buscar a verdade histórica acerca de Jesus; mas nem sequer é este o nosso principal objetivo. O método é histórico, mas não a finalidade. [...] Move-nos a obsessão acadêmica da história pela história. Este livro tem um objetivo urgente e prático. Preocupam-me extraordinariamente as pessoas, o sofrimento de tantos milhões de pessoas e a perspectiva de um sofrimento muito maior num futuro próximo. O que pretendo é ver o que é que se pode fazer a respeito" (p. 9-10).

dores. Não procurei expor friamente as conclusões, estabelecendo os dados mais fidedignos. Não me detive em tecnicismos acadêmicos nem em interesses de escola. Gastei muito tempo procurando palavras claras, simples, boas, para elaborar um relato vivo. Quis contar Jesus de maneira simples aos homens e mulheres de hoje, mas sem desvirtuar ou desfigurar os resultados da investigação[21].

Minha opção por este gênero narrativo deve-se à minha vontade de aproximar o leitor de hoje, crente ou não, à experiência vivida pelos que se encontraram com Jesus, e ajudá-lo a sintonizar com a Boa Notícia que descobriram nele. Se Jesus foi percebido e lembrado como algo "novo" e "bom" pelos que se encontraram com ele, não poderá trazer-nos hoje algo renovador, libertador, esperançoso? Recuperar de maneira rigorosa e viva a dimensão humana de Jesus não poderá ser hoje uma "Boa Notícia" para crentes e não crentes?[22]

É difícil aproximar-se dele e não sentir-se atraído por sua pessoa. Jesus traz um horizonte diferente para a vida, uma dimensão mais profunda, uma verdade mais essencial. Sua vida converte-se num chamado a viver a existência a partir de sua raiz última, que é um Deus que só quer para seus filhos e filhas uma vida mais digna e feliz. O contato com ele convida a desprender-se de posturas rotineiras e postiças; liberta de enganos, medos e egoísmos que paralisam nossa vida; introduz em nós algo tão decisivo como a alegria de viver, a compaixão pelos últimos ou o trabalho incansável por um

---

21. Por isso o livro permite, por assim dizer, uma leitura em dois níveis. Pode-se ler simplesmente o relato da parte superior ou pode-se ler, além disso, as notas de rodapé para conhecer melhor o estado da investigação em cada ponto concreto ou as razões que justificam o curso do relato.

22. De acordo com os peritos em narratologia (P. Ricoeur, G. Genette, D. Rhoads, J.D. Kingsbury...), "narrar é a forma mais elementar de comunicar as experiências fundantes da humanidade". Concretamente, "contar" a experiência que deu origem à fé cristã é uma maneira de reativar hoje a presença de Jesus, ajudando os não cristãos a aproximar-se dele e enriquecendo os cristãos em seu acesso crente ao Cristo da fé" (MARGUERAT, D. *Le Dieu des premiers chrétiens*. 3. ed. Genebra: Labor et Fides, 1997, p. 147-163).

mundo mais justo. Jesus ensina a viver com simplicidade e dignidade, com sentido e esperança.

E mais ainda. Jesus pode levar a crer em Deus sem fazer de seu mistério um ídolo nem uma ameaça, e sim uma presença amistosa e próxima, fonte inesgotável de vida e de compaixão para com todos. Lamentavelmente vivemos às vezes com imagens doentias de Deus, que vamos transmitindo de geração em geração sem medir seus efeitos desastrosos. Jesus convida a viver sua experiência de um Deus Pai mais humano e maior do que todas as nossas teorias: um Deus salvador e amigo.

Como ler este livro?

Os capítulos que compõem este livro não constituem os elos de uma história biográfica de Jesus. Não devem ser lidos desta maneira, porque, como se sabe, não é possível escrever uma "biografia" de Jesus no sentido moderno da palavra. Os treze primeiros capítulos nos aproximam dele esboçando, pouco a pouco, seus traços principais: judeu da Galileia (1), vizinho de Nazaré (2), buscador de Deus (3), profeta do reino de Deus (4), poeta da compaixão (5), curador da vida (6), defensor dos últimos (7), amigo da mulher (8), mestre de vida (9), criador de um movimento renovador (10), crente fiel (11), conflitivo e perigoso (12), mártir do reino de Deus ((13).

Os que não são cristãos poderão ler estes capítulos procurando conhecer melhor um homem que marcou a história da humanidade. Alguns talvez começarão a entender por que o passar do tempo não conseguiu apagar sua força sedutora nem o eco de suas palavras. Outros talvez sentirão que sua pessoa e sua mensagem continuam ali, chamando a humanidade a uma vida mais digna, humana e esperançosa. Talvez haja quem se sinta pessoalmente convidado a pôr mais verdade, mais sentido e mais esperança em sua vida, aproximando-se mais de seu mistério.

A partir de sua fé em Jesus Cristo, os cristãos poderão ler estes mesmos capítulos com outra emoção e júbilo, ao conhecer de forma mais concreta a vida humana daquele em quem Deus se nos revelou de um modo único e irrepetível. Agradecerão a Deus porque sua encarnação não foi um acontecimento abstrato, mas um fato tão humano como fazer-se "vizinho" nosso naquela aldeia de Nazaré. Louvarão a Deus ao tomar mais consciência de que, ao encarnar-se, ele não se revelou a nós na figura poderosa de um imperador romano ou de um sumo sacerdote de Jerusalém, tampouco nos ensinamentos de um mestre da lei ou na ascese de um "monge" de Qumran, e sim nos traços inconfundíveis de um "profeta" que anunciava com paixão seu reino de vida e justiça para todos e nos de um "poeta" que narrava sua compaixão pelo ser humano. Comover-se-ão ao ver que Deus encarnado conviveu entre os homens fazendo o bem: "curando a vida", "defendendo os últimos", "amando a mulher" e procurando sua verdadeira dignidade. Talvez sua adesão a Jesus crescerá ao sintonizar com ele como "mestre de vida" e "crente fiel", e sua vontade de segui-lo com fidelidade se reafirmará ao ver o empenho dele em confiar sua missão a um "grupo renovador" ao qual eles próprios pertencem. E, uma vez mais, todos poderão adorar em silêncio o Amor insondável de Deus revelado em seu Filho crucificado pela salvação do mundo.

Em sentido estrito, um estudo histórico sobre Jesus deve terminar quando termina sua história, na execução sobre o Calvário, no ano 30. A ressurreição do Crucificado já não pertence à história terrena de Jesus, porque, segundo seus seguidores, não é um retorno a esta vida nossa no mundo, e sim sua passagem para a Vida de Deus. Por isso, a maioria dos investigadores concluem seu estudo com o capítulo da crucificação. Mas eu não quis acabar meu livro na cruz. Acrescentei dois capítulos que vão além da história de Jesus: o capítulo 14, sobre Jesus "ressuscitado por Deus", e o último, intitulado "Aprofundando a identidade de Jesus". Por quê?

Não quis deixar os leitores confusos diante de um Jesus executado cruelmente num patíbulo. Nem tudo terminou ali. Se a crucificação tivesse sido a última lembrança que restou de Jesus, não teriam sido escritos os evangelhos nem teria nascido a Igreja. É difícil saber quem teria conservado sua memória e como teria chegado até nós o eco de sua vida e de sua mensagem.

Mas aconteceu "algo" difícil de explicar. Seus seguidores mais próximos, que haviam fugido para a Galileia abandonando Jesus à sua sorte, voltam a Jerusalém, reúnem-se em nome dele e começam a proclamar que o justiçado dias antes na cruz está vivo: foi ressuscitado por Deus!

Neste capítulo não exponho tudo o que nós cristãos confessamos sobre Jesus Cristo, ressuscitado dentre os mortos pelo Pai. Simplesmente quis rastrear historicamente as fontes para ver o que podemos dizer sobre o acontecido. Procuro apenas aproximar os leitores, que percorreram minha obra até à execução de Jesus na cruz, à experiência que podem ter vivido aqueles que, pela primeira vez, se atreveram a confessar que Jesus continua cheio de vida depois de sua morte. Concretamente, abordei três questões que podem ser objeto de um estudo histórico. A primeira coisa que podemos examinar é o que querem dizer os primeiros que começam a falar da "ressurreição" de Jesus: como a entendem?, em que estão pensando? Em seguida, podemos examinar o que é possível dizer historicamente do processo que os levou a crer em algo tão estupendo: o que é que pôde provocar uma reviravolta tão radical nestes discípulos que pouco antes haviam fugido dando Jesus por perdido?, o que viveram eles depois de sua execução?, o que podemos dizer da experiência desencadeada por seu entusiasmo por Cristo ressuscitado? Por último podemos apontar as primeiras conclusões que eles começam a tirar de sua fé na ressurreição: Deus deu razão a Jesus e lhe fez justiça.

Naturalmente, nem todos lerão da mesma forma este capítulo tão decisivo para a fé em Jesus Cristo. Entre os não crentes brotarão as dúvidas mais radicais: alguns se sentirão muito longe de tudo isto, pensarão que é demasiadamente belo para ser certo; outros respeitarão a fé cristã ou procurarão inclusive entendê-la; pode haver quem se sinta convidado a buscar sem fechar nenhuma porta. Os cristãos, por sua vez, sintonizarão com alegria com a experiência das primeiras testemunhas do Ressuscitado. É a "experiência fundante" da qual nasceu a Igreja. Talvez estas páginas ajudem mais de uma pessoa a reavivar essa fé no Cristo ressuscitado que nós cristãos celebramos todos os domingos.

O último capítulo fecha o meu livro evocando em poucas palavras o esforço nunca concluído que irão iniciar os cristãos, a partir de sua experiência de Cristo ressuscitado, para aprofundar a verdadeira identidade de Jesus. Na origem e na gestação de sua fé em Jesus Cristo há uma pergunta à qual os primeiros cristãos se sentem chamados a responder: quem é este Jesus cuja vida era tão atraente quanto surpreendente e cuja morte o foi ainda mais ao terminar em ressurreição?, com quem se encontraram realmente na Galileia?, quem é este Profeta cuja vida despertou tanta esperança em seus corações e cuja ressurreição da morte os convida agora a esperar a vida eterna de Deus?, qual é a verdadeira identidade deste crucificado que Deus ressuscitou infundindo nele sua própria vida?, como devem chamá-lo?, como o haverão de anunciar?

Não é o propósito deste livro deslindar os complexos caminhos da gestação e desenvolvimento da fé cristológica. Pretendo apenas dar uma modesta contribuição para que os leitores possam vislumbrar algo dos primeiros passos dados nas comunidades cristãs no sentido de aprofundar o mistério encerrado em Jesus. Para isto assinalo dois fatos. Em primeiro lugar, a releitura da história de Jesus levada a cabo pelos evangelistas à luz de Cristo ressuscitado, para aprofundar-se em sua pessoa, sua atuação e mensagem; os evangelistas que, analisados criticamente, me serviram de fonte para aproximar-me historicamente de Jesus, apresento-os agora como testemunhas da fé em Jesus Cristo, Filho de Deus, que vai emergindo a partir do Jesus que eles conheceram na Galileia interpretado a partir da luz de seu encontro com o Ressuscitado. Em segundo lugar, resumo brevemente o esforço envidado pelas primeiras gerações cristãs no sentido de ir procurando "nomes" e "títulos" adequados para expressar sua verdadeira identidade.

Em quem pensei ao escrever este livro?

Antes de mais nada, tive em mente cristãos e cristãs que conheço de perto. Sei como se inflamará sua fé e como desfrutarão do fato de ser crentes se conhecerem melhor a Jesus. Muitos deles, mulheres e homens bons, vivem na "epiderme da fé", alimentando-se de um cristianismo convencional. Procuram segurança religiosa nas crenças e práticas que encontram a seu alcance, mas não vivem uma relação feliz e prazerosa com Jesus Cristo. Ouviram falar dele desde quando eram crianças, mas o que sabem dele não os seduz nem enamora. Sua vida se transformaria se se encontrassem com Jesus. Conheço bem a tentação de viver corretamente dentro da Igreja, sem preocupar-nos com a única coisa que Jesus procurou: o reino de Deus e sua justiça. É preciso voltar às raízes, à primeira experiência que desencadeou tudo. Não basta confessar que Jesus é a encarnação de Deus se depois não nos preocupa saber como era, o que vivia ou como atuava esse homem no qual Deus se nos revelou. Nada é mais importante para a Igreja do que conhecer, amar e seguir mais fielmente a Jesus Cristo.

Mas Jesus não é só dos cristãos. Sua vida e sua mensagem são patrimônio da humanidade. Tem razão o escritor francês Jean Onimus quando manifesta seu protesto: "Por que irias ser propriedade privada de pregadores, de doutores e de alguns eruditos, tu que disseste coisas tão simples e diretas, palavras que ainda hoje são para todos palavras de vida?" Enquanto escrevia estas páginas, pensei nos que ignoram quase tudo a respeito de Jesus. Homens e mulheres para quem o nome de Jesus nunca representou nada de sério ou cuja memória se apagou há muito de sua consciência. Lembrei-me de jovens que não sabem grande coisa sobre a fé, mas que se sentem atraídos secretamente por Jesus. Sofro quando os ouço dizer que abandonaram a religião para viver melhor. Melhor do que com Jesus? Como me alegraria se algum deles vislumbrasse nestas páginas um caminho para encontrar-se com ele!

Tive bem presentes aqueles que, decepcionados diante do cristianismo real que têm diante dos olhos, afastaram-se da Igreja e hoje andam procurando, por caminhos diversos, luz e calor para sua vida. Alguns os conheço de perto. Não sentem sua religião como fonte de vida e de libertação. Infelizmente conheceram o cristianismo através de formas decadentes e pouco fiéis ao evangelho. Com Igreja ou sem Igreja, são muitos os que vivem "perdidos", sem saber a que porta bater. Sei que Jesus poderia ser para eles a grande notícia.

Mas nada me alegraria mais do que saber que a Boa Notícia de Jesus chega, por caminhos que nem eu mesmo posso suspeitar, até aos últimos. Eles eram e são também hoje seus preferidos: os enfermos que sofrem sem esperança, as pessoas que desfalecem de fome, os que caminham pela vida sem amor, sem lar nem amizade; as mulheres maltratadas por seus maridos ou companheiros; os que estão condenados a passar toda a vida na prisão; os que vivem submersos em sua culpabilidade; as prostitutas escravizadas por tantos interesses escusos; as crianças que não conhecem o carinho dos pais; os esquecidos ou postergados pela Igreja; os que morrem sozinhos e são enterrados sem cruz nem oração alguma; os que são amados somente por Deus.

Sei que Jesus não precisa de mim nem de ninguém para chegar ao coração e à história das pessoas. Sei também que outros podem escrever sobre ele a partir de um conhecimento histórico mais exaustivo, a partir de uma experiência mais viva e, sobretudo, a partir de um seguimento mais radical de sua pessoa. Sinto-me longe de ter captado todo o mistério de Jesus. Só espero não tê-lo traído demais. Em todo caso, o encontro com Jesus não é fruto da investigação histórica nem da reflexão doutrinal. Ele só acontece na adesão interior e no seguimento fiel. Começamos a encontrar-nos com Jesus quando começamos a confiar em Deus como ele confiava, quando cremos no amor como ele cria, quando nos aproximamos dos que sofrem como ele se aproximava, quando defendemos a vida como ele a defendia, quando olhamos as pessoas como ele as olhava, quando enfrentamos a vida e a morte com a esperança com que ele as enfrentou, quando transmitimos a Boa Notícia que ele a transmitia.

1

JUDEU DA GALILEIA

Chamava-se *Yeshua* e provavelmente isso lhe agradava. De acordo com a etimologia mais popular, o nome quer dizer "Javé salva"[1]. O nome fora-lhe dado por seu pai no dia da sua circuncisão. Era um nome tão comum naquele tempo que era preciso acrescentar-lhe algo mais para identificar bem a pessoa[2]. Em seu povoado, as pessoas o chamavam *Yeshua bar Yosef*, "Jesus, filho de José". Em outros lugares chamavam-no *Yeshua ha-notsri*, "Jesus de Nazaré"[3]. Na Galileia dos anos 30 a primeira coisa que interessava saber a respeito de uma pessoa era: donde ela é?, a que família pertence? Se se sabe de que povoado alguém vem e a que grupo familiar pertence, já se pode saber muito sobre sua pessoa[4].

Para as pessoas que se encontravam com ele, Jesus era "galileu". Não provinha da Judeia; tampouco nascera na diáspora, em alguma das colônias judaicas espalhadas pelo Império. Provinha de Nazaré, não de Tiberíades; era de uma aldeia desconhecida, não da cidade santa de Jerusalém. Todos sabiam que era filho de um "artesão", não de um arrecadador de impostos nem

---

1. *Yeshua* é a forma abreviada de *Yeoshua* e quer dizer "Javé salva". Fílon de Alexandria, filósofo judeu contemporâneo de Jesus, diz numa de suas obras que Jesus significa "salvação do Senhor".

2. O historiador judeu Flávio Josefo menciona em seus escritos não menos que dez pessoas da época de Jesus que trazem este mesmo nome. Antes do exílio para a Babilônia, a forma deste nome era "Josué".

3. O nome de Jesus nas línguas europeias deriva da forma grega *Iêsous*.

4. Nesta cultura, a identidade de uma pessoa provém de seu grupo. Não interessa tanto a "descrição psicológica" do indivíduo quanto o "grupo" ao qual ele pertence (Malina/Rohrbaugh).

de um escriba. É possível saber o que significava nos anos 30 ser um judeu da Galileia?[5]

Sob o Império de Roma

Jesus não teve ocasião de conhecer os imperadores de perto. Nem César Augusto nem Tibério pisaram em seu minúsculo país, submetido ao Império de Roma desde que o general Pompeu entrou em Jerusalém na primavera do ano 63 a.C. Mas ouviu falar deles e pôde ver sua imagem gravada em algumas moedas. Jesus sabia muito bem que eles dominavam o mundo e eram os donos da Galileia. Pôde comprová-lo melhor quando tinha cerca de vinte e quatro anos. Antipas, tetrarca da Galileia, vassalo de Roma, edificou uma nova cidade às margens de seu querido lago de Genesaré e a transformou na nova capital da Galileia. O nome da cidade dizia tudo. Antipas chamou-a "Tiberíades" em honra de Tibério, o novo imperador que acabava de suceder a Otávio Augusto. Os galileus precisavam saber quem era seu senhor supremo.

Durante mais de sessenta anos ninguém pôde opor-se ao Império de Roma. Otávio e Tibério dominaram a cena política sem grandes sobressaltos. Umas trinta legiões, de cinco mil homens cada uma, e mais outras tropas auxiliares asseguravam o controle absoluto de um território imenso que se estendia desde a Espanha e as Gálias até a Mesopotâmia; desde as fronteiras do Reno, do Danúbio e do mar Morto até o Egito e o norte da África. Sem conhecimentos geográficos, sem acesso a nenhum mapa e quase sem notícias do que acontecia fora da Galileia, Jesus não podia imaginar, a partir de Nazaré, o poder daquele Império no qual estava encravado seu pequeno país.

Este imenso território não era densamente povoado. No começo do século I a população podia chegar a cinquenta milhões. Jesus era mais um. A população concentrava-se sobretudo nas grandes cidades, construídas qua-

5. A investigação atual esforça-se por situar Jesus no contexto concreto da Galileia dos anos 30, não em algo tão genérico como o judaísmo do século I.

se sempre nas costas do Mediterrâneo, à margem dos grandes rios ou em lugares protegidos das planícies mais férteis. Duas cidades destacavam-se sobre todas. Eram sem dúvida as mais renomadas entre os judeus da Palestina: Roma, a grande capital, com um milhão de habitantes, à qual era preciso recorrer para resolver perante o César os conflitos mais graves, e Alexandria, com mais de meio milhão de habitantes, onde havia uma importante colônia de judeus que peregrinavam periodicamente a Jerusalém. Dentro deste imenso Império, Jesus não é senão um galileu insignificante, sem cidadania romana, membro de um povo subjugado.

As cidades eram, por assim dizer, o centro nervoso do Império. Nelas concentrava-se o poder político e militar, a cultura e a administração. Ali viviam, em geral, as classes dirigentes, os grandes proprietários e os que possuíam cidadania romana. Estas cidades constituíam uma espécie de arquipélago no meio de regiões pouco povoadas, habitadas por pessoas incultas, pertencentes aos diversos povos submetidos. Daí a importância das estradas romanas, que facilitavam o transporte e a comunicação entre as cidades e permitiam o rápido deslocamento das legiões. A Galileia era um ponto-chave no sistema de caminhos e rotas comerciais do Oriente Próximo, pois permitia a comunicação entre os povos do deserto e os povos do mar. Em Nazaré Jesus viveu praticamente longe das grandes rotas. Só quando veio a Cafarnaum, um povoado importante a nordeste do lago da Galileia, pôde conhecer a *via maris* ou "caminho do mar", uma grande rota comercial que, partindo do Eufrates, atravessava a Síria, chegava até Damasco e descia em direção à Galileia para atravessar o país em diagonal e continuar depois em direção ao Egito. Jesus nunca se aventurou pelas rotas do Império. Seus pés pisaram apenas as veredas da Galileia e os caminhos que levavam à cidade santa de Jerusalém.

Para facilitar a administração e o controle de um território tão imenso, Roma tinha dividido o Império em províncias regidas por um governador, que era o encarregado de manter a ordem, vigiar a arrecadação de impostos e ministrar a justiça. Por isso, quando, aproveitando as lutas internas surgidas entre os governantes judeus, Pompeu interveio na Palestina, a primeira coisa que fez foi reordenar a região e pô-la sob o controle do Império. Dessa forma, Roma punha um fim à independência que os judeus haviam desfrutado durante oitenta anos graças à rebelião dos Macabeus. A Galileia, da mesma forma que a Judeia, passava a pertencer à província romana da Síria. Era o ano 63 a.C.

Os judeus da Palestina passaram a engrossar as listas de "povos subjugados" que Roma mandava inscrever nos monumentos das cidades do Império. Quando um povo era conquistado após uma violenta campanha militar, a "vitória" era celebrada de maneira especialmente solene. O general vitorioso encabeçava uma procissão cívico-religiosa que percorria as ruas de Roma: as pessoas podiam contemplar não só os ricos espólios da guerra, mas também os reis e generais derrotados, que desfilavam acorrentados para ser depois executados ritualmente. Devia ficar patente o poder militar dos vencedores e a humilhante derrota dos vencidos. A glória destas conquistas ficava perpetuada depois nas inscrições dos edifícios, nas moedas, na literatura, nos monumentos e, sobretudo, nos arcos de triunfo erguidos por todo o Império[6].

Os povos subjugados não deviam esquecer que estavam sob o Império de Roma. A estátua do imperador, erigida junto às estátuas dos deuses tradicionais, recordava-o a todos. Sua presença em templos e espaços públicos das cidades convidava os povos a prestar-lhe culto como a seu verdadeiro "senhor"[7]. Mas, sem dúvida, o meio mais eficaz para mantê-los submetidos era utilizar o castigo e o terror. Roma não se permitia o mínimo sinal de fraqueza diante dos levantes ou da rebelião. As legiões podiam demorar mais ou menos tempo, mas chegavam sempre. A prática da crucificação, as dego-

---

6. Conhecem-se mais de trezentos. O mais famoso e significativo para nós é, sem dúvida, o arco de Tito, no centro de Roma, no qual se exalta a vitória deste general romano que destruiu Jerusalém no ano 70.

7. A *apoteose* de Otávio, declarado *Augusto* ("Sublime"), e sua aclamação como "Salvador" do mundo, portador de "paz" e "prosperidade" para toda a humanidade, propiciou decisivamente o culto ao imperador, que se desenvolveu sobretudo no Oriente.

las em massa, a captura de escravos, os incêndios das aldeias e os massacres das cidades não tinham outro propósito senão aterrorizar as pessoas. Era a melhor maneira de obter a *fides* ou lealdade dos povos[8].

A lembrança grandiosa e sinistra de Herodes

A Palestina nunca fora ocupada por soldados romanos. Não era este seu modo de atuar. Uma vez controlado o território, as legiões se retiraram novamente para a Síria, onde ficaram estacionadas em pontos estratégicos. A Palestina ocupava um lugar de importância vital, pois se encontrava entre a Síria, porta de acesso às riquezas da Ásia Menor, e o Egito, um dos "celeiros" mais importantes que abasteciam Roma. A presença das legiões era necessária para defender a região da invasão dos partos, que, a partir do outro lado do Eufrates, eram a única ameaça militar para o Império. De resto, Roma continuou na Palestina seu costume de não ocupar os territórios submetidos, mas governá-los por meio de soberanos, se possível nativos, que exerciam sua autoridade como vassalos ou "clientes" do imperador. Eram estes que, em nome dele, controlavam diretamente os povos, às vezes de maneira brutal.

Herodes o Grande foi sem dúvida o mais cruel. Jesus não o conheceu, pois nasceu pouco antes de sua morte, quando, já próximo dos 70 anos de idade, vivia obcecado pelo temor de uma conspiração. Já alguns anos antes havia consolidado seu poder ordenando a morte de membros de seu próprio

---

8. Basta recordar alguns dos episódios mais graves ocorridos na Palestina e relatados por Flávio Josefo: por volta do ano 53 ou 52 a.C., quando faltavam uns cinquenta anos para nascer Maria Madalena, o general Cássio submeteu à escravidão trinta mil (!) judeus nos arredores de Tariqueia (Mágdala), às margens do lago da Galileia; no ano 4 a.C., quando Jesus tinha dois ou três anos de idade, o general Varo incendiou Séforis e as aldeias ao seu redor, depois destruiu completamente Emaús e, por último, tomou Jerusalém, submetendo à escravidão um número incontável de judeus e crucificando uns dois mil. A destruição de Jerusalém realizada por Tito em agosto do ano 70, e descrita de maneira horripilante por Flávio Josefo, faz empalidecer todas as ações anteriores. De acordo com o historiador judeu, as tropas romanas só procuravam "destruir" a cidade e "arruinar a terra" para castigar e aterrorizar o povo judeu para sempre.

ambiente familiar que podiam representar algum perigo para sua soberania. Um após o outro, fez desaparecer primeiro seu cunhado Aristóbulo, afogado numa piscina de Jericó, depois sua esposa Mariamne, acusada de adultério, sua sogra Alexandra e outros. No final da vida continuava sendo o mesmo. Três anos antes da morte mandou estrangular seus filhos Alexandre e Aristóbulo, herdeiros legítimos do trono. Mais tarde, enlouquecido pelo terror, mas contando sempre com o beneplácito de Augusto, mandou executar seu filho Herodes Antípatro. Cinco dias depois, Herodes expirava em seu palácio de Jericó. Jesus tinha dois ou três anos e começava a dar seus primeiros passos em torno de sua casa de Nazaré[9].

Um homem como Herodes era o ideal para controlar a Palestina e Roma o sabia. Por isso, no outono do ano 40 a.C., o Senado romano descartou outras opções e nomeou-o "rei aliado e amigo do povo romano". Herodes demorou ainda três anos para controlar seu reino, mas no ano 37 a.C. conseguiu tomar Jerusalém com a ajuda de tropas romanas. Nunca foi um rei amado pelos judeus. Filho de uma rica família idumeia, foi considerado sempre um intruso estrangeiro a serviço dos interesses de Roma. Para o Império, no entanto, era o vassalo ideal que assegurava seus dois objetivos principais: manter uma região estável entre Síria e Egito, e tirar o máximo rendimento daquelas terras por meio de um rígido sistema de tributação. As condições de Roma eram claras e concretas. Herodes devia defender suas fronteiras, especialmente diante dos árabes e dos partos, ao leste; não podia permitir nenhuma revolta ou insurreição em seu território; por último, como rei aliado, devia colaborar com suas tropas em qualquer ação que Roma quisesse empreender em países da vizinhança.

Herodes sempre foi muito realista. Sabia que seu primeiro dever era controlar o território, evitando todo levante ou subversão. Por isso construiu uma rede de fortalezas e palácios onde estabeleceu suas próprias tropas. Na

---

9. A lembrança desta atuação sinistra de Herodes diante de quem quer que pudesse pôr em perigo seu poder está sem dúvida no pano de fundo do relato legendário da "matança dos inocentes" de Belém pela mão de seus soldados (Mateus 2,1-18). Diz-se que, em certa ocasião, Augusto gracejou dizendo que preferia ser porco (*hys*) de Herodes a ser seu filho (*hyios*).

Galileia ocupou Séforis e transformou-a em cidade fortificada, principal centro administrativo da região. Preocupado com a defesa das fronteiras, construiu a fortaleza do Herodion perto de Belém, Maqueronte a leste do mar Morto e Massada ao sul. Em Jerusalém edificou a torre Antônia para controlar a área do templo, especialmente durante as festas da Páscoa. Herodes foi erguendo assim um reino monumental e grandioso. Sabia combinar de maneira admirável segurança, luxo e vida faustosa. Seu palácio nos terraços de Massada, o complexo quase inexpugnável do Herodion ou a residência real no oásis amuralhado de Jericó eram invejados em todo o Império. No entanto, foi a construção de Cesareia Marítima e do templo de Jerusalém que confirmou Herodes como um dos grandes construtores da Antiguidade.

Herodes nunca esqueceu a quem era devedor. Regularmente mandava presentes requintados ao imperador e a outros membros da família imperial. A cada cinco anos organizava em Cesareia "jogos atléticos" em honra de César. Mas, sobretudo, cultivou como ninguém o culto ao imperador. Levantou em sua honra templos e dedicou-lhe cidades inteiras. Na Samaria restaurou a antiga capital e chamou-a Sebaste, tradução grega do nome Augusto. Construiu em Jerusalém um teatro e um anfiteatro, que decorou com inscrições que exaltavam César e troféus que recordavam suas próprias vitórias militares. Mas, sem dúvida, o projeto mais ousado e grandioso foi a construção de Cesareia Marítima. Seu porto facilitava a chegada das legiões romanas por mar e, ao mesmo tempo, o transporte de trigo, vinho e azeite de oliva para Roma. A nova cidade representava plasticamente a grandeza, o poder e a riqueza de Herodes, mas também sua submissão inquebrantável a Roma. As fachadas de seu palácio, os pavimentos de mosaicos, os afrescos, o uso abundante do mármore ou os passeios porticados com colunas sugeriam uma Roma em miniatura. Os viajantes que chegavam de barco ou por terra podiam avistar de longe o enorme templo, onde se erguiam duas estátuas gigantescas do imperador Augusto e da deusa Roma, dominando a cidade. A pedra branca polida que recobria o edifício brilhava à luz do sol iluminando a cidade inteira. Era preciso "educar" o povo para que venerasse seu senhor, o imperador de Roma, que já era chamado de *Augusto*, ou seja, "o Sublime", nome reservado ordinariamente aos deuses.

Herodes reprimiu sempre com dureza qualquer gesto de rebelião ou resistência à sua política de rei vassalo de Roma. Um dos episódios mais dramáticos ocorreu no final de sua vida e teve grande repercussão por causa da carga simbólica dos fatos. As obras do templo já estavam bem adiantadas. Diante dos olhos surpresos dos habitantes de Jerusalém ia aparecendo um edifício grandioso de estilo helênico-romano. Eles já podiam contemplar o impressionante pórtico real, adornado com colunas de mármore branco, de estilo coríntio. Tudo fora calculado por Herodes. Ao mesmo tempo que se congraçava com o povo judeu levantando um templo a seu Deus, fazia constar sua própria grandeza perante o mundo inteiro. Mas, além disso, Herodes queria deixar claro onde residia o poder supremo. Para isso mandou colocar sobre a grande porta de entrada uma águia de ouro, que simbolizava o poder de Roma. Poucas coisas podiam ser mais humilhantes para os judeus do que ver-se obrigados a passar por baixo da "águia imperial" para entrar na casa de seu Deus. Judas e Matias, dois prestigiosos mestres da lei, provavelmente fariseus, incitaram seus discípulos a arrancá-la e derrubá-la. Herodes agiu com rapidez. Deteve quarenta jovens, autores do ato, junto com seus mestres, e mandou queimá-los vivos. O crime era recordado ainda depois da morte de Herodes, e junto à entrada do templo choravam-se os quarenta e dois "mártires"[10]. Provavelmente Jesus ouviu falar deles em Jerusalém ao aproximar-se do templo.

Ao morrer Herodes, estourou a raiva contida durante muitos anos e ocorreram agitações e levantes em diversos pontos da Palestina. Em Jericó, um dos seus escravos, chamado Simão, aproveitou a confusão do momento e, rodeando-se de alguns homens, saqueou o palácio real e o incendiou. Provavelmente foi também por esse tempo que o pastor Atronges, nos arredores de Emaús, enfrentou tropas herodianas que transportavam cereais e armas. O episódio mais grave ocorreu em Séforis, onde um filho de Ezequias, antigo chefe de bandidos, chamado Judas, pôs-se à frente de um grupo de homens desesperados, tomou a cidade e saqueou o palácio real, apoderando-se das armas e mercadorias ali armazenadas.

---

10. *Guerra judaica* I, p. 648-655.

A reação de Roma não se fez esperar. Quintílio Varo, governador da Síria, tomou sob seu comando duas legiões, completou-as com quatro regimentos de cavalaria, recrutou outras tropas auxiliares de vassalos da região – não menos de vinte mil homens no total – e dirigiu-se para a Palestina a fim de controlar o país. Varo marchou diretamente para Jerusalém e seus arredores para apoderar-se da capital e impedir qualquer tentativa de cerco. Sua atuação foi contundente, pois tomou como escravos um grande número de judeus e crucificou sem piedade os mais rebeldes. Flávio Josefo diz que foram "uns dois mil no total". Enquanto isso, enviou Gaio para a Galileia a fim de reprimir o principal foco de rebelião. Este o fez de maneira brutal e quase sem encontrar resistência. Tomou a cidade de Séforis e a incendiou. Em seguida, aterrorizou os camponeses queimando algumas aldeias dos arredores e levou como escravos um grande número de habitantes da região[11].

Jesus tinha, neste momento, uns três ou quatro anos de idade e vivia na aldeia de Nazaré, situada a apenas cinco quilômetros de Séforis. Não sabemos o que sua família pode ter passado. Podemos ter certeza de que a brutal intervenção de Roma foi lembrada durante muito tempo. Estas coisas não se esquecem facilmente entre os camponeses das pequenas aldeias. É muito provável que Jesus as tenha ouvido desde criança com o coração aflito. Ele sabia muito bem do que estava falando quando mais tarde descrevia os romanos como "chefes das nações" que governam os povos como "senhores absolutos" e os "oprimem com seu poder"[12].

A situação não mudou muito com a morte de Herodes no ano 4 a.C. Seus filhos impugnaram o testamento do pai e Augusto resolveu definitivamente a sucessão à sua maneira: Arquelau ficaria com a Idumeia, a Judeia e a Samaria;

---

11. Ibid. II, p. 55-79.

12. Em Marcos atribuem-se a Jesus estas palavras: "Sabeis que os que são tidos como chefes das nações as governam como senhores absolutos e os grandes as oprimem com seu poder. Porém, não deve ser assim entre vós; mas quem quiser ser grande entre vós será vosso servidor e quem quiser ser o primeiro entre vós será escravo de todos" (10,42-44). Os exegetas pensam que o texto guarda o pensamento de Jesus, embora suas palavras tenham sido adaptadas para criticar as rivalidades que surgiram entre os cristãos.

Antipas governaria na Galileia e na Pereia, uma região que ficava a oriente do Jordão; a Filipe davam-se a Gaulanítide, a Traconítide e a Auranítide, terras gentias pouco habitadas, para o norte e o leste da Galileia. Nenhum deles foi nomeado rei. Concretamente, Antipas recebeu o título de "tetrarca", ou seja, soberano de uma quarta parte do reino de Herodes o Grande.

Antipas governou a Galileia desde o ano 4 a.C. até 39 d.C., ano em que foi deposto pelo imperador, terminando seus dias exilado nas Gálias. Jesus foi súdito seu durante toda a sua vida. Educado em Roma, sua atuação foi própria de um tetrarca, vassalo do imperador[13]. É possível ver nele alguns dos traços que caracterizaram seu pai. Reinou longos anos, como ele; quis construir também seu "pequeno reino" e edificou junto ao lago da Galileia a capital Tiberíades, uma espécie de miniatura de Cesareia, erguida por Herodes às margens do Mediterrâneo; seguindo os passos do pai, não hesitou em eliminar as críticas que, a partir do deserto, lhe fazia um profeta chamado João Batista, ordenando sem piedade sua execução. Provavelmente Jesus nunca se sentiu seguro em seus domínios[14].

A Galileia nos tempos de Antipas

A Galileia era um país verde e fértil, diferente da austera mas serena montanha da Samaria, e mais ainda do áspero e escabroso território da Judeia. Os escritores do século I falam de três regiões bem definidas. Ao norte, a *Alta Galileia*, região fronteiriça, pouco povoada, com alturas de até 1.200 metros, de acesso nem sempre fácil, refúgio de bandidos e malfeitores fugidos da justiça e lugar onde descem com força as águas que dão origem ao

---

13. Causa surpresa a pouca informação que nos oferecem sobre Antipas tanto Flávio Josefo quanto a literatura rabínica, apesar de seu longo reinado.

14. Na Judeia viveu-se uma situação diferente. Arquelau, que havia sido nomeado "etnarca", com a promessa de receber mais tarde o título de rei, foi exonerado poucos anos depois por causa das queixas de seus súditos. Augusto não nomeou um novo vassalo. Preferiu submeter a Judeia ao governo direto de Roma por meio de prefeitos que residiam em Cesareia Marítima. Deposto Arquelau no ano 6 d.C., o primeiro destes prefeitos a chegar foi Copônio.

Jordão. Descendo para o sul, a *Baixa Galileia*, um território de colinas não muito elevadas, a cujos pés se estende a grande planície de Jezrael, uma das comarcas mais ricas de todo o país; no meio dela, duas sugestivas montanhas solitárias, o Tabor e o pequeno Hermon. Dispersas por toda a região, numerosas aldeias e povoados agrícolas[15]; na região montanhosa encontrava-se Nazaré e um pouco mais ao norte, no meio de um vale encantador, Séforis, capital da Galileia durante a infância de Jesus. A *região do lago* era uma comarca muito rica e povoada, ao redor de um lago de água doce e rico em peixes. Três importantes cidades apareciam às suas margens: Cafarnaum, Mágdala e Tiberíades. A Galileia constituía um território de uns 20.000km^2. Apesar de ser um dos países mais povoados da região, sua população nos tempos de Antipas não passava certamente de 150.000 habitantes[16].

Para aproximar-nos um pouco mais do país, nada melhor do que ler a descrição do historiador judeu Flávio Josefo, que o conhecia bem, pois havia sido o general encarregado de defender o território galileu contra a invasão de Roma no ano de 66 d.C. Eis o que ele conta da "região do lago", tão frequentada por Jesus:

> Ao longo do lago de Genesaré estende-se uma terra com o mesmo nome, admirável por sua beleza natural. A fertilidade do terreno permite todo tipo de vegetação. Seus habitantes a cultivam em sua totalidade. A amenidade do clima é, além disso, muito apropriada para todo tipo de plantas. As nogueiras, que em comparação com outras árvores precisam de um clima especialmente fresco, aqui abundam e florescem. Há também palmeiras, que precisam de grandes calores. Não muito longe encontramos figueiras e oliveiras, que exigem um clima mais temperado. Poder-se-ia dizer que a natureza se esforçou para

15. Flávio Josefo fala de 204 povoados na Galileia. As escavações realizadas recentemente em diversas áreas do território levam a pensar que não é uma cifra exagerada.

16. Não é fácil apresentar cifras precisas sobre a população. Novos critérios de avaliação estão reduzindo de maneira notável as cifras que eram fornecidas há alguns anos seguindo de perto Flávio Josefo (Reed, Freyne, Horsley).

> reunir aqui, num só lugar, as espécies mais incompatíveis, ou que as estações do ano competem numa nobre luta para fazer valer cada uma seus direitos sobre esta terra. O solo não só produz os frutos mais diversos, mas cuida-se que, durante muito tempo, haja frutos maduros. Os mais nobres entre eles, as uvas e os figos, são colhidos sem interrupção durante dez meses. As frutas restantes vão amadurecendo na árvore durante todo o ano. Porque, além da suavidade do clima, contribuem para a fertilidade desta terra as águas de uma fonte que jorra com força. A gente do país lhe dá o nome de Cafarnaum[17].

Mesmo prescindindo dos adornos e exageros tão do gosto de Flávio Josefo, não é difícil adivinhar que o país de Jesus era invejável[18]. Seu clima suave, os ventos úmidos do mar, que penetravam com facilidade até o interior, e a fertilidade da terra faziam da Galileia um país exuberante. Pelo que podemos saber, nos vales de Jezrael e Bet Netofa cultivava-se trigo de qualidade e também cevada, que, por causa de seu sabor amargo e difícil digestão, era o pão dos mais pobres. Viam-se vinhedos um pouco por toda parte; inclusive nas encostas pouco escarpadas. A Galileia produzia, ao que parece, um vinho excelente de tipo egeu[19]. A oliveira era uma árvore apreciada e abundante. As figueiras, romãzeiras e árvores frutíferas cresciam, ao contrário, nos arredores das aldeias ou no meio das vinhas. Em terrenos mais úmidos e sombreados cultivavam-se verduras e hortaliças.

A Galileia era uma sociedade agrária. Os contemporâneos de Jesus viviam do campo, como todos os povos do século I integrados no Império. De acordo com Josefo, "toda a região da Galileia está destinada ao cultivo, e não há parte alguma de seu solo que esteja sem aproveitar"[20]. Praticamente toda a população vive trabalhando a terra, exceto a elite das cidades, que se ocupa

---

17. *Guerra judaica* III, p. 516-519.

18. Pensa-se que o verdor da Galileia que Jesus conheceu era superior ao atual.

19. A vinha, como se sabe, era símbolo da "terra prometida" e imagem tradicional de Israel.

20. *Guerra judaica* III, p. 43.

com tarefas de governo, administração, arrecadação de impostos ou vigilância militar[21]. É um trabalho duro, porque só se pode contar com a ajuda de alguns bois, burros ou camelos. Os camponeses das aldeias consomem suas forças arando, vindimando ou ceifando as messes com a foice[22]. Na região do lago, onde Jesus tanto se moveu, a pesca tinha grande importância. As famílias de Cafarnaum, Mágdala ou Betsaida viviam do lago. As artes da pesca eram rudimentares: pescava-se com diversos tipos de redes, armadilhas ou tridentes. Muitos utilizavam barcos; os mais pobres pescavam da margem. Normalmente os pescadores não levavam uma vida mais cômoda do que os camponeses das aldeias. Seu trabalho era controlado pelos arrecadadores de Antipas, que impunham taxas por direitos de pesca e utilização dos embarcadouros[23].

Contra o que se pôde imaginar até há pouco, parece que nem o comércio com o exterior nem o comércio local tiveram importância na Galileia que Jesus conheceu. O transporte terrestre era difícil e caro: só se podia "negociar" com pequenos objetos de luxo. É verdade que da Alta Galileia se exportava azeite e outros produtos para Tiro e a costa fenícia, mas esta atividade nunca foi intensa. Por outro lado, a cerâmica de barro de Kefar Hanania e o vasilhame de Shikhim, que se encontram por toda a Galileia, não significam uma produção destinada ao negócio comercial. Ia-se simplesmente produzindo o necessário para atender aos pedidos das aldeias.

Numa sociedade agrária, a propriedade da terra é de importância vital. Quem controlava as terras da Galileia? Em princípio, os romanos considera-

---

21. Estudos comparativos levam à conclusão de que, no tempo de Jesus, a população que trabalhava nos campos da Galileia representava 80-90%, ao passo que 5-7% da população podia pertencer à elite (Lenski, Malina & Rohrbaugh, Hanson & Oakman).

22. Jesus vive no meio destes camponeses galileus. Muitas de suas parábolas parecem ter como cenário as terras do vale de Bet Netofa, ao norte de Nazaré e Séforis, não longe do lago da Galileia (Hanson & Oakman).

23. Jesus integrou-se bem neste mundo de pescadores que não era o seu. Jesus come peixe em suas refeições e fala de "peixes", "redes" e "pesca" em seus ditos e parábolas (fonte Q = Lucas 11,11 // Mateus 7,10; Mateus 13,47-50; *Evangelho [apócrifo] de Tomé* 8,1-2). Para a fonte Q cf. o Anexo 3, p. 588.

vam os territórios conquistados como bens pertencentes a Roma; por isso exigiam o correspondente tributo de quem os trabalhava. No caso da Galileia, governada diretamente por um tetrarca-vassalo, a distribuição das terras era complexa e desigual.

Provavelmente Antipas herdou grandes extensões de terras férteis que seu pai, Herodes o Grande, possuía no vale de Jezrael, ao sul das montanhas de Nazaré. Tinha também propriedades nos arredores de Tiberíades; isso lhe deu facilidades para construir a nova capital e colonizá-la com pessoas da vizinhança. De acordo com Flávio Josefo, Antipas obtinha como renda de suas terras da Pereia e da Galileia duzentos talentos[24]. Além de controlar suas próprias posses, os soberanos podiam conceder terras a membros de sua família, a funcionários da corte ou a militares veteranos. Estes grandes proprietários de terras viviam geralmente nas cidades, pelo que arrendavam suas terras aos camponeses do lugar e as vigiavam por meio de administradores que agiam em seu nome. Os contratos eram quase sempre muito exigentes para os camponeses. O proprietário exigia a metade da produção ou uma parte importante, que variava conforme os resultados da colheita; outras vezes proporcionava a semente e o necessário para trabalhar o campo, exigindo pesadas somas por tudo isso. Os conflitos com o administrador ou com os proprietários eram frequentes, sobretudo quando a colheita havia sido pobre. Há indícios de que, no tempo de Jesus, estes grandes proprietários foram se apropriando de novas terras de famílias endividadas, chegando a controlar boa parte da Baixa Galileia.

Havia, é claro, muitos camponeses que trabalhavam terras de sua propriedade, ajudados por toda a família; em geral eram terrenos modestos situados não longe das aldeias. Havia também muitos que eram simples diaristas que, por uma razão ou outra, haviam ficado sem terras. Estes deslocavam-se pelas aldeias em busca de trabalho, sobretudo na época da colheita ou da vindima;

24. *Guerra judaica* II, p. 95.

recebiam seu salário quase sempre no final do dia; constituíam uma boa parte da população e muitos deles viviam entre o trabalho ocasional e a mendicância. Jesus conhecia bem este mundo. Numa de suas parábolas fala de um proprietário de terras que "arrendou sua vinha a uns lavradores" e dos conflitos que teve com eles ao negar-se a entregar a parte combinada da colheita[25]. Em outra recorda um grupo de "diaristas" sentados na praça de uma aldeia, na época da vindima, esperando ser contratados por algum proprietário. Certamente os via quando percorria as aldeias da Baixa Galileia[26].

Um dos traços mais característicos das sociedades agrícolas do Império romano era a enorme desigualdade de recursos que existia entre a grande maioria da população camponesa e a pequena elite que vivia nas cidades. O mesmo acontecia na Galileia. São os camponeses das aldeias que sustentam a economia do país; eles trabalham a terra e produzem o necessário para manter a minoria dirigente. Nas cidades não se produz; as elites precisam do trabalho dos camponeses. Por isso utilizam-se diversos mecanismos para controlar o que se produz no campo e obter dos camponeses o máximo de benefício possível. É este o objetivo dos tributos, taxas, impostos e dízimos. Do ponto de vista do poder, esta política de exação e tributação é legitimada como uma obrigação dos camponeses para com a elite, que defende o país, protege suas terras e executa diversos serviços de administração. Na verdade, esta organização econômica não promovia o bem comum do país, mas favorecia o crescente bem-estar das elites[27].

A primeira a exigir o pagamento do tributo era Roma: o *tributum soli*, correspondente às terras cultivadas, e o *tributum capitis*, que cada um dos

---

25. Marcos 12,1-9.

26. Mateus 20,1-16.

27. Os estudos de Lenski, Freyne, Hanson, Oakman, Horsley etc. estão contribuindo para adquirir uma consciência mais precisa da organização econômica da Galileia. Praticamente não existe intercâmbio econômico de reciprocidade entre camponeses e elites, e sim imposição de uma política que se resume em três palavras: "exação", "tributo" e "redistribuição" a partir do poder (Oakman).

membros adultos da casa devia pagar[28]. Pagava-se em espécie ou em moeda: os administradores gostavam de receber o tributo em grãos para evitar as crises de alimentos que aconteciam com frequência em Roma[29]. Os tributos serviam para alimentar as legiões que vigiavam cada província, para construir estradas, pontes ou edifícios públicos e, sobretudo, para manter as classes governantes. Negar-se a pagá-los era considerado por Roma como uma rebelião contra o Império, e os responsáveis por organizar a arrecadação eram os reis vassalos. Não é possível saber a quanto podia chegar. Estima-se que, no tempo de Antipas, a arrecadação podia representar 12% ou 13% da produção. Sabemos que, de acordo com o historiador romano Tácito, isso significava uma carga muito pesada para os camponeses[30].

Também Antipas, a exemplo de seu pai, tinha seu próprio sistema de impostos. Geralmente contratavam-se arrecadadores que, depois de pagar ao soberano uma determinada quantia, empenhavam-se em extrair das pessoas o máximo benefício[31]. As taxas devem ter sido pesadas. Só assim Herodes o Grande pôde levar adiante seu ambicioso programa de construções.

---

28. Ao que parece, o *tributum soli* consistia em pagar um quarto da produção a cada dois anos; como *tributum capitis*, cada pessoa pagava um denário por ano: os varões a partir dos quatorze e as mulheres desde os doze.

29. Flávio Josefo fala do "trigo de César que estava depositado nas aldeias da Alta Galileia" (*Autobiografia*, 71).

30. De acordo com Tácito, por volta do ano 17, quando Jesus tinha vinte e um ou vinte e dois anos, a Judeia, esgotada pelos tributos, pediu a Tibério que os reduzisse; não sabemos a resposta do imperador. No entanto, Sanders provavelmente tem razão quando observa que a situação dos camponeses do Egito e do norte da África, os dois grandes "celeiros" de Roma, era ainda pior.

31. Nos evangelhos aparecem com frequência os "publicanos" (*telônai*) ou "arrecadadores de impostos". Parece que é preciso distinguir, pelo menos, três níveis: as grandes famílias às quais Roma confiava a arrecadação de seus tributos; estas famílias, que procuravam também seu próprio interesse, tinham seus servos, que realizavam o "trabalho sujo" da arrecadação nas aldeias do campo ou nos embarcadouros do lago; os "chefes de publicanos" (*architelônai*), como Zaqueu, que faziam contrato com as classes dirigentes para fazer a arrecadação de uma determinada região; por último, os "publicanos" (*telônai*), que são servos e inclusive escravos que executam diretamente o antipático trabalho da arrecadação, a serviço dos grandes arrecadadores e dos chefes de publicanos. São estes, provavelmente, os que se aproximam de Jesus.

Algo semelhante ocorreu no tempo de Jesus, quando Antipas, no curto período de vinte anos, reconstruiu a cidade de Séforis, incendiada pelos romanos, e edificou logo em seguida a nova capital Tiberíades. Os camponeses da Galileia devem tê-lo sentido nos impostos.

Não sabemos se os tributos terminavam por aqui ou se também da parte do templo de Jerusalém lhes eram exigidas outras taxas sagradas. No período asmoneu, antes de Roma impor seu Império, os governantes de Jerusalém estenderam até à Galileia o tradicional e complicado sistema judaico de dízimos e primeiros frutos (primícias). Eram considerados uma obrigação sagrada para com Deus, presente no templo, e cujos representantes e mediadores eram os sacerdotes. Ao que parece, chegava a representar até 20% da colheita anual. O que era colhido no campo, mais o imposto de meio *shekel* que todo judeu adulto devia pagar cada ano, servia concretamente para socorrer sacerdotes e levitas que, conforme o prescrito pela lei, não tinham terras para cultivar, para custear os elevados gastos do funcionamento do templo e para manter a aristocracia sacerdotal de Jerusalém. A arrecadação era levada a cabo nos próprios povoados e os produtos eram armazenados em depósitos do templo para sua distribuição. Roma não suprimiu este aparato administrativo e, sob Herodes, continuou-se a arrecadar dízimos. Não sabemos o que aconteceu na Galileia quando, governada por seu filho Antipas, foi transformada numa jurisdição separada da Judeia. Desconhecemos que meios podiam utilizar os sacerdotes de Jerusalém para pressionar os camponeses da Galileia[32].

A carga total era, provavelmente, esmagadora. Para muitas famílias ia embora em tributos e impostos um terço ou a metade do que produziam[33]. Era difícil subtrair-se aos arrecadadores. Eles próprios apresentavam-se para

32. Discute-se se, no tempo de Jesus, os galileus pagavam dízimos e tributos ao templo. Muitos autores (Sanders, Oakman, Freyne, Horsley etc.) pensam que o faziam. Outros, como Fiensy, pensam que não.

33. Assim pensam Sanders, Safrai, Oakman, Horsley, Reed etc.

levar os produtos e armazená-los em Séforis, principal cidade administrativa, ou em Tiberíades. O problema dos camponeses era como guardar semente suficiente para a semeadura seguinte e como subsistir até à seguinte colheita sem cair na espiral do endividamento. Jesus conhecia bem os apuros destes camponeses que, procurando tirar o máximo rendimento de suas modestas terras, semeavam inclusive em solo pedregoso, entre cardos e até em lugares que as pessoas usavam como atalhos[34].

O fantasma da dívida era temido por todos. Os membros do grupo familiar ajudavam-se uns aos outros para defender-se das pressões e chantagens dos arrecadadores, porém mais cedo ou mais tarde muitos caíam no endividamento. Jesus conheceu a Galileia afogada em dívidas. A maior ameaça para imensa maioria era ficar sem terras nem recursos para sobreviver. Quando, forçada pelas dívidas, a família perdia suas terras, começava para seus membros a desagregação e a degradação. Alguns se transformavam em diaristas e iniciavam uma vida penosa em busca de trabalho em propriedades alheias. Havia os que se vendiam como escravos. Alguns viviam da mendicância e algumas mulheres da prostituição. Não faltava quem se unisse a grupos de bandidos ou salteadores em alguma região inóspita do país[35].

Urbanização na Galileia

Esta situação difícil dos camponeses agravou-se mais ainda quando, no curto período de vinte anos, Antipas reconstruiu Séforis e edificou a nova capital Tiberíades. Tudo aconteceu antes de Jesus completar vinte e cinco anos. Aqueles galileus que passavam séculos vivendo em aldeias e casarios, cultivando modestas porções de sua propriedade, conheceram pela primeira vez dentro de seu próprio território a proximidade de duas cidades que iriam

34. Parábola do semeador (Marcos 4,3-8).

35. De acordo com E.W. Stegemann e W. Stegemann, "o endividamento e a expropriação dos pequenos agricultores são os sinais da época romana".

mudar rapidamente o panorama da Galileia, provocando uma grave desintegração social[36].

Já os asmoneus haviam estabelecido em Séforis uma guarnição armada para garantir o controle da região e assegurar o pagamento de impostos. Herodes continuou utilizando-a como principal centro administrativo da Galileia até que, por ocasião de sua morte, ficou arrasada pelo levante de Judas e a posterior intervenção dos soldados romanos. Antipas não hesitou em reconstruí-la logo que tomou o poder. Edificada sobre uma pequena colina que dominava férteis terras, era, no momento, o melhor ponto para estabelecer a capital da Galileia. Antipas chamou-a a "Imperial" (*Autocrátoris*)[37]. Só o foi até o ano 18/19, quando foi fundada Tiberíades, a nova e esplêndida capital construída por Antipas à margem do lago da Galileia sobre um terreno que havia sido um antigo cemitério.

No Império romano as cidades eram construídas para residência das classes dirigentes. Nelas viviam os governantes, os militares, os arrecadadores de impostos, os funcionários e administradores, os juízes e tabeliães, os grandes proprietários de terras e os responsáveis por armazenar os produtos. A partir das cidades administrava-se o campo e extraíam-se os impostos. A desigualdade do nível de vida entre as cidades e as aldeias era patente. Nos povoados rurais da Galileia, as pessoas viviam em casas muito modestas de barro ou pedras não lavradas e com cobertura de ramaria; as ruas eram de terra batida e sem pavimentação; a ausência de mármore ou elementos decorativos era total. Em Séforis, pelo contrário, podiam-se ver edifícios bem

---

36. A construção de Séforis e Tiberíades é objeto de grande atenção por parte da investigação moderna, pois pensa-se que a situação social, econômica e cultural que este fato provocou constitui o contexto concreto que melhor nos permite aproximar-nos do ensinamento e da atuação de Jesus.

37. Josefo a chama de "o encanto da Galileia". Dizia-se que estava "pousada no alto de uma colina como um passarinho" (*zippori* significa em hebraico "passarinho"). Tinha umas vistas impressionantes para o vale de Bet Netofa e para a estrada que unia o mar da Galileia com Ptolemaida e a costa mediterrânea.

construídos, cobertos de telhas vermelhas, com chão de mosaicos e afrescos; ruas pavimentadas e até uma avenida de uns treze metros de largura, flanqueada num lado e no outro por respectivas fileiras de colunas[38]. Tiberíades era ainda mais monumental, com o palácio de Antipas, diversos edifícios administrativos e a porta da cidade com duas torres arredondadas, de caráter puramente ornamental e simbólico, para separar claramente a população da cidade da do campo.

Em Séforis viviam entre 8 e 12 mil habitantes; em Tiberíades cerca de 8 mil. Estas cidades não podiam competir em tamanho nem em poder ou riqueza com Cesareia Marítima, onde residida o prefeito de Roma, nem com Citópolis ou as cidades costeiras de Tiro e Sidônia[39]. Eram centros urbanos menores, mas sua presença introduzia uma novidade importante na Galileia. A partir do campo era preciso abastecer agora duas populações urbanas que não cultivavam a terra. Famílias camponesas, acostumadas a trabalhar seus campos a fim de assegurar-se o necessário para viver, viram-se obrigadas a incrementar sua produção para manter as classes dirigentes[40].

A partir de Séforis e Tiberíades taxava-se e administrava-se toda a Galileia. Os camponeses experimentaram pela primeira vez a pressão e o controle próximo dos governantes herodianos. Não era possível evitar o pagamento de tributos e taxas. A organização da taxação e do armazenamento era cada vez mais eficaz. As exigências para sustentar os centros de uma administração em desenvolvimento eram cada vez maiores. Enquanto em Séforis e Tiberíades o nível de vida tornava-se mais elevado e aumentava a possibili-

---

38. De acordo com as conclusões mais recentes dos arqueólogos, o belo teatro é do final do século I e a suntuosa vila, com motivos decorativos que falam do culto a Dioniso e a diversas divindades de origem síria, seria do século III.

39. Tanto Cesareia como Citópolis tinham o dobro de habitantes de Séforis ou Tiberíades, com populações entre 20.000 e 40.000 habitantes.

40. No entanto, deve-se dizer que houve pessoas do campo, como os artesãos, que encontraram trabalho na construção das duas novas cidades e em alguns serviços de caráter urbano (Freyne, Sanders).

dade de adquirir mercadorias luxuosas, nas aldeias sentia-se cada vez mais a insegurança e os problemas para poder viver. Séforis e Tiberíades estavam introduzindo certas relações antes desconhecidas de controle, poder administrativo e exação de impostos.

A agricultura das famílias da Galileia havia sido tradicionalmente muito diversificada. Os camponeses cultivavam em suas terras diferentes produtos, pensando em suas variadas necessidades e no mercado de intercâmbio e mútua reciprocidade que existia entre as famílias e vizinhos das aldeias. No entanto, nesta nova situação estimulava-se cada vez mais a monocultura. Aos grandes proprietários de terras isso interessava para aumentar a produção, facilitar o pagamento de impostos e negociar com o armazenamento dos produtos. Enquanto isso, os proprietários de pequenos lotes e os diaristas ficavam cada vez menos protegidos. As elites urbanas não pensavam nas necessidades das famílias pobres, que se alimentavam de cevada, feijão, painço, cebolas ou figos, mas em produtos como o trigo, o azeite ou o vinho, de maior interesse para o armazenamento e o lucro.

Nesta mesma época começaram a circular na Galileia moedas de prata cunhadas por Antipas em Tiberíades. A monetização facilitava a compra de produtos e o pagamento do tributo a Roma[41]. Por outro lado, permitia aos ricos acumular seus ganhos e assegurar-se o futuro para as épocas de escassez. A circulação da moeda estava sob o controle das elites urbanas e favorecia os mais ricos. Concretamente, as moedas de ouro e prata eram empregadas regularmente para acumular "tesouros" ou *mammona*, que servia para adquirir honra, reputação pública e poder; só nas cidades podia-se "entesourar"[42]. As moedas de prata serviam para pagar o tributo imperial por cada pessoa e os di-

41. De modo geral, em todo o Império costumava-se utilizar moeda para pagar os soldados.

42. O termo aramaico *mammon* (da raiz 'mn) significa "o que está seguro" ou "o que dá segurança". De acordo com Jesus, acumular *mammon* é incompatível com o serviço a Deus: "Ninguém pode servir a Deus e ao Dinheiro (*mammônâs*)" (fonte Q = Lucas 16,13 // Mateus 6,24; *Evangelho [apócrifo] de Tomé* 47,1-2).

versos impostos. As moedas de bronze eram utilizadas para "equilibrar" o intercâmbio de produtos; era a moeda usada normalmente pelos camponeses.

Ao que parece, Jesus conheceu ao longo de sua vida o crescimento de uma desigualdade que favorecia a minoria privilegiada de Séforis e Tiberíades e provocava insegurança, pobreza e desintegração de muitas famílias camponesas. Cresceu o endividamento e a perda de terras dos mais fracos. Poucas vezes os tribunais das cidades apoiavam os camponeses. Aumentou o número de indigentes, diaristas e prostitutas. Era cada vez maior o número de pobres e famintos que não podiam desfrutar da terra concedida por Deus a seu povo[43].

A atividade de Jesus nas aldeias da Galileia e sua mensagem do "reino de Deus" representavam uma forte crítica àquele estado de coisas. Sua firme defesa dos indigentes e famintos, sua acolhida preferencial aos últimos daquela sociedade ou sua condenação da vida suntuosa dos ricos das cidades eram um desafio público àquele programa sociopolítico estimulado por Antipas, favorecendo os interesses dos mais poderosos e mergulhando na indigência os mais fracos. A parábola do mendigo Lázaro e o rico que vive faustosamente, indiferente a quem morre de fome à porta de seu palácio[44]; o relato do proprietário de terras insensato que só pensa em construir silos e armazéns para seus cereais[45]; a crítica severa aos que entesouram riquezas sem pensar nos necessitados[46]; suas proclamações declarando felizes os indigentes, os famintos e os que choram ao perder suas terras[47]; as exortações dirigidas a seus seguidores no sentido de compartilhar a vida dos mais pobres daquelas aldeias e andar

43. Na Galileia que Jesus conheceu, a maioria são "pobres" (*penêtes*), mas têm sua pequena casa e seu pedaço de terra e podem subsistir graças à sua dura vida de trabalho. Os evangelhos não falam destes pobres, mas dos "indigentes" (*ptôchoi*), os que não têm terra, carecem muitas vezes de teto e vivem ameaçados pela fome e a desnutrição.

44. Lucas 16,19-31.

45. Lucas 12,16-21.

46. Fonte Q (Lucas 16,13 // Mateus 6,24; Lucas 12,33-34 // Mateus 6,19-21.

47. Lucas 6,20-21.

como eles, sem ouro, prata ou cobre, e sem túnica de reserva nem sandálias[48]; seus apelos a ser compassivo com os que sofrem e a perdoar as dívidas[49] e tantos outros ditos permitem captar ainda hoje como Jesus vivia o sofrimento daquele povo e com quanta paixão buscava um mundo novo mais justo e fraterno, no qual Deus pudesse reinar como Pai de todos[50].

Judeus com traços próprios

Quem eram estes galileus que povoavam o país de Jesus? O profeta Isaías, a partir da capital judaica, havia falado da "Galileia dos gentios". Nunca se soube com toda certeza. Não sabemos exatamente o que aconteceu com as tribos do Norte depois que os assírios conquistaram o território e transformaram a Galileia numa província da Assíria. Até recentemente pensava-se que os assírios haviam deportado apenas as classes dirigentes, deixando os camponeses cultivando as terras. Mas, as escavações mais recentes constatam um grande vazio de população durante este período[51]. Provavelmente restaram somente alguns camponeses.

Não sabemos praticamente nada destes "galileus" que viviam longe de Jerusalém, num território invadido ao longo de seis séculos por assírios, babilô-

---

48. Mateus 10, 9-10.

49. Lucas 6,36-38.

50. Nos evangelhos não se registra nenhuma visita de Jesus a Séforis ou a Tiberíades. Dado o caráter itinerante de Jesus, o fato resulta surpreendente e não parece uma omissão casual. Os investigadores discutem qual pode ter sido o motivo. Os estudos mais recentes inclinam-se a descartar razões de caráter religioso-cultural, pois nem Séforis nem Tiberíades eram cidades helênicas paganizadas. Muitos pensam que Jesus as evitou para que sua mensagem não ficasse influenciada pelas elites (Horsley, Theissen, Reed e, em parte, Crossan); atuando nas aldeias, Jesus provavelmente procurava apresentar claramente as implicações sociais do reino de Deus (Freyne). Ao mesmo tempo, Jesus talvez procurasse evitar a proximidade ameaçadora de Antipas; a região fronteiriça de Cafarnaum, com a possibilidade de atravessar o lago, permitiam-lhe desembarcar rapidamente fora de seus domínios (Hochner, Reed, Sanders).

51. As escavações mais recentes constatam um grande vazio populacional depois da conquista assíria do século VIII a.C. Pelo contrário, observa-se um incremento demográfico substancial durante o período asmoneu (167-63 a.C.) (Reed).

nios, persas, ptolomeus e selêucidas. Provavelmente se mantiveram fiéis a Javé, o Deus de Israel, e conservaram as grandes tradições do Êxodo, da Aliança, da lei de Moisés ou da celebração do sábado, mas não sem dificuldades. Por um lado, não possuíam um centro de culto como o de Jerusalém. Por outro, não contavam com uma aristocracia sacerdotal nativa ou uma classe dirigente que pudesse guardar e cultivar as tradições de Israel, como ocorria na Judeia. Nada de estranhar, portanto, que se desenvolvessem tradições, costumes e práticas locais um tanto diferentes dos que eram vividos na Judeia.

Depois da rebelião dos Macabeus aconteceu um fato importante. Os soberanos asmoneus da Judeia subordinaram a Galileia ao Estado-Templo de Jerusalém e obrigaram seus habitantes a viver "segundo as leis judaicas"[52]. A integração não lhes deve ter sido difícil, pois se sentiam membros do povo judaico da Aliança. No entanto, depois de tantos séculos separados de Jerusalém, não estavam acostumados a viver submetidos aos sumos sacerdotes. O templo era, sem dúvida, a casa de Deus, mas agora representava também um centro de poder que os submetia diretamente ao sistema de arrecadação dos dízimos e demais taxas sagradas.

A colonização estimulada pelos governantes asmoneus contribuiu de maneira decisiva para a integração e assimilação da Galileia dentro do Estado judeu. Ao que parece, foram muitas as famílias judaicas que foram da Judeia para cultivar terras da Galileia[53]. Em todo caso, os habitantes da Galileia contemporâneos de Jesus podem ser chamados "judeus" com toda propriedade. Suas raízes religiosas estão na Judeia. De fato, Roma, Herodes e Antipas os trataram como judeus, respeitando suas tradições e sua religião. Por outro lado, as escavações fornecem dados inquestionáveis sobre o caráter judaico da Galileia que Jesus conheceu. Por toda parte aparecem *miqwaot* ou

52. *Antiguidades dos judeus* 13, 318.

53. Provavelmente a maioria dos povoadores da Galileia do século I eram descendentes destes colonos chegados da Judeia (Reed, Dunn) mais que dos antigos israelitas integrados pelos asmoneus em sua conquista da Galileia (Horsley).

piscinas para as purificações: os galileus praticavam os mesmos ritos de purificação como os habitantes da Judeia[54]. A ausência de carne de porco na alimentação, os recipientes de pedra ou o tipo de sepulturas falam claramente de sua pertença à religião judaica[55].

Geograficamente a Galileia era uma espécie de ilha rodeada por importantes cidades helenísticas. Ao sul, na região hostil da Samaria, erguia-se Sebaste, a nova capital, de acentuada influência helenística; a oeste, na costa mediterrânea, destacavam-se três importantes centros urbanos: Ptolemaida, que influía fortemente na planície de Jezrael, e Tiro e Sidônia, que faziam sentir sua presença nas regiões fronteiriças do Norte; a leste encontrava-se a Decápole, importante confederação de cidades que constituíam o foco mais forte do desenvolvimento helenístico na região. Quando Pompeu estruturou a região, deu a estas dez cidades um estatuto próprio e as integrou diretamente na nova província romana da Síria. No entanto, no meio deste entorno fortemente helênico, a Galileia aparece no tempo de Jesus como uma região com uma personalidade própria. Nem sequer em Séforis e Tiberíades se observam indícios de um número considerável de gentios romanos, gregos ou siro-fenícios. As duas se haviam helenizado um pouco mais que o resto da Galileia, mas continuavam sendo cidades judaicas[56].

Não é fácil conhecer de forma precisa como se vivia na Galileia a vinculação religiosa com Jerusalém. Havia certamente uma distância geográfica e espiritual. Os galileus nunca receberam uma influência religiosa tão intensa como os habitantes de Jerusalém ou os camponeses das aldeias judaítas de

---

54. Na região de Cafarnaum não se detecta tanto a presença destas piscinas. Provavelmente as pessoas dessa região praticavam o banho ritual no lago (Reed).

55. Dados recolhidos por Reed das diferentes escavações.

56. Os indicadores de etnicidade judaica em Séforis e Tiberíades (piscinas rituais, sepulturas com ossários, dieta sem carne de porco, vasilhas de pedra) são praticamente idênticos ao resto da Galileia (Reed). A investigação recente está abandonando a visão de uma Galileia fortemente helenizada no tempo de Jesus. Por isso parece cada vez menos plausível a hipótese de um Jesus "cínico" no estilo grego (Downing, Mack e, em boa parte, Crossan).

seu entorno. A presença de escribas ou mestres da lei não parece ter sido muito ativa. Quando Jesus e seus discípulos subiam a Jerusalém, cruzavam de certa forma uma "barreira", pois vinham das margens geográficas do judaísmo da Galileia para seu centro. No entanto, Jerusalém desempenhava um papel simbólico insubstituível e exercia sobre os galileus uma atração com a qual não podiam competir nem Séforis nem Tiberíades. Sabemos por Flávio Josefo que os galileus subiam em peregrinação a Jerusalém. Muitos deles tinham certamente avós ou pais nascidos na Judeia e ainda persistiam contatos entre as famílias. Por outro lado, a peregrinação não era só um fenômeno religioso, mas um acontecimento social muito importante. Os peregrinos tomavam parte nas festas religiosas, mas, ao mesmo tempo, comiam, bebiam, cantavam e faziam as suas pequenas compras. As festas religiosas constituíam umas férias sagradas muito atraentes.

Por outro lado, é compreensível que na Galileia fossem apreciadas de maneira especial as tradições israelitas do Norte, onde estava encravada a Galileia. Nas fontes evangélicas fala-se dos "profetas" do Norte, como Elias, Eliseu ou Jonas, mas quase nada se diz de "reis" e "sacerdotes", personagens típicos de Jerusalém e da Judeia. Fala-se dos israelitas como "filhos de Abraão" e evita-se a teologia de Sião e da cidade santa. Provavelmente os galileus estavam habituados a uma interpretação mais frouxa da lei e eram menos rigorosos do que na Judeia no tocante a certas regras de pureza.

Na Galileia falava aramaico, língua que fora substituindo o hebraico a partir da expansão assíria. Foi a língua materna de Jesus. Em sua casa falava-se em aramaico e suas primeiras palavras para chamar seus pais foram *abbá* e *immá*. Foi sem dúvida a língua na qual anunciou sua mensagem, pois a população judaica, tanto da Galileia como da Judeia, falava o aramaico na vida diária. Ainda restam claros vestígios de sua língua aramaica no texto dos evangelhos[57]. Os galileus falavam o aramaico com alguns traços que os diferenciavam dos judeus da Judeia. Concretamente, não pronunciavam

57. Os estudiosos registram até vinte e seis palavras aramaicas atribuídas a Jesus. A mais conhecida era, sem dúvida, a expressão *abbá*, com a qual se dirigia a Deus, seu Pai.

bem os sons guturais, e eram objeto de piadas e gozação na capital. Em Jesus, como também em Pedro, o sotaque traía sua origem galilaica[58].

O hebraico, que fora a língua de Israel no tempo dos grandes profetas, decaiu muito depois do exílio para a Babilônia, mas não se perdeu totalmente. No tempo de Jesus era ainda falado em algumas localidades da Judeia, mas conservava-se sobretudo como língua sagrada na qual estavam escritos os livros da lei e era utilizado no culto do templo e em certas orações. Os escribas o dominavam perfeitamente e inclusive serviam-se dele em seus debates. No entanto, o povo já não o entendia bem; quando nas sinagogas se liam as Escrituras sagradas em hebraico, o texto era traduzido e comentado em aramaico[59]. É provável que Jesus tivesse algum conhecimento do hebraico bíblico, mas não parece que o tenha falado regularmente na conversação ordinária.

A partir do impulso helenizador de Alexandre Magno, o grego foi se arraigando cada vez mais nos territórios conquistados, transformando-se na língua oficial da cultura, da administração e dos intercâmbios comerciais. Algo disto aconteceu também na Galileia e na Judeia. Não substituiu o aramaico, mas transformou-se em boa parte na língua empregada pelos membros da corte herodiana, pelas classes dirigentes e pelos encarregados da administração. Em Séforis falava-se talvez mais grego do que em Tiberíades, mas em ambas as cidades continuava vivo o aramaico. Também conheciam o grego a aristocracia sacerdotal e os grupos dirigentes de Jerusalém[60]. Há indícios de que, no tempo de Jesus, havia pessoas bilíngues que falavam ara-

---

58. De acordo com Mateus 26,73, uma criada diz a Pedro: "Não há dúvida. Tu também és um deles. Teu sotaque te denuncia".

59. Conhecem-se muitos *targumim* ou comentários redigidos em aramaico e destinados a tornar inteligível o texto hebraico das Escrituras sagradas. Talvez Jesus estivesse familiarizado com o chamado "Targum de Isaías" (Chilton).

60. Jerusalém podia ter entre 25.000 e 55.000 habitantes, e calcula-se que uns 10.000 ou 15.000 podiam comunicar-se também em grego.

maico e podiam valer-se também de um grego rudimentar[61]. Jesus, sem dúvida, falava e pensava em aramaico, mas seu contato com a língua grega foi talvez mais intenso do que costumamos pensar, sobretudo se ele foi até Séforis à procura de trabalho. Em seu grupo de seguidores alguns falavam grego. Um arrecadador como Levi precisava saber grego para exercer sua profissão. André e Filipe, de nomes gregos e provenientes de Betsaida (Cesareia de Filipe), falavam certamente grego e podiam ajudar Jesus a comunicar-se com pessoas pagãs, como a siro-fenícia.

A chegada dos romanos não conseguiu impor o latim. Ao que parece, este era utilizado exclusivamente pelos funcionários e militares romanos. É certo que nos edifícios, aquedutos e monumentos públicos gravavam-se inscrições impressionantes em latim, mas as pessoas não entendiam seu conteúdo; captavam apenas sua mensagem de poder e dominação. Não há motivos para pensar que Jesus falasse latim. Resumindo: numa comarca tão complexa linguisticamente, Jesus foi um galileu de ambiente rural que ensinava às pessoas em sua língua materna, o aramaico; conhecia provavelmente o hebraico bíblico suficientemente para entender e citar as Escrituras; talvez se defendesse um pouco em grego e desconhecia o latim[62].

Bibliografia

Para o estudo da Galileia

FREYNE, Sean. *Galilee and Gospel*. Boston/Leiden: Brill, 2002.

______. *Jesus, um judeu da Galileia* – Nova leitura da história de Jesus. São Paulo: Paulus, 2008 [*Jesus, a Jewish Galilean* – A New reading of the Jesus-story. Londres/Nova York: Clark International, 2005].

---

61. As inscrições em aramaico (= hebraico) e grego encontradas na Baixa Galileia e nas margens do lago de Genesaré levam a pensar numa população bilíngue. Trata-se certamente de pequenas minorias.

62. A inscrição que, de acordo com João 19,20, se podia ler sobre a cruz em hebraico (= aramaico), latim e grego é um claro expoente da situação linguística.

______. The Geography, Politics and Economics of Galilee and the Quest for the Historical Jesus. In: CHILTON, Bruce & EVANS, Craig A. *Studying the Historical Jesus* – Evaluations of the State of Current Research. Leiden/Boston/Colônia: Brill, 1998, p. 75-121.

HORSLEY, Richard A. *Galilee. History, Politics, People*. Valley Forge, PA: Trinity Press International, 1995.

______. *Arqueologia, história e sociedade na Galileia* – O contexto social de Jesus e dos rabis. São Paulo: Paulus, 2000 [*Archaeology, History and Society in Galilee*. Harrisburg, PA: Trinity Press International, 1996].

______. *Sociology and the Jesus Movement*. Nova York: Continuum, 1994, p. 67-101.

HANSON, K.C. & OAKMAN, Douglas E. *Palestine in the time of Jesus* – Social Structures and Social Conflicts. Mineápolis: Fortress Press, 1998.

THEISSEN, Gerd & MERZ, Annette. *O Jesus histórico*: um manual. São Paulo: Loyola, 2002 [*El Jesús histórico*. Salamanca: Sígueme, 1999, p. 151-176 e 189-206].

COUSIN, Hugues (org.). *Le monde où vivait Jésus*. Paris: Cerf, 1998, p. 11-128.

DEBERGÉ, Pierre. Le monde où vivait Jésus. In: MARCHADOUR, Alain (org.). *Que sait-on de Jésus de Nazareth?* Paris: Bayard, 2000, p. 71-106.

SANDERS, Ed Parish. Jesús en Galilea. In: DONNELLY, Doris (org.). *Jesús*: un coloquio en Tierra Santa. Estella: Verbo Divino, 2004, p. 11-38.

______. *La figura histórica de Jesús*. Estella: Verbo Divino, 2000, p. 33-53.

VERMES, Geza. *Jesús el judío*. Barcelona: Muchnik, 1977, p. 47-62.

SAULNIER, Christiane & ROLLAND, Bernard. *A Palestina no tempo de Jesus*. São Paulo: Paulinas, 1993 [*Palestina en tiempos de Jesús*. 12. ed. Estella: Verbo Divino, 1998].

AGUIRRE, Rafael. *Del movimiento de Jesús a la Iglesia Cristiana* – Ensayo de exégesis sociológica del cristianismo primitivo. 2. ed. Estella: Verbo Divino, 2001, p. 23-32.

EHRMAN, Bart D. *Jesús, el profeta apocalíptico*. Barcelona: Paidós, 2001, p. 135-159.

FABRIS, Rinaldo. *Jesus de Nazaré*: história e interpretação. São Paulo: Loyola, 1998 [*Jesús de Nazaret*: historia e interpretación. Salamanca: Sígueme, 1985, p. 59-70].

GNILKA, Joachim. *Jesus de Nazaré*: mensagem e história. Petrópolis: Vozes, 2000 [*Jesús de Nazaret*: mensaje e historia. Barcelona: Herder, 1993, p. 45-63 e 83-93].

A contribuição da arqueologia

CHARLESWORTH, James H. (org.). *Jesus and Archaeology*. Grand Rapids, MI/Cambridge: Eerdmans, 2006 [especialmente os artigos de CHARLESWORTH, J.H. ("Jesus, Research and Archaeology: A New Perspective", p. 11-63) e de FREYNE, S. ("Archaeology and the Historical Jesus", p. 64-83).

GONZÁLEZ ECHEGARAY, Joaquín. *Arqueología y evangelios*. Estella: Verbo Divino, 1999.

______. *Jesús en Galilea* – Aproximación desde la arqueología. Estella: Verbo Divino, 2000.

REED, Jonathan L. *El Jesús de Galilea:* aportaciones desde la arqueología. Salamanca: Sígueme, 2006.

CROSSAN, John Dominic & REED, Jonathan L. *Em busca de Jesus* – Debaixo das pedras, atrás dos textos. São Paulo: Paulinas, 2007 [*Jesús desenterrado*. Barcelona: Crítica, 2003, sobretudo p. 33-172].

Aproximação sociológica e antropológica

MALINA, Bruce J. *El mundo social de Jesús y los evangelios*. Santander: Sal Terrae, 2002.

______. *El mundo del Nuevo Testamento*: Perspectivas desde la antropología cultural. Estella: Verbo Divino, 1995.

______. *O evangelho social de Jesus* – O reino de Deus em perspectiva mediterrânea. São Paulo: Paulus, 2004 [*The Social Gospel of Jesus* – The Kingdom of God in Mediterranean Perspective. Mineápolis: Fortress Press, 2000].

MALINA, Bruce J. & ROHRBAUGH, Richard L. *Los evangelios sinópticos y la cultura mediterránea del siglo I*: comentario desde las ciencias sociales. Estella: Verbo Divino,1996.

STEGEMANN, E.W. & STEGEMANN, W. *História social do protocristianismo* – Os primórdios no judaísmo e as comunidades de Cristo no mundo mediterrâneo. São Leopoldo/São Paulo: Sinodal/Paulus, 2004 [*Historia social del cristianismo primitivo* – Los inicios en el judaísmo y las comunidades cristianas en el mundo mediterráneo. Estella: Verbo Divino, 2001, sobretudo p. 19-258].

Império de Roma e resistência judaica

SCHÜRER, Emil. *La historia del pueblo judío en tiempos de Jesus* – I: Fuentes y marco histórico. Madri: Cristiandad, 1985.

LEIPOLDT, J. & GRUNDMANN, W. *El mundo del Nuevo Testamento*. Madri: Cristiandad, 1973, sobretudo p. 19-188.

PAUL, André. *O judaísmo tardio*: história política. São Paulo: Paulinas, 1983 [*El mundo judío en tiempos de Jesús*: historia política. Madri: Cristiandad, 1982].

HORSLEY, Richard A. *Jesus, and the Spiral of Violence* – Popular Jewish Resistance in Roman Palestine. Mineápolis: Fortress Press, 1993.

______. *Jesus e o império* – O reino de Deus e a nova desordem mundial. São Paulo: Paulus, 2000 [*Jesús y el Imperio* – El Reino de Dios y el nuevo desorden mundial. Estella, Verbo Divino, 2003, p. 27-74].

HORSLEY, Richard A. & HANSON, John S. *Bandidos, profetas, messias* – Movimentos populares no tempo de Jesus. São Paulo: Paulus, 1995 [*Bandits, Prophets and Messiahs* – Popular Movements at the time of Jesus. São Francisco: Harper, 1988].

Algumas questões concretas

PORTER, Stanley E. Jesus and the Use of Greek in Galilee. In: CHILTON, Bruce & EVANS, Craig A.(orgs.). *Studying the Historical Jesus* – Evaluations of the State of Current Research. Leiden/Boston/Colônia: Brill, 1988, p. 123-154.

OAKMAN, Douglas E. Money in the Moral Universe of the New Testament. In: STEGEMANN, W.; MALINA, Bruce & THEISSEN, Gerd. *The Social Setting of Jesus and the Gospels*. Mineápolis: Fortress Press, 2002, p. 335-348.

Outras obras de interesse

WITHERINGTON III, Ben. *The Jesus Quest* – The Third Search for the Jew of Nazareth. Downers Grove, IL: Inter-Varsity Press, 1997, p. 14-41.

SICRE, José Luis. *El cuadrante* – II: La apuesta – El mundo de Jesús. Estella: Verbo Divino, 2002, p. 29-109.

GUEVARA, Hernando. *Ambiente político del pueblo judío en tiempos de Jesús*. Madri: Cristiandad, 1985.

2

VIZINHO DE NAZARÉ

De acordo com as fontes cristãs, Jesus aparece de repente como um profeta itinerante que percorre os caminhos da Galileia, depois de ter-se distanciado de João Batista. É como se antes não tivesse existido[1]. No entanto, Jesus não era um desconhecido. As pessoas sabem que foi criado em Nazaré. Seus pais e irmãos são conhecidos. É filho de um artesão. Chamam-no Jesus, o de Nazaré. O que podemos saber de Jesus como vizinho desta pequena aldeia?[2]

---

1. Tanto o evangelho de Mateus como o de Lucas fornecem, em seus dois primeiros capítulos, um conjunto de relatos em torno da concepção, nascimento e infância de Jesus. São conhecidos tradicionalmente como "evangelhos da infância". Ambos apresentam notáveis diferenças entre si quanto ao conteúdo, estrutura geral, redação literária e centros de interesse. A análise dos procedimentos literários utilizados mostra que, mais do que relatos de caráter biográfico, são composições cristãs elaboradas à luz da fé em Cristo ressuscitado. Aproximam-se muito de um gênero literário chamado *midrash hagádico*, que descreve o nascimento de Jesus à luz de fatos, personagens ou textos do Antigo Testamento. Não foram redigidos para informar sobre os fatos ocorridos (provavelmente pouco se sabia), e sim para proclamar a Boa Notícia de que Jesus é o Messias davídico esperado em Israel e o Filho de Deus nascido para salvar a humanidade. Assim pensam especialistas como Holzmann, Benoit, Vögtle, Trilling, Rigaux, Laurentin, Muñoz Iglesias ou Brown. Por isso a maioria dos investigadores sobre Jesus começam seu estudo a partir do batismo no Jordão.

2. Jesus nasceu provavelmente em Nazaré. Só os evangelhos da infância de Mateus e Lucas nos falam de seu nascimento em Belém; fazem-no certamente por razões teológicas, como cumprimento das palavras de Miqueias, um profeta do século VIII a.C., que diz assim: "E tu, Belém, terra de Judá, não és de modo algum a última das cidades de Judá, pois de ti sairá um chefe que será pastor de meu povo, Israel" (Miqueias 5,1). De resto, todas as fontes dizem que ele provém de Nazaré (Marcos 1,9; Mateus 21,11; João 1,45-46; Aos dos Apóstolos 10,38) e que era chamado "Jesus Nazareno" (*nazarenos*) ou "de Nazaré" (Marcos 1,24; 10,47; 14,67; 16,6; Lucas 4,34; 24,19).

O povoado de Jesus

Nazaré era um pequeno povoado nas montanhas da Baixa Galileia[3]. O tamanho das aldeias da Galileia, sua disposição e localização variavam bastante. Algumas estavam situadas em lugares protegidos, outras assentavam sobre uma colina ou numa encosta. Em nenhuma se observa um traçado pensado de antemão, como nas cidades helênicas.

De Nazaré sabemos que estava a uns 340 metros de altitude, numa encosta, longe das grandes rotas, na região da tribo de Zabulon. Um desfiladeiro conduzia em rápida descida ao lago de Genesaré. Parece que não havia verdadeiros caminhos entre as aldeias. Talvez o mais utilizado fosse o que levava a Séforis, capital da Galileia quando Jesus nasceu. De resto, o povoado ficava retirado no meio de uma bela paisagem rodeada de morros. Nas encostas mais ensolaradas, situadas ao sul, encontravam-se disseminadas as casas da aldeia e, bem perto, terraços construídos artificialmente onde se cultivavam videiras de uva preta; na parte mais rochosa cresciam oliveiras das quais se colhiam azeitonas. Nos campos do sopé da colina cultivava-se trigo, cevada e painço. Em lugares mais sombreados do vale havia alguns terrenos de aluvião que permitiam o cultivo de verduras e legumes; na extremidade ocidental brotava um bom manancial. Neste ambiente moveu-se Jesus durante seus primeiros anos: ladeira acima, ladeira abaixo e algumas escapadas em direção a umas oliveiras próximas ou até ao manancial[4].

Nazaré era uma aldeia pequena e desconhecida, de apenas duzentos a quatrocentos habitantes. Nunca aparece mencionada nos livros sagrados do

---

3. As diferentes escavações conseguiram descobrir a localização de dezenove povoados na região montanhosa de Nazaré e seus arredores.

4. Assim Reed reconstrói o entorno de Nazaré a partir das escavações recentes, que permitiram encontrar terraços artificiais construídos numa encosta para plantar videiras, uma torre redonda de pedra relacionada com alguma vinha, um lagar escavado na rocha para pisar uva, uma pedra de moinho para obter azeite...

povo judeu, nem sequer na lista de povoados da tribo de Zabulon[5]. Alguns de seus habitantes viviam em cavernas escavadas nas encostas; a maioria em casas baixas e primitivas, de paredes escuras de adobe ou pedra, com telhados confeccionados com ramos secos e argila, e chão de terra batida. Muitas tinham em seu interior cavidades subterrâneas para armazenar a água ou guardar os cereais. Em geral, só tinham um cômodo no qual se alojava e dormia toda a família, inclusive os animais. Em geral as casas davam para um pátio que era compartilhado por três ou quatro famílias do mesmo grupo, e onde transcorria boa parte da vida doméstica. Ali tinham em comum o pequeno moinho onde as mulheres moíam os cereais e o forno onde assavam o pão. Ali eram depositados também os instrumentos agrícolas. Este pátio era o lugar mais apreciado para os mais pequenos brincarem e para o descanso e as conversas dos mais velhos ao entardecer.

Jesus viveu numa destas humildes casas e captou até em seus mínimos detalhes a vida de cada dia. Sabe qual é o melhor lugar para colocar um candeeiro, de maneira que o interior da casa, de paredes escuras e não caiadas, fique iluminado e se possa ver. Viu as mulheres varrendo o chão pedregoso com uma folha de palmeira para procurar alguma moeda perdida em algum canto. Sabe como é fácil penetrar em algumas destas casas abrindo um rombo para roubar as poucas coisas de valor guardadas em seu interior[6]. Passou muitas horas no pátio de sua casa e conhece bem o que se vive nas famílias. Não há segredos para ninguém. Viu como sua mãe e as vizinhas saem para o pátio ao amanhecer para preparar a massa do pão com um punhado de fermento. Observou-as enquanto remendam a roupa e reparou que não se pode pôr num vestido velho um remendo de pano novo. Ouviu como as crianças pedem aos pais pão ou um ovo, sabendo que sempre receberão deles coisas boas. Conhece também os favores que os vizinhos sabem prestar uns aos ou-

---

5. Flávio Josefo cita 45 povoados na Galileia, mas nunca Nazaré. Também não aparece no Talmud, que menciona 65 povoados.

6. Mateus 5,15; Lucas 15,8-9; Mateus 24,45.

tros. Algumas vezes pôde perceber como alguém se levantava de noite, depois de já fechada a porta da casa, para atender ao pedido de um amigo[7].

Quando, mais tarde, percorrer a Galileia convidando a uma experiência nova de Deus, Jesus não fará grandes discursos teológicos nem citará os livros sagrados lidos nas reuniões dos sábados numa língua que nem todos conhecem bem. Para entender Jesus não é necessário ter conhecimentos especiais; não é preciso ler livros. Jesus lhes falará a partir da vida. Todos poderão captar sua mensagem: as mulheres que põem fermento na massa de farinha e os homens que voltam para casa depois de semear o trigo. Basta viver intensamente a vida de cada dia e ouvir com coração simples as ousadas consequências que Jesus dela extrai para acolher um Deus Pai.

Com poucos anos de idade, Jesus atreve-se a andar pela aldeia e seus arredores. Como todos os meninos, presta atenção imediatamente aos animais que andam pelo povoado: as galinhas que escondem seus pintainhos debaixo das asas ou os cachorros que ladram quando os mendigos se aproximam. Observa que as pombas aproximam-se confiantes e se assustam ao encontrar-se com alguma serpente dormindo ao sol junto às paredes de sua casa[8].

Viver em Nazaré é viver no campo. Jesus cresceu no meio da natureza, com os olhos muito abertos para o mundo que o rodeia. Basta ouvi-lo falar. A abundância de imagens e observações tomadas da natureza nos mostra um homem que sabe perceber a criação e desfrutá-la. Jesus observou muitas vezes os pássaros que revoam em torno de sua aldeia; não semeiam nem armazenam em celeiros, mas voam cheios de vida, alimentados por Deus, seu Pai. Entusiasmaram-no as anêmonas vermelhas que em abril cobrem as colinas de Nazaré; nem Salomão em toda a sua glória vestiu-se como uma delas. Observa com atenção os ramos das figueiras: dia após dia vão brotando neles folhas tenras anunciando que o verão se aproxima. Vê-se Jesus desfrutando

7. Mateus 13,33; Mateus 9,16; Lucas 11,5-8.9-13.

8. Mateus 23,37; Lucas 16,21; Mateus 10,16.

o sol e a chuva e dando graças a Deus, que "faz nascer seu sol sobre bons e maus e manda a chuva sobre justos e injustos". Observa as nuvens densas e escuras que anunciam a tempestade e sente em seu corpo o vento úmido do sul, que indica a chegada dos calores[9].

Jesus não só vive aberto à natureza. Mais tarde convidará as pessoas a ir além do que se vê nela. Seu olhar é um olhar de fé. Admira as flores do campo e os pássaros do céu, mas intui por trás deles o cuidado amoroso de Deus por suas criaturas. Alegra-se pelo sol e pela chuva, mas muito mais pela bondade de Deus para com todos os seus filhos, sejam bons ou maus. Sabe que o vento "sopra onde quer", sem que se possa precisar "donde vem e para onde vai", mas ele percebe através do vento uma realidade mais profunda e misteriosa: o Espírito Santo de Deus[10]. Jesus não sabe falar senão a partir da vida. Para sintonizar com ele e captar sua experiência de Deus é necessário amar a vida e mergulhar nela, abrir-se ao mundo e escutar a criação.

No seio de uma família judia

Em Nazaré a família era tudo: lugar de nascimento, escola de vida e garantia de trabalho. Fora da família, o indivíduo fica sem proteção nem segurança. Só na família encontra sua verdadeira identidade. Esta família não se reduzia ao pequeno lar formado pelos pais com seus filhos. Estendia-se a todo o clã familiar, agrupado sob uma autoridade patriarcal e formado por todos os que se encontravam vinculados, em algum grau, por parentesco de sangue ou por matrimônio. Dentro desta "família extensa" estabeleciam-se estreitos laços de caráter social e religioso. Compartilhavam os instrumentos agrícolas ou os moinhos de azeite; ajudavam-se mutuamente nas fainas do campo, sobretudo nos tempos de colheita e vindima; uniam-se para proteger suas terras ou defender a honra familiar; negociavam os novos matrimônios assegurando os

---

9. Mateus 6,26; 6,28; 24,32; 5,45; Lucas 12,55.

10. Mateus 6,25-30; Mateus 5,45; João 3,8.

bens da família e sua reputação. Frequentemente as aldeias iam se formando a partir destes grupos familiares unidos por parentesco.

Ao contrário do que costumamos imaginar, Jesus não viveu no seio de uma pequena célula familiar junto com os pais, mas integrado numa família mais extensa. Os evangelhos nos informam que Jesus tem quatro irmãos que se chamam Tiago, José, Judas e Simão, e também algumas irmãs que não são nomeadas, por causa da pouca importância que se dava à mulher. Provavelmente estes irmãos e irmãs são casados e têm sua família nuclear. Numa aldeia como Nazaré, a "família extensa" de Jesus podia constituir uma boa parte da população[11]. Abandonar a família era muito grave. Significava perder a vinculação com o grupo protetor e com o povoado. O indivíduo devia procurar outra "família" ou grupo. Por isso, deixar a família de origem era uma decisão estranha e arriscada. No entanto, chegou um dia em que Jesus o fez. Ao que parece, sua família e inclusive seu grupo familiar ficavam pequenos para ele. Ele procurava uma "família" que abarcasse todos os homens e mulheres dispostos a fazer a vontade de Deus[12]. A ruptura com sua família marcou sua vida de profeta itinerante.

Havia, pelo menos, dois aspectos nestas famílias que Jesus iria um dia criticar. Em primeiro lugar, a autoridade patriarcal, que dominava tudo; a autoridade do pai era absoluta; todos lhe deviam obediência e lealdade. Ele negociava os matrimônios e decidia o destino das filhas. Ele organizava o

---

11. De acordo com Marcos 6,3, os habitantes de Nazaré expressam-se assim: "Não é este o carpinteiro, o filho de Maria e irmão de Tiago, José, Judas e Simão? Não estão suas irmãs aqui entre nós?" Na Igreja antiga já havia diversas respostas ao abordar a interpretação deste texto e de outros que falam de "irmãos" e "irmãs" de Jesus (Marcos 3,31-32; 1Coríntios 9,5; Gálatas 1,19). A interpretação mais divulgada até os nossos dias foi a de Jerônimo, que os considera "primos ou parentes próximos". Os estudos de Meier e outros exegetas descartam hoje esta interpretação por razões sobretudo filológicas, e consideram que estes textos falam de "irmãos" reais de Jesus. É preciso situar estas conclusões no contexto de uma cultura patriarcal baseada na *agnatio* (descendência traçada através dos varões): nesta cultura, a única coisa que se afirma quando se diz que duas pessoas são "irmãos" é que elas têm o mesmo pai. A Igreja católica sempre entendeu que estas passagens não se referem a outros filhos da Virgem Maria.

12. Marcos 3,34-35.

trabalho e definia os direitos e deveres. Todos lhe estavam sujeitos. Jesus falará mais tarde de certas relações fraternas onde o domínio sobre os demais deve ser substituído pelo serviço mútuo. Uma fonte atribui a Jesus estas palavras: "Não chameis a ninguém 'pai' vosso sobre a terra, porque um só é vosso Pai: o do céu"[13].

Também a situação da mulher não era a que Jesus defenderia mais tarde. A mulher era valorizada sobretudo por sua fecundidade e seu trabalho no lar. Sobre ela recaíam a criação dos filhos pequenos, a confecção das vestimentas, a preparação da comida e demais tarefas domésticas. De resto, quase não tomava parte na vida social da aldeia. Seu lugar era o lar. Não tinha contato com os varões fora de seu grupo de parentesco. Não se sentava à mesa nos banquetes em que havia convidados. As mulheres acompanhavam-se e apoiavam-se mutuamente em seu próprio mundo. Na realidade, a mulher sempre pertencia a alguém. A jovem passava do controle do pai ao do esposo. Seu pai podia vendê-la como escrava para pagar as dívidas, mas não podia fazer o mesmo com o filho, que estava destinado a assegurar a continuidade da família. O esposo podia repudiá-la abandonando-a à sua sorte. Era especialmente trágica a situação das mulheres repudiadas e das viúvas, que ficavam sem honra, sem bens e sem proteção, ao menos até encontrar um varão que se encarregasse delas. Mais tarde, Jesus defenderá as mulheres contra a discriminação, as acolherá entre seus discípulos e adotará uma postura categórica diante do repúdio decidido pelos varões: "Quem repudia sua mulher e se casa com outra comete adultério contra a primeira"[14].

Como todos os meninos de Nazaré, Jesus viveu os primeiros sete ou oito anos de sua vida sob o cuidado da mãe e das mulheres de seu grupo familiar. Nestas aldeias da Galileia, as crianças eram os membros mais fracos e vulneráveis, os primeiros a sofrer as consequências da fome, da desnutrição e da enfer-

---

13. Mateus 23,9. Embora estas palavras tenham sido elaboradas na comunidade cristã para alertar sobre uma perigosa hierarquização emergente, são eco do pensamento autêntico de Jesus.

14. Marcos 10,11.

midade. A mortalidade infantil era muito grande[15]. Por outro lado, poucos chegavam à idade juvenil sem ter perdido o pai ou a mãe. As crianças eram sem dúvida valorizadas e queridas, também as órfãs, mas sua vida era especialmente dura e difícil. Aos oito anos, os meninos eram introduzidos quase sem preparação no mundo autoritário dos homens, onde se lhes ensinava a afirmar sua masculinidade cultivando a valentia, a agressão sexual e a sagacidade. Anos mais tarde, Jesus adotará perante as crianças uma atitude pouco habitual neste tipo de sociedade. Não era normal que um varão honrado manifestasse para com as crianças essa atenção e acolhida que as fontes cristãs destacam em Jesus, em contraste com outras reações mais frequentes. Sua atitude está fielmente contida nestas palavras: "Deixai que as crianças se aproximem de mim, não o impeçais, pois os que são como elas têm Deus como rei"[16].

Entre pessoas do campo

Nas cidades chamava-se os habitantes das aldeias rurais de *'am ha-'arets*, expressão que literalmente significa "gente do campo", mas que era utilizada em sentido pejorativo para qualificar pessoas rudes e ignorantes[17]. "De Nazaré pode sair alguma coisa boa?"[18] Esta é a impressão que se tinha do povoado de Jesus e de seus habitantes. A vida em Nazaré era dura. A fome era uma ameaça real em tempos de seca rigorosa ou depois de uma má colheita[19]. As famílias faziam todo o possível para alimentar-se dos produtos de

---

15. Calcula-se que a mortalidade infantil chegava a 30%. Certamente, uns 60% morriam antes dos dezesseis anos. Eram frequentes na Galileia a malária e a tuberculose.

16. Marcos 10,14. Jesus manifesta para com as crianças a mesma atitude de acolhida e proteção que mostra para com os mais fracos e indefesos da sociedade. A reação dos discípulos, procurando afastar as crianças, reflete a atitude normal naquela sociedade.

17. Talvez a expressão *'am ha-'arets* fosse, em sua origem, uma referência aos cananeus, habitantes destas terras antes de chegarem os hebreus.

18. João 1,46.

19. Jesus não conheceu dois períodos de fome extrema que ocorreram na Palestina: uma no tempo de Herodes o Grande e outra alguns anos depois de sua morte. A vida itinerante de Jesus e de seu grupo era especialmente difícil. As fontes falam que, em certa ocasião, os discípulos, urgidos pela fome, puseram-se a arrancar espigas para comer os grãos (Marcos 2,23-27).

suas terras sem precisar depender de outros. A alimentação dos camponeses era escassa. Constava principalmente de pão, azeitonas e vinho; comiam também feijão ou lentilha acompanhados de alguma verdura; calhava também completar a dieta com figos, queijos ou yogurte. Às vezes comia-se peixe salgado e a carne era reservada só para as grandes celebrações e a peregrinação a Jerusalém. A expectativa de vida era de aproximadamente 30 anos. Eram poucos os que chegavam aos cinquenta ou aos sessenta[20].

As grandes preocupações destes camponeses eram duas: a subsistência e a honra. A primeira coisa era subsistir depois de pagar todos os tributos e arrecadações, sem cair na espiral das dívidas e chantagens. O verdadeiro problema era ter com que alimentar a família e os animais e, ao mesmo tempo, guardar semente para a semeadura seguinte[21]. Em Nazaré quase não circulava dinheiro. Ao contrário, intercambiavam-se produtos ou pagava-se com uma ajuda temporária no campo, emprestando animais para trabalhar a terra ou outros serviços parecidos. Excetuando alguns artesãos da construção e algum oleiro ou curtidor, todos os vizinhos destas aldeias da Galileia dedicavam-se ao trabalho do campo, seguindo o ritmo das estações. De acordo com a Mixná[22], entre os judeus o trabalho estava distribuído e organizado: a mulher trabalha dentro da casa preparando a comida e lavando ou consertando a roupa; o homem trabalha fora do lar, nas diferentes lides do campo. Provavelmente não era assim nestas pequenas aldeias. No tempo da colheita, por exemplo, toda a família trabalhava na colheita, inclusive mulheres e crianças. Por outro lado, as mulheres saíam para buscar água ou lenha, e não era raro ver os homens tecendo ou consertando o calçado.

---

20. A maioria dos esqueletos conservados mostra uma grande falta de ferro e proteínas. Em muitos observa-se uma artrite grave.

21. Jesus fala em termos muito realistas quando convida a orar ao Pai assim: "Dá-nos o pão de que necessitamos cada dia". Este pedido formulado em Mateus 6,11 é mais original e autêntico do que o que aparece em Lucas 11,13.

22. A Mixná é uma compilação de comentários rabínicos à lei de Moisés. O essencial foi codificado pelo fim do século II e começo do século III. Junto com os comentários posteriores da Guemará, constitui o Talmud, uma das obras mais importantes do judaísmo.

Jesus conhece bem este mundo dos camponeses. Sabe o cuidado que é preciso ter para arar em linha reta sem olhar para trás. Conhece o trabalho, às vezes pouco frutífero, dos semeadores. Repara que o grão deve ficar bem enterrado para poder germinar e observa como vão brotando as espigas sem que o lavrador saiba como isso acontece. Sabe como é difícil separar o trigo da cizânia, pois crescem muito juntos, e a paciência que é preciso ter com a figueira para que algum dia chegue a dar fruto[23]. Tudo lhe servirá mais tarde para anunciar sua mensagem com palavras simples e claras.

Junto com a subsistência preocupa a honra da família. A reputação era tudo. O ideal era manter a honra e a posição do grupo familiar, sem usurpar nada aos outros e sem permitir que outros a prejudicassem. Todo o clã permanecia vigilante para que nada pudesse pôr em dúvida a honra familiar. Sobretudo vigiava-se de perto as mulheres, pois podiam pôr em perigo o bom nome da família. E isto por razões diversas: não dar filhos varões ao grupo familiar, manter uma relação sexual com alguém sem o consentimento do grupo, divulgar segredos da família ou agir de forma vergonhosa para todos. Às mulheres inculcavam-se castidade, silêncio e obediência. Estas eram provavelmente as principais virtudes de uma mulher em Nazaré.

Jesus pôs em perigo a honra da sua família quando a abandonou. Sua vida de vagabundo, longe do lar, sem ofício fixo, realizando exorcismos e curas estranhas, e anunciando sem autoridade alguma uma mensagem desconcertante, era uma vergonha para toda a família. A reação da família é explicável: "Quando seus parentes foram informados, saíram para detê-lo, pois diziam: 'Está fora de si'"[24]. Jesus, por sua vez, filho desta mesma cultura, se queixará a seus vizinhos de Nazaré de não o estimarem e acolherem como

---

23. Lucas 9,62; Marcos 4,3-9; João 12,24; Marcos 4,26-29; Mateus 13,24-30.36-43; Lucas 21,29-30.

24. Marcos 3,21. A maioria dos exegetas pensa que os parentes de Jesus acreditaram realmente que ele não estava em seu perfeito juízo e tentaram levá-lo para casa.

cabe a um profeta: "Não há profeta sem honra senão na sua terra, entre os seus parentes e na sua própria casa"[25].

Ambiente religioso

A Galileia não era a Judeia. A cidade santa de Jerusalém ficava longe. Naquela aldeia perdida nas montanhas a vida religiosa não girava em torno do templo e seus sacrifícios. A Nazaré não chegavam os grandes mestres da lei. Eram os próprios vizinhos que cuidavam de alimentar sua fé no seio do lar e nas reuniões religiosas dos sábados. Uma fé de caráter bastante conservador e elementar, provavelmente pouco sujeita a tradições mais complicadas, mas profundamente arraigada nos corações. O que podia confortá-los em sua dura vida de camponeses senão a fé em seu Deus?[26]

A partir de Nazaré Jesus não podia conhecer de perto o pluralismo vivido naquele momento entre os judeus. Só de maneira ocasional e vaga pode ter ouvido falar dos saduceus de Jerusalém, dos diversos grupos fariseus, dos "monges" de Qumran ou dos terapeutas de Alexandria[27]. Sua fé foi se alimentando na experiência religiosa vivida entre o povo simples das aldeias da Galileia. Não é difícil esboçar os traços básicos desta religião.

---

25. Marcos 6,4. Esta queixa de Jesus goza de um alto grau de autenticidade. Está conservada também em Mateus 13,57, Lucas 4,24, João 4,44 e no *Evangelho [apócrifo] de Tomé* 31.

26. Ao que parece, a fé e a piedade das aldeias da Galileia eram de caráter conservador (Freyne, Riesner). Por outro lado, não parece que a presença de escribas e mestres fosse importante (Sanders).

27. Os investigadores tendem hoje a distinguir entre o "judaísmo comum" (Sanders) ou judaísmo normativo e os "diversos judaísmos" (Perrot) ou rostos da religião judaica tal como era vivida nos diferentes grupos: setores saduceus, grupos fariseus de tendências diversas, "monges" de Qumran ou essênios do *Documento de Damasco*, terapeutas de Alexandria. Dunn fala de "judaísmo comum", constituído pelas "práticas e crenças da grande maioria do povo", e "judaísmo faccioso" (Jewish Factionalism), que abrange as diversas facções ou grupos que, dentro do judaísmo, competem entre si apresentando-se como verdadeiros herdeiros de Israel.

Os vizinhos de Nazaré, como todos os judeus de seu tempo, confessavam duas vezes por dia sua fé num só Deus, criador do mundo e salvador de Israel. Num lar judeu era a primeira coisa que se fazia pela manhã e a última coisa à noite. Não era propriamente um credo o que se recitava, mas uma oração emocionada que convidava o crente judeu a viver enamorado de Deus como seu único Senhor: "Ouve, Israel: O Senhor, nosso Deus, é o único Senhor. Amarás o Senhor, teu Deus, com todo o teu coração, com toda a tua alma e com todas as tuas forças"[28]. Estas palavras, repetidas todos os dias ao levantar e ao deitar, foram se gravando profundamente no coração de Jesus. Mais tarde diria às pessoas: "Esta oração que recitamos todos os dias nos lembra o mais importante de nossa religião: viver totalmente enamorados de Deus"[29].

Apesar de viver perdidos naquela pobre aldeia, os vizinhos de Nazaré tinham consciência de pertencer a um povo muito querido por Deus. Todas as nações faziam pactos e alianças entre si para defender-se dos inimigos, mas o povo judeu vivia outra aliança original e surpreendente. Entre esse Deus único e Israel havia uma relação muito especial. Ele havia escolhido aquele povo pequeno e indefeso como algo muito seu e havia estabelecido com ele uma aliança: o Senhor era seu Deus protetor e Israel era o "povo de Deus". Ser israelita queria dizer pertencer a esse povo eleito. Os varões judeus eram circuncidados para trazer em sua própria carne o sinal que os identificava como membros do povo eleito. Jesus o sabia. Seguindo o que era prescrito pela lei, havia sido circuncidado por seu pai José oito dias após o nascimento. O rito foi realizado provavelmente numa manhã no pátio da casa familiar. Assim se costumava fazer nas pequenas aldeias. Pelo rito da circuncisão, Jesus era aceito por seu pai como filho, mas, ao mesmo tempo, era acolhido na comunidade da Aliança[30].

---

28. Com estas palavras do Deuteronômio 6,4-5 começava a oração chamada *Shema' Israel* ("Ouve, Israel"). Parece que esta oração era recitada já antes do ano 70 (Schürer).

29. De acordo com Marcos 12,29-30, a um escriba que lhe pergunta "qual é o primeiro de todos os mandamentos?", Jesus responde citando as primeiras palavras do *Shema' Israel*. A mesma coisa ensinava o famoso mestre Hillel, contemporâneo de Jesus.

30. O rito da circuncisão acabou sendo chamado de *berit*, ou seja, "aliança", porque significava a entrada do menino no povo da Aliança (Chilton).

Os judeus viviam orgulhosos por contar com a Torá. O próprio Javé havia doado a seu povo a lei na qual lhe era revelado o que ele devia cumprir para corresponder fielmente a seu Deus. Ninguém a discutia. Ninguém a considerava uma carga pesada, mas um presente que os ajudava a viver uma vida digna de sua Aliança com Deus. Em Nazaré, como em qualquer aldeia judaica, toda a vida decorria dentro do marco sagrado desta lei. Dia após dia, Jesus ia aprendendo a viver segundo os grandes mandamentos do Sinai. Seus pais iam ensinando a ele os preceitos rituais e os costumes sociais e familiares que a lei prescrevia. A Torá impregnava tudo. Era o sinal de identidade de Israel. O que distinguia os judeus dos outros povos[31]. Jesus nunca desprezou a lei, mas um dia ensinaria a vivê-la de uma maneira nova, escutando até o fundo o coração de um Deus Pai, que quer reinar entre seus filhos e filhas procurando para todos uma vida digna e feliz.

Em Nazaré não havia nenhum templo. Os estrangeiros ficavam desconcertados ao comprovar que os judeus não construíam templos nem prestavam culto a imagens de deuses. Havia um único lugar sobre a terra onde seu Deus podia ser adorado: o templo santo de Jerusalém. Era ali que o Deus da Aliança habitava no meio de seu povo de maneira invisível e misteriosa. Para ali peregrinavam os vizinhos de Nazaré, como todos os judeus do mundo, para louvar seu Deus. Ali se oferecia o sacrifício pelos pecados de todo o povo na "festa da expiação"[32]. O templo era para os judeus o coração do mundo. Em Nazaré o sabiam. Por isso, ao rezar, orientavam seu olhar para Jerusalém. Jesus provavelmente aprendeu a rezar assim. Mais tarde, porém, as pessoas o verão rezar "erguendo os olhos para o céu"[33], segundo um antigo costume que se observa já nos salmos. Para Jesus, Deus é o "Pai do céu".

---

31. Flávio Josefo destaca com orgulho esta originalidade de seu povo, governado pela lei de Deus, e pensa que o povo judeu poderia ser considerado uma *teocracia*.

32. Só nessa festa do *Yom Kippur* o sumo sacerdote entrava no lugar mais recôndito e santo do templo para realizar a expiação pelos pecados do povo.

33. Marcos 6,41; 7,34; Lucas 9,16.

Não está ligado a um lugar sagrado. Não pertence a um povo ou a uma raça concretos. Não é propriedade de nenhuma religião. Deus é de todos.

Aos sábados, Nazaré se transformava. Ninguém madrugava. Os homens não saíam para o campo. As mulheres não assavam o pão. Todo trabalho era interrompido. O sábado era um dia de descanso para a família inteira. Todos o aguardavam com alegria. Para aquelas pessoas era uma verdadeira festa que transcorria em torno ao lar e tinha seu momento mais prazeroso na refeição familiar, que sempre era melhor e mais abundante do que durante o resto da semana. O sábado era outro traço essencial da identidade judaica. Os povos pagãos, que desconheciam o descanso semanal, ficavam surpresos com esta festa que os judeus observavam como sinal de sua eleição. Profanar o sábado era desprezar a eleição e a aliança.

O descanso absoluto de todos, o encontro tranquilo com os familiares e vizinhos e a reunião na sinagoga permitiam a todo o povo viver uma experiência renovadora[34]. O sábado era vivido como uma "pausa para respirar" querida por Deus, pois ele próprio, depois de criar os céus e a terra, "descansou e parou para respirar no sétimo dia"[35]. Sem precisar seguir o penoso ritmo do trabalho diário, nesse dia os judeus sentiam-se mais livres e podiam lembrar que Deus os havia tirado da escravidão para desfrutarem de uma terra própria[36]. Em Nazaré as pessoas certamente não estavam muito ao par das discussões que os escribas mantinham a respeito dos trabalhos proibidos no sábado. Também não podiam saber muita coisa sobre o rigorismo com que os essênios observavam o descanso semanal. Para as pessoas do campo, o sábado era uma "bênção de Deus". Jesus o sabia muito bem. Quando mais tarde lhe criticaram a liberdade com que curava os enfermos no sá-

---

34. O sábado era um dia de descanso total. Não só se deixava o trabalho. Evitava-se, além disso, todo esforço. Não se podia transportar cargas. Só se podia andar um pouco mais de um quilômetro.

35. Êxodo 31,17.

36. Deuteronômio 5,12-15.

bado, defendeu-se com uma frase lapidar: "O sábado foi feito por amor ao homem e não o homem por amor ao sábado"[37]. Que dia melhor que o sábado para libertar as pessoas de seus achaques e enfermidades?

No sábado de manhã todos os vizinhos se reuniam na sinagoga do povoado para um encontro de oração. Era o ato mais importante do dia. Sem dúvida, a sinagoga de Nazaré era muito humilde. Talvez uma simples casa que servia não só como lugar de oração, mas também para tratar de assuntos de interesse comum para todo o povoado, de trabalhos a realizar entre todos, de ajuda a pessoas necessitadas[38]. À reunião do sábado assistiam quase todos, embora as mulheres não estivessem obrigadas. O encontro começava com alguma oração como o *Shemá' Israel* ou alguma bênção. Lia-se, a seguir, um trecho do Pentateuco, seguido às vezes por algum texto dos profetas. Todo o povo podia ouvir a Palavra de Deus, homens, mulheres e crianças. Este costume religioso, que tanto surpreendia os estrangeiros, permitia aos judeus alimentar sua fé diretamente na fonte mais genuína. No entanto, eram poucos os que podiam entender o texto hebraico das Escrituras. Por isso, um tradutor ia traduzindo e parafraseando o texto em aramaico. Depois começava a pregação, na qual qualquer varão adulto podia tomar a palavra[39]. A "bíblia" que o povo das aldeias tinha em sua cabeça não era o texto hebrai-

---

37. Marcos 2,27.

38. Discute-se entre os estudiosos a existência de sinagogas na Galileia no tempo de Jesus. Para alguns não há evidência literária nem arqueológica que permita identificar positivamente nenhum edifício como sinagoga (Gutmann, Horsley). Outros, no entanto, baseando-se sobretudo nos dados arqueológicos mais recentes de Mágdala-Tariqueia, Gamla ou Cafarnaum, não duvidam em afirmar que havia sinagogas, provavelmente com diversas funções (Ben Witherington III, González Echegaray, Barbaglio). Sem dúvida, no tempo de Jesus, nas aldeias da Galileia celebravam-se assembleias (*synagôgai*), de caráter religiosos e também com fins comunitários. Provavelmente, nos povoados pequenos reuniam-se na praça, em algum pátio ou num espaço habilitado para isso; em aldeias maiores foram sendo construídos edifícios mais adequados. Nada sabemos com certeza de Nazaré (Reed, Dunn). Esta me parece a posição mais razoável neste momento. A cena narrada por Lucas 4,16-22 na "sinagoga de Nazaré" é provavelmente uma composição do evangelista.

39. Esta reconstrução baseia-se na literatura posterior ao ano 70. Os especialistas pensam que também no tempo de Jesus a reunião aproximar-se-ia bastante deste esquema.

co que nós conhecemos hoje, mas esta tradução aramaica que, sábado após sábado, ouviam na sinagoga. Ao que parece, Jesus tomava isto em consideração ao falar às pessoas.

Passado o sábado, todo mundo retornava mais uma vez ao seu trabalho. A vida dura e monótona de cada dia só era interrompida pelas festas religiosas e pelas bodas, que eram, sem dúvida, a experiência festiva mais apreciada pelas pessoas do campo. O casamento era uma animada festa familiar e popular. A melhor de todas. Durante vários dias, os familiares e amigos acompanhavam os noivos comendo e bebendo com eles, dançando danças de casamento e entoando canções de amor. Jesus deve ter tomado parte em mais de uma festa de casamento, porque sua família era numerosa. Ao que parece, divertia-se acompanhando os noivos durante estes dias de festa e alegrava-se comendo, cantando e dançando. Quando mais tarde acusaram seus discípulos de não levar uma vida austera ao estilo dos discípulos de João, Jesus defendeu-os de uma maneira surpreendente. Explicou com simplicidade que, junto dele, a vida devia ser uma festa, algo parecido com esses dias de bodas. Não tem sentido estar celebrando um casamento e ficar sem comer nem beber: "Podem porventura jejuar os convidados a um casamento enquanto o noivo está com eles?"[40]

As festas religiosas eram muito estimadas por todos, mas não sabemos como as celebravam nas pequenas aldeias os vizinhos que não tinham feito a peregrinação a Jerusalém. O outono era um tempo especialmente festivo. Em setembro celebrava-se a "festa do ano novo" (*Rosh ha-shaná*). Dez dias mais tarde, o "dia da expiação" (*Yom Kippur*), uma celebração que transcorria principalmente no interior do templo, onde se ofereciam sacrifícios especiais pelos pecados do povo. Seis dias mais tarde celebrava-se um festa muito mais alegre e popular que durava desta vez sete dias. Era chamada "festa das tendas" (*Sukkot*). Em sua origem havia sido, provavelmente, uma "festa da vindi-

40. Marcos 2,19. Entre os estudiosos não se duvida de que este dito provém de alguma forma do próprio Jesus.

ma" que se celebrava no campo, em pequenas choupanas instaladas entre os vinhedos. Durante a festa, esperada ansiosamente pelas crianças, as famílias viviam fora de casa em cabanas, que lhes recordavam as tendas do deserto onde se haviam abrigado seus antepassados quando Deus os tirou do Egito.

Na primavera celebrava-se a "grande festa da Páscoa" (*Pesach*), que atraía milhares de peregrinos judeus procedentes do mundo inteiro. Na véspera do primeiro dia degolava-se o cordeiro pascal e ao anoitecer cada família se reunia para celebrar uma comovente ceia que comemorava a libertação do povo judeu da escravidão no Egito. A festa continuava durante sete dias num clima de alegria e orgulho por pertencer ao povo eleito, e também de tensa esperança de recuperar novamente a liberdade perdida sob o jugo do imperador romano. Cinquenta dias depois, na proximidade do verão, celebrava-se a "festa de Pentecostes" ou "festa da colheita". No tempo de Jesus estava associada à recordação da Aliança e da doação da lei no Sinai.

A fé de Jesus foi crescendo neste clima religioso de sua aldeia, nas reuniões do sábado e nas grandes festas de Israel, mas sobretudo foi no seio da sua família que ele pôde alimentar-se da fé de seus pais, conhecer o sentido profundo das tradições e aprender a rezar a Deus. Os nomes de seus pais e irmãos, todos de forte arraigamento na história de Israel, sugerem que Jesus cresceu numa família judaica profundamente religiosa[41]. Durante os primeiros anos foi sua mãe e as mulheres do grupo familiar que tiveram um contato mais íntimo com ele e puderam iniciá-lo melhor na fé de seu povo. Depois foi certamente José quem se preocupou não só em ensinar-lhe um ofício, mas também em integrá-lo na vida de adulto fiel à Aliança com Deus[42].

---

41. Seu pai José traz o nome de um dos filhos de Jacó. Sua mãe Miryam, o da irmã de Moisés. Seus irmãos Simão (= Simeão), José e Judas (= Judá), os nomes de três filhos de Jacó; Tiago (= Jacó), o nome do grande patriarca.

42. Talvez a influência ou ascendente de José sobre seu filho tenha sido mais importante do que se pensa. Jesus tinha o costume de chamar a Deus de *Abbá*, a mesma expressão com que se dirigia a seu "pai" José.

Jesus aprendeu a rezar desde criança. Os judeus piedosos sabiam rezar não só na liturgia da sinagoga ou com as orações prescritas para o momento de levantar-se ou deitar-se. Em qualquer momento do dia elevavam seu coração a Deus para louvá-lo com uma oração tipicamente judaica chamada "bênção" (*beraká*). Estas orações começam com um grito de admiração: *Baruk attá Adonai* ("Bendito és, Senhor!"), seguido do motivo que provoca a ação de graças. Para um israelita, tudo pode ser motivo de "bênção" a Deus: o despertar e o entardecer, o calor benfazejo do sol e as chuvas da primavera, o nascimento de um filho ou as colheitas do campo, o dom da vida e o desfrute da terra prometida. Jesus respirou desde criança esta fé impregnada de ação de graças e louvor a Deus. Uma antiga fonte cristã conservou uma "bênção" que brotou espontaneamente de seu coração ao ver que sua mensagem era acolhida pelos pequenos: "Eu te bendigo, Pai, Senhor do céu e da terra, porque ocultaste estas coisas a sábios e inteligentes e as revelaste aos pequenos"[43].

Vida de trabalhador

Não sabemos com certeza se Jesus pode ter tido outra formação além da que recebeu em sua casa. Ignoramos se naquela aldeia desconhecida existia uma escola vinculada à sinagoga, como houve mais tarde em muitos povoados da Palestina[44]. Ao que parece, eram poucos os que sabiam ler e escrever entre as camadas humildes do Império romano[45]. Coisa parecida acontecia na Galileia[46]. As pessoas de povoados tão pequenos como Nazaré não tinham meios para a aprendizagem nem livros em suas casas. Somente as classes di-

---

43. Fonte Q (Lucas 10,21 // Mateus 11,25).

44. Parece que não se pode aplicar à Galileia do tempo de Jesus as descrições rabínicas posteriores que falam do funcionamento de escolas (*bet ha-sefer*) nos povoados da Palestina (Schürer).

45. Calcula-se que apenas 10% da população do Império era capaz de ler e escrever (Harris, Horsley, Kloppenborg).

46. De acordo com alguns, a alfabetização não ultrapassava os 3% da população na Palestina romana (Horsley, Kloppenborg, Reed). Outros sugerem que a religião judaica, centrada nas sagradas Escrituras, impulsionou uma alfabetização superior à do resto do Império (Riesner, Dunn).

rigentes, a aristocracia de Jerusalém, os escribas profissionais ou os "monges" de Qumran tinham meios para adquirir certa cultura escrita. Nas pequenas aldeias da Galileia não se sentia essa necessidade. Não sabemos, portanto, se Jesus aprendeu a ler e escrever. Se aprendeu, não pôde praticar muito: em sua casa não havia livros para ler nem tinta ou pergaminhos para escrever. Mas a habilidade que Jesus mostra para discutir sobre textos das Escrituras ou sobre tradições religiosas faz pensar que possuía um talento natural que compensava o baixo nível de sua formação cultural. Nestes povoados de cultura oral, as pessoas tinham uma grande capacidade de reter na memória cantos, orações e tradições populares, que eram transmitidas de pais para filhos. Neste tipo de sociedade pode-se ser sábio sem dominar a leitura nem a escrita. Provavelmente Jesus foi uma pessoa assim.

Certamente Jesus não frequentou nenhuma escola de escribas nem foi discípulo de nenhum mestre da lei. Foi simplesmente um vizinho sábio e inteligente que ouvia com atenção e guardava na memória as palavras sagradas, orações e salmos de que mais gostava. Não precisava recorrer a nenhum livro para meditá-lo em seu coração. Quando um dia Jesus ensinar às pessoas, não citará nenhum rabino, quase não sugerirá literalmente nenhum texto sagrado das Escrituras. Ele fala daquilo de que o coração está cheio[47]. As pessoas ficavam admiradas. Nunca haviam ouvido nenhum mestre falar com tanta força[48].

O que certamente Jesus aprendeu em Nazaré foi um ofício para ganhar a vida. Não foi um camponês dedicado às tarefas do campo, embora em mais de uma ocasião deva ter dado uma mãozinha aos seus, sobretudo no tempo de recolher as colheitas. As fontes dizem com toda a precisão que ele foi um "artesão" como havia sido seu pai[49]. Seu trabalho não correspondia ao do

---

47. De acordo com Jesus, "a boca fala daquilo de que o coração transborda" (Mateus 12,34).

48. Marcos 1,27.

49. Marcos 6,3. O termo grego *tektôn* não deve ser traduzido por "carpinteiro", mas antes por "construtor". A palavra designa um artesão que trabalha com diversos materiais, como a pedra, a madeira e inclusive o ferro.

carpinteiro de hoje. Trabalhava a madeira, mas também a pedra. A atividade de um artesão de aldeia abarcava trabalhos diversos. Não é difícil adivinhar os trabalhos que pediam a Jesus: consertar os telhados feitos de ramos e argila danificados pelas chuvas do inverno, fixar as vigas da casa, construir portas e janelas de madeira, fazer modestos baús, algum banquinho tosco, bases de lâmpadas e outros objetos simples. Mas também construir alguma casa para um novo casal, reparar terraços para o cultivo de vinhas ou escavar na rocha algum lagar para pisar a uva.

Na própria Nazaré não havia trabalho suficiente para um artesão. Por um lado, o mobiliário daquelas humildes casas era muito modesto: recipientes de cerâmica e de pedra, cestos, esteiras; o imprescindível para a vida cotidiana. Por outro lado, as famílias mais pobres construíam suas próprias moradias e os camponeses fabricavam e consertavam durante o inverno seus instrumentos agrícolas. Para encontrar trabalho, tanto José como seu filho precisavam sair de Nazaré e percorrer os povoados próximos. Será que Jesus chegou a trabalhar em Séforis? Quando começou a ganhar a vida como artesão, Séforis era capital da Galileia e estava apenas a cinco quilômetros de Nazaré. Arrasada totalmente pelos romanos quando Jesus tinha apenas seis anos, Séforis estava agora em plena reconstrução. A demanda de mão de obra era grande. Precisava-se sobretudo de oleiros e operários da construção. Provavelmente foram muitos os jovens das aldeias vizinhas que ali encontraram trabalho. Em pouco mais de uma hora Jesus podia ir de seu povoado até Séforis para retornar novamente ao entardecer. É possível que também ele tenha trabalhado alguma temporada naquela cidade, mas isso não deixa de ser uma conjetura[50].

Com seu modesto trabalho, Jesus era tão pobre como a maioria dos galileus de seu tempo. Não estava no degrau mais baixo da escala social e econômica. Sua vida não era tão dura como a dos escravos, nem conhecia a miséria

50. Há estudiosos que defendem a presença de Jesus nas obras de reconstrução de Séforis (Batey, González Echegaray). Se for assim, Jesus teria tido um contato com a cultura urbana muito maior do que costumamos pensar. Trata-se de uma conjetura de grande interesse, mas no momento sem suficiente base real (Reed).

dos mendigos que percorriam as aldeias pedindo ajuda. Mas tampouco vivia com a segurança dos camponeses que cultivavam suas próprias terras. Sua vida parecia-se mais com a dos diaristas que procuravam trabalho quase todos os dias. Assim como eles, também Jesus se via obrigado a deslocar-se para encontrar alguém que contratasse seus serviços.

Sem esposa nem filhos

A vida de Jesus foi transcorrendo silenciosamente sem nenhum acontecimento relevante. O silêncio das fontes deve-se provavelmente a uma razão muito simples: em Nazaré não aconteceu nada de especial[51]. A única coisa importante foi um fato estranho e inusitado naqueles povoados da Galileia e que, certamente, não foi bem visto por seus vizinhos: Jesus não se casou. Não se preocupou em arranjar uma esposa para assegurar uma descendência à sua família[52]. O comportamento de Jesus só podia deixar confusos seus familiares e vizinhos. O povo judeu tinha uma visão positiva e prazerosa do sexo e do matrimônio, difícil de encontrar em outras culturas. Na sinagoga de Nazaré Jesus ouvira mais de uma vez as palavras do Gênesis: "Não é bom que o homem esteja só"[53]. O que agrada a Deus é um varão acompanhado de uma mulher fecunda e rodeado de filhos. Não causa estranheza que na literatura rabínica posterior se possam ler máximas como esta: "Sete coisas o céu condena e a primeira delas é o homem que não tem mulher". O que foi que levou Jesus a adotar um comportamento absolutamente estranho nos

51. Os relatos cheios de fantasia do *Protoevangelho de Tiago*, do *Evangelho do Pseudo-Mateus*, da *História de José o carpinteiro* e de outros evangelhos apócrifos escritos para satisfazer a curiosidade popular, dando detalhes da infância ou da juventude de Jesus, não fornecem nenhum dado histórico confiável.

52. As fontes cristãs falam de muitas mulheres que se movimentam em torno a Jesus. Mencionam também sua mãe e irmãs. No entanto, nunca se diz nada de uma possível esposa e filhos. A opinião de que este silêncio se deve ao fato de as fontes pressuporem como conhecido que estivesse casado (Phipps) não resulta convincente.

53. Gênesis 2,18.

povoados da Galileia e só conhecido entre alguns grupos marginais como os essênios de Qumran ou os terapeutas do Egito?

A renúncia de Jesus ao amor sexual não parece motivada por um ideal ascético, parecido com o dos "monges" de Qumran, que buscavam uma pureza ritual extrema, ou com o dos terapeutas de Alexandria, que praticavam o "domínio das paixões". Seu estilo de vida não é o de um asceta do deserto. Jesus come e bebe com pecadores, trata com prostitutas e não vive preocupado com a impureza ritual. Também não se observa em Jesus nenhuma rejeição à mulher. Sua renúncia ao matrimônio não se parece com a dos essênios de Qumran, que não tomam esposa porque estas poderiam criar discórdias na comunidade. Jesus as recebe em seu grupo sem nenhum problema, não tem nenhum temor às amizades femininas e, certamente, corresponde com ternura ao carinho especial de Maria de Mágdala.

Também não temos dados para suspeitar que Jesus tenha ouvido um chamado de Deus a viver sem esposa, ao estilo do profeta Jeremias, ao qual, segundo a tradição, Deus havia pedido viver só, sem desfrutar da companhia de uma esposa nem dos banquetes com seus amigos, para distanciar-se daquele povo inconsciente que continuava divertindo-se, alheio ao castigo que o esperava[54]. A vida de Jesus, que assiste às bodas de seus amigos, compartilha a mesa com pecadores e celebra refeições para pregustar a festa final junto a Deus, nada tem a ver com essa solidão pungente, imposta ao profeta para criticar um povo impenitente.

A vida celibatária de Jesus não se parece também com a de João Batista, que abandonou seu pai Zacarias sem preocupar-se com sua obrigação de assegurar-lhe uma descendência para continuar a linha sacerdotal. A renúncia do Batista a conviver com uma esposa é bastante razoável. Não lhe teria sido

---

54. Jeremias foi um profeta de alma terna, feita para amar, mas viu-se obrigado a anunciar ao povo castigos e desgraças. Viveu dilacerado por sua missão e deu um sentido profético à sua vida solitária: "Nunca me sentei para deleitar-me com os que se divertiam: forçado por tua mão, sentei-me solitário" (Jeremias 15,17).

fácil levar consigo uma mulher ao deserto para viver alimentando-se de gafanhotos e mel silvestre, enquanto anunciava o juízo iminente de Deus e urgia a todos a penitência. Mas Jesus não é um homem do deserto. Seu projeto levou-o a percorrer a Galileia anunciando não o juízo irado de Deus, mas a proximidade de um Pai perdoador. Diante da atitude austera do Batista, que "não comia pão nem bebia vinho", Jesus surpreende por seu estilo de vida festivo: come e bebe, sem importar-se com as críticas que lhe fazem[55]. Entre os discípulos que o acompanham há homens, mas também mulheres muito queridas por ele. Por que não tem junto a si uma esposa?

Também entre os fariseus não se conhecia a prática do celibato. Houve, no entanto, um rabino posterior a Jesus, chamado Simeão ben Azzai, que recomendava a outros o matrimônio e a procriação, mas ele vivia sem esposa. Ao ser acusado de não praticar o que ensinava aos outros, costumava responder: "Minha alma está enamorada da Torá. Outros podem levar adiante o mundo". Consagrado totalmente ao estudo e à observância da lei, não se sentia chamado a ocupar-se de uma esposa e de filhos. Certamente não era o caso de Jesus, que não dedicou sua vida a estudar a Torá.

No entanto, consagrou-se sim totalmente a algo que foi se apoderando de seu coração com força cada vez maior. Ele o chamava de "reino de Deus". Foi a paixão de sua vida, a causa à qual se entregou de corpo e alma. Aquele operário de Nazaré acabou vivendo somente para ajudar seu povo a acolher o "reino de Deus". Abandonou sua família, deixou seu trabalho, dirigiu-se ao deserto, aderiu ao movimento de João, depois o abandonou, procurou colaboradores, começou a percorrer os povoados da Galileia. Sua única obsessão era anunciar a "Boa Notícia de Deus"[56]. Seduzido pelo reino de Deus, fugiu-lhe a vida sem que ele encontrasse tempo para criar uma família própria. Seu comportamento resultava estranho e desconcertante. Segundo as fon-

55. Assim diz a antiga fonte Q (Lucas 7,33-34 // Mateus 11,11-19).

56. Esta expressão foi cunhada entre os cristãos da primeira geração, mas não recolhe bem o conteúdo da atividade de Jesus (Marcos 1,14).

tes, chamaram a Jesus de tudo: "comilão", "beberrão", "amigo de pecadores", "samaritano", "endemoninhado". Provavelmente zombaram dele chamando-o também de "eunuco". Era um insulto cáustico, que não só questionava sua virilidade, mas também o associava com um grupo marginal de homens desprezados como impuros por sua falta de integridade física. Jesus reagiu dando a conhecer o motivo de seu comportamento: há eunucos que nasceram sem testículos do seio da mãe; há outros que são castrados para servir às famílias da alta administração imperial. Mas "há alguns que se castram a si mesmos por causa do reino de Deus". Esta linguagem tão expressiva só pode provir de alguém tão original e escandaloso como Jesus[57].

Se Jesus não convive com uma mulher não é porque despreze o sexo ou desvalorize a família. É porque não se casa com nada nem com ninguém que possa distraí-lo de sua missão a serviço do reino. Não abraça uma esposa, mas se deixa abraçar por prostitutas que vão entrando na dinâmica do reino, depois de recuperar junto a ele sua dignidade. Não beija filhos próprios, mas abraça e abençoa as crianças que dele se aproximam, porque as vê como "parábola viva" de como se deve acolher a Deus. Não cria uma família própria, mas se esforça por suscitar uma família mais universal, composta por homens e mulheres que façam a vontade de Deus. Poucos traços de Jesus nos revelam com mais força sua paixão pelo reino e sua disponibilidade total para lutar pelos mais fracos e humilhados. Jesus conheceu a ternura, experimentou o carinho e a amizade, amou as crianças e defendeu as mulheres. Só renunciou àquilo que podia impedir a seu amor a universalidade e entrega incondicional aos privados de amor e dignidade. Jesus não teria entendido outro celibato. Só aquele que brota da paixão por Deus e por seus filhos e filhas mais pobres.

---

57. Esta metáfora de "castrar-se" por causa do reino de Deus não tem paralelos no judaísmo. Trata-se de um dito que circulou de maneira independente nas comunidades cristãs e que, sem dúvida, provém de Jesus. Mateus 19,12 o conserva assim: "Há eunucos que nasceram assim do seio materno e há eunucos que assim foram feitos pelos homens e há eunucos que assim se fizeram por causa do reino dos céus".

Bibliografia

Para um estudo geral

MEIER, John Paul. *Um judeu marginal: repensando o Jesus histórico* – I: As raízes do problema e da pessoa. Rio de Janeiro: Imago, 1993 [*Un judío marginal: Nueva visión del Jesús histórico* – I: Las raíces del problema y de la persona. Estella: Verbo Divino, 2001, p. 219-377].

BARBAGLIO, Giuseppe. *Jesús, hebreo de Galilea* – Investigación histórica. Salamanca: Secretariado Trinitario, 2003, p. 113-136.

SANDERS, Ed Parish. *La figura histórica de Jesús*. Estella: Verbo Divino, 2000, p. 55-61.

FABRIS, Rinaldo. *Jesus de Nazaré*: história e interpretação. São Paulo: Loyola, 1998 [*Jesús de Nazaret*: Historia e interpretación. Salamanca: Sígueme, 1985, p. 68-86].

COUSIN, Hugues (org.). *Le monde où vivait Jésus*. Paris: Cerf, 1998, p. 199-219.

THEISSEN, Gerd & MERZ, Annette. *O Jesus histórico* – Um manual. São Paulo: Loyola, 2002 [*El Jesús histórico*. Salamanca: Sígueme, 1999, p. 191-193].

GNILKA, Joachim. *Jesus de Nazaré*: mensagem e história. Petrópolis: Vozes, 2000 [*Jesús de Nazaret*: mensaje e historia. Barcelona: Herder, 1993, p. 95-99].

CHILTON, Bruce. *Rabbi Jesus* – An Intimate Biography. Nova York: Doubleday, 2002, p. 3-22.

Contribuição da arqueologia (Nazaré, relação com Séforis, sinagoga de Nazaré...)

CHARLESWORTH, James (org.). *Jesus and Archaeology*. Grand Rapids, MI/Cambridge: Eerdmans, 2006, sobretudo p. 206-222 e 236-282.

GONZÁLEZ ECHEGARAY, Joaquín. *Jesús en Galilea:* aproximación desde la arqueología. Estella: Verbo Divino, 2000, sobretudo p. 121-152.

REED, Jonathan L. *El Jesús de Galilea:* aportaciones desde la arqueología. Salamanca: Sígueme, 2006, sobretudo p. 133-177.

CROSSAN, John Dominic & REED, Jonathan L. *Em busca de Jesus* – Debaixo das pedras, atrás dos textos. São Paulo: Paulinas, 2007 [*Jesús desenterrado*. Barcelona: Crítica, 2003, sobretudo p. 37-58].

Aproximação sociológica e antropológica

MALINA, Bruce J. *El mundo social de Jesús y los evangelios*. Santander: Sal Terrae, 2002.

______. *El mundo del Nuevo Testamento*: perspectivas desde la antropología cultural. Estella: Verbo Divino, 1995, sobretudo p. 45-83 e 145-180.

MALINA, Bruce J. & ROHRBAUGH, Richard L. *Los evangelios sinópticos y la cultura mediterránea del siglo* I – Comentario de las ciencias sociales. Estella: Verbo Divino, 1996, sobretudo as referências às "crianças", "idade", "família", "personalidade diádica".

Contexto religioso (sábado, oração, festas judaicas...)

COUSIN, Hugues (org.). *Le monde où vivait Jésus*. Paris: Cerf, 2002, sobretudo p. 287-373.

MAIER, J. *Entre os dois Testamentos* – História e religião na época do Segundo Templo. São Paulo: Loyola [*Entre los dos Testamentos* – Historia y religión en la época del segundo templo. Salamanca: Sígueme, 1996].

SICRE DÍAZ, José Luis. *El cuadrante* – II. La apuesta: el mundo de Jesús. Estella: Verbo Divino, 2002, sobretudo p. 115-170.

MANNS, Frédéric. *La prière d'Israel à l'heure de Jésus*. Jerusalém: Franciscan Printing Press, 1986.

ARON, R. *Los años oscuros de Jesús*. Madri: Taurus, 1963.

3

Buscador de Deus

Não sabemos quando e em que circunstâncias, mas num determinado momento Jesus deixa seu trabalho de artesão, abandona a família e se afasta de Nazaré. Não procura uma nova ocupação. Não se aproxima de nenhum mestre acreditado para estudar a Torá ou conhecer melhor as tradições judaicas. Não se dirige às margens do mar Morto para ser admitido na comunidade de Qumran. Tampouco se dirige a Jerusalém para conhecer de perto o lugar santo onde se oferecem sacrifícios ao Deus de Israel. Afasta-se de toda terra habitada e dirige-se ao deserto[1].

Como para todos os judeus, o deserto evoca em Jesus o lugar em que nasceu o povo e ao qual é preciso voltar em épocas de crise para começar novamente a história rompida pela infidelidade a Deus. Não chegam até ali as ordens de Roma nem o bulício do templo; não se ouvem os discursos dos mestres da lei. Em compensação, pode-se ouvir a Deus no silêncio e na solidão. De acordo com o profeta Isaías, é o melhor lugar para "abrir caminho" para Deus e deixá-lo entrar no coração do povo[2]. Ao deserto haviam-se retirado por volta do ano 150 a.C. os "monges" dissidentes de Qumran; para ali os profetas populares conduziam seus seguidores; ali proclamava o Batista

1. A profundidade e maturidade de sua índole religiosa levam alguns a pensar que Jesus viveu um período de busca antes de encontrar-se com o Batista. Flávio Josefo fala da busca que ele mesmo iniciou quando tinha por volta de dezesseis anos e que também o levou até ao deserto, onde conviveu durante três anos com "um homem do deserto" chamado Banus (*Autobiografia* 2, 10-12).

2. Isaías 40,3.

sua mensagem. Também Jesus vai ao deserto. Anseia por ouvir esse Deus que no deserto "fala ao coração"[3].

No entanto, não temos dados para pensar que ele procure uma experiência mais intensa de Deus que satisfaça sua sede interior ou pacifique seu coração. Jesus não é um místico em busca de harmonia pessoal. Tudo leva a pensar que ele procura Deus como "força de salvação" para seu povo. É o sofrimento das pessoas que o faz sofrer: a brutalidade dos romanos, a opressão que sufoca os camponeses, a crise religiosa de seu povo, a adulteração da Aliança. Onde está Deus? Não é ele o "amigo da vida"? Não irá intervir?[4]

Jesus não tem ainda um projeto próprio quando se encontra com o Batista. Imediatamente fica seduzido por este profeta do deserto. Não havia visto nada igual. Também ele sente-se fascinado pela ideia de criar um "povo renovado", para começar de novo a história, acolhendo a intervenção salvadora de Deus. A ninguém Jesus admirou tanto como a João Batista. De ninguém falou em termos parecidos. Para Jesus ele não é só um profeta. É "mais que um profeta"[5]. É inclusive "o maior entre todos os nascidos de mulher"[6]. O que pode ter seduzido tanto a Jesus. O que encontrou na pessoa de João e em sua mensagem?

O diagnóstico radical de João

Entre o outono do ano 27 e a primavera de 28 surge no horizonte religioso da Palestina um profeta original e independente que causa um forte impac-

---

3. Oseias 2,16.

4. Em sua pregação posterior, Jesus não comunica uma experiência mística de Deus, mas sua confiança total na proximidade de Deus, que vem trazer justiça e salvação (o reinado de Deus entre os homens). Por isso não me parece suficiente considerá-lo como um carismático "cheio do Espírito de Deus" (Borg) ou como um "judeu piedoso" (*hasid*) na linha de Honi, "o traçador de círculos", ou de Hanina ben Dosa (Vermes).

5. Fonte Q (Lucas 7,26 // Mateus 11,9).

6. Fonte Q (Lucas 7,28 // Mateus 11,11); *Evangelho [apócrifo] de Tomé* 46.

to em todo o povo. Seu nome é João, mas as pessoas o chamam de o "Batizador", porque pratica um rito inusitado e surpreendente nas águas do Jordão. É, sem dúvida, o homem que marcará como ninguém a trajetória de Jesus[7].

João era de família sacerdotal rural. Sua linguagem rude e as imagens que emprega refletem o ambiente camponês de uma aldeia[8]. Em algum momento, João rompe com o templo e com todo o sistema de ritos de purificação e perdão a ele vinculados. Não sabemos o que o move a abandonar sua tarefa sacerdotal. Seu comportamento é o de um homem arrebatado pelo Espírito. Não se apoia em nenhum mestre. Não cita explicitamente as Escrituras sagradas. Não invoca nenhuma autoridade para legitimar sua atuação. Abandona a terra sagrada de Israel e vai ao deserto para proclamar sua mensagem.

João não só conhece a profunda crise em que se encontra o povo. Diferentemente de outros movimentos contemporâneos, que abordam diversos aspectos, ele concentra a força de seu olhar profético na raiz de tudo: o pecado e a rebeldia de Israel. Seu diagnóstico é conciso e certeiro: a história do povo eleito chegou a seu fracasso total. O projeto de Deus ficou frustrado. A crise atual não é uma crise a mais. É o ponto final a que se chegou numa longa cadeia de pecados. O povo encontra-se agora diante da reação definitiva de Deus. Assim como os lenhadores deixam a descoberto as raízes de uma árvore antes de dar os golpes decisivos para derrubá-la, assim Deus está com "o machado posto à raiz das árvores"[9]. É inútil as pessoas quererem escapar de sua "ira iminente", como uma ninhada de víboras que fogem do incêndio

---

7. As principais fontes sobre a atividade, pregação e morte do Batista são: Marcos 1,2-11; 6,17-29; fonte Q (Lucas 3,7-9; 3,16-17; 7,24-28; 16,16 // Mateus 3,7-10; 3,11-12; 17,7-11; 11,12-13); Flávio Josefo em *Antiguidades dos judeus* 18, 5,2.

8. De acordo com muitos autores (Meier, Theissen e Merz, Ernst, Webb), este seria o único dado que pode ser aceito como histórico do material trazido por Lucas no relato da "infância de João" (Lucas 1).

9. Fonte Q (Lucas 3,9 // Mateus 3,10): "O machado já está posto à raiz das árvores; e toda árvore que não der bom fruto será cortada e lançada ao fogo".

que delas se aproxima[10]. Já não se pode recorrer aos meios tradicionais para recomeçar a história de salvação. De nada serve oferecer sacrifícios de expiação. O povo precipita-se para o seu fim.

De acordo com o Batista, o mal corrompe tudo. O povo inteiro está contaminado, não só os indivíduos; todo o Israel precisa confessar seu pecado e converter-se radicalmente a Deus, se não quiser perder-se irremediavelmente. O próprio templo está corrompido; já não é um lugar santo; não serve para eliminar a maldade do povo; são inúteis os sacrifícios de expiação ali oferecidos; é preciso um rito novo de purificação radical, não ligado ao culto do templo. A maldade chega inclusive até à terra em que Israel vive; também ela precisa ser purificada e habitada por um povo renovado; é preciso dirigir-se ao deserto, fora da terra prometida, para entrar novamente nela como um povo convertido e perdoado por Deus.

Ninguém deve iludir-se. A Aliança está rompida. O pecado de Israel anulou-a. É inútil apelar para a eleição por parte de Deus. De nada serve sentir-se "filhos de Abraão"[11]; Deus poderia tirar filhos de Abraão até das pedras espalhadas pelo deserto. Nada dispensa de uma conversão radical. Israel está praticamente no mesmo nível que os povos gentios. Não pode recorrer à sua história passada com Deus. O povo precisa de uma purificação total para restabelecer a Aliança. O "batismo" que João oferece é precisamente o novo rito de conversão e perdão radical de que Israel necessita: o começo de uma eleição e de uma aliança nova para esse povo fracassado.

Jesus fica seduzido e impactado por esta visão grandiosa. Este homem põe Deus no centro e no horizonte de toda busca de salvação. O templo, os sacrifícios, as interpretações da Lei, a própria pertença ao povo eleito: tudo fica relativizado. Só uma coisa é decisiva e urgente: converter-se a Deus e acolher seu perdão.

---

10. Fonte Q (Lucas 3,7 // Mateus 3,7): "Raça de víboras, quem vos ensinou a fugir da ira iminente?"

11. Fonte Q (Lucas 3,8 // Mateus 3,9): "Não andeis dizendo em vosso interior: 'Temos Abraão por pai', porque vos digo que Deus pode tirar destas pedras filhos de Abraão".

O novo começo

João não pretende mergulhar o povo no desespero. Pelo contrário, sente-se chamado a convidar todos a dirigir-se ao deserto para viver uma conversão radical, ser purificados nas águas do Jordão e, uma vez recebido o perdão, poder ingressar novamente na terra prometida para acolher a iminente chegada de Deus.

Dando exemplo a todos, foi o primeiro a ir para o deserto. Deixa sua pequena aldeia e dirige-se a uma região desabitada da bacia oriental do Jordão. O lugar fica na região da Pereia, às portas da terra prometida, mas fora dela[12].

Ao que parece, João havia escolhido cuidadosamente o lugar. Por um lado, encontrava-se junto ao rio Jordão, onde havia água abundante para realizar o rito do "batismo". De resto, por aquela região passava uma importante via comercial que ia de Jerusalém em direção às regiões situadas a leste do Jordão e por onde transitava muita gente a quem João podia proclamar sua mensagem. Mas existe outra razão mais profunda. O Batista podia ter encontrado água mais abundante às margens do lago de Genesaré. Podia ter-se posto em contato com mais pessoas na cidade de Jericó ou na própria Jerusalém, onde havia pequenos tanques ou *miqwaot*, tanto públicos como privados, para realizar comodamente o rito batismal. Mas o "deserto" escolhido encontrava-se diante de Jericó, no lugar preciso em que, segundo a tradição, o povo conduzido por Josué havia cruzado o rio Jordão para entrar na terra prometida[13]. A escolha era intencional.

João começa a viver ali como um "homem do deserto". Traz como vestimenta um manto de pelo de camelo com um cinturão de couro e alimenta-se

---

12. Os estudos mais recentes sobre o Batista (Stegemann, Meier, Webb, Vidal) o situam batizando *a leste do Jordão*, no território da Pereia, que estava sob a jurisdição de Antipas. Isto explica que ele pudesse encarcerá-lo e executá-lo na fortaleza de Maqueronte, ao sul da Pereia. Na Judeia governava neste momento Pôncio Pilatos.

13. Josué 4,13-19.

de gafanhotos e mel silvestre[14]. Esta maneira elementar de vestir-se e alimentar-se não se deve somente a seu desejo de levar uma vida ascética e penitente. Aponta, pelo contrário, para o estilo de vida de um homem que habita no deserto e se alimenta dos produtos espontâneos de uma terra não cultivada. João quer recordar ao povo a vida de Israel no deserto, antes de sua entrada na terra que Deus ia dar-lhes em herança[15].

João coloca novamente o povo "no deserto". Às portas da terra prometida, mas fora dela. A nova libertação de Israel precisa começar ali onde havia começado. O Batista chama as pessoas a situar-se simbolicamente no ponto de partida, antes de cruzar o rio. Assim como aconteceu com a "primeira geração do deserto", também agora o povo deve escutar a Deus, purificar-se nas águas do Jordão e entrar renovado no país da paz e da salvação.

Neste cenário evocador, João aparece como o profeta que chama à conversão e oferece o batismo para o perdão dos pecados. Os evangelistas recorrem a dois textos da tradição bíblica para apresentar sua figura[16]. João é a "voz que grita no deserto: 'Preparai o caminho para o Senhor, aplainai suas veredas"[17]. Esta é sua tarefa: ajudar o povo a preparar o caminho para Deus, que já está chegando. Dito em outras palavras, ele é "o mensageiro" que novamente guia Israel pelo deserto e volta a introduzi-lo na terra prometida.

O batismo de João

Quando João chega à região desértica do Jordão, estão muito difundidos por todo o Oriente os banhos sagrados e as purificações com água. Muitos

---

14. Marcos 1,6.

15. Contra o que geralmente se afirma, parece que a estadia de João no deserto tinha mais o caráter simbólico de uma "vida fora da terra prometida" do que o tom ascético de um penitente (Stegemann, Gnilka, Meier, Vidal).

16. Não sabemos se o próprio João os utilizou para apresentar-se diante do povo, como faziam outros líderes proféticos de seu tempo. Em geral os autores o negam.

17. Este conhecido texto de Isaías 40,3 é citado por todos os evangelistas para falar de João: Marcos 1,3; a fonte Q (Lucas 3,4 // Mateus 3,3) e João 1,23.

povos atribuíram à água um significado simbólico de caráter sagrado, porque a água lava, purifica, refresca e dá vida. Também o povo judeu recorria às abluções e aos banhos para obter a purificação diante de Deus. Era um dos meios mais expressivos de renovação religiosa. Quando mais afundados se encontravam em seu pecado e em sua desgraça, mais suspiravam por uma purificação que os limpasse de toda maldade. Ainda se recordava a comovedora promessa feita por Deus ao profeta Ezequiel, por volta de 587 a.C.: "Eu vos recolherei de todos os países e vos levarei para a vossa terra. Derramarei sobre vós água pura e ficareis purificados; de todas as vossas impurezas e sujeiras eu vos purificarei. E vos darei um coração novo, infundirei em vós um espírito novo"[18].

O desejo de purificação provocou entre os judeus do século I uma difusão surpreendente da prática de ritos purificatórios[19] e o aparecimento de diversos movimentos batistas. A consciência de viver longe de Deus, a necessidade de conversão e a esperança de salvar-se no "dia final" levava não poucos a buscar sua purificação no deserto. João não era o único. A menos de 20km do lugar onde ele batizava erguia-se o "mosteiro" de Qumran, onde uma numerosa comunidade de "monges" vestidos de branco e obcecados pela pureza ritual praticavam ao longo do dia banhos e ritos de purificação em pequenas piscinas dispostas especialmente para isso. A atração do deserto como lugar de conversão e purificação deve ter sido muito intensa. Flávio Josefo nos informa que "um tal Banus", que vivia no deserto, trazia uma veste feita de folhas, comia alimentos silvestres e se lavava várias vezes de dia e de noite com água fria para purificar-se"[20].

---

18. Ezequiel 36,24-26.

19. Foram descobertos "tanques" e pequenas "piscinas" (*miqwaot*) do tempo de Jesus, que serviam para as purificações. São de uso privado ou público. Algumas estavam escavadas na rocha e contavam com sistemas de canalização para recolher a água da chuva ou de algum manancial próximo.

20. *Autobiografia* 2, 11-12.

No entanto, o batismo de João e, sobretudo, seu significado eram absolutamente novos e originais. Não é um rito praticado de qualquer maneira. Para começar, ele não o realiza em tanques ou piscinas, como se faz no "mosteiro" de Qumran ou nos arredores do templo, mas em plena corrente do rio Jordão. Isso não é algo casual. João quer purificar o povo da impureza radical causada por sua maldade e sabe que, quando se trata de impurezas muito graves e contaminantes, a tradição judaica exige empregar não água estancada ou "água morta", mas "água viva", uma água que flui e corre.

Os que aceitam seu batismo, João os mergulha na águas do Jordão. Seu batismo é um banho completo do corpo, não uma aspersão com água nem uma lavagem parcial das mãos ou dos pés, como se costumava fazer em outras práticas purificatórias da época. Seu novo batismo aponta para uma purificação total. Por isso mesmo é realizado uma só vez, como um novo começo da vida, e não como as imersões praticadas pelos "monges" de Qumran várias vezes ao dia para recuperar a pureza ritual perdida ao longo da jornada.

Mas há algo mais original. Até ao aparecimento de João não existia entre os judeus o costume de batizar outras pessoas. Conhecia-se grande número de ritos de purificação e imersões, mas os que procuravam purificar-se sempre se lavavam a si mesmos. João é o primeiro a atribuir-se a autoridade de batizar outras pessoas. Justamente por isso começaram a chamá-lo de "batizador" ou "submergidor". Isto dá a seu batismo um caráter singular. Por um lado, cria um vínculo estreito entre os batizados e João. As abluções praticadas entre os judeus eram coisa de cada um, ritos privados repetidos sempre que se considerava necessário. O batismo no Jordão é diferente. As pessoas falam do "batismo de João". Ser submergidos pelo Batista nas águas vivas do Jordão significa acolher seu chamado e incorporar-se à renovação de Israel. Por outro lado, ao ser realizado por João e não por cada um, o batismo aparece como um dom de Deus. É Deus mesmo quem concede a purificação a Israel. João é apenas seu mediador[21].

---

21. Alguns veem nesta atuação do Batista reminiscências de sua função sacerdotal, pois nos ritos purificatórios do templo os sacerdotes atuavam como mediadores de Deus (Stegemann, Webb, Vidal).

O batismo de João transforma-se assim em sinal e compromisso de uma conversão radical a Deus. O gesto expressa solenemente o abandono do pecado em que o povo está submerso e o retorno à Aliança com Deus. Esta conversão deve realizar-se no mais profundo da pessoa, mas precisa traduzir-se num comportamento digno de um povo fiel a Deus: o Batista pede "frutos dignos de conversão"[22]. Esta "conversão" é absolutamente necessária e nenhum rito religioso pode substituí-la, nem sequer o batismo[23].

No entanto, este mesmo rito cria o clima apropriado para despertar o desejo de uma conversão radical. Homens e mulheres, pertencentes ou não à categoria de "pecadores", considerados puros ou impuros, são batizados por João no rio Jordão enquanto confessam em voz alta seus pecados[24]. Não é um batismo coletivo, mas individual: cada um assume sua própria responsabilidade. No entanto, a confissão dos pecados não se limita ao âmbito do comportamento individual, mas inclui também os pecados de todo o Israel. Provavelmente assemelhava-se à confissão pública dos pecados que todo o povo fazia quando se reunia para a festa da Expiação.

O "batismo de João" é muito mais do que um sinal de conversão. Inclui o perdão de Deus. Não basta o arrependimento para fazer desaparecer os pecados acumulados por Israel e para criar o povo renovado em que pensa João. Ele proclama um batismo de conversão "para o perdão dos pecados"[25]. Este perdão concedido por Deus na última hora àquele povo completamente perdido é provavelmente o que mais comove a muitos. Aos sacerdotes, pelo contrário, este perdão os escandaliza: o Batista está atuando à margem do

---

22. Fonte Q (Lucas 3,8 // Mateus 3,8).

23. Entre os judeus conhecia-se muito bem o termo *teshubá* ("conversão"), que literalmente significa "retorno" ou "volta" e indica a resposta ao chamado que tantas vezes os profetas haviam feito ao povo: "Voltai para Javé".

24. Assim se descreve o rito em Marcos 1,5: "Eram batizados por ele no rio Jordão, confessando seus pecados".

25. Marcos 1,4.

templo, desprezando o único lugar onde é possível receber o perdão de Deus. A pretensão de João é inaudita: Deus oferece seu perdão ao povo, mas longe daquele templo corrompido de Jerusalém!

Quando se aproximou do Jordão, Jesus deparou-se com um espetáculo comovedor: pessoas vindas de todas as partes faziam-se batizar por João, confessando seus pecados e invocando o perdão de Deus. Não havia entre aquela multidão sacerdotes do templo nem escribas de Jerusalém. A maioria era gente das aldeias; entre eles veem-se também prostitutas, arrecadadores de impostos e pessoas de conduta suspeita. Respira-se uma atitude de "conversão". A purificação nas águas vivas do Jordão significa a passagem do deserto à terra que Deus lhes oferece novamente para desfrutá-la de maneira mais digna e justa[26]. Ali está se formando o novo povo da Aliança.

João não está pensando numa comunidade "fechada", como a de Qumran; seu batismo não é um rito de iniciação para formar um grupo de eleitos. João o oferece a todos. No Jordão está se iniciando a "restauração" de Israel. Os batizados retornam às suas casas para viver de maneira nova, como membros de um povo renovado, preparado para acolher a chegada já iminente de Deus[27].

As expectativas do Batista

João não se considerou nunca o Messias dos últimos tempos. Ele era apenas aquele que iniciava a preparação. Sua visão era fascinante. João pen-

---

26. A hipótese sugerida por alguns autores de que os batizados entravam nas águas na parte oriental do "deserto" para sair pela outra margem para a "terra prometida" é sugestiva, mas não pode ser verificada.

27. É uma questão debatida se o Batista teve alguma relação com a comunidade de Qumran ou inclusive se pertenceu a ela durante algum tempo. Sua atuação no deserto (justificada, como em Qumran, com o texto de Isaías 40,3), seu chamado radical à conversão, sua crítica ao templo, seu rito purificador, seu esquema escatológico, o aproximam muito de Qumran (Hollenbach, Paul, Barbaglio). No entanto, a singularidade de seu rito, a vinculação dos batizados à sua pessoa e mensagem, o oferecimento universal da salvação, a pregação do "mais forte" e outros aspectos o distanciam dos "monges" do mar Morto (Stegemann). Muitos autores situam João no centro de um fenômeno religioso mais amplo de movimentos e práticas batistas (Meier, Perrot, Scobie).

sava num processo dinâmico com duas etapas bem diferenciadas. O primeiro momento seria o da preparação. Seu protagonista é o Batista e terá como cenário o deserto. Esta preparação gira em torno do batismo no Jordão: é o grande sinal que expressa a conversão a Deus e a acolhida de seu perdão. Viria em seguida uma segunda etapa que ocorreria já dentro da terra prometida. Não será protagonizada pelo Batista, mas por uma figura misteriosa que João designa como "o mais forte". Ao batismo de água sucederá um "batismo de fogo" que transformará o povo de forma definitiva e o conduzirá a uma vida plena[28].

Quem exatamente virá depois do Batista? João não fala com clareza. Sem dúvida é o personagem central dos últimos tempos, mas João não o chama de Messias nem lhe dá título algum. Apenas diz que é "aquele que há de vir", aquele que é "mais forte" do que ele[29]. Estará pensando em Deus? Na tradição bíblica é muito comum chamar a Deus "o forte"; além disso, Deus é o Juiz de Israel, o único que pode julgar seu povo ou infundir seu Espírito sobre ele. No entanto, resulta estranho ouvi-lo dizer que Deus é "mais forte" do que ele ou que ele não é digno de "desatar as correias de suas sandálias"[30]. Provavelmente João esperava um personagem ainda por chegar, por meio do qual Deus realizaria seu último desígnio. Não tinha uma ideia clara de quem haveria de ser, mas esperava-o como o mediador definitivo. Já não virá "preparar" o caminho para Deus, como João. Chegará para tornar realidade seu juízo e sua salvação. Ele levará à sua conclusão o processo iniciado pelo Batista, conduzindo todos ao destino escolhido por uns e outros com sua reação perante o batismo de João: o juízo ou a restauração.

---

28. Ao contrário do que muitas vezes se pensa, o Batista não considerava esta segunda etapa como "o fim deste mundo", mas como a renovação radical de Israel numa terra transformada (Webb, Stegemann, Vidal).

29. Esta linguagem do "mais forte" (Marcos 1,7) ou "aquele que há de vir" (Mateus 11,3) nunca é empregada nas comunidades cristãs para falar de Cristo. Reflete quase com toda certeza a pregação original de João.

30. Marcos 1,7: "Depois de mim vem aquele que é mais forte do que eu; e eu não sou digno de prostrar-me diante dele para desatar-lhe a correia das sandálias".

É difícil saber com precisão como o Batista imaginava aquilo que iria acontecer. A primeira coisa nesta etapa definitiva seria, sem dúvida, um grande juízo purificador, o tempo de um "batismo de fogo", que purificaria definitivamente o povo, eliminando a maldade e implantando a justiça. O Batista via como iam se definindo dois grandes grupos: aqueles que, como Antipas e seus cortesãos, não escutavam o chamado ao arrependimento e aqueles que, vindos de todas as partes, haviam recebido o batismo, iniciando uma vida nova. O "fogo" de Deus julgaria definitivamente seu povo.

João utiliza imagens agrícolas muito próprias de um homem de origem rural. Imagens violentas que sem dúvida causavam impacto nos camponeses que o ouviam. Via Israel como a plantação de Deus que necessita de uma limpeza radical. Chega o momento de eliminar os arbustos inúteis, cortando e queimando as árvores que não dão frutos bons[31]. Só permanecerão vivas e em pé as árvores que dão fruto: a autêntica plantação de Deus, o verdadeiro Israel. João vale-se também de outra imagem. Israel é como a eira de um povoado onde há de tudo: cereais, poeira e palha. É necessária uma limpeza completa para separar o grão e armazená-lo no celeiro e recolher a palha e queimá-la no fogo. Com seu juízo, Deus eliminará tudo o que não serve e recolherá limpa sua colheita[32].

O grande juízo purificador desembocará numa situação nova de paz e de vida plena. Para isso não basta o "batismo do fogo". João espera, além disso, um "batismo com espírito santo"[33]. Israel experimentará a força transformadora de Deus, a efusão vivificante de seu Espírito. O povo conhecerá por fim uma vida digna e justa numa terra transformada. Viverá uma Aliança nova com seu Deus.

---

31. Fonte Q (Lucas 3,9 // Mateus 3,10).

32. Mateus 3,12.

33. Marcos 1,8; fonte Q (Lucas 3,16 // Mateus 3,11).

A "conversão" de Jesus

Num determinado momento, Jesus aproximou-se do Batista, escutou seu chamado à conversão e se fez batizar por ele nas águas do rio Jordão. O fato ocorreu por volta do ano 28 e é um de seus dados mais seguros. Nas primeiras comunidades cristãs a ninguém teria ocorrido inventar um episódio tão embaraçoso, que não podia senão criar dificuldades aos seguidores de Jesus.

Eram dois, sobretudo, os problemas que o batismo de Jesus levantava. Se havia aceitado ser batizado por João, não era Jesus inferior ao Batista? E mais. Se descera ao Jordão como todos, confessando os pecados, não era também Jesus um pecador? Estas questões não eram nada teóricas, porque alguns cristãos viviam, provavelmente, em contato com ambientes batistas que seguiam João e não Jesus.

Os cristãos não puderam negar o fato, mas apresentaram-no de tal maneira que não depreciasse a dignidade de Jesus. Marcos, o evangelista mais antigo, afirma: Jesus "foi batizado por João no Jordão", mas imediatamente acrescenta que, ao sair das águas, Jesus teve uma experiência estranha: viu que o Espírito de Deus descia sobre ele "como uma pomba" e ouviu uma voz que do céu lhe dizia: "Tu és meu filho amado". Desta maneira, todos podiam entender que, apesar de ter-se deixado batizar por João, Jesus era na realidade aquele personagem "mais forte" do qual o Batista falava; aquele que viria depois dele para "batizar com espírito"[34]. Mateus dá um passo a mais. Quando Jesus se aproxima para ser batizado, o Batista tenta afastá-lo com estas palavras: "Eu é que preciso ser batizado por ti, e tu vens a mim?" Jesus lhe responde: "Convém que cumpramos toda a justiça". Portanto, deve ficar claro que Jesus não precisa ser batizado; se o faz é por alguma razão desconhecida que o impele a agir assim[35]. Lucas já não precisa fazer nenhum retoque porque, embora mencione o batismo de Jesus, suprime a intervenção do Batista

34. Marcos 1,9-11.

35. Mateus 3,14-15.

(ele já está encarcerado por Antipas). É Jesus quem ocupa toda a cena: enquanto está orando, vive a experiência religiosa sugerida por Marcos[36]. O quarto evangelista nem sequer narra o batismo; João já não é o batizador de Jesus, mas o testemunha que o declara como "cordeiro de Deus que tira o pecado do mundo" e que vem "batizar com o Espírito Santo"[37].

Deixemos por enquanto esta leitura cristã posterior. É inegável que Jesus foi batizado por João. Para Jesus é um momento decisivo, pois significa uma guinada total em sua vida. Aquele jovem artesão oriundo de uma pequena aldeia da Galileia já não retorna a Nazaré. Daqui em diante dedicar-se-á de corpo e alma a uma tarefa de caráter profético que surpreende seus familiares e vizinhos: jamais haviam podido suspeitar algo parecido quando o tiveram entre eles. Podemos saber algo deste momento tão importante vivido por Jesus junto ao Batista e que marcará sua vida de maneira tão decisiva?[38]

Ao que parece, Jesus ainda não tem um projeto próprio bem definido. No entanto, sua decisão de fazer-se batizar por João deixa entrever algo de sua busca. Se aceita o "batismo de João", isto significa que compartilha sua visão sobre a situação desesperada de Israel: o povo precisa de uma conversão radical para acolher o perdão de Deus[39]. Mas Jesus compartilha também e sobretudo a esperança do Batista. Atrai-o a ideia de preparar o povo para o

---

36. Lucas 3,21-22.

37. João 1,29-30.33-34. Os escritos apócrifos continuaram evoluindo no mesmo sentido. Num fragmento do *Evangelho dos ebionitas*, João ajoelha-se diante de Jesus dizendo: "Peço-te, Senhor, batiza-me tu". E noutra passagem do *Evangelho dos nazarenos*, quando Jesus é convidado por sua mãe e irmãos a ir com eles até ao Batista, Jesus responde: "Em que eu pequei para comparecer e ser batizado?"

38. Causa surpresa que não poucos investigadores ignorem a importância do Batista, tão vigorosamente realçada pelo próprio Jesus, e não a levem em consideração ao procurar entender sua inspiração inicial. No entanto, o batismo de Jesus é o único fato historicamente comprovável que nos permite aproximar-nos do "início" de sua missão.

39. Embora alguns autores pensem que Jesus buscava no batismo o perdão de seus próprios pecados pessoais (Hollenbach), na realidade a simples aceitação do batismo não nos proporciona nenhum dado preciso para aprofundar-nos na consciência de Jesus.

encontro com seu Deus. Sem demora todos conhecerão sua irrupção salvadora. Israel será restaurado, a Aliança será renovada e as pessoas poderão desfrutar de uma vida mais digna. Esta esperança, recolhida inicialmente do Batista, Jesus não a esquecerá jamais. Será seu objetivo principal quando, dentro já de um horizonte novo, se dedicar a torná-la realidade sobretudo entre os mais desgraçados: chamar o povo para acolher seu Deus, despertar a esperança nos corações, trabalhar pela restauração de Israel, buscar uma convivência mais justa e mais fiel à Aliança... Provavelmente Jesus já ia delineando, no deserto do Jordão, as grandes linhas de sua missão.

Jesus assumiu o batismo como sinal e compromisso de uma mudança radical. Assim o exigia o Batista a todos que acorriam para mergulhar no Jordão. Também Jesus quer concretizar sua "conversão" e o faz tomando uma primeira determinação: daqui em diante dedicar-se-á a colaborar com o Batista em seu serviço ao povo. Não é este o melhor modo de acolher esse Deus que chega já para purificar e salvar Israel? Desvincula-se de sua família e entrega-se a seu povo. Esquece também seu trabalho. Só o atrai a ideia de colaborar naquele movimento admirável de conversão iniciado por João. Quando, no meio do silêncio do deserto, calam-se de noite os gritos do Batista e não se ouve o murmúrio da confissão dos pecados daqueles que mergulham no Jordão, Jesus escuta a voz de Deus, que o chama a uma missão nova[40].

Jesus não retorna imediatamente à Galileia, mas permanece durante algum tempo no deserto junto ao Batista. Ignoramos como pode ter sido a vida dos que se moviam em torno de João. Não é fora de propósito pensar que havia dois tipos de seguidores. A maioria deles, uma vez batizados, retornava às suas casas, embora mantivessem viva a consciência de fazer parte do povo renovado que ia se gestando em torno ao Batista. Alguns, porém, permaneciam

---

40. As fontes cristãs falam do costume que Jesus tinha de retirar-se de noite a um lugar solitário para comunicar-se com Deus. O fato parece histórico, de acordo com todos os autores. Provavelmente Jesus conservou em seu coração a nostalgia de suas noites de oração no deserto do Jordão.

com ele no deserto, aprofundando-se mais em sua mensagem e ajudando-o de perto em sua tarefa. Provavelmente levavam um estilo de vida austero e de oração, sob a inspiração do Batista[41]. Jesus não só acolheu o projeto de João, mas aderiu a este grupo de discípulos e colaboradores[42]. As fontes não nos permitem dizer muito mais. Provavelmente ajudou-o em sua atividade batizadora e o fez com entusiasmo. Ali conheceu dois irmãos chamados André e Simão e um amigo deles, Filipe, oriundos todos do mesmo povoado de Betsaida. Os três pertenciam naquele tempo ao círculo do Batista, embora mais tarde dariam sua adesão a Jesus[43].

O novo projeto de Jesus

O movimento iniciado pelo Batista começava a ser notado em todo o Israel. Inclusive os grupos tachados de indignos e pecadores, como os arrecadadores de impostos ou as prostitutas, acolhem sua mensagem. Só as elites religiosas e os herodianos do círculo de Antipas resistem[44].

Geralmente, todo entusiasmo do povo por uma nova ordem de coisas costumava inquietar os governantes. Por outro lado, o Batista denunciava com destemor o pecado de todos e não se detinha nem sequer diante da atuação imoral do rei. João converte-se num profeta perigoso sobretudo quando Herodes repudia sua esposa para casar-se com Herodíades, mulher de seu meio-irmão Filipe, que ele havia conhecido em Roma durante seus anos de ju-

41. Fonte Q (Lucas 5,33 // Mateus 9,14); Lucas 11,1-2.

42. Este dado é amplamente aceito na investigação atual (Jeremias, Hollenbach, Becker, Meier, Webb, Murphy-O'Connor, Stuhlmacher, Vidal).

43. São muitos os autores que procuram reconstruir a estada de Jesus junto ao Batista partindo do material fornecido apenas pelo quarto evangelho (João 1,35-51; 3,22-36; 4,1-2), mas parece demasiado arriscado. Por outro lado, a posição de Meier, que considera como provável que Jesus tenha continuado batizando inclusive durante toda a sua vida, quase não teve acolhida.

44. Fonte Q (Lucas 7,33 // Mateus 11,18; Lucas 7,29-30 // Mateus 21,21-32); Lucas 3,10-14.

ventude. Não é difícil entender a inquietude e mal-estar que este fato provocou. Antipas estava casado com a filha de Aretas IV, rei da Nabateia. O matrimônio fora bem acolhido, porque selava a paz entre a região da Pereia e aquele povo fronteiriço, sempre hostil e guerreiro. Agora, porém, este divórcio rompe novamente a estabilidade. Os nabateus consideraram-no um insulto a seu povo e dispuseram-se a lutar contra Herodes Antipas.

A situação tornou-se explosiva quando o Batista, que prega a menos de 20km da fronteira com os nabateus, denuncia publicamente a atuação do rei, considerando-a contrária à Torá. Segundo nos informa Flávio Josefo, "Herodes temeu que a enorme influência de João sobre as pessoas provocasse uma espécie de revolta [...] e considerou muito melhor eliminá-lo antes que enfrentar depois uma situação difícil com a revolta e lamentar a indecisão"[45]. Antes que a situação piorasse, Antipas manda encarcerar o Batista na fortaleza de Maqueronte e, mais tarde, o executa[46].

A morte do Batista deve ter causado grande impacto. Com ele desaparecia o profeta encarregado de preparar Israel para a vinda definitiva de Deus. Todo o projeto de João ficava interrompido. Não fora possível sequer completar a primeira etapa. A conversão de Israel ficava inacabada. O que iria acontecer agora com o povo? Como iria atuar Deus? Entre os discípulos e colaboradores de João tudo é inquietude e confusão.

Jesus reage de maneira surpreendente[47]. Não abandona a esperança que animava o Batista, mas a radicaliza até extremos insuspeitados. Não continua batizando como outros discípulos de João, que continuaram sua ativi-

---

45. *Antiguidades dos judeus* 18, 5,2.

46. O evangelho de Marcos (6,17-29) conserva uma lenda popular que corria entre as pessoas sobre a execução do Batista. No fundamental ela coincide com as informações oferecidas por Flávio Josefo.

47. Como veremos mais adiante (p. 370-375), a atividade profética de Jesus origina-se de uma intensa e vigorosa experiência de Deus vivida junto ao Jordão. Esta experiência, unida bem cedo ao desaparecimento do Batista da cena histórica, impele Jesus a desenvolver e concretizar sua nova trajetória fora do cenário do deserto.

dade depois da morte dele. Dá por terminada a preparação que o Batista impulsionou até então e transforma seu projeto em outro novo. Nunca põe em dúvida a missão e autoridade de João, mas inicia um projeto diferente para a renovação de Israel. Em Jesus vai despertando uma convicção: Deus vai atuar nesta situação desesperada de um modo insuspeitado. A morte do Batista não será o fracasso dos planos de Deus, mas o começo de sua ação salvadora. Deus não vai abandonar o povo. Pelo contrário, é agora que irá revelar ainda melhor sua misericórdia.

Jesus começou a ver tudo a partir de um horizonte novo. Já acabou o tempo de preparação no deserto. Começa a irrupção definitiva de Deus. É preciso situar-se de maneira diferente. O que João esperava para o futuro já começa a tornar-se realidade. Começam uns tempos que não pertencem à época antiga da preparação, mas a uma era nova. Já está chegando a salvação de Deus.

Não era só uma mudança de perspectiva temporal o que Jesus contemplava. Sua intuição crente e sua confiança total na misericórdia de Deus o levam a transformar pela raiz aquilo que João esperava. Terminada a preparação do deserto, aguardava o povo, na lógica do Batista, um grande juízo purificador de Deus, um "batismo com fogo", e só depois sua irrupção transformadora e salvadora por meio do "batismo do Espírito". Jesus começava a ver tudo a partir da misericórdia de Deus. O que começa agora para este povo que não pôde levar a cabo sua conversão não é o juízo de Deus, mas o grande dom de sua salvação. Nesta situação desesperada o povo irá conhecer a incrível compaixão de Deus, não sua ira destruidora.

Imediatamente Jesus começa a falar uma linguagem nova: está chegando o "reino de Deus". Não se deve continuar esperando, é preciso acolhê-lo. O que a João parecia algo ainda longínquo, já está irrompendo; rapidamente mostrará sua força salvadora. É necessário proclamar a todos esta "Boa Notícia". O povo se converterá, mas a conversão não consistirá em preparar-se para um juízo, como pensava João, e sim em "entrar" no "reino de Deus" e acolher seu perdão salvador.

Jesus oferece o perdão a todos. Não só aos batizados por João no Jordão, mas também aos não batizados. Em Jesus não desaparece a ideia do juízo, mas muda totalmente sua perspectiva. Deus chega para todos como salvador, não como juiz. Mas Deus não força ninguém; apenas convida. Seu convite pode ser acolhido ou rejeitado. Cada um decide seu destino. Uns ouvem o convite, acolhem o reino de Deus, entram em sua dinâmica e se deixam transformar; outros não ouvem a boa notícia, rejeitam o reino, não entram na dinâmica de Deus e se fecham à salvação.

Jesus abandona o deserto que havia sido o cenário da preparação e se desloca para a terra habitada por Israel a fim de proclamar e "encenar" a salvação que já é oferecida a todos com a chegada de Deus. As pessoas já não precisarão acorrer ao deserto como no tempo de João. O próprio Jesus, acompanhado por seus discípulos e colaboradores mais próximos, é que percorrerá a terra prometida. Sua vida itinerante pelos povoados da Galileia e de seu entorno será o melhor símbolo da chegada de Deus, que como Pai vem inaugurar uma vida mais digna para todos os seus filhos.

Jesus abandona também a atitude e a estratégia profética de João. A vida austera do deserto é substituída por um estilo de vida festivo. Deixa de lado a maneira de vestir do Batista. Também não tem sentido continuar jejuando. Chegou o momento de celebrar refeições abertas a todos, para acolher e celebrar a vida nova que Deus quer instaurar em seu povo. Jesus transforma o banquete compartilhado por todos no símbolo mais expressivo de um povo que acolhe a plenitude de vida querida por Deus[48].

O próprio batismo já não tem sentido como rito de uma nova entrada na terra prometida. Jesus o substitui por outros sinais de perdão e cura que expressam e tornam realidade a libertação querida por Deus para seu povo. Para receber o perdão não é necessário subir ao templo de Jerusalém para

48. João foi chamado "batizador" porque sua atividade girava em torno do batismo no Jordão. Jesus foi chamado "comilão" e "amigo de pecadores" porque costumava celebrar a acolhida de Deus comendo com indesejáveis.

oferecer sacrifícios de expiação; também não é necessário mergulhar nas águas do Jordão. Jesus o oferece grátis aos que acolhem o reino de Deus. Para proclamar sua misericórdia de maneira mais sensível e concreta, ele se dedicará a algo que João nunca fez: curar os enfermos que ninguém curava, aliviar a dor de pessoas abandonadas, tocar leprosos que ninguém tocava, abençoar e abraçar crianças. Todos sentirão a proximidade salvadora de Deus, inclusive os mais esquecidos e desprezados: os arrecadadores de impostos, as prostitutas, os endemoninhados, os samaritanos.

Jesus abandona também a linguagem dura do deserto. O povo deve ouvir agora uma Boa Notícia. Sua palavra se torna poesia. Convida as pessoas a olhar a vida de maneira nova. Começa a contar parábolas que o Batista jamais teria imaginado. O povo fica seduzido. Tudo começa a falar-lhes da proximidade de Deus: a semente que semeiam e o pão que assam, os pássaros do céu e as colheitas do campo, as bodas em família e as refeições em torno de Jesus.

Com Jesus tudo começa a ser diferente. O temor do juízo dá lugar à alegria de acolher a Deus, amigo da vida. Ninguém mais fala de sua "ira" iminente. Jesus convida à confiança total num Deus Pai. Não só muda a experiência religiosa do povo. A própria figura de Jesus se transforma. Ninguém o vê agora como um discípulo ou colaborador do Batista, mas como o profeta que proclama com paixão a chegada do reino de Deus. Será ele aquele personagem que João chamava de "o mais forte"?

Bibliografia

Para um tratamento geral da relação entre João Batista e Jesus

MEIER, John Paul. *Um judeu marginal*: repensando o Jesus histórico – II/1: *Mentor*. II/2: *Mensagem*. Rio de Janeiro: Imago, 1996-1997 [*Un judío marginal*: nueva visión del Jesús histórico – II/1: Juan y Jesús – El reino de Dios. Estella: Verbo Divino, 2001, p. 47-290].

THEISSEN, Gerd & MERZ, Annette. *O Jesus histórico* – Um manual. São Paulo: Loyola, 2002 [*El Jesús histórico*. Salamanca: Sígueme, 1999, p. 226-244].

TATUM, W. Barnes. *John the Baptist and Jesus* – A report of the Jesus Seminar. Sonoma, CA: Polebridge Press, 1994.

BARBAGLIO, Giuseppe. *Gesù, ebreo di Galilea*: indagine historica. Bolonha: Dehoniane, 2003, p. 183-213.

FABRIS, Rinaldo. *Jesus de Nazaré*: história e interpretação. São Paulo: Loyola, 1998 [*Jesús de Nazaret*: historia e interpretación. Salamanca: Sígueme, 1985, p. 89-101].

GNILKA, Joachim. *Jesus de Nazaré. Mensagem e história*. Petrópolis, Vozes, 2000 [*Jesús de Nazaret. Mensaje e historia*. Barcelona: Herder, 1993, p. 100-108].

BEAUDE, Pierre-Marie. *Jesús de Nazaret*. Estella: Verbo Divino, 1988, p. 98-104.

Para o estudo de João Batista e de Jesus na investigação atual

WEBB, Robert L. John the Baptist and his Relationship to Jesus. In: CHILTON, Bruce & EVANS, Craig A. (orgs.). *Studying the Historical Jesus* – Evaluations of the State of Current Research. Leiden: Brill, 1998, p. 179-229.

Para o estudo do Batista e de Jesus no contexto dos movimentos batistas e de Qumran

PERROT, Charles. *Jesús y la historia*. Madri: Cristiandad, 1982, p. 80-110.

STEGEMANN, Hartmut. *Los esenios, Qumrán, Juan Bautista y Jesús*. Madri: Trotta, 1996.

Para o estudo do projeto do Batista e do de Jesus

VIDAL, Senén. *Los tres proyectos de Jesús y el cristianismo naciente*. Salamanca: Sígueme, 2003, p. 61-124.

4

PROFETA DO REINO DE DEUS

Jesus deixa o deserto, cruza o rio Jordão e entra novamente na terra que Deus havia presenteado a seu povo. Estamos por volta do ano 28 e Jesus está com 32 anos aproximadamente. Ele não se dirige a Jerusalém nem permanece na Judeia. Vai diretamente para a Galileia. Traz fogo em seu coração. Sente necessidade de anunciar àquelas pessoas uma notícia que o queima por dentro: Deus já vem libertar seu povo de tanto sofrimento e opressão. Ele sabe muito bem o que quer: irá atear "fogo" à terra anunciando a irrupção do reino de Deus[1].

Profeta itinerante

Jesus não se instala em sua casa de Nazaré, mas dirige-se à região do lago da Galileia e começa a viver em Cafarnaum, na casa de Simão e André, dois irmãos que conheceu no ambiente do Batista[2]. Cafarnaum era um povoado de 600 a 1.500 habitantes, que se estendia pela margem do lago, no extremo norte da Galileia, tocando já o território governado por Filipe. Provavelmente Jesus o escolhe como lugar estratégico onde pode desenvolver sua atividade de profeta itinerante. Foi uma escolha acertada, porque Cafarnaum tem boa co-

---

1. Lucas 12,49: "Vim atear fogo à terra". De acordo com muitos exegetas, nestas palavras ouve-se o eco do desejo de Jesus. No *Evangelho [apócrifo] de Tomé* pode-se ler também este dito de Jesus: "Quem está perto de mim, está perto do fogo. Quem está longe de mim, está longe do reino" (82).

2. As fontes cristãs dizem concisamente que Jesus "retornou à Galileia. Deixou Nazaré e foi viver em Cafarnaum, junto ao mar" (Mateus 4,12-13).

municação tanto com o resto da Galileia como com os territórios vizinhos: a tetrarquia de Filipe, as cidades fenícias da costa ou a região da Decápole.

Cafarnaum é uma aldeia importante, se comparada com Nazaré, Naim e muitas outras da Baixa Galileia, mas muito modesta diante de Séforis ou Tiberíades. Não tem ruas pavimentadas segundo um traçado urbano, mas ruelas de terra batida, poeirentas no verão, transformadas em lamaçais na estação das chuvas e sempre malcheirosas. Não há construções de mármore nem edifícios com mosaicos. As casas são modestas e construídas com pedras de basalto negro e tetos de caniços e ramagens recobertas de barro. Em geral formam grupos de três ou quatro em torno de um pátio comum, onde decorre em boa parte a vida e o trabalho das famílias[3].

A população de Cafarnaum é composta de judeus, se excetuarmos, talvez, os arrecadadores de impostos, alguns funcionários e, provavelmente, uma pequena guarnição do exército de Antipas. Nos arredores de Cafarnaum há uma aduana onde se controla o trânsito de mercadorias de uma importante via comercial pela qual chegavam as caravanas do Oriente com mercadorias de grande valor, como os perfumes e pérolas da Índia ou a seda da China; os funcionários de aduanas, que cobravam os impostos, pedágios e direitos de fronteira, não são bem-vistos pelas pessoas e, provavelmente, não se misturam muito com os vizinhos[4]; algo parecido acontece com os funcionários que andam pelos cais arrecadando os impostos pela pesca no lago. Numa aldeia fronteiriça como Cafarnaum não pode faltar uma vigilância militar. Antipas tinha seu próprio exército, equipado e adestrado ao estilo dos romanos, mas composto sobretudo por mercenários estrangeiros; provavelmente uma pequena guarnição de soldados herodianos vigiava a

---

3. Nos pátios os escavadores encontraram espalhados por toda parte anzóis, ferramentas agrícolas, moinhos, prensas (Reed).

4. De acordo com um relato evangélico, Jesus irritou alguns setores de Cafarnaum quando foi à casa do arrecadador de impostos Levi para cear com ele e um grupo de aduaneiros (Marcos 2,14-17).

fronteira e a ordem numa região do lago onde a atividade pesqueira e o tráfego de embarcações são bastante intensos[5].

Os habitantes de Cafarnaum são gente modesta. Muitos são camponeses que vivem do produto dos campos e das vinhas das redondezas, mas a maioria vive da pesca. Entre os camponeses, alguns levam uma vida mais folgada; entre os pescadores, alguns são donos do próprio barco. Mas há também camponeses despojados de suas terras, que trabalham como diaristas nas propriedades dos grandes latifundiários ou assalariando-se por dia ou temporada em alguma das embarcações importantes[6].

Cafarnaum é, sobretudo, uma aldeia de pescadores cuja vida concentra-se nos espaços livres que restam entre as modestas moradias e os quebra-mares e os cais rudimentares da margem. É certamente onde mais se movimenta Jesus. Os pescadores de Cafarnaum são, junto com os de Betsaida, os que mais trabalham na zona norte do lago, a mais rica em cardumes de peixes. Fazem-se ao mar de noite. Se a faina foi frutífera, dirigem-se para o sul, ao porto de Mágdala, onde podem vender seus peixes aos fabricantes de moxama[7]. Ao que parece, Jesus simpatiza imediatamente com estas famílias de pescadores. Elas lhe oferecem seus barcos para deslocar-se pelo lago e para falar às pessoas sentadas na margem. São seus melhores amigos: Simão e André, oriundos do porto de Betsaida, mas que têm casa em Cafarnaum;

---

5. Embora a fonte Q (Lucas 7,1-10 // Mateus 8,5-13) narre que Jesus curou o criado de um centurião residente em Cafarnaum, é inverossímil historicamente a presença de uma centúria de legionários romanos na Galileia. Nesta época, a legião romana que vigiava toda a região estava estacionada na Síria. Jesus não se encontrou com soldados romanos na Galileia.

6. Os escavadores não encontraram no lugar objetos de luxo, cerâmica importada, joias ou vasilhas de qualidade. Não há indícios de casas habitadas por gente abastada.

7. Ao que parece, o tráfego de embarcações pelo lago era intenso. Mágdala era o porto preferido de descarga, porque ali encontravam-se as fábricas mais famosas de moxama. Em 1986 foram descobertos perto de Mágdala, afundados no lago, os restos de uma embarcação do tempo de Jesus. É de madeira de cedro e mede 8,12m de comprimento por 2,35m de largura. Devia ter um mastro central para colocar uma vela quadrada, mas também trazia remos. Deve ter afundado em alguma tormenta no início do século I.

Tiago e João, filhos de Zebedeu e de Salomé, uma das mulheres que o acompanharão até o fim; Maria, oriunda do porto de Mágdala, curada por Jesus e cativada para sempre por seu amor.

Mas ele não se instala em Cafarnaum. Quer difundir a notícia do reino de Deus por toda parte. Não é possível reconstruir os itinerários de suas viagens, mas sabemos que percorreu os povoados situados ao redor do lago: Cafarnaum, Mágdala, Corozaim ou Betsaida; visitou as aldeias da Baixa Galileia: Nazaré, Caná, Naim; chegou até às regiões vizinhas da Galileia: Tiro e Sidônia, Cesareia de Filipe e a Decápole. No entanto, segundo as fontes, evita as grandes cidades da Galileia: Tiberíades, a nova e esplêndida capital, construída por Antipas à beira do lago, a apenas 16km de Cafarnaum, e Séforis, a formosa cidade da Baixa Galileia, a 6km apenas de Nazaré. Por outro lado, quando se aproxima de Tiro e Sidônia ou visita a região de Cesareia de Filipe ou a Decápole, também não entra nos núcleos urbanos; detém-se nas aldeias do entorno ou nos arredores da cidade, onde se encontram os mais excluídos: pessoas de passagem e vagabundos errantes que dormem fora das muralhas. Jesus dedica-se a visitar as aldeias da Galileia. E o faz acompanhado de um pequeno grupo de seguidores. Quando vão a povoados próximos como Corozaim, a apenas 3km de Cafarnaum, provavelmente voltam para suas casas ao entardecer. Quando se deslocam de uma aldeia para outra, procuram entre os vizinhos pessoas dispostas a proporcionar-lhes comida e um alojamento simples, certamente no pátio da casa. Não sabemos como enfrentam os invernos quando aumentam as chuvas e se sente o rigor do frio.

Ao chegar a um povoado, Jesus procura encontrar-se com os vizinhos. Percorre as ruas como em outros tempos, quando trabalhava como artesão. Aproxima-se das casas desejando a paz às mães e às crianças que se encontram nos pátios e sai ao descampado para falar com os camponeses que trabalham a terra. Seu lugar preferido era, sem dúvida, a sinagoga ou o espaço onde se reuniam os vizinhos, sobretudo aos sábados. Ali rezavam, cantavam salmos, discutiam os problemas do povoado ou se informavam dos acontecimentos mais importantes da vizinhança. No sábado liam-se e comentavam-se as Escrituras, e orava-se a Deus pedindo a suspirada libertação. Era o melhor contexto para dar a conhecer a boa notícia do reino de Deus.

Ao que parece, esta maneira de atuar não é algo casual. Corresponde a uma estratégia bem pensada. O povo já não precisa sair para o deserto a fim de preparar-se para o juízo iminente de Deus. É o próprio Jesus que percorre as aldeias convidando todos a "entrar" no reino de Deus que já está irrompendo em suas vidas. Esta mesma terra onde habitam transforma-se agora no novo cenário para acolher a salvação. As parábolas e imagens que Jesus tira da vida destas aldeias vêm a ser "parábolas de Deus". A cura dos enfermos e a libertação dos endemoninhados são sinal de uma sociedade de homens e mulheres sãos, chamados a desfrutar de uma vida digna dos filhos e filhas de Deus. As refeições abertas a todos os vizinhos são símbolo de um povo convidado a tomar parte na grande mesa de Deus, o Pai de todos.

Jesus vê nestas pessoas das aldeias o melhor ponto de partida para iniciar a renovação de todo o povo. Estes camponeses falam aramaico, como ele, e é entre eles que se conserva de maneira mais autêntica a tradição religiosa de Israel. Nas cidades é diferente. Ao lado do aramaico fala-se também um pouco de grego, uma língua que Jesus não domina; além disso, ali a cultura helenista está mais presente.

Mas, provavelmente, existe outra razão mais poderosa em seu coração. Nestas aldeias da Galileia está o povo mais pobre e deserdado, despojado de seu direito a desfrutar da terra doada por Deus; aqui Jesus encontra como em nenhum outro lugar o Israel mais enfermo e maltratado pelos poderosos; é aqui que Israel sofre com mais rigor os efeitos da opressão. Nas cidades, em compensação, vivem os que detêm o poder, junto com seus diferentes colaboradores: dirigentes, grandes latifundiários, arrecadadores de impostos. Eles não são os representantes do povo de Deus, mas seus opressores, os causadores da miséria e da fome destas famílias. A implantação do reino de Deus precisa começar ali onde o povo está mais humilhado. Estas pessoas pobres, famintas e aflitas são as "ovelhas perdidas" que melhor representam todos os abatidos de Israel. Jesus tem isso muito claro. O reino de Deus só pode ser anunciado a partir do contato direto e estreito com as pessoas mais necessitadas de alívio e libertação. A boa notícia de Deus não pode provir do esplêndido palácio de Antipas em Tiberíades; nem das suntuosas vilas de Séforis nem do luxuoso bairro residencial das elites sacerdotais de Jerusalém. A semente do reino só pode encontrar terra boa entre os pobres da Galileia[8].

A vida itinerante de Jesus no meio deles é símbolo vivo de sua liberdade e de sua fé no reino de Deus. Ele não vive de um trabalho remunerado; não possui casa nem terra alguma; não precisa responder diante de nenhum arrecadador; não leva consigo moeda alguma com a imagem de César. Abandonou a segurança do sistema para "entrar" confiantemente no reino de Deus[9]. Por outro lado, sua vida itinerante a serviço dos pobres deixa claro que o reino de Deus não tem um centro de poder a partir do qual deva ser controlado[10]. Não é como o Império, governado por Tibério a partir de Roma, nem como a tetrarquia da Galileia, regida por Antipas a partir de Tiberíades, nem como a religião judaica, vigiada a partir do templo de Jerusalém pelas elites sacerdotais. O reino de Deus vai se gestando ali onde ocorrem coisas boas para os pobres.

A paixão pelo reino de Deus

Ninguém duvida desta informação que nos proporcionam as fontes: Jesus "foi andando de povoado em povoado e de aldeia em aldeia proclaman-

---

8. Não se deve excluir a hipótese dos que pensam que a vida itinerante de Jesus pelas aldeias da Galileia, evitando Tiberíades e Séforis, e mantendo-se na região do lago que lhe permitia fugir rapidamente para fora da Galileia, devia-se em grande parte ao temor que ele tinha de ser preso por Antipas (Hoehner, Reed).

9. O *Evangelho [apócrifo] de Tomé* atribui a Jesus estas palavras: "Sede itinerantes". De acordo com alguns especialistas, este breve dito guarda de maneira autêntica a opção de Jesus por uma vida itinerante e contracultural.

10. Este aspecto é sugerido por Theissen, Crossan e outros autores, que sublinham a dimensão itinerante de Jesus.

do e anunciando a boa notícia do reino de Deus"[11]. Sem temor de equivocar-nos, podemos dizer que a causa à qual Jesus dedica daqui em diante seu tempo, suas forças e sua vida inteira é o que ele chama de "reino de Deus". É, sem dúvida, o núcleo central de sua pregação, sua convicção mais profunda, a paixão que anima toda a sua atividade. Tudo aquilo que ele diz e faz está a serviço do reino de Deus. Tudo adquire sua unidade, seu verdadeiro significado e sua força apaixonante a partir dessa realidade. O reino de Deus é a chave para captar o sentido que Jesus dá à sua vida e para entender o projeto que quer ver realizado na Galileia, no povo de Israel e, definitivamente, em todos os povos[12].

Dizem-no todas as fontes. Jesus não ensina na Galileia uma doutrina religiosa para que seus ouvintes a aprendam bem. Anuncia um acontecimento para que aquelas pessoas o acolham com prazer, com alegria e com fé. Ninguém vê nele um mestre dedicado a explicar as tradições religiosas de Israel. Encontram-se com um profeta apaixonado por uma vida mais digna para todos, que procura com todas as suas forças fazer com que Deus seja acolhido e que seu reino de justiça e misericórdia vá se ampliando com alegria. Seu objetivo não é aperfeiçoar a religião judaica, mas contribuir para que se implante o quanto antes o tão suspirado reino de Deus e, com ele, a vida, a justiça e a paz.

Jesus também não se dedica a expor àqueles camponeses novas normas e leis morais. Anuncia-lhes uma notícia: "Deus já está aqui buscando uma vida mais ditosa para todos. Precisamos mudar nosso olhar e nosso coração". Seu objetivo não é proporcionar àqueles vizinhos um código moral mais perfeito, mas ajudá-los a intuir como é e como age Deus, e como será o mundo e a vida se todos agirem como ele. É isso que ele quer comunicar com sua palavra e com sua vida inteira.

---

11. Lucas 8,1.

12. Embora possa surpreender mais de um, Jesus só falou do "reino de Deus", não da "Igreja". O reino de Deus aparece 120 vezes nos evangelhos sinóticos; a igreja só aparece duas vezes (Mateus 16,18 e 18,17), e obviamente não é um termo empregado por Jesus.

Jesus fala constantemente do "reino de Deus", mas nunca explica diretamente em que ele consiste. De alguma forma, aquelas pessoas pressentem do que é que Jesus lhes está falando, porque sabem que sua vinda é a esperança que sustenta o povo. Jesus, porém, as surpreenderá quando for explicando como chega este reino, para quem será uma boa notícia ou como se deve acolher sua força salvadora. O que Jesus transmite tem algo de novo e fascinante para aquelas pessoas. É a melhor coisa que podiam ouvir. Como pôde Jesus entusiasmar aquelas pessoas falando-lhes do "reino de Deus"? O que captavam elas por trás desta metáfora? Por que sentiam Deus como boa notícia?

Um anseio que vinha de longe

O reino de Deus não era uma especulação de Jesus, mas um símbolo bem conhecido, que resumia as aspirações e expectativas mais profundas de Israel. Uma esperança que Jesus encontrou no coração de seu povo e que ele soube recriar a partir de sua própria experiência de Deus, dando-lhe um horizonte novo e surpreendente. Não era o único símbolo nem sequer o mais central de Israel, mas fora adquirindo grande força no momento em que Jesus começou a utilizá-lo. Mas a expressão literal "reino de Deus" era recente e de uso pouco frequente[13]. Foi Jesus que decidiu usá-la de forma regular e constante. Não encontrou outra expressão melhor para comunicar aquilo em que acreditava.

Desde criança havia aprendido a crer em Deus como criador dos céus e da terra, soberano absoluto sobre todos os deuses e senhor de todos os povos. Israel sentia-se seguro e confiante. Tudo estava nas mãos de Deus. Seu reinado era absoluto, universal e inquebrantável. O povo expressava sua fé

13. A expressão "reino de Deus" quase não aparece no Antigo Testamento. Geralmente se diz que Deus é "rei" (*melek*) ou que Deus "reina" (*malak*). Os evangelhos assinalam que Jesus emprega a expressão "reino de Deus" (*basileia toû theoû*). É a tradução da forma aramaica que Jesus utilizou: *malkuta di'elaha*.

cantando com júbilo a Deus como rei: "Dizei aos gentios: Javé é rei. O mundo está firme, não vacila; ele governa os povos retamente"[14].

Esse Deus grande, senhor de todos os povos, é rei de Israel de uma maneira muito especial. Ele os tirou da escravidão do Egito e os conduziu através do deserto para a terra prometida. O povo o sentia como seu "libertador", seu "pastor" e seu "pai", porque havia experimentado seu amor protetor e seus cuidados. No começo não o chamavam "rei". Mas, quando foi estabelecida a monarquia e Israel teve, como outros povos, seu próprio rei, sentiu-se a necessidade de recordar que o único rei de Israel era Deus. Portanto, o rei que governasse seu povo só podia fazê-lo em seu nome e obedecendo à sua vontade.

Os reis não corresponderam às esperanças neles depositadas. Deus libertara Israel da escravidão do Egito para criar um povo livre de toda opressão e escravidão. Dera-lhes de presente aquela terra para que a compartilhassem como irmãos. Israel seria diferente de outros povos: não haveria escravos entre eles; não se abusaria dos órfãos nem das viúvas; ter-se-ia compaixão dos estrangeiros. No entanto, e apesar da denúncia dos profetas, o favoritismo dos reis para com os poderosos, a exploração dos pobres nas mãos dos ricos e os abusos e injustiças de todo gênero levaram Israel ao desastre. O resultado foi o desterro para a Babilônia.

Para Israel foi uma experiência trágica, difícil de entender. O povo estava novamente sob a opressão de um rei estrangeiro, despojado do direito à sua terra, sem rei, sem templo nem instituições próprias, submetido a uma humilhante escravidão. Onde estava Deus, o rei de Israel? Os profetas não caíram no desespero: Deus restauraria aquele povo humilhado e novamente o libertaria de sua escravidão. É esta a mensagem de um profeta do século VI

---

14. Coincidindo com a festa do ano novo celebrava-se no templo de Jerusalém uma liturgia de entronização de Javé como rei. Ainda podemos ler uma pequena coleção de salmos (93–99) que eram cantados sobretudo nesta festa. Provavelmente Jesus os conheceu e os cantou em alguma ocasião.

a.C.: Deus continua amando seu povo e lhe oferece mais uma vez seu perdão. Tirará Israel do cativeiro, o povo viverá um novo "êxodo", as tribos dispersadas voltarão a reunir-se e todos poderão desfrutar em paz da terra prometida. Jesus conhecia, e talvez evocava, enquanto percorria as montanhas da Galileia, a mensagem cheia de força e beleza deste profeta que proclamava o final do desterro da seguinte maneira: "Como são formosos sobre os montes os pés do mensageiro que anuncia a paz, que traz boas notícias, que anuncia salvação, que diz a Sião: 'Teu Deus já reina'"[15].

Alguns grupos de exilados retornaram efetivamente à sua terra e o templo foi reconstruído, mas aquelas promessas maravilhosas não se cumpriram. As tribos continuavam dispersas. Voltava-se às antigas prevaricações e injustiças. A verdadeira paz parecia impossível, pois já se divisava no horizonte a sombra ameaçadora de Alexandre Magno. No entanto, os últimos profetas continuavam alentando o povo. Malaquias atrevia-se a pôr na boca de Javé esta alentadora notícia: "Eis que eu envio meu mensageiro para preparar o caminho diante de mim"[16]. Jesus, como muitos de seus contemporâneos, vivia desta fé. Quando ouviam falar da vinda de Deus, uma dupla esperança despertava em seu coração: Deus libertará em breve Israel da opressão das potências estrangeiras e estabelecerá em seu povo a justiça, a paz e a dignidade.

No meio de um povo em ardente espera

A situação de Israel tornou-se ainda mais desesperada com a invasão de Alexandre Magno primeiro e das legiões romanas depois. Nenhum profeta se atrevia agora a levantar sua voz. Israel parecia destinado a desaparecer. Foi justamente então que o grito angustiado deste povo oprimido pôde ser

---

15. Isaías 52,7. Este grande profeta anônimo escreve pelo final do exílio (por volta do ano 550 a.C.) o assim chamado "Livro da consolação", um escrito que se encontra atualmente em Isaías 40–55.

16. Malaquias 3,1. Malaquias é considerado o último dos profetas.

ouvido mais uma vez através de alguns escritores surpreendentes que conseguiram manter viva a esperança ardente de Israel[17]. A situação era tão confusa que resultava para todos um enigma indecifrável. Onde está Deus? É necessário que ele mesmo revele seus desígnios secretos e assegure a seu povo que ele continua controlando a história. Somente estes escritores que conheceram os planos profundos de Deus por meio de sonhos e visões podem lançar alguma luz sobre a situação vivida pelo povo.

A mensagem destes visionários é apavorante e, ao mesmo tempo, esperançosa. O mundo está corrompido pelo mal. A criação inteira está contaminada. Travar-se-á um combate violento e definitivo entre as forças do mal e as do bem, entre o poder da luz e o das trevas. Deus se verá obrigado a destruir este mundo por meio de uma catástrofe cósmica para criar "novos céus e uma nova terra". Esta era tenebrosa de desconcerto vivida pelo povo cessará para dar lugar a outra era nova de paz e bênção[18].

Sem dúvida, Jesus conhecia o livro de Daniel, o escrito apocalíptico mais popular, surgido durante a brutal perseguição de Antíoco IV Epífanes (168-164 a.C.). A opressão já passava de todos os limites imagináveis. O poder do mal era superior a todas as forças humanas. De acordo com Daniel, os reinos opressores são animais selvagens que destroem o povo de Deus. Mas

---

17. São chamados escritores apocalípticos porque comunicam ao povo a "revelação" (*apokalypsis*) que dizem ter recebido de Deus. Esta literatura surge com força no início do século II a.C. e só desaparece depois do século I d.C. Um dos escritos apocalípticos mais famosos é o livro de Daniel, que conseguiu ser integrado na Bíblia. Os outros são chamados livros "apócrifos" (*apokryphoi*), ou seja, livros que ficam fora do cânon das Escrituras bíblicas. Entre os mais conhecidos estão: os livros de *Henoc*, o livro dos *Jubileus*, os *Oráculos da Sibila*... Eram livros bem conhecidos na comunidade de Qumran, e alguns deles foram escritos provavelmente naquele "mosteiro".

18. A maioria dos estudiosos pensa que os escritos apocalípticos anunciam uma intervenção final de Deus, que destruirá este mundo atual e concreto para substituí-lo por "outro mundo" que já fica fora da história. No entanto, está crescendo o número de autores que consideram que a linguagem e as imagens apocalípticas apontam na verdade para uma transformação deste mundo concreto, a começar pela transformação histórica de Israel (Wright, Horsley, Vidal).

depois de tanta opressão virá um reino humano. Deus tirará o poder dos reinos opressores e o entregará a Israel[19].

É difícil, no entanto, que Jesus e os camponeses da Galileia conhecessem com detalhes o conteúdo destes escritos apocalípticos, pois só circulavam em ambientes cultos como o "mosteiro" de Qumran. Mas puderam sim conhecer duas orações que eram recitadas já no tempo de Jesus. A oração chamada *Qaddish*, escrita em aramaico, era rezada em público nas sinagogas durante a liturgia dos sábados e dias de festa. Nela pedia-se assim:

> Que seu Nome grande seja exaltado e santificado no mundo que ele criou segundo sua vontade. Que seu Reino irrompa em vossa vida e em vossos dias, nos dias de toda a casa de Israel, prontamente e sem demora. [...]. Que uma paz abundante vinda do céu assim como a vida venham imediatamente sobre nós e sobre todo o Israel. [...] Que aquele que fez a paz nas alturas a estenda sobre nós e sobre todo o Israel[20].

Também era conhecida a oração das *Dezoito bênçãos*, que os varões recitavam todos os dias ao nascer e ao pôr do-sol. Numa delas clama-se assim a Deus: "Afasta de nós o sofrimento e a aflição e sê tu nosso único Rei"[21].

Jesus pode ter conhecido também os chamados *Salmos de Salomão*, escritos por um grupo de fariseus do mais fundo de sua profunda crise, quando o general Pompeu entrou em Jerusalém no ano 63 a.C. e profanou o templo. Estes piedosos judeus expressam sua confiança na imediata intervenção de Deus, verdadeiro rei de Israel, que estabelecerá seu reino eterno por meio do Messias, da família de Davi. É comovente a afirmação de fé com que eles

---

19. Daniel 7.

20. O duplo pedido referente à "santificação do nome de Deus" e à "vinda de seu reino" leva não poucos a pensar que Jesus se inspirou nesta popular oração para formular a primeira parte do "pai-nosso".

21. *Shemoné esré*, 11. De acordo com o Talmud da Babilônia, esta oração remonta à geração posterior ao exílio.

começam e terminam o salmo 17: embora as legiões romanas tenham ocupado a terra prometida, eles clamam assim: "Senhor, só tu és nosso rei para todo o sempre"[22].

Deus já está aqui

Jesus surpreendeu a todos com esta declaração: "O reino de Deus já chegou". Sua segurança deve ter causado verdadeiro impacto. Sua atitude era demasiado audaz: não continuava Israel dominado pelos romanos? Não continuavam os camponeses oprimidos pelas classes poderosas? Não estava o mundo cheio de corrupção e injustiça? Jesus, no entanto, fala e atua movido por uma convicção surpreendente: Deus já está aqui, atuando de maneira nova. Seu reinado começou a abrir caminho nestas aldeias da Galileia. A força salvadora de Deus já se pôs em marcha. Jesus já está experimentando isso e quer comunicá-lo a todos. Essa intervenção decisiva de Deus que todo o povo está esperando não é de forma alguma um sonho distante; é algo real que se pode captar já desde agora. Deus começa a fazer-se sentir. No mais profundo da vida já se pode perceber sua presença salvadora.

O evangelista Marcos resumiu de maneira certeira esta mensagem original e surpreendente de Jesus. De acordo com ele, Jesus proclamava pelas aldeias da Galileia a "boa notícia de Deus" e chegava a dizer o seguinte: "O tempo se cumpriu, e o reino de Deus aproximou-se. Convertei-vos e crede nesta boa notícia"[23]. Esta linguagem é nova. Jesus não fala, como seus contemporâneos, da futura manifestação de Deus; não diz que o reino de Deus está mais ou menos próximo. O reino já chegou. Está aqui. Ele o experimen-

22. *Salmos de Salomão*, 17. Não sabemos se Jesus conhecia os ambientes fariseus onde se vivia esta espiritualidade.

23. Este resumo da mensagem de Jesus foi elaborado provavelmente entre os primeiros missionários cristãos, mas, de acordo com muitos exegetas, a afirmação central – "o reino de Deus aproximou-se" – provém certamente de Jesus (Beasley-Murray, Schlosser, Meier).

ta. Por isso, e apesar de todas as aparências contrárias, Jesus convida a crer nesta boa notícia.

Não é difícil entender o ceticismo de alguns e o desconcerto de quase todos: Como se pode dizer que o reino de Deus já está presente? Onde pode ser visto ou experimentado? Como pode Jesus estar tão seguro de que Deus já chegou? Onde aqueles galileus podem vê-lo destruindo os pagãos e pondo justiça em Israel? Onde está o cataclismo final e os terríveis sinais que acompanharão sua intervenção poderosa? Sem dúvida expuseram mais de uma vez a Jesus estas objeções. A resposta dele foi desconcertante: "O reino de Deus não vem de forma espetacular nem se pode dizer: 'Ei-lo aqui ou ali'. No entanto, o reino de Deus já está entre vós"[24]. Não se deve andar perscrutando nos céus sinais especiais. É preciso esquecer os cálculos e conjecturas que fazem os escritores visionários. Não se deve pensar numa vinda visível, espetacular ou cósmica do reino de Deus. É preciso aprender a captar sua presença e seu senhorio de outra maneira, porque "o reino de Deus já está entre vós".

Nem sempre estas palavras foram bem entendidas. Às vezes foram traduzidas de maneira errada: "O reino de Deus está *dentro* de vós"[25]. Isto levou, infelizmente, a desfigurar o pensamento de Jesus, reduzindo o reino de Deus a algo privado e espiritual que acontece no íntimo de uma pessoa quando ela se abre à ação de Deus. Jesus não pensa nisto quando fala aos camponeses da Galileia. Procura, ao contrário, convencer a todos de que a vinda de Deus para impor sua justiça não é uma intervenção terrível e espetacular, mas uma força libertadora, humilde mas eficaz, que está aí, no meio da vida, ao alcance de todos os que a acolherem com fé.

---

24. Há um consenso geral em considerar que estas palavras (Lucas 17,21) conservam o pensamento autêntico de Jesus. Também o *Evangelho [apócrifo] de Tomé* contém a mesma ideia: "O reino do Pai estendeu-se sobre a terra e as pessoas não o veem" (113).

25. Embora a expressão grega *entos hymôn* possa significar também "dentro de vós", os investigadores modernos traduzem hoje de forma geral: "O reino de Deus está *entre vós*", porque, para Jesus, esse reino não é uma realidade íntima e espiritual, e sim uma transformação que abarca a totalidade da vida e das pessoas.

Para Jesus este mundo não é algo perverso, submetido irremediavelmente ao poder do mal até que venha a intervenção final de Deus, como diziam os escritos apocalípticos. Junto à força destruidora e terrível do mal podemos captar agora mesmo a força salvadora de Deus, que já está conduzindo a vida à sua libertação definitiva. O *Evangelho [apócrifo] de Tomé* atribui a Jesus estas palavras: "O reino de Deus está dentro e fora de vós"[26]. É verdade. A acolhida do reino de Deus começa no interior das pessoas em forma de fé em Jesus, mas se realiza na vida dos povos na medida em que o mal vai sendo vencido pela justiça salvadora de Deus.

A segurança de Jesus é desconcertante. Aqueles pobres camponeses da Galileia estão vivendo um momento privilegiado: estão experimentando a salvação com a qual tanto haviam sonhado seus antepassados. Nos *Salmos de Salomão*, tão populares nos grupos fariseus do tempo de Jesus, podiam-se ler frases como esta: "Felizes os que viverem naqueles dias e puderem ver os bens que o Senhor prepara para a geração vindoura"[27]. Jesus felicita seus seguidores porque estão experimentando junto a ele o que tantos grandes personagens de Israel esperaram, mas nunca chegaram a conhecer: "Ditosos os olhos que veem o que vós vedes! Porque eu vos digo que muitos profetas e reis quiseram ver o que vós vedes, mas não o viram, e ouvir o que vós ouvis, mas não o ouviram"[28].

---

26. *Evangelho [apócrifo] de Tomé* 3. Este dito está conservado num contexto onde se notam influências gnósticas. No entanto, de acordo com alguns autores, conserva o estilo e o pensamento de Jesus.

27. *Salmos de Salomão* 18,6. Os *Oráculos da Sibila*, um escrito apocalíptico da diáspora escrito entre 150-120 a.C., dizia: "Feliz o homem ou a mulher que viver naquele tempo" (3,371).

28. Estas palavras estão conservadas na fonte Q (Lucas 10,23-24 // Mateus 13,16-17). De acordo com muitos autores, seu conteúdo reflete fundamentalmente o pensamento de Jesus. Há outro dito em que Jesus afirma que, depois de João, já chegou a realidade nova do reino de Deus: "A lei e os profetas chegam até João; daí em diante começa a ser anunciada a boa notícia do reino de Deus" (Lucas 16,16 // Mateus 11,12-13), mas é difícil reconstruir sua forma original e afirmar sua possível autenticidade.

A melhor notícia

A vinda de Deus é algo bom. Assim pensa Jesus: Deus se aproxima porque é bom, e é bom para nós que Deus se aproxime. Ele não vem "defender" seus direitos e ajustar as contas com quem não cumpre seus mandamentos. Não vem para impor seu "domínio religioso". Com efeito, Jesus não pede aos camponeses que cumpram melhor sua obrigação de pagar os dízimos e primícias, não se dirige aos sacerdotes para que observem com mais pureza os sacrifícios de expiação no templo, não anima os escribas a fazer cumprir a lei do sábado e demais prescrições com mais fidelidade. O reino de Deus é outra coisa. O que preocupa a Deus é libertar as pessoas de tudo quanto as desumaniza e as faz sofrer.

A mensagem de Jesus impressionou desde o princípio. Aquela maneira de falar de Deus provocava entusiasmo nos setores mais simples e ignorantes da Galileia. Era o que eles precisavam ouvir: Deus se preocupa com eles[29]. O reino de Deus que Jesus proclama corresponde ao que eles mais desejam: viver com dignidade. Todas as fontes apontam para um fato de que é difícil duvidar: Jesus sente-se portador de uma boa notícia e, de fato, sua mensagem faz nascer uma grande alegria entre aqueles camponeses pobres e humilhados, pessoas sem prestígio nem segurança material, aos quais também a partir do templo não se lhes oferecia esperança alguma.

Os autores apocalípticos descreviam de maneira sombria a situação que se vivia em Israel. O mal invade tudo. Tudo está submetido a Satanás. Todos os males, sofrimentos e desgraças estão personalizados nele. Esta visão mítica não era uma ingenuidade. Aqueles visionários sabiam muito bem que a maldade nasce do coração de cada indivíduo, mas constatavam como ela toma corpo na sociedade, nas leis e nos costumes, para terminar corrompendo tudo. Não só Herodes é ímpio, nem só a família sacerdotal de Anás é cor-

29. As fontes cristãs apresentam constantemente e de diversas maneiras a mensagem de Jesus e sua atuação como *euaggelion*, isto é, "boa notícia".

rupta. Não só os grandes latifundiários são os opressores, nem os arrecadadores de impostos são os únicos malvados. Existe "algo" mais. O Império de Roma escravizando os povos, o funcionamento interessado do templo, a exploração dos camponeses esfolados por todo tipo de tributos e impostos, a interpretação interessada da lei por parte de alguns escribas: tudo parece ser alimentado e dirigido pelo poder misterioso do mal. A maldade está aí, para além da atuação de cada um; todos a absorvem do meio social e religioso como uma força satânica que os condiciona, os submete e desumaniza.

Neste ambiente apocalíptico, Jesus anuncia que Deus já começou a invadir o reino de Satanás e a destruir seu poder. Já começou o combate decisivo. Deus vem destruir não as pessoas, mas o mal que está na raiz de tudo, aviltando a vida inteira. Jesus fala convicto: "Vi Satanás cair do céu como um raio". Estas palavras são, talvez, eco de uma experiência que marcou de maneira decisiva sua vida[30]. Jesus vê que o mal começa a ser derrotado. Está se tornando realidade aquilo que se esperava em alguns ambientes: "Então aparecerá o reinado de Deus sobre suas criaturas, soará a hora final do diabo e com ele desaparecerá a tristeza"[31]. O inimigo a combater é Satanás, ninguém mais. Deus não vem destruir os romanos nem aniquilar os pecadores. Chega para libertar a todos do poder último do mal. Esta batalha entre Deus e as forças do mal para controlar o mundo não é um "combate mítico", mas um enfrentamento real e concreto que acontece constantemente na história humana. O reino de Deus abre caminho lá onde os enfermos são resgatados do sofrimento, os endemoninhados se veem libertados de seu tormento e os pobres recuperam a dignidade. Deus é o "antimal": procura "destruir" tudo o que causa dano ao ser humano[32].

---

30. Este dito, recolhido em Lucas 10,18, é considerado como original de Jesus. Muitos autores pensam que Jesus está falando de uma experiência pessoal (Stegemann, Hollenbach, Otto, Theissen e Merz, Merklein).

31. *Ascensão de Moisés* 10,1.

32. De acordo com Marcos 1,24, os espíritos malignos que atormentam os possessos repreendem Jesus da seguinte maneira: "Vieste para destruir-nos?"

Por isso Jesus já não fala da "ira de Deus", como o Batista, mas de sua "compaixão". Deus não vem como juiz irado, mas como pai de amor transbordante. As pessoas o escutam espantadas, pois todos estavam se preparando para recebê-lo como juiz terrível. Assim o diziam os escritos do tempo: "Levantar-se-á de seu trono com indignação e cólera", "vingar-se-á de todos os seus inimigos", "fará desaparecer da terra os que inflamaram sua ira", "nenhum dos malvados se salvará no dia do juízo da ira"[33]. Jesus, pelo contrário, procura a destruição de Satanás, símbolo do mal, mas não a dos pagãos nem dos pecadores. Não se põe nunca do lado do povo judeu e contra os povos pagãos: o reino de Deus não consistirá numa vitória de Israel que destrua para sempre os gentios. Também não se põe do lado dos justos e contra os pecadores: o reino de Deus não consistirá numa vitória dos santos para fazer os maus pagarem seus pecados. Põe-se a favor dos que sofrem e contra o mal, pois o reino de Deus consiste em libertar a todos daquilo que os impede de viver de maneira digna e feliz.

Se Deus vem "reinar", não é para manifestar seu poderio acima de todos, mas para manifestar sua bondade e torná-la efetiva. É curioso observar como Jesus, que fala constantemente do "reino de Deus", não chama a Deus de "rei", mas de "pai"[34]. Seu reinado não é para impor-se a ninguém pela força, mas para introduzir na vida sua misericórdia e encher a criação inteira com sua compaixão. Esta misericórdia, acolhida de maneira responsável por todos, é ela que pode destruir Satanás, personificação desse mundo hostil que trabalha contra Deus e contra o ser humano[35].

---

33. Assim falam escritos como o *Primeiro livro de Henoc*, a *Ascensão de Moisés* ou os *Salmos de Salomão*.

34. Os poucos textos que falam de Deus como "rei" são secundários ou encontram-se entre o material especial proveniente de Mateus (5,35; 18,23; 22,2; 25,34).

35. Jesus destaca em suas parábolas a "compaixão" como o traço principal de Deus (Lucas 15,11-31; Mateus 18,18-35; 20,1-16). Por outro lado, de acordo com os evangelhos, a "compaixão" é o que caracteriza o comportamento de Jesus diante dos que sofrem (Marcos 1,41; 6,34; Mateus 9,36; 14,14; 15,32; 20,34; Lucas 7,13). Emprega-se sempre também um verbo muito expressivo, *splanchnizomai*, que significa literalmente que "tremem as entranhas" de Jesus (e de Deus) ao ver as pessoas sofrendo.

Donde brota em Jesus esta maneira de entender o "reino de Deus"? Não é isto, certamente, o que se ensinava aos sábados na sinagoga, nem o que se respirava na liturgia do templo. Ao que parece, Jesus comunica sua própria experiência de Deus, não aquilo que se vinha repetindo em todas as partes de maneira convencional. Sem dúvida, ele podia encontrar o rosto de um Deus compassivo na melhor tradição dos orantes de Israel. Assim se experimenta a Deus num conhecido salmo: "O Senhor é um Deus misericordioso e clemente, lento para a cólera e rico em amor e fidelidade"[36]. No entanto, Jesus não cita as Escrituras para convencer as pessoas da compaixão de Deus. Ele a intui contemplando a natureza e convida aqueles camponeses a descobrir que a criação inteira está cheia de sua bondade. Ele "faz nascer o sol sobre bons e maus e faz chover sobre justos e injustos"[37]. Deus não reserva seu amor apenas para os judeus nem bendiz somente os que vivem obedientes à lei. Tem compaixão também dos gentios e pecadores. Esta atuação de Deus, que tanto escandalizava os setores mais fanáticos, comove Jesus. Não que Deus seja injusto ou que reaja com indiferença diante do mal. O que acontece é que ele não quer ver ninguém sofrer. Por isso sua bondade não tem limites, nem sequer com os maus. Este é o Deus que está chegando.

Deus, amigo da vida

Ninguém o põe em dúvida. Jesus entusiasmou os camponeses da Galileia[38]. O reino de Deus, tal como ele o apresentava, tinha que ser algo muito sim-

---

36. Salmo 86,15. A linguagem empregada por Jesus para falar de Deus sugere o conteúdo dos três termos hebraicos que aparecem neste salmo: "misericordioso" (*rahum*) indica uma "compaixão" que nasce das entranhas e comove toda a pessoa; "clemente" (*hannun*) expressa um amor gratuito, incondicional, transbordante; "amor fiel" (*hesed*) fala da fidelidade de Deus a seu amor pelo povo.

37. Mateus 5,45. O evangelista Lucas recolhe de outra maneira o pensamento de Jesus: Deus "é bom com os desagradecidos e os perversos" (6,35). Pensa-se que este dito de Jesus, proveniente da fonte Q, expressa a convicção de Jesus.

38. Apesar do que se disse sobre a chamada "crise galilaica" (Dodd, Mussner, Schillebeeckx), o entusiasmo dos camponeses da Galileia por Jesus não parece ter decaído nunca (Aguirre, Sobrino).

ples, ao alcance daquelas pessoas. Algo muito concreto e bom que até os mais ignorantes entendiam: a primeira coisa para Jesus é a vida das pessoas, não a religião. Ao ouvi-lo falar e, sobretudo, ao vê-lo curar os enfermos, libertar de seu mal os endemoninhados e defender os mais desprezados, eles têm a impressão de que Deus se interessa realmente por sua vida e não tanto por questões "religiosas" que a eles escapam. O reino de Deus corresponde às suas aspirações mais profundas.

Os camponeses galileus captam nele algo novo e original: Jesus proclama a salvação de Deus curando. Anuncia seu reino deslanchando um processo de cura tanto individual como social. Sua intenção de fundo é clara: curar, aliviar o sofrimento, restaurar a vida[39]. Não cura de maneira arbitrária ou por puro sensacionalismo. Tampouco para provar sua mensagem ou reafirmar sua autoridade. Cura "movido pela compaixão", para que os enfermos, abatidos e transtornados, experimentem que Deus quer para todos uma vida mais sadia. Assim entende ele sua atividade curadora: "Se expulso os demônios com o dedo de Deus, então é porque chegou até vós o reino de Deus"[40].

De acordo com um antigo relato cristão, quando os discípulos do Batista perguntam a Jesus: "És tu aquele que devia vir?", ele limita-se a expor o que está ocorrendo: "Ide e contai a João o que ouvis e vedes: os cegos veem e os coxos andam, os leprosos ficam limpos e os surdos ouvem, os mortos ressuscitam e anuncia-se aos pobres a boa notícia; e feliz aquele que não se escandalizar por minha causa"[41]. Jesus entende que é Deus quem está atuando

---

39. O evangelho de João põe na boca de Jesus uma frase que resume muito bem a lembrança que ficou de Jesus: "Eu vim para que tenham vida, e vida abundante" (10,10).

40. Estas palavras estão consignadas na fonte Q (Lucas 11,20 // Mateus 12,28) e conservam a convicção de Jesus. Lucas diz que Jesus expulsa os demônios "pelo dedo de Deus". De acordo com Mateus, ele o faz "pelo Espírito de Deus". A expressão de Lucas aproxima-se mais da linguagem viva e concreta de Jesus.

41. Mateus 11,4-6 e Lucas 7,22-23 copiam literalmente esta resposta de Jesus tal como a encontram na fonte Q. Muitos investigadores pensam que se trata de uma elaboração da comunidade cristã para mostrar que em Jesus cumprem-se as profecias de Isaías. No entanto, Meier, Scobie, Wink e outros apresentam indícios convincentes de que este material guarda de maneira autêntica a convicção de Jesus: o tempo de salvação profetizado por Isaías já está aqui.

com poder e misericórdia, curando os enfermos e defendendo a vida dos desgraçados. É isto que está acontecendo, embora vá contra as previsões do Batista e de muitos outros. Não estão se cumprindo as ameaças anunciadas pelos escritores apocalípticos, mas o que foi prometido pelo profeta Isaías, que anunciava a vinda de Deus para libertar e curar seu povo[42].

De acordo com os evangelistas, Jesus despede os enfermos e pecadores com esta saudação: "Vai em paz"[43], desfruta a vida. Jesus lhes deseja o melhor: saúde integral, bem-estar completo, uma convivência feliz na família e na aldeia, uma vida cheia das bênçãos de Deus. O termo hebraico *shalom* ou "paz" indica a felicidade mais completa; aquilo que mais se opõe a uma vida indigna, infeliz, maltratada pela enfermidade ou pela pobreza. Seguindo a tradição dos grandes profetas, Jesus entende o reino de Deus como um reino de vida e de paz. Seu Deus é "amigo da vida"[44].

Jesus realizou só um pequeno número de curas. Pelas aldeias da Galileia e da Judeia ficaram muitos outros cegos, leprosos e endemoninhados sofrendo irremediavelmente seu mal. Só uma pequena parte experimentou sua força curadora. Nunca Jesus pensou nos "milagres" como uma fórmula mágica para suprimir o sofrimento no mundo, mas como um sinal para indicar a direção em que é preciso atuar para acolher e introduzir o reino de Deus na vida humana[45]. Por isso Jesus não pensa só na cura de pessoas enfermas. Toda a sua atuação vai no sentido de gerar uma sociedade mais saudável: sua rebeldia diante de comportamentos patológicos de raiz religiosa como o legalismo, o rigorismo ou o culto vazio de justiça; seu esforço por criar uma

---

42. Isaías 35,5-6; 61,1.

43. Marcos 5,34; Lucas 7,50; 8,48. Não é possível saber se era um costume de Jesus ou se se trata de uma expressão posta em seus lábios pela comunidade cristã. Em todo caso, Jesus é recordado assim (Dunn).

44. Possivelmente Jesus não chegou a conhecer esta bela definição de Deus que se pode ler no livro da Sabedoria (11,26), obra escrita em Alexandria entre os anos 100 e 50 a.C.

45. Quando Jesus confia sua missão a seus seguidores, recomenda-lhes invariavelmente duas tarefas: "anunciar que o reino está próximo" e "curar os enfermos".

convivência mais justa e solidária; sua oferta de perdão às pessoas afundadas na culpabilidade; sua acolhida aos maltratados pela vida ou pela sociedade; seu empenho em libertar a todos do medo e da insegurança para viver a partir da confiança absoluta em Deus[46]. Curar, libertar do mal, tirar do abatimento, sanear a religião, construir uma sociedade mais amável, constituem caminhos para acolher e promover o reino de Deus. São os caminhos que Jesus percorrerá.

Os pobres têm sorte

Jesus não exclui ninguém. A todos anuncia a boa notícia de Deus, mas esta notícia não pode ser ouvida por todos da mesma maneira. Todos podem entrar em seu reino, mas nem todos da mesma maneira, porque a misericórdia de Deus está urgindo antes de mais nada que se faça justiça aos mais pobres e humilhados. Por isso a vinda de Deus é uma sorte para os que vivem explorados, enquanto se transforma em ameaça para os causadores dessa exploração.

Jesus declara de maneira categórica que o reino de Deus é para os pobres. Ele tem diante dos olhos aquelas pessoas que vivem humilhadas em suas aldeias, sem poder defender-se dos poderosos latifundiários; conhece bem a fome daquelas crianças desnutridas; viu chorar de raiva e impotência aqueles camponeses quando os arrecadadores de impostos levavam para Séforis ou Tiberíades o melhor de suas colheitas. São eles os que precisam ouvir, antes de mais ninguém, a notícia do reino: "Felizes vós que não tendes nada, porque vosso é o reino de Deus; felizes vós que agora tendes fome, porque sereis saciados; felizes vós que agora chorais, porque rireis"[47]. Jesus declara-os felizes, inclusive

---

46. De acordo com Marcos, Jesus justificou sua acolhida aos pecadores com este refrão popular: "Precisam de médico não os que têm saúde, e sim os enfermos" (2,17).

47. Há um consenso bastante generalizado de que estas três bem-aventuranças, dirigidas concretamente aos pobres, aos famintos e aos que choram, foram formuladas por Jesus, e de que a versão de Lucas (6,20-21) é mais autêntica que a de Mateus (5,3-11), que as espiritualizou, acrescentado ainda outras novas.

no meio dessa situação injusta que padecem, não porque logo serão ricos como os grandes proprietários daquelas terras, mas porque Deus já está vindo para suprimir a miséria, acabar com a fome e fazer aflorar o sorriso em seus lábios. Ele se alegra com eles já desde agora. Não os convida à resignação, mas à esperança. Não quer que alimentem falsas ilusões, mas que recuperem sua dignidade. Todos precisam saber que Deus é o defensor dos pobres. Estes são seus preferidos. Se seu reinado for acolhido, tudo mudará para bem dos últimos. Esta é a fé de Jesus, sua paixão e sua luta.

Jesus não fala da "pobreza" abstratamente, mas daqueles pobres com os quais trata enquanto percorre as aldeias. Famílias que sobrevivem miseravelmente, pessoas que lutam para não perder suas terras e sua honra, crianças ameaçadas pela fome e pela doença, prostitutas e mendigos desprezados por todos, enfermos e endemoninhados aos quais se nega o mínimo de dignidade, leprosos marginalizados pela sociedade e pela religião. Aldeias inteiras que vivem sob a opressão das elites urbanas, sofrendo o desprezo e a humilhação. Homens e mulheres sem possibilidades de um futuro melhor. Por que o reino de Deus constituirá uma boa notícia para estes pobres? Por que serão eles os privilegiados? Porventura Deus não é neutro? Não ama a todos por igual? Se Jesus tivesse dito que o reino de Deus chegava para tornar felizes os justos, teria tido sua lógica e todos o teriam entendido, mas que Deus esteja a favor dos pobres, sem levar em conta seu comportamento moral, resulta escandaloso. Será que os pobres são melhores do que os outros, para merecerem tratamento privilegiado dentro do reino de Deus?

Jesus nunca louvou os pobres por suas virtudes ou qualidades. Provavelmente aqueles camponeses não eram melhores do que os poderosos que os oprimiam; também eles abusavam de outros mais fracos e exigiam o pagamento das dívidas sem compaixão alguma. Ao proclamar as bem-aventuranças, Jesus não diz que os pobres são bons ou virtuosos, mas que estão sofrendo injustamente. Se Deus se põe do lado deles, não é porque o mereçam, mas porque precisam. Deus, Pai misericordioso de todos, não pode reinar senão fazendo justiça sobretudo àqueles a quem ninguém a faz. É isto que desperta uma alegria grande em Jesus: Deus defende aqueles que ninguém defende!

Esta fé de Jesus arraigava-se numa longa tradição. O que o povo de Israel esperava sempre de seus reis era que soubessem defender os pobres e desvalidos. Um bom rei deve preocupar-se com a proteção deles, não porque sejam melhores cidadãos do que os outros, mas simplesmente porque precisam ser protegidos. A justiça do rei não consiste em ser "imparcial" para com todos, mas em fazer justiça a favor daqueles que são oprimidos injustamente. Di-lo claramente um salmo que apresentava o ideal de um bom rei: "Defenderá os humildes do povo, salvará as pessoas pobres e esmagará o opressor. [...] Livrará o pobre que suplica, o infeliz e o desamparado. Terá compaixão do fraco e do pobre. Salvará a vida dos pobres, resgatá-la-á da opressão e da violência. Seu sangue será precioso a seus olhos"[48]. A conclusão de Jesus é clara. Se algum rei sabe fazer justiça aos pobres, esse é Deus, o "amante da justiça"[49]. Ele não se deixa enganar pelo culto que lhe prestam no templo. De nada servem os sacrifícios, os jejuns e as peregrinações a Jerusalém. Para Deus, a primeira coisa é fazer justiça aos pobres. Provavelmente Jesus recitou mais de uma vez um salmo que proclama Deus assim: "Ele faz justiça aos oprimidos, dá pão aos famintos, liberta os condenados. [...] O Senhor protege o imigrante, sustenta a viúva e o órfão"[50]. Se tivesse conhecido esta bela oração do livro de Judite, teria exultado: "Tu és o Deus dos humildes, o defensor dos pequenos, apoio dos fracos, refúgio dos desvalidos, salvador dos desesperados"[51]. Assim também Jesus experimenta Deus.

---

48. Salmo 72,4.12-14. Este salmo, dedicado a Salomão, apresenta a visão que em Israel se tem do rei ideal.

49. Salmo 99,4.

50. Salmo 146,7.9. Este salmo pertence a um grupo de salmos que começam com a aclamação do *aleluia* ("Louvai a Javé") e que os judeus recitavam pela manhã.

51. Judite 9,11. Trata-se de uma obra de autor desconhecido, escrita por volta de 150 a.C., que é atribuída artificialmente a Judite ("a judia"), uma heroína lendária a serviço da libertação de seu povo.

As coisas precisam mudar

O que esperava Jesus concretamente? Como imaginava a implantação do reino de Deus? O que precisava acontecer para que, realmente, o reino de Deus se concretizasse em algo bom para os pobres? Pensava ele só na conversão dos que o ouviam, para que Deus transformasse seus corações e reinasse num número cada vez maior de seguidores? Buscava simplesmente a purificação da religião judaica? Pensava numa transformação social e política profunda em Israel, no Império romano e, definitivamente, no mundo inteiro? Certamente o reino de Deus não era para Jesus algo vago ou etéreo. A irrupção de Deus está pedindo uma mudança profunda. Se ele anuncia o reino de Deus, é para despertar esperança e chamar todos a mudar sua maneira de pensar e de agir[52]. É preciso "entrar" no reino de Deus, deixar-se transformar por sua dinâmica e começar a construir a vida tal como Deus a quer.

Em que podia ir se concretizando o reino de Deus? Ao que parece, Jesus queria ver seu povo restaurado e transformado segundo o ideal da Aliança: um povo no qual se pudesse dizer que Deus reinava. Para os judeus, voltar à Aliança era voltar a ser inteiramente de Deus: um povo livre de toda escravidão estrangeira e no qual todos pudessem desfrutar de maneira justa e pacífica de sua terra, sem ser explorados por ninguém. Os profetas sonhavam com um "povo de Deus" no qual as crianças não morreriam de fome, os anciãos viveriam uma vida digna, os camponeses não conheceriam a exploração. Assim diz um deles: "Nunca haverá ali criança que viva poucos dias ou velho que não complete seus dias. [...] Edificarão casas e as habitarão, plantarão vinhas e comerão seu fruto. Não edificarão para que outro habite, não plantarão para que outro coma"[53]. No tempo de Jesus, alguns pensavam que a única maneira de viver como "povo da Aliança" era expulsar os romanos,

---

52. Para falar da "conversão" que Jesus pede, os evangelhos utilizam o verbo *metanoeîn*, que significa mudar a maneira de "pensar" e de "agir".

53. Isaías 65,20-22. São palavras de um profeta anônimo posterior ao exílio.

ocupantes impuros e idólatras: não ter aliança alguma com César; desobedecer-lhe e negar-se a pagar os tributos. Os essênios de Qumran pensavam de outra maneira: era impossível ser o "povo santo de Deus" no meio daquela sociedade corrompida; a restauração de Israel devia começar criando no deserto uma "comunidade separada", composta de homens santos e puros. A posição dos fariseus era diferente: levantar-se contra Roma e negar-se a pagar os impostos era um suicídio; retirar-se ao deserto era um erro. O único remédio era sobreviver como povo de Deus insistindo na pureza ritual que os separava dos pagãos.

Pelo que podemos saber, Jesus nunca teve em mente uma estratégia concreta de caráter político ou religioso para ir construindo o reino de Deus[54]. O importante, segundo ele, é que todos reconheçam a Deus e "entrem" na dinâmica de seu reinado. Não é um assunto meramente religioso, mas um compromisso de profundas consequências de ordem política e social. A própria expressão "reino de Deus", escolhida por Jesus como símbolo central de toda a sua mensagem e atuação, não deixa de ser um termo político que não pode suscitar senão expectativa em todos, e também um forte receio no ambiente do governador romano e nos círculos herodianos de Tiberíades. O único império reconhecido no mundo mediterrâneo e para além dele era o "império de César". O que Jesus está sugerindo ao anunciar às pessoas que está chegando o "império de Deus"?[55] É o imperador de Roma quem, com suas legiões, estabelece a paz e impõe a sua justiça no mundo inteiro, submetendo os povos a seu império. Ele lhes proporciona bem-estar e segurança, ao mesmo tempo que deles exige uma implacável tributação. O que pretende agora Jesus ao procurar convencer a todos de que é preciso entrar no "império de Deus", que, ao contrário de Tibério, que só busca honra, rique-

54. Embora os cristãos de hoje falem de "construir" ou "edificar" o reino de Deus, Jesus não emprega nunca esta linguagem.

55. Os evangelhos traduzem invariavelmente o termo "reino" empregado por Jesus com a palavra *basileia*, que nos anos trinta só era utilizada para falar do "império" de Roma (Crossan, Patterson, Kaylor, Horsley).

za e poder, quer sobretudo fazer justiça precisamente aos mais pobres e oprimidos do Império?

As pessoas perceberam que Jesus punha em questão a soberania absoluta e exclusiva do imperador. Não é de estranhar que, em certa ocasião, "herodianos" do círculo de Antipas e "fariseus" lhe formulassem uma das questões mais delicadas e debatidas: "É lícito pagar tributo a César ou não?" Jesus pediu um denário e perguntou de quem era a imagem cunhada e a inscrição. Naturalmente, a imagem era de Tibério e a inscrição dizia: *Tiberius, Caesar, Divi Augusti Filius, Augustus*. Aquele denário era o símbolo mais universal do poder "divino" do imperador[56]. Jesus pronunciou então umas palavras que ficaram profundamente gravadas na lembrança de seus seguidores: "Dai a César o que é de César e a Deus o que é de Deus"[57]. Ninguém está acima de Deus, nem Tibério. Devolvei a César este sinal de seu poder, mas não deis nunca a nenhum César o que só pertence a Deus: a dignidade dos pobres e a felicidade dos que sofrem. Eles são de Deus, seu reino pertence a eles[58]. Jesus expressou-se de forma mais clara ao falar dos ricos latifundiários. Sua riqueza é "injusta", porque o único modo de enriquecer naquela sociedade era explorando os camponeses, o único grupo que produzia riqueza. O reino de Deus exige acabar com essa iníqua exploração: "Não podeis servir a Deus e ao Dinheiro"[59]. Não é possível entrar no reino acolhendo como senhor a Deus, defensor dos pobres, e continuar ao mesmo tempo acumulando riqueza precisamente à custa deles. É preciso mudar. "Entrar" no reino de Deus quer dizer construir a vida não como querem Tibério, as famílias

---

56. No mundo antigo, poder cunhar moeda própria era um dos símbolos mais importantes de soberania.

57. O episódio está conservado em Marcos, na fonte Q e no *Evangelho [apócrifo] de Tomé*. Há um consenso geral de que estas palavras de Jesus recolhem com autenticidade sua resposta (Marcos 12,17; Mateus 22,21; Lucas 20,25; *Evangelho [apócrifo] de Tomé* 100,2-3).

58. Não há entre os investigadores um consenso sobre qual foi a posição concreta de Jesus diante do sistema de tributação exigido por Roma.

59. Estas palavras estão conservadas na fonte Q (Lucas 16,13 // Mateus 6,24).

herodianas ou os ricos latifundiários da Galileia, mas como Deus quer. Por isso, "entrar" em seu reino é "sair" do império que os "chefes das nações" e os poderosos do dinheiro procuram impor.

Jesus não só denuncia aquilo que se opõe ao reino de Deus. Sugere, além disso, um estilo de vida mais de acordo com o reino do Pai. Não busca só a conversão individual de cada pessoa. Fala nos povoados e aldeias, procurando introduzir um novo modelo de comportamento social. Ele vê as pessoas angustiadas pelas necessidades mais básicas: pão para pôr na boca e roupa para cobrir o corpo. Jesus entende que, entrando na dinâmica do reino de Deus, essa situação pode mudar: "Não andeis preocupados com vossa vida, com o que comereis, nem com vosso corpo, com o que vestireis. [...] Buscai, antes de tudo, o reino de Deus e essas coisas vos serão dadas por acréscimo"[60]. Ele não apela com isto a uma intervenção milagrosa de Deus, mas a uma mudança de comportamento que possa levar todos a uma vida mais digna e segura. O que se vive naquelas aldeias não pode ser do agrado de Deus: brigas entre famílias, insultos e agressões, abusos dos mais fortes, esquecimento dos mais indefesos. Aquilo não é viver sob o reinado de Deus. Jesus convida a um estilo de vida diferente e o ilustra com exemplos que todos podem entender: é preciso acabar com os ódios entre vizinhos e adotar uma postura mais amistosa com os adversários e com aqueles que ferem nossa honra. É preciso superar a velha "lei do talião": Deus não pode reinar numa aldeia onde os vizinhos vivem retribuindo mal com mal, "olho por olho e dente por dente". É preciso conter a agressividade diante daquele que te humilha batendo no teu rosto: "A quem te ferir numa face, apresenta-lhe também a outra". É preciso dar com generosidade aos necessitados que vivem mendigando ajuda pelas aldeias: "Dá a todo aquele que te pedir, e ao que te tomar o que é teu, não o reclames". É preciso compreender inclusive aquele que, urgido pela necessidade, leva teu manto; talvez precise também de tua túnica: "A quem te tirar o manto, não lhe negues a túnica". É preciso ter um coração

60. Fonte Q (Lucas 12,22.31 // Mateus 6,25.33). O núcleo deste ensinamento provém de Jesus.

grande para com os mais pobres. É preciso parecer-se com Deus: "Sede compassivos como vosso Pai é compassivo". Se os camponeses destas aldeias viverem assim, a ninguém faltará pão nem vestes[61].

Uma fonte de conflitos e disputas dolorosas era o fantasma das dívidas. Todos procuravam evitar a todo custo cair na espiral do endividamento, que podia levá-los a perder as terras e ficar no futuro à mercê dos grandes latifundiários. Todo o mundo exigia de seu vizinho o pagamento rigoroso das dívidas contraídas por pequenos préstimos e ajudas, para poder satisfazer as exigências dos arrecadadores. Jesus procura criar um clima diferente, convidando inclusive ao mútuo perdão e ao cancelamento de dívidas. Deus chega oferecendo a todos seu perdão. Como acolhê-lo num clima de mútua coação e de exigência implacável do pagamento das dívidas? O perdão de Deus precisa criar um comportamento social mais fraterno e solidário. Daí o pedido que Jesus quer que nasça do coração dos seus seguidores: "Perdoa-nos as nossas dívidas assim como nós perdoamos aos nossos devedores"[62].

É significativo observar como Lucas, ao apresentar o programa da atuação de Jesus, sugere que ele vem proclamar o grande "Jubileu de Deus". De acordo com uma antiga tradição, a cada quarenta e nove anos devia-se declarar em Israel "o ano do Jubileu", para restaurar novamente a igualdade e estabilidade social no povo da Aliança. Nesse ano devolvia-se a liberdade aos que se haviam vendido como escravos para pagar suas dívidas, restituíam-se as terras a seus primeiros proprietários e perdoavam-se todas as dívidas[63]. De

---

61. O conjunto de ditos recolhidos na fonte Q (Lucas 64,27-35 // Mateus 6,25-34) transmite substancialmente o ensinamento de Jesus. Provavelmente se trata de uma mensagem dirigida aos camponeses das aldeias da Galileia (Horsley, Kaylor), embora não se deva excluir que fizesse parte de seu ensinamento ao grupo de seguidores mais próximos (Theissen, Ben Witherington III).

62. O pedido está conservado na fonte Q (Lucas 11,4 // Mateus 6,12). A versão conservada em Mateus parece mais original.

63. O conjunto de normas sobre o ano do Jubileu está conservado no capítulo 25 do Levítico, compêndio de leis, ritos e prescrições compilado pelos sacerdotes de Israel.

acordo com o relato de Lucas, Jesus inicia sua atividade atribuindo-se estas palavras: "O Espírito do Senhor está sobre mim, porque me ungiu para anunciar aos pobres a boa notícia; enviou-me para proclamar a libertação aos cativos e a vista aos cegos; para dar a liberdade aos oprimidos e proclamar um ano de graça do Senhor"[64]. Tenha ou não entendido sua missão no contexto do Jubileu, o certo é que Jesus anuncia o reino de Deus como uma realidade que exige a restauração da justiça social[65].

O melhor está por vir

O reino de Deus chegou e sua força já está atuando, mas o que se pode comprovar na Galileia é insignificante. O que o povo de Israel e o próprio Jesus esperam para o final dos tempos é muito mais. O reino de Deus já está abrindo caminho, mas sua força salvadora só é experimentada de maneira parcial e fragmentária, não em sua totalidade e plenitude final. Por isso Jesus convida a "entrar" agora mesmo no reino de Deus, mas ao mesmo tempo ensina seus discípulos a viver clamando: "Venha a nós teu reino".

Jesus fala com toda a naturalidade do reino de Deus como algo que está presente e ao mesmo tempo como algo que está por chegar. Não sente nisso contradição alguma. O reino de Deus não é uma intervenção pontual, mas uma ação continuada do Pai, que pede uma acolhida responsável, mas que não se deterá, apesar de todas as resistências, enquanto não alcançar sua plena realização. Já está "germinando" um mundo novo, mas só no futuro alcançará sua plena realização[66].

---

64. Lucas 4,18-19. Jesus lê o livro de Isaías 61,1-2. Segundo alguns peritos, este texto era um dos selecionados para ser lido nas sinagogas no começo do ano do Jubileu (Ringe, Fuellenbach).

65. Em geral, os autores pensam que se trata de uma visão teológica de Lucas.

66. No *Rolo da guerra*, escrito encontrado em Qumran, o confronto definitivo entre "os filhos da luz" e "os filhos das trevas" prolongar-se-á durante "quarenta anos", nos quais o bem irá se impondo progressivamente ao mal.

Jesus deseja ardentemente a plena realização desse mundo novo. Na tradição cristã foram recolhidos dois gritos que certamente nasceram de sua paixão pelo reino de Deus. São duas petições, diretas e concisas, que refletem seu anseio e sua fé: "Pai, santificado seja teu nome" e "venha teu reino"[67]. Jesus vê que o "nome de Deus" não é reconhecido nem santificado. Não se deixa a Deus ser Pai de todos. Aquelas pessoas da Galieia que choram e passam fome são a prova clara de que seu nome de Pai é ignorado e desprezado. Daí o grito de Jesus: "Pai, santificado seja teu nome", faze-te respeitar, manifesta quanto antes teu poder salvador. Jesus lhe pede além disso diretamente: "Venha teu reino". A expressão é nova e descobre seu desejo mais íntimo: Pai, vem reinar. A injustiça e o sofrimento continuam presentes em toda parte. Ninguém conseguirá extirpá-los definitivamente da terra. Revela tua força salvadora de maneira plena. Só tu podes mudar as coisas de uma vez por todas, manifestando-te como Pai de todos e transformando a vida para sempre.

O reino de Deus já está aqui, mas apenas como uma "semente" que está sendo semeada no mundo; um dia poder-se-á recolher a "colheita" final. O reino de Deus está irrompendo na vida como uma porção de "fermento"; Deus fará com que um dia esse fermento transforme tudo. A força salvadora de Deus já está atuando secretamente no mundo, mas é ainda como um "tesouro escondido" que muitos não conseguem descobrir; um dia todos poderão desfrutá-lo. Jesus não duvida deste final bom e libertador. Apesar de todas as resistências e fracassos que podem acontecer, Deus tornará realidade esta utopia tão antiga como o coração humano: o desaparecimento do mal, da injustiça e da morte[68].

---

67. Fonte Q (Lucas 11,2 // Mateus 6,9-10a). Ninguém põe em dúvida que estes dois pedidos provêm de Jesus.

68. No Apocalipse, escrito provavelmente por volta do ano 95 durante a perseguição do imperador Domiciano, o autor consola os perseguidos com esta fé semeada por Jesus: naquele dia, "Deus enxugará toda lágrima de seus olhos, e não haverá morte nem pranto, nem gritos nem fadigas, porque o mundo velho terá passado" (21,4).

Quando chegará este final? Jesus não se preocupa com datas nem calendários; não faz cálculos, ao estilo dos escritores apocalípticos; não pensa concretamente em prazos nem especula sobre períodos ou idades sucessivas[69]. Provavelmente, como a maioria de seus contemporâneos, também Jesus o intuía como algo próximo e iminente. É preciso viver alerta, porque o reino pode vir a qualquer momento. No entanto, Jesus ignora quando pode chegar e o reconhece humildemente: "Daquele dia e daquela hora, ninguém sabe nada, nem os anjos no céu, nem o Filho, mas somente o Pai"[70].

Jesus mantém sua confiança no reino definitivo de Deus e a reafirma com força na ceia em que se despede dos discípulos horas antes de ser crucificado. É a última daquelas refeições festivas que, com tanta alegria, celebrou nos povoados simbolizando o banquete definitivo no reino de Deus. Como havia se deleitado, "antecipando" a festa final na qual Deus compartilhará sua mesa com os pobres e os famintos, com os pecadores e os impuros, inclusive com pagãos estranhos a Israel! Esta era sua última refeição festiva neste mundo. Jesus senta-se à mesa sabendo que Israel não ouviu sua mensagem. Sua morte está próxima, mas em seu coração aflito continua ardendo a esperança. O reino de Deus virá. Deus acabará triunfando, e com ele triun-

---

69. A maioria dos investigadores pensa que o reino de Deus pregado por Jesus inclui dois grandes momentos: sua gestação histórica e sua consumação no final dela (Meier, Sanders, Theissen e Merz, Meyer, Allison, Beasley-Murray, Perrin...). Recentemente, alguns autores avançaram diferentes hipóteses afirmando que, ao anunciar o reino de Deus, Jesus está pensando numa "renovação desta vida", aqui e agora, sem nenhum outro horizonte de consumação escatológica. Este "reinado histórico de Deus" é entendido como "reino sapiencial" (Mack), "reino de revolução social" (Horsley), "reino de experiência do Espírito" (Borg), "reino de Deus sem intermediários" ou *Brokerless Kingdom* (Crossan), "reino de aceitação da Torá" (Vermes). O principal argumento contra estas novas hipóteses acerca do reino de Deus é que Jesus parte da visão apocalíptica do Batista e dá origem a comunidades cristãs que vivem na expectativa de "novos céus e nova terra". É difícil explicar que, no meio destas duas realidades, Jesus pregue um reino de Deus só para esta vida, sem expectativa escatológica.

70. Marcos 13,32. Estas palavras conservam substancialmente uma afirmação de Jesus. Nenhum cristão ter-se-ia atrevido a inventar um dito no qual Jesus aparecesse ignorando a mais importante de todas as datas. Parece que Jesus esperava a vinda iminente do reino definitivo de Deus, mas nunca o situou dentro de um prazo concreto de tempo (Meier, Theissen e Merz, Jeremias, Bultmann etc.).

fará também ele próprio, apesar de seu fracasso e de sua morte. Deus levará à plenitude seu reino e fará com que Jesus se sente no banquete final para beber um "vinho novo". Esta é sua indestrutível esperança: "Em verdade vos digo que já não beberei do fruto da videira até aquele dia em que o beberei, novo, no reino de Deus"[71].

Bibliografia

Para um tratamento geral do reino de Deus

PERRIN, Norman. *The Kingdom of God in the Teaching of Jesus*. 3. ed. Londres: SCM Press, 1975.

______. *Jesus and the Language of the Kingdom*. Filadélfia: Fortress Press, 1976.

BEASLEY-MURRAY, G.R. *Jesus and the Kingdom of God*. Grand Rapids, MI: Eerdmans, 1986.

MEIER, John Paul. *Um judeu marginal*: repensando o Jesus histórico – II/1: *Mentor*; II/2: *Mensagem*. Rio de Janeiro: Imago, 1996-1997 [*Un judío marginal*: nueva visión del Jesús histórico – II/1: Juan y Jesús – El reino de Dios. Estella: Verbo Divino, 2001, p. 291-592].

THEISSEN, Gerd & MERZ, Annette. *O Jesus histórico* – Um manual. São Paulo: Loyola, 2002 [*El Jesús histórico*. Salamanca: Sígueme, 1999, p. 273-316].

BARBAGLIO, Giuseppe. *Jesús, hebreo de Galilea*: investigación histórica. Salamanca: Secretariado Trinitario, 2003, p. 249-291.

GNILKA, Joachim. *Jesus de Nazaré*: mensagem e história. Petrópolis: Vozes, 2000 [*Jesús de Nazaret*: mensaje e historia. Barcelona: Herder, 1993, p. 172-201].

MERKLEIN, Helmut. *La signoria di Dio nell'annuncio di Gesù*. Bréscia: Paideia, 1994.

SANDERS, Ed Parish. *La figura histórica de Jesús*. Estella: Verbo Divino, 2000, p. 191-227.

______. *Jesús y el judaísmo*. Madri: Trotta, 2004, p. 185-231 e 325-349.

71. Marcos 14,25. A grande maioria dos investigadores afirma a autenticidade deste dito de Jesus (Schlosser, Meier, Theissen e Merz, Pesch, Merklein, Léon-Dufour...).

VIDAL, Senén. *Los tres proyectos de Jesús y el cristianismo naciente*. Salamanca: Sígueme, 2003, p. 109-213.

FUELLENBACH, John. *The Kingdom of God* – The Message of Jesus Today. Maryknoll, N.Y.: Orbis Books, 1995.

CHILTON, Bruce. *Pure Kingdom. Jesus' Vision of God*. Grand Rapids, MI: Eerdmans, 1996.

CHILTON, Bruce (org.). *The Kingdom of Cod in the Teaching of Jesus*. Filadélfia: Fortress Press, 1984.

Para o estudo das diversas interpretações do reino de Deus na investigação atual

SAUCY, Mark. *The Kingdom of God in the Teaching of Jesus in 20th Century Theology*. Dallas, TX: Word Publishing, 1997.

WITHERINGTON III, Ben. *The Jesus Quest* – The Third Search for the Jew of Nazareth. 2. ed. Downers Grove, IL: Inter-Varsity Press, 1997, sobretudo p. 116-136 e 137-160.

BORG, Marcus J. *Jesus in contemporary Scholarship*. Valley Forge, PA: Trinity Press International, 1994, sobretudo p. 47-126.

CHILTON, Bruce. The Kingdom of God in recent Discussion. In: CHILTON, Bruce & EVANS, Craig A. (orgs.). *Studying the Historical Jesus* – Evaluations of the State of Current Research. Leiden: Brill, 1998, p. 255-280.

Para a espera do reino de Deus

GRELOT, Pierre. *A esperança judaica no tempo de Jesus*. São Paulo: Loyola, 1996 [*L'espérance juive à l'heure de Jésus*. Paris: Desclée, 1978].

Para a dimensão política e social do reino de Deus

KAYLOR, R. David, *Jesus the Prophet* – His vision of the Kingdom on Earth. Louisville, KY: Westminster/John Knox Press, 1994, sobretudo p. 70-120.

HORSLEY, Richard A. *Jesus and the Spiral of Violence* – Popular Jewish Resistance in Roman Palestine. Mineápolis: Fortress Press, 1993, sobretudo p. 167-326.

______. *Jesus e o império* – O reino de Deus e a nova desordem mundial. São Paulo: Paulus, 2000 [*Jesús y el Imperio* – El reino de Dios y el nuevo desorden mundial. Estella: Verbo Divino, 2003, sobretudo p. 105-163].

Para uma consideração do reino de Deus como reino de vida, justiça e libertação

CASTILLO, José Maria. *El reino de Dios* – Por la vida y dignidad de los seres humanos. Bilbao: Desclée de Brouwer, 1999, sobretudo p. 35-53 e 63-104.

SOBRINO, Jon. *Jesus, o Libertador* – I: A história de Jesus de Nazaré. 2. ed. Petrópolis: Vozes, 1996, sobretudo p. 105-159 [*Jesucristo liberador* – Lectura histórico-teológica de Jesús de Nazaret. Madri: Trotta, 1991, sobretudo p. 95-141].

LOIS, Julio. *Jesús de Nazaret, el Cristo liberador*. Madri: Hoac, 1995, sobretudo p. 83-99.

5

POETA DA COMPAIXÃO

Jesus não explicou diretamente sua experiência do reino de Deus. Ao que parece, não lhe era fácil comunicar por meio de conceitos o que ele vivia em seu íntimo. Não utilizou a linguagem dos escribas para dialogar com os camponeses da Galileia. Também não sabia falar com o estilo solene dos sacerdotes de Jerusalém. Recorreu à linguagem dos poetas. Com criatividade inesgotável, inventava imagens, concebia belas metáforas, sugeria comparações e, sobretudo, narrava com maestria parábolas que cativavam as pessoas. Adentrar-nos no fascinante mundo destes relatos é o melhor caminho para "entrar" em sua experiência do reino de Deus.

A sedução das parábolas

A linguagem de Jesus é inconfundível. Não há em suas palavras nada de artificial ou forçado; tudo é claro e simples. Ele não precisa recorrer a ideias abstratas ou frases complicadas; comunica o que vive. Sua palavra se transfigura ao falar de Deus àquelas pessoas do campo. Precisa ensiná-las a olhar a vida de outra maneira: "Deus é bom; sua bondade tudo enche; sua misericórdia já está irrompendo na vida". É toda a Galileia que se reflete em sua linguagem, com seus trabalhos e suas festas, seu céu e suas estações, com seus rebanhos e suas vinhas, com suas semeaduras e suas colheitas, com seu formoso lago e com sua população de pescadores e camponeses. Às vezes os leva a olhar de maneira nova o mundo que eles têm diante dos olhos; outras ensina-lhes a aprofundar-se em sua própria experiência. No fundo da vida podem encontrar a Deus.

> Olhai os corvos; não semeiam nem colhem, não têm despensa nem celeiro, e Deus os alimenta! Quanto mais valeis vós do que os pássaros! Olhai os lírios, como crescem: não trabalham nem fiam. Mas eu vos digo que nem Salomão, em toda sua glória, vestiu-se como um deles. Se Deus veste assim a erva do campo, que hoje existe e amanhã é lançada ao fogo, quanto mais a vós, homens e mulheres de pouca fé![1]

Se Deus cuida de umas aves tão pouco atraentes como os corvos e adorna com tanto primor umas flores tão pouco apreciadas, como os lírios, como não irá cuidar de seus filhos e filhas?

Depois Jesus presta atenção nos pardais, os menores pássaros da Galileia, e torna a pensar em Deus. São vendidos no mercado de alguma aldeia, mas Deus não os esquece: "Não se vendem dois pardais por um asse? Pois nenhum deles cai em terra sem o consentimento de vosso Pai. Até os cabelos da vossa cabeça estão todos contados! Não tenhais medo. Vós valeis mais do que um bando de passarinhos"[2]. Jesus capta a ternura de Deus até no mais frágil: os passarinhos mais pequenos do campo ou os cabelos das pessoas.

Deus é bom! Jesus não precisa de muitos argumentos para intuí-lo. Como não será melhor do que nós? Certa vez, falando com um grupo de pais e mães, pede-lhes que recordem sua própria experiência: "Há por acaso alguém entre vós que, quando seu filho lhe pede pão, lhe dá uma pedra, ou, se lhe pede um peixe, lhe dá uma cobra? Pois, se vós, sendo maus, sabeis dar coisas boas a vossos filhos, quanto mais vosso Pai que está nos céus dará coisas boas aos que lhe pedirem?"[3]

---

1. Fonte Q (Lucas 12,24.27-28 // Mateus 6,26.28-30). Com a imagem dos corvos ele se dirige aos varões, que sabem o que é semear, colher e construir celeiros; com a imagem dos lírios fala às mulheres, que entendem de tecer, fiar e confeccionar vestes.

2. Fonte Q (Lucas 12,6-7 // Mateus 10,29-31). Estas imagens tão vivas e concretas para expressar a ternura e o cuidado de Deus pelos seres humanos provêm de Jesus.

3. Fonte Q (Lucas 11,11-13 // Mateus 7,9-11). A versão de Mateus é considerada mais original.

Esta linguagem poética que Jesus emprega para falar de Deus não era totalmente desconhecida àqueles camponeses. Também Oseias, Isaías, Jeremias e outros profetas haviam falado assim: na poesia encontravam a força mais vigorosa para sacudir as consciências e despertar os corações para o mistério do Deus vivo. O que se torna para eles mais original e surpreendente são as parábolas que Jesus conta enquanto lhes mostra os campos semeados da Galileia ou lhes pede que prestem atenção nas redes cheias de peixes que os pescadores de Cafarnaum vão tirando do lago. Não era tão fácil encontrar nas Escrituras sagradas relatos que fizessem pensar em algo parecido[4].

Nas fontes cristãs conservaram-se cerca de quarenta parábolas com um relato mais ou menos desenvolvido, junto com uma vintena de imagens e metáforas que permaneceram num esboço ou apontamento de parábola. São apenas uma amostra reduzida de todas as que Jesus pronunciou. Como é natural, conservaram-se os relatos que ele mais repetiu ou os que com mais força ficaram gravados no coração e na lembrança[5].

Só Jesus pronuncia parábolas sobre o "reino de Deus". Os mestres da lei empregavam em seu ensinamento diversos tipos de *mashal*, e inclusive relatos muito parecidos com as parábolas de Jesus em sua forma e conteúdo, mas com uma função muito diferente[6]. Em geral, os rabinos partem de um texto bíblico que desejam explicar a seus discípulos, e recorrem a uma pará-

---

4. Na Bíblia hebraica ainda não aparece a "parábola" como um gênero literário bem definido. O termo *mashal* (plural *meshalim*) é empregado para falar indistintamente de comparações, provérbios, adivinhações, fábulas ou alegorias. Existem alguns *meshalim* que apontam para a parábola: o relato sobre o "cordeirinho do pobre" com que o profeta Natã condena a conduta criminosa de Davi (2Samuel 12,1-7); a "canção da vinha", na qual se canta o amor de Deus por seu povo (Isaías 5,1-7) ou a "alegoria da águia" (Ezequiel 17,3-10).

5. O *Evangelho [apócrifo] de Tomé* conserva doze parábolas que se encontram também nos evangelhos oficiais, e mais duas novas: a do "cântaro quebrado" (97) e a do "assassino" (98). No *Evangelho [apócrifo] de Tiago* podem-se ler oito parábolas, das quais duas parecem novas: a do "grão" e a da "espiga".

6. Conseguiu-se compilar cerca de mil e quinhentas parábolas rabínicas, mas até agora não foi possível verificar que provenham de uma época anterior ao ano 70 d.C. (Stern). Tampouco foram encontradas parábolas nos escritos de Qumran.

bola para expor qual é a verdadeira interpretação da lei. A diferença fundamental é esta: os rabinos movem-se no horizonte da lei; Jesus, no horizonte do reino de Deus que já está irrompendo em Israel[7].

Também as comunidades cristãs não foram capazes de imitar a linguagem parabólica de Jesus. Provavelmente já não foram mais criadas novas parábolas[8]. As primeiras gerações cristãs limitaram-se, de modo geral, a aplicá-las à sua própria situação: às vezes reinterpretando seu conteúdo original; outras vezes transformando-as em "histórias exemplares"; e houve, ao que parece, uma tendência a atribuir um caráter alegórico a alguns relatos que, na boca de Jesus, eram simples parábolas[9].

Jesus não compôs alegorias: era uma linguagem demasiado complicada para os camponeses da Galileia. Ele conta parábolas que surpreendem a todos por seu frescor e seu caráter simples, vivo e penetrante[10]. Não é muito difícil ver onde está a diferença entre uma parábola e uma alegoria. Numa parábola, cada detalhe do relato deve ser entendido em seu sentido próprio e habitual: um semeador é um semeador; a semente é semente; um campo é um campo. Na alegoria, pelo contrário, cada elemento do relato encerra um

---

7. Embora, de acordo com Flusser, seja possível que as parábolas rabínicas e as de Jesus tenham todas um fundo comum.

8. Embora alguns investigadores (Funk, Scott, Butts) sustentem que um pequeno número de parábolas possam ter sido elaboradas nas comunidades cristãs: "a rede cheia de peixes" (Mateus 13,47-48); "o homem que queria construir uma torre" (Lucas 14,28-30); "o rei que se preparava para um combate" (Lucas 14,31-38) ou "a porta fechada" (Lucas 13,25).

9. No evangelho de João podemos ler relatos de caráter alegórico nos quais se apresenta Jesus como "verdadeira videira", "bom pastor" ou "porta do redil" (15,1-7; 10,11-18; 10,1-5). Não são propriamente parábolas e afastam-se muito da inspiração do mestre da Galileia.

10. Esta é a posição praticamente unânime depois do estudo decisivo de Jülicher em meados do século passado. Para captar o sentido original das parábolas de Jesus, não é necessário atender às interpretações alegóricas elaboradas na comunidade cristã. Por exemplo, em Marcos 4,3-9 apresenta-se uma leitura alegórica da parábola do semeador, assinalando a quem ser referem os diversos terrenos nos quais cai a semente da Palavra. Em Mateus 13,37-43 faz-se uma leitura alegórica da parábola da cizânia. Este tipo de interpretações não remonta a Jesus. São interpretações compostas por missionários e catequistas cristãos.

sentido figurado: o semeador é o Filho do homem; o campo é o mundo; a boa semente são os filhos do reino; a cizânia são os filhos do maligno... Por isso a alegoria tem sempre algo de sutil e artificioso: se alguém não conhece de antemão a chave para decifrar seu significado, resulta uma linguagem enigmática. Ao que parece, Jesus não gostava desta maneira de falar[11].

Para que Jesus conta suas parábolas? Certamente, embora seja um mestre em compor belos relatos, não o faz para entreter os ouvidos e o coração daqueles camponeses[12]. Tampouco pretende ilustrar sua doutrina para que estas pessoas simples possam captar elevados ensinamentos que, do contrário, nunca conseguiriam compreender. Na verdade, suas parábolas não têm uma finalidade propriamente didática. O que Jesus procura não é transmitir novas ideias, mas pôr as pessoas em sintonia com experiências que estes camponeses ou pescadores conhecem em sua própria vida e que podem ajudá-los a abrir-se ao reino de Deus[13].

Com suas parábolas, Jesus, diferentemente do Batista, que nunca contou parábolas no deserto, procura aproximar o reino de Deus da cada aldeia, de cada família, de cada pessoa. Por meio destes relatos cativantes vai removendo obstáculos e eliminando resistências, para que estas pessoas se abram

---

11. No entanto, Jesus introduz com toda a naturalidade em suas parábolas personagens e realidades que, para seus ouvintes, habituados às Escrituras judaicas, tinham um sentido alegórico claro. Quando ele fala de um "pai" ou de um "rei", as pessoas pensam facilmente em Deus. Se fala da "vinha", sabem que ele se refere a Israel. Quando descreve um "banquete" ou uma "colheita", começam a sonhar com os últimos tempos. É um erro eliminar das parábolas todo traço alegórico. A mente semita não faz uma distinção muito precisa entre parábola e alegoria (Brown, Drury, Gowler). Algumas análises recentes (Funk, Wilder, Crossan, Scott) abriram novas perspectivas a partir da linguística moderna, mas nem sempre ajudam a compreender o conteúdo linguístico no qual se movia Jesus.

12. Não corresponde à intenção original de Jesus reduzir suas parábolas a "relatos de caráter estético", como pretende Via.

13. O próprio Jesus explica o que ele quer: "Com que compararemos o reino de Deus ou a que parábola recorreremos?" (Marcos 4,30). As parábolas começam às vezes com uma introdução muito significativa: "Com o reino de Deus acontece o mesmo que acontece com um grão de mostarda, que... (Mateus 13,33).

à experiência de um Deus que está chegando às suas vidas. Cada parábola é um convite premente a passar de um mundo velho, convencional e quase sem horizonte a um "país novo", cheio de vida, que Jesus já está experimentando e que ele chama "reino de Deus". Estes afortunados camponeses e pescadores ouvem seus relatos como um chamado a entender e experimentar a vida de uma maneira completamente diferente. A de Jesus[14].

Com as parábolas de Jesus "sucede" algo que não acontece nas minuciosas explicações dos mestres da lei. Jesus "torna presente" Deus irrompendo na vida de seus ouvintes. Suas parábolas comovem e fazem pensar; tocam seu coração e os convidam a abrir-se a Deus; sacodem sua vida convencional e criam um novo horizonte para acolhê-lo e vivê-lo de maneira diferente[15]. As pessoas as ouvem como uma "boa notícia", a melhor que podem ouvir da boca de um profeta.

Ao que parece, Jesus não explica o significado de suas parábolas nem antes nem depois de seu relato; não recapitula seu conteúdo nem o esclarece recorrendo a outra linguagem. É a própria parábola que há de penetrar com força em quem a ouve. Jesus tem o costume de repetir: "Quem tem ouvidos

---

14. A atuação de Jesus na Galileia não oferece dúvidas: ele anuncia o reino de Deus a todos sem discriminação alguma, e conta suas parábolas não para endurecer o coração de ninguém, mas para ajudar a todos a "entrar" no reino de Deus. No entanto, em Marcos 4,11-12 leem-se umas palavras desconcertantes. Jesus diz aos seus: "Vós já estais no segredo daquilo que é o reinado de Deus. Em compensação, aos de fora tudo lhes permanece em parábolas enigmáticas; assim, por mais que olhem, não veem; por mais que ouçam, não entendem, a menos que se convertam e sejam perdoados". Estas palavras não remontam a Jesus. Trata-se de uma composição cristã posterior num momento em que algumas parábolas se haviam transformado em relatos muito difíceis de entender, seja porque se perdera seu contexto original, seja porque haviam sofrido uma reintepretação alegórica. De acordo com Marcos, só entendem as parábolas os seguidores de Jesus, que "entraram" no reino. "Os que estão fora" não podem captar nem entender nada, a menos que se convertam. O texto é objeto de discussões intermináveis. Sigo a tradução de V. Taylor e uma linha de interpretação razoável (Gnilka Dodd, Meyer, Lightfoot).

15. Fuchs, Linnemann e outros destacaram com ênfase esta dimensão das parábolas de Jesus como "palavra-acontecimento". Não será demais recordar que tudo isso acontece no nível linguístico (Scott, Gowler). Seria um abuso fazer do ouvir uma parábola uma espécie de "sacramento".

para ouvir, ouça"[16]. Sua mensagem está aí, aberta a todo aquele que a quiser ouvir. Não é algo misterioso, esotérico ou enigmático. É uma "boa notícia" que pede para ser ouvida. Quem a ouve como espectador não capta nada; quem resiste fica fora. Pelo contrário, aquele que entra na parábola e se deixa transformar por sua força já está "entrando" no reino de Deus[17].

A vida é mais do que aquilo que se vê

Jesus encontrou uma boa acolhida naquelas pessoas da Galileia, mas certamente para ninguém se tornava fácil crer que o reino de Deus estava chegando. Não viam nada de especialmente grande no que Jesus fazia. Esperava-se algo mais espetacular. Onde estão aqueles "sinais extraordinários" de que falavam os escritores apocalípticos? Onde se pode ver a força terrível de Deus? Como pode Jesus assegurar-lhes que o reino de Deus já está entre eles?

Jesus teve que ensiná-los a "captar" a presença salvadora de Deus de outra maneira, e começou sugerindo que a vida é mais do que aquilo que se vê. Enquanto nós vamos vivendo de maneira distraída as coisas aparentes da vida, algo misterioso está acontecendo no interior da existência. Jesus lhes mostra os campos da Galileia: enquanto eles andam por aqueles caminhos sem ver nada de especial, sob estas terras está ocorrendo algo que transformará a semente semeada em bela colheita. A mesma coisa acontece no lar: enquanto transcorre a vida cotidiana da família, algo está ocorrendo secretamente no interior da massa de farinha, preparada ao amanhecer pelas mulheres; logo todo o pão ficará fermentado. Assim sucede com o reino de

---

16. Crossan traduz: "Quem tiver ouvidos, que os use", e a considera uma expressão autêntica de Jesus, que reflete a cultura oral na qual ele se move.

17. As parábolas não podem ser traduzidas numa linguagem conceitual sem perder sua força transformadora original (P. Ricoeur). Ao interpretar uma parábola, o objetivo não deve ser "explicá-la" com uma linguagem mais clara do que a de Jesus, mas suscitar novamente algo daquilo que as pessoas de seu ambiente podem ter experimentado quando ele a pronunciou pela primeira vez. Isto não exclui que posteriormente possamos aprofundar-nos nas diferentes ressonâncias que a parábola pode produzir (Perrin, Weder, Funk, Crossan, Wilder).

Deus. Sua força salvadora já está atuando no interior da vida, transformando tudo de maneira misteriosa. Será a vida como Jesus a vê? Estará Deus atuando silenciosamente no interior de nosso próprio viver? Estará aí o segredo último da vida?

A parábola que mais desconcertou a todos talvez tenha sido a da semente de mostarda:

> Com o reino de Deus acontece o mesmo que acontece com um grão de mostarda. É menor que qualquer semente que se semeia na terra; mas, uma vez semeada, cresce e se torna maior que todos os arbustos e deita ramos tão grandes que os pássaros do céu aninham-se à sua sombra[18].

Jesus podia ter falado de uma figueira, de uma palmeira ou de uma vinha, como o fazia a tradição. Mas, de maneira surpreendente, escolhe intencionalmente a semente de mostarda, considerada proverbialmente como a menor de todas: um grão do tamanho de uma cabeça de alfinete, que com o tempo se transforma num arbusto de três ou quatro metros, no qual, por volta de abril, se abrigam pequenos bandos de pintassilgos, que gostavam muito de comer seus grãos. Os camponeses podiam contemplar a cena em qualquer entardecer.

A linguagem de Jesus é desconcertante e sem precedentes. Todos esperavam a vinda de Deus como algo grande e poderoso. Recordava-se de maneira especial a imagem do profeta Ezequiel, que falava de um "cedro magnífico" plantado por Deus em "uma montanha elevada e excelsa", que "lançaria ramagem e produziria fruto", servindo de abrigo a todo tipo de pássaros e aves do céu. Para Jesus a verdadeira metáfora do reino de Deus não é o cedro, que faz pensar em algo grandioso e poderoso, mas a mostarda, que sugere algo fraco, insignificante e pequeno[19].

---

18. Assim a recolhe Marcos 4,31-32. A parábola aparece também em Mateus 13,31b-32; Lucas 13,19; *Evangelho [apócrifo] de Tomé* 20.

19. Ezequiel 17,22-23. Os evangelistas sublinham o contraste entre a pequenez da semente e a altura da planta, mas provavelmente Jesus quis destacar sobretudo o contraste entre a humilde mostarda e o poderoso cedro do Líbano (Crossan, Scott).

A parábola deve tê-los tocado profundamente. Como podia Jesus comparar o poder salvador de Deus com um arbusto saído de uma semente tão pequena? Era preciso abandonar a tradição que falava de um Deus grande e poderoso? Era preciso esquecer-se de seus grandes feitos do passado e ficar atentos a um Deus que já está atuando no pequeno e insignificante? Teria razão Jesus? Cada um era obrigado a decidir: ou continuar esperando a chegada de um Deus poderoso e terrível, ou arriscar-se a crer em sua ação salvadora na atuação humilde de Jesus.

Não era uma decisão fácil. O que se podia esperar de algo tão insignificante como o que estava acontecendo naquelas aldeias desconhecidas da Galileia? Não era preciso fazer algo mais para forçar os acontecimentos? Jesus podia comprovar a impaciência que reinava em não pouca gente. Para contagiá-los com sua confiança total na ação de Deus, propõe-lhes como exemplo o que acontece com a semente que o agricultor semeia em sua terra.

> O reino de Deus é como quando um homem lança a semente na tua terra. Enquanto dorme ou se levanta, de noite e de dia, a semente germina e cresce sem que ele saiba como. Por si mesma a terra produz seu fruto: primeiro a planta, depois a espiga, por fim o trigo que enche a espiga. E quando o fruto está maduro, mete logo a foice porque chegou o tempo da ceifa[20].

Jesus leva os ouvintes a prestar atenção numa cena que estão acostumados a contemplar todos os anos nos campos da Galileia: primeiro, terras semeadas pelos camponeses; poucos meses depois, campinas cobertas de messes. Cada ano, à semeadura segue-se com toda certeza a colheita. Ninguém sabe muito bem como, mas algo acontece misteriosamente embaixo da terra. O mesmo acontece com o reino de Deus. Já está atuando de maneira oculta e secreta. Só é preciso esperar que chegue a colheita.

---

20. A parábola foi conservada só em Marcos 4,26-29. Não sabemos por que tanto Mateus quanto Lucas a omitem em seus respectivos evangelhos.

A única coisa que o agricultor faz é depositar a semente na terra. Uma vez feito isto, sua tarefa está concluída. O crescimento da planta já não depende dele: ele pode deitar-se tranquilo no final de cada jornada, sabendo que sua semente está se desenvolvendo; pode levantar cada manhã e comprovar que o crescimento não para. Algo está acontecendo em suas terras sem que ele o possa explicar. Não ficará defraudado. A seu tempo recolherá a colheita.

O que é realmente importante não é o semeador que o faz. A semente germina e cresce impulsionada por uma força misteriosa que lhe escapa. Jesus descreve com todos os detalhes este crescimento para que seus ouvintes o possam quase ver. No início surge da terra um fiapo insignificante de erva verde; depois aparecem as espigas; mais tarde já se podem observar os grãos abundantes de trigo. Tudo acontece sem que o semeador tenha precisado intervir; inclusive sem que saiba muito bem como se produz essa maravilha.

Tudo contribui de alguma maneira para que um dia chegue a colheita: o agricultor, a terra e a semente. Mas Jesus convida todos a perceber neste crescimento a ação oculta e poderosa de Deus. O crescimento da vida que se pode observar ano após ano nas sementeiras é sempre uma surpresa, um presente, uma bênção de Deus[21]. A colheita vai além do esforço que os camponeses possam fazer. Algo parecido se pode dizer do reino de Deus. Ele não coincide com os esforços que alguém possa fazer. É um presente de Deus imensamente superior a todos os esforços e trabalhos dos seres humanos. Não devemos impacientar-nos pela falta de resultados imediatos; não devemos agir sob pressão do tempo. Jesus está semeando; Deus já está fazendo crescer a vida; a colheita chegará com toda certeza. Será assim? Será preciso confiar mais em Jesus e em sua mensagem? O que queremos colher no final? O resultado de nossos esforços ou o fruto da ação de Deus? Um reino construído por nós ou a salvação de Deus acolhida de maneira confiante e responsável?

---

21. Crossan afirma com razão que o homem bíblico, ao contrário da mente moderna, não considera a semeadura e o crescimento da colheita como um processo orgânico ou biológico, mas como um "milagre" maravilhoso, sinal da bênção de Deus, que alimenta suas criaturas.

Esta salvação já está chegando. O reino de Deus é como a primavera, quando começa a encher tudo de vida. Não há frutos ainda, não se pode sair para colher, mas os ramos das figueiras começam a ficar tenros e as folhas começam a brotar. A vida, que parecia morta, começa a despertar. Assim é o reino de Deus. Jesus não pode contemplar a primavera sem pensar na vida que Deus está suscitando no mundo. "Aprendei da figueira esta parábola: quando seus ramos já estão tenros e brotam suas folhas, sabeis que o verão está próximo"[22]. A irrupção da primavera era para Jesus símbolo do grande mistério da vida e sinal da chegada de Deus como bênção e vida para o ser humano[23].

Jesus sabe evocar também a presença misteriosa do reino de Deus a partir de outras experiências. Uma pequena parábola ficou gravada de maneira especial no coração dos camponeses. Todas as semanas, na véspera do sábado, as mulheres se levantavam cedo e saíam ao pátio para fazer o pão. Antes do amanhecer já estavam preparando a massa, introduziam depois o fermento fresco para fermentá-la, cobriam tudo com um pano de lã e esperavam que a massa crescesse lenta e silenciosamente. Enquanto isso acendiam o fogo e esquentavam a pedra sobre a qual assariam o pão. Da cama os filhos podiam sentir o aroma inconfundível dos pães preparados amorosamente por suas mães. Jesus não havia esquecido esta cena familiar. Ela lhe sugere a proximidade maternal de Deus, introduzindo seu fermento no mundo.

> Com o reino de Deus acontece a mesma coisa que acontece com o fermento que uma mulher tomou e escondeu em três medidas de farinha, até que tudo ficou levedado[24].

---

22. Marcos 13,28. De acordo com muitos exegetas (Dodd, Jeremias, Crossan, Scott), este dito circulou de forma isolada nas primeiras comunidades e se referia à proximidade do reino de Deus. Só mais tarde foi incrustado no discurso apocalíptico, que fala da vinda final do Filho do homem.

23. Em Israel, a figueira era símbolo proverbial de bênção e felicidade. Assim diz Miqueias, um profeta de origem camponesa muito querido do povo: "Naquele dia uma nação não levantará a espada contra outra nação e já não se adestrarão mais para a guerra. Sentar-se-á cada um debaixo de sua parreira e de sua figueira, sem que ninguém o inquiete" (4,3-4).

24. A parábola se conserva na fonte Q (Lucas 13,20b-21 // Mateus 13,33b). Também a encontramos no *Evangelho [apócrifo] de Tomé* 96, mas com pequenas modificações típicas dos ambientes gnósticos.

Será assim a força de Deus escondida na vida? Como a do fermento que atua secretamente na massa e a transforma por inteiro? Estará Deus chegando de maneira quase imperceptível, mas com força poderosa de modo a transformar tudo?

Jesus introduz nesta parábola um de seus inconfundíveis "exageros". Nenhuma mulher da Galileia preparava "três medidas de farinha", que vêm a ser 40 quilos de pão e podem alimentar cerca de 150 pessoas. As pessoas riem, mas Jesus não está pensando na porção de comida semanal de uma família e sim no banquete abundante e generoso da festa final com Deus.

Nesta parábola há algo que os surpreende ainda mais. A alguns inclusive pode escandalizar. O fermento era considerado símbolo e metáfora da força que o mal tem de corromper tudo; pelo contrário, o pão ázimo e sem fermentar era símbolo do puro e santo. Não se podia oferecer a Deus nada fermentado, e nas festas de Páscoa comia-se só pão ázimo, sem fermento[25]. O que Jesus quer sugerir com esta maneira de falar desconcertante e provocativa? Como pode comparar o reino de Deus com um punhado de fermento? Será que Deus atua invertendo os esquemas tradicionais do santo e do puro? Precisarão "adivinhar" seu reino também nesse mundo dos leprosos, dos endemoninhados, dos pecadores e das prostitutas em que Jesus se movimenta?

Alguns se sentiam atraídos pelas palavras de Jesus. Em outros, provavelmente, surgiam não poucas dúvidas. É razoável crer nele ou é uma loucura? Jesus pronunciou duas pequenas parábolas para seduzir seu coração. Contra seu costume, desta vez não as tira da experiência cotidiana, mas da fantasia dos contos orientais. Não o faz para alimentar sonhos irrealizáveis que os ajudem a suportar a dura vida no campo, mas para despertar neles a alegria e a decisão diante da chegada do Deus.

---

25. De acordo com Marcos 8,14, o próprio Jesus utiliza a metáfora do fermento em sentido pejorativo quando diz a seus discípulos que "evitem o fermento dos fariseus e o fermento de Herodes".

> O reino de Deus é como um tesouro escondido num campo. Um homem que o encontrou volta a escondê-lo e, por causa da alegria que sente, vai, vende tudo o que tem e compra o campo[26].

Um pobre agricultor está cavando num terreno do qual não é proprietário quando, de repente, encontra um tesouro escondido sob a terra num cofre. Não é difícil imaginar sua surpresa e alegria. Não pensa duas vezes. É a oportunidade de sua vida e não pode desperdiçá-la: esconde novamente o cofre, vende tudo o que tem, compra o campo e apropria-se do tesouro. Os camponeses da Galileia ficavam encantados com este tipo de relatos. Sua região havia sido invadida por todo tipo de exércitos ao longo dos séculos, e todos sabiam que a melhor maneira de escapar ao saque dos soldados assírios, macedônios ou romanos fora sempre enterrar suas pequenas fortunas num lugar seguro[27]. Mais de um camponês sonhava ainda em encontrar algum dia um destes tesouros esquecidos em algum canto. A segunda parábola reza assim:

> O reino de Deus assemelha-se também a um mercador que anda à procura de boas pérolas e que, ao encontrar uma pérola de grande valor, vai, vende tudo o que tem e a compra[28].

---

26. A parábola encontra-se em Mateus 13,44 e apresenta os traços característicos da técnica narrativa de Jesus. No *Evangelho [apócrifo] de Tomé* podemos ler uma versão mais desenvolvida que, provavelmente, é adaptação de uma parábola rabínica bem conhecida do *Midrash Rabba* (Jeremias, Crossan, Funk, Scott).

27. De acordo com Flávio Josefo, depois da queda de Jerusalém no ano 70, os romanos "desenterraram ouro, prata e outros objetos preciosos, cujos proprietários os haviam escondido debaixo da terra em vista da sorte incerta da guerra" (*A Guerra judaica* VII, 115).

28. A parábola encontra-se em Mateus 13,45-46 e no *Evangelho [apócrifo] de Tomé* 76,1 em versão diferente. No *Evangelho [apócrifo] de Tomé* conserva-se também a parábola do peixe grande, que fala de "um pescador inteligente que lançou sua rede ao mar e, ao retirá-la, continha grande quantidade de peixes pequenos. Entre eles encontrou um peixe grande e belo. O pescador inteligente escolheu-o sem duvidar e lançou ao mar todos os peixes pequenos" (8). Os especialistas observam traços de caráter gnóstico, mas talvez ainda se conserve a ideia original de Jesus: a captura inesperada de um peixe grande e belo leva o pescador a jogar fora todos os outros peixes (Jeremias, Espinel).

Desta vez o protagonista não é um pobre agricultor, mas um rico negociante de pérolas. Seu negócio consiste em comprá-las nos países distantes do Oriente e vendê-las depois por um preço muito mais elevado. De repente ele encontra uma pérola de valor incalculável. Seu faro de perito não o engana. Rapidamente, toma uma decisão: vende todos os seus bens e fica com ela. Os ouvintes "entendem" o relato. Perto de Cafarnaum passa a *Via maris*, uma grande rota comercial por onde chegam as caravanas do Oriente de passagem para o Egito e os portos do Mediterrâneo. Ocasionalmente podem ter visto os mercadores com sua carga de pérolas extraídas no Golfo Pérsico ou nos mares da Índia[29].

Os que ouvem Jesus veem-se obrigados a reagir. Será verdade que o reino de Deus é um tesouro oculto que escapa a seus olhos? Será verdade que não é uma imposição de Deus, mas pura e simplesmente um "tesouro"? Todos estão convencidos de seu valor: esperavam-no e o pediam a Deus como o bem supremo. Agora Jesus lhes diz: podeis encontrá-lo já! Será preciso estar abertos à surpresa? Será o reino de Deus algo inesperado que talvez pressentimos e pelo qual suspiramos, mas cuja bondade e beleza somos incapazes de suspeitar? Sendo assim, seria o cúmulo da felicidade, a alegria total que relativiza todo o resto. Nunca o agricultor viu um tesouro assim; nunca o comerciante teve em suas mãos uma pérola tão preciosa. Será assim o reino de Deus? Encontrar o essencial, ter a imensa fortuna de encontrar tudo aquilo que o ser humano pode pedir e desejar?

De acordo com Jesus, o reino de Deus é uma oportunidade que ninguém deverá deixar passar. É preciso arriscar tudo que for necessário, contanto que seja acolhido. Todo o resto é secundário, tudo precisa ficar subordinado. Terá razão Jesus? Onde se esconde esse "tesouro" que ele descobriu? Onde está geminando o "grão de mostarda"? Onde se pode apreciar a prima-

---

29. De acordo com Plínio o Velho, Cleópatra, famosa por suas relações amorosas com César e Antônio, possuía uma pérola que não valia menos de cem mil sestércios (pouco mais de dezoito milhões de euros).

vera? Em que consiste essa força salvadora de Deus que já está transformando secretamente a vida?

Deus é compassivo

Jesus procurou responder a estas perguntas com as parábolas mais belas e comovedoras que jamais saíram de seus lábios. Sem dúvida trabalhou-as longamente em seu coração. Todas elas convidam a intuir a incrível misericórdia de Deus. A mais cativante é a do pai bom[30].

> Um pai tinha dois filhos; e o mais moço deles disse ao pai: "Pai, dá-me a parte dos bens que me cabe". E ele repartiu os bens entre eles. Poucos dias depois, o filho mais moço reuniu tudo e partiu para um país distante, onde esbanjou seus bens vivendo como um libertino.
>
> Depois de gastar tudo, sobreveio uma fome extrema àquele país e ele começou a passar necessidade. Então foi e agregou-se a um dos cidadãos daquele país, que o enviou a seus campos para cuidar de porcos. E ele desejava encher o estômago com as alfarrobas que os porcos comiam, mas ninguém lhas dava. E, caindo em si, disse: "Quantos diaristas de meu pai têm pão em abundância, enquanto eu aqui morro de fome! Levantar-me-ei e irei até meu pai e lhe direi: 'Pai, pequei contra o céu e contra ti. Já não mereço ser chamado filho teu, trata-me como um de teus diaristas'". E, levantando-se, partiu à procura do pai.
>
> Estando ele ainda longe, seu pai o avistou e, comovido, correu, lançou-se-lhe ao pescoço e o beijou efusivamente. O filho lhe disse: "Pai, pequei contra o céu e contra ti: já não mereço ser chamado filho teu". Mas o pai disse a seus servos: "Trazei depressa a melhor veste e vesti-o, ponde-lhe um anel na mão e sandálias nos pés. Trazei o novilho cevado, matai-o e comamos e celebremos uma festa, porque este meu filho estava morto e

---

30. É um erro chamá-la parábola do "filho pródigo" ou esbanjador. A figura central é o pai. Pode ser intitulada parábola do "amor do pai" ou do "pai bondoso".

> retornou à vida; estava perdido e foi encontrado". E começaram a festa.
>
> O filho mais velho estava no campo e, ao voltar, quando se aproximou da casa, ouviu a música e as danças; e, chamando um dos criados, perguntou-lhe o que era aquilo. Ele lhe disse: "Teu irmão voltou e teu pai matou o novilho cevado, porque o recuperou são e salvo". Ele se irritou e não queria entrar. O pai saiu e lhe suplicava que entrasse. Mas ele respondeu ao pai: "Há tantos anos que te sirvo e jamais deixei de cumprir uma ordem tua, mas nunca me deste um cabrito para festejar com meus amigos; e agora que veio este teu filho, que devorou teus bens com prostitutas, mataste para ele o novilho cevado!"
>
> Mas ele lhe disse: "Filho, tu sempre estás comigo e tudo o que é meu é teu; mas convinha celebrar uma festa e alegrar-se, porque este teu irmão estava morto e retornou à vida; estava perdido e foi encontrado"[31].

Jesus conhecia bem os conflitos vividos nas famílias da Galileia: as discussões entre pais e filhos, os desejos de independência de alguns ou as rivalidades entre irmãos por causa de direitos de herança punham em perigo a coesão e estabilidade da família. O sofrimento era indizível, pois a família era tudo: lar, lugar de trabalho e sobrevivência, fonte de identidade, garantia de segurança e proteção. Era muito difícil sobreviver fora da família. Uma família também não podia subsistir isolada das outras. As aldeias eram formadas por famílias unidas por estreitos laços de parentesco, vizinhança e solidariedade. Juntas preparavam os matrimônios de seus filhos, ajudavam-se umas às outras para recolher as colheitas ou consertar os caminhos e uniam-se para proteger as viúvas e os órfãos. Tão importante como a lealdade à

---

31. Embora só Lucas 15,11-32 tenha conservado esta parábola, não há dúvidas razoáveis para não atribuí-la a Jesus (contra apenas Schottroff e em parte Carlston). Lucas entendeu a parábola como uma resposta de Jesus aos "escribas e fariseus" que o criticam por comer com pecadores. Autores recentes pensam que Jesus deve tê-la pronunciado num contexto mais amplo do que o sugerido por Lucas (McBride, Scott, Rohrbaugh).

própria família era a solidariedade entre as famílias da aldeia. Os problemas e conflitos de uma família repercutiam em todos os vizinhos.

Quando Jesus começa a falar dos problemas de um pai para manter unida sua família, todo mundo presta atenção. Conhecem conflitos parecidos, mas o que este filho pede é imperdoável. Ao exigir a sua parte da herança, está dando por morto seu pai, rompe a solidariedade da família e joga por terra sua honra. Como irá repartir sua herança um pai estando ainda em vida? Como irá dividir sua propriedade pondo em perigo o futuro da família? O que o filho exige é uma loucura e uma vergonha para todo o povoado[32]. O pai não diz nada. Respeita a insensatez do filho e reparte entre eles a sua herança[33]. Os ouvintes devem ter ficado consternados. Que tipo de pai é este? Por que não impõe sua autoridade? Como pode aceitar a loucura do filho, perdendo sua própria dignidade e pondo em perigo toda a família?

Repartida a herança, o filho desinteressa-se do pai, abandona o irmão e parte para "um país distante". Em pouco tempo uma vida descontrolada o leva à ruína. Sem recursos para defender-se de uma fome terrível, absolutamente só num país estranho, sem família nem proteção alguma, termina como escravo de um pagão cuidando de porcos. Sua degradação não pode ser maior. Sem liberdade nem dignidade alguma, levando uma vida infra-humana no meio de animais "impuros", chega a desejar em vão as alfarrobas que os porcos comem, mas ninguém lhas dá. Ao ver-se numa situação tão desesperada, o jovem reage. Lembra a casa de seu pai, onde o pão é abundante. Aquele era seu lar; não podia continuar por mais tempo longe de sua família. Consequentemente, toma uma decisão: "Levantar-me-ei e irei até meu pai". Reconhecerá seu pecado. Perdeu todos os seus direitos de filho, mas talvez possa ser contratado como mais um diarista.

---

32. O livro do Eclesiástico, escrito por Ben Sirac por volta dos anos 190-180 a.C., dava estes sábios conselhos: "A filho e mulher, a irmão e amigo não dês poder enquanto viveres. [...] Reparte tua herança quando acabarem os dias de tua vida, na hora de tua morte" (33,20-24).

33. O texto diz literalmente que o pai "repartiu entre eles sua vida [*bios*]", aquilo que constituía sua vida e sustento.

A acolhida do pai é incrível. Estando ele ainda longe, fora do povoado, o pai vê o filho extenuado pela fome e pela humilhação e "se comove"[34]. Perde o controle: esquecendo sua própria dignidade, corre-lhe ao encontro, abraça-o com ternura sem deixar que ele se lance a seus pés e o beija efusivamente sem temer seu estado de impureza. Este homem não age como o patrão e patriarca de uma família. Seus gestos são os de uma mãe. Esses beijos e abraços íntimos diante de todo o povo são sinal de acolhida e perdão, mas também de proteção e defesa diante dos vizinhos. Interrompe-lhe a confissão para poupar-lhe mais humilhações e apressa-se em restaurar sua dignidade dentro da família: veste-o com "a melhor veste" da casa[35], põe-lhe o anel que lhe confere o título de filho e o faz calçar sandálias de homem livre. Mas é preciso restabelecer sua honra e a de toda a família dentro da aldeia. O pai organiza um grande banquete para todo o povoado. Matar-se-á o novilho cevado[36] e haverá música e dança na praça. Tudo é mais do que justificado: "Este meu filho estava morto e retornou à vida; havia-se perdido e foi encontrado". Por fim, poderão viver em família de maneira digna e feliz.

Infelizmente faltava o filho mais velho. Este chegou do campo ao entardecer. Por mais um dia havia cumprido fielmente com seu trabalho. Ao ouvir "a música e as danças", fica perplexo. Não entende nada. A volta do irmão não lhe causa alegria como a seu pai, e sim raiva. Permanece fora sem entrar na festa. Nunca havia saído de casa, mas agora sente-se como um estranho diante da família e dos vizinhos reunidos para acolher seu irmão. Não se perdera num país distante, mas encontra-se perdido em seu próprio ressentimento.

O pai sai para convidá-lo com o mesmo carinho com que havia saído ao encontro do filho chegado de longe. Não grita com ele, não lhe dá ordens. Não age como o patrão da casa. Ao contrário, como uma mãe, suplica-lhe re-

---

34. Literalmente: "comoveram-se-lhe as entranhas".

35. A "melhor veste" era provavelmente a do pai (Plummer, Scott, Rohrbaugh).

36. Para uma família de lavradores da Galileia, matar um bezerro era muito caro e pouco frequente. Só se fazia nas grandes festas para reparti-lo com os vizinhos.

petidamente que venha para a festa. É então que o filho explode e põe para fora todo o seu rancor. Passou sua vida cumprindo as ordens do pai como um escravo, mas não soube desfrutar seu amor como um filho. Sua vida de trabalho sacrificado endureceu-lhe o coração. Não vive na família; se o pai lhe tivesse dado um cabrito, teria organizado uma festa, não com ele, mas com os amigos. Agora não sabe senão humilhar o pai e denegrir o irmão, denunciando-lhe a vida libertina com prostitutas. Não entende o amor de seu pai para com aquele miserável. Ele não acolhe nem perdoa.

O pai lhe fala com ternura especial[37]. De seu coração de pai, ele vê tudo de maneira diferente. O filho chegado de longe não é um depravado, mas um "filho morto que retornou à vida". Aquele filho que não quer entrar na festa não é um escravo, mas um filho querido que pode desfrutar junto a seu pai, compartilhando tudo com ele. Seu único desejo de pai é ver de novo seus filhos sentados à mesma mesa, compartilhando fraternalmente um banquete festivo.

Jesus interrompe aqui seu relato sem nenhuma explicação. O que sentiram os pais que haviam fechado para sempre as portas a seus filhos fugidos de casa para viver sua própria aventura? O que sentiram aqueles vizinhos que tanto desprezavam os que haviam abandonado o povoado para ir viver em Séforis ou Tiberíades? O que experimentaram os que passavam anos longe de Deus, à margem da Aliança, sem preocupar-se em cumprir a lei nem em peregrinar ao templo? Em que pensaram os que viviam dentro da Aliança e desprezavam pecadores, arrecadadores de impostos e prostitutas? Todos começaram por julgar rapidamente a insensatez daquele pai por causa de sua falta de autoridade para impor-se a seus filhos, mas, ao conhecer sua compaixão incrível, ao vê-lo perdoar e proteger maternalmente o filho perdido e sair humildemente ao encontro do filho mais velho, procurando apaixonadamente a reconciliação de todos numa festa, ficam provavelmente desnorteados e comovidos.

---

37. Dirige-se a ele chamando-o *teknon*, termo afetuoso que podemos traduzir como "meu querido filho", "meu menino".

É possível que Deus seja assim? Como um pai que não guarda para si sua herança, que respeita totalmente o comportamento dos filhos, que não anda obcecado por sua moralidade e que, rompendo as regras convencionais do justo e correto, procura para eles uma vida digna e feliz? Será esta a melhor metáfora de Deus: um pai acolhendo de braços abertos os que andam "perdidos" fora de casa e suplicando a todos os que o contemplam e ouvem que acolham com compaixão a todos? A parábola significa uma verdadeira "revolução". Será isto o reino de Deus? Um Pai que olha suas criaturas com amor incrível e procura conduzir a história humana para uma festa final onde se celebre a vida, o perdão e a libertação definitiva de tudo aquilo que escraviza e degrada o ser humano? Jesus fala de um banquete esplêndido para todos, fala de música e de danças, de homens perdidos que provocam a ternura de seu pai, de irmãos chamados a perdoar-se. Será esta a boa notícia de Deus?

Jesus voltou a insistir repetidas vezes no amor compassivo de Deus. Em certa ocasião contou uma parábola surpreendente e provocativa sobre o dono de uma vinha que queria trabalho e pão para todos[38]. Talvez seja tempo de vindima e pode-se ver, nas praças dos povoados, grupos de trabalhadores esperando que alguém os contrate para a jornada. Jesus disse assim:

> Com o reino de Deus acontece o mesmo que acontece com um proprietário que saiu à primeira hora da manhã para contratar operários para sua vinha. Tendo ajustado com os operários um denário por dia, enviou-os para sua vinha. Saiu depois por volta da terceira hora e, ao ver outros que estavam parados na praça, disse-lhes: "Ide também vós para minha vinha e vos darei o que for justo". E eles foram. Tornou a sair à hora sexta e à hora nona e fez o mesmo. Saiu ainda por volta da undécima hora e, ao encontrar outros que estavam ali, lhes diz: "Por que estais aqui o dia inteiro parados?" Dizem-lhe: "É que ninguém nos

38. Chama-se tradicionalmente parábola dos "trabalhadores na vinha", mas o verdadeiro protagonista é o proprietário da vinha. Poderíamos intitulá-la: "O patrão generoso" (Jeremias), "O contratador bom" (Etchells) ou "O patrão que queria trabalho para todos".

> contratou". Ele lhes diz: "Ide também vós para a vinha". Ao entardecer, diz o dono da vinha a seu administrador: "Chama os operários e paga-lhes a diária, a começar dos últimos até os primeiros". Vieram, pois, os da hora undécima e receberam um denário cada um. Ao chegarem os primeiros, pensaram que receberiam mais, mas eles também receberam um denário cada um. E, ao recebê-lo, murmuravam contra o proprietário, dizendo: "Estes últimos não trabalharam mais que uma hora, e lhes pagas como a nós que suportamos o peso do dia e o calor?" Mas ele respondeu a um deles: "Amigo, não te faço nenhuma injustiça. Não ajustaste comigo um denário? Pois toma o que é teu e vai embora. Quanto a mim, quero dar a este último o mesmo que a ti. Será que não posso fazer o que quero com o que é meu? Ou teu olho é mau porque eu sou bom?"[39]

Os grandes proprietários, como este "senhor da vinha", pertenciam à classe poderosa e dominante. Em geral, não viviam nas aldeias, mas em alguma cidade, e gerenciavam suas terras por meio de algum administrador. Só durante a vindima ou no recolhimento da colheita aproximavam-se de sua propriedade para seguir de perto os trabalhos. Os diaristas, por sua vez, pertenciam às camadas mais baixas da sociedade. Agricultores despojados de suas terras levavam uma vida apertada e sem segurança alguma: às vezes mendigando, outras roubando e sempre procurando algum patrão que os contratasse, nem que fosse por um dia.

A jornada de trabalho começa ao amanhecer e termina ao pôr do sol. O rico proprietário de uma vinha vai pessoalmente até à praça do povoado nas primeiras horas da manhã. Aproxima-se de um grupo de diaristas, combina com eles o salário de um denário e os manda trabalhar em sua vinha. Não é

---

39. A parábola está conservada unicamente em Mateus 20,1-15, mas ninguém duvida que seja autêntica. O modo de exagerar as idas e vindas do patrão à praça para contratar mão de obra e o surpreendente final são traços inconfundíveis de Jesus. A conclusão: "Assim, os últimos serão os primeiros e os primeiros serão os últimos" (20,16) é um dito que circulou de maneira independente na comunidade cristã e que alguém acrescentou à parábola de Jesus como aplicação infeliz.

grande coisa, mas é o suficiente para atender, ao menos durante um dia, às necessidades de uma família camponesa. O proprietário volta à praça pelas nove da manhã, às doze horas e às três da tarde; aos que encontra já não lhes fala de um denário; promete-lhes "o que for justo". Como irão exigir dele alguma coisa? Vão trabalhar sem segurança alguma, dependendo daquilo que o senhor lhes quiser pagar: provavelmente uma fração de denário. Ele volta ainda às cinco da tarde. Falta apenas uma hora para terminar a jornada. Apesar de tudo, contrata um grupo que ninguém contratou e o envia a dar uma mãozinha. A estes nem fala de salário.

Os ouvintes não podem entender este ir e vir do senhor para contratar operários. Os grandes proprietários não tratavam diretamente com os diaristas. Por outro lado, não era normal ir tantas vezes à praça. A contratação fazia-se à primeira hora da manhã, depois de calcular bem o número de operários que seriam necessários. Que tipo de patrão é este? Por que age assim? Ninguém sai a contratar operários na última hora. Estará ele tão pressionado pela vindima? O relato nada diz acerca da colheita. Sugere antes que ele não quer ver ninguém sem trabalho. Diz assim aos do último grupo: "Por que estais aqui parados o dia inteiro?"[40]

Chegou a hora de retribuir aos operários. Era preciso fazê-lo no mesmo dia, antes de o sol se pôr, porque do contrário não teriam nada para pôr na boca. Assim mandava a lei de Deus: "Não explorarás o diarista pobre e indigente. [...] Dar-lhe-ás cada dia sua diária, antes de o sol se pôr, porque é pobre e desse salário depende sua vida"[41]. O dono ordena que o pagamento se faça a começar pelos que acabam de chegar. Entre os diaristas desperta-se uma grande expectativa, porque, embora estes últimos tenham trabalhado apenas uma hora, recebem um denário cada um. Quanto será dado aos ou-

---

40. São vários os autores que sublinham a importância deste detalhe (Linnemann, Scott, McBride, Shillington...).

41. Deuteronômio 24,14-15. É uma das leis recolhidas neste livro, redigido em Jerusalém por volta de 700 a.C. e completado em anos posteriores.

tros? A decepção é enorme ao ver que todos recebem um denário, inclusive os que estiveram trabalhando durante toda a jornada. Não é injusto? Por que um denário a todos, se o trabalho foi tão desigual? Sem dúvida, os ouvintes de Jesus simpatizam secretamente com os protestos dos diaristas que mais trabalharam. Estes não se opõem a que os últimos recebam um denário, mas não se está desvalorizando o trabalho deles? Não pedem que aos outros se dê a mesquinha fração de um denário, mas não têm direito a que o senhor seja generoso também com eles? Nada contra a generosidade para com os que só trabalharam uma hora, mas, nesse caso, não exige a justiça essa mesma generosidade para com os que trabalharam o dia inteiro?

A resposta do senhor àquele que se faz de porta-voz é firme: "Amigo, não te faço injustiça alguma. [...] Será que não tenho liberdade para fazer o que quero com o que é meu? Ou precisas ver com maus olhos que eu seja bom?" Os que se queixam continuam pensando num sistema de estrita justiça, mas o senhor da vinha move-se em outra esfera. É a sua bondade que rompe essa justiça, e a bondade não prejudica ninguém. Seu gesto não é arbitrário. É somente bondade e amor generoso para com todos. A todos dá o que necessitam para viver: trabalho e pão. Não se preocupa em medir os méritos de uns e outros, mas em que todos possam jantar essa noite com suas famílias. Em seu comportamento, a justiça e a misericórdia se entrelaçam.

A surpresa dos ouvintes é grande e geral. O que Jesus está sugerindo? Que para Deus não contam os méritos de cada pessoa? Que no seu reino não se trabalha com os cálculos e critérios que nós manejamos para impor a justiça e a igualdade a todos? Esta maneira de entender a misericórdia de Deus não rompe todos os esquemas religiosos de Israel? Não está Jesus ignorando deliberadamente as diferenças que a lei estabelece entre justos e pecadores?

A parábola de Jesus parece contradizer tudo. Será verdade que Deus não está tão dependente do mérito das pessoas, mas está olhando antes como satisfazer às suas necessidades? Que sorte se Deus fosse assim: todos poderiam confiar nele, mesmo que seus méritos fossem muito escassos. Mas, não é perigoso abrir-se a esse mundo incrível da misericórdia de Deus, que parece fugir a todo cálculo? Não é mais seguro e tranquilizador, sobretudo para os que são fiéis à lei, não abandonar a religião do templo onde deveres, méritos e pecados estão bem definidos?

Jesus desconcertou ainda mais seus ouvintes quando contou uma pequena parábola sobre um fariseu e um arrecadador de impostos que subiram ao templo para rezar, segundo o costume dos judeus que viviam em Jerusalém. Falou-lhes assim:

> Dois homens subiram ao templo para rezar: um era fariseu, o outro publicano. O fariseu, de pé, rezava em seu interior desta maneira: "Ó Deus! Dou-te graças porque não sou como os outros homens, ladrões, injustos, adúlteros, nem mesmo como este publicano. Jejuo duas vezes por semana, dou o dízimo de todos os meus lucros". Por sua vez, o publicano, mantendo-se à distância, nem se atrevia a levantar os olhos para o céu, mas batia no peito dizendo: "Ó Deus! Tem compaixão de mim, porque sou pecador!" Digo-vos que este desceu para casa justificado e não aquele[42].

No relato aparecem em cena três personagens: um fariseu, um arrecadador de impostos e o templo onde Deus habita. A parábola não fala só de dois homens que oram no templo, mas de como atua Deus, presente nesse templo. Os ouvintes "sintonizam" logo com o relato. Em mais de uma ocasião subiram em peregrinação até o templo. Para eles é o centro de seu povo e de sua religião. Só ali se podia prestar culto a Javé. Chamavam-no "a casa de

---

42. A parábola só se conserva em Lucas 18,10-14a. Lucas redigiu por sua conta uma introdução segundo a qual Jesus disse esta parábola a "alguns que se consideravam justos e desprezavam os outros" (18,9). Com isto deu à parábola um caráter fortemente antifarisaico que não corresponde à intenção original de Jesus (Bultmann, Plummer, Linnemann, Scott, McBride etc.). Além disso, acrescentou à parábola uma conclusão que não pertencia ao relato original, mas é um dito solto de Jesus: "Todo aquele que se exalta será humilhado e aquele que se humilha será exaltado". Para captar a mensagem genuína de Jesus precisamos prescindir da introdução (18,9) e da conclusão (18,14b). A parábola não fala tanto de como deve ser nossa oração, e sim a partir de onde Deus a ouve.

Deus", porque ali habitava o Deus santo de Israel. Dali ele protegia e bendizia seu povo. Ninguém podia aproximar-se sem antes ter-se purificado devidamente. Dizia-o o salmo: no recinto sagrado só se pode entrar com "mãos inocentes e coração puro"[43]. No lugar mais sagrado do templo estivera em outros tempos a Arca da Aliança, e nela duas tábuas de pedra nas quais estavam gravados os mandamentos da lei. O templo representava a presença de Deus, que reinava sobre seu povo por meio dessa lei. Com que alegria apresentavam-se diante dele todos aqueles que a observavam fielmente!

O relato de Jesus desperta logo o interesse e a curiosidade dos ouvintes. O que vai acontecer no templo? Como se sentirão ali, na presença de Deus, dois homens tão diferentes e opostos como um fariseu e um arrecadador de impostos? Todos sabem como é, normalmente, um fariseu: um homem piedoso que cumpre fielmente os mandamentos, observa estritamente as normas de pureza ritual e paga escrupulosamente os dízimos. É dos que sustentam o templo. Sobe ao santuário sem pecado: Deus não pode senão abençoá-lo. Também sabem o que é um arrecadador: um judeu que vive de uma atividade desprezível. Não trabalha para recolher dízimos e sustentar o templo, mas para arrecadar impostos e subir na vida[44]. Sua conversão é impossível. Nunca poderá reparar os abusos que cometeu nem retribuir às suas vítimas o que lhes roubou. Não pode sentir-se bem no templo. Este não é seu lugar[45].

O fariseu ora de pé, seguro e sem nenhum temor. Sua consciência não o acusa de nenhum pecado pelo qual tenha que expiar. De seu coração brota es-

---

43. O Salmo 24 é um canto que os judeus cantavam enquanto subiam ao templo. Dizia assim: "Quem subirá ao monte de Javé? Quem poderá entrar em seu recinto santo? Aquele que tem mãos limpas e coração puro [...]. Esse alcançará a bênção de Javé, o perdão de Deus, seu salvador" (24,3-5).

44. O termo *telônês* empregado na parábola indica que este homem não arrecada diretamente os tributos das terras exigidos pelo Império. É um funcionário de categoria inferior que trabalha junto às portas de algumas cidades como Cafarnaum ou Jericó e nos postos fronteiriços das grandes vias comerciais para cobrar as taxas de pedágio, trânsito de mercadorias, importação ou exportação.

45. Provavelmente os dois sobem ao templo na hora em que se oferecem sacrifícios de expiação pelos pecados. Enquanto os sacerdotes realizam o rito sagrado, eles se retiram para examinar sua consciência.

pontaneamente o agradecimento: "Ó Deus, dou-te graças". Não é um ato de hipocrisia. Tudo o que ele diz é real. Cumpre fielmente todos os mandamentos: não pertence ao grupo de pecadores, no qual, naturalmente, está o arrecadador de impostos. Jejua todas as segundas e quintas-feiras pelos pecados do povo, embora só seja obrigatório uma vez ao ano, no dia da Expiação[46]. Não só paga os dízimos obrigatórios dos produtos do campo (trigo, azeite, vinho), mas inclusive de tudo quanto ganha. Sua vida é exemplar. Cumpre fielmente suas obrigações e até vai além. Não se atribui a si mesmo mérito algum, é Deus quem sustenta sua vida santa[47]. Se este homem não é justo, quem o será? É um modelo de fidelidade e obediência a Deus. Quem poderia ser como ele! Pode contar com a bênção de Javé. Assim pensam os que ouvem Jesus.

O arrecadador de impostos mantém-se à distância. Não se sente à vontade; não é digno de estar naquela assembleia santa. Sabe o que estão pensando dele os outros fiéis: é um funcionário desonesto e corrupto que não trabalha para o templo, mas para o sistema estabelecido por Roma. Nem sequer se atreve a levantar os olhos do chão. Bate no peito para reconhecer seu pecado e sua vergonha. Não promete nada. Não pode restituir o que roubou a tantas pessoas cuja identidade desconhece. Não pode deixar seu trabalho de arrecadador. Já não pode mudar de vida. Não tem outra saída senão abandonar-se à misericórdia de Deus: "Ó Deus, tem compaixão de mim, porque sou pecador"[48]. Sua oração lembra a comovedora prece de um salmista, que diz assim: "Meu sacrifício é um espírito quebrantado; um coração contrito e humilhado tu, ó Deus, não desprezas"[49]. O pobre homem não faz senão reconhecer o que todos sabem. Ninguém gostaria de estar em seu lugar. Deus não pode aprovar sua vida de pecado.

---

46. Era este o costume de não poucos fariseus, embora a lei só obrigasse ao solene jejum do grande dia da Expiação (Levítico 16,29-31).

47. Há exemplos de orações parecidas nos escritos de Qumran e no Talmud.

48. Na verdade, as palavras que ele pronuncia significam literalmente: "Ó Deus, expia tu meus pecados".

49. Salmo 51,19.

De repente, Jesus conclui sua parábola com uma afirmação surpreendente: "Digo-vos que este arrecadador de impostos desceu para casa justificado, e não aquele fariseu". O homem piedoso, que inclusive fez mais do que pede a lei, não encontrou o favor diante de Deus. Pelo contrário, o arrecadador de impostos que se entrega à sua misericórdia, sem comprometer-se sequer em mudar de vida, recebe seu perdão. Jesus pegou os ouvintes de surpresa. De repente abre-os a um mundo novo que rompe todos os esquemas. Aqui não se está falando apenas da piedade de duas pessoas. Com sua parábola aparentemente tão simples e ingênua, não está Jesus ameaçando todo o sistema religioso do templo? Que pecado cometeu o fariseu para não encontrar graça diante de Deus? Onde está sua falta? E que méritos teve o arrecadador de impostos para sair justificado do templo? O Deus do templo teria confirmado o fariseu e reprovado o arrecadador. O que Jesus diz é incrível. No templo, Deus acolhia em sua presença os justos e excluía do recinto santo pecadores e impuros. Como pode Jesus falar de um Deus que não reconhece o piedoso e, pelo contrário, concede sua graça ao pecador?

Se é certo o que Jesus diz, já não há segurança alguma para ninguém. Todos têm que apelar para a misericórdia de Deus. Para que serve então o templo e a espiritualidade que nele se alimenta? O que pensar dos que confiam totalmente na observância da lei e no culto do templo? Será verdade que no reino de Deus as coisas não funcionam a partir da justiça elaborada pela religião, mas a partir da misericórdia insondável de Deus? Não está Jesus brincando com fogo? Em que pode basear-se para convidar a viver da misericórdia e não a partir da religião e da lei?

Na parábola de Jesus há um dado inquestionável: um desprezado arrecadador de impostos apelou para a misericórdia de Deus e encontrou graça. Não estará Jesus querendo atrair todos para uma experiência real que toda pessoa percebe no fundo de seu ser? Quando alguém se sente bem consigo mesmo e diante dos outros, quando se apoia em sua própria vida, não parece precisar de mais nada. Mas, quando a consciência o declara culpado e desaparece sua segurança, não sente então o ser humano a necessidade de refugiar-se na misericórdia de Deus e somente em sua misericórdia? Quando alguém age como o fariseu, situa-se diante de Deus a partir de uma religião na qual não há lugar para o arrecadador de impostos. Quando alguém se confia à misericórdia de Deus, como o arrecadador, situa-se numa religião onde cabem todos. Será verdade que a última palavra não a tem a lei, que julga nossa conduta, e sim a misericórdia de Deus, que acolhe nossa invocação? Será esta a verdadeira religião, a religião do reino de Deus?

Habituados à religião do templo, a ninguém resultava fácil apoiar-se na misericórdia imprevisível de Deus. Jesus procurava romper suas resistências. Certo dia lhes propôs uma parábola desconcertante sobre um homem que caiu vítima de alguns salteadores enquanto viajava de Jerusalém para Jericó[50]. Falou assim:

> Um homem descia de Jerusalém para Jericó e caiu nas mãos de salteadores, que, após despojá-lo e espancá-lo, foram embora deixando-o semimorto. Casualmente descia por aquele caminho um sacerdote e, ao vê-lo, deu uma volta. Do mesmo modo, um levita que passava por aquele lugar viu-o e deu uma volta. Mas um samaritano que estava de viagem chegou junto dele e, ao vê-lo, teve compaixão; e, aproximando-se, pensou-lhe os ferimentos, derramando neles azeite e vinho; e, colocando-o sobre sua própria montaria, levou-o a uma hospedaria e cuidou dele. No dia seguinte, tomando dois denários, entregou-os ao dono da hospedaria e disse: "Cuida dele e, se gastares alguma coisa a mais, te pagarei quando voltar"[51].

---

50. É a parábola do "bom samaritano". Sem dúvida ele é o protagonista do relato, embora, para captar a mensagem de Jesus, devamos lê-lo a partir da perspectiva do ferido caído na valeta do caminho.

51. Embora só se encontre em Lucas 10,30-36, a parábola é de Jesus. A técnica narrativa e o conteúdo são inconfundíveis. Lucas inseriu a parábola como parte de um diálogo de Jesus com um mestre da Lei. Este contexto foi construído artificialmente por Lucas, pois tanto Marcos como Mateus nos informam deste mesmo diálogo, mas sem aludir absolutamente à parábola do samaritano. Para captar a intenção original de Jesus precisamos prescindir do contexto imaginado por Lucas (10,25-29 e 10,36-37). O relato não é uma "história exemplar" para responder à pergunta: "Quem é meu próximo?", e sim uma "parábola sobre o reino de Deus" que poderia começar assim: "Com o reino de Deus acontece o mesmo que acontece com um homem que caiu nas mãos de salteadores" (Funk, Scott, McDonald, Etchells). Sigo esta linha de interpretação.

O relato de Jesus capta imediatamente a atenção de todos. Peregrinaram mais de uma vez a Jerusalém e conhecem bem essa região desértica e perigosa por onde desce o caminho que leva da capital a Jericó. Todos sabem como é difícil não topar com salteadores que se refugiam naqueles barrancos e desfiladeiros. No entanto, é também uma rota bastante frequentada. Por ali passam todas as semanas os sacerdotes e levitas que, depois de ter exercido seu serviço no templo, retornam a Jericó, importante cidade sacerdotal. Por ali transitam também grupos de peregrinos e comerciantes que sobem a Jerusalém com suas mercadorias. O que vai acontecer desta vez neste perigoso caminho?

Ao ouvir falar de um homem assaltado e deixado semimorto na valeta do caminho, no coração dos ouvintes desperta a simpatia e a piedade. É uma vítima inocente, abandonada num caminho solitário, que precisa de ajuda urgente. Poderia ser um deles. Como não sentir compaixão por ele?[52]

Felizmente aparecem pelo caminho dois viajantes: primeiro um sacerdote e depois um levita. Ambos vêm do templo. Realizaram seu serviço ao longo da semana e, já cumpridas suas obrigações no templo, retornam para sua casa em Jericó. O ferido os vê chegar cheio de esperança: são de seu próprio povo; representam o templo, sem dúvida terão compaixão dele. Mas não é assim. Ao chegar ao ponto onde ele está, os dois têm a mesma reação: veem-no e "dão uma volta". Não se aproximam, passam ao largo. Por quê? Têm medo dos salteadores? Não querem incorrer em estado de impureza tocando um desconhecido ensanguentado e semimorto?[53] Os ouvintes não podem senão sentir-se escandalizados com sua falta de compaixão. Como não ajudam um homem abandonado a uma morte quase certa?

No horizonte aparece um terceiro viajante. Não é sacerdote nem levita; não vem do templo; nem sequer pertence ao povo eleito de Israel. É um odia-

---

52. Embora o ferido permaneça anônimo ao longo de todo o relato e não possa ser identificado nem sequer por suas vestimentas, das quais foi "despojado", é preciso pensar que é um judeu enquanto o narrador não disser outra coisa.

53. Ao que parece, o sacerdote e o levita não podem invocar nenhuma prescrição ritual para justificar sua atuação (Jeremias, Linnemann, Scott...).

do samaritano[54]; provavelmente um comerciante dedicado a seus negócios. O ferido o vê chegar com temor. Também os ouvintes se alarmam. É coisa bem sabida a inimizade entre samaritanos e judeus. Pode-se esperar dele o pior. Chegará a liquidá-lo? Mas o samaritano vê o ferido, "sente compaixão" e aproxima-se dele. Em seguida, faz por ele tudo o que pode: desinfeta-lhe as feridas com vinho, suaviza a dor com azeite, enfaixa-o, coloca-o sobre sua própria montaria, leva-o à hospedaria mais próxima, cuida dele e arca com todos os gastos que forem necessários. Aquele homem não parece um comerciante preocupado com suas mercadorias. Sua atuação assemelha-se mais à de uma mãe cuidando com ternura do filho ferido.

A surpresa dos ouvintes não pode ser maior. Como pode Jesus ver o reino de Deus na compaixão de um odiado samaritano? A parábola rompe todos os seus esquemas e classificações entre amigos e inimigos, entre membros do povo eleito e pessoas estranhas e impuras. Será verdade que a misericórdia de Deus nos pode vir não do templo nem dos canais religiosos oficiais, mas de um inimigo proverbial? Jesus os desconcerta. Ele olha a vida a partir da sarjeta, com os olhos das vítimas necessitadas de ajuda. Não há dúvida. Para Jesus, a melhor metáfora de Deus é a compaixão para com um ferido.

A parábola de Jesus inverte tudo. Os representantes do templo passam ao largo, ignorando o ferido. O odiado inimigo vem a ser o salvador. O reino de Deus se torna presente onde as pessoas atuam com misericórdia. Até um inimigo tradicional, renegado por todos, pode ser instrumento e encarnação do amor compassivo de Deus. A mensagem de Jesus constitui uma verdadei-

---

54. Os samaritanos eram uma população que provinha da união entre os colonizadores assírios e as mulheres israelitas que não haviam sido deportadas para a Assíria após a destruição do reino do Norte (721 a.C.). Ao retornar do exílio da Babilônia (537 a.C.), os judeus os excluíram do "povo eleito" e não lhes permitiram tomar parte na reconstrução do templo, devido à sua origem impura e à sua observância pouco estrita da religião judaica. Era proverbial o antagonismo entre o templo judeu de Jerusalém e o centro de culto samaritano do Garizim. O ódio entre os dois povos cresceu quando, entre os anos 6 e 9 d.C., na véspera das festas da Páscoa, um grupo de samaritanos espalhou pelo templo ossos de mortos, deixando-o impuro para qualquer celebração.

ra "revolução" e um desafio para todos: é preciso estender a misericórdia de Deus até aos inimigos de Israel, esquecendo preconceitos e inimizades seculares? Como entender e viver doravante uma religião como a do templo, que de fato leva ao ódio e ao sectarismo? Será preciso reordenar tudo, dando primazia absoluta à misericórdia?[55] Será preciso chegar inclusive a ser "desleal" com o próprio grupo para identificar-se com o sofrimento de qualquer ferido caído na valeta de qualquer caminho? É isso o reino de Deus?

Sede compassivos como vosso Pai

Não era fácil aceitar a mensagem de Jesus, mas as pessoas começavam a intuir as exigências do reino de Deus. Se Deus é como esse pai tão acolhedor e compreensivo com seu filho perdido, é preciso mudar muito a atitude das famílias e das aldeias para com os jovens rebeldes que não só se perdem a si mesmos, mas põem em perigo a solidariedade e a honra de todos os vizinhos. Se Deus se parece com esse dono da vinha que quer pão para todos, inclusive para os que ficaram sem trabalho, será necessário acabar com a exploração dos grandes proprietários e as rivalidades entre os diaristas, para buscar uma vida mais solidária e digna para todos. Se Deus, no próprio templo, acolhe e declara justo um arrecadador desonesto que se confia à sua misericórdia, será necessário revisar e reformular de maneira nova essa religião que bendiz os observantes e maldiz os pecadores, abrindo entre eles um abismo quase intransponível. Se a misericórdia de Deus pode chegar até um ferido caído no caminho não através dos representantes religiosos de Israel, mas pela atuação compassiva de um herege samaritano, será necessário su-

55. Não está enganado Lucas quando transforma a parábola sobre o reino de Deus numa história exemplar em que Jesus se atreve a dizer a um doutor de Israel que aprenda de um desprezível herege samaritano a praticar a misericórdia. A pergunta que precisamos fazer a nós mesmos não é: "Quem é meu próximo?", "até onde chega minha obrigação de amar?" Não é nossa própria religião nem nosso próprio grupo que nos devem indicar a quem amar e a quem odiar, a quem ajudar e a quem ignorar. A pergunta correta é: "Quem tem necessidade de que eu me aproxime dele, me torne próximo e responda à sua necessidade?" É o sofrimento de qualquer ser humano caído no caminho que nos deve ensinar como agir com amor compassivo.

primir sectarismos e ódios seculares para começar a olhar-se reciprocamente com olhos compassivos e coração atento ao sofrimento dos abandonados nas valetas. Sem estas mudanças nunca Deus reinará em Israel.

Jesus lhes diz expressamente: "Sede compassivos como vosso Pai é compassivo"[56]. Para acolher o reino de Deus não é preciso ir ao deserto de Qumran fundar uma "comunidade santa", não é preciso fechar-se na observância escrupulosa da lei ao estilo dos grupos fariseus, não é preciso sonhar com rebeliões violentas contra Roma, como desejam alguns setores impacientes, não é preciso incrementar a religião do templo, como querem os sacerdotes de Jerusalém. O que é preciso fazer é introduzir na vida de todos a compaixão, uma compaixão parecida com a de Deus; é preciso olhar com olhos compassivos os filhos perdidos, os excluídos do trabalho e do pão, os delinquentes incapazes de refazer sua vida, as vítimas caídas nas sarjetas. É preciso implantar a misericórdia nas famílias e nas aldeias, nas grandes propriedades dos latifundiários, no sistema religioso do templo, nas relações entre Israel e seus inimigos.

Jesus contou diversas parábolas para ajudar as pessoas a ver na misericórdia o melhor caminho para entrar no reino de Deus. Talvez a primeira coisa fosse entender e compartilhar a alegria de Deus quando uma pessoa perdida é salva e recupera sua dignidade. Jesus queria inculcar no coração de todos algo que ele trazia bem dentro de si: os perdidos pertencem a Deus; ele os procura apaixonadamente e, quando os encontra, sua alegria é incontível. Todos nós deveríamos alegrar-nos com ele.

Jesus contou duas parábolas muito parecidas: a primeira sobre "um pastor" que procura sua ovelha perdida até encontrá-la; a segunda sobre "uma mulher" que varre a casa inteira até encontrar a moeda que perdeu[57]. Para muitos de seus ouvintes não eram parábolas muito acertadas. Como pode

---

56. Fonte Q (Lucas 6,36 // Mateus 5,48). Em Mateus lemos: "Sede totalmente bons, como também vosso Pai do céu é totalmente bom". Os dois evangelistas transmitem com matizes diferentes o pensamento de Jesus.

57. Estas duas parábolas são chamadas tradicionalmente parábola da "ovelha perdida" e parábola da "dracma perdida". Na realidade, os protagonistas são o "pastor' e a "mulher" que procuram a ovelha ou a moeda.

Jesus comparar Deus a um pastor, pertencente a um grupo desprezado socialmente, ou a uma pobre mulher de aldeia? Será que Deus é sempre uma surpresa? Jesus lhes fala assim:

> Quem de vós que tenha cem ovelhas, se perder uma delas, não deixa as noventa e nove no deserto e vai em busca daquela que se perdeu até encontrá-la? E, quando a encontra, a põe sobre os ombros cheio de alegria; e, chegando em casa, convoca os amigos e vizinhos e lhes diz: "Alegrai-vos comigo, porque encontrei minha ovelha que se perdera"[58].

Ao que parece, os pastores não eram bem-vistos naquelas aldeias. Não eram de confiança, porque a qualquer momento levavam seus rebanhos a pastar nos campos dos agricultores; eram vistos como pessoas indesejáveis. No entanto, a imagem do "pastor" era muito estimada na tradição do povo, desde os tempos em que as tribos de Israel eram ainda seminômades. Moisés, Saul, Davi e outros grandes líderes haviam sido pastores. Todos gostavam de imaginar Deus como um pastor que cuida de seu povo, o alimenta e o defende[59]. Do que Jesus lhes vai falar agora?

Desta vez ele começa sua parábola como uma pergunta: imaginem que vocês são um pastor, vocês têm cem ovelhas e uma se perde; vocês não deixa-

---

58. A parábola encontra-se em Lucas 15,4-6, em Mateus 18,12-13 e no *Evangelho [apócrifo] de Tomé* 107. Tanto Lucas quanto Mateus recolhem uma parábola original de Jesus, embora cada um a adapte a seus próprios interesses. Mateus a traz para insistir em que não se despreze na comunidade cristã os pequenos e vulneráveis; Lucas, por sua vez, quer sublinhar com a parábola o interesse de Deus pelos perdidos. É difícil saber qual dos dois transmite o relato mais próximo ao original. Seguimos o texto de Lucas, mas, para captar a mensagem original de Jesus, prescindimos da conclusão que o evangelista tira artificialmente sobre o arrependimento dos pecadores: "Do mesmo modo, haverá mais alegria no céu por um só pecador que se arrependa do que por noventa e nove justos que não precisam de arrependimento" (15,7). O relato não fala absolutamente deste tema (a ovelha não se arrepende de nada!) (Funk, Scott, Schottroff, Bultmann etc.).

59. É bem conhecido um texto de Ezequiel (592-570 a.C.) que, protestando contra os maus pastores de Israel, põe na boca de Javé coisas como estas: "Eu mesmo cuidarei de meu rebanho e velarei por ele. Como um pastor vela por seu rebanho quando se encontra no meio de suas ovelhas dispersas, assim velarei eu por minhas ovelhas. [...] Buscarei a ovelha perdida, trarei de volta a extraviada, curarei a ferida, confortarei a enferma" (34,11-12.16a).

riam as noventa e nove para ir em busca dela até encontrá-la? Os ouvintes duvidariam bastante antes de responder-lhe. A formulação era bastante disparatada. Jesus, no entanto, começa a falar-lhes de um pastor que age assim. O homem sente que a ovelha, embora esteja perdida, lhe pertence. É sua. Por isso não duvida em sair à sua procura, abandonando o resto das ovelhas "no deserto". Não é uma loucura arriscar assim a sorte de todo o rebanho? Será que a ovelha perdida vale mais que as noventa e nove? O pastor não se entretém em raciocínios deste tipo. Seu coração o leva a prosseguir sua busca até encontrar a ovelha. Sua alegria é indescritível. Num gesto de ternura e cuidado carinhoso, põe a ovelha cansada e talvez ferida sobre os ombros, ao redor do pescoço, e retorna para o curral. Ao chegar, convoca os amigos e os convida a compartilhar sua felicidade. Todos o entenderão: "Encontrei minha ovelha que se perdera".

As pessoas não podem acreditar. Pode realmente este pastor insensato ser metáfora de Deus? Sem dúvida há algo que todos precisam admitir: os homens e mulheres são criaturas de Deus, pertencem a ele. E já se sabe o que alguém faz para não perder o que é seu. Mas, pode Deus sentir os "perdidos" como algo tão seu? Por outro lado, não é algo arriscado demais abandonar o rebanho para procurar as "ovelhas perdidas"? Não é mais importante assegurar a restauração de todo o Israel do que perder o tempo com prostitutas e arrecadadores de impostos, gente afinal de contas indesejável e pecadora?

A parábola leva a pensar: Será certo que Deus não rejeita estes "perdidos", tão desprezados por todos, mas os busca apaixonadamente porque, assim como Jesus, não dá ninguém por perdido? Não será necessário aprender a compartilhar a alegria de Deus e celebrá-lo como o faz Jesus comendo com eles? Mas a parábola talvez sugira algo mais. A ovelha perdida não faz nada para voltar ao redil. É o pastor que a procura e a recupera[60]. Será que Deus

---

60. Lucas e Mateus não veem na ovelha perdida nada de valioso. O pastor a procura porque ela lhe pertence. De acordo com o *Evangelho [apócrifo] de Tomé*, pelo contrário, o pastor procura a ovelha porque é a mais bela e mais querida de todas. A parábola diz assim: "O reino assemelha-se a um pastor que tinha cem ovelhas. Uma delas desapareceu. Era a mais bela. Então deixou as noventa e nove e não se preocupou senão em procurá-la até que a encontrou. Passado o dissabor, disse à ovelha: 'Eu te amo mais que as noventa e nove'" (107). Estas ideias são alheias a Jesus (Funk, Scott, Jeremias...).

procura e recupera os pecadores só porque os ama, inclusive antes que deem sinais de arrependimento? Todos reconhecem que Deus acolhe sempre os pecadores arrependidos. Por isso, nem sequer os fariseus negavam sua amizade a um pecador que dava mostras sérias de arrependimento. Mas o que Jesus pretende não é demais? Está sugerindo que o retorno do pecador não se deve à sua conversão, mas à irrupção da misericórdia de Deus sobre ele?

Jesus voltou a insistir na mesma ideia: para entrar no reino de Deus é importante que todos sintam como sua a preocupação de Deus pelos perdidos e sua alegria ao recuperá-los. Desta vez falou de uma mulher. Talvez visse entre seus ouvintes não poucas mulheres atentas à sua palavra. Quer que também elas o entendam.

> Qual a mulher que tenha dez dracmas, se perder uma, não acende uma lâmpada e varre a casa e procura cuidadosamente até encontrá-la? E, quando a encontra, convoca as amigas e vizinhas e diz: "Alegrai-vos comigo, porque encontrei a dracma que havia perdido[61].

Certamente o relato de Jesus capta logo o interesse de todos por causa de seu realismo. Uma mulher pobre, que tinha dez dracmas, perde uma. Não era grande coisa. Todos conheciam aquela moedinha de prata que só valia um denário, ou seja, o salário de um diarista por um dia de trabalho. Mas para ela é de grande valor. Ela só possui dez dracmas. Talvez constituam seu toucado de mulher de aldeia, um adorno extremamente pobre comparado com o das mulheres dos grandes latifundiários[62]. A mulher não se resigna a perder sua pequena moeda. "Acende uma vela", porque sua modesta casa não tem janelas e também não é muita a luz que entra através da única porta,

---

61. A parábola encontra-se apenas em Lucas 15,8-9. Foi este evangelista quem a uniu à parábola do pastor (Lucas 15,4-7). Acrescentou-lhe, além disso, sua própria conclusão sobre a "conversão dos pecadores". Para captar a mensagem original de Jesus devemos prescindir desta aplicação de Lucas (Funk, Scott, Schottroff...).

62. Se, como sugerem alguns (Jeremias, Brouwer, Bishop...), o adorno pertence ao dote das bodas, seria sua propriedade mais preciosa. Algumas mulheres não o tiravam nem durante o descanso noturno.

quase sempre baixa. "Varre a casa" com uma folha de palmeira para poder ouvir o som da moeda ao rolar pelo chão de pedra na escuridão. Quando finalmente a encontra, não pode conter sua alegria, chama as vizinhas e convida-as a compartilhar sua felicidade: "Alegrai-vos comigo".

Assim é Deus! Como esta pobre mulher que procura sua moeda e se enche de uma imensa alegria ao encontrá-la. O que a outros pode parecer de valor insignificante, para ela é um tesouro. Mais uma vez os ouvintes ficam surpresos. Mais de uma mulher chora comovida. Será assim Deus? Será verdade que os publicanos e as prostitutas, os desviados e os pecadores, que tão pouco valor têm para certos líderes religiosos, são tão queridos por Deus?

Jesus já não sabia como convidar as pessoas a alegrar-se e rejubilar com a misericórdia de Deus. Alguns, longe de alegrar-se por sua acolhida a prostitutas e pecadores, o desqualificavam por causa de suas refeições com gente indesejável. O Batista pregou a mensagem ameaçadora do juízo de Deus, convidando o povo à penitência com sua vida austera de jejum, e alguns disseram: "Ele tem um demônio". Agora Jesus está convidando todos a alegrar-se pela misericórdia de Deus para com os pecadores, assim como ele, que come e bebe com eles, e as pessoas dizem: "Eis um comilão e beberrão, amigo de arrecadadores de impostos e gente pecadora"[63]. Jesus os desafia então com um exemplo muito expressivo: sois como meninos e meninas que não entram na brincadeira quando são convidados pelos companheiros.

> Com quem compararei esta geração? Parece-se com os moleques que, sentados nas praças, gritam uns para os outros dizendo: "Nós vos tocamos flauta e não dançastes; entoamos cantos fúnebres e não chorastes"[64].

Jesus conhecia bem as brincadeiras das crianças; observou-as mais de uma vez nas praças dos povoados, pois encanta-o estar perto dos pequenos.

---

63. Fonte Q (Lucas 7,33-34 // Mateus 11,18-19).

64. Fonte Q (Lucas 7,31-32 // Mateus 11,16-17).

As meninas costumavam brincar de "enterro": um grupo cantava cantos apropriados e outro chorava e se lamentava ao modo das carpideiras. Os meninos brincavam de "bodas": uns tocavam algum instrumento e outros dançavam. A brincadeira é impossível se um dos grupos se nega a tomar parte[65]. Algo disto está acontecendo. Jesus quer pôr todos a "dançar de alegria" por causa da misericórdia de Deus para com os pecadores e extraviados, mas há gente que não quer tomar parte na brincadeira.

Jesus insistirá: é preciso aprender a olhar de outra maneira essas pessoas extraviadas que quase todos desprezam. Uma pequena parábola pronunciada por Jesus na casa de um fariseu expressa bem sua maneira de pensar[66]. Jesus foi convidado para um banquete de caráter festivo. Os comensais tomam parte na refeição, recostados confortavelmente sobre uma mesa baixa[67]. São muitos, todos varões, e, ao que parece, não cabem no interior da moradia. O banquete acontece diante da casa, de maneira que os curiosos podem aproximar-se, como era habitual, para observar os comensais e ouvir sua conversa.

Logo aparece uma prostituta da localidade[68]. Simão a reconhece imediatamente e sente-se incomodado: essa mulher pode contaminar a pureza dos comensais e estragar o banquete. A prostituta dirige-se diretamente a Jesus, lança-se a seus pés e começa a chorar. Não diz nada. Está comovida. Não sabe como expressar sua alegria e agradecimento. Suas lágrimas regam os

---

65. Diante de outras leituras possíveis, penso que a interpretação de Jeremias continua sendo a mais plausível.

66. Não é fácil saber se o episódio descrito por Lucas 75,36-50 na casa de Simão o fariseu é o mesmo que Marcos 14,3-9 situa na casa de Simão o leproso. Provavelmente Lucas trabalhou muito o incidente, introduzindo o contraste entre o fariseu e a pecadora, e a parábola dos dois devedores. Embora a cena não tenha acontecido como Lucas a descreve, o episódio reflete uma situação típica na qual se apresenta Jesus comunicando de maneira autêntica sua mensagem. Assim era lembrado Jesus (Dunn).

67. Só nas grandes ocasiões costumava-se comer desta maneira, ao estilo grego ou romano.

68. Embora o termo "pecadora" (*hamartôlos*) possa ter outros significados, o relato sugere que se trata de uma prostituta (Michaelis, Jeremias, Wenham etc.). Não se deve identificar esta mulher com Maria Madalena nem com Maria de Betânia.

pés de Jesus. Solta a cabeleira e enxuga-os, não se importando com os presentes. É uma desonra para uma mulher soltar o cabelo diante dos varões, mas ela não se importa com nada: está acostumada a ser desprezada. Beija repetidas vezes os pés de Jesus e, abrindo o pequeno frasco que leva pendurado ao pescoço, unge-os com um perfume precioso[69].

Ao intuir o receio de Simão diante dos gestos da prostituta e seu mal-estar por causa de sua acolhida serena, Jesus interpela-o com uma pequena parábola:

> Um credor tinha dois devedores: um devia quinhentos denários e o outro cinquenta. Como não tinham com que pagar, perdoou aos dois. Qual deles o amará mais?[70]

O exemplo de Jesus é simples e claro. Não sabemos por que um credor perdoa a dívida a seus dois devedores. Sem dúvida é um homem generoso, que compreende os apuros dos que não podem pagar o que devem. A dívida de um é grande: quinhentos denários, o salário de quase dois anos de trabalho no campo, uma quantia quase impossível de pagar para um camponês. A do segundo só chega a cinquenta denários, uma soma mais fácil de conseguir, o salário de sete semanas. Qual dos dois ser-lhe-á mais agradecido?[71] A resposta de Simão é lógica: "Suponho que seja aquele a quem perdoou mais". Os ouvintes pensam da mesma forma.

Assim está acontecendo com a chegada de Deus. Seu perdão desperta a alegria e a gratidão nos pecadores, porque se sentem aceitos por Deus não por seus méritos, e sim pela grande bondade do Pai do céu. Os "perfeitos"

---

69. Ao que parece, as prostitutas penduravam estes frascos entre os seios para realçar seu atrativo.

70. Esta parábola está em Lucas 7,41-42. Autores recentes são de opinião que foi composta por Lucas (Funk, Scott). Seja como for, é um exemplo cujo conteúdo é coerente com a mensagem de Jesus sobre Deus "perdoador de dívidas".

71. Em aramaico não existe um termo para dizer "dar graças". Utilizam-se outros verbos, como "amar" ou "bendizer".

reagem de maneira diferente: não se sentem pecadores nem tampouco perdoados. Não precisam da misericórdia de Deus. A mensagem de Jesus os deixa indiferentes. Esta prostituta, pelo contrário, comovida pelo perdão de Deus e pelas novas possibilidades que se abrem para sua vida, não sabe como expressar sua alegria e agradecimento. O fariseu Simão vê nela gestos ambíguos de uma mulher de seu ofício, que só sabe soltar o próprio cabelo, beijar, acariciar e seduzir com seus perfumes. Jesus, pelo contrário, vê no comportamento daquela mulher impura e pecadora o sinal palpável do perdão imenso de Deus: "Muito deve ter-lhe sido perdoado, porque é muito o amor e a gratidão que está mostrando"[72].

Deus chega oferecendo a todos seu perdão e sua misericórdia. Seu reinado destina-se a inaugurar uma dinâmica recíproca de perdão e compaixão. Jesus já não sabe viver de outra maneira. Para sacudir a consciência de todos pronuncia uma nova parábola sobre um servo que, apesar de ser perdoado por seu rei, não aprende a viver perdoando:

> O reino de Deus é semelhante a um rei que quis ajustar contas com seus servos. Ao começar a ajustá-las, foi-lhe apresentado um que lhe devia dez mil talentos. Como não tinha com que pagar, o senhor mandou que fosse vendido ele, sua mulher e seus filhos e tudo quanto tinha, para pagar a dívida. Então o servo jogou-se a seus pés e, prostrado, lhe dizia: "Tem paciência comigo, que tudo te pagarei". Movido de compaixão, o senhor daquele servo deixou-o em liberdade e lhe perdoou a dívida.
>
> Ao sair dali, aquele servo encontrou-se com um de seus companheiros, que lhe devia cem denários; agarrou-o e, sufocando-o, lhe dizia: "Paga o que deves". Seu companheiro, caindo a seus pés, lhe suplicava: "Tem paciência comigo, que já te pagarei". Mas ele não quis; antes, retirou-se e mandou lançá-lo na cadeia até que pagasse o que devia. Ao ver seus companheiros o ocorrido, entristeceram-se muito e foram contar a seu senhor tudo o que aconteceu. O senhor, então, mandou chamá-lo e lhe

---

72. Lucas 7,47. Esta é a tradução correta, embora tradicionalmente se viesse traduzindo: "Muito se lhe perdoou, porque muito amou".

> disse: "Servo malvado, eu te perdoei toda aquela dívida porque me suplicaste. Não devias tu também compadecer-te de teu companheiro, do mesmo modo como eu me compadeci de ti?" E, encolerizado, seu senhor o entregou aos carrascos até que pagasse tudo quanto lhe devia[73].

Ao ouvir o relato, os ouvintes captam logo que a ação se desenrola longe de seu pequeno mundo de cada dia. Aquele rei tão poderoso, as somas fabulosas de suas finanças, sua crueldade e arbitrariedade para dispor de seus servos, vendê-los como escravos ou entregá-los à tortura dos carrascos, tudo isso os fazia pensar nos grandes Impérios dos pagãos. Mas também entre eles se conhecera algo disto com Herodes o Grande e seus filhos. Do que lhes quer falar Jesus?

Ao controlar suas finanças, um rei descobre que um de seus funcionários lhe deve dez mil talentos, o equivalente a cem milhões de denários. Uma quantia inimaginável, e mais ainda para aquela pobre gente que nunca tinha em casa mais de dez ou vinte denários[74]. Ninguém jamais pode reunir uma tal soma de dinheiro. A decisão do rei é cruel: ordena que o funcionário e toda sua família sejam vendidos como escravos. Não recuperará o dinheiro, mas o caso servirá de lição para todos[75]. O funcionário lança-se a seus pés desesperado: "Tem paciência comigo, que tudo te pagarei". Ele próprio sabe

---

73. Esta parábola do "servo sem entranhas" encontra-se somente em Mateus 18,23-34, mas ninguém duvida de sua autenticidade. No entanto, Mateus colocou-a erradamente no contexto de um diálogo de Jesus com Pedro sobre a necessidade de "perdoar até setenta vezes sete" (18,21-22); a parábola não fala disso, pois o rei perdoa só uma vez e depois retira seu perdão. Por outro lado, a conclusão final (v. 35) não pertence à parábola original de Jesus. É uma aplicação infeliz de Mateus, que desvia nossa atenção da generosidade inicial do rei e nos centra em sua "vingança" final, transformando a parábola de Jesus numa terrível alegoria de Deus que produz espanto: o Pai do céu, "encolerizado", utilizando "verdugos" para castigar sem piedade alguma (!). Para captar a verdadeira mensagem da parábola devemos prescindir do trabalho redacional de Mateus (Jeremias, Linnemann, Via, Scott, McBride...).

74. Flávio Josefo nos informa que Herodes o Grande arrecadava por ano uns 900 talentos. No ano 4 a.C., a arrecadação na Pereia e na Galileia chegou a 200 talentos.

75. Não era uma prática insólita fora de Israel, mas a lei judaica proibia a venda da esposa e dos filhos para pagar as dívidas do esposo.

que é impossível. De forma inesperada, ao ver o funcionário humilhado a seus pés, o rei "se comove" e lhe perdoa toda a dívida. Em vez de ser vendido como escravo, sai do palácio restabelecido em suas funções.

Ao encontrar-se com um companheiro de categoria inferior que lhe deve cem denários, agarra-o pelo pescoço exigindo dele o pagamento imediato da dívida. Do chão, aquele companheiro grita-lhe as mesmas palavras que ele dirigiu ao rei: "Tem paciência comigo, que te pagarei". Não é tão difícil tratando-se dessa modesta quantia. Os ouvintes da parábola esperam que ele terá piedade: acaba de ser perdoado de uma dívida de cem milhões de denários, como não irá perdoar cem ao companheiro? No entanto, não acontece assim e, sem piedade alguma, ele o põe na prisão. É fácil imaginar a reação dos ouvintes de Jesus: "Isso não se faz. É injusto agir assim, sabendo que ele vive graças ao perdão do rei".

A mesma coisa sentiram os demais companheiros. Consternados com o ocorrido, apelaram ao rei para que fizesse alguma coisa. A reação deste é terrível: "Servo malvado, [...] não devias tu também compadecer-te de teu companheiro, do mesmo modo como eu me compadeci de ti?" Encolerizado, retirou seu perdão, cobrou-lhe novamente a dívida e o entregou nas mãos dos carrascos até que pagasse tudo o que devia. Seu destino não seria mais ser vendido como escravo, mas ser torturado sem fim[76].

A parábola, que havia começado de maneira tão promissora com o perdão generoso do rei, acaba de um modo tão brutal que não pode produzir senão perturbação. Tudo termina mal. O gesto bondoso do rei não conseguiu apagar séculos de opressão: seus subordinados continuam agindo com a crueldade de sempre. O próprio rei continua prisioneiro de seu sistema. Por um momento parecia que podia começar uma nova era de perdão, uma nova ordem de coisas inspirada na compaixão. No final, a misericórdia fica mais

76. Embora a lei judaica condenasse a tortura, Herodes o Grande e seus filhos recorreram a ela sem escrúpulos.

uma vez anulada. Nem o rei, nem o servo nem seus companheiros ouvem a palavra do perdão.

Os companheiros pediram ao rei justiça em relação ao servo que não soube perdoar. Mas, se o rei retira sua misericórdia, não estão novamente todos em perigo? Afinal, também estes companheiros agiram como o servo sem coração: não lhe perdoaram, pediram ao rei que o castigasse. Mas, se se deixa de lado a misericórdia e se pede novamente justiça estrita, não se entra num mundo tenebroso? Não terá razão Jesus? Não será o Deus da misericórdia a melhor notícia que todos podemos ouvir? Ser misericordiosos como o Pai do céu, não será isto a única coisa que nos pode libertar da impiedade e da crueldade? A parábola transformou-se numa "armadilha" para os ouvintes. Provavelmente todos estavam de acordo que o servo perdoado pelo rei "devia" perdoar o companheiro; era o "normal", o mínimo que se podia exigir dele. Mas, se todos os homens e mulheres vivem do perdão e da misericórdia de Deus, não será necessário introduzir uma nova ordem de coisas na qual a compaixão já não seja uma exceção ou um gesto admirável e sim uma exigência normal? Não será esta a forma prática de acolher e estender o reinado de Deus entre seus filhos e filhas?

Bibliografia

Para o estudo da investigação contemporânea sobre as parábolas

GOWLER, David B. *What are they saying about Parables?* Nova York: Paulist Press, 2000.

WEDER, Hans. *Metafore del Regno – Le parabole di Gesù*: ricostruzione e interpretazione. Bréscia: Paideia, 1991, p. 17-123.

BLOMBERG, Craig L. The Parables of Jesus: Current Trends and Needs in Research. In: CHILTON, Bruce & EVANS, Craig A. (orgs.). *Studying the Historical Jesus* – Evaluations of the State of Current Research. 2. ed. Leiden/Boston/Colônia: Brill, 1998, p. 231-254.

SNODGRASS, Klyne R. From Allegorizing to Allegorizing: A History of the Interpretation of the Parables of Jesus. In: LONGENECKER, Richard N. (org.). *The Challenge of Jesus' Parables*. Cambridge: Eerdmans, 2000, p. 3-29.

PARKER, Andrew. *Painfully Clear* – The Parables of Jesus. Sheffield: Academic Press, 1996, p. 10-121.

Para uma visão geral da linguagem poética e parabólica de Jesus

ESPINEL, José Luis. *La poesía de Jesús*. Salamanca: San Esteban, 1986.

SCOTT, Bernard B. *Jesus, Symbol-Maker for the Kingdom*. Filadélfia: Fortress Press, 1981.

Para um estudo literário das parábolas

BOUCHER, Madeleine. *The Mysterious Parable* – A Literary Study. Washington: Catholic Biblical Association, 1977.

DUPONT, Jacques. *Il metodo parabolico di Gesù*. Bréscia: Paideia, 1978.

CROSSAN, John Dominic. *In Parables* – The Challenge of the Historical Jesus. Sonoma, CA: Polebridge Press, 1992.

FUSCO, V. *Oltre la parábola* – Introduzione alle parabole di Gesù. Roma: Borla, [s.d.].

HARNISCH, Wolfgang. *Las parábolas de Jesús:* una introducción hermenéutica. Salamanca: Sígueme, 1989.

Obras significativas sobre as parábolas de Jesus

DODD, Charles Harold. *Las parábolas del Reino*. Madri: Cristiandad, 1974.

JEREMIAS, Joachim. *As parábolas de Jesus*. São Paulo: Paulinas, 1983 [*Las parábolas de Jesús*. Estella: Verbo Divino, 1971].

LINNEMANN, Etta. *Jesus of the Parables* – Introduction and Exposition. Nova York/Evanston: Harper and Row, [s.d.].

VIA, Dan Otto. *The Parables* – Their Literary and Existential Dimension. Filadélfia: Fortress Press, 1977.

Comentários às parábolas de Jesus

CERFAUX, Lucien. *Mensaje de las parábolas*. Madri: Fax, 1969.

HARRINGTON, W. *Il parlait en paraboles*. Paris: Cerf, 1967.

CAPON, Robert Farrar. *The Parables of Grace*. Grand Rapids, MI: William B. Eerdmans, 1988.

SCOTT, Bernard Brandon. *Hear Then the Parable* – A Commentary on the Parables of Jesus. Mineápolis: Fortress Press, 1990.

DONAHUE, John R. *The Gospel in Parable*. Mineápolis: Fortress Press, 1990.

LONGENECKER, Richard N. (org.). *The Challenge of Jesus' Parables*. Cambridge: Eerdmans, 2000.

McBRIDE, Denis. *Les paraboles de Jésus*. Paris: Eds. de l'Atelier, 2001.

BATTAGLIA, Oscar. *Le parabole del Regno* – Ricerca esegetica e pastorale. 2. ed. Assis: Cittadella, 1999.

ETCHELLS, Ruth. *A reading of the Parables of Jesus*. Londres: Darton, Longman and Todd, 1998.

SHILLINGTON, V. George (org.). *Jesus and his Parables* – Interpreting the Parables of Jesus Today. Edimburgo: T. & T. Clark, 1997.

BEASLEY-MURRAY, G.R. *Jesus and the Kingdom of God*. Grand Rapids, MI: Eerdmans, 1986, p. 108-143 e 194-218.

Para uma leitura das parábolas a partir de algumas perspectivas específicas

HEDRICK, Charles W. *Parables as Poetic Fictions* – The Creative Voice of Jesus. Peabody, MA: Hendrickson, 1994.

BAILEY, Kenneth E. *A poesia e o camponês* – Uma análise literária-cultural das parábolas em Lucas. São Paulo: Vida Nova, 1985 [*Poet and Peasant: Through Peasant Eyes* – A Literary-Cultural Approach to the Parables in Luke. Grand Rapids, MI: Eerdmans, 1983].

HERZOG II, William R. *Parables as Subversive Speech* – Jesus as Pedagogue of the Oppressed. Louisville, KY: Westminster/John Knox Press, 1994.

Outras obras de interesse

FUNK, Robert W.; SCOTT, Bernard Brandon & BUTTS, James R. *The Parables of Jesus* – Red Letter Edition. Sonoma, CA: Polebridge Press, 1988.

STEIN, Robert H. *The Method and Message of Jesus' Teachings*. Louisville, KY: Westminster/John Knox Press, 1994, p. 7-59.

SCHWEIZER, Edward. *Jesús, parábola de Dios*. Salamanca: Sígueme, 2001, p. 37-55.

FORD, Richard Q. *The Parables of Jesus* – Recovering the Art of Listening. Mineápolis: Fortress Press, 1997.

6

CURADOR DA VIDA

O poeta da misericórdia de Deus falava através de parábolas, mas também através de fatos. Os camponeses da Galileia puderam comprovar que Jesus, cheio do Espírito de Deus, percorria suas aldeias curando enfermos, expulsando demônios e libertando as pessoas do mal, da indignidade e da exclusão. A misericórdia de Deus não é uma bela teoria sugerida por suas parábolas. É uma realidade fascinante: junto a Jesus, os enfermos recuperam a saúde, os possuídos pelo demônio são resgatados de seu mundo escuro e tenebroso. Ele os integra numa sociedade nova, mais sadia e fraterna, mais bem encaminhada para a plenitude do reino de Deus.

Jesus continuava surpreendendo a todos: Deus está chegando, mas não como o "Deus dos justos", e sim como o "Deus dos que sofrem". O profeta do reino de Deus não tem nenhuma dúvida: o que preocupa a Deus é o sofrimento dos mais desgraçados; o que o move a agir no meio de seu povo é seu amor compassivo; o Deus que quer reinar entre os homens e mulheres é um "Deus que cura"[1]. As fontes cristãs o afirmam unanimemente: "Percorria toda a Galileia [...] proclamando a boa notícia do reino e curando toda enfermidade e doença entre o povo"[2].

Ao contrário do Batista, que nunca curou ninguém, Jesus proclama o reino de Deus pondo saúde e vida nas pessoas e na sociedade inteira. O que Jesus procura, antes de tudo, entre aquelas pessoas da Galieia não é reformar

---

1. Assim diz uma antiga tradição de Israel: "Eu sou Javé, aquele que te cura" (Êxodo 15,26).

2. Mateus 4,23. Cf. também Marcos 1,39; Mateus 9,35; Lucas 6,18 etc.

sua vida religiosa, mas ajudá-las a desfrutar de uma vida mais sadia e mais livre do poder do mal. Na memória dos primeiros cristãos ficou gravada esta lembrança de Jesus: "Ungido por Deus com a força do Espírito Santo, passou fazendo o bem e curando todos os oprimidos pelo diabo, porque Deus estava com ele"[3]. O primeiro olhar de Jesus não se dirige aos pecadores que precisam ser chamados a converter-se, mas aos que sofrem a enfermidade ou o desamparo e anseiam por mais vida e saúde[4].

Os enfermos da Galileia

Em cada cultura vive-se a enfermidade de maneira diferente. Não é a mesma coisa ficar doente na sociedade ocidental de nossos dias ou estar enfermo na Baixa Galileia dos anos 30 do século I. A enfermidade não é só um fato biológico. É ao mesmo tempo uma experiência que o enfermo interpreta, vive e sofre de acordo com o modelo cultural da sociedade em que vive. Como se vivia a enfermidade naquelas aldeias que Jesus percorria? Como afetava ela aqueles camponeses? Como reagiam seus familiares e vizinhos? O que faziam para recuperar a saúde?[5]

Os enfermos dos quais Jesus se aproxima padecem de doenças próprias de um país pobre e subdesenvolvido: entre eles há cegos, paralíticos, sur-

3. Atos dos Apóstolos 10,38.

4. O evangelho de João entende a atividade de Jesus como direcionada inteiramente para potencializar a vida: "Eu vim para que todos tenham vida, e a tenham em abundância" (João 10,10). A "vida eterna" da qual fala este escrito começa nesta vida e alcança sua plenitude no encontro definitivo com Deus.

5. Os antropólogos costumam distinguir entre a patologia ou disfunção orgânica (*disease*), à qual se responde procurando curar o mal biológico (*curing*), e a enfermidade como experiência vivida socialmente dentro de uma cultura (*illness*), à qual se responde procurando sanar (*healing*) as consequências prejudiciais tanto para o indivíduo como para o grupo social (Young, Kleinman, Pilch, Avalos...). Emprego indistintamente os termos "curar" e "sanar" para falar daquilo que Jesus realiza nos enfermos, mas a ele chamo de "curador" (do latim *cura*, "cuidado", "solicitude" pelo necessitado) mais que "sanador", pois me parece que sugere melhor a percepção que dele podiam ter aqueles enfermos.

dos-mudos, gente com doenças da pele, transtornados. Muitos são enfermos incuráveis, abandonados à própria sorte e incapacitados para ganhar o sustento; vivem arrastando sua vida numa situação de mendicância que beira a miséria e a fome. Jesus encontra-os jogados pelos caminhos, na entrada dos povoados ou nas sinagogas, procurando comover o coração das pessoas.

Estes camponeses percebem sua enfermidade não tanto como uma doença orgânica, mas como uma incapacidade para viver como os outros filhos de Deus[6]. A maior desgraça dos cegos é não poder captar a vida de seu ambiente; cegados os olhos, fecha-se-lhes a passagem pela qual a vida chega ao interior da pessoa; o cego perde contato com a realidade, não pode contemplar os rostos nem os campos, torna-se-lhe mais difícil pensar com perspicácia, avaliar as coisas, amar as pessoas. A desgraça dos surdos-mudos é sua incapacidade para comunicar-se; não podem ouvir a mensagem dos outros nem expressar a sua; não podem falar, bendizer nem cantar; fechados em seu isolamento, só ouvem a si mesmos. A desdita dos paralíticos, incapazes de valer-se de suas mãos ou pés, é não poder trabalhar, mover-se ou agir; não poder andar nem peregrinar a Jerusalém; não poder abraçar nem dançar. O que estes enfermos almejam não é só a cura de uma doença, mas poder desfrutar como os outros de uma vida mais plena.

Os leprosos sofriam sua enfermidade de maneira diferente. Na realidade, não são vítimas da "lepra" conhecida hoje por nós, mas pessoas afetadas por diversas enfermidades da pele (psoríase, tinha, erupções, tumores, eczemas...) que, quando se estendem por todo o corpo, tornam-se repugnantes[7].

---

6. A enfermidade prejudica alguma das "três zonas" que, segundo os antropólogos (Geradon, Malina, Pilch), constituem a pessoa segundo estas culturas da bacia mediterrânea: a zona do pensamento e da emoção (olhos/coração); a zona da comunicação (boca/ouvidos); a zona da atividade (mãos/pés).

7. O termo hebraico *tsara'at*, que ordinariamente se costuma traduzir como "lepra", não é a lepra que a medicina atual conhece como "hanseníase" ou "mal de Hansen" (descobridor do *mycobacterium leprae* em 1868), mas abrange um conjunto de enfermidades da pele, que, ao causar descoloração, erupções, chagas purulentas etc., provocam repugnância (Levítico 13). Até o momento não se descobriu na antiga Palestina nenhum resto arqueológico pertencente a uma pessoa enferma de lepra (Van Hulse).

A tragédia destes enfermos não consiste tanto no mal que dilacera seu corpo quanto na vergonha e humilhação de sentir-se seres sujos e repulsivos que todos evitam. Seu verdadeiro drama é não poder casar nem ter filhos, não participar das festas e peregrinações, ficar condenados ao ostracismo.

Também os enfermos da Galileia, como os de todos os tempos, faziam-se a pergunta que brota espontaneamente a partir de toda enfermidade grave: "Por quê?", "por que eu?", "por que agora?" Aqueles camponeses não consideravam seu mal de um ponto de vista médico, mas religioso. Não se detêm em buscar a origem de sua enfermidade em algum fator de caráter orgânico; preocupa-os sobretudo o que aquele mal significa. Se Deus, o criador da vida, está retirando deles seu espírito vivificador, é sinal de que os está abandonando. Por quê?

De acordo com a mentalidade semita, Deus está na origem da saúde e da enfermidade. Ele dispõe de tudo como senhor da vida e da morte[8]. Por isso os israelitas entendem que uma vida forte e vigorosa é uma vida abençoada por Deus; uma vida enferma, aleijada ou mutilada é uma maldição. Nas aldeias que Jesus visitava, as pessoas viam ordinariamente na cegueira, na lepra ou em qualquer outro tipo de enfermidade grave o castigo de Deus por algum pecado ou infidelidade[9]. Pelo contrário, a cura sempre era vista como uma bênção de Deus. Por isso, como Deus não quer a morte do pecador, mas que se converta e viva, o povo de Israel esperava que a intervenção final de Deus traria uma vida cheia de saúde para todos: "Naquele tempo ninguém dirá: 'Estou enfermo', porque ao povo lhe será perdoada sua culpa"[10].

---

8. No livro do Deuteronômio pode-se ler um cântico, de traços arcaicos, atribuído a Moisés, no qual Javé diz assim: "Eu dou a morte e a vida, eu dilacero e curo; não há quem liberte de minha mão" (32,39).

9. De acordo com o evangelho de João, ao ver um cego de nascença, os discípulos perguntam a Jesus: "Rabi, quem pecou, ele ou seus pais, para que tenha nascido assim?" (9,2).

10. Isaías 33,24. Trata-se provavelmente de um poema do período persa recolhido no livro de Isaías.

Estes enfermos, considerados abandonados por Deus, provocam no "povo eleito" mal-estar e perturbação. Por que Deus não os abençoa como aos outros? Por que retira deles seu alento de vida? Provavelmente a vida deles não lhe agrada. Por isso sua presença no "povo santo" de Deus precisa ser vigiada. É melhor mantê-los excluídos, em maior ou menor grau, da convivência religiosa e social. De acordo com a tradição de Israel, "os coxos e cegos não entrarão na casa de Deus"[11]. Nos escritos de Qumran acentua-se muito mais esta exclusão: os cegos e surdos são considerados pouco respeitáveis, pois "quem não vê nem ouve não sabe praticar a lei"; os cegos devem ser excluídos não só do templo, mas também da cidade de Jerusalém: "Nenhum cego entrará nela durante toda sua vida; não profanará a cidade santa em cujo centro eu habito"[12]. A exclusão do templo, lugar santo onde Deus habita, lembra da maneira implacável aos enfermos aquilo que eles já percebem no fundo de sua enfermidade: Deus não os ama como ama os outros.

Os "leprosos", por sua vez, são separados da comunidade não por temor de contágio, mas porque são considerados "impuros" que podem contaminar os que pertencem ao povo santo de Deus. A prescrição era cruel: "O afetado pela lepra [...] irá gritando: 'Impuro, impuro'. Durante todo o tempo em que durar a chaga ficará impuro. É impuro e viverá isolado"[13]. Numa sociedade como a da Galileia, onde o indivíduo só pode viver integrado em sua família e em sua aldeia, esta exclusão significa uma tragédia. A maior angústia do leproso é pensar que talvez nunca mais possa retornar à sua comunidade.

Abandonados por Deus e pelos homens, estigmatizados por seus vizinhos, excluídos em boa parte da convivência, estes enfermos constituem, provavelmente, o setor mais marginalizado da sociedade. Mas, estão realmente abandoados por Deus ou têm um lugar privilegiado em seu coração de Pai? O

---

11. Trata-se de um dito popular recolhido no segundo livro de Samuel 5,8.

12. Pode-se ler o texto completo em 4QMMT 56-57 e no *Rolo do Templo* (11QTemplo 45,12-14).

13. Levítico 13,45-46. Embora os evangelhos apresentem às vezes os leprosos próximos das pessoas e com acesso bastante fácil a Jesus, pensa-se que as prescrições do Levítico continuavam em vigor nesse tempo (Baumgarten, Avalos).

dado histórico é inquestionável: Jesus dedica-se a eles antes que a quaisquer outros. Aproxima-se dos que se consideram abandonados por Deus, toca os leprosos que ninguém toca, desperta a confiança naqueles que não têm acesso ao templo e os integra no povo de Deus tal como ele o entende. Estes precisam ser os primeiros a experimentar a misericórdia do Pai e a chegada de seu reino. Sua cura é a melhor "parábola" para que todos compreendam que Deus é, antes de mais nada, o Deus dos que sofrem o desamparo e a exclusão.

O difícil caminho da cura

Todo enfermo anseia por libertar-se um dia de sua enfermidade a fim de desfrutar novamente de uma vida sadia. Mas, o que podiam fazer os enfermos e enfermas daquelas aldeias para recuperar sua saúde?

Ao ver-se enfermo, o israelita recorria em geral a Deus. Examinava sua vida, confessava diante dele seus pecados e lhe pedia a cura. Podia recitar um dos tantos salmos compostos por enfermos e que estavam recolhidos nas Escrituras: "Tem piedade de mim, Senhor, cura-me, porque pequei contra ti"[14]. A família era a primeira a atender ao seu enfermo. Os pais e familiares mais próximos, o senhor da casa ou os próprios vizinhos ajudavam o enfermo a reconhecer seu pecado e invocar a Deus. Ao mesmo tempo procuravam algum curador dos arredores[15].

Ao que parece, era impossível recorrer a médicos profissionais. A medicina grega, impulsionada por Hipócrates (450-350 a.C.), espalhara-se por toda a bacia do Mediterrâneo e havia penetrado provavelmente em cidades importantes como Tiberíades, Séforis ou as da Decápole, mas não nas aldeias da Galileia. Na medicina hipocrática não se invocava o poder curador dos deuses, mas, com base em alguma teoria do corpo humano, detectava-se a

---

14. Salmo 40,5.

15. Nos escritos evangélicos pode-se observar como os parentes se preocupam com seus enfermos (Marcos 1,30); os pais e as mães preocupam-se com seus filhos (Marcos 7,25; 9,17-18); os patrões fazem o possível para ver curados seus criados (Lucas 7,2-10); inclusive os vizinhos procuram a cura dos enfermos da aldeia (Marcos 2,3-4).

enfermidade, diagnosticavam-se as causas e buscava-se algum remédio que ajudasse a recuperar o equilíbrio do corpo[16]. A postura tradicional dos israelitas perante este tipo de medicina havia sido o receio, porque só Deus é fonte de saúde. Mas já no tempo de Jesus as coisas haviam mudado. Alguns sábios judeus recomendavam recorrer aos médicos, porque "há momentos em que a solução está em suas mãos"[17]. Infelizmente para os enfermos da Galileia, os médicos não estavam ao alcance de suas possibilidades: viviam longe das aldeias e seus honorários eram demasiado elevados.

Tampouco podiam os enfermos peregrinar até os famosos templos de Esculápio, deus da medicina, ou os santuários de Ísis e Serápis, divindades curadoras, nem banhar-se em fontes sagradas consideradas terapêuticas. Os templos consagrados a Esculápio eram numerosos e de grande prestígio. O mais famoso sem dúvida no tempo de Jesus era o de Epidauro, não longe de Corinto. A ele acorriam milhares de enfermos. Depois de um banho e da entrega da oferenda a Esculápio, passavam a noite num pórtico escuro do templo para ter ocasião de ser visitados pelo deus curador e receber em sonhos a mensagem que indicava os remédios apropriados (unguentos, bandagens, dietas) ou as instruções que, interpretadas pelos sacerdotes do templo, ajudariam a recuperar a saúde[18]. Também havia santuários de Ísis e Serápis nas cidades mais importantes do Mediterrâneo oriental, mas certamente não perto da Galileia. Os enfermos daquelas aldeias não podiam aventurar-se numa longa viagem aos famosos lugares de cura nem pagar as caras oferendas que ali eram exigidas[19].

---

16. É bem conhecido o tratado *De medicina*, de Celso, nascido uns vinte anos antes de Jesus e morto três ou quatro anos depois de sua crucificação; neste livro se conserva uma ampla informação sobre as teorias e práticas médicas de seu tempo. No entanto, a figura incomparável da medicina romana será Galeno (130-200).

17. Assim diz Ben Sirac num escrito redigido entre 190-180 a.C. (Eclesiástico 38,1-15).

18. Não é fácil distinguir nestes lugares de cura o "médico" do "milagroso". Em geral, o deus indica algum procedimento que, posto em prática ao despertar, devolve a saúde ao paciente. Em santuários como os de Pérgamo ou da ilha de Cós havia verdadeiros médicos exercendo sua profissão.

19. É difícil saber se havia um lugar de cura em Jerusalém (piscina de Betesda?), embora tenha funcionado, por volta do ano 135 d.C., um templo consagrado a Esculápio na Jerusalém romana, chamada então Aelia Capitolina (Duprez, Parrot).

Mais próximos estavam os curadores populares que não se atinham a uma medicina profissional nem dependiam de nenhum santuário: magos, exorcistas ou homens santos (*hasidim*), famosos pelo poder de sua oração, como Honi ou Hanina ben Dosa[20], que curavam mais por sua relação estreita com Deus do que por suas técnicas terapêuticas[21]. Neste ambiente começou Jesus a percorrer os povoados da Galileia proclamando o reino de Deus e curando os enfermos.

Um curador singular

O fato é historicamente inegável: Jesus foi considerado por seus contemporâneos um curador e exorcista de grande prestígio[22]. Todas as fontes cristãs falam invariavelmente das curas e exorcismos realizados por Jesus[23].

---

20. Ao que parece, Honi atuou na primeira metade do século I a.C. na Galileia (Vermes) ou em Jerusalém (Meier); foi conhecido sobretudo pela eficácia de sua oração a Deus para obter chuva em tempos de seca. A Hanina ben Dosa são atribuídos diversos feitos milagrosos realizados em virtude de sua poderosa oração. Viveu na Galileia durante o século I, talvez a poucos quilômetros de Nazaré (Vermes, Parrot).

21. Nem sempre é fácil distinguir nesta época entre a *medicina*, que se esforça por facilitar novamente o equilíbrio natural do organismo, a *magia*, que procura manejar forças misteriosas para conseguir efeitos benéficos sobre uma pessoa, e a *cura*, atribuída à intervenção poderosa de uma divindade (Kee, Avalos, Meier, Crossan).

22. Praticamente a totalidade dos investigadores contemporâneos está de acordo em afirmá-lo: Crossan, Sanders, Meier, Theissen, Wenham, Parrot, Twelftree, Evans, Blackburn. A única exceção é B.L. Mack. Este consenso generalizado da crítica moderna não significa que se pode provar o caráter de cada um dos relatos concretos tal como estão consignados nos evangelhos. Pelo contrário, quase sempre trata-se de relatos estereotipados que descrevem não tanto um acontecimento concreto quanto o tipo de curas que Jesus fazia, de acordo com a lembrança que havia dele como "fazedor de milagres". Algumas vezes trata-se de relatos que provêm provavelmente de testemunhas, mas que foram embelezados e desenvolvidos para que Jesus não destoe de outros taumaturgos famosos. Também não se pode descartar que algumas narrativas tenham sido criadas apenas para oferecer uma visão teológica de Jesus e de sua atividade.

23. As curas aparecem atestadas em todas as fontes: fonte Q, Marcos, material próprio de Mateus, material próprio de Lucas e João. Além disso, encontram-se em todas as formas literárias: relatos concretos, ditos de Jesus, sumários sobre sua atividade, controvérsias com seus adversários etc.

De resto, por volta do ano 90, também o historiador judeu Flávio Josefo nos informa que, durante o governo de Pôncio Pilatos como prefeito da Judeia, "apareceu Jesus, um homem sábio, que foi autor de feitos assombrosos"[24]. Esta fama de Jesus como taumaturgo e exorcista deve ter sido extraordinária, porque durante muito tempo houve exorcistas e magos que, fora dos ambientes cristãos, usavam o nome dele para realizar seus conjuros[25].

A atuação de Jesus deve ter surpreendido sobremaneira as pessoas da Galileia: donde provinha sua força curadora? Parece-se com outros curadores conhecidos na região, mas ao mesmo tempo é diferente. Certamente não é um médico de profissão: não examina os enfermos para fazer um diagnóstico de seu mal; não emprega técnicas médicas nem receita remédios. Sua atuação é muito diferente. Não se preocupa apenas com o mal físico dos enfermos, mas também com sua situação de impotência e humilhação por causa da enfermidade. Por isso os enfermos encontram nele algo que os médicos não asseguravam com seus remédios: uma relação nova com Deus que os ajuda a viver com outra dignidade e confiança diante dele.

As técnicas concretas que Jesus empregava uma vez ou outra lembram os procedimentos usados pelos magos e curadores populares. Ninguém estranhava. De acordo com fontes cristãs, certa vez levou à parte um surdo-mudo e o curou "colocando seus dedos nos ouvidos" e "tocando-lhe a língua com sua saliva". Num outro dia trouxeram-lhe um cego e ele o levou para fora do povoado, "pôs-lhe saliva nos olhos", "impôs suas mãos sobre ele" e o curou[26]. No entanto, nunca se vê Jesus procurando manipular forças

---

24. *Antiguidades dos judeus* 18, 3,3. Trata-se de um texto considerado autêntico pela maioria dos peritos.

25. Aparece testemunhado nos papiros mágicos gregos, que recolhem material que se estende do século I ou II a.C. ao século V d.C. Entre outros nomes mágicos, usa-se o de Jesus, "o deus dos hebreus".

26. Os relatos estão consignados em Marcos 7,31-37 e 8,22-26. Era conhecida a virtude sanativa da saliva: Jesus toca com saliva a língua do mudo para "soltá-la"; acaricia com saliva os olhos do cego para "abri-los". Mateus e Lucas omitiram estes dois relatos provavelmente por causa de seus ressaibos mágicos.

invisíveis, como faziam os magos para forçar a divindade a intervir. Jesus não atua confiando em técnicas, mas no amor curador de Deus, que se compadece dos que sofrem. Por isso sua atuação não é a de um mago da época. Ele nunca intervém para causar dano, causar enfermidades, produzir insônia, impedir amores ou desfazer-se de inimigos, mas para curar o sofrimento e a enfermidade. Não pronuncia conjuros estranhos nem fórmulas secretas: não emprega amuletos, feitiços ou encantamentos[27]. Não age nunca por interesses econômicos, mas movido por seu amor compassivo e por sua decisão de anunciar o reino de Deus[28].

Sem dúvida, a figura de Jesus assemelhava-se mais à de dois homens piedosos bem conhecidos na tradição rabínica. De Honi, "o traçador de círculos", dizia-se que durante uma seca havia dirigido a Deus sua oração conseguindo a chuva[29]. De Hanina ben Dosa afirmava-se que, ao rezar pelos enfermos, sabia se Deus ia conceder-lhe a cura solicitada na maneira mais ou menos fluida como saía de sua boca a oração. A atuação destes dois homens santos não era de caráter mágico, mas devia-se ao favor de Deus. A tradição rabínica acentua precisamente a eficácia de sua oração. Honi e Hanina ben

---

27. Não se parece com o tipo de magos que aparecem nos papiros mágicos gregos, nem com o famoso Apolônio de Tiana, contemporâneo estrito de Jesus, de quem se conserva uma biografia escrita pelo filósofo Filóstrato no final do século II. A Apolônio atribuem-se milagres que lembram os relatos evangélicos, mas sua figura nada tem a ver com Jesus: ele utiliza seu poder para vingar-se e prejudicar seus adversários; é um "conhecedor de forças ocultas" que se move num mundo inverossímil de sátiros, pedras mágicas ou plantas milagrosas, muito distante do mundo de sofrimento do qual Jesus se aproxima.

28. Há alguns anos, Morton Smith, baseando-se nos papiros mágicos gregos por ele descobertos, qualificou Jesus como "mago" e apresentou sua atividade curadora como magia. A posição de Morton Smith foi assumida por alguns autores (Aune, Crossan). Este último pensa que não havia naquela sociedade diferença substancial entre a atividade mágica e a milagrosa, pelo que prefere chamar Jesus de "mago" em sentido sociológico e sem nenhuma conotação pejorativa. Parece-me mais razoável a posição dos que sublinham as diferenças e consideram que chamar Jesus de "mago" hoje não contribui para esclarecer sua atividade curadora (Kee, Meier, Twelftree, Theissen, Blackburn).

29. Falam dele Flávio Josefo e a Mixná. É chamado "traçador de círculos" porque, ao não conseguir a chuva como ele a desejava, traçou um círculo no chão e jurou que não sairia dele enquanto Deus não a enviasse como ele queria.

Dosa não são propriamente taumaturgos: não operam milagres com suas palavras ou gestos; o que é milagroso é o poder de sua oração. Não é este o caso de Jesus, que opera suas curas dando uma ordem ou realizando um gesto.

Provavelmente as pessoas viam Jesus não tanto como um *hasid*, no estilo de Honi ou Hanina ben Dosa, mas como um profeta que curava em virtude do Espírito de Deus. Sua atuação despertava talvez a lembrança de Elias e Eliseu, profetas muito populares no reino do Norte por seus feitos milagrosos. Não haviam realizado prodígios espetaculares a favor de todo o povo, como Moisés, mas a tradição os recordava como profetas taumaturgos[30]. De Elias dizia-se que havia ressuscitado o filho de uma pobre viúva, que ele já anteriormente havia alimentado de maneira milagrosa. A Eliseu atribuíam, entre outros feitos, a ressurreição do filho de uma viúva, uma multiplicação prodigiosa de pães e a cura de Naamã, chefe do exército arameu, atacado de lepra. No entanto, a tradição dizia de Eliseu algo absolutamente impensável em Jesus: havia feito morrer com sua maldição um grupo de crianças que zombavam dele, havia castigado com a lepra um criado de Naamã e havia deixado cegos alguns soldados dos que haviam saído para capturá-lo. Ninguém teria imaginado o poeta da misericórdia de Deus tirando a vida dessas crianças, a quem abraçava com tanto carinho, nem cegando os olhos ou condenando alguém para sempre ao estigma da lepra.

Mas o que mais diferencia Jesus de outros curadores é que, para ele, as curas não são feitos isolados, mas fazem parte de sua proclamação do reino de Deus. É sua maneira de anunciar a todos esta grande notícia: Deus está chegando, e os mais desgraçados já podem experimentar seu amor compassivo. Estas curas surpreendentes são sinal humilde, mas real, de um mundo novo: o mundo que Deus quer para todos.

---

30. Elias e Eliseu viveram no século IX a.C. A atividade de Elias está recolhida no primeiro livro dos Reis 17–20 e a de Eliseu no segundo livro dos Reis 2–8.

A força curadora de Jesus

Quando descobriu Jesus sua capacidade de curar? Foi sua fé na misericórdia de Deus que o impeliu a tentar aliviar o sofrimento dos enfermos ou, pelo contrário, foi o descobrimento de seu poder curador que o levou a anunciar a proximidade de Deus e sua vinda salvadora? Nunca poderemos responder a este tipo de perguntas. Pertencem ao mundo secreto de Jesus[31].

O certo é que Jesus transmite como que por contágio saúde e vida. As pessoas da Galileia o sentem como alguém que cura porque está habitado pelo Espírito e pela força sanadora de Deus. Embora, ao que parece, Jesus utilize algumas vezes técnicas populares, como a saliva, o importante não é o procedimento que ele possa empregar em alguns casos, mas ele mesmo: a força curadora que sua pessoa irradia. As pessoas não acorrem a ele em busca de remédios ou receitas, mas para encontrar-se com ele. O que é decisivo é o encontro com o curador. A terapia que Jesus põe em funcionamento é sua própria pessoa: seu amor apaixonado à vida, sua acolhida afetuosa a cada enfermo ou enferma, sua força para regenerar a pessoa a partir de suas raízes, sua capacidade de transmitir sua fé na bondade de Deus. Seu poder de despertar energias desconhecidas no ser humano criava as condições que tornavam possível a recuperação da saúde.

Na raiz desta força curadora e inspirando toda a sua atuação está sempre seu amor compassivo. Jesus sofre ao ver a enorme distância que há entre o sofrimento destes homens, mulheres e crianças mergulhados na enfermidade, e a vida que Deus quer para seus filhos e filhas[32]. O que o move é seu

---

31. Alguns investigadores atrevem-se a sugerir que a primeira cura realizada por Jesus foi a da sogra de Simão (Marcos 1,29-31) ou a do leproso (Marcos 1,40-45). Não é possível afirmar nada com segurança.

32. Os evangelhos, sempre tão sóbrios em falar dos sentimentos de Jesus, utilizam constantemente o verbo *splanchnizomai* para dizer que ele cura os enfermos porque se "compadece" deles: literalmente, "se lhe comovem as entranhas" (Marcos 1,41; 9,22; Mateus 9,36; 14,14; 15,32; 20,34; Lucas 7,13).

amor aos que sofrem e sua vontade de que experimentem já em sua própria carne a misericórdia de Deus que os liberte do mal. Para Jesus, curar é sua forma de amar. Quando se aproxima deles para despertar-lhes a confiança em Deus, libertá-los do mal e devolvê-los à convivência, Jesus lhes está mostrando, antes de tudo, que são dignos de ser amados.

Por isso Jesus cura sempre de maneira gratuita. Não procura nada para si mesmo, nem sequer que os enfermos se juntem a seu grupo de seguidores. A cura suscitada pela chegada do reino de Deus é gratuita, e também seus discípulos terão que dá-la gratuitamente[33]. Este caráter gratuito resultava surpreendente e atraente. Todo mudo podia aproximar-se de Jesus sem preocupar-se com os gastos. Os enfermos por ele curados têm pouco a ver com a rica clientela que acorria aos deuses sanadores[34].

Jesus tem seu estilo próprio de curar. Cura com a força de sua palavra e com os gestos de suas mãos. É um de seus traços característicos. Não pronuncia fórmulas secretas nem fala entre os dentes, como os magos. Sua palavra é clara. Todos a podem ouvir e entender. Ao mesmo tempo, Jesus "toca" os enfermos. As fontes cristãs o repetem continuamente, matizando seu gesto com expressões diversas. Às vezes Jesus "agarra" o enfermo para transmitir-lhe sua força e arrancá-lo da enfermidade. Outras vezes "impõe as mãos" sobre ele num gesto de bênção para envolvê-lo com a bondade amorosa de Deus. Em outras ocasiões "estende a mão e o toca", para expressar-lhe sua proximidade, acolhida e compaixão. Assim age sobretudo com os leprosos,

---

33. Mateus o indica de maneira explícita ao falar das instruções de Jesus aos Doze: "Curai enfermos, ressuscitai mortos, purificai leprosos, expulsai demônios. De graça o recebestes; dai-o de graça" (10,8).

34. Nos templos e lugares de cura cobravam-se os serviços e exigiam-se oferendas caras para o deus sanador. Por outro lado, os médicos cobravam pesadas somas por seus serviços. Plínio o Velho, nascido no ano 23 e morto em 79 na erupção do Vesúvio, nos informa que não havia em seu tempo uma profissão "mais lucrativa" do que a medicina.

excluídos da convivência[35]. As mãos de Jesus abençoam os que se sentem malditos, tocam os leprosos que ninguém toca, comunicam força aos mergulhados na impotência, transmitem confiança aos que se veem abandonados por Deus, acariciam os excluídos. Era seu estilo de curar.

Jesus não trazia apenas uma melhora física. Sua ação sanadora vai além da eliminação de um problema orgânico. A cura do organismo fica englobada numa cura mais integral da pessoa. Jesus reconstrói o enfermo a partir de sua raiz: suscita sua confiança em Deus, arranca-o do isolamento e do desespero, liberta-o do pecado, devolve-o ao seio do povo de Deus e abre-lhe um futuro de vida mais digno e saudável. Como o faz?

Jesus começa por reavivar a fé dos enfermos. De diversas maneiras procura levá-los a confiar na bondade salvadora de Deus, que parece ter retirado deles sua bênção. As fontes cristãs conservam isto como algo essencial de sua ação curadora: "Não temas, basta ter fé"; "tudo é possível para quem crê"; "meu filho, teus pecados te são perdoados"[36]. Os relatos sugerem que, em algum momento, Jesus e o enfermo se fundem numa mesma fé: o enfermo já não se sente só e abandonado; acompanhado e sustentado por Jesus, abre-se confiantemente ao Deus dos pobres e dos perdidos. Quando falta esta confiança, a ação curadora de Jesus fica frustrada, como parece que aconteceu em sua aldeia de Nazaré, onde não pôde curar quase ninguém, porque lhes faltava fé[37]. Quando, pelo contrário, no enfermo desperta a confiança e se produz a cura, Jesus a atribui abertamente à sua fé: "Minha filha,

---

35. Jesus "agarra" (*kratein*) a sogra de Simão (Marcos 1,30), a filha de Jairo (Marcos 5,41) ou o jovem epiléptico (Marcos 9,27). "Impõe as mãos" (*tithênai*) sobre a mulher encurvada (Lucas 13,13), sobre o cego de Betsaida (Marcos 8,23) ou sobre cada um dos numerosos enfermos que lhe trazem em Cafarnaum ao pôr do sol (Lucas 4,40). "Estende a mão e toca" (*haptein*) o leproso em Marcos 1,41. Embora os relatos não descrevam as curas de Jesus tal como aconteceram exatamente, a repetição de certos detalhes nos sugere como ele era recordado pelos primeiros cristãos.

36. Marcos 5,36; 9,23; 2,5.

37. Marcos o diz sem rodeios: "Não pôde fazer ali nenhum milagre. Curou apenas uns poucos enfermos, impondo-lhes as mãos. E ficou surpreso por sua falta de fé" (6,5-6).

tua fé te salvou; vai em paz e fica curada de tua enfermidade"[38]. A fé pertence, portanto, ao próprio processo da cura. Jesus não cura para despertar a fé, mas pede fé para que seja possível a cura. Esta fé não é fácil. O enfermo se sente chamado a esperar algo que parece superar os limites do possível. Ao crer, cruza uma barreira e se abandona ao poder salvador de Deus. Não é fácil. Entende-se o grito paradoxal do pai de um enfermo, que proclama sua fé, mas reconhece sua incredulidade: "Creio, mas ajuda-me em minha pouca fé"[39].

Jesus não pede fé em seu poder misterioso ou em seus conhecimentos ocultos, mas na bondade de Deus, que se aproxima para salvar do mal, despertando inclusive possibilidades desconhecidas que ordinariamente não estão à disposição do ser humano. E o faz não recorrendo à hipnose ou à magia, mas ajudando os enfermos a acolher a Deus no interior de sua experiência dolorosa. Jesus trabalha o "coração" do enfermo para que confie em Deus, libertando-se desses sentimentos obscuros de culpabilidade e abandono por parte de Deus, que a enfermidade produz. Jesus o cura pondo em sua vida o perdão, a paz e a bênção de Deus[40]. Ao enfermo abre-se assim a possibilidade de viver com um coração novo e reconciliado com Deus.

Ao mesmo tempo, Jesus reconcilia o enfermo com a sociedade. Enfermidade e marginalização estão tão estreitamente unidas que a cura não é efetiva enquanto os enfermos não se veem integrados na sociedade. Por isso, Jesus elimina as barreiras que os mantêm excluídos da comunidade. A sociedade não deve temê-los, mas acolhê-los. As fontes cristãs descrevem de diversas maneiras a vontade de Jesus de incorporar novamente os enfermos à convivência: "Levanta-te, toma tua maca e vai para casa"; "Vai, mostra-te ao

38. Marcos 5,34. Cf. também Marcos 10,52.

39. Marcos 9,24.

40. De acordo com Marcos 2,5, Jesus declara explicitamente ao paralítico de Cafarnaum: "Meu filho, teus pecados te são perdoados". Alguns autores pensam que se trata de um acréscimo posterior a um relato que originalmente só falava de uma cura. Em todo caso, a declaração de perdão expressa bem o modo de curar próprio de Jesus.

sacerdote e faze por tua purificação a oferta que Moisés prescreve, para que lhes sirva de testemunho"; "vai para tua casa, para os teus e conta-lhes o que o Senhor fez contigo"[41]. É especialmente significativa a atuação de Jesus com os leprosos, excluídos da comunidade por sua condição de impuros. Propriamente falando, não pedem a Jesus que os cure, mas que os "limpe" e tenha com eles essa "compaixão" que não encontram na sociedade[42]. Jesus reage com um gesto: estende a mão e os toca. Aqueles homens e mulheres são membros do povo de Deus, tal como o entende Jesus. Ao tocá-los, Jesus os liberta da exclusão. Seu gesto é intencional. Não está pensando só na cura do enfermo; está fazendo um apelo a toda a sociedade. Está chegando o reino de Deus. É preciso construir a vida de outra maneira: os impuros podem ser tocados; os excluídos devem ser acolhidos. Os enfermos não devem ser olhados com medo, mas com compaixão. Como Deus os olha.

Libertador de demônios

Jesus não só curava enfermos. Cheio do Espírito de Deus, aproximava-se também dos possessos e os libertava dos espíritos malignos. Ninguém põe isso em dúvida. Jesus foi um exorcista de prestígio extraordinário, inclusive fora dos ambientes cristãos; muitos anos depois de sua morte havia ainda exorcistas que continuavam utilizando seu nome como meio poderoso para expulsar demônios. A atuação de Jesus com os endemoninhados causou um impacto muito maior do que suas curas. As pessoas ficavam impressionadas e perguntavam-se onde estava o segredo de uma força tão poderosa. Alguns viam nele um perigo e o acusavam de estar "possuído" por um es-

---

41. Marcos 2,11; 1,44; 5,19. Talvez Maria de Mágdala não tivesse família e Jesus, depois de expulsar dela "sete demônios" (Lucas 8,2), a acolheu em seu grupo de discípulos.

42. Enquanto percorria a Galileia acercou-se dele um leproso suplicando-lhe: "Se quiseres, podes limpar-me" (Marcos 1,40). Em outra ocasião, à saída de um povoado, saíram ao seu encontro dez leprosos, que lhe gritavam: "Jesus, Mestre, tem compaixão de nós" (Lucas 17,14). Este relato parece um desenvolvimento posterior.

pírito maligno e de atuar como agente de Belzebu. A Jesus, pelo contrário, isso o confirmava numa convicção que ia crescendo em seu coração: se o mal está sendo vencido e é possível experimentar a derrota de Satanás, é porque o reino de Deus já está chegando. Quem são estes enfermos? Como podemos captar, a partir de nossa cultura, esta peculiar experiência que se vivia em torno de Jesus? Como ele os curava?

Em geral, os exegetas tendem a ver na "possessão diabólica" uma enfermidade. Tratar-se-ia de casos de epilepsia, histeria, esquizofrenia ou "estados alterados de consciência", nos quais o sujeito projeta de maneira dramática num personagem maligno as repressões e conflitos que dilaceram seu mundo interior[43]. Sem dúvida, é legítimo pensar hoje assim, mas o que viviam aqueles camponeses da Galileia tem pouco a ver com este modelo de "projeção" de conflitos em outro personagem. É exatamente o contrário. De acordo com sua mentalidade, são eles que se sentem invadidos e possuídos por algum daqueles seres malignos que infestam o mundo. Esta é sua tragédia. O mal que padecem não é uma enfermidade a mais. É viver submetidos a um poder desconhecido e irracional que os atormenta, sem que possam defender-se dele[44].

Provavelmente é mais acertado ver no fenômeno da possessão uma complexa estratégia utilizada de maneira doentia por pessoas oprimidas para defender-se de uma situação insuportável. Quando não há outro meio para rebelar-se, pode desenvolver-se no indivíduo uma personalidade separada que lhe permite dizer e fazer o que ele não poderia em condições nor-

---

43. Investigadores recentes (Pilch, Crossan) estudam a atuação de Jesus utilizando a categoria de "estados alterados de consciência", proposta pela antropologia moderna (Erika Bourguignon, Goodman) para definir de "maneira neutra" fenômenos estranhos que acontecem nas sociedades de todos os tempos e que são interpretados de forma diversa em cada cultura. No entanto, esta categoria de "estado alterado de consciência" não deixa de ser ela própria uma interpretação cultural feita a partir da psicologia moderna.

44. Nestas sociedades primitivas é preciso não confundir uma "enfermidade" causada por um espírito maligno com uma "possessão diabólica" (Theissen, Strecker).

mais, ao menos sem importantes riscos. Havia alguma relação entre a opressão que o Império romano exercia sobre a Palestina e o fenômeno contemporâneo de tantas pessoas possuídas pelo demônio? Era esta uma forma doentia de rebelar-se contra a submissão romana e o domínio dos poderosos? Embora a cura do endemoninhado de Gérasa não seja uma narração estritamente histórica, pode ajudar-nos a intuir a conexão que se podia estabelecer obscuramente entre a possessão demoníaca e a opressão de Roma. De acordo com o relato, o demônio é um só, mas se chama "legião", porque são muitos, como a divisão armada de Roma que controla a Palestina; os demônios entram nos "porcos", os animais mais impuros de todos e os que melhor podiam definir os romanos; mais tarde, os porcos se precipitam no "mar", lugar onde a resistência judaica queria vê-los submersos para sempre[45]. Provavelmente se nos escapa o terror e a frustração que o Império romano provocava em pessoas absolutamente impotentes para defender-se de sua crueldade.

Também não faltavam conflitos e opressões dentro daquelas famílias camponesas de estrutura rigidamente patriarcal. Não poucos dos possessos eram, sem dúvida, mulheres, adolescentes e crianças: esposas estéreis frustradas e sem honra nenhuma diante de ninguém, viúvas privadas de defesa diante dos atropelos dos varões, crianças vítimas de abusos. Também para eles a possessão se transforma num mecanismo de autodefesa que lhes permite atrair a atenção, defender-se do ambiente e adquirir um certo poder[46].

Os possessos de quem Jesus se aproxima não são simplesmente enfermos psíquicos. São pessoas desnutridas, vítimas de violências endêmicas,

---

45. Marcos 5,1-20. São muitos os estudiosos que consideram a possessão demoníaca na Galileia uma forma de secreta resistência contra Roma, própria de pessoas desesperadas (Hollenbach, Horsley, Sanders, Crossan, Guijarro). É surpreendente que a "possessão demoníaca", tão difusa no tempo de Jesus, esteja praticamente ausente em séculos anteriores.

46. Diversos autores (Davies, Lewis) sublinham esta presença do demoníaco em vítimas de abusos e conflitos familiares. Lucas recorda que Jesus "havia curado de espíritos malignos e enfermidades" diversas mulheres que o acompanhavam, e concretamente Maria de Mágdala, da qual "haviam saído sete demônios" (Lucas 8,2).

impotentes para defender-se de abusos insuportáveis. Os endemoninhados não se sentem protagonistas de uma rebelião contra o mal, mas vítimas de um poder desconhecido e estranho que os atormenta destruindo sua identidade. Marcos descreve com traços impressionantes um endemoninhado de Gérasa que "corria pelos montes" num estado de total solidão; "vivia nos sepulcros", excluído do mundo dos vivos. Estava "atado com grilhões e cadeias" por uma sociedade aterrorizada por sua presença; vivia "soltando alaridos" em sua incapacidade de comunicar-se com ninguém; "feria-se com pedras", vítima de sua própria violência. Que poder maligno se esconde por trás de uma experiência com estas características? Não é fácil responder. Só sabemos que Jesus aproximou-se desse mundo sinistro e libertou os que viviam atormentados pelo mal.

Jesus parecia-se com outros exorcistas de seu tempo, mas era diferente[47]. Provavelmente seus combates com os espíritos malignos não eram totalmente estranhos nas aldeias da Galileia, mas havia em sua atuação algo que, sem dúvida, surpreendia os que o observavam de perto. Jesus se aproxima da linguagem e dos gestos dos exorcistas de seu tempo, mas, ao que parece, estabelece com os endemoninhados uma relação muito peculiar. Não utiliza os recursos utilizados pelos exorcistas: anéis, aros, amuletos, incenso, leite humano, cabelos. Sua força está nele mesmo. Basta sua presença e o poder de sua palavra para impor-se. Por outro lado, ao contrário da prática geral dos exorcistas, que conjuram os demônios em nome de alguma divindade ou personagem sagrada, Jesus não sente nenhuma necessidade de revelar a origem de seu poder: não explica em nome de quem expulsa os demônios, não pronuncia o nome mágico de ninguém, nem invoca nenhuma força se-

47. Possuímos diversas fontes para rastrear as práticas exorcistas no tempo de Jesus: o testemunho pessoal de Flávio Josefo sobre um exorcista judeu chamado Eleazar; o relato do escritor romano dos século I Luciano de Samósata sobre um exorcista sírio proveniente da Palestina; a curiosa descrição que se faz de Abraão como exorcista no *Gênesis apócrifo* encontrado em Qumran; o livro de Tobias, escrito em torno do ano 200 a.C. Os papiros mágicos greco-romanos, embora sendo de data mais tardia e de áreas mais afastadas da Palestina, também nos permitem fazer uma ideia do pano de fundo cultural no qual Jesus provavelmente atuou.

creta[48]. Também não se serve de conjuros ou fórmulas secretas. Nem sequer recorre a seu Pai. Jesus enfrenta os demônios com a força de sua palavra: "Sai dele"; "cala-te"; "não tornes a entrar nele"[49]. Tudo leva a pensar que, enquanto combate os demônios, Jesus está convencido de estar atuando com a própria força de Deus.

As fontes descrevem a atuação de Jesus como um confronto violento entre os que se sentem possuídos por Satanás e o profeta que se sabe habitado pelo Espírito de Deus. Ambos os combatentes atacam-se e defendem-se. Os demônios gritam a Jesus com grandes alaridos; Jesus os ameaça e dá-lhes ordens impiedosas. Invade o campo dominado pelos espíritos malignos, conquista-o e expulsa os demônios, que "fogem" derrotados[50]. Este "combate", que nos parece uma composição literária, encerra provavelmente episódios impressionantes dos quais foram testemunhas aquelas pessoas da Galileia. Investigadores recentes suspeitam que o próprio Jesus sofria uma dramática transformação durante sua atuação como exorcista. Buscando submeter os demônios, fala diretamente com eles, penetra em seu mundo, pergunta-lhes seu nome para melhor dominá-los, grita-lhes suas ordens, gesticula, põe-nos furiosos e os expulsa. Desta maneira destrói a identidade "demoníaca" da pessoa e reconstrói nela uma nova identidade, transmitindo-lhe a força sanadora de sua própria pessoa[51].

Assim se explicariam melhor certas reações diante dos exorcismos de Jesus. No evangelho mais antigo se nos diz que os familiares de Jesus vieram

---

48. O nome sagrado mais utilizado pelos exorcistas desta época era o de Salomão. Flávio Josefo nos fala da fama que tinha nas lendas judaicas o rei Salomão como homem sábio, conhecedor de ciências ocultas e perito em exorcismos.

49. Marcos 1,25; 5,8; 9,25.

50. Em nenhum momento Jesus impõe as mãos sobre os endemoninhados. Ele reserva este gesto de bênção aos enfermos.

51. Investigadores recentes pensam que o próprio Jesus entrava numa espécie de "transe" e imitava o comportamento dos endemoninhados para conseguir sua cura (Smith, Crossan, Sanders, Davies).

de Nazaré para tomá-lo sob seus cuidados, pois pensavam que "estava fora de si". O que poderão ter observado de estranho em seu comportamento para pensar assim senão sua insólita atuação com os endemoninhados?[52] Seus adversários foram mais longe, porque o acusaram de "estar possuído por Belzebu" e de "expulsar os demônios com o poder do príncipe dos demônios"[53]. Os que lançam esta acusação não pensam no bem que Jesus faz a estes enfermos. Pelo contrário, veem em seus exorcismos algum tipo de ameaça à ordem social. Libertando os endemoninhados, Jesus está reconstruindo um novo Israel, constituído por pessoas mais livres e autônomas; está buscando uma nova sociedade. Para neutralizar sua perigosa atividade, nada melhor do que desacreditá-lo socialmente acusando-o de comportamento desviado: seu poder de expulsar demônios não vem de Deus, mas tem sua origem no poder maligno do príncipe dos demônios. Este tipo de acusações não passava de estratégias utilizadas com frequência pelos poderosos para controlar a sociedade.

Jesus não podia permanecer calado; precisava defender-se e explicar o verdadeiro conteúdo de sua atividade de exorcista. A acusação é inconsistente. Satanás não pode atuar contra si mesmo. "Se Satanás expulsa Satanás, é que está dividido. Como irá subsistir seu reino?"[54] É evidente que Jesus não pertence ao reino de Satanás; é absurdo ver em seus exorcismos uma aliança com o maligno. Para dissipar qualquer ambiguidade, Jesus expõe claramente o sentido de sua atividade. "Se eu expulso os demônios com o dedo de Deus, então é porque chegou até vós o reino de Deus"[55]. Para Jesus não cabe

---

52. Marcos 3,21. A expressão "estava fora de si" (*exestê*) é muito adequada para falar de um possesso.

53. Marcos 3,22. No evangelho de João repete-se uma acusação mais clara: "Tens demônio" (7,20; 8,48.49.52; 10,20.21).

54. Mateus 12,26.

55. Fonte Q (Lucas 11,20 // Mateus 12,28). De acordo com Lucas, Jesus expulsa os demônios "pelo dedo de Deus". De acordo com Mateus, ele o faz "pelo Espírito de Deus". A expressão de Lucas aproxima-se mais da linguagem viva e concreta de Jesus.

outra explicação. Aqui está o "dedo de Deus". Seu esforço por "libertar" estes desgraçados é uma vitória sobre Satanás e o melhor sinal de que está chegando o reino de Deus, que quer uma vida mais sadia e libertada para seus filhos e filhas.

Ao que parece, Jesus deu muita importância à sua atividade de exorcista, porque insistiu novamente em esclarecer sua atuação com os demônios por meio de uma imagem muito plástica: "Ninguém pode entrar na casa de um homem forte e saquear suas alfaias, se primeiro não amarrar o forte; só então poderá saquear-lhe a casa"[56]. Ninguém pode invadir o campo dominado por Satanás se antes não o reduz à impotência. Jesus vê seus exorcismos como uma forma de "amarrar" o maligno e controlar sua força destruidora[57].

Sinais de um mundo novo

Jesus não se limitou a aliviar o sofrimento dos enfermos e endemoninhados, mas deu à sua atividade curadora uma interpretação transcendente: vê em tudo isso sinais de um mundo novo. Diante do pessimismo catastrófico que impera nos setores apocalípticos, para os quais tudo está infestado pelo mal, Jesus anuncia algo sem precedentes: Deus está aqui. A cura dos enfermos e a libertação dos endemoninhados são sua reação contra a miséria humana: anunciam já a vitória final de sua misericórdia, libertando o mundo de um destino marcado fatalmente pelo sofrimento e a desgraça.

Jesus não realizava suas curas para provar sua autoridade divina ou a veracidade de sua mensagem. De fato, quando se pede a Jesus uma prova espe-

---

56. Marcos 3,27. A imagem é recolhida também pela fonte Q (Lucas 11,21-22 // Mateus 12,29) e pelo *Evangelho [apócrifo] de Tomé* 35,1-2. Provém sem dúvida de Jesus.

57. É preciso entender a pequena parábola de Jesus no contexto cultural de seu tempo, no qual se pensava que, embora Deus tenha o poder supremo sobre o mundo, ele permite aos demônios uma certa influência sobre a terra, até restabelecer no final sua autoridade e destruí-los para sempre. Enquanto isso, em livros conhecidos no tempo de Jesus se diz que é possível "atá-los de pés e mãos" (Tobias 8,3; 1Henoc 10,4) ou "encerrá-los numa masmorra" (*Apocalipse de Isaías* 24,21-22).

tacular que dispense, por assim dizer, do risco de ter que adotar uma decisão, Jesus se nega a fornecê-la[58]. Não oferece espetáculo. Suas curas, mais que uma prova do poder de Deus, são um sinal de sua misericórdia, como Jesus a entende. Na realidade, para os galileus, os "milagres" não provavam nada de maneira inapelável, embora convidassem a ver no taumaturgo alguma relação estreita com Deus. Os mestres da lei, sobretudo, eram bastante céticos diante de feitos prodigiosos. Na opinião deles, um "milagre" não prova nada se o taumaturgo não se move no marco da lei. Daí o escândalo provocado por Jesus ao curar inclusive em dia de sábado, desafiando as tradições mais ortodoxas. De fato, Jesus não consegue uma adesão generalizada. Uns confiam nele, outros não. Alguns o seguem, outros o rejeitam.

Provavelmente, o que todos melhor captaram foi a grande diferença entre a atuação de Jesus e a do Batista. A missão do Batista está pensada e organizada em função do pecado. Sua preocupação suprema é: denunciar os pecados das pessoas e purificar de sua imundície moral os que acorrem ao Jordão. Era o que ele oferecia a todos: um batismo purificador para "o perdão dos pecados". A preocupação primeira de Jesus, pelo contrário, é o sofrimento dos mais desgraçados. As fontes não apresentam Jesus caminhando pela Galileia em busca de pecadores para convertê-los, mas aproximando-se de enfermos e endemoninhados para libertá-los de seu sofrimento. Sua atividade não está propriamente orientada para reformar a religião judaica, mas para aliviar o sofrimento dos que ele encontra sufocados pelo mal e excluídos de uma vida sadia. É mais determinante em sua atuação eliminar o sofrimento do que denunciar os diversos pecados das pessoas. Não é que o pecado não o preocupe, mas, para Jesus, o pecado mais grave e que maior resistência oferece ao reino de Deus consiste precisamente em causar sofrimento ou tolerá-lo com indiferença.

58. Embora Jesus realize curas, nunca realiza o "sinal do céu" que lhe é pedido em alguns setores de escribas (Marcos 8,11-12; fonte Q [Lucas 11,29-30 // Mateus 12,38-39]).

As fontes cristãs resumem a atuação de Jesus afirmando que ele se dedicava a duas tarefas: anunciar a boa notícia do reino de Deus e curar as enfermidades e doenças do povo[59]. Foi esse seu empenho fundamental: despertar a fé na proximidade de Deus lutando contra o sofrimento. Por isso, quando confia sua missão aos discípulos, encarrega-os da mesma tarefa. "Enviou-os a proclamar o reino de Deus e a curar"[60]. Jesus realizou só um punhado de curas e exorcismos. Pelas aldeias da Galileia e da Judeia ficaram muitos outros cegos, leprosos e endemoninhados sofrendo irremediavelmente seu mal. Só alguns que se encontraram com Jesus experimentaram sua força curadora. Jesus não pensou nunca nos "milagres" como uma forma fácil de suprimir o sofrimento no mundo, mas apenas como um sinal para indicar a direção na qual seus seguidores devem atuar para acolher o reino de Deus.

A mensagem que Jesus transmitia em suas parábolas ficava assim reafirmada. A ação salvadora de Deus já está em andamento. O reino é a resposta de Deus ao sofrimento humano. As pessoas mais desgraçadas podem experimentar em sua própria carne sinais de um mundo novo no qual, por fim, Deus vencerá o mal. Em certa ocasião Jesus expressou-o com emoção: "Estou vendo Satanás caindo do céu como um raio"[61]. É isto o reino de Deus que ele tanto deseja: a derrota do mal, a irrupção da misericórdia de Deus, a eliminação do sofrimento, a acolhida dos excluídos na convivência, a instauração de uma sociedade libertada de toda aflição. Ainda não é uma realidade acabada, muito pelo contrário. É preciso continuar realizando sinais da misericórdia de Deus no mundo. Essa será precisamente a missão que ele confiará a seus seguidores.

---

59. "Percorria toda a Galileia [...] proclamando a boa notícia do reino e curando toda enfermidade e doença no povo" (Mateus 4,23).

60. Lucas 9,2. Em outro lugar o próprio Lucas diz: "Quando entrardes numa cidade [...] curai os enfermos que nela houver e dizei-lhes: o reino de Deus está próximo de vós" (Lucas 10,9 // Mateus 10,7-8).

61. Lucas 10,18. Apesar de não estar recolhido em nenhuma outra fonte, os autores consideram este dito como autêntico de Jesus.

Bibliografia

Para o estudo da investigação atual sobre os milagres de Jesus

BARTOLOMÉ, Juan José. Reseña de la investigación crítica sobre los milagros de Jesús. In: AGUIRRE, Rafael (org.). *Los milagros de Jesús*. Estella: Verbo Divino, 2002, p. 15-52.

BLACKBURN, Barry L. The Miracle of Jesus. In: CHILTON, Bruce & EVANS, Craig A. (orgs.). *Studying the Historical Jesus* – Evaluations of the State of Current Research. Leiden/Boston/Colônia: Brill, 1998, p. 353-394.

Para o estudo sociocultural da medicina, da magia e dos milagres no tempo do Novo Testamento

KEE, Howard Clark. *Medicina, milagro y magia en tiempos del Nuevo Testamento*. Córdoba: El Almendro, 1992.

PIÑERO, Antonio (org.). *En la frontera de lo imposible* – Magos, médicos y taumaturgos en el Mediterráneo antiguo en tiempos del Nuevo Testamento. Córdoba: El Almendro, 2001.

PILCH, John J. *Healing in the New Testament* – Insights from Medical and Mediterranean Anthropology. Mineápolis: Fortress Press, 2000.

AVALOS, Hector. *Health, Care and the Rise of Christianity*. Peabody, MA: Hendrickson, 1999.

GUIJARRO, Santiago. Relatos de sanación y antropología médica – Una lectura de Mc 10,46-52. In: AGUIRRE, Rafael (org.). *Los milagros de Jesús*. Estella: Verbo Divino, 2002, p. 247-267.

EVANS, Craig A. *Jesus and His Contemporaries*. Boston/Leiden: Brill, 2001, p. 213-243.

YAMAUCHI, Edwin. Magic or Miracle? – Diseases, Demons and Exorcism. In: WENHAM, David & BLOMBERG, Craig. *Gospel Perspectives* – The Miracle of Jesus VI. Eugene, OR: Wipf and Stock, 1986, p. 89-183.

GEORGE, Augustin. Milagros en el mundo helénico. In: LÉON-DUFOUR, Xavier (org.). *Los milagros de Jesús*. Madri: Cristiandad, 1979, p. 95-108.

Estudos monográficos sobre os milagres de Jesus

LÉON-DUFOUR, Xavier (org.). *Los milagros de Jesús*. Madri: Cristiandad, 1979.

GONZÁLEZ FAUS, José Ignacio. *Clamor del Reino* – Estudio sobre los milagros de Jesús. Salamanca: Sígueme, 1982.

RICHARDSON, Alan. *Las narraciones evangélicas sobre milagros*. Madri: Fax, 1974.

LATOURELLE, René. *Milagros de Jesús y teología del milagro*. 2. ed. Salamanca: Sígueme, 1997.

WENHAM, David & BLOMBERG, Craig (orgs.). *Gospel Perspectives* – The Miracle of Jesus, VI. Eugene, OR: Wipf and Stock, 1986.

THEISSEN, Gerd. *The Miracle Stories of the Early Christian Tradition*. Filadélfia: Fortress Press, 1982.

MEIER, John Paul. *Um judeu marginal: repensando o Jesus histórico* – II/2: Milagres. Rio de Janeiro: Imago, 1998 [*Un judío marginal: nueva visión del Jesús histórico* – II/2: Los milagros. Estella: Verbo Divino, 2002].

TWELFTREE, Graham H. *Jesus, the Miracle Worker*. Downers Grove, IL: Inter-Varsity Press, 1999.

SMITH, Morton. *Jesús el Mago*. Barcelona: Martínez Roca, 1988.

PERROT, Charles; SOULETIE, Jean-Louis & THÉVENOT, Xavier. *Os milagres*. São Paulo: Loyola, 2009 [*Les miracles*. Paris: Eds. de l'Atelier, 1995].

PENNDU, Théophile. *Jésus nous fait signe* – Les miracles de Jésus. Sillery, Quebec: Anne Sigier, 1997.

Estudo dos milagres em obras mais gerais sobre Jesus

SANDERS, Ed Parish. *Jesus and Judaism*. Londres: SCM Press, 1999, p. 157-173.

______. *La figura histórica de Jesús*. Estella: Verbo Divino, 2000, p. 155-190.

CROSSAN, John Dominic. *O Jesus histórico* – A vida de um camponês judeu do Mediterrâneo. Rio de Janeiro: Imago, 1994 [*Jesús*: vida de un campesino judío. Barcelona: Crítica, 1994, p. 177-208 e 352-408].

______. *O nascimento do cristianismo* – O que aconteceu nos anos que se seguiram à execução de Jesus. São Paulo: Paulinas, 2004 [*El nacimiento del cristianismo*. Santander: Sal Terrae, 2002, p. 291-304].

BARBAGLIO, Giuseppe. *Gesù, ebreo di Galilea* – Indagine storica. Bolonha: Dehoniane, 2003, p. 215-253.

GNILKA, Joachim. *Jesus de Nazaré*: mensagem e história. Petrópolis: Vozes, 2000 [*Jesús de Nazaret*: mensaje e historia. Barcelona: Herder, 1993, p.145-171].

Para o estudo específico dos exorcismos

TWELFTREE, Graham H. *Jesus, the Exorcist* — A Contribution to Study of the Historical Jesus. Peabody, MA: Hendrickson, 1993.

GONZÁLEZ FAUS, José Ignacio. Jesús y los demonios. In: ALONSO, J.; GONZÁLEZ FAUS. J.I.; CODINA, V.; CODINA, J.M & CASTILLO, J.M. *Fé e justiça*. São Paulo: Loyola, 1990.

GUIJARRO, Santiago. "La dimensión política de los exorcismos de Jesús – La controversia de Belzebú desde la perspectiva de las circunstancias sociales". *Estudios Bíblicos*, 58, 2000, p. 51-77.

______. The Politics of Exorcism. In: STEGEMANN, W.; MALINA, Bruce J. & THEISSEN, Gerd (orgs.). *The Social Setting of Jesus and the Gospels*. Mineápolis: Fortress Press, 2002, p. 159-174.

CHAPA, Juan. Exorcistas y exorcismos en tiempos de Jesús. In: AGUIRRE, Rafael (org.). *Los milagros de Jesús*. Estella: Verbo Divino, 2002, p. 121-146.

CHILTON, Bruce. An Exorcism of History: Mark 1,21-28. In: CHILTON, Bruce & EVANS, Craig A. (orgs.). *Authenticating the Activities of Jesus*. Boston/Leiden: Brill, 2002, p. 215-245.

MARCUS, Joel. The Beelzebul Controversy and the Eschatologies of Jesus. In: CHILTON, Bruce & EVANS, Craig A. (orgs.). *Authenticating the Activities of Jesus*. Boston/Leiden: Brill, 2002, p. 247-277.

STRECKER, Christian. Jesus and the Demoniacs. In: STEGEMANN, W.; MALINA, Bruce J. & THEISSEN, Gerd (orgs.). *The Social Setting of Jesus and the Gospels*. Mineápolis: Fortress Press, 2002, p. 117-133.

Outros estudos de interesse

DAVIES, Stevan L. *Jesus the Healer*. Londres: SCM Press, 1995.

HOOKER, Morna D. *The Signs of a Prophet* – The Prophetic Actions of Jesus. Harrisburg, PA: Trinity Press International, 1997.

7
DEFENSOR DOS ÚLTIMOS

Jesus rejubilava experimentando já o reino de Deus na cura dos enfermos e na libertação dos possessos. Eram os que mais precisavam disso, mas não os únicos. Sem demora aproximaram-se dele os mais indigentes da Galileia. Alguns não tinham nem casa. Vagavam pelas aldeias andando de um lugar para outro. Logo toparam com Jesus, que também levava uma vida itinerante e "não tinha onde reclinar a cabeça"[1]. Também estes precisam saber o quanto antes que o reino de Deus é para eles. Conheciam muito bem o que era um reino construído sobre a força e a opressão dos mais fracos: há muitos anos suportavam a família dos Herodes. Agora precisam conhecer como é a vida que Deus quer para eles: um reino de justiça e de compaixão, onde os grandes proprietários de terras serão os "últimos" e os mendigos das aldeias serão os "primeiros".

Os últimos da Galileia

Emulando seu pai, também Herodes Antipas quis construir seu pequeno "reino", embora de Roma só tivesse recebido a categoria de "tetrarca". Logo reconstruiu a cidade de Séforis na Baixa Galileia e pouco mais tarde, recordando a cidade de Cesareia, erguida por seu pai na costa do Mediterrâneo, construiu uma nova capital nas margens do lago de Genesaré. Naturalmente chamou-a de Tiberíades em honra de Tibério, o novo imperador.

1. Lucas 9,58.

Com a construção destas duas cidades, a Galileia conheceu pela primeira vez o fenômeno da urbanização dentro de seu território. Num breve espaço de tempo, precisamente os vinte primeiros anos da vida de Jesus, o desenvolvimento destas duas cidades situadas a menos de 50km uma da outra provocou uma profunda mudança social. Jesus pôde vivê-la de perto.

Séforis e Tiberíades transformaram-se em centros administrativos a partir dos quais controlava-se toda a região. Ali se concentravam as classes dominantes: militares, poderosos arrecadadores de tributos, juízes, administradores, grandes latifundiários e os responsáveis pelo armazenamento de mercadorias. Não eram muitos, mas constituíam a elite urbana protegida por Antipas. Eles eram os "ricos" da Galileia no tempo de Jesus: possuíam riqueza, poder e honra.

A situação no campo era muito diferente. Os grandes projetos de construção empreendidos primeiro por Herodes e depois por seu filho Antipas fizeram aumentar ainda mais os tributos e a taxas exigidas dos camponeses. Algumas famílias mal podiam assegurar-se a subsistência. Uma má colheita, uma enfermidade ou a morte de algum varão podia ser o começo da desgraça. Quando uma família não tinha reservas suficientes para chegar até à colheita seguinte, recorria sobretudo a pedir ajuda a seus familiares e vizinhos. Nem sempre era possível, porque, com frequência, a penúria era geral nas aldeias. A única saída era então pedir algum empréstimo aos que controlavam os armazéns de cereais. Todos sabiam qual podia ser o final. Por não poder pagar suas dívidas, mais de um se via obrigado a desfazer-se de suas terras, que passavam a engrossar as propriedades dos grandes latifundiários.

Havia outros fatores que tornavam cada vez mais vulnerável a situação dos camponeses pobres. Para obter um maior rendimento das terras, estimulava-se cada vez mais, a partir do poder, a monocultura ou a produção especializada. Os latifundiários decidiam o que se ia cultivar em suas grandes extensões em função de seus negócios no comércio do trigo, do azeite ou do vinho. Enquanto isso, os camponeses pobres, os arrendatários e diaristas não sabiam como obter a cevada, o feijão e outros modestos produtos necessários para a alimentação diária da família.

Também a difusão da moeda, impulsionada por Antipas, não beneficiava, pelo menos de imediato, os camponeses. Só as elites urbanas dispunham de somas importantes de dinheiro para operar em seus negócios e só elas podiam acumular moedas de ouro ou prata[2]. Os camponeses mal e mal podiam ficar com algumas moedas de bronze ou cobre de escasso valor. Nas aldeias, quase todos viviam ainda intercambiando produtos e serviços num regime de pura subsistência.

Império de Tibério, reino de Herodes ou tetrarquia de Antipas: o resultado era sempre o mesmo. Luxuosos edifícios nas cidades, miséria nas aldeias; riqueza e ostentação nas elites urbanas, dívidas e fome entre as pessoas do campo; enriquecimento progressivo dos grandes latifundiários, perda de terras dos camponeses pobres. Cresceu a insegurança e a desnutrição; as famílias privadas de terra desintegravam-se; aumentou o número de diaristas, mendigos, vagabundos, prostitutas, bandoleiros e pessoas que fugiam de seus credores. Nada podiam esperar de Tibério nem de Antipas[3].

Estas pessoas constituem os "pobres" do tempo de Jesus. As fontes falam sempre deles no plural. São o estrato ou setor social mais oprimido: os que, ao ficar sem terras, viram-se obrigados a buscar trabalho como diaristas ou a viver da mendicância ou da prostituição. Na Galileia a imensa maioria da população era pobre, pois era composta por famílias que lutavam diariamente para sobreviver, mas ao menos tinham algum pequeno terreno ou um

---

2. Para designar este dinheiro usava-se em aramaico o termo *mammon* (o que está seguro, o que dá segurança). Deste dinheiro se diz que é "*mammon* de indignidade" ou dinheiro ganho injustamente (Lucas 16,9.11).

3. De acordo com muitos investigadores, foi sobretudo o desenvolvimento das cidades de Séforis e Tiberíades que provocou, no tempo de Jesus, a crise e desintegração das famílias mais pobres das aldeias da Galileia. Destacam-se sobretudo três dados: a perda de terras por endividamento, o desenvolvimento da monetização e o impulso crescente da monocultura (Freyne, Horsley, Stegemann, Schottroff, Crossan, Oakman, Patterson).

trabalho estável para assegurar o próprio sustento. Mas, quando Jesus fala dos "pobres", está se referindo aos que não têm nada; pessoas que vivem no limite, os expropriados de tudo, os que estão no outro extremo das elites poderosas. Sem riqueza, sem poder e sem honra[4].

Os pobres não compõem uma massa anônima. Têm rosto, embora quase sempre esteja sujo e apareça definhado pela desnutrição e pela miséria extrema. Muitos deles são mulheres; há também crianças órfãs que vivem à sombra de alguma família. A maioria são vagabundos sem teto. Não sabem o que é comer carne nem pão de trigo; contentam-se em sobreviver com algum pedaço de pão preto de cevada ou em roubar cebolas, figos ou algum cacho de uva. Cobrem-se com o que podem e quase sempre andam descalços. É fácil reconhecê-los. Entre eles há mendigos que vão de povoado em povoado e cegos ou entrevados que pedem esmola junto aos caminhos ou nas entradas das aldeias. Há também escravos fugidos de seus patrões demasiadamente cruéis, e camponeses que fugiram de seus credores. Entre as mulheres há viúvas que não puderam casar-se novamente, esposas estéreis repudiadas pelos maridos e não poucas prostitutas obrigadas a ganhar o pão para seus filhos. Nesse mundo de miséria, as mulheres são sem dúvida as mais vulneráveis e indefesas: pobres e, além disso, mulheres[5].

Traços comuns caracterizam este setor oprimido. Todos eles são vítimas dos abusos e atropelos dos que têm poder, dinheiro e terras. Despojados de tudo, vivem numa situação de miséria da qual já não poderão escapar. Não podem defender-se dos poderosos. Não têm um patrão que os proteja, porque não têm nada para oferecer-lhe como clientes naquela sociedade de pa-

---

4. Já desde o século IV a.C. distingue-se na língua grega do Império entre *penês* (o pobre que vive de um trabalho duro) e *ptôchos* (o despossuído de tudo, o que não tem do que viver). Jesus fala sempre destes últimos (Stegemann, Schottroff, Hanson, Oakman).

5. A situação destas pessoas tornava-se trágica nos tempos de seca e de epidemias. Flávio Josefo nos dá notícia de dois períodos de fome extrema: o ano 25 a.C., sob Herodes, e de 46 a 48 d.C. em Jerusalém (*Antiguidades dos judeus* 15, 9,1; 20, 1,5).

tronato. Na realidade não interessam a ninguém. São o "material sobrante do Império". Vidas sem futuro[6].

Deus é dos que não têm ninguém

A vida insegura de itinerante aproximava muito Jesus deste mundo de indigentes. Vivia praticamente como um deles: sem teto e sem trabalho estável. Não levava consigo nenhuma moeda com a imagem de César: não tinha problemas com os arrecadadores de impostos. Subtraíra-se ao domínio de Antipas. Vivia entre os excluídos buscando o reino de Deus e sua justiça.

Logo convida o grupo de seguidores que se vai formando a seu redor a fazerem o mesmo. Compartilharão a vida daquela gente pobre. Andarão descalços como eles, que não têm um denário para comprar sandálias de couro. Prescindirão da túnica de reserva, a que serve de manto para proteger-se do frio da noite quando se dormia ao relento. Não levarão nem sequer um bornal com provisões. Viverão da solicitude de Deus e da hospitalidade das pessoas. Exatamente como aqueles indigentes[7]. Ali está seu lugar: entre os excluídos do Império. Para Jesus, é o melhor lugar para acolher e anunciar o reino de Deus.

Jesus não pode anunciar o reino de Deus e sua justiça esquecendo estas pessoas. Precisa dar lugar a eles para fazer ver a todos que eles têm um lugar privilegiado no reino de Deus; precisa defendê-los para que possam crer num Deus defensor dos últimos; precisa acolher, antes de mais nada, os que todos os dias topam com as barreiras erguidas pelas famílias protegidas por Antipas e pelos ricos latifundiários. Não se aproxima deles de maneira faná-

---

6. O prestigioso antropólogo Gerhard Lenski designa este setor proscrito com o terrível qualificativo de *the expendables*, os "prescindíveis" ou "sobrantes".

7. Marcos 6,8-11; fonte Q (Lucas 9,3-5 // Mateus 10,9-14); Lucas 10,4-11; *Evangelho [apócrifo] de Tomé* 14,4. O núcleo destas instruções a seus seguidores provém de Jesus (Crossan, Theissen).

tica ou ressentida, nem rejeitando os ricos. Quer apenas ser sinal claro de que Deus não abandona os últimos[8].

Identificado com eles e sofrendo de perto as suas mesmas necessidades[9], Jesus vai tomando consciência de que, para estes homens e mulheres, o reino de Deus só pode ser uma "boa notícia". Aquele estado de coisas era injusto e cruel. Não correspondia ao projeto de Deus. A chegada de seu reino significará uma "inversão" total: aqueles vagabundos, privados até do necessário para viver, serão os "primeiros", e muitos daqueles poderosos que parecem ter tudo serão os "últimos". Jesus expressou de forma muito plástica sua condenação, narrando uma parábola que fala de "um rico sem coração e um mendigo chamado Lázaro". Todos o entendem. A alegria dos mendigos não podia ser maior. Em seu coração despertava uma esperança nova.

> Havia um homem rico que se vestia de púrpura e linho e celebrava todos os dias esplêndidas festas. E um pobre, chamado Lázaro, que, deitado junto ao portal, coberto de feridas, desejava alimentar-se com o que caía da mesa do rico. [...] Mas até os cães vinham e lambiam-lhe as feridas. Aconteceu que morreu o pobre e os anjos o levaram para o seio de Abraão. Morreu também o rico e foi sepultado.
>
> Estando no *hades* entre tormentos, levantou os olhos e viu ao longe Abraão, e Lázaro em seu seio. E, clamando, disse: "Pai Abraão, tem compaixão de mim e envia Lázaro para que molhe em água a ponta do dedo e refresque minha língua, porque estou atormentado nesta chama". Mas Abraão lhe disse: "Filho, lembra-te que recebeste teus bens em tua vida e Lázaro, pelo contrário, seus males; agora, pois, ele aqui é consolado e tu és

---

8. Os autores enfatizaram a atitude de Jesus para com os últimos com expressões muito plásticas: "inédito interesse pelo perdido" (Dodd), "preferência pelos desumanizados" (Boff), "vida em más companhias" (Holl), "predileção pelo fraco" (Fraijó), "tendência para baixo" (Bloch).

9. Em Marcos 2,23-28 conta-se que os discípulos de Jesus, urgidos pela fome, arrancam algumas espigas, as debulham com as mãos e começam a comer o que podem. O episódio é considerado historicamente plausível (inclusive pelo *Jesus Seminar* [cf. Anexo 6, p. 524s]). Sem dúvida Jesus e os seus passavam fome em mais de uma ocasião.

> atormentado. E, além disso, entre nós e vós interpõe-se um grande abismo, de modo que os que querem passar daqui até vós não podem fazê-lo, nem daí podem passar até nós".
> Ele replicou: "Pois então, peço-te, pai, que o envies até à casa de meu pai, porque tenho cinco irmãos, para que os advirta e não venham também eles para este lugar de tormento". Abraão lhe disse: "Eles têm Moisés e os profetas; que os ouçam". Ele disse: "Não, pai Abraão, mas se algum dos mortos for até eles, converter-se-ão". Ele lhe respondeu: "Se não ouvem Moisés e o profetas, tampouco se convencerão, mesmo que um morto ressuscite"[10].

Jesus fala de um rico poderoso. Sua túnica de linho fino proveniente do Egito fala de sua vida de luxo e ostentação. A cor púrpura de suas vestes indica que pertence a círculos muito próximos ao rei. Sua vida é uma festa contínua, pois organiza esplêndidos festins todos os dias, não só por ocasião de alguma celebração especial. Certamente os pobres que ouvem Jesus nunca viram de perto um personagem assim, mas sabem que ele pertence ao topo desse setor de privilegiados que vivem em Tiberíades, Séforis ou Jerusalém. São os que possuem riquezas, têm poder e desfrutam de uma vida luxuosa com a qual eles, os ouvintes da parábola, não podem nem sonhar.

Bem perto deste rico, jogado junto à bela porta de sua mansão[11], encontra-se um mendigo. Este não possui nada, exceto um nome cheio de promessas: "Lázaro", ou seja, "aquele a quem Deus ajuda"[12]. Não está coberto de li-

---

10. Apesar de a parábola encontrar-se só em Lucas 16,19-31, a maioria dos exegetas a considera um relato proveniente de Jesus (Jeremias, Scott, Herzog, Wright, Schweizer). O escandaloso contraste ente o rico e o mendigo, a falta de uma cena de juízo e a reviravolta da situação que se está vivendo na Galileia são bem do estilo de Jesus. A cena que se passa no além inspira-se provavelmente num relato egípcio muito popular sobre a viagem de Si-Osíris e seu pai Seton ao mundo dos mortos (Gressmann). Muitos pensam que a segunda parte do diálogo entre o rico e Abraão (v. 27-31) é criação de Lucas (Bultmann, Crossan, Scott, Schottroff). Outros mantêm sua autenticidade (Jeremias, Herzog).

11. O termo *pylôn* não é empregado para falar da porta comum de uma casa, mas da porta ornamental de um palácio.

12. "Lázaro" é uma forma abreviada de Eliezer ("meu Deus é ajuda"). De acordo com G. Vermes, trata-se de uma corruptela própria do dialeto galilaico que Jesus falava. É o único personagem das parábolas de Jesus que tem nome próprio.

nho e púrpura, mas de feridas repugnantes. Não sabe o que é um banquete; nem sequer pode comer os pedaços de pão que os convidados jogam embaixo da mesa depois de limpar com eles os dedos. Dele se aproximam apenas os cães asselvajados que vagueiam pela cidade. Parece extenuado: em nenhum momento mexe-se para fazer alguma coisa; parece já não ter força nem para pedir ajuda. Impuro por causa de sua pele repugnante, degradado ainda mais pelo contato com cães de rua, sua situação de extrema miséria não é o melhor sinal do abandono e da maldição de Deus? Seu fim não está longe. Talvez algum dos ouvintes de Jesus tenha estremecido: Lázaro podia ser um deles. Era esse o fim que esperava os que viviam mergulhados na miséria e sobravam naquela sociedade.

O olhar penetrante de Jesus está desmascarando a terrível injustiça daquela sociedade. As classes mais poderosas e os estratos mais oprimidos parecem pertencer à mesma sociedade, mas estão separados por uma barreira quase invisível: essa porta que o rico não atravessa nunca para aproximar-se de Lázaro. Os ricos estão dentro de seus palácios celebrando esplêndidas festas; os pobres estão fora morrendo de fome. De repente tudo muda. Lázaro morre e, apesar de nem se falar de seu enterro, é levado ao seio de Abraão, onde é acolhido para tomar parte em seu banquete. Também morre o rico, que é enterrado com toda a honra, mas não entra no seio de Abraão e sim no *hades*[13].

A inversão da situação é total. Enquanto Lázaro é acolhido no seio de Abraão, o rico fica num lugar de aflição, no *sheol*. Pela primeira vez o rico reage. Aquele que não tivera compaixão do mendigo pede-a agora aos gritos para si mesmo; aquele que não vira Lázaro quando o tinha junto à sua porta o vê agora "ao longe" e o chama pelo nome; aquele que não atravessara a

13. Os judeus do século I falam do "além" de maneiras diferentes. O *hades* da parábola não é o "inferno", e sim o *sheol*, um lugar de sombras e morte aonde vão parar todos os mortos por igual. Ao que parece, no tempo de Jesus era considerado um lugar de espera onde se reúnem, embora separados, tanto os justos como os pecadores, até que chegue o juízo de Deus. O livro de *Henoc* diz assim: "Quando os pecadores morrem e são enterrados, se durante a vida não foram submetidos a julgamento, seus espíritos são colocados à parte num lugar de grande sofrimento até que chegue o dia do juízo, do castigo e do perdão" (1,22).

porta para aliviar o sofrimento do pobre quer agora que Lázaro se aproxime para aliviar o seu. É demasiado tarde. Abraão o adverte: aquela barreira quase invisível da terra transformou-se agora num abismo intransponível.

Os pobres não podiam acreditar. O que Jesus está dizendo? De acordo com a tradição de Israel, a prosperidade é sinal da bênção de Deus e a miséria, pelo contrário, é indício de sua maldição[14]. Como pode esse mendigo, impuro e miserável, ser acolhido no seio de Abraão e como pode este rico, abençoado por Deus, ficar sofrendo no *sheol*? Será que os ricos não gozam da bênção de Deus? Será que os vagabundos e mendigos não são uns malditos? Com sua parábola, Jesus não está descrevendo ingenuamente a vida do além, mas desmascarando o que acontece na Galileia[15]. Aquele estado de coisas – alguns ricos vivendo esplendidamente enquanto, junto às portas de seus palácios, há pessoas que morrem de fome – é uma injustiça ultrajante. Essa riqueza que cresce graças à opressão sistemática dos fracos não é sinal da bênção de Deus. É uma injustiça intolerável que Deus fará desaparecer um dia. A vinda de seu reinado significará uma inversão total da situação.

Jesus começou a falar uma linguagem nova, surpreendente e provocadora. Seus gritos são ouvidos por toda a Galileia. Encontra-se pelas aldeias com estas pessoas humilhadas que não podem defender-se dos grandes latifundiários e lhes proclama: "Felizes vós que não tendes nada, porque Deus é vosso rei". Vê com seus próprios olhos a fome dessas mulheres e crianças desnutridas e não pode reprimir seus sentimentos: "Felizes vós que agora tendes fome, por que sereis saciados". Vê chorar de raiva e impotência esses camponeses ao ficarem sem terras ou ao ver que os arrecadadores de impostos levam o melhor de suas colheitas e alenta-os assim: "Felizes vós que ago-

---

14. Os salmos repetiam sempre de novo: "Aos que temem a Deus não lhes falta nada" (34,10; 23,1) e a eles faltava tudo.

15. A parábola não é uma descrição da outra vida, mas contém uma mensagem sobre o que está acontecendo na Galileia entre ricos e pobres (Hock, Bauckham, Wright, Herzog, Scott, Crossan).

ra chorais, porque rireis"[16]. O reino de Deus não é uma "boa notícia" para todos indiscriminadamente. Não podem ouvi-la todos por igual: os latifundiários que se banqueteiam em Tiberíades e os mendigos que morrem de fome nas aldeias. Deus quer justiça entre seus filhos e filhas. Seu coração não pode suportar esta situação cruel. O reino de Deus trará a mudança. Sua vinda é uma sorte para os que vivem oprimidos e uma ameaça para os que vivem oprimindo.

Não é isto uma zombaria? Não é por acaso cinismo? Sê-lo-ia, talvez, se Jesus estivesse falando a partir dos palácios de Tiberíades, das mansões de Séforis ou da vilas dos sumos sacerdotes de Jerusalém. Mas Jesus está com eles. É mais um indigente que lhes fala com fé e convicção total[17]: essa miséria que os condena à fome e à aflição não tem sua origem em Deus. Pelo contrário, constitui um verdadeiro escândalo: Deus quer vê-los saciados, felizes e sorridentes. Deus vem para eles. É isto que Jesus quer deixar bem gravado em seu coração: os que não interessam a ninguém interessam a Deus; os que sobram nos impérios construídos pelos homens têm um lugar privilegiado em seu coração; os que não têm patrono algum que os defenda têm a Deus como Pai.

Jesus é realista. Não tem poder político nem religioso para transformar aquela situação. Não tem exércitos para levantar-se contra as legiões romanas nem para derrubar Antipas. É o profeta da misericórdia de Deus, feito um com os últimos. Sua palavra não significa já agora o fim da fome e da miséria dessas pessoas, mas significa sim uma dignidade indestrutível para todas as vítimas de abusos e atropelos. Todo o mundo deve saber que são estes precisamente os filhos prediletos de Deus, e isto confere à sua dignidade

---

16. Ninguém duvida que estas três bem-aventuranças provêm de Jesus. A versão de Lucas (6,20-21) é mais autêntica que a de Mateus (5,3.5-6). Provavelmente não fazem parte de um discurso. São brados lançados por Jesus em ocasiões diversas para dar alento aos pobres. Foram compilados mais tarde na comunidade cristã.

17. Há autores que opinam que, atendendo ao substrato aramaico em que foram pronunciadas por Jesus, estas bem-aventuranças poderiam ser traduzidas em primeira pessoa: "Felizes somos nós que não temos nada. [...] Felizes somos nós que agora temos fome. [...] Felizes somos nós que agora choramos".

uma seriedade absoluta. Sua vida é sagrada. Nunca, nem na Galileia nem em parte alguma, se construirá a vida tal como Deus a quer a não ser libertando estes homens e mulheres da fome, da miséria e da humilhação. Nunca a religião judaica nem qualquer outra será abençoada por Deus se não introduzir justiça para eles. Só se pode acolher a Deus construindo um mundo que tenha como meta primeira a dignidade dos últimos.

Imbecis ou solidários

Numa sociedade onde há gente mergulhada na fome ou na miséria só há uma alternativa: viver como imbecis, indiferentes ao sofrimento dos outros, ou despertar o coração e mexer as mãos para ajudar os necessitados. Assim o sente Jesus. Os ricos, que vivem esquecidos dos sofrimentos dos pobres, explorando os fracos e desfrutando de um bem-estar egoísta, são uns insensatos. Sua vida é um fracasso. A ideia de que um rico possa "entrar" no reino de Deus não só é impossível, mas ridícula: "É mas fácil um camelo passar pelo buraco de uma agulha do que um rico entrar no reino de Deus"[18]. No reino de Deus não pode haver ricos vivendo às custas dos pobres. É absurdo imaginar que, quando por fim se cumprirem os desejos de Deus, continue havendo poderosos oprimindo os fracos.

A tragédia dos ricos consiste em que seu bem-estar ao lado dos que passam fome é incompatível com o reinado de Deus, que quer ver todos os seus filhos e filhas desfrutando de uma vida digna e justa. Daí o grito de Jesus: "Não podeis servir a Deus e ao Dinheiro"[19]. Suas palavras devem afinal ter sido explosivas. Deus e o Dinheiro são como dois senhores postos em con-

---

18. Marcos 10,24. A imagem tão expressiva e cômica deste lerdo animal procurando "entrar" pelo estreito buraco de uma agulha é típica do estilo de Jesus. Todos se inclinam a pensar que provém de sua ironia.

19. Todos consideram autêntico este dito de Jesus recolhido na fonte Q (Lucas 16,13 // Mateus 6,24): "Ninguém pode servir a dois senhores, porque ou aborrecerá a um e amará o outro; ou entregar-se-á a um e desprezará o outro. Não podeis servir a Deus e ao Dinheiro".

fronto. Não é possível ser escravo do dinheiro e viver acumulando moedas de ouro e prata para assegurar-se o próprio bem-estar e, ao mesmo tempo, pretender entrar na dinâmica do reino de Deus, que busca uma vida justa e fraterna para todos. É preciso escolher. Jesus não alimenta nos pobres uma sede de vingança contra os ricos[20]. Limita-se a predizer seu futuro: no reino de Deus não há lugar para eles. Se não mudarem, são uns "imbecis". Disse-o de maneira clara numa parábola, chamada tradicionalmente parábola do "rico insensato":

> Os campos de certo homem rico produziram muito fruto; e ele pensava consigo, dizendo: "O que farei, pois não tenho onde armazenar minha colheita?" E disse: "Vou fazer o seguinte: vou demolir os meus celeiros, construirei outros maiores, reunirei ali todo o meu trigo e meus bens e direi à minha alma: Alma, tens muitos bens em reserva para muitos anos. Descansa, come, bebe, banqueteia-te". Mas Deus lhe disse: "Estúpido! Nesta mesma noite te pedirão tua alma; as coisas que preparaste para quem serão?"[21]

Um rico latifundiário, proprietário de grandes extensões de terra[22], vê-se surpreendido por uma colheita que supera todas as suas expectativas. O rendimento de seus campos foi tão espetacular que seus celeiros ficaram pequenos para armazenar os cereais e demais produtos. O fato é estranho, porque

---

20. Em Lucas podemos ler três "maldições" contra os ricos em contraposição às três "bem-aventuranças" a favor dos pobres: "Ai de vós, os ricos, porque recebestes vosso consolo! Ai de vós que agora estais fartos, porque tereis fome! Ai de vós que agora rides, porque tereis aflição e pranto!" (6,24-25). A maioria dos exegetas pensa que não provêm de Jesus (Dupont, Lambrecht, Klein, Crossan).

21. A parábola encontra-se em Lucas (12,16-20) e no *Evangelho [apócrifo] de Tomé* 63,1. Sem dúvida é de Jesus. Embora Crossan considere a versão do *Evangelho [apócrifo] de Tomé* como mais próxima do estilo original de Jesus, a maioria dos autores (Montefiore, Schürmann, Scott) a veem como um relato abreviado que perdeu a vivacidade que tem em Lucas. A conclusão (v. 21) foi redigida pelo evangelista e não corresponde ao sentido original da parábola.

22. No relato utiliza-se o termo *chôra*, que não significa um terreno qualquer, mas uma região. Chamam-se assim as grandes extensões que os latifundiários residentes na cidade vão acumulando.

geralmente os grandes latifundiários possuíam silos, celeiros e armazéns bem calculados para guardar suas colheitas[23]. "O que farei?", pergunta-se o rico diante do inesperado problema. É a pergunta que se fazem também os ouvintes de Jesus: o que fará ele? Uma colheita tão desmesurada é uma espécie de milagre, uma bênção de Deus. Segundo a tradição religiosa de Israel, em tempos de colheitas abundantes, José, administrador do faraó do Egito, havia armazenado o grão para que em tempos de escassez o povo não perecesse de fome[24]. Fará algo semelhante este latifundiário? Pensará nos diaristas que trabalham suas terras? Compadecer-se-á dos famintos?

O rico toma uma decisão típica de um homem poderoso: não irá acrescentar mais um celeiro aos que já tem; destruí-los-á todos e construirá outros novos e maiores. Não faz isso pensando em seus diaristas nem nos despojados que passam fome. Aquela colheita inesperada, verdadeira bênção de Deus, desfrutá-la-á ele sozinho, ninguém mais. Doravante dedicar-se-á a "descansar, comer, beber e banquetear-se"[25]. É a coisa mais inteligente. Os pobres que ouvem Jesus não pensam a mesma coisa: esse homem é desumano e cruel: não pode pensar um pouco nos que passam fome? Não sabe que, açambarcando para si toda a colheita, está privando outros daquilo de que necessitam para viver? Não têm eles nenhum direito a desfrutar das colheitas com que Deus abençoa a terra de Israel?[26]

De forma inesperada Deus intervém. Suas palavras são duras. Aquele rico não desfrutará de seus bens. Morrerá nessa mesma noite durante o sono. Seu agir é próprio de um "estúpido" que ignora a Deus e se esquece

---

23. Foram descobertas em Séforis câmaras subterrâneas para armazenar trigo e outros produtos do fértil vale de Ben Netofa. Eram usadas sem dúvida pelos proprietários de terras para assegurar seu bem-estar e especular com os preços em tempos de escassez (Freyne).

24. Gênesis 41,35-36.

25. A frase do rico tem um tom tipicamente epicureu. A filosofia hedonista de Epicuro era conhecida entre as elites urbanas.

26. O rico não tem consciência de que os bens da terra são limitados. Se ele açambarca a colheita, há outros que passarão fome.

dos seres humanos. Jesus conclui sua parábola com uma interrogação final formulada por Deus e que os ouvintes deverão responder: todos aqueles produtos armazenados pelo rico "para quem serão?" Os infelizes que rodeiam Jesus não têm dúvida alguma. Estas colheitas com as quais Deus abençoa os campos de Israel não deverão ser, em primeiro lugar, para aqueles que necessitam de pão para não morrer?

A parábola de Jesus era um desafio a todo o sistema. O rico do relato não é um monstro. Sua atuação é a habitual entre os ricos de Séforis ou de Tiberíades: só pensam em si mesmos e em seu bem-estar. É sempre assim: os poderosos vão açambarcando bens e os despojados vão afundando na miséria. Este estado de coisas, de acordo com Jesus, é uma insensatez que destrói os mais fracos e não dá segurança aos poderosos. Entrar no reino de Deus poria os ricos olhando para os que padecem a miséria e a fome.

No evangelho de Mateus recolhe-se um relato impressionante no qual se fala que a ajuda aos necessitados é o critério que decidirá a sorte final de todos. É uma narrativa na qual se combina uma descrição grandiosa do juízo de "todas as nações" reunidas diante de seu rei e uma simples cena pastoril que se repetia todos os dias ao entardecer, quando os pastores recolhiam seus rebanhos[27].

> Quando o Filho do homem vier em sua glória acompanhado de todos os seus anjos, sentar-se-á em seu trono de glória. Serão congregadas diante dele todas as nações e ele separará uns dos outros, como o pastor separa as ovelhas dos cabritos. Colocará as ovelhas à sua direita e os cabritos à sua esquerda.
> Então dirá o Rei aos da direita: "Vinde, benditos de meu Pai, recebei a herança do reino preparado para vós desde a criação do

27. Tradicionalmente é chamada parábola do "juízo final" ou das "ovelhas e cabras separadas pelo pastor". É um texto submetido hoje a muitos debates: é possível separar a parábola de Jesus do trabalho redacional de Mateus? O que resta da mensagem original de Jesus? Os "irmãos mais pequeninos" com os quais o rei se identifica são os discípulos de Jesus ou todos os pobres e necessitados em geral? Fala-se aqui do juízo de todas as nações do mundo ou apenas das "nações pagãs" e de seu comportamento para com os missionários cristãos?

> mundo. Porque tive fome e me destes de comer; tive sede e me destes de beber; era forasteiro e me acolhestes; estava nu e me vestistes; enfermo e me visitastes; no cárcere e viestes ver-me". Então os justos lhe responderão: "Senhor, quando te vimos faminto e te demos de comer; ou sedento e te demos de beber? Quando te vimos forasteiro e te acolhemos; ou nu e te vestimos? Quando te vimos enfermo ou no cárcere e fomos ver-te?" E o Rei lhes dirá: "Em verdade vos digo que tudo quanto fizestes a um destes meus irmãos mais pequenos, a mim o fizestes".
>
> Então dirá também aos da esquerda: "Afastai-vos de mim, malditos, ide para o fogo eterno preparado para o diabo e seus anjos. Porque tive fome e não me destes de comer; tive sede e não me destes de beber; era forasteiro e não me acolhestes; estava nu e não me vestistes; enfermo e no cárcere e não me visitastes".
>
> Então dirão também estes: "Senhor, quando te vimos faminto ou sedento ou forasteiro ou nu ou enfermo ou no cárcere e não te assistimos?" E ele então lhes responderá: "Em verdade vos digo que tudo quanto deixastes de fazer a um destes mais pequenos, também a mim deixastes de fazê-lo".
>
> E estes irão para um castigo eterno, e os justos para uma vida eterna[28].

A cena é grandiosa. O Filho do homem chega como um rei com um cortejo grandioso, "acompanhado de todos os seus anjos", e senta-se em seu "trono de glória". Diante dele comparece a "assembleia de todas as nações". É a hora da verdade. Ali estão pessoas de todas as raças e povos, de todas as culturas e religiões, gerações de todos os tempos. Todos os habitantes do orbe, Israel e os povos gentios irão ouvir o veredito final[29].

---

28. Mateus 25,31-46. Muitos investigadores recentes pensam que se trata de uma composição de Mateus elaborada na comunidade cristã depois da Páscoa (Funk, Crossan, Scott). Parece-me correta a postura de exegetas como Jeremias, McBride, Wenham, France etc., que procuram recolher o conteúdo básico que pode provir de Jesus.

29. Esta cena foi provavelmente composta por Mateus, valendo-se da grande visão de Daniel 7,9-28.

O rei começa por separá-los em dois grupos, como faziam os pastores com seu rebanho: as ovelhas de um lado, para deixá-las ao ar livre durante a noite, porque assim é melhor para elas; as cabras do outro lado, para abrigá-las no interior, porque o frio da noite não lhes faz bem. O rei e pastor de todos os povos tem com cada grupo um diálogo esclarecedor. Convida o primeiro grupo a aproximar-se: "Vinde, benditos de meu Pai": são homens e mulheres que recebem a bênção de Deus para herdar o reino "preparado para eles desde a fundação do mundo". O segundo grupo é convidado a afastar-se: "Afastai-vos de mim, malditos": são os que ficam sem a bênção de Deus e sem o reino[30]. Na realidade, não há propriamente uma sentença judicial. Cada grupo se dirige ao lugar que escolheu. Os que orientaram sua vida para o amor e a misericórdia terminam no reino do amor e da misericórdia de Deus. Os que excluíram de sua vida os necessitados se autoexcluem do reino de Deus, onde só existe acolhida e amor.

O critério para separar os dois grupos é preciso e claro: uns reagiram com compaixão diante dos necessitados; os outros viveram indiferentes ao seu sofrimento. O rei fala de seis situações de necessidade, básicas e fundamentais. Não são casos irreais, mas situações que todos conhecem e que acontecem em todos os povos de todos os tempos. Em toda parte há famintos e sedentos; há imigrantes e nus; enfermos e encarcerados. No relato não se pronunciam grandes palavras. Não se fala de justiça e solidariedade, mas de comida, de roupa, de algo para beber, de um teto para proteger-se. Também não se fala de "amor", mas de coisas tão concretas como "dar", "acolher", "visitar", "socorrer". O decisivo não é um amor teórico, mas a compaixão que ajuda o necessitado.

A surpresa acontece quando o rei assegura: "Tudo quanto fizestes a um destes meus irmãos mais pequenos, a mim o fizestes". O primeiro grupo manifesta seu espanto: nunca viram o rei nestas pessoas famintas, enfermas ou

---

30. No entanto não são chamados "malditos de meu Pai", porque o Pai de Jesus nunca amaldiçoa.

encarceradas; eles pensaram apenas no sofrimento delas e nada mais. A estranheza é compartilhada pelo segundo grupo: nem lhes havia passado pela cabeça que podiam estar desconsiderando seu rei. Mas este reafirma o que disse: ele está presente no sofrimento destes "irmãos pequenos". O que se faz a eles está sendo feito a ele[31].

Os que são declarados "benditos do Pai" não agiram por motivos religiosos, mas por compaixão. Não é sua religião nem a adesão explícita a Jesus que os leva ao reino de Deus, mas sua ajuda aos necessitados. O caminho que conduz a Deus não passa necessariamente pela religião, pelo culto ou pela confissão de fé, mas pela compaixão para com os "irmãos pequenos"[32]. Provavelmente esta cena do "juízo final" não foi apresentada assim por Jesus. Não é seu estilo nem sua linguagem. Mas a mensagem que contém é, sem nenhuma dúvida, a conclusão que se tira de sua mensagem e de toda a sua atuação. Podemos dizer sem medo de equivocar-nos que a "grande revolução religiosa" levada a cabo por Jesus é ter aberto outra via de acesso a Deus, diferente do sagrado: a ajuda ao irmão necessitado. A religião não detém o monopólio da salvação; o caminho mais acertado é a ajuda ao necessitado. Por ele caminham muitos homens e mulheres que não conheceram Jesus.

Dignidade para os indesejáveis

Os indigentes, que constituem o estrato mais baixo da Galileia, não só carecem de tudo, mas estão, além disso, condenados a viver na vergonha:

---

31. Sem dúvida, esta maneira de formular a presença de Cristo nos que sofrem só foi possível quando as comunidades cristãs criam em Jesus, crucificado pelas autoridades romanas e pelos representantes do templo, mas ressuscitado por Deus a uma vida nova.

32. Segundo alguns exegetas, aqui não se está falando de maneira indiscriminada da ajuda a qualquer necessitado, mas apenas aos "irmãos pequenos" de Jesus, que são seus discípulos, com os quais ele se identifica. É uma interpretação que se apoia sobretudo em Mateus 10,40-42. No entanto, não concorda bem com a surpresa e ignorância que todos manifestam: teria sido difícil ajudar os discípulos de Jesus que anunciam sua mensagem sem reconhecê-los como tais. Por outro lado, aqui não são recompensados por sua piedade para com estes pequenos "por serem discípulos", como se diz em Mateus 10,42. Simplesmente são recompensados por terem socorrido o necessitado.

sem honra nem dignidade alguma. Não podem orgulhar-se de pertencer a uma família respeitável: não puderam defender suas terras; não podem ganhar a vida com um trabalho digno. São indesejáveis que qualquer um pode desprezar. Eles o sabem muito bem. Em geral os mendigos da Galileia pedem esmola sentados no chão, quase sem atrever-se a levantar o olhar; as prostitutas, para poderem sobreviver, renunciavam à honra sexual da mulher, tão valorizada naquela sociedade. Perdida a honra, estes homens e mulheres nunca mais a recuperarão. Seu destino é viver degradados. Não são ninguém. Se desaparecessem, ninguém o notaria[33].

A desonra e a indignidade destas pessoas agravavam-se ainda mais por causa do sistema de pureza vigente, que acentuava as discriminações entre os diversos setores da sociedade judaica. Desde a invasão da cultura helênica, impulsionada por Alexandre Magno, aquele pequeno povo se vira obrigado a defender a sua identidade com todas as suas forças. Todos compreenderam que só poderiam sobreviver reafirmando sua adesão incondicional à lei e ao templo, e promovendo uma política de separação em face do que era pagão. Era questão de vida ou morte.

Neste clima desenvolveu-se uma dinâmica religiosa de "separação", destinada a preservar a santidade própria do povo de Deus. O templo de Javé, lugar santo por excelência, devia ser protegido de toda contaminação, excluindo de seu recinto sagrado gentios e impuros. A observância estrita da lei era o melhor meio para viver na terra santa de Deus, sem deixar-se assimilar por uma cultura estranha. Consequentemente, enfatizou-se o cumprimento do sábado, principal sinal de identidade de Israel no meio dos povos do Império; proibiu-se severamente o matrimônio com mulheres estrangeiras; insistiu-se no pagamento de dízimos e primícias. Por fim, urgiu-se o

33. A honra e a vergonha eram categorias centrais nas sociedades mediterrâneas do século I (Malina & Rohrbaugh). A miséria econômica era vivida sobretudo como vergonha, indignidade e desonra.

cumprimento do "código de santidade", disposto pela lei, como uma estratégia de separação do impuro, do não santo, do afastado de Deus[34].

No tempo de Jesus todos aceitavam a afirmação central deste código de santidade, no qual se põe na boca de Deus este mandamento: "Sede santos, porque eu, Javé, vosso Deus, sou santo"[35]. Todos entendem a "santidade" como separação do impuro. Há, porém, grupos e setores que a buscam e promovem com um rigor especial. Os essênios da comunidade de Qumran chegaram inclusive a abandonar a terra prometida para criar no meio do deserto uma "comunidade santa". Já não era possível, segundo eles, viver de maneira santa no meio daquela sociedade tão contaminada. Somente no deserto, vestidos com túnicas brancas e entregues a todo tipo de purificações, podiam viver como "varões de santidade" e "filhos da luz", fiéis ao Deus santo e isolados tanto dos pagãos romanos quanto dos judeus que viviam de maneira impura. Nos ambientes fariseus não se chegou a este extremo, mas nos grupos mais radicais as pessoas esforçavam-se por observar algumas leis de pureza que só obrigavam os sacerdotes[36]. Ao que parece, seu ideal era transformar a terra prometida numa espécie de templo habitado pelo Deus santo e fazer de todo o povo um "reino de sacerdotes"[37]. Não parece que tenham excluído da Aliança os que não observavam seu nível de pureza, mas viviam mais ou menos "separados" deles, e certamente não os admitiam à sua mesa.

O sistema de pureza ritual procurava garantir a identidade judaica em face da cultura pagã, mas teve outro resultado talvez inesperado: o endureci-

---

34. Chama-se "código de santidade" o conjunto de normas e prescrições coligidas no livro do Levítico 19–26. Foi redigido em ambientes sacerdotais do templo e insiste na ideia de separação do impuro para ter acesso ao Deus santo.

35. Levítico 19,2.

36. É pouco o que sabemos com certeza sobre os fariseus antes do ano 70, mas parece que não devemos identificá-los todos com os *haberim*, que eram um grupo minoritário e mais radical, que pretendia estender a "pureza sacerdotal" a todo o povo (Sanders).

37. Seu ideal inspirava-se em concepções como as que se refletem no livro dos Números: "Não tornarás impura a terra em que habitais, porque eu habito no meio dela, pois eu, Javé, tenho minha morada entre os israelitas" (35,34).

mento das diferenças e discriminações no seio do próprio povo. Já por nascimento, os sacerdotes e levitas possuíam uma categoria de santidade superior à do povo; os que observavam o código de santidade gozavam de maior dignidade do que os impuros, os que viviam em contato com pagãos ou os que, como os publicanos e prostitutas, exerciam profissões que implicavam de fato uma permanente transgressão do código; os leprosos, eunucos, cegos e coxos não podiam apresentar-se com a mesma categoria de pureza que os sãos; naturalmente, as mulheres, suspeitas sempre de impureza por causa da menstruação ou dos partos, pertenciam a uma categoria menos digna e santa do que a dos varões[38].

É normal que neste tipo de sociedade, onde se marca ritualmente o grau de pureza ou impureza das pessoas, os mais proscritos e degradados socialmente sejam considerados de maneira geral um setor de "impuros" afastados do Deus santo do templo. São gente suja, muitos deles enfermos, com a pele do corpo ulcerada como Lázaro. Há entre eles mendigos, cegos e prostitutas. Sua vida de vagabundos impede a maioria deles de cumprir as normas de pureza e as purificações rituais. Já é muito ter que arranjar-se o pão de cada dia. Sua exclusão do templo parece mostrar que Deus os rejeita. Ninguém gosta de ter por perto pessoas sujas e desagradáveis. Certamente Deus também não.

Jesus não via as coisas assim. Diante do que é proclamado no código de santidade: "Sede santos, porque eu, o Senhor, vosso Deus, sou santo", ele introduz outra exigência que transforma de maneira radical o modo de enten-

---

38. Borg sublinhou com força o caráter discriminatório da sociedade judaica, estruturada a partir do sistema de pureza. Contudo, parece que suas afirmações devem ser matizadas pelas observações feitas recentemente por Sanders: 1) a maior parte das impurezas não provém da transgressão de uma lei; 2) cair em estado de impureza ritual não transforma automaticamente o impuro em pecador; 3) o contato com uma pessoa impura não é pecado, embora deva ser evitado para impedir que a impureza se espalhe; 4) as leis de pureza regulam o acesso ao templo, não se referem à comensalidade; 5) os que não observam o código de santidade e nunca praticam os ritos de purificação podem ser considerados "pecadores" por desprezarem a lei de Moisés.

der e viver a "imitação" de Deus: "Sede compassivos como vosso Pai é compassivo"[39]. É a compaixão e não a santidade que precisamos imitar em Deus. Jesus não nega a "santidade" de Deus, mas o que qualifica essa santidade não é a separação do impuro, e sim seu amor compassivo. Deus é grande e santo não porque vive separado dos impuros, mas porque é compassivo com todos e "faz sair seu sol sobre maus e bons e chover sobre justos e injustos"[40]. A compaixão é o modo de ser de Deus, sua primeira reação diante do ser humano, a primeira coisa que brota de suas entranhas de Pai. Deus é compaixão e amor entranhado a todos, também aos impuros, aos privados de honra, aos excluídos de seu templo[41]. Por isso, a compaixão é, para Jesus, a maneira de imitar a Deus e ser santos como ele. Olhar as pessoas com amor compassivo é parecer-se com Deus; ajudar os que sofrem é agir como ele.

Jesus introduz assim uma verdadeira revolução. O "código de santidade" criava uma sociedade discriminadora e excludente. O "código de compaixão" proposto por Jesus cria uma sociedade compassiva, acolhedora e includente, inclusive para com esses setores sem honra e respeitabilidade. A experiência que Jesus tem de Deus não leva à separação e exclusão, mas à acolhida, ao abraço e à hospitalidade. No reino de Deus ninguém deve ser humilhado, excluído ou separado da comunidade. Os impuros e os privados de honra têm a dignidade sagrada de filhos de Deus[42].

---

39. As palavras de Jesus estão recolhidas na fonte Q (Lucas 6,36 // Mateus 5,48). Este último diz: "Sede totalmente bons, como o Pai do céu é totalmente bom". É difícil saber qual dos evangelistas recolhe melhor o texto original. Em todo caso, a diferença não é grande se tomarmos em consideração o contexto de Mateus, que está falando do amor ao inimigo.

40. Mateus 5,45.

41. A ideia de "compaixão" é expressa em hebraico (e em aramaico) com o termo *rahamim*, que significa "entranhas". É o que sente a mulher pelo filho que carrega em seu ventre. O termo sugere diversos matizes: "dar vida", "alimentar", "cuidar". Deus nos carrega a todos em suas entranhas (Borg).

42. No contexto cultural da Galileia, a linguagem das bem-aventuranças é uma linguagem honorífica. Jesus atribui uma honra perante Deus aos que não podem defender sua dignidade diante dos homens (Malina & Rohrbaugh). Poderíamos traduzir assim: "Como sois dignos de honra vós, os pobres, porque tendes como rei o próprio Deus!"

É o amor compassivo que está na origem e no pano de fundo de toda a atuação de Jesus, que inspira e configura toda a sua vida. A compaixão não é para ele mais uma virtude, uma atitude entre outras. Ele vive impregnado pela misericórdia: dói-lhe o sofrimento das pessoas, ele o assume como seu e o transforma em princípio interno de sua atuação. Ele é o primeiro a viver como o "pai" da parábola, que, "comovido até o mais íntimo de suas entranhas", acolhe o filho que chega arruinado pela fome e pela humilhação, ou como o "samaritano" que, "movido por compaixão", aproxima-se para ajudar o ferido do caminho[43]. Jesus toca os leprosos, deixa-se tocar pela hemorroíssa e beijar pela prostituta, liberta os possuídos por espíritos impuros. Nada o detém quando se trata de aproximar-se daquele que sofre. Sua atuação, inspirada pela compaixão, é um desafio direto ao sistema de pureza. Talvez tivesse uma visão bem particular: o santo não precisa ser protegido por uma estratégia de separação para evitar a contaminação; pelo contrário, é o verdadeiramente santo que transmite pureza e transforma o impuro. Jesus toca o leproso, e não é Jesus que fica impuro, mas o leproso é que fica limpo.

Amigo de pecadores

O que mais provocou escândalo e hostilidade contra Jesus não foi a acolhida aos impuros, e sim sua amizade com os pecadores. Nunca havia acontecido algo parecido na história de Israel. Nenhum profeta se aproximara deles com essa atitude de respeito, amizade e simpatia. O que Jesus fez era inaudito. A lembrança que o Batista havia deixado era muito diferente. Sua máxima preocupação tinha sido acabar com o pecado que contaminava todo o povo e punha em perigo a Aliança com Deus. Era o maior mal e a maior desgraça para todos. O pecado estava irritando a Deus e desencadeando sua

43. Emprego indistintamente os termos "misericórdia" e "compaixão". Em geral prefiro falar de "compaixão", porque sugere, talvez, uma atitude de maior proximidade, enquanto que "ter misericórdia" pode levar a pensar numa relação que se estabelece com quem está num nível mais baixo.

"ira"[44]. Podia haver algo mais importante do que denunciar os pecadores, lembrar-lhes o castigo que os ameaçava e pôr em andamento um grande rito de purificação e penitência para tirá-los de seu pecado?

A atuação do Batista não escandalizou ninguém. Era o que se esperava de um profeta, defensor da Aliança do povo com Deus. Mas a conduta de Jesus é surpreendente. Não fala do pecado como algo que está provocando a ira divina. Pelo contrário, no reino de Deus há também lugar para os pecadores e as prostitutas. Não se dirige a eles em nome de um juiz irritado por tanta ofensa, mas imitando seu amor entranhado de Pai. Como pode acolher junto a si publicanos e pecadores sem impor-lhes condição alguma? Como um homem de Deus pode aceitá-los como amigos? Como se atreve a comer com eles? Este comportamento é certamente o traço mais provocador de Jesus. Nenhum profeta havia atuado assim. Tampouco as comunidades cristãs se atreverão mais tarde a tanta tolerância com os pecadores[45].

Quem eram estes pecadores? No tempo de Jesus chamava-se assim um grupo especial e bem reconhecível de pessoas com determinados traços sociológicos. Não se deve confundi-los com o povo ignorante, que, por não conhecer os inúmeros preceitos da lei, não os cumpriam, ao menos em sua integridade, nem com tantas pessoas do campo que, depois de cair em estado de impureza, descuidavam dos ritos prescritos de purificação. Também não devemos identificar sem mais os pecadores com certas listas de ofícios que eram objeto de desprezo, sobretudo por parte dos setores fariseus mais rigoristas[46]. Os "pecadores" são, ao contrário, pessoas que transgrediram a Aliança de modo deliberado, sem que se observe neles qualquer sinal de arre-

---

44. Fonte Q (Lucas 3,7 // Mateus 3,7).

45. 1Coríntios 5,1-13.

46. A partir dos estudos realizados por Sanders é preciso corrigir a posição do exegeta Jeremias, seguida por muitos especialistas, de considerar pecadores o povo ignorante e pouco conhecedor da Lei (*'am ha-'arets*) e os que exerciam profissões desprezíveis e estigmatizadas. Para ser considerado "pecador" é preciso ter uma atuação ou uma profissão que exija rejeição ao Deus de Israel.

pendimento[47]. Não se aplica a qualquer um esse qualificativo. "Pecadores" são os que rejeitam a Aliança com Deus, desobedecendo radicalmente à lei: os que profanam o culto, os que desprezam o grande dia da Expiação, os delinquentes, os que colaboravam com Roma na opressão ao povo judeu, os usurários e trapaceiros, e as prostitutas. Estes são considerados pessoas que vivem fora da Aliança, traem o Deus de Israel e ficam excluídas da salvação. São "os perdidos". Deles fala Jesus em suas parábolas[48].

Ao lado dos pecadores, as fontes falam constantemente de outro grupo: "os publicanos". Jesus é acusado de comer com "pecadores e publicanos" e pelo menos um publicano pertenceu ao grupo de seus amigos mais próximos. Quem são estes "publicanos" tão estreitamente associados ao grupo dos "pecadores"? Não devem ser confundidos com os arrecadadores de tributos e impostos diretos do Império sobre as terras e os produtos do campo. Roma confiava esta tarefa a famílias prestigiosas bem selecionadas que com sua fortuna tornavam-se garantes de sua cobrança eficaz. Naturalmente, estes funcionários do fisco romano atuavam de maneira implacável buscando ao mesmo tempo o máximo lucro para si mesmos.

Os "publicanos" que aparecem nos evangelhos são os arrecadadores que cobram os impostos das mercadorias e direitos de trânsito nas estradas importantes, pontes ou portas de algumas cidades. Mas não se deve confundir os grandes arrecadadores ou "chefes de publicanos", que conseguiram obter o controle destes pedágios e direitos de aduana numa determinada região[49], com seus escravos e demais subordinados que se sentam nos postos de cobrança. Estes "publicanos" constituem um grupo formado por pessoas que não puderam encontrar um meio melhor para subsistir. Este trabalho, con-

---

47. Sanders é de opinião que o termo "pecadores" (em hebraico *resha'im*) deve ser traduzido por "malvados".

48. "A ovelha perdida", "a dracma perdida", "o filho perdido" (Lucas 15,1-32).

49. A figura do rico Zaqueu contribuiu para divulgar uma ideia falsa dos publicanos. No entanto, Lucas o apresenta com toda precisão como "chefe de publicanos" (*architelônês*) na região de Jericó, não como um publicano que se senta no posto de cobrança.

siderado uma atividade própria de ladrões e gente pouco honesta, era tão desprezado que às vezes recorria-se a escravos. São estes os "publicanos" que Jesus encontra em seu caminho. Constituem um grupo típico de pecadores, desprestigiado socialmente: o equivalente talvez ao grupo de "prostitutas" no campo das mulheres[50].

Além disso, Jesus escandaliza também por relacionar-se com mulheres de má fama, provenientes dos estratos mais baixos da sociedade. Nas cidades de certa importância, as prostitutas trabalhavam em pequenos bordéis dirigidos por escravos; a maior parte eram também escravas, vendidas às vezes pelos próprios pais. As prostitutas que vagavam pelas aldeias eram quase sempre mulheres repudiadas ou viúvas sem protetor, que se aproximavam de festas e banquetes em busca de clientes. Ao que parece, são estas que se aproximam das refeições organizadas em torno de Jesus.

O que mais escandaliza não é vê-lo em companhia de gente pecadora e pouco respeitável, mas observar que se senta com eles à mesa. Estas refeições com "pecadores" são um dos traços mais surpreendentes e originais de Jesus, talvez o que mais o diferencia de todos os seus contemporâneos e de todos os profetas e mestres do passado. Os pecadores são seus companheiros de mesa, os publicanos e prostitutas gozam de sua amizade. É difícil encontrar algo parecido em alguém considerado por todos como um "homem de Deus"[51]. Sem dúvida é um gesto provocador, buscado intencionalmente por Jesus. Um gesto simbólico que provocou uma reação imediata contra ele. As fontes recolhem fielmente primeiro a surpresa: "O quê? Ele come com os publicanos e pecadores?"[52] Jesus não mantém as devidas distâncias? Que vergonha! Depois as acusações, a rejeição e o descrédito: "Olhem! Um

---

50. É significativo que Mateus fale do binômio "publicanos e prostitutas" (21,31).

51. Muitos autores consideram este gesto como o mais central e significativo de Jesus (Perrin, Jeremias, Vermes, Crossan, Aguirre, Borg).

52. Marcos 2,16.

comilão, bebedor de vinho, amigo de pecadores"[53]. Como pode ele comportar-se assim?

O assunto é explosivo. Sentar-se à mesa com alguém é sempre uma prova de respeito, confiança e amizade. Não se come com qualquer um; cada um come com os seus. Compartilhar a mesma mesa quer dizer que se pertence ao mesmo grupo e que, portanto, marcam-se as diferenças em relação a outros. Os gentios comem com os gentios, os judeus com os judeus, os varões com os varões, as mulheres com as mulheres; os ricos com os ricos; os pobres com os pobres[54]. Não se come com qualquer um nem de qualquer maneira. E menos ainda quando se quer observar a santidade própria do verdadeiro Israel. Na seita de Qumran, a refeição era o centro da vida comunitária; nenhum estranho à comunidade podia tomar parte nela; inclusive os próprios membros se submetiam a rigorosas purificações antes de sentar-se à mesa; a refeição transcorria de acordo com um detalhado ritual que fixava o lugar de cada um conforme a estrutura hierárquica da comunidade. Nos setores radicais dos grupos fariseus, os comensais lavavam antes as mãos, excluíam os ritualmente impuros e asseguravam-se de que se havia pago o dízimo de todos os alimentos de que iriam se servir. Com estas regras da mesa, cada grupo exclui os estranhos, consolida sua própria identidade e manifesta sua visão do verdadeiro Israel.

Jesus surpreende a todos ao sentar-se para comer com qualquer um. Sua mesa está aberta a todos: ninguém deve sentir-se excluído. Não é preciso ser puro; não é necessário limpar as mãos[55]. Pode compartilhar de sua mesa gente pouco respeitável, inclusive os pecadores que vivem esquecidos da Aliança. Jesus não exclui ninguém. No reino de Deus tudo será diferente: a mise-

---

53. Fonte Q (Lucas 7,34 // Mateus 11,9).

54. Em quase todas as culturas, a refeição é uma espécie de "microcosmos" que nos manifesta como é essa sociedade. O que se come, a maneira de comer, com quem e onde se come, são dados que indicam as relações, os grupos, as tradições e a natureza dessa sociedade (Mary Douglas).

55. A prática de lavar as mãos antes de comer não é uma lei bíblica. No tempo de Jesus provavelmente estava se espalhando entre certos grupos mais fanáticos. Não parece que fosse causa de controvérsias sérias (Sanders).

ricórdia substitui a santidade. Não é preciso reunir-se em torno a mesas separadas. O reino de Deus é uma mesa aberta onde podem sentar-se para comer até os pecadores[56]. Jesus quer comunicar a todos o que ele vive em seu coração quando se senta à mesa com publicanos, pecadores, mendigos, enfermos recém-curados ou pessoas indesejáveis e de moralidade duvidosa: conta-lhes a parábola de um homem que organizou uma grande ceia e não descansou até ver sua casa cheia de convidados:

> Um homem deu uma grande ceia e convidou muita gente; na hora da ceia enviou seu servo para dizer aos convidados: "Vinde, que já está tudo preparado". Mas todos à uma começaram a desculpar-se. O primeiro lhe disse: "Comprei um campo e preciso ir vê-lo; rogo-te que me desculpes". E outro disse: "Comprei cinco juntas de bois e vou experimentá-las; rogo-te que me desculpes". Outro disse: "Acabo de me casar e por isso não posso ir".
> O servo voltou e contou tudo a seu senhor. Então o dono da casa, irado, disse a seu servo: "Sai logo pelas praças e ruas da cidade, e manda entrar aqui os pobres e aleijados, os cegos e os coxos". Disse o servo: "Senhor, foi feito o que mandaste, e ainda há lugar". Disse o senhor ao servo: "Sai pelos caminhos e pelas cercas, e obriga as pessoas a entrar até que minha casa fique cheia"[57].

Jesus começa a falar de uma "grande ceia" organizada por um senhor. Sem dúvida é um homem rico e com recursos. Como é natural, não convida qualquer um. Chama os seus: amigos ricos e influentes. O banquete servirá para estreitar ainda mais os laços de amizade e solidariedade entre eles. A honra do anfitrião ver-se-á incrementada pelo comparecimento de tais co-

56. Esta abertura de Jesus levará um dia as comunidades cristãs a acolher em seu seio os pagãos.

57. A parábola encontra-se em Lucas 14,16-24; Mateus 22,2-13; *Evangelho [apócrifo] de Tomé* 64,1-2. A parábola provém de Jesus. Mateus, depois da destruição de Jerusalém no ano 70, transformou-a numa alegoria sobre a história de salvação. Embora alguns considerem a versão do *Evangelho [apócrifo] de Tomé* como mais primitiva (Fitzmyer, Crossan), em geral pensa-se que o texto de Lucas nos permite chegar melhor ao pensamento de Jesus. Provavelmente o v. 24 ("Digo-vos que nenhum daqueles convidados provará de minha ceia") foi acrescentado pelo evangelista.

mensais, e estes poderão assegurar-se também daí por diante o favor e a proteção dele. Os que estão ouvindo Jesus sabem que eles nunca poderão tomar parte num banquete de tal categoria. O senhor convida a todos com suficiente antecedência. Assim haverá tempo para cuidar dos preparativos e os convidados poderão ir conhecendo mais detalhes da festa e dos convidados que comparecerão a ela. Chegado o dia, o senhor envia novamente seu servo para confirmar-lhes o convite: "Tudo já está preparado. Podem ir chegando". Era um gesto de cortesia costumeiro entre pessoas muito ricas.

Surpreendentemente, todos sem exceção começam a desculpar-se. Não apresentam razões consistentes. Um diz que comprou um campo e quer ir vê-lo, mas quem compra um campo naquela terra tão desigual sem conhecer antes como é e o que se pode semear nele? Outro se desculpa porque comprou dez bois e quer ir experimentá-los, mas quem compra uns bois sem comprovar sua força e ver se podem trabalhar sob a mesma canga? Outro afirma que acaba de se casar e, naturalmente, não pode comparecer, mas será que ele não o sabia quando, dias antes, recebeu o convite? O servo verifica que ninguém irá à festa. Como se atrevem a humilhar dessa forma o senhor que os convidou, deixando-o só? São tão importantes seus negócios e interesses? Os que estão ouvindo Jesus pensam, talvez, algo assim: se eles recebessem um dia um convite parecido, certamente o aproveitariam.

O senhor da parábola reage de forma inesperada. Haverá banquete apesar de tudo. Imediatamente ocorreu-lhe uma ideia insólita. Convidará os que nunca ninguém convida: "os pobres e aleijados, os cegos e coxos", pessoas miseráveis que não lhe podem trazer honra alguma[58]. Para chamá-los, o servo terá que entrar por "pracinhas e ruelas" dos bairros pobres da cidade, afastados da zona reservada à elite. Os ouvintes ouvem surpresos. O que vai ser essa ceia na qual se rompem todas as normas exigidas pela honra e pelo código de pureza? Logo sua surpresa será maior. Ao ver que ainda há lugar, o senhor dá uma ordem espantosa: o servo sairá fora da cidade, pelos "cami-

58. Na comunidade de Qumran exclui-se da assembleia precisamente "todo aquele que esteja contaminado em sua carne, coxo, cego, surdo, mudo ou contaminado em sua carne com uma mancha visível aos olhos" (1QRegra da Congregação II, 5-22).

nhos e cercas" que separam as propriedades, para chamar toda essa gente que vive como pode junto às muralhas. A maioria são forasteiros e pessoas de má fama, não pertencem à cidade, e também não são propriamente camponeses. O servo deve "obrigá-los a entrar" na casa, pois nunca ter-se-iam atrevido a penetrar na cidade até ao bairro residencial da elite.

O que Jesus está dizendo? A quem pode ocorrer a ideia de fazer um banquete aberto a todos, sem listas de convidados, sem normas de honra e códigos de pureza, ao qual admitem-se inclusive desconhecidos? Será assim o reino de Deus? Uma mesa aberta a todos sem condições: homens e mulheres, puros e impuros, bons e maus? Uma festa na qual Deus ver-se-á rodeado de gente pobre e indesejável, sem dignidade nem honra alguma?

A mensagem de Jesus era tão sedutora que parecia incrível. Mas Jesus fala com fé total: Deus é assim. Não quer ficar eternamente só no meio de uma "sala vazia". Está preparada uma grande festa aberta a todos porque ele percebe a todos como amigos e amigas, dignos de compartilhar sua mesa. A alegria de Deus é que os pobres e desprezados, os indesejáveis e pecadores possam desfrutar junto a ele. Jesus já está vivendo isto desde agora. Por isso celebra com alegria jantares e refeições com aqueles que a sociedade despreza e marginaliza. Os que não foram convidados por ninguém sentar-se-ão um dia à mesa com Deus!

O perdão oferecido por Jesus

Jesus entende e vive estas refeições com pecadores como um processo de cura. Ao ver-se acusado por causa de sua conduta estranha e provocativa, responde com o seguinte refrão: "Não são os que têm saúde que precisam de médico, e sim os enfermos"[59]. Estas refeições têm um caráter terapêutico. Nelas Jesus lhes oferece sua confiança e amizade, liberta-os da vergonha e da humilhação, resgata-os da marginalização, acolhe-os como amigos. Pouco a

59. Os investigadores pensam que esta maneira de responder é autenticamente de Jesus (Marcos 2,17a). No entanto, as palavras que seguem: "Eu não vim para chamar os justos e sim os pecadores" (Marcos 2,17b) podem ter sido acrescentadas posteriormente na comunidade cristã.

pouco desperta neles o sentido da própria dignidade: não merecem nenhuma rejeição. Pela primeira vez sentem-se acolhidos por um homem de Deus. Doravante sua vida pode ser diferente.

Por isso suas refeições são alegres e festivas. Bebe-se vinho e provavelmente entoam-se cantos[60]. No íntimo de seu coração, Jesus celebra com alegria o retorno dos "perdidos" à comunhão com o Pai. Também eles são filhos e filhas de Abraão. A alegria de Jesus contagia a todos. Não se pode ficar triste em sua companhia. É tão absurdo como estar jejuando junto ao noivo durante as bodas[61]. Evidentemente, não são banquetes de caráter dionisíaco, como os que talvez ocorriam em Séforis ou Tiberíades[62]. Jesus não convida à libertinagem. Não justifica o pecado, nem a corrupção, nem a prostituição. O que ele faz é romper o círculo diabólico da discriminação, abrindo um espaço novo para o encontro amistoso com Deus.

Jesus senta-se à mesa com os pecadores não como juiz severo, mas como amigo acolhedor. O reino de Deus é graça antes que juízo. Deus é uma boa notícia, não uma ameaça. Os pecadores e as prostitutas podem alegrar-se, beber vinho e cantar junto com Jesus. Estas refeições são um autêntico "milagre" que os vai curando por dentro. Começam a intuir que Deus não é um juiz sinistro que os espera irado; é um amigo que se aproxima deles oferecendo sua amizade. A acolhida de Jesus dá a estas mulheres e homens força para reconhecer-se como pecadores. Nada precisam temer. O desprezo e a exclusão social os impedia de olhar Deus com confiança; a acolhida de Jesus devolve-lhes a dignidade perdida. Não precisam esconder-se de ninguém, nem sequer de si mesmos. Podem abrir-se ao perdão de Deus e mudar. Com Jesus tudo é possível.

As fontes cristãs conservaram duas cenas em que Jesus, de forma solene, oferece o perdão em nome de Deus. Numa cena comovente que se passa em

---

60. O vinho era bebido nas refeições de caráter festivo. E Jesus é chamado literalmente "bebedor de vinho" (Lucas 7,33 // Mateus 11,19).

61. Marcos 2,18-19.

62. Será que há nas acusações contra Jesus uma tentativa de desacreditar suas refeições com pecadores, sugerindo alguma semelhança com os banquetes dionisíacos? (S. Freyne).

Cafarnaum, ao ver um paralítico deitado a seus pés, sem força alguma para andar, Jesus lhe diz com ternura especial: "Meu filho, teus pecados te são perdoados"[63]. Noutra cena não menos comovente, Jesus diz à prostituta que lhe está ungindo os pés entre lágrimas e carícias estas palavras: "Os teus pecados ficam perdoados"[64].

Esta atuação de Jesus resultava escandalosa e blasfema para a mentalidade judaica. Entende-se a acusação dos escribas: "Ele está blasfemando! Quem pode perdoar pecados, a não ser Deus somente?"[65] A resposta de Jesus é firme e clara: "Para que saibais que o Filho do homem tem na terra poder de perdoar pecados – diz ao paralítico – 'eu te digo: levanta-te, toma o teu leito e vai para casa'"[66]. Jesus não atua como um profeta ou um sacerdote que, em nome ou representação de Deus, declara que o pecador foi perdoado, mas como "Filho do homem" que tem na terra o poder para perdoar pecados[67].

Ao falar das refeições de Jesus com pecadores, as fontes nunca apresentam Jesus oferecendo o perdão de Deus com alguma fórmula. Não sabemos se ele o fez. Jesus atua como amigo próximo que os acolhe à sua mesa, lhes oferece sua amizade, os cura de sua vida indigna e os encaminha para Deus. Sua atuação sugere a atitude desse Deus misericordioso que ele mesmo descreve em suas parábolas como um pai que acolhe o filho perdido organizando um banquete festivo, ou como um pastor que busca sua ovelha perdida e celebra com seus amigos ao recuperá-la[68].

---

63. Marcos 2,5.

64. Lucas 7,48.

65. Marcos, 2,7.

66. Marcos 2,10. A linguagem empregada por Jesus faz referência Daniel 7,14, onde Deus concede ao Filho do homem o poder (império, honra e reinado) para reinar sobre as nações da terra.

67. Embora alguns exegetas neguem que esta maneira solene de oferecer o perdão de Deus remonte a Jesus, a coincidência de fórmulas parecidas tanto no judaísmo como nas comunidades cristãs faz pensar em sua autenticidade (Broer, Schlosser).

68. Lucas 15,4-31. J. Gnilka precisa assim a atuação de Jesus: "O perdão acontece não tanto pela palavra quanto pela aceitação sensível da pessoa, pela reabilitação eficaz e pelo favor de um novo começo graças à comunhão efetuada".

Provavelmente foi sobretudo nestas refeições que se aprendeu a rezar a Deus com a oração do Pai-nosso[69]. Invocar Deus como Pai, enquanto comem e bebem juntos em torno a Jesus, é uma experiência nova que os vai curando por dentro e os ajuda a voltar a Deus, que eles começam a sentir como Pai. Pouco a pouco, animados por Jesus, começam a chamá-lo *Abbá*, bendizem seu nome santo e lhe pedem que se cumpra neles o grande desejo de Jesus: "Venha o teu reino". Estes homens e mulheres, desprezados por quase todos, não pensam em coisas sublimes. Jesus ensina-lhes a ser realistas. Pedem pão: que a ninguém falte cada dia seu pedaço de pão, mesmo que seja da cevada. Também lhe pedem perdão, como eles próprios estão dispostos a perdoar, superando os impulsos de vingança e ressentimento que brotam em seu coração. Não estão pensando só no reino de Deus, que num dia longínquo chegará para libertar o mundo do mal. Pedem experimentar desde agora a chegada de Deus Pai para poderem viver como seus filhos e filhas: com um pedaço de pão para levar à boca e com forças para acolher-se e perdoar-se mutuamente. Assim, comendo e bebendo junto com Jesus, estes "perdidos" vão experimentando que Deus chega às suas vidas não com "grandes sinais do céu", como podiam alguns, mas como uma força compassiva que os cura e transforma. Junto a Jesus, estão entrando num mundo novo que jamais haviam imaginado. Ele o chama "reino de Deus".

Perdão imerecido

Esta conduta de Jesus oferecendo sua acolhida e o perdão de Deus aos pecadores provocou escândalo e indignação. Por quê? Onde estava a novidade de sua atuação? O povo judeu acreditava no perdão de todos os peca-

---

69. A oração do Pai-nosso foi conservada na fonte Q sem um contexto concreto. Depois Mateus a colocou, junto com outros ditos de Jesus, dentro do Sermão da Montanha (Mateus 6,9-13). Lucas, por sua vez, a situa num cenário elaborado provavelmente por ele mesmo, no qual, "estando Jesus a orar em certo lugar", aproximam-se dele os discípulos pedindo-lhe que os ensine a rezar (Lucas 11,1-4). Mais de um autor, baseando-se no conteúdo da oração ("dá-nos pão", "perdoa-nos"), tende a pensar que Jesus provavelmente a pronunciou repetidas vezes em suas refeições abertas a todos (Breech).

dos, inclusive o homicídio e a apostasia. Deus sabe perdoar a quem se arrepende. Mas era necessário, isso sim, seguir um caminho. Em primeiro lugar, o pecador devia manifestar seu arrependimento mediante os sacrifícios apropriados no templo; devia abandonar sua vida afastada da Aliança e voltar ao cumprimento da lei; por fim, os danos e ofensas feitos ao próximo exigiam a devida restituição ou reparação. Se Jesus tivesse acolhido à sua mesa pecadores para pregar-lhes a volta à Lei, conseguindo que publicanos e prostitutas abandonassem sua vida de pecado, ninguém se teria escandalizado. Pelo contrário, tê-lo-iam admirado e aplaudido.

O que surpreende é que Jesus acolhe os pecadores sem deles exigir previamente o arrependimento, tal como era entendido tradicionalmente, e sem submetê-los sequer a um rito penitencial, como havia feito o Batista. Oferece-lhes sua comunhão e amizade como sinal de que Deus os acolhe em seu reino, inclusive antes de voltarem à lei e se integrarem na Aliança. Acolhe-os assim como são, pecadores, confiando totalmente na misericórdia de Deus, que está à sua busca. Por isso Jesus pôde ser acusado de ser amigo de gente que continuava sendo pecadora. Sua atuação era intolerável. Como podia acolher à sua mesa, assegurando-lhes a participação no reino de Deus, pessoas que não estavam reformando sua vida de acordo com a Lei?[70]

Mas a atuação de Jesus é clara. Oferece o perdão sem exigir previamente uma mudança. Não põe os pecadores diante das tábuas da lei, mas diante do amor e da ternura de Deus. É esta sua terapia pessoal com aqueles amigos e amigas "perdidos" que não conseguem voltar a Deus pelo caminho da lei. Perdoa-os sem a certeza de que corresponderão mudando sua conduta[71]. Atua como profeta da misericórdia de Deus. É amigo dos pecadores antes de

70. Parece ser este o motivo fundamental do escândalo e conflito que Jesus provoca (Sanders, Fredriksen). Ao que parece, o Batista não se afastou muito da tradição, pois sua atuação com os pecadores não escandalizou.

71. Há um consenso cada vez maior em atribuir à redação de Lucas o interesse por sublinhar que Jesus conseguia o arrependimento dos pecadores: cena de Zaqueu (19,1-10), cena da mulher pecadora (7,36-50), acréscimos da parábola do pastor e a ovelha perdida (15,7) e a da mulher e a dracma perdida (15,10).

vê-los convertidos. Deus é assim. Não espera que seus filhos e filhas mudem. É ele quem começa oferecendo seu perdão.

Este perdão que Jesus oferece não tem condições. A atuação terapêutica de Jesus não segue os caminhos da lei: definir a culpa, chamar ao arrependimento, conseguir a mudança e oferecer um perdão condicionado a uma resposta posterior positiva. Jesus segue os caminhos do reino: oferece acolhida e amizade, concede o perdão de Deus e confia em sua misericórdia, que saberá recuperar seus filhos e filhas perdidos. Aproxima-se deles, acolhe-os e inicia com eles uma jornada para Deus que só se sustenta em sua compaixão infinita. Ninguém realizou nesta terra um sinal mais carregado de esperança, um sinal mais gratuito e mais absoluto do perdão de Deus.

Jesus coloca todos, pecadores e justos, diante do abismo insondável do perdão de Deus. Já não há justos com direitos diante de pecadores sem direitos. A partir da compaixão de Deus, Jesus formula tudo de maneira diferente: a todos é oferecido o reino de Deus; só ficam excluídos aqueles que não se refugiam em sua misericórdia. Tudo fica confiado ao mistério do perdão de Deus. Entre os que o ouvem, a mensagem de Jesus ecoa assim: "Quando vos virdes julgados pela lei, senti-vos compreendidos por Deus; quando vos virdes rejeitados pela sociedade, sabei que Deus vos abraça; quando ninguém vos perdoar vossa indignidade, senti sobre vós seu perdão inesgotável. Não o mereceis. Ninguém o merece. Mas Deus é assim: amor e perdão". O problema principal de Jesus foi se as pessoas moralmente justas e legalmente corretas entenderiam sua maneira de ver as coisas. Os pobres e os enfermos, os impuros e os pecadores, os publicanos e as prostitutas o entendiam e o acolhiam. Para eles, este Deus sugerido por Jesus era a melhor notícia. A tradição cristã conservou uma frase dirigida por Jesus aos que resistiam à sua mensagem: "Em verdade vos digo: os publicanos e as prostitutas entram antes de vós no reino de Deus"[72].

---

72. Embora estas palavras se encontrem apenas em Mateus 21,31, a maior parte dos investigadores pensa que provêm de Jesus. Sua amizade com publicanos e prostitutas, o caráter escandaloso do dito e o forte contraste (análogo ao de "os pobres entrarão no reino, os ricos não") fazem pensar nele. O texto admite duas leituras: uma forte e exclusivista: os publicanos e prostitutas entrarão, vós não; outra suave e não excludente: eles entrarão primeiro, vós depois (Jeremias).

Bibliografia

Para o estudo da dimensão social do reino de Deus

MALINA, Bruce J. *O evangelho social de Jesus* – O reino de Deus em perspectiva mediterrânea. São Paulo: Paulus, 2004 [*The Social Gospel of Jesus* – The Kingdom of God in Mediterranean Perspective. Mineápolis: Fortress Press, 2000].

HORSLEY, Richard A. *Sociology and the Jesus Movement*. Nova York: Continuum, 1994.

FREYNE, Sean. *Galilee and Gospel*. Boston/Leiden: Brill, 2002.

HANSON, K.C. & OAKMAN, Douglas E. *Palestine in the Time of Jesus*. Mineápolis: Fortress Press, 1998.

STEGEMANN, E.W. & STEGEMANN, W. *História social do protocristianismo* – Os primórdios no judaísmo e as comunidades de Cristo no mundo mediterrâneo. São Leopoldo/São Paulo: Sinodal/Paulus, 2004 [*Historia social del cristianismo primitivo* – Los inicios en el judaísmo y las comunidades cristianas en el mundo mediterráneo. Estella: Verbo Divino, 2001, p. 81-138 e 147-178].

A atuação de Jesus com os pobres

SCHOTTROFF, Louise & STEGEMANN, Wolfang. *Jesús de Nazaret, esperanza de los pobres*. Salamanca: Sígueme, 1981.

JEREMIAS, Joachim. *Teologia do Novo Testamento*. São Paulo: Teológica/Paulus, 2004 [*Teología del Nuevo Testamento*, I. Salamanca: Sígueme, 1973, p. 133-148].

MOLTMANN, Jürgen. *O caminho de Jesus Cristo*. Petrópolis: Vozes, 1987 [*El camino de Jesucristo*. Salamanca: Sígueme, 1973, p. 141-151].

SOBRINO, Jon. *Jesus, o Libertador* – I: A história de Jesus de Nazaré. 2. ed. Petrópolis: Vozes, 1996, p. 123-135 [*Jesucristo* – Lectura histórico-teológica de Jesús de Nazaret. Madri: Trotta, 1991, p. 110-122].

LOIS, Julio. *Jesús de Nazaret, el Cristo liberador*. Madri: Hoac, 1995, p. 83-99.

FRAIJÓ, Manuel. *Jesús y los marginados*. Madri: Cristiandad, 1985.

ESCUDERO FREIRE, Carlos. *Jesús y el poder religioso* – El Evangelio y la liberación de los oprimidos. Madri: Nueva Utopía, 2003.

A atuação de Jesus com os impuros e indesejáveis

SANDERS, Ed Parish. *Jesús y el judaísmo*. Madri: Trotta, 2004, p. 269-277.

BORG, Marcus J. *Conflict, Holiness and Politics in the Teaching of Jesus*. Harrisburg, PA: Trinity Press International, 1998.

______. *Jesus:* A New Vision. São Francisco: Harper, 1998.

______. *Meeting Jesus Again for the First Time*. São Francisco: Harper, 1991, p. 46-68.

FREDRIKSEN, Paula. *Jesus of Nazareth, King of the Jews*. Nova York: Vintage Books, 2000, p. 51-73.

PATTERSON, Stephen J. *The God of Jesus* – The Historical Jesus and the Search for Meaning. Harrisburg, PA: Trinity Press International, 1998, p. 56-87.

A atuação de Jesus com os pecadores

SANDERS, Ed Parish. *Jesús y el judaísmo*. Madri: Trotta, 2004, p. 257-310.

SCHLOSSER, Jacques. *Jesús, el profeta de Galilea*. Salamanca: Sígueme, 2005, p. 139-148.

SOBRINO, Jon. *O princípio misericórdia*. Petrópolis: Vozes, 1994, p. 31-45 e 133-158 [*El principio-misericordia*. Santander: Sal Terrae, 1992, p. 31-45 e 133-158].

PIKAZA, Xabier. *El Evangelio* – Vida y pascua de Jesús. Salamanca: Sígueme, 1990, p. 67-80.

CASTILLO, José María. *Víctimas del pecado*. Madri: Trotta, 2004, p. 61-81.

A mesa de Jesus aberta a todos

AGUIRRE, Rafael. *La mesa compartida* – Estudios del Nuevo Testamento desde las ciencias sociales. Santander: Sal Terrae, 1994, p. 26-133.

CROSSAN, John Dominic. *O Jesus histórico* – A vida de um camponês judeu do Mediterrâneo. Rio de Janeiro: Imago, 1994 [*Jesús* – Vida de un campesino judío. Barcelona: Crítica, 1994, p. 383-408].

______. *Jesus*: Uma biografia revolucionária. Rio de Janeiro: Imago, 1995 [*Jesus* – A Revolutionary Biography. São Francisco: Harper, 1995, p. 66-70].

8
AMIGO DA MULHER

Grande parte dos pobres que cercavam Jesus eram mulheres; privadas do apoio de um varão, elas eram sem dúvida as mais vulneráveis. Por outro lado, ser mulher naquela sociedade patriarcal significava estar destinada a viver num estado de inferioridade e submissão aos varões. É isto o que quer esse Deus compassivo do qual Jesus fala? Não poderão elas conhecer uma vida mais digna no reino de Deus? Como Jesus as vê e as sente?

A primeira coisa que surpreende é vê-lo cercado de tantas mulheres: amigas íntimas como Maria, oriunda de Mágdala; as irmãs Marta e Maria, vizinhas de Betânia, que ele tanto amava; mulheres enfermas como a hemorroíssa ou pagãs como a siro-fenícia; prostitutas desprezadas por todos ou seguidoras fiéis, como Salomé e outras muitas que o acompanharam até Jerusalém e não o abandonaram nem mesmo no momento da execução. De nenhum profeta de Israel se diz algo parecido. O que encontravam estas mulheres em Jesus? O que as atraía tanto? Como se atreveram a aproximar-se dele para ouvir sua mensagem? Por que se aventuraram algumas a abandonar o próprio lar e subir com ele a Jerusalém, provocando certamente o escândalo de alguns?[1]

---

1. Para aproximar-nos da atuação de Jesus em relação às mulheres, precisamos levar em consideração três fatores: em primeiro lugar, todas as fontes que possuímos sobre Jesus foram escritas por varões, que, como é natural, refletem a experiência e atitude masculinas, não o que sentiram e viveram as mulheres em torno dele; em segundo lugar, estes escritores empregam uma linguagem genérica e sexista que "oculta" a presença das mulheres: as "crianças" que Jesus abraça são meninos e meninas, os "discípulos" que o seguem são discípulos e discípulas; em terceiro lugar, ao longo de vinte séculos, os comentaristas e exegetas dos evangelhos impuseram uma leitura tradicional masculina.

A condição da mulher judia

Jesus nasceu numa sociedade em cuja consciência coletiva estavam gravados alguns estereótipos sobre a mulher, transmitidos durante séculos. Enquanto crescia, Jesus pôde ir percebendo-os em sua própria família, entre seus amigos e na convivência diária.

De acordo com um antigo relato, Deus havia criado a mulher só para proporcionar uma "ajuda adequada" ao varão. Era esse o destino dela. No entanto, longe de ser uma ajuda, foi ela precisamente quem lhe deu para comer o fruto proibido, provocando a expulsão de ambos do paraíso[2]. Este relato, transmitido de geração em geração, foi desenvolvendo no povo judeu uma visão negativa da mulher como fonte sempre perigosa de tentação e de pecado. A atitude mais sábia era aproximar-se dela com muita cautela e mantê-la sempre submetida[3]. Foi o que se ensinou a Jesus desde criança.

Havia também outra ideia incontestável naquela sociedade patriarcal dominada e controlada pelos varões: a mulher é "propriedade" do varão. Primeiro pertence ao pai; ao casar-se passa a ser propriedade do esposo; se fica viúva, pertence aos filhos ou volta ao pai e aos irmãos. É impensável uma mulher com autonomia. O decálogo santo do Sinai considerava-a uma propriedade a mais do dono da casa: "Não cobiçarás a casa de teu próximo, nem cobiçarás a mulher de teu próximo, nem seu servo, nem sua serva, nem seu boi, nem seu asno, nem nada que seja de teu próximo"[4]. A função social da mulher estava bem definida: ter filhos e servir fielmente ao varão.

O controle sobre a mulher estava fortemente condicionado pelas regras de pureza sexual[5]. A mulher era ritualmente impura durante a menstruação

---

2. Gênesis 2,4–3,24. Este relato foi escrito por volta do século IX a.C.

3. A literatura sapiencial judaica exorta repetidamente os varões a não confiar na mulher e a mantê-la sempre sob controle (Eclesiástico 25,13–26,18; 42,9-14; Provérbios 5,1-23; 9,13-18).

4. Êxodo 20,17.

5. Levítico 15,19-30.

e como consequência do parto. Ninguém devia aproximar-se da mulher impura. As pessoas e os objetos que ela tocava ficavam contaminados. Era esta, provavelmente, a principal razão por que as mulheres eram excluídas do sacerdócio, da participação plena no culto e do acesso às áreas mais sagradas do templo. A mulher era fonte de impureza. Sem dúvida Jesus foi advertido disso desde pequeno.

Esta visão negativa da mulher não perdeu força ao longo dos séculos. No tempo de Jesus, pelo que podemos saber, era talvez mais negativa e severa[6]. A mulher não só era considerada fonte de tentação e ocasião de pecado. É, além disso, frívola, sensual, preguiçosa, fofoqueira e desordenada. De acordo com o escritor judeu Fílon de Alexandria, contemporâneo de Jesus, enquanto o varão se guia pela razão, a mulher se deixa levar pela sensualidade. Provavelmente Flávio Josefo resume bem o sentimento generalizado no tempo de Jesus: "De acordo com a Torá, a mulher é inferior ao varão em tudo"[7].

Por outro lado, a mulher era considerada um ser vulnerável que os homens devem proteger da agressão sexual de outros varões. Por isso era mantida reclusa no lar e retirada da esfera da vida pública. Os varões cuidavam da honra da casa e a defendiam publicamente; as mulheres precisavam cuidar de sua própria reputação e não envergonhar a família com uma atuação indecorosa. O mais seguro era encerrá-las em casa para que guardassem melhor sua honra sexual. Assim todos podiam viver mais tranquilos nas aldeias.

Ao casar-se, a mulher judia saía da própria família e passava, muitas vezes sem ser consultada, da autoridade do pai para a do marido. Doravante, toda a sua vida transcorrerá a serviço deste: por isso o chamava *ba'ali*, "meu senhor". Seus deveres eram sempre os mesmos: moer o trigo, cozer o pão, cozinhar, tecer, fiar, lavar o rosto, as mãos e os pés de seu homem. Natural-

---

6. A literatura rabínica é, de modo geral, muito negativa a respeito da mulher. Mas, por ser de data posterior incerta, não nos permite remontar com segurança até ao tempo de Jesus.

7. Flávio Josefo, *Contra Apião* II, 201.

mente, sua principal incumbência consistia em satisfazê-lo sexualmente e dar-lhe filhos varões para assegurar a subsistência da família. No entanto, parece que a influência da mulher era grande dentro da família: muitos homens as respeitavam e exaltavam como mães de seus filhos. Certamente, eram elas que cuidavam do clima familiar e religioso dentro da casa[8].

Fora do lar, as mulheres não "existiam". Não podiam afastar-se da casa sem estar acompanhadas por um varão e sem ocultar o rosto com um véu. Não lhes era permitido falar em público com nenhum varão. Deviam permanecer retiradas e caladas. Não tinham os direitos de que gozavam os varões. Não podiam tomar parte em banquetes. Exceto em casos muito precisos, seu testemunho não era aceito como válido, ao menos não como o dos varões. Na realidade, não tinham lugar na vida social. O comportamento de mulheres que se afastam da casa e andam sozinhas, sem a vigilância de um homem, tomando parte em refeições ou atividades reservadas aos varões, era considerado uma conduta desviada, própria de mulheres que descuidam de sua reputação e de sua honra sexual. Jesus o sabia quando as aceitava em sua companhia.

Também a vida religiosa, controlada pelos varões, colocava a mulher numa condição de inferioridade. Só na celebração doméstica ela tinha alguma participação significativa, pois era a encarregada de acender as velas, pronunciar certas orações e cuidar de alguns detalhes rituais na festa do sábado. De resto, sua presença era totalmente secundária. As mulheres estavam separadas dos homens tanto no templo como, provavelmente, na sinagoga. As normas de pureza, interpretadas rigidamente, só lhes permitiam o acesso ao átrio dos pagãos e das mulheres, não além.

Na realidade, o verdadeiro "protagonista" da religião judaica era o varão: não devemos esquecer que a circuncisão era o rito que constituía alguém como membro do povo da Aliança. A mulher não tem a mesma dignidade que o varão diante da lei. De fato, estava sujeita a todas as proibições da

8. Na literatura rabínica posterior a Jesus podemos ler muitos textos elogiosos: "Para quem perde sua mulher, o mundo se torna mais triste" (Rabi Alexandrai); "Quem não tem esposa não conhece o que é bom, vive sem ajuda, sem alegria, sem bênção..." (Rabi Jacó).

mesma forma que o varão, mas não se contava com ela como sujeito ativo da vida religiosa do povo: as mulheres não tinham obrigação de recitar diariamente o *Shema'*, confissão oficial da fé de Israel; também não estavam obrigadas a subir em peregrinação a Jerusalém nas festas da Páscoa, de Pentecostes ou das Tendas. Não era necessária sua presença. Bastavam os homens em tudo quanto se referia à relação com Deus: tudo era dirigido pelos sacerdotes do templo e pelos escribas da lei. Portanto, não era necessário iniciar as mulheres na Torá: elas não estavam obrigadas ao estudo da lei, nem os escribas as aceitavam como discípulas. É surpreendente a dureza de certos ditos rabínicos que, embora sendo de data posterior a Jesus, podem sugerir algo daquilo que se vivia também em seu tempo: "Quem ensina à sua filha a Torá, ensina-lhe a libertinagem, pois ela fará mau uso do que aprendeu"; "Antes sejam queimadas as palavras da Torá do que confiadas a uma mulher"[9].

Desta maneira, as mulheres judias, sem verdadeira autonomia, servas do próprio esposo, reclusas no interior da casa, suspeitas de impureza ritual, discriminadas religiosa e juridicamente, constituíam um setor profundamente marginalizado na sociedade judaica[10]. É significativa a oração que o Rabi Yehuda recomenda para ser recitada diariamente pelos varões: "Bendito sejas, Senhor, porque não me criaste pagão nem me fizeste mulher nem ignorante". Mas, era isto realmente o que Deus queria? O que pensava o profeta que anunciava seu amor compassivo? O que podiam esperar as mulheres com a chegada do reino de Deus?

Amigo das últimas

As mulheres que se aproximaram de Jesus pertenciam, de modo geral, ao estrato mais baixo daquela sociedade. Muitas eram enfermas curadas por

---

9. Existem, no entanto, ditos que animam os pais a ensinar a Torá também às filhas.

10. Há indícios para suspeitar que, nos pequenos povoados da Galileia, os costumes eram menos estritos do que se pode deduzir dos textos rabínicos. As mulheres saíam mais livremente de casa, acompanhavam os homens e as crianças em trabalhos do campo e nem sempre cobriam o rosto com o véu (Witherington III, Elisabeth Meier).

Jesus, como Maria de Mágdala[11]. Provavelmente moviam-se ao seu redor mulheres não vinculadas a nenhum varão: viúvas indefesas, esposas repudiadas e, em geral, mulheres sozinhas, sem recursos, pouco respeitadas e de fama não muito boa. Havia também algumas prostitutas, consideradas por todos como a pior fonte de impureza e contaminação. A todas Jesus acolhia[12].

Estas mulheres estão entre os pecadores e indesejáveis que se sentam a comer com Jesus. Aquela mesa não é a "mesa santa" na qual comem os "varões de santidade" da comunidade de Qumran, excluindo toda mulher. Também não é a "mesa pura" dos setores fariseus mais radicais, que tomam seus alimentos observando a pureza ritual dos sacerdotes[13]. Para Jesus, porém, estas refeições são precisamente símbolo e antecipação do reino de Deus. Junto a ele já se pode ver como os "últimos" do povo santo e as "últimas" daquela sociedade patriarcal são os "primeiros" e as "primeiras" a entrar no reino de Deus[14].

A presença destas mulheres nas refeições de Jesus resultava provavelmente escandalosa. As que se moviam fora de casa, acompanhando homens, eram consideradas mulheres de fácil acesso para qualquer comensal, sobretudo se não vinham acompanhadas pelo esposo[15]. Por outro lado, os arreca-

---

11. Lucas 8,2.

12. Lucas nos diz que acompanhavam Jesus "Joana, mulher de Cuza, um administrador de Herodes, Susana e muitas outras mulheres que o serviam com seus bens" (8,3). É difícil imaginar esta espécie de ricas matronas viajando pela Galileia e sustentando economicamente o grupo. Mais de um autor suspeita que este dado, trazido somente por Lucas, é provavelmente uma criação deste evangelista, que antecipa a conversão dessas "mulheres de destaque" das quais falará nos Atos dos Apóstolos 17,4-12 (Schüssler Fiorenza, Fitzmyer, Schweizer, Corley; contra Meier).

13. Não se sabe se entre o fariseus as mulheres eram admitidas nas refeições importantes de caráter festivo.

14. Os evangelistas falam de "pecadores", mas por trás desta linguagem sexista precisamos ver também "pecadoras".

15. É significativo o nervosismo do fariseu Simão, quando uma prostituta do povoado se aproxima de Jesus em pleno banquete, com gestos e atitudes que ele considera próprios de uma "pecadora". O relato foi muito trabalhado por Lucas (7,36-50).

dadores de impostos tinham fama de viver em contato com o mundo das prostitutas. Alguns deles dirigiam pequenos bordéis ou forneciam mulheres para os banquetes[16]. Jesus nem se assusta nem as condena. "Acolhe-as com o amor compassivo do Pai. Nunca aquelas mulheres haviam estado tão perto de um profeta. Jamais haviam ouvido falar assim de Deus. Mais de uma chora de gratidão. Aos seus adversários não se torna difícil desacreditá-lo como homem pouco observante da lei, "amigo de pecadoras". Certa vez Jesus os desafiou de maneira provocativa: "Os arrecadadores de impostos e as prostitutas entram antes de vós no reino de Deus"[17].

Também o "código de pureza" não foi para Jesus um obstáculo para estar perto das mulheres. Ao que parece, as prescrições deste código exerciam sobre a vida da mulher um controle muito mais rígido do que sobre os varões[18]. Durante a menstruação, a mulher permanece em estado de impureza por sete dias; depois do parto, por quarenta dias se teve um filho varão e por oitenta se deu à luz uma filha. De fato, o estado quase permanente das mulheres é o de "impureza ritual". É difícil saber como elas o viviam e que consequências práticas tinha para a convivência diária. O mais grave era talvez sua consciência de inferioridade e a sensação de afastamento do Deus santo que habita no templo[19].

Jesus não mostra nenhum empenho em criticar o "código de pureza". Em momento nenhum enreda-se em questões de sexo e pureza ritual. Não era sua característica. Simplesmente, a partir de sua experiência do reino de Deus começa a atuar com liberdade total. Não olha a mulher como fonte de

---

16. Kathleen E. Corley mostrou com muitos dados a suspeita de promiscuidade que recaía sobre as mulheres que tomavam parte em banquetes públicos e também a vinculação dos arrecadadores de impostos com os ambientes de prostitutas.

17. Mateus 21,31. Estas palavras parecem confirmar a estreita relação que existia entre estes dois grupos: "arrecadadores" e "prostitutas". A acolhida de Jesus devia resultar escandalosa.

18. Esta é a conclusão de Neusner.

19. Sanders pensa que, em geral, os exegetas exageraram as repercussões da "impureza ritual". É provável que tenha razão.

tentação nem de possível contaminação. Aproxima-se das mulheres sem receio e as trata abertamente, sem deixar-se condicionar por nenhum preconceito. Para as mulheres só podia ser atraente aproximar-se dele. Para mais de uma significava libertar-se, ao menos momentaneamente, da vida de marginalização e trabalho que levavam em suas casas. Algumas aventuravam-se inclusive a segui-lo pelos caminhos da Galileia. Deviam ser, provavelmente, mulheres sozinhas e desgraçadas que viram no movimento de Jesus uma alternativa de vida mais digna[20].

Rompendo esquemas

Sem dúvida as mulheres veem em Jesus uma atitude diferente. Nunca ouvem de seus lábios expressões depreciativas, tão frequentes mais tarde nos rabinos. Nunca ouvem dele nenhuma exortação a viver submissas a seus esposos nem ao sistema patriarcal. Não há em Jesus animosidade nem precaução alguma diante delas. Somente respeito, compaixão e uma simpatia desconhecida.

O mais surpreendente talvez seja ver de que maneira tão simples e natural ele vai redefinindo, a partir de sua experiência de Deus, o significado da mulher, derrubando os estereótipos vigentes naquela sociedade. Não aceita, por exemplo, que a mulher seja considerada levianamente como fonte de tentação e ocasião de pecado para o homem. Contra a tendência geral, nunca previne os varões contra as artes sedutoras das mulheres, mas os alerta diante de sua própria luxúria: "Todo aquele que olha uma mulher desejando-a, já cometeu adultério com ela em seu coração"[21]. Numa sociedade em que a luxúria do varão não era considerada tão grave como a sedução da mulher, Jesus põe o acento na responsabilidade dos homens. Estes não devem justificar-se lançando sobre as mulheres a culpa por seu mau comportamento.

---

20. Assim pensam investigadores como Freyne, Corley ou Witherington III.

21. Mateus 5,28-29.

Jesus corrige também a avaliação que se faz da mulher atribuindo-lhe como incumbência suprema o ter filhos. A cena conservada pela tradição tem um forte colorido mediterrâneo[22]. Em certa ocasião, uma mulher do povo louva Jesus exaltando sua mãe pela única coisa realmente importante para uma mulher naquela cultura: um ventre fecundo e peitos capazes de amamentar os filhos. "Feliz o seio que te carregou e os peitos que te amamentaram!" Jesus vê as coisas de outra maneira. Ter filhos não é tudo na vida. Por mais importante que seja para uma mulher a maternidade, há algo mais decisivo e primordial: "Felizes antes aquelas que ouvem a Palavra de Deus e a cumprem". A grandeza e dignidade da mulher, da mesma forma que a do varão, parte de sua capacidade de ouvir a mensagem do reino de Deus e entrar nele.

Em outra ocasião se nos diz que Jesus corrige, em casa de suas amigas Marta e Maria, aquela visão generalizada de que a mulher deve dedicar-se exclusivamente às tarefas do lar. Marta fatiga-se em acolher Jesus com todo o esmero, enquanto sua irmã Maria, sentada a seus pés, ouve suas palavras. Quando Marta reclama a ajuda de Maria para realizar suas tarefas, Jesus responde assim: "Marta, Marta, tu te preocupas e te agitas por muitas coisas; e poucas são necessárias, ou melhor uma só. Maria escolheu a parte boa, que não lhe será tirada"[23]. A mulher não deve ficar reduzida ao serviço das tarefas domésticas. Há algo melhor e mais decisivo a que ela tem direito tanto quanto o homem: ouvir a Palavra de Deus.

Jesus reage também com audácia diante do duplo critério de moralidade que se usa para julgar de maneira desigual o varão e a mulher. A cena é cati-

---

22. Lucas 11,27-28; *Evangelho [apócrifo] de Tomé* 79,1-3. Nunca é fácil assegurar com certeza a historicidade de episódios com estas características. Certamente, a resposta de Jesus repete de alguma forma uma convicção muito sua: sua verdadeira família é composta por aqueles que cumprem a vontade de Deus (Marcos 3,35).

23. Lucas 10,38-42. De modo geral, a exegese atual pensa que a cena foi criada por Lucas. Certamente as palavras de Jesus não têm o estilo de suas sentenças, mas o conteúdo corresponde à sua atitude em relação à mulher.

vante[24]. Trazem a Jesus uma mulher surpreendida enquanto estava tendo relações sexuais com um homem. Não se diz nada do varão. É o que ocorria quase sempre naquela sociedade machista. Humilha-se e condena-se a mulher, porque desonrou sua família. Enquanto isso, ninguém fala do varão, embora, paradoxalmente, é dele que a Torá exigia não possuir nem desejar uma mulher que já pertence a outro[25]. Ao dar a lei, pensa-se nos varões como os verdadeiros responsáveis da sociedade; depois, ao reprimir o delito, castiga-se com dureza as mulheres. Jesus não suporta esta hipocrisia social construída pelos varões. Não é verdade que a mulher seja mais culpável do que o varão: "Quem dentre vós estiver sem pecado, atire a primeira pedra"[26]. A começar pelos mais velhos, os acusadores vão se retirando um a um, envergonhados pelo desafio de Jesus. Sabem que eles são os mais responsáveis pelos adultérios que se cometem naqueles povoados.

A conclusão é comovedora. A mulher não se moveu. Continua ali, no meio, humilhada e envergonhada. Jesus fica sozinho com ela. Agora pode olhá-la com ternura e expressar-lhe todo o seu respeito e carinho: "Mulher, ninguém te condenou?" A mulher, que acaba de escapar da morte, responde atemorizada: "Ninguém, Senhor". As palavras de Jesus são inesquecíveis. Nunca poderão ouvi-las os varões adúlteros que se retiraram irritados. Só aquela mulher abatida: "Também eu não te condeno. Vai e, doravante, não peques mais". Aquela mulher não precisa de mais condenações. Jesus confia

---

24. João 8,1-8. Este episódio comovedor, integrado hoje no evangelho de João, é provavelmente um fragmento de um evangelho perdido ou um relato solto que circulou pela comunidade cristã. A cena tem, sem dúvida, muito de artificial, mas os investigadores pensam que, em alguma ocasião, Jesus atuou defendendo uma mulher adúltera com essa maneira tão característica de acolher os pecadores mais desprezados e mostrar-lhes a compaixão de Deus (inclusive no grupo do *Jesus Seminar*).

25. Êxodo 20,14-17. Ao varão é proibido ter relações sexuais com a esposa ou noiva de outro. O adultério equivale a um roubo. O pecado não consiste em ofender a própria esposa, mas em possuir uma mulher que pertence a outro homem. O verdadeiro culpado é o varão adúltero; a mulher não é senão vítima ou, no máximo, cúmplice.

26. Ao que parece, eram as testemunhas que, em geral, começavam o apedrejamento. A sugestão de Jesus é um desafio.

nela, quer para ela o melhor e a anima a não pecar. Mas de seus lábios não brota nenhuma condenação.

Um olhar diferente

Certamente Jesus olha as mulheres de maneira diferente e elas o percebem. Ele as nota imediatamente entre seus ouvintes, cobertas com o véu, e as toma em consideração ao comunicar sua mensagem. Também elas precisam ouvir a Boa Notícia de Deus e comunicá-la a outras mulheres que não se atreveram a sair de casa[27]. Ao falar às pessoas sobre a solicitude de Deus por suas criaturas, Jesus leva-as a olhar as aves do céu, que "não semeiam nem colhem, nem recolhem em celeiros e vosso Pai do céu as alimenta". Os homens que saíam diariamente a trabalhar o campo o entendem muito bem. Mas, logo depois, leva-os a observar os lírios do campo, que "não se afadigam nem fiam [...], e no entanto nem Salomão, em toda a sua glória, se vestiu como um deles"[28]. As mulheres, que passavam horas fiando e tecendo a roupa da família nos pátios de suas casas, o entendem perfeitamente.

Com uma sensibilidade nada habitual numa sociedade patriarcal, Jesus tem o costume de falar explicitamente das mulheres, tornando-as "visíveis" e pondo em relevo sua atuação. Narra a parábola do "amigo impertinente" que, com sua insistência, consegue ser ouvido pelo vizinho, mas ao mesmo tempo conta a da "viúva importuna" que reclama obstinadamente seus direitos até conseguir que o juiz lhe faça justiça[29]. Jesus não se fecha numa linguagem androcêntrica, que considera tudo a partir da perspectiva do varão. Ele se põe no lugar das mulheres e as faz protagonistas de suas parábolas.

---

27. Provavelmente foram mulheres as que divulgaram a mensagem de Jesus entre as mulheres que se moviam no âmbito da casa familiar (Witherington III).

28. Fonte Q (Lucas 12,24-28 // Mateus 6,26-29); *Evangelho [apócrifo] de Tomé* 36. Ninguém duvida de sua autenticidade. A linguagem e as imagens são típicas de Jesus.

29. Lucas 11,5-8 e 18,1-8.

Narra a parábola do "semeador" que sai a semear sua semente, mas conta também a da "mulher que põe o fermento" na massa de farinha[30]. As mulheres agradecem-lhe. Finalmente alguém se lembra do trabalho delas. Jesus não fala só da semeadura, trabalho de suma importância entre aqueles camponeses. Pensa também nesse outro trabalho indispensável que elas fazem antes do amanhecer, para que todos possam ter pão para comer. Como elas sentem Jesus tão próximo e como ele as ajuda a acolher sua mensagem! Deus está fazendo algo parecido com aquilo que elas fazem ao produzir o pão: introduzir no mundo uma força transformadora.

Uma parábola talvez tenha surpreendido de modo especial. Jesus queria que todos compartilhassem uma convicção que lhe era muito cara: Deus sente os que vivem perdidos como algo tão seu que não descansa até recuperá-los. Fala de um pai comovedor que sai do povoado para abraçar o filho perdido; fala também de um pastor que não sossega enquanto não encontra a ovelha perdida; mas fala também de uma mulher angustiada que varre com cuidado toda a casa até encontrar a moedinha de prata que se perdera[31]. Esta linguagem rompe todos os esquemas tradicionais, que tendiam a imaginar Deus sob a figura de varão. Um pai que acolhe o filho ou um pastor que busca sua ovelha são metáforas dignas para pensar em Deus. Mas, como pode ocorrer a Jesus a ideia de falar desta pobre mulher? Como se sabe, as mulheres são assim: perdem coisas, depois revolvem tudo, varrem a casa... Para Jesus, essa mulher varrendo sua casa é uma metáfora digna do amor de Deus pelos perdidos[32].

E isto não ocorre só em suas parábolas. Jesus aproveita qualquer situação para apresentar as mulheres como modelo de fé, generosidade ou entre-

---

30. Marcos 4,3-8 e fonte Q (Lucas 13,20 // Mateus 13,33).

31. Lucas 15,4-6; 15,11-32; 15,8-9.

32. De acordo com alguns, teria sido Lucas quem sublinhou esta atenção explícita à mulher, pensando em seu interesse para a catequese da comunidade cristã (Parrey, Corley, Elisabeth Meier). No entanto, não há motivos sérios para não atribuir esta sensibilidade ao próprio Jesus (Jeremias, Witherington III, Theissen e Merz).

ga desinteressada. Uma pobre viúva, uma enferma crônica ou uma mãe pagã desesperada podem ser um exemplo a ser seguido por todos. Marcos nos descreve uma cena comovente[33]. Uma pobre viúva aproxima-se silenciosamente de um dos treze cofres de esmolas colocados no recinto do templo, não longe do pátio das mulheres. Muitos ricos depositam quantias importantes. Quase envergonhada, ela joga no cofre suas duas moedinhas de cobre, as mais pequenas que circulam em Jerusalém. Seu gesto não foi observado por ninguém. Mas diante dos cofres de esmola está Jesus vendo tudo. Comovido, chama seus discípulos. Quer ensinar-lhes algo que só se pode aprender de gente pobre: dar algo mais do que as sobras. "Esta viúva pobre depositou mais do que qualquer outro [...] porque depositou tudo o que tinha para viver". A entrega silenciosa e total desta mulher é para Jesus um exemplo preclaro de generosidade e renúncia a todos os bens, que é a primeira coisa que ele pede a quem quiser seu discípulo[34].

De acordo com outro relato[35], uma mulher enferma aproxima-se timidamente de Jesus com a esperança de ficar curada de seu mal ao tocar-lhe o manto. Não conhecemos nem seu nome nem sua vida. Provavelmente foi sempre assim: tímida e calada. A enfermidade de que padece tornou-a ainda mais retraída. Passa muitos anos sofrendo perdas de sangue, num estado de impureza ritual que a obriga a afastar-se. Ela busca apenas uma vida mais digna. Seu desejo de ser como todos é tão grande que gastou com médicos tudo o que tinha. Agora, arruinada, sozinha e sem futuro, toca com fé o manto de Jesus e se sente curada. Jesus deseja saber quem a tocou. Não sente

33. Marcos 12,41-44. Historietas deste tipo encontram-se também na literatura rabínica e em antigos escritos gregos para mostrar que Deus sabe apreciar a generosidade dos pobres. Não há razão para negar totalmente sua historicidade. No episódio não há nada que destoe do estilo de Jesus.

34. Se todo o sustento dessa mulher consiste nesas duas moedinhas, "uma quarta parte do asse", devemos pensar que ela vive da mendicidade. O texto diz literalmente que "entregou sua vida" (*bios*). Ela não possui nada mais. Só seu coração grande e sua confiança total em Deus.

35. Marcos 5,24-34. Não é possível emitir um juízo firme sobre a historicidade deste episódio (Meier, Sanders). Em geral se considera como núcleo histórico a cura de uma mulher que sofria perdas de sangue. O resto do relato pode dever-se, em seu conjunto, à imaginação do narrador.

temor de que uma mulher impura o tenha contaminado. O que ele deseja é que esta mulher não ande envergonhada: ela precisa viver com dignidade. O que ela fez não é algo indecoroso, mas uma prova de sua fé. Quando ela, "atemorizada e tremendo", confessa tudo, Jesus, com grande afeto e carinho, a despede assim: "Filha, tua fé te salvou; vai em paz e fica curada de tua enfermidade". A atuação desta mulher é um exemplo dessa fé que ele sente faltar entre seus seguidores mais próximos[36].

Mais surpreendente ainda é o caso de uma mulher desconhecida da região pagã de Tiro[37]. Sua filha não só está enferma e transtornada, mas vive possuída por um espírito imundo. Angustiada, ela se aproxima de Jesus, lança-se a seus pés e suplica-lhe repetidamente que liberte sua filha daquele demônio. É fácil intuir em seu pedido o sofrimento e a angústia que se vive naquele lar. No entanto, Jesus lhe responde com uma frieza inesperada. Sente-se enviado às ovelhas perdidas de Israel; não pode dedicar-se agora aos pagãos. "Espera primeiro que se saciem os filhos, pois não fica bem tomar parte do pão dos filhos e lançá-lo aos cachorrinhos". Os cachorrinhos não fazem parte da família, não sentam à mesa com os filhos da casa, mas estão embaixo da mesa[38]. A mulher não se ofende; o que ela pede não é injusto; não está buscando nada para si mesma. A única coisa que deseja é ver sua filha libertada de tanto tormento. Retomando a imagem empregada por Jesus, replica-lhe de maneira inteligente e confiante: "Sim, Senhor; mas também os cachorrinhos comem em baixo da mesa migalhas das crianças". Sua filha contentar-se-ia com as migalhas e restos caídos da mesa. Imediatamente Je-

---

36. O relato não menciona explicitamente a condição de impureza ritual em que a mulher se encontra, mas isto está sem dúvida no pano de fundo de todo o episódio.

37. Marcos 7,24-30. O relato pode provir de um substrato anterior a Marcos. Alguns o consideram uma invenção da comunidade cristã para justificar a pregação aos gentios (Meier). No entanto, aceita-se em geral sua historicidade. Dificilmente ter-se-ia inventado entre os cristãos um episódio no qual Jesus aparece empregando uma linguagem insultante em relação aos pagãos.

38. Jesus emprega a linguagem habitual dos judeus ao referir-se aos pagãos como "cães". O uso do diminutivo não mitiga muito o caráter ofensivo da expressão.

sus compreendeu tudo: a vontade desta mulher coincide com a de Deus, que não quer ver ninguém sofrer. Comovido e admirado pela confiança dela, diz-lhe assim: "Mulher, grande é tua fé; faça-se como tu queres"[39]. A fé grande desta mulher é um exemplo para os discípulos de "fé pequena". Mas o mais surpreendente é que o próprio Jesus se deixa ensinar e convencer por ela. A mulher tem razão: o sofrimento humano não conhece fronteiras, pois está presente em todos os povos e religiões. Embora a missão de Jesus se limite a Israel, a compaixão de Deus deve ser experimentada por todos os seus filhos e filhas. Contra tudo o que se possa imaginar, de acordo com o relato, esta mulher pagã ajudou Jesus a compreender melhor sua missão[40].

Um espaço sem dominação masculina

Sua experiência de Deus Pai, defensor dos últimos, e sua fé na chegada de seu reinado levam Jesus a comportar-se de tal maneira que sua atuação põe em crise costumes, tradições e práticas que oprimiam a mulher[41]. Jesus não pode suprimir o caráter opressivamente patriarcal daquela sociedade. É simplesmente impossível. No entanto, introduz algumas bases novas e uma atitude capazes de "despatriarcalizar" a sociedade: ninguém pode em nome de Deus defender ou justificar a prepotência dos varões, nem a submissão das mulheres ao poder patriarcal deles. Jesus subverte tudo ao promover relações fundadas no fato de que todas as pessoas, mulheres e varões, são criadas e amadas por Deus: ele as acolhe em seu reino como filhos e filhas de igual dignidade[42]. Jesus vê a todos como pessoas igualmente responsáveis di-

---

39. Esta é a resposta de Jesus de acordo com Mateus 15,28.

40. Esta é a única ocasião em que Jesus renuncia à sua posição e aceita a de seu interlocutor (Patterson). Jesus deixa-se convencer por uma mulher pagã (!).

41. Evidentemente, é anacrônico apresentar Jesus como um precursor do feminismo moderno, comprometido numa luta para conseguir a igualdade de direitos da mulher e do varão.

42. Esta atitude libertadora de Jesus ocorre num momento em que é possível constatar, tanto em âmbitos helenistas como na sociedade judaica, um movimento de emancipação da mulher e uma tensão crescente com o sistema patriarcal rígido (Schüssler Fiorenza).

ante de Deus. Nunca fala a ninguém a partir de sua função de varão ou de mulher. Não é possível encontrar nele exortações a determinar os deveres dos varões por um lado e os deveres das mulheres por outro, como é comum entre rabinos judeus e como ocorrerá também nas primeiras comunidades cristãs, quando forem regulamentados os deveres domésticos do varão e, especialmente, da mulher. Jesus chama a todos, mulheres e varões, a viver como filhos e filhas do Pai, sem propor uma espécie de "segunda moral" mais específica e exclusiva para mulheres e para varões[43].

Provavelmente o que mais faz sofrer as mulheres não é viver a serviço do esposo e dos filhos, mas saber que, a qualquer momento, o esposo as pode repudiar, abandonando-as à própria sorte. Este direito do varão baseia-se nada menos que na lei: "Se resultar que a mulher não encontra graça a seus olhos, porque descobre nela algo que não lhe agrada, redigirá um certificado de repúdio, o colocará na mão dela e a porá para fora de casa"[44]. Já antes de Jesus nascer, os peritos da lei discutiam acaloradamente sobre a maneira de interpretar estas palavras. Segundo os seguidores de Shammai, só se podia repudiar a esposa em caso de adultério; segundo a escola de Hillel, bastava encontrar na esposa "algo desagradável", por exemplo que ela havia queimado a comida. Ao que parece, no tempo de Jesus era esta a tendência que ia se impondo. Mais tarde, Rabi Aqiba daria um passo a mais: para repudiar a esposa basta que o marido goste mais de outra mulher. Enquanto os doutos varões discutiam, as mulheres não podiam levantar a voz para defender seus direitos.

Em algum momento, a questão chegou até Jesus: "Pode o marido repudiar a mulher?" A pergunta é totalmente machista, porque a mulher não tinha nenhuma possibilidade de repudiar o marido. Jesus surpreende a todos com sua resposta. As mulheres que o ouvem não podem acreditar. De acor-

---

43. É impensável encontrar em Jesus um tratado como o *Nashim*, que, dentro da Mishna, regula tudo o que se refere às mulheres, nem tampouco as exortações sobre os deveres domésticos do varão e da mulher que são feitas nas primeiras comunidades cristãs (Colossenses 3,18–4,1; Efésios 5,22–6,9; 1Pedro 3,1-7).

44. Deuteronômio 24,1.

do com ele, se o repúdio está na lei, é por causa da "dureza de coração" dos varões e de sua atitude machista, mas o projeto original de Deus não foi um matrimônio patriarcal. Deus criou o varão e a mulher para que sejam "uma só carne", como pessoas chamadas a compartilhar seu amor, sua intimidade e sua vida inteira em comunhão total. Por isso, "o que Deus uniu, o varão não separe"[45]. Mais uma vez, Jesus toma posição a favor das vítimas, pondo fim ao privilégio dos varões de repudiar as esposas a seu bel-prazer e exigindo para as mulheres uma vida mais segura, digna e estável. Deus não quer estruturas que criem superioridade do varão e submissão da mulher. No reino de Deus tais estruturas terão que desaparecer[46].

É justamente isto que Jesus promove dentro dessa "nova família" que está formando com seus seguidores a serviço do reino de Deus. Uma família não patriarcal, na qual todos são irmãos e irmãs. Uma comunidade sem dominação masculina e sem hierarquias estabelecidas pelo varão. Um movimento de seguidores no qual não há "pai". Apenas o pai do céu.

Não sabemos onde nem quando o fato aconteceu. As fontes cristãs conservaram um episódio significativo na vida de Jesus. Depois de romper com sua família, Jesus encontra-se rodeado de um grupo de seguidores sentados em círculo à sua volta, formando com ele um grupo bem definido: mulheres e homens sentados, sem nenhuma superioridade de uns sobre outros, sem ninguém que eleve sua autoridade acima dos demais, todos escutando sua palavra e buscando juntos a vontade de Deus. De repente avisam a Jesus que sua mãe e seus irmãos chegaram com a intenção de levá-lo embora, porque pensam que ele está louco. Permanecem "fora", talvez para não misturar-se

---

45. A posição de Jesus contra o repúdio da mulher por parte do varão está conservada em três fontes independentes: Marcos 10,2-11; fonte Q (Lucas 16,18 // Mateus 5,32) e Paulo (1Coríntios 7,10-11). Por outro lado, o aforismo é do estilo de Jesus: "O que Deus uniu, o homem não separe". Tudo isso leva a pensar na autenticidade substancial do dito, que mais tarde foi adaptado a contextos e situações diferentes.

46. Jesus não se pronuncia propriamente sobre o divórcio tal como se apresenta na atualidade, mas sobre o privilégio exclusivo dos varões de repudiar suas mulheres.

com esse grupo estranho que rodeia seu parente. Olhando à sua volta, como talvez fosse seu costume, e contemplando os que já considera sua nova família, Jesus reage assim: "Estes são minha mãe e meus irmãos. Quem cumprir a vontade de Deus, esse é meu irmão, minha irmã e minha mãe"[47]. Nesta nova família formada por seus seguidores não há pais. Só o pai do céu. Ninguém deve ocupar o lugar dele. No reino de Deus não é possível reproduzir as relações patriarcais. Todos devem sentar-se em círculo em torno de Jesus, renunciando ao poder e domínio sobre os outros, para viver ao serviço dos mais fracos e indefesos.

A mesma coisa Jesus repete em outra ocasião. Os discípulos deixaram sua casa, deixaram também irmãos e irmãs, pais, mães e filhos, abandonaram as terras, que eram sua fonte de subsistência, trabalho e segurança. Ficaram sem ninguém e sem nada. O que receberão? Esta é a preocupação de Pedro e esta a resposta de Jesus: "Ninguém ficará sem receber cem por um: agora, no presente, casas, irmãos, irmãs, mães, filhos e campos [...] e, no mundo futuro, vida eterna"[48]. Os seguidores de Jesus encontrarão um novo lar e uma nova família. Cem irmãos e irmãs, cem mães! Mas não encontrarão "pais". Ninguém exercerá sobre eles uma autoridade dominante. Irá desaparecer o "pai", entendido de maneira patriarcal: varão dominador, amo que se impõe a partir de cima, senhor que mantém submissos a mulher e os filhos. Na nova família de Jesus todos compartilham vida e amor fraterno. Os varões perdem poder, as mulheres ganham dignidade. Para acolher o reino do Pai é preciso ir criando um espaço de vida fraterna, sem dominação masculina.

47. Marcos 3,20-21.31-35 e o *Evangelho [apócrifo] de Tomé* 99,1-3. O episódio foi retocado na comunidade cristã, mas conserva substancialmente seu núcleo histórico. Depois da Páscoa, nenhum cristão ter-se-ia atrevido a "inventar" que Jesus tinha sido considerado louco pela própria mãe.

48. Marcos 10,28-30. Muitos exegetas relutam em aceitar a autenticidade desta passagem, porque corresponde às preocupações dos primeiros cristãos. No entanto, as palavras podem ser atribuídas a Jesus se suprimirmos alguns acréscimos posteriores ("por mim e pelo evangelho", "com perseguições").

Outra fonte cristã nos transmitiu também algumas palavras nas quais Jesus apresenta uma justificação desta "ausência de pai" em seu movimento. É um texto fortemente anti-hierárquico, no qual ele pede a seus seguidores que não se transformem num grupo dirigido por sábios "rabinos", "pais" autoritários ou "dirigentes" elevados acima dos outros: "Não vos deixeis chamar *rabi*, porque um só é vosso Mestre, e vós sois irmãos. Nem chameis a ninguém de 'pai' vosso sobre a terra, porque um só é vosso Pai: o do céu. Nem tampouco vos deixeis chamar 'guias', porque um só é vosso 'Guia': o Cristo"[49]. Ninguém pode chamar-se nem ser "pai" na comunidade de Jesus. Só Deus. Jesus o chama de "Pai" não para legitimar estruturas patriarcais de poder sobre a terra, mas precisamente para impedir que, entre os seus, alguém pretenda reivindicar a "autoridade do pai", reservada exclusivamente a Deus[50].

Quando o poder patriarcal desaparece, aparecem as crianças. Elas são, ao lado das mulheres, os mais fracos e pequenos da família, os menos poderosos e os mais necessitados de amor. De acordo com Jesus, as crianças ocuparão o centro no reino de Deus. Na sociedade judaica, os meninos eram sinal de bênção de Deus, mas só eram importantes quando alcançavam a idade para cumprir a lei e tomar parte no mundo dos adultos. As meninas nunca são importantes, enquanto não tiverem filhos, se possível varões.

Jesus vai sugerir a seus discípulos um mundo novo e diferente. De acordo com um relato conservado em Marcos[51], os discípulos varões andam discutindo sobre a distribuição de poderes e autoridade. Jesus vai fazer um ges-

---

49. Mateus 23,8-11. Em seu conjunto, este texto foi elaborado por Mateus como advertência crítica à hierarquia que começa a surgir nas primeiras comunidades cristãs. No entanto, para não poucos estudiosos é o eco de algo que Jesus disse em coerência com outros textos autênticos.

50. Por outro lado, a imagem de Deus Pai que Jesus apresenta tem traços muito afetuosos e maternais. É um Deus compassivo que carrega seus filhos e filhas nas suas entranhas, cuida dos seres mais frágeis da criação, dá coisas boas a seus filhos, abraça e beija efusivamente seus filhos perdidos ao recuperá-los vivos... (Lucas 11,11-13; 12,29-32; 15,11-32).

51. Marcos 9,33-37. O apelo de Jesus a acolher as crianças teve, ao que parece, grande importância, pois deu lugar a toda uma série de ditos que se encontram na fonte Q e em João sob formas diferentes. Em sua origem há, com toda probabilidade, um gesto e um dito de Jesus, que ficaram obscurecidos pela redação de Marcos e pela tradição posterior.

to chamativo para que gravem bem como ele entende sua comunidade de seguidores: o importante não é ser o primeiro ou o maior, mas viver como o último servindo a todos: "Se alguém quiser ser o primeiro, seja o último de todos e o servo de todos". Depois Jesus toma uma criança e coloca-a no meio do grupo em sinal de autoridade. Aperta-a nos braços com carinho, como se quisesse transmitir-lhe sua própria autoridade. Os discípulos não sabem o que pensar de tudo aquilo. Jesus explica-o em poucas palavras: "Aquele que receber uma criança como esta em meu nome, é a mim que está recebendo; e quem me recebe a mim não estará recebendo a mim, mas aquele que me enviou". No movimento de Jesus são as crianças que, em sua pequenez, têm autoridade. São os mais importantes e devem ocupar o centro, porque são os mais necessitados de cuidado e de amor. Os outros, os grandes e poderosos, começam a ser importantes quando se põem a servir os pequenos e fracos.

O pensamento de Jesus aparece com clareza ainda maior em outra cena[52]. Apresentam a Jesus alguns meninos e meninas: se ele é um homem de Deus, há de transmitir-lhes algo de sua força e de seu espírito[53]. Os discípulos, que querem mandar e impor sua autoridade, procuram impedir que se aproximem de Jesus. A reação dele é imediata. Aborrecido, repudia a atuação de seus discípulos: "Deixai que as crianças venham a mim, não o impeçais, porque o reino de Deus é dos que são como elas. Asseguro-vos que quem não receber o reino de Deus como uma criança, não entrará nele". Logo em seguida repete um gesto bem típico seu. Abraça os meninos e meninas com carinho, comunicando-lhes sua vida e recebendo deles sua ternura e alegria. Depois impõe sobre eles as mãos para que cresçam e vivam sadios: abençoa-os como o Criador abençoava tudo no começo da vida. O movimento de Jesus, que prepara e antecipa o reino de Deus, não deve ser um grupo dirigido por homens fortes que se impõem aos outros a partir de cima. Deve antes ser uma comunidade "de

52. Marcos 10,13-16. De acordo com a maioria dos críticos, o relato baseia-se num incidente real ocorrido na vida de Jesus. Reflete sua atitude inconfundível para com os marginalizados, excluídos e indefesos. A afirmação de que o reino de Deus pertence às crianças está em harmonia com sua convicção de que o reino de Deus pertence aos pobres.

53. Podem ser crianças de rua. Não são as mães que as apresentam a Jesus.

crianças" que não se impõem a ninguém, que entram no reino só porque precisam de cuidado e amor. Uma comunidade na qual há mulheres e homens que, ao estilo de Jesus, sabem abraçar, abençoar e cuidar dos mais fracos e pequenos. No reino de Deus, a vida se difunde não a partir da imposição dos grandes, mas a partir da acolhida dos pequenos. Onde estes se tornam o centro da vida, ali está chegando o reino de Deus. Foi esta, provavelmente, uma das grandes intuições de Jesus.

Discípulas de Jesus

As mulheres seguiram Jesus desde a Galileia até Jerusalém e não o abandonaram nem no momento de sua execução. Ouviam sua mensagem, aprendiam dele e o seguiam de perto, da mesma forma que os discípulos varões. O fato é incontestável[54] e, ao mesmo tempo, surpreendente, porque, nos anos 30 e ainda mais tarde, não era permitido às mulheres estudar a lei com um *rabi*. E não só isso. Viajar pelo campo seguindo um varão e dormir no descampado junto com um grupo de homens era provavelmente um escândalo. Na Galileia não se tinha conhecimento de algo parecido. O espetáculo de um grupo de mulheres, em alguns casos sem companhia dos maridos, algumas delas antigas endemoninhadas, seguindo um varão celibatário que as aceita em sua companhia junto com seus discípulos varões, não podia senão despertar receio. Quem eram estas mulheres? O que faziam entre aqueles homens? Dedicavam-se a servi-los, realizando tarefas próprias de mulheres como cozinhar, preparar a mesa, servir os alimentos, trazer água, limpar-lhes os pés? Eram discípulas de Jesus no mesmo plano e com os mesmos direitos que os discípulos varões?[55]

---

54. O fato está atestado em todas as fontes cristãs, embora alguns evangelistas como Lucas atenuem sua presença.

55. Tradicionalmente pensou-se que estas mulheres andavam com Jesus para prestar um serviço próprio de mulheres. A partir do estudo de Winsome Munro (1982), a maioria dos investigadores considera-as verdadeiras discípulas (Schüssler Fiorenza, Witherington III, Moltmann-Wendel, Crossan, Meier, Kathleen E. Corley, Elisabeth Meier...).

As mulheres fizeram parte do grupo que seguia Jesus desde o início. Provavelmente algumas o fizeram acompanhando o esposo[56]. Outras eram mulheres sozinhas, sem companhia de nenhum varão. Nunca se diz que Jesus as tenha chamado individualmente, como, ao que parece, o fez com alguns dos Doze, não com todos. Provavelmente aproximaram-se por própria iniciativa, atraídas por sua pessoa, mas nunca ter-se-iam atrevido a continuar com ele se Jesus não as tivesse convidado a permanecer. Em nenhum momento ele as exclui ou afasta em razão de seu sexo ou por motivos de impureza. São "irmãs" que pertencem à nova família que Jesus vai formando, e são levadas em conta da mesma forma que os "irmãos"[57]. O profeta do reino só admite um discipulado de iguais.

Conhecemos o nome de algumas. Não são as únicas, muito pelo contrário[58]. Maria de Mágdala ocupa um lugar proeminente, porque é citada quase sempre em primeiro lugar, como Pedro entre os varões. Há um grupo de três mulheres que, ao que parece, são as mais próximas de Jesus: Maria de Mágdala, Maria, mãe de Tiago menor e de José, e Salomé, da mesma forma que entre os varões há três que gozam de uma amizade especial: Pedro, Tiago e João. Conhecemos também o nome de outras mulheres muito queridas por Jesus, como as irmãs Marta e Maria, que o acolhiam em sua casa de Betânia sempre que subia a Jerusalém, e o ouviam com verdadeiro prazer, embora, ao que parece, não o tenham acompanhado em suas andanças[59].

---

56. O evangelho de Marcos, o mais antigo, nunca diz que os discípulos abandonaram suas esposas. Eles deixam a família extensa, irmãos, irmãs, mãe, pai, filhos, mas não esposas (Marcos 10,29). Só Lucas, mais tardiamente, movido por sua tendência radical, acrescenta o abandono das esposas (Lucas 14,26; 18,19). Tampouco na fonte Q (Lucas 12,51-53 // Mateus 10,34-37) se fala de confronto com a esposa.

57. Marcos abandona por um momento a linguagem sexista e leva em consideração explicitamente a mulher: "Quem cumprir a vontade de Deus, esse é meu irmão, minha irmã e minha mãe" (3,35).

58. Marcos nos informa que, além das mulheres citadas, havia "muitas outras que haviam subido com ele a Jerusalém" (15,41).

59. Betânia era uma pequena aldeia nos arredores de Jerusalém. Distava uns três quilômetros do templo.

Estas mulheres que seguiram Jesus até Jerusalém tiveram uma presença muito significativa durante os últimos dias de sua vida. Há cada vez menos dúvida de que tomaram parte na última ceia. Por que iriam estar ausentes desta ceia de despedida elas que, normalmente, comiam com Jesus? Quem iria preparar e servir devidamente o banquete sem a ajuda das mulheres? Sua exclusão é ainda mais absurda se se tratou de uma ceia pascal, um dos banquetes em que as mulheres participavam. Onde teriam podido comer a Páscoa elas sozinhas na cidade de Jerusalém?[60] Nessa casa da última ceia reuniram-se sempre os discípulos nesses dias, inclusive depois da crucificação de Jesus, mas não só os Doze, e sim "em companhia de algumas mulheres, de Maria, a mãe de Jesus, e dos irmãos dele"[61].

A reação dos discípulos e das discípulas diante da execução de Jesus foi diferente. Enquanto os varões fogem, as mulheres permanecem fiéis e, apesar de os romanos não permitirem nenhuma interferência em seu criminoso trabalho, elas assistem "de longe" à sua crucificação e observam mais tarde o lugar do seu sepultamento[62]. Mas, sem dúvida, o que mais chama a atenção é seu protagonismo na origem da fé pascal. O anúncio primeiro da ressurreição de Jesus está ligado às mulheres[63]. Foram elas as primeiras a experimentar Jesus ressuscitado? Não é fácil dizer algo com segurança. Provavelmente

---

60. O evangelho de João não menciona os Doze. Jesus celebra a última ceia com "os seus" (13,1). Na comunidade cristã, as mulheres foram aceitas desde o começo na "fração do pão" ou ceia do Senhor (Atos dos Apóstolos 2,46).

61. Atos dos Apóstolos 1,14; 2,1-4.

62. Dentro do relato da execução de Jesus, a presença das mulheres é um fato cuja historicidade parece firme (Marcos 15,40-41). Lucas, que ocasionalmente tende a minimizar o papel das mulheres, assinala que junto com elas estavam também presentes "todos os conhecidos" de Jesus (23,49). Esta última indicação não é de forma alguma digna de crédito.

63. Esta é a conclusão mais provável que se extrai do conjunto das fontes evangélicas (Marcos 16,1-8; Lucas 24,10-11.23-24; João 20,11-18), apesar de Paulo só mencionar homens como testemunhas da ressurreição de Jesus (1Coríntios 15,5-8). Tudo leva a pensar que Marcos contém uma tradição mais antiga que não se conseguiu deixar de lado. De acordo com os Atos dos Apóstolos 13,31, o Ressuscitado "apareceu aos que haviam subido com ele da Galileia a Jerusalém e que agora são testemunhas diante do povo".

Maria de Mágdala teve um protagonismo destacado. Na comunidade cristã circularam duas tradições: a que atribui a Maria de Mágdala a primeira experiência e a que dá primazia a Pedro[64]. Não é possível afirmar mais com segurança. Se Maria ocupa o primeiro lugar no grupo de mulheres, e Pedro no de varões, deve-se provavelmente ao fato de que a ambos se atribuía um papel importante na origem da fé em Jesus ressuscitado.

A presença das mulheres no grupo de discípulos não é secundária ou marginal. Pelo contrário. Em muitos aspectos, elas são modelo do verdadeiro discipulado. As mulheres não discutem, como os varões, sobre quem terá mais poder no reino de Deus. Estão acostumadas a ocupar sempre o último lugar. O típico delas é "servir"[65]. De fato, eram sem dúvida as que mais se ocupavam em "servir à mesa" e em outras tarefas semelhantes, mas não precisamos ver em seu serviço uma ocupação que cabe a elas segundo uma distribuição lógica do trabalho dentro do grupo. Para Jesus, este serviço é modelo daquilo que deve ser a atuação de todo discípulo: "Quem é o maior, aquele que está à mesa ou aquele que serve? Não é o que está à mesa? Pois eu estou no meio de vós como aquele que serve"[66]. Talvez, em alguma ocasião, o próprio Jesus se tenha posto a servir, unindo-se às mulheres e indicando a todos a orientação que deve ter sua vida de discípulos. De acordo com as fontes, a atuação das mulheres foi modelo de discipulado para os varões por sua entrega, sua atitude de serviço e sua fidelidade total a Jesus até o fim, sem traí-lo, negá-lo nem abandoná-lo.

No entanto, nunca estas mulheres são chamadas "discípulas", pela simples razão de que não existia em aramaico uma palavra para nomeá-las as-

---

64. João 20,19-29; Lucas 24,34; 1Coríntios 15,5.

65. De acordo com a tradição de Marcos, as mulheres "o seguiam e o serviam quando estava na Galileia" (15,41).

66. Lucas 22,27. De acordo com os exegetas, este dito, transmitido por Lucas no contexto da última ceia, recolhe melhor o que foi expresso historicamente por Jesus do que a versão de Marcos 10,45, que é uma visão teológica cristã sobre a morte de Jesus como resgate.

sim. Por isso também os evangelhos gregos não falam de discípulas. O fenômeno de mulheres integradas no grupo de discípulos de Jesus era tão novo que ainda não existia uma linguagem adequada para expressá-lo[67]. Não são chamadas discípulas, mas Jesus as vê e trata como tais.

Jesus, porém, não pôde enviá-las pelos campos da Galileia a anunciar o reino de Deus nos lugares por onde ele iria passar. A palavra delas teria sido rejeitada. Às mulheres não se permitia nem sequer ler a Palavra de Deus; não podiam falar em público. Como os varões iriam ouvir sua mensagem do reino de Deus? Se isto não era imaginável, será que pôde enviá-las junto com os varões? Se realmente em algum momento Jesus enviou discípulos "dois a dois"[68], não se pode descartar que talvez tenha enviado também algum casal de esposos ou de um varão e uma mulher. Certamente, só em companhia de varões podiam as mulheres viajar com segurança pela Galileia. O que sabemos é que, nos primeiros anos da missão cristã, a maioria dos apóstolos, os irmãos do Senhor, e concretamente Cefas, viajavam levando consigo uma "esposa" ou uma "mulher crente"[69]. É normal, por outro lado, que não encontremos o nome de nenhuma mulher entre os "Doze" discípulos escolhidos por Jesus para sugerir a restauração de Israel. Este número simbólico aponta para o povo judeu, formado por doze tribos que, segundo a tradição, descendiam dos doze filhos varões de Jacó.

---

67. O nome "discípula" (*mathêtria*) não aparecerá até o século II, em que é aplicado precisamente a Maria Madalena (*Evangelho [apócrifo] de Pedro* 12,50).

68. Discute-se entre os investigadores se Jesus, durante sua atividade pública, realmente enviou discípulos dois a dois. Pessoalmente considero-o provável.

69. Concretamente é este o testemunho de Paulo: "Não temos direito de levar conosco uma mulher crente, como os outros apóstolos e os irmãos do Senhor e Cefas?" (1Coríntios 9,5). Alguns sugerem que os "dois discípulos" de Emaús eram um casal de esposos. Dá-se-nos o nome do varão, Cléofas, mas não o da mulher, pois não era costume mencioná-la. Talvez se trate de "Maria, mulher de Clopas", que aparece junto à cruz no evangelho de João (19,25). Vários autores sugerem que Jesus enviou possivelmente casais compostos por homem e mulher. Crossan reconhece, no entanto, que não se pode trazer argumentos decisivos.

Sua melhor amiga

Jesus tratou com afeto mulheres muito próximas dele, como Salomé ou Maria, mãe de Tiago e José. Teve amigas muito queridas, como Marta e Maria, irmãs de Lázaro[70]. Mas sua amiga mais íntima e querida é Maria, uma mulher oriunda de Mágdala. Ela ocupa um lugar especial em seu coração e no grupo de discípulos. Nunca aparece, como outras mulheres, vinculada a um varão. Madalena pertence a Jesus. Segue-o fielmente até o fim, liderando as outras discípulas. Ela é sem dúvida a primeira a encontrar-se com Jesus ressuscitado, embora Paulo não lhe dedique nem uma palavra sequer em sua lista de testemunhas da ressurreição.

Maria nascera em Mágdala, a antiga Tariqueia, cidade situada junto ao lago de Genesaré, a uns cinco quilômetros ao norte de Tiberíades, famosa por sua indústria de moxama e conservas de peixe. Jesus passava por Mágdala quando ia de Nazaré para Cafarnaum. Da vida de Maria nada sabemos. Só nos é dada uma breve referência que, no entanto, lança não pouca luz sobre sua relação com Jesus. Era uma mulher "possuída por espíritos malignos" e Jesus curou-a "expulsando dela sete demônios"[71]. Este fato foi o começo de tudo. Antes de conhecer Jesus, Maria vivia completamente transtornada, dilacerada interiormente, sem identidade própria, vítima indefesa de forças malignas que a destruíam. Não sabia o que era viver de maneira sadia.

Encontrar-se com Jesus é para ela começar a viver. Pela primeira vez encontra-se com um homem que a ama por si mesma, a partir do amor e da ternura de Deus. Nele ela descobre seu centro. Doravante não saberá viver sem ele. Em Jesus ela encontra tudo aquilo de que necessita para ser uma mulher sã e viva. De outros se diz que deixaram tudo para seguir Jesus. Maria não ti-

---

70. De acordo com o evangelho de João, "Jesus amava Marta, sua irmã e Lázaro" (11,5).

71. Lucas 8,2. Não há motivos para questionar a historicidade deste fato, embora não falte quem veja nesta informação de Lucas uma tentativa de enfraquecer a importância das mulheres e, concretamente, de Maria de Mágdala (Elisabeth Meier).

nha nada para deixar. Jesus é o único que pode fazê-la viver. Jamais um homem se aproximara dela assim. Ninguém a havia olhado dessa maneira. Passara muitos anos na escuridão, privada da bênção de Deus. Agora sente-o mais próximo do que nunca, graças à presença curadora de Jesus.

De acordo com uma tradição cristã, Maria é a primeira a encontrar-se com o ressuscitado e a comunicar sua experiência aos discípulos, que não lhe dão nenhum crédito. Assim o resume uma tradição de segunda mão que combina materiais provenientes de fontes anteriores: Jesus ressuscitado "apareceu primeiro a Maria Madalena, da qual havia expelido sete demônios. Ela foi comunicar a notícia aos que tinham vivido com ele, que estavam tristes e chorosos. Eles, ao ouvir que ele vivia e que fora visto por ela, não acreditaram nela"[72]. O evangelista João nos transmitiu um cuidadoso relato sobre o encontro dela com o ressuscitado[73]. Para uma mulher tão centrada em Jesus como Maria, a execução de Jesus foi um trauma. Haviam matado aquele que era tudo para ela. Ela não podia deixar de amá-lo; aferrava-se à sua pessoa; precisava agarrar-se ao menos a seu corpo morto. Talvez despertasse um medo em seu interior: sem Jesus ela podia cair de novo sob a sombria opressão das forças do mal. Olhava o sepulcro vazio, mas ainda maior era o vazio que encontrava em seu coração. Nunca tinha sentido uma solidão tão profunda. Quando Jesus se apresenta diante dela, Maria, cegada pela dor e pelas lágrimas, não consegue reconhecê-lo. Jesus a chama com a mesma ternura que punha na voz quando caminhavam pela Galileia: "*Miryam!*" Maria volta-se rápida: "*Rabbuni!*", "*Meu Mestre!*" Esta mulher que não podia viver sem Jesus é a primeira a descobri-lo cheio de vida[74]. Começa para Maria uma vida nova. Pode seguir novamente seu querido Mestre, mas já não será como

---

72. Marcos 16,9-11. Este texto foi acrescentado ao evangelho de Marcos depois de sua redação.

73. João 20,11-18. O relato pode derivar do "Evangelho dos sinais", uma fonte utilizada provavelmente pelo redator final do evangelho de João. A cena é criação do narrador, que procura transmitir-nos a intensidade emotiva do encontro. Os investigadores atrevem-se apenas a afirmar que Maria foi certamente uma das primeiras testemunhas da experiência pascal.

74. O narrador procura transmitir ao leitor toda a intensidade e intimidade do encontro, utilizando o aramaico, língua materna de Jesus e de Maria.

na Galileia. O ressuscitado a envia a seus irmãos: "Vai ter com meus irmãos e dize-lhes: Subo para meu Pai e vosso Pai, para meu Deus e vosso Deus". Maria terá que aprender a abraçá-lo em seus irmãos e irmãs enquanto lhes comunica que já não existe um abismo entre Deus e os seres humanos. Unidos a Jesus, todos têm Deus como Pai[75].

Maria não foi esquecida entre os primeiros cristãos[76]. Nos ambientes gnósticos dos séculos II e III era apresentada como uma mulher que "havia compreendido inteiramente" o mistério de Jesus e o transmitia aos discípulos, embora Pedro e outros não aceitassem "ter que ouvir uma mulher acerca de segredos que eles ignoravam". Nestes escritos narram-se episódios e expõem-se discursos que só podem ser interpretados corretamente levando em consideração as doutrinas gnósticas. É um erro atribuir-lhes um caráter histórico, embora provavelmente reflitam a importância que Maria Madalena teve nestes ambientes como "intérprete autorizada de Jesus". Pode-se também intuir a rivalidade que certamente existiu, não tanto entre Pedro e Maria, mas entre os grupos que os haviam escolhido como protótipos e representantes de sua próprias posições[77].

É conhecido o enredo novelesco de recentes obras de ficção que fazem de Maria Madalena a "companheira sexual" de Jesus. Os dois textos utilizados são tomados do *Evangelho [apócrifo] de Filipe*[78]:

---

75. De acordo com o *Evangelho [apócrifo] de Maria*, é esta mulher que foi despertando a fé dos discípulos: "Maria levantou-se, beijou a todos e disse a seus irmãos: 'Não fiqueis tristes nem duvideis, porque sua graça vos acompanhará e protegerá'". Maria não reserva seus beijos e sua ternura para seu único Amado. Oferece a todos o amor que traz no coração.

76. Os livros apócrifos descobertos em 1945 em Nag Hammadi (Alto Egito) nos permitem traçar o perfil de Maria de Mágdala tal como era lembrada e considerada em ambientes gnósticos do século II.

77. Esta é a opinião mais geral dos que investigam a figura da Madalena na literatura gnóstica: o *Diálogo do Salvador*, o *Evangelho [apócrifo] de Maria*, o *Evangelho [apócrifo] de Filipe*, *Pistis Sofia* (Crossan, Jacobsen, Vouga, Karen Jo Torjesen, Margaret Y. Mac Donald, Carmen Bernabé).

78. Foi escrito provavelmente na Síria, no final do século II ou começo do século III. Hoje possuímos uma tradução copta do original grego.

> Havia três mulheres que sempre iam com o Senhor: Maria sua mãe, sua irmã [de sua mãe] e Madalena, que era chamada sua companheira, porque Maria era sua irmã, sua mãe e sua companheira.
> Quanto à sabedoria, que é chamada "a estéril", ela é mãe dos anjos e companheira do Salvador, Maria Madalena. Cristo a amava mais que aos outros discípulos e costumava beijá-la frequentemente na boca[79].

Não é nem científico nem honesto ler estes textos de maneira "fundamentalista", sem analisar o significado gnóstico do "beijo santo" como sacramento da reunificação do varão e da mulher em Cristo[80] e sem estudar a apresentação que se faz de Maria Madalena como "personificação" da Sabedoria[81].

Sobretudo a partir do século IV, a imagem de Maria Madalena irá mudando rapidamente. Gregório de Nissa e Agostinho de Hipona exporão que Maria foi a primeira a receber a graça da ressurreição de Jesus, porque a mulher foi a primeira a introduzir o pecado no mundo. Logo Maria é confundida com a "pecadora" do relato de Lucas 7,36-50, transformando-se assim numa "prostituta". A lenda denigratória irá crescendo. Hierarcas, teólogos e artistas, todos eles varões, farão da Madalena uma mulher lasciva e luxuriosa, possuída pelos "sete demônios" ou pecados capitais. Só mais tarde, arrependida e perdoada por Jesus, dedicará sua vida inteira a fazer penitência. A Igreja do Oriente não conheceu esta imagem falsa e legendária de Madalena, prostituta e penitente. Sempre venerou-a como seguidora fiel de Jesus e testemunha eminente do Senhor ressuscitado.

---

79. *Evangelho [apócrifo] de Filipe* 59,6-11 e 63,1-2.

80. Segundo as doutrinas gnósticas, o mal primordial da humanidade consistiu em que a unidade andrógina original do varão e da mulher rompeu-se ao separar-se Eva de Adão. A reunificação é alcançada em Cristo. O "beijo santo" faz parte da sacramentalização deste fato salvador.

81. Maria é apresentada como personificação da "Sabedoria". Por isso é "companheira" (*koinônos*) do Senhor, como o foi também do sábio rei Salomão, que decidiu tomá-la como "companheira" [*koinônos*] de sua vida" (Sabedoria 8,9).

Bibliografia

Para um estudo geral de Jesus e as mulheres

WITHERINGTON III, Ben. *Women in the Ministry of Jesus*. Cambridge: University Press, 2001.

SCHÜSSLER FIORENZA, Elisabeth. *En memoria de Ella* – Una reconstrucción teológico-feminista de los orígenes del cristianismo. Bilbao: Desclée de Brouwer, 1989.

BAUTISTA, Esperanza. *La mujer en la Iglesia primitiva*. Estella: Verbo Divino, 1993, p. 21-61.

MOLTMANN-WENDEL, Elisabeth. *The Women Around Jesus*. Nova York: Crossroad, 1982.

CONRAD WAHLBERG, Rachel. *Jesus according to a Woman*. Nova York/Toronto: Paulist Press/Paramus, 1975.

Para o estudo da situação da mulher na Palestina do século I

JEREMIAS, Joachim. *Jerusalém no tempo de Jesus* – Pesquisas de história canônico-social no período neotestamentário. São Paulo: Paulinas, 1983 [*Jerusalén en tiempos de Jesús*. Madri: Cristiandad, 1977, p. 371-387].

STEGEMANN, E.W. & STEGEMANN, W. *História social do protocristianismo* – Os primórdios no judaísmo e as comunidades de Cristo no mundo mediterrâneo. São Leopoldo/São Paulo: Sinodal/Paulus, 2004 [*Historia social del cristianismo primitivo*. Estella: Verbo Divino, 2001].

FREYNE, Sean. *Galilee and Gospel*. Boston/Leiden: Brill, 2002, p. 271-286.

HANSON, K.C. & OAKMAN, Douglas E. *Palestine in Time of Jesus* – Social Structures and Social Conflicts. Mineápolis: Fortress Press, 1998, p. 23-26.

Discipulado de mulheres

TUNC, Suzanne. *También las mujeres seguían a Jesús*. Santander: Sal Terrae, 1999.

MEIER, Elisabeth. *Women and Ministry in the New Testament*: called to serve. Lanham/Nova York/Londres: University Press, 1980.

MEIER, John Paul. *Um judeu marginal: repensando o Jesus histórico* – III/1: Companheiros; III/2: Competidores. Rio de Janeiro: Imago, 2003-2004 [*Un judío marginal: nueva visión del Jesús histórico* – III: Compañeros y competidores. Estella: Verbo Divino, 2003, p. 98-105].

CORLEY, Kathleen E. *Private Women, Public Meals*: Social Conflict in the Synoptic Tradition. Peabody, MA: Hendrickson, 1993.

THEISSEN, Gerd & MERZ, Annette. *O Jesus histórico* – Um manual. São Paulo: Loyola, 2002 [*El Jesús histórico*. Salamanca: Sígueme, 1999, p. 250-256].

PIKAZA, Xabier. *Sistema, libertad, Iglesia* – Instituciones del Nuevo Testamento. Madri: Trotta, 2001, p. 135-158.

Outras obras de interesse sobre diversos aspectos

MAC DONALD, Margaret Y. *Las mujeres en el cristianismo primitivo y la opinión pagana* – El poder de la mujer histérica. Estella: Verbo Divino, 2004.

VOUGA, François. *Los primeros pasos del cristianismo* – Escritos, protagonistas, debates. Estella: Verbo Divino, 2001, p. 196-198.

PIKAZA, Xabier. *Hombre y mujer en las religiones*. Estella: Verbo Divino, 1996, p. 275-300.

BERNABÉ, Carmen. *María Magdalena* – Tradiciones en el cristianismo primitivo. Estella: Verbo Divino, 1994.

HORT, Weiss. *Vino nuevo en odres viejos?*– Consecuencias sociopolíticas del evangelio. Madri: Studium, 1973, p. 99-119.

LEVINE, Amy-Jill (org.). *Una compañera para Mateo*. Bilbao: Desclée de Brouwer, 2003.

9

MESTRE DE VIDA

Jesus continuava comunicando a todos a experiência que ele vivia em seu coração: "Deus já está aqui". Sua presença salvadora estava se fazendo notar de maneira silenciosa, mas real. Os enfermos e atormentados por espíritos malignos experimentavam em sua própria carne a força curadora de um Deus amigo da vida. Os mendigos e despossuídos, vítimas de todo tipo de abusos e atropelos, começavam a sentir Deus como seu defensor e Pai. Os pecadores, as prostitutas e os indesejáveis sentiam-se aceitos: enquanto comiam com seu amigo Jesus, despertava em seu coração uma fé nova no perdão e na amizade de Deus. Até as mulheres começavam a saborear uma dignidade nova antes desconhecida. Com Jesus, tudo começava a mudar.

Como responder a esta nova situação? Como "entrar" na dinâmica do reino de Deus? Como viver neste espaço novo criado pela irrupção salvadora de Deus? Jesus pode responder a partir de sua própria experiência. Ele é o primeiro que vive acolhendo o reino de Deus. Pode ensinar aos outros. As pessoas o percebem imediatamente não só como profeta de Deus, curador da vida ou defensor dos últimos, mas também como um mestre de vida que ensina a viver de maneira diferente sob o signo do reino de Deus.

Um mestre pouco convencional

As pessoas o chamam *rabi*, porque o veem como um mestre. Não é apenas uma forma de tratá-lo com respeito. Seu modo de dirigir-se ao povo para convidar a todos a viver de outra maneira ajusta-se à imagem de um mestre de seu tempo. Não é só um profeta que anuncia a irrupção do reino de Deus. É um sábio que ensina a viver respondendo a Deus[1].

No entanto, ninguém o confunde com os intérpretes da lei ou com os escribas que trabalham a serviço da hierarquia sacerdotal do templo. Jesus não se dedica a interpretar a lei[2]. Quase não recorre às Escrituras sagradas e não cita nunca mestres anteriores a ele. Não pertence a nenhuma escola nem se encaixa em nenhuma tradição. Sua autoridade surpreende. As pessoas têm a impressão de estar ouvindo de seus lábios um caminho de vida radicalmente diferente[3].

Como em todos os povos, também na sociedade judaica que Jesus conheceu predominava uma sabedoria convencional que se fora configurando ao longo dos séculos e era aceita basicamente por todos. A fonte principal da qual partia era a lei de Moisés e as tradições que eram transmitidas de geração em geração. Era esta "cultura religiosa", alimentada semanalmente nas sinagogas com a leitura das Escrituras, reavivada nas grandes celebrações e festas do templo, conservada e atualizada pelos intérpretes oficiais, que impregnava toda a vida de Israel. Desta tradição religiosa, interiorizada na consciência do povo, extraíam todos sua imagem de Deus e o quadro de valores que configuravam sua visão da vida: a eleição de Israel, sua aliança com Javé, a lei, o culto do templo, a circuncisão ou o descanso do sábado. Nela alimentava-se sua identidade de "filhos de Abraão"[4].

---

1. É certo que os escritores rabínicos só chamam *rabi* os letrados que viveram depois do ano 70, mas no tempo de Jesus existiam mestres como Hillel, Shammai ou Gamaliel (Theissen e Merz, Marguerat).

2. Jesus nunca emprega a terminologia tradicional entre os rabinos: "Assim diz a Torá" (Borg, Chilton).

3. Em Marcos 1,22 se diz que as pessoas "ficavam maravilhadas com seu ensinamento, porque ensinava-os como que tem autoridade, e não como os escribas". Não há motivo para pensar que esta observação de Marcos seja uma reflexão cristã sem base na história real de Jesus. Assim Jesus era recordado (Dunn).

4. Seguindo Sanders, diversos autores falam de um "judaísmo comum" ou "grande tradição", que recolheria o conteúdo essencial da religião de Israel, e das "tradições menores", nas quais se podem observar notáveis divergências. Outros, no entanto, consideram este "judaísmo comum" como uma reconstrução cuja consistência histórica não é fácil de provar (Neusner, Hengel). De modo geral, hoje fala-se cada vez mais de um grande pluralismo no judaísmo do século I dentro de um marco religioso básico (Perrot, Marguerat, Meier).

Embora Jesus viva enraizado no melhor desta tradição, seu ensino tem um caráter subversivo, pois põe em questão a religião convencional. De seu ensino depreende-se uma conclusão: está chegando o reino de Deus. Não se pode continuar vivendo como se nada acontecesse; é preciso passar de uma religião convencional a uma vida centrada no reino de Deus. O que se está ensinando em Israel já não serve como ponto de partida para construir a vida assim como Deus a quer. É preciso aprender a responder de maneira nova à nova situação criada pela irrupção de Deus.

Com linguagem extraída da sabedoria popular, Jesus deixa entrever de maneira inconfundível seu propósito. Não quer ensinar a caminhar pelo "caminho largo", percorrido por muita gente, mas que conduz o povo à sua perdição. Ele deseja mostrar um caminho diferente; são poucos ainda os que entram por ele, porque é mais "estreito", mas é o caminho que conduz à vida[5]. Não quer ser um guia cego no meio daquele povo; já há muitos "cegos guiando a cegos", com o risco de caírem todos num grande buraco[6]. Também não pretende pregar um remendo de pano novo numa veste velha, porque o rasgão pode ser maior; nem colocar vinho novo em odres velhos, porque se poderia deitar a perder tudo, vinho e odres[7]. O reino de Deus exige uma resposta nova capaz de transformar tudo pela raiz. "Vinho novo em odres novos!"

Mas Jesus não recorre às Escrituras para analisá-las e extrair delas seu ensinamento, como era costume entre os fariseus ou na comunidade de Qumran. As Escrituras lhe servem para mostrar que os desígnios de Deus já estão se cumprindo com a irrupção do reino de Deus. Sua experiência filial

---

5. A imagem está conservada na fonte Q (Lucas 13,24 // Mateus 7,13-14). É uma imagem frequente nas Escrituras hebraicas, nos livros apócrifos do Antigo Testamento e na literatura de Qumran. Não há por que negar que também Jesus tenha gostado de empregá-la. A formulação de Lucas é provavelmente a mais autêntica.

6. Fonte Q (Lucas 6,39 // Mateus 15,14) e *Evangelho [apócrifo] de Tomé* 34. O dito é um provérbio popular que Jesus utiliza à sua maneira.

7. Marcos 2,21-22 (recolhido depois em Mateus 9,16-17; Lucas 5,36-38) e *Evangelho [apócrifo] de Tomé* 47,4-5. São provérbios populares utilizados por Jesus. A versão mais original pode ser a do *Evangelho [apócrifo] de Tomé*, porque não foi adaptada à perspectiva cristã.

de Deus lhe diz que já está se revelando de maneira mais plena e decisiva aquilo que se dizia nos textos sagrados[8].

Jesus estava bem familiarizado com a tradição bíblica e com as expressões e imagens nela utilizadas. No entanto, não é fácil saber os textos que ele costumava citar[9]. Provavelmente o livro que mais o atraía era o do profeta Isaías e os textos de que mais gostava eram os que anunciavam um mundo novo para os enfermos e os mais pobres. Como não iria inflamar-se de júbilo quando tinha ocasião de ouvir, em algum sábado, palavras como estas: "Coragem! Não temais! Eis o vosso Deus [...] ele vem em pessoa salvar-vos. Então se abrirão os olhos dos cegos, os ouvidos dos surdos se desimpedirão, o coxo saltará como o cervo, a língua do mudo cantará"; "Naquele dia os pobres tornarão a alegrar-se com o Senhor, os mais pobres exultarão com o Santo de Israel, porque terão acabado os tiranos"?[10]

Ao que parece, Jesus não cita as Escrituras segundo o texto dos livros hebraicos que eram guardados nas sinagogas. As pessoas não sabiam o hebraico e, por outro lado, ninguém tinha em sua casa livro algum. Jesus cita a Bíblia de uma forma mais popular e menos precisa, seguindo os comentários ou traduções (*targumim*) que se faziam em aramaico para que o povo entendesse a Palavra de Deus[11]. Mas não se limita a repetir o texto. Adapta a lin-

---

8. Não é possível saber com certeza os escritos que Jesus conheceu e considerou como sagrados.

9. Como é natural, os evangelhos, redigidos em grego, citam o Antigo Testamento segundo a versão grega dos Setenta, concluída no século II a.C. e utilizada entre os judeus da diáspora, que só falavam grego. É bem possível que algumas destas citações, colocadas nos lábios de Jesus e que refletem os interesses e preferências das comunidades cristãs, tenham sido introduzidas durante a transmissão da tradição.

10. Isaías 35,4-6; 29,19-20. O texto de Isaías 61,1-2, citado por Jesus na sinagoga de Nazaré (Lucas 4,18-19), conserva sua experiência, mas foi introduzido provavelmente por Lucas como texto programático: "O Espírito do Senhor está sobre mim, porque me ungiu para anunciar a boa notícia aos pobres; enviou-me para proclamar a libertação aos cativos e dar a vista aos cegos, para libertar os oprimidos e para proclamar um ano de graça do Senhor".

11. Esta é a conclusão da investigação de Chilton, aceita por estudiosos de prestígio (Evans, Theissen, Meier, Witherington III). Parece que Jesus conhecia um comentário popular do livro de Isaías que mais tarde se cristalizou no *Targum de Isaías* (entre 70 e 135 d.C.). Neste escrito aparece com frequência a expressão "reino de Deus", categoria central da mensagem de Jesus.

guagem e as imagens bíblicas à sua própria experiência de Deus. Lê e recria tudo a partir de sua fé na irrupção do seu reinado.

As pessoas sabem que Jesus não é um mestre da lei. Não estudou com nenhum mestre famoso. Não provém de nenhum grupo dedicado a interpretar as Escrituras. Jesus move-se no meio do povo. Fala nas praças e descampados, junto aos caminhos e à beira do lago. Tem sua própria linguagem e sua própria mensagem. Para comunicar sua experiência do reino de Deus, narra parábolas que abrem seus ouvintes a um mundo novo. Para provocar as pessoas a entrar na dinâmica desse reino, pronuncia sentenças breves nas quais resume e condensa seu pensamento. De sua boca saem sentenças diretas e precisas que insistem com todos para que vivam a vida de outra maneira.

Seus ditos ficaram gravados naqueles que o escutavam. Breves e concisos, cheios de verdade e sabedoria, pronunciados com força, obrigavam as pessoas a pensar algo que, de outro modo, podia escapar-lhes. Jesus repete-os sempre de novo, em circunstâncias diversas. Alguns lhe servem para reforçar em poucas palavras aquilo que esteve explicando longamente. Não são ditos para serem pronunciados um após o outro[12]. É necessário tempo para pensar em cada um deles.

Jesus tem um estilo muito peculiar de ensinar. Sabe tocar o coração e a mente das pessoas. Com frequência as surpreende com ditos paradoxais e desconcertantes: "Quem quiser salvar sua vida, perdê-la-á, mas quem perde sua vida por mim a encontrará"[13]. Será de fato assim? Um assunto de vida ou morte? Uma decisão onde alguém arrisca tudo? Às vezes provoca as pessoas com expressões incrivelmente exageradas: "Se teu olho te escandaliza, arranca-o e joga-o para longe [...] e se tua mão direita te é ocasião de pecado,

---

12. Muitos ditos pronunciados por Jesus em diversas circunstâncias estão recolhidos nos evangelhos, formando verdadeiras "coleções" (por exemplo Mateus 7). Convém não deixar-se desorientar por esta apresentação simultânea.

13. Marcos 8,35.

corta-a e joga-a para longe"[14]. Outras vezes fala com ironia e humor: "Como é que vês o cisco no olho de teu irmão e não percebes a trave que há no teu?"[15] As pessoas riem às gargalhadas, mas dificilmente esquecerão a lição. Sabe também utilizar com graça jogos de palavras que os divertem não pouco: "Guias cegos, que coais um mosquito [em aramaico, *galma*] e engolis um camelo [em aramaico, *gamla*]!"[16]

Jesus quer chegar até às pessoas mais simples e ignorantes. Por isso, emprega também provérbios conhecidos por todos. O povo sempre gosta desses ditos de autor desconhecido, nos quais se recolhe a experiência de gerações. Não são ditos originais de Jesus, mas ele os utiliza de maneira original para ensinar a entrar no reino de Deus: "Ninguém pode ser escravo de dois senhores"; é o que diz a experiência, mas Jesus acrescenta: "Não podeis servir a Deus e ao Dinheiro"[17]. As pessoas o entenderam: não se pode atender ao chamado desse Deus que defende os últimos e viver acumulando riqueza. Em outra ocasião recorda outro provérbio: "Não são os que têm saúde que precisam de médico, e sim os enfermos"[18]. Todo mundo sabe: o médico é para atender os doentes. Então, por que não aceitam que ele se aproxime dos pecadores e coma com eles?

No entanto, mais que provérbios populares, Jesus pronuncia sentenças próprias nascidas de sua maneira de entender a vida a partir do reino de Deus[19]. São ditos breves que muitas vezes se caracterizam por sua radicalidade. Jesus os pronuncia com autoridade, sem fundamentar-se nas Escrituras e sem trazer argumento algum: "Amai vossos inimigos", "Não julgueis e não se-

---

14. Mateus 5,29-30.

15. Mateus 7,3.

16. Mateus 23,24. As pessoas iriam rir ainda mais ao recordar que o camelo era um animal impuro.

17. Fonte Q (Lucas 16,13 // Mateus 6,24).

18. Marcos 2,17.

19. Crossan analisou detalhadamente 133 aforismos. Aune chega a contabilizar 167.

reis julgados". São uma espécie de "contraordem" para viver sob o signo do reino de Deus diante do modo de viver aceito convencionalmente por todos[20].

Mudai vosso coração!

Quando proclama o reino de Deus, Jesus o faz procurando despertar uma resposta. Deus já está atuando. Israel não pode continuar vivendo esta nova situação como se nada estivesse acontecendo. É preciso entrar no projeto de Deus. Esta resposta é necessária não para que chegue seu reino, tampouco para merecê-lo. Deus está oferecendo seu amor compassivo a todos, sem olhar os méritos de ninguém. A preocupação de Jesus é outra: como responder ao Pai, que já está atuando? Como viver agora sob a compaixão de Deus? Ele já vive transformado inteiramente pelo reino de Deus, mas aquelas pessoas precisam ouvir um chamado novo que toque seu coração.

Jesus confia totalmente na força salvadora de Deus, mas observa os obstáculos e resistências que sua palavra encontra. Nem todos se abrem a Deus. Será que seu projeto irá fracassar algum dia? Jesus quer explicar como ele vê as coisas e conta a parábola de um semeador[21].

> Ouvi. Certa vez saiu um semeador a semear. E aconteceu que, ao semear, uma parte caiu à beira do caminho; vieram as aves e a comeram. Outra parte caiu em terreno pedregoso, onde não havia muita terra, e logo brotou, porque a terra não tinha profundidade; mas, quando saiu o sol, murchou e, por não ter raí-

---

20. No tempo de Jesus eram conhecidos e apreciados diversos livros que compilam provérbios e sentenças sapienciais: o livro dos Provérbios, terminado de redigir por volta de 480 a.C.; o livro do Coélet (ou Eclesiastes), escrito por volta de 250 a.C.; ou o livro de Jesus filho de Sirac (ou Eclesiástico), escrito por volta de 132 a.C. e traduzido para o grego por um neto do autor que vivia em Alexandria. Nestes livros ensina-se a viver de maneira sensata e razoável: busca da sabedoria; discernimento de virtudes e vícios; trabalho e família; relação com as mulheres; traços do homem sensato... Jesus nunca fala destes programas de vida, mas da resposta radical ao reino de Deus.

21. Embora o relato comece falando de um semeador, o centro da parábola não é o semeador, mas o que acontece com a semeadura.

> zes, secou. Outra parte caiu entre abrolhos; os abrolhos cresceram e a sufocaram, e não deu fruto. Outras partes caíram em terra boa e, crescendo e desenvolvendo-se, deram fruto: alguns grãos produziram trinta, outros sessenta e outros cem[22].

Jesus está falando de algo que ele conhece bem na Galileia. No outono, os camponeses saem para semear suas terras; em junho recolhem as colheitas. Os ouvintes de Jesus sabem o que é semear e o que é viver dependendo da futura colheita. Do que Jesus lhes quer falar?

O relato conta bem detalhadamente o que acontece com a semeadura. Uma parte da semente cai à beira do caminho que costeia o terreno. Não é terra boa; a semente nem germina: chegam os pássaros e a comem na hora. O trabalho do semeador foi um fracasso desde o primeiro momento. Outra parte cai numa área pedregosa, coberta por uma fina camada de terra. A semente chega a ter uma pequena brotação, mas não passa disto: por não poder deitar raiz, o sol a faz secar. A semeadura demorou um pouco mais para perder-se, mas também aqui o trabalho do semeador fracassa. Outra parte cai entre cardos. Ao que parece, pode germinar e crescer, mas não chega a dar fruto: os cardos crescem com mais força e a sufocam.

Os ouvintes ouvem consternados. Vale a pena continuar semeando? Aquele semeador não pode encontrar um terreno melhor? Jesus continua seu relato. Apesar de tanto fracasso, a maior parte da semente cai em terra boa. A planta cresce, desenvolve-se e dá fruto: trinta, sessenta a até cem por um. Em alguns terrenos, a semeadura foi um fracasso; em outros teve êxito. Mas, apesar dos fracassos, no final o semeador pode desfrutar de uma boa

---

22. A parábola está conservada nos evangelhos sinóticos (Marcos 4,3b-8; Mateus 13,3b-8; Lucas 8,5-8a) e no *Evangelho [apócrifo] de Tomé* 9. Provavelmente a versão de Marcos é a mais próxima ao relato original. Para entender a mensagem da parábola devemos prescindir da interpretação alegórica que aparece nos sinóticos (Marcos 4,14-20; Mateus 13,18-23; Lucas 8,11-15), porque é produto da comunidade cristã. Não está no *Evangelho [apócrifo] de Tomé*. Nessa interpretação alegórica utiliza-se a linguagem dos pregadores cristãos e se responde aos problemas vividos na segunda e terceira geração. Esta é a posição mais geral dos autores depois dos estudos de Jülicher sobre as parábolas.

colheita[23]. As pessoas começam a "entender". Jesus age como os camponeses. Ao semear, todos sabem que parte da semeadura se perderá, mas isso não desanima ninguém: o importante é a colheita final. Com o reino de Deus acontece algo semelhante. Não faltam obstáculos e resistências, mas a força de Deus dará seu fruto. Jesus está semeando. É o momento de responder.

Em que tipo de resposta Jesus está pensando? Ao contrário do que se poderia esperar, nunca ele convida as pessoas a fazer penitência, praticando ritos e gestos ascéticos tão caros aos profetas. Ninguém o ouve falar de jejum, cinza ou vestes de luto. Não é isso o que está esperando esse Deus cordial que aguarda todos com os braços abertos. Seu chamado vai além dessa penitência convencional. Também não chama a simplesmente voltar de novo à lei. Não se dirige somente aos pecadores, para que voltem à observância e se unam aos justos e observantes. Chama também os justos. Todos precisam mudar para "entrar" no reino de Deus, não em atitude penitencial, mas movidos pela alegria e a surpresa do amor incrível de Deus[24].

Não se deve esperar. O reino de Deus está chegando. É preciso "entrar" agora mesmo em sua dinâmica. Ninguém deve ficar fora. Jesus não faz um chamado à penitência nacional de todo o Israel, ao estilo do Batista, mas tampouco está pensando num grupo seleto. A todos deverá chegar a Boa Notícia. Todos estão convidados a crer. Não encontrarão no reino de Deus um novo código de leis para regular sua vida, mas um impulso e um horizonte novo para viver transformando o mundo de acordo com a verdadeira vontade de Deus.

---

23. Em três áreas a semeadura fracassa. Em outras três consegue-se uma boa colheita, de grau diverso. De acordo com o texto de Marcos, o que caiu em cada um dos primeiros terrenos é só "uma parte" (no singular), mas a maior parte, ou seja, as "outras partes" (no plural), deram uma boa colheita.

24. No judaísmo mais ou menos contemporâneo de Jesus fala-se em "voltar ao Deus da Lei". Por exemplo, "abandonar o caminho de corrupção e voltar à Lei de Moisés" (escritos de Qumran); "sair da impureza e observar os mandamentos do Deus altíssimo" (livro dos *Jubileus*); "faze-nos voltar à tua lei" (oração das *Dezoito bênçãos*). Jesus abandona essa linguagem e fala de "entrar no reino de Deus".

No reino de Deus só se pode entrar com um "coração novo", dispostos a obedecer a Deus a partir das profundezas do próprio ser. O que é decisivo é esta transformação radical. Deus procura "reinar" no centro mais íntimo das pessoas, nesse núcleo interior onde se decide sua maneira de sentir, de pensar e de comportar-se[25]. Jesus vê as coisas assim: nunca nascerá um mundo mais humano se não mudar o coração das pessoas; em nenhum lugar se construirá a vida como Deus a quer se as pessoas não mudarem a partir de dentro. "O homem bem retira coisas boas do bom tesouro do coração, e o mau retira coisas más do seu mau coração". Jesus ilustra isso com imagens claras e penetrantes: "Não há árvore boa que dê fruto ruim, nem árvore ruim que dê fruto bom. [...] Não se colhem figos dos espinheiros, nem da sarça se vindimam cachos de uva"[26]. Jesus quer tocar o coração das pessoas. O reino de Deus deve mudar a todos a partir da raiz[27]. Só homens e mulheres de coração novo farão um mundo novo.

Jesus utiliza uma linguagem original para falar da atitude básica para acolher a Deus. A alguns adultos pode parecer um insulto. Jesus lhes pede que "se façam como crianças". O que quer ele exatamente dizer? A "criança" é um arquétipo empregado de maneira diferente nas diversas culturas. É uma metáfora universal para falar de confiança nos pais, inocência, humildade, sinceridade e muitas outras coisas. Jesus por sua vez, nunca idealiza as crianças. Ele conhece bem aqueles meninos e meninas desnutridos que perambulam ao seu redor e entre seus seguidores. Talvez saiba que em alguns

---

25. Na mentalidade semita, o "coração" não é a sede do amor e da vida afetiva. É antes o nível mais profundo da pessoa, a fonte da percepção, do pensamento, das emoções e do comportamento. No coração da pessoa "se decide" sua vida inteira.

26. Este tipo de ditos é conhecido na sabedoria proverbial da época, mas Jesus os cunha à sua maneira. O contraste entre os espinhos e os figos e entre as sarças e as uvas é do estilo inconfundível de Jesus: Fonte Q (Lucas 6,34-35 // Mateus 7,16-20) e *Evangelho [apócrifo] de Tomé* 45,1-4.

27. No povo judeu recordava-se uma promessa de Deus que o profeta Ezequiel pronunciara entre os exilados da Babilônia, pouco depois da destruição de Jerusalém (586 a.C.): "Eu vos darei um coração novo e infundirei em vós um espírito novo; arrancarei vosso coração de pedra e vos darei um coração de carne" (Ezequiel 36,26).

lugares do Império há meninos, e sobretudo meninas, que, recém-nascidos, são abandonados pelos pais e, talvez, recolhidos mais tarde dos monturos para serem criados como escravos[28]. Não é esse o costume entre os judeus; mas, entre aquelas famílias pobres da Galileia, a criança não era só uma bênção de Deus. Era também uma boca a mais que era preciso alimentar.

Na Galileia do anos 30, ser criança equivale a não ser ninguém: uma criatura débil e necessitada, totalmente dependente dos pais. É este provavelmente o ponto de partida da metáfora de Jesus. Por isso diz: "Deixai que as crianças venham a mim; não as impeçais, porque o reino de Deus é daqueles que são como elas"[29]. O reino de Deus pertence às crianças, simplesmente porque são os mais fracos e necessitados, como pertence aos mendigos, aos famintos e aos que sofrem. Por isso Jesus, movido por esse Deus, as acolhe, abençoa e aperta em seus braços. Jesus vive e encarna o reino de Deus acolhendo os últimos.

A partir daqui, Jesus dá um passo além: "Eu vos asseguro: quem não receber o reino de Deus como uma criança, não entrará nele"[30]. O caminho para entrar no reino de Deus é tornar-se como as crianças. Deixar-se abraçar por Deus como aquelas crianças que se deixam abraçar por ele com alegria. Diante de Deus é preciso ser de maneira diferente de como são em geral os adultos, que quase sempre andam à procura de poder, grandeza, honra ou riquezas.

---

28. Num papiro encontrado em Oxirrinco, ao sul do Cairo, Hilarião, um trabalhador emigrado para Alexandria, escreve à sua esposa Alis, grávida, uma carta datada de 18 de junho do ano 1 a.C. nestes termos: "Eu fico em Alexandria. Peço-te encarecidamente que cuides de nosso filhinho, que eu, quando receber o pagamento, vo-lo enviarei. *Se deres à luz uma criança, caso seja varão, deixa que viva; mas, se for menina, expõe-na para que morra*" (citado por Crossan).

29. Marcos 10,14. São palavras ditas a partir da mesma perspectiva que as bem-aventuranças (Lucas 6,20-21). Deus é dos que não têm lugar na sociedade (despossuídos, excluídos). Acrescentam-se agora as crianças, que são os últimos da sociedade, os insignificantes.

30. Marcos 10,15. Este dito circulou provavelmente de maneira independente na comunidade cristã. Pode ter sido remodelado no contexto da iniciação ao batismo, mas não há razões sérias para duvidar de sua autenticidade. É característico de Jesus convidar a uma vida radicalmente nova no "reino de Deus".

Esta linguagem de Jesus pedindo aos adultos que "se façam como crianças" está sugerindo algo mais do que uma mudança de conduta. Jesus está como que pedindo um novo começo, o início de uma personalidade nova[31].

Para além da lei

Os judeus falavam com orgulho da lei. De acordo com sua tradição, o próprio Deus a havia presenteado a seu povo por intermédio de Moisés. Era a melhor coisa que haviam recebido de seu Deus. Em todas as sinagogas guardava-se com veneração o rolo da lei dentro de um cofre depositado num lugar especial. Não a sentiam como um jugo pesado ou como uma carga incômoda. A lei era seu orgulho e sua alegria, um bem precioso e imperecível para Israel, garantia e caminho de salvação. Nessa lei estava escrita a vontade do único Deus verdadeiro. Ali podiam encontrar tudo aquilo de que precisavam para viver em fidelidade ao Deus da Aliança[32].

No entanto, seduzido totalmente pelo reino de Deus, Jesus não se concentra na Torá. Não a estuda nem obriga seus discípulos a estudá-la. Amiúde fala de Deus sem basear-se na lei e sem preocupar-se se seu ensinamento entra em conflito com ela. Não vive na dependência de observá-la escrupulosamente, com se vivia, por exemplo, em Qumran. Para ele, a Torá não era a coisa fundamental. Também não entra por iniciativa própria em discussões sobre a interpretação correta das normas legais. Jesus busca a vontade de Deus a partir de outra experiência diferente.

---

31. No evangelho de João já se fala explicitamente de um "novo nascimento": "Eu te asseguro que quem não nascer de novo não pode experimentar o reino de Deus" (João 3,3).

32. Os judeus falavam da *torá*, que quer dizer literalmente "ensinamento" ou "instrução". No início, *torá* significava uma lei isolada. Quando, por volta de 500 a.C., se compilou o Pentateuco, todas as leis e códigos ficaram incorporados à história de Deus com seu povo. A todo este conjunto deu-se o nome de Torá ou Lei. No tempo de Jesus, a Torá e o Templo eram os dois pilares do judaísmo. Com a destruição do Templo, a Lei passou a ser o único centro. Quando falamos aqui de Lei ou Torá, referimo-nos ao conjunto de leis e prescrições que devem ser observadas para viver em fidelidade à Aliança.

O que Jesus pensava da lei? Não é fácil sabê-lo. Ao que parece, nunca se pronunciou de maneira explícita a favor ou contra[33]. Não oferece uma doutrina sistemática sobre a Torá. Pelo contrário, vai tomando posição em cada caso partindo de sua própria experiência de Deus. Certamente não promove nunca uma campanha contra a Torá de Israel. Também ele encontra em muitos aspectos dessa lei a expressão válida da vontade de Deus[34]. Mas a lei já não ocupa um lugar central. Está chegando o reino de Deus, e isto muda tudo. A lei pode regular corretamente muitos capítulos da vida, mas já não é a coisa mais decisiva para descobrir a verdadeira vontade desse Deus afetuoso que está chegando. Não basta que o povo se pergunte o que significa ser leal à lei. Agora é necessário perguntar-se o que significa ser leal ao Deus da compaixão.

Jesus confronta as pessoas não com aquelas leis de que falam os escribas, mas com um Deus compassivo. Não basta viver na dependência do que diz a Torá. É preciso buscar a verdadeira vontade de Deus, que, em não poucas ocasiões, nos pode levar além do que dizem as leis. O importante no reino de Deus não é contar com pessoas observantes das leis, mas com filhos e filhas que se pareçam com Deus e procurem ser bons como ele o é. Aquele que não mata cumpre a lei; mas, se não arranca de seu coração a agressividade contra seu irmão, não se assemelha a Deus[35]. Aquele que não comete adultério cumpre a lei; mas, se deseja egoisticamente a esposa de seu irmão, não se assemelha a Deus[36]. Aquele que ama só os amigos, mas alimenta em seu interior

---

33. De acordo com Mateus, Jesus afirma: "Não vim para abolir, mas para dar cumprimento. Asseguro-vos: enquanto durarem o céu e a terra, nenhum i e nenhum pontinho da Lei deixará de vigorar". Há um consenso muito generalizado de que todo o conjunto (Mateus 5,17-19) é uma criação cristã e reflete as discussões ocorridas mais tarde sobre a obrigatoriedade da lei judaica entre os cristãos.

34. Quando alguém lhe pergunta o que deve fazer para receber em herança a vida eterna, Jesus lembra-lhe os mandamentos da Lei e lhe cita, a seguir, os que pertencem à segunda tábua, ou seja, os que falam das obrigações sociais: "Não mates, não cometas adultério, não roubes..." (Marcos 1,17-22).

35. Mateus 5,21-22. Palavras muito trabalhadas na comunidade cristã, mas que conservam o eco do ensinamento de Jesus.

36. Mateus 5,27-28.

ódio contra os inimigos, não vive com um coração compassivo como o de Deus[37]. Nestas pessoas reina a lei, mas não reina Deus; elas são observantes, mas não se parecem com o Pai.

Jesus busca a verdadeira vontade de Deus com uma liberdade surpreendente. Não se preocupa absolutamente em discutir questões de moral casuística; procura diretamente o que é que pode fazer bem às pessoas. Critica, corrige e retifica determinadas interpretações da lei quando as vê em contradição com a vontade de Deus, que quer, antes de mais nada, compaixão e justiça para com os fracos e necessitados de ajuda[38].

Provavelmente causou muita surpresa a liberdade de Jesus diante do conjunto de normas e prescrições em torno da pureza ritual. A maior parte das "impurezas" que uma pessoa podia contrair não a transformavam num "pecador", moralmente culpado diante de Deus; mas, segundo o código de pureza, a afastavam do Deus santo e a impediam de entrar no templo e tomar parte no culto. Ao que parece, no tempo de Jesus vivia-se com bastante rigor a observância da pureza ritual[39]. Os mais rigorosos eram, sem dúvida, os essênios de Qumran. Basta observar com que obsessão purificavam seus corpos repetidas vezes ao longo do dia. Os grupos fariseus não chegavam a tanto, embora sua maneira de observar o código de pureza fosse muito mais estrita do que era de costume entre as demais pessoas[40].

---

37. Mateus 5,43-45.

38. De acordo com Marcos 7,8-13, Jesus critica uma tradição farisaica segundo a qual, se um filho consagra algo como *korban*, ou seja, "oferenda a Deus", está dispensado de ajudar com esses bens os pais idosos ou necessitados. Jesus queixa-se assim: "Já não lhe deixais fazer nada por seu pai e por sua mãe, anulando assim a palavra de Deus por esta tradição vossa que transmitistes". O episódio não parece autêntico, porque Jesus não intervinha em questões tão técnicas e sutis como a declaração de *korban*. Mas os autores pensam que seja um eco de sua atitude diante deste tipo de questões.

39. Mais tarde, na Mixná serão dedicados nada menos que doze tratados às prescrições relativas à pureza.

40. Não sabemos com certeza a posição dos grupos fariseus. Os grandes especialistas sustentam atitudes contrárias. Neusner afirma que, mesmo sendo leigos, comprometiam-se a observar as leis de pureza que obrigavam só os sacerdotes do templo. Sanders pensa que só os setores mais radicais pensavam assim.

Jesus, pelo contrário, relaciona-se com total liberdade com gente considerada impura, sem se importar com as críticas dos setores mais observantes. Come com pecadores e publicanos, toca os leprosos e movimenta-se entre gente indesejável. A verdadeira identidade de Israel não consiste em excluir pagãos, pecadores e impuros. Para ser o "povo de Deus", a coisa decisiva não é viver "separados", como fazem em boa parte os setores fariseus, nem isolar-se no deserto, como os essênios de Qumran. No reino de Deus, a verdadeira identidade consiste em não excluir ninguém, em acolher a todos e, de maneira preferencial, os marginalizados.

As fontes cristãs conservaram algumas palavras de Jesus que expressam bem seu pensamento: "Nada do que entra na pessoa pode manchá-la. O que sai de dentro é o que contamina"[41]. Alguns se preocupam muito em observar as leis de pureza para não ficar manchados. Para Jesus, esse tipo de impureza não chega a contaminar a pessoa. A contaminação ritual a partir do exterior não reveste tanta importância porque não toca o coração. Há outra "impureza" que nasce do interior, corrompe a pessoa por dentro e se manifesta depois em palavras e gestos maus. Para acolher a Deus, o importante não é evitar contatos externos que nos possam contaminar, mas viver com um coração limpo e bom[42].

Por isso, o critério que Jesus leva em conta é ver se uma lei concreta faz bem às pessoas e ajuda a compaixão de Deus a penetrar no mundo. É muito iluminadora sua maneira de agir diante da lei do sábado, a festa semanal considerada por todos como um presente de Deus. De acordo com as tradições mais antigas, o sábado era um dia bendito e santo, instituído por Deus

---

41. Estas palavras estão conservadas em Marcos 7,15 e no *Evangelho [apócrifo] de Tomé* 14,5. É um dito que reflete o pensamento autêntico de Jesus e que provavelmente circulou de maneira independente entre os primeiros cristãos. O contexto em que Marcos o coloca é uma construção artificial e bastante complexa do evangelista.

42. Não parece que Jesus rejeitasse frontalmente todas as leis de pureza. Como observa Sanders, se Jesus tivesse afirmado, por exemplo, que se podia comer carne de porco, teria provocado uma reação contrária violenta. Não esqueçamos que, no tempo dos Macabeus (175-134 a.C.), muitos judeus haviam morrido por negar-se a comer alimentos impuros. Mesmo assim, o comportamento e as palavras de Jesus desafiavam o sistema de pureza solidamente estabelecido pela tradição.

para descanso de suas criaturas. Todos deviam descansar, inclusive os animais empregados para trabalhar o campo. O sábado era um dia de folga e de festa para saborear a liberdade. Nesse dia, até os escravos e escravas ficavam liberados de seus trabalhos. Nas aldeias da Galileia respirava-se sossego e paz[43]. No tempo de Jesus, o sábado não era só uma lei exigida por fidelidade à Aliança. Tinha-se transformado em sinal e emblema da identidade do povo judeu diante de outros povos estranhos[44]. Os romanos, que não interrompiam seu ritmo de trabalho com uma festa semanal, admiravam, respeitavam e até "invejavam" esse venerável costume. Para os judeus era uma lei tão sagrada e tão arraigada em sua consciência que, nos combates contra Antíoco Epífanes, muitos judeus haviam perdido a vida por negar-se a combater ao serem atacados em dia de sábado[45].

Justamente por ser uma senha de identidade importante para Israel, existia um verdadeiro debate sobre a maneira mais perfeita de observar o descanso semanal[46]. Os essênios de Qumran eram, sem dúvida, os mais rigorosos. Basta ler algumas de suas normas: "Ninguém vá ao campo para fazer um trabalho no sábado. [...] Ninguém coma no sábado algo fora do que já foi preparado de véspera. [...] Ninguém preste auxílios de parto ao gado no sábado e, se uma rês cair numa cisterna ou numa cova, não seja resgatada no sábado. [...] Se um ser humano cair num lugar pantanoso ou num depósito

---

43. A Escrituras judaicas viam no sábado uma festa de "descanso" para imitar a Deus, que, depois de seis dias de trabalho criador, tomara para si um dia de folga (Êxodo 20,8-11). Era considerado também uma "libertação" da vida dura de trabalho, que lhes recordava a libertação da escravidão do Egito (Deuteronômio 5,12-15). O termo "sábado" provém do hebraico *shabbat*, que significa "cessar", "parar", "descansar".

44. Os três traços mais conhecidos e que melhor identificam o povo judeu diante de outros povos dentro do Império romano eram a circuncisão dos varões, a lei do sábado e a abstenção de alimentos impuros.

45. Pode-se ler um episódio impressionante em 1Macabeus 2,29-41. Mais tarde interpretou-se a lei do sábado de maneira menos rigorosa e permitia-se pegar em armas para defender a própria vida. Di-lo Flávio Josefo: "No sábado, os judeus só se defendem" (*A guerra judaica* I, 146).

46. No tempo de Jesus defendiam-se opiniões divergentes. Ao que parece, ninguém impunha sua própria opinião a outros grupos (Theissen, Sanders).

de água, ninguém o tire com uma escada, uma corda ou outro meio"[47]. Entre os fariseus defendia-se uma interpretação mais compreensiva[48]. Concretamente, permite-se quebrar o sábado em dois casos: para defender a própria vida contra os inimigos e para salvar uma pessoa ou um animal que se encontrar em perigo de morte. Em princípio, as curas estavam proibidas no sábado, a não ser que o enfermo corresse perigo de morte[49].

Jesus nunca pensou em suprimir a lei do sábado. Era um presente demasiado grande para aquelas pessoas que precisavam descansar de seus trabalhos e fadigas. Ao contrário, o que ele faz é devolver-lhe seu sentido mais genuíno: o sábado, como tudo o que vem de Deus, sempre é para o bem, o descanso e a vida de suas criaturas. Sua perspectiva não é a dos fariseus nem a dos essênios. O que o preocupa não é observar escrupulosamente uma lei que reforça a identidade do povo. A partir de sua experiência de Deus, o que não se pode tolerar é que uma lei impeça as pessoas de experimentar sua bondade de Pai.

Por isso, Jesus atreve-se a curar no sábado enfermos que, certamente, não correm perigo iminente de morte. Sua atuação provocou, ao que parece, a reação dos setores mais rigoristas de seu tempo, e Jesus aproveitou para explicar a razão última de sua atuação[50]. O sábado é um presente de Deus. "O sábado foi feito por causa do ser humano e não o ser humano por causa do

---

47. Flávio Josefo aduz vários exemplos para provar que os essênios "evitam trabalhar no sétimo dia da semana com um rigor maior que o dos outros judeus" (*A guerra judaica* II, 147).

48. Os essênios pensavam que os fariseus defendiam "interpretações fáceis" que "desviavam do caminho".

49. Tampouco entre os fariseus havia unanimidade. Entre os seguidores de Hillel tendia-se a interpretações mais abertas e liberais, ao passo que os partidários de Shammai inclinavam-se para posições mais rígidas e rigoristas.

50. Os evangelhos conservam com detalhes as transgressões de Jesus à lei do sábado (Marcos 3,1-6; Lucas 13,10-17; 14,1-6; João 5,1-18; 9,1-40). Não é possível reconstruir a autenticidade de cada um destes episódios, porque foram recriados depois do ano 70 e conservam, em boa parte, conflitos e polêmicas das comunidades cristãs com o judaísmo ortodoxo (Gnilka, Meier, Schlosser, Sanders, Barbaglio), mas ninguém duvida que Jesus infringia o sábado para curar.

sábado"[51]. Deus não criou o sábado para impor ao povo uma carga nem para obrigá-lo a viver preso a um conjunto de normas. O que Deus quer é o bem das pessoas. Essa é a verdadeira intenção de toda lei que vem dele. Como não irá Jesus realizar curas no sábado? Se o sábado é para celebrar a libertação do trabalho e da escravidão, não é o dia mais apropriado para libertar os enfermos de seu sofrimento e fazê-los experimentar o amor libertador de Deus? Seu reinado já está irrompendo, então por que não viver desde agora esta festa semanal como uma antecipação do descanso final e do desfrute da vida que Deus quer, sobretudo para os que mais sofrem?

Jesus defende sua atuação com audácia: "O que é permitido no sábado: fazer o bem ou fazer o mal, salvar uma vida ou destruí-la?"[52] Pode-se "matar" um inimigo em defesa própria e não se pode "curar"? Pode-se cometer um mal tão grave como o homicídio e não se pode fazer algo tão bom para um enfermo como curá-lo? Pode-se salvar uma ovelha que caiu numa cova e não se pode curar um ser humano prostrado pela enfermidade?[53] Jesus não espera que passe o sábado para curar um enfermo. Para ele torna-se insuportável ver alguém sofrendo e não agir imediatamente. No dia seguinte talvez ele já esteja em outra aldeia anunciando o reino a outras pessoas. O importante não é a lei, mas a vida que Deus quer para todos os que sofrem.

Os evangelistas conservam também outro episódio significativo. Como de costume, Jesus vai percorrendo os caminhos da Galileia seguido por seus discípulos. É sábado. Nas aldeias, as famílias se reúnem nesse dia para fazer a refeição principal da semana, mas eles estão em pleno campo e sen-

---

51. Marcos 2,27. Os autores consideram-no um dito autêntico de Jesus, que provavelmente circulou de maneira independente. Algo parecido podemos ler anos mais tarde em Rabi Simeão ben Manassia (*ca.* 180): "O sábado é entregue a vós e não vós entregues ao sábado".

52. Marcos 3,4. Não se pode afirmar com certeza a autenticidade deste dito.

53. Mateus 12,11: "Quem de vós que tiver uma só ovelha, se esta cair numa cova num sábado, não a agarra e a tira para fora?" Cf. também Lucas 14,6 e 13,15. Este tipo de ditos é um eco das convicções de Jesus, mas provavelmente ele não costumava entrar neste gênero de casuística.

tem fome mais uma vez. Ao atravessar uns terrenos semeados encontram algumas espigas. Os discípulos não duvidam um instante sequer. Arrancam as espigas, debulham-nas com a mão e as comem. Alguns, ao que parece, criticam-nos não por roubar o que não é deles, mas porque "arrancar espigas e debulhá-las" é um trabalho que não é permitido no sábado. Jesus defende-os recordando que também Davi e seus seguidores, quando fugiam de Saul, para saciar a fome não duvidaram em comer "pães consagrados", que só os sacerdotes podiam comer. A atitude de Jesus é sempre a mesma: nenhuma lei que provenha de Deus deve impedir de aliviar as necessidades vitais dos que sofrem, estão enfermos ou passam fome, porque Deus é, precisamente, o amigo da vida[54].

O decisivo é o amor

A única resposta adequada à chegada do reino de Deus é o amor. Jesus não tem a mínima dúvida. O modo de ser e de atuar de Deus deve ser o programa para todos. Um Deus compassivo está pedindo de seus filhos e filhas uma vida inspirada pela compaixão. Nada pode agradar-lhe mais. Construir a vida como Deus a quer só é possível se se fizer do amor um imperativo absoluto.

Jesus fala repetidamente, em suas parábolas, da compaixão, do perdão, da acolhida aos perdidos, da ajuda aos necessitados. Essa era sua linguagem de profeta do reino. Mas, em certa ocasião, fala também como mestre de vida, apresentando o amor como a lei fundamental e decisiva. E o faz associando de maneira íntima e inseparável dois grandes preceitos que gozavam de grande apreço na tradição religiosa do povo judeu: o amor a Deus e o amor ao

---

54. Marcos 2,23-28; Mateus 12,1-8; Lucas 6,1-5. Os investigadores consideram o episódio historicamente plausível. Os discípulos seguiam Jesus pela Galileia desprovidos de alimentos e, sem dúvida, em mais de uma ocasião passavam fome antes de serem acolhidos em alguma aldeia. No entanto, as palavras de Jesus, mesmo que contenham seu pensamento, foram recriadas na comunidade. Não é do estilo de Jesus defender-se recorrendo às Escrituras judaicas.

próximo[55]. De acordo com as fontes cristãs, quando lhe perguntam qual é o primeiro de todos os mandamentos, Jesus responde lembrando, em primeiro lugar, o mandamento que os judeus repetiam diariamente ao recitar a oração do *Shemá* no começo e no fim do dia: "O primeiro mandamento é: 'Ouve, Israel: o Senhor, nosso Deus, é o único Senhor. Amarás o Senhor teu Deus, com todo o teu coração, com toda a tua alma, com toda a tua mente e com todas as tuas forças'". Ele próprio rezou naquela manhã com essas palavras. São palavras que o ajudam a viver amando a Deus com todo o seu coração e com todas as suas forças. Este é o primeiro, mas Jesus logo acrescenta outro mandamento que está recolhido no velho livro do Levítico: "O segundo é: 'Amarás o teu próximo como a ti mesmo'. Não há outro mandamento maior do que estes"[56].

O amor a Deus e ao próximo é a síntese da lei, o princípio supremo que lança nova luz sobre todo o sistema legal. O mandamento do amor não se encontra no mesmo plano que os outros preceitos, perdido entre outras normas mais ou menos importantes. O amor relativiza tudo. Se um preceito não é deduzido do amor ou vai contra o amor, torna-se vazio de sentido; não serve para construir a vida como Deus a quer.

Jesus estabelece uma estreita conexão entre o amor a Deus e o amor ao próximo. Eles são inseparáveis. Não é possível amar a Deus e desinteressar-se do irmão. Para buscar a vontade de Deus, o decisivo não é ler leis escritas em tábuas de pedra, mas descobrir as exigências do amor na vida das pessoas. Não existe um âmbito sagrado no qual nos possamos ver a sós com Deus; não é possível adorar a Deus no templo e viver esquecido dos que so-

---

55. Jesus quase não emprega a terminologia habitual do amor. Os termos *agapê* ("amor") ou *agapân* ("amar") aparecem em seus lábios quando fala do amor aos inimigos. Em geral Jesus fala de maneira mais concreta: "compadecer-se" daquele que sofre; "perdoar" àquele que nos ofendeu; "dar um copo de água", "ajudar o necessitado".

56. Marcos 12,29-31. O episódio foi construído pelo redator, mas, de acordo com a maioria dos investigadores (menos Lüdermann), a resposta de Jesus é autêntica. Seu conteúdo representa o que Jesus pensa realmente. Os dois textos que Jesus associa inseparavelmente são: Deuteronômio 6,4-5 e Levítico 19,18.

frem; o amor a Deus que exclui o próximo converte-se em mentira. O que vai contra o amor vai contra Deus[57].

Jesus não confunde o amor a Deus e o amor ao próximo, como se fossem uma mesma coisa. O amor a Deus não pode ficar reduzido a amar o próximo, nem o amor ao próximo significa que já seja, em si mesmo, amor a Deus. Para Jesus, o amor a Deus tem uma primazia absoluta e não pode ser substituído por nada. É o primeiro mandamento. Não se dissolve na solidariedade humana. A primeira coisa é amar a Deus: buscar sua vontade, entrar em seu reino, confiar em seu perdão. A oração dirige-se a Deus, não ao próximo; o reino é esperado de Deus, não dos irmãos.

Por outro lado, o próximo não é um meio ou uma ocasião para praticar o amor a Deus. Jesus não está pensando em transformar o amor ao próximo numa espécie de amor indireto a Deus. Ele ama e ajuda as pessoas porque as pessoas sofrem e precisam de ajuda. Jesus é concreto e realista. É preciso dar um copo de água ao sedento, porque ele tem sede; é preciso dar de comer ao faminto para que não morra; é preciso vestir o nu para que se proteja do frio. Amar uma pessoa não por si mesma, mas por amor a Deus, seria uma coisa bastante estranha. Certamente Jesus não deixaria de entendê-lo[58].

Ele pensa, antes, de outra maneira. Os que se sentem filhos e filhas de Deus o amam com todo o coração, com toda a alma e com todas as forças. Este amor, como é natural, significa docilidade, disponibilidade total e entrega a um Pai que ama sem limites e incondicionalmente todos os seus fi-

---

57. Esta síntese do amor a Deus e ao próximo já vinha sendo gestada no judaísmo antes de Jesus. No livro dos *Jubileus* (século II a.C.) pode-se ler: "Amai e adorai a Deus, ao mesmo tempo que cada qual ama seu irmão com misericórdia e justiça". No *Testamento dos Doze patriarcas* (século II a.C.) diz-se assim: "Amai o Senhor em vossa vida inteira e amai-vos uns aos outros com um coração sincero"; "Amai o Senhor e o próximo, apiedai-vos do fraco e do pobre". De acordo com Fílon de Alexandria, filósofo judeu contemporâneo de Jesus, a "adoração a Deus" e a "filantropia" constituem as duas virtudes principais e gêmeas (*Virtutes* 51, 95). A coisa mais original de Jesus é citar literalmente os dois preceitos e situá-los acima de todos os outros, dando assim uma força especial ao que se vinha dizendo.

58. Jesus curava porque doía-lhe o sofrimento das pessoas enfermas.

lhos e filhas. Não é possível, portanto, amar a Deus sem desejar o que ele quer e sem amar incondicionalmente aqueles que ele ama como Pai. O amor a Deus torna impossível viver fechado em si mesmo, indiferente ao sofrimento dos outros. É precisamente no amor ao próximo que se descobre a verdade do amor a Deus.

Por isso, não é estranho que Jesus atribua ao próximo uma importância singular. Não se limita a lembrar o famoso mandamento do Levítico: "Amarás o teu próximo como a ti mesmo", mas explica-o ditando o que se veio a chamar de "regra de ouro": "Tratai os outros como quereis que eles vos tratem"[59]. Esta regra não era desconhecida no judaísmo. Já no livro de Tobias, escrito no século II a.C., encontra-se em forma negativa: "Não faças a ninguém aquilo que não queres que te façam a ti". Pela mesma época, um livro hebraico diz: "Que ninguém faça a seu próximo aquilo que não quer que lhe façam a ele"[60]. É bem conhecida a historieta contada num livro judeu sobre dois rabinos um pouco anteriores a Jesus. Um judeu aproximou-se do rabino Shammai para dizer-lhe que se tornaria prosélito se ele conseguisse ensinar-lhe a Torá durante o tempo em que ele aguentasse manter-se apoiado sobre um só pé. Shammai o rejeitou aborrecido. Então ele apresentou-se ao rabino Hillel, que lhe respondeu: "Não faças ao outro aquilo que não queres para ti. Esta é toda a Lei. O resto é só comentário".

Amar o outro "como a ti mesmo" significa simplesmente amá-lo como desejamos que o outro nos ame. Não se pode encerrar o amor em fórmulas precisas. Jesus nunca o faz. O amor pede imaginação e criatividade. Só assim se entende o convite de Jesus: "Tratai os outros como quereis que eles vos tratem; vossa própria experiência poderá ser o melhor ponto de partida para

59. A "regra de ouro" está conservada na fonte Q (Lucas 6,31 // Mateus 7,12) e no *Evangelho [apócrifo] de Tomé* 25,1-2.

60. Tobias 4,15; *Testamento de Neftali* 1,6.

imaginar-vos como deveis tratar uma pessoa concreta[61]. Ponde-vos na situação do outro: o que quereríeis para vós? É fácil que assim comeceis a ver com maior clareza como deveis agir com ele"[62].

Dificilmente Jesus poderia sugerir de maneira mais incisiva o caráter ilimitado do amor. Se o que exigiríamos idealmente para nós se transforma em critério e regra de nosso comportamento para com os outros, já não há desculpa nem escapatória alguma. Para nós sempre queremos o melhor. A "regra de ouro" nos põe a buscar o bem de todos de maneira incondicional. No "mundo novo" que Jesus anuncia, deve ser esta a atitude básica: disponibilidade, serviço e atenção à necessidade do irmão. Não há normas concretas. Amar o próximo é fazer por ele, naquela situação concreta, tudo o que alguém puder[63]. Jesus pensa em relações novas regidas não pelo interesse próprio ou pela utilização dos outros, mas pelo serviço concreto ao que mais sofre.

O chamado de Jesus é claro e concreto. Acolher o reino de Deus não é uma metáfora. É simplesmente viver o amor ao irmão em qualquer situação. Isto é que é decisivo. Só se vive como filho ou filha de Deus vivendo de maneira fraterna com todos. No reino de Deus, o próximo toma o lugar da lei.

---

61. As diversas versões da "regra de ouro" que circulavam no judaísmo formulam-na de maneira negativa: "Não faças ao outro o que não queres que te façam a ti". Nesta formulação corre-se o risco de reduzir o amor a "não causar dano" ao próximo. A formulação de Jesus é positiva: "Tratai os outros como quereis que vos tratem a vós". Aqui, o amor não consiste em "não causar dano", mas em tratar o outro da melhor maneira possível. Os estudiosos não atribuem hoje importância excessiva a esta mudança de formulação. Seria algo demasiadamente sutil.

62. Alguns autores duvidam que Jesus tenha repetido esta regra de comportamento tão conhecida no judaísmo. Parece que não corresponderia à sua perspectiva, sempre tão provocadora e que aparece em ditos como: "Ao que te esbofeteia na face direita, oferece-lhe também a outra"; "Convidai os que não vos podem corresponder". Talvez teria correspondido melhor ao pensamento de Jesus esta outra regra: "Tratai os outros como eles desejam ser tratados" (Lüdermann).

63. Na parábola do bom samaritano descreve-se, com um detalhamento pouco habitual na linguagem sóbria dos evangelhos, a atuação daquele homem que, comovido, se aproxima do ferido da valeta e faz por ele tudo quanto pode: desinfeta-lhe as feridas com vinho, trata-as com azeite, enfaixa-o, monta-o sobre sua própria cavalgadura, leva-o a uma hospedaria, cuida dele e está disposto a pagar o que for necessário (Lucas 10,34-35).

Deixamos Deus reinar em nossa vida quando sabemos ouvir com disponibilidade total seu chamado escondido em qualquer ser humano necessitado. No reino de Deus, toda criatura humana, mesmo a que nos parece mais desprezível, tem direito a experimentar o amor dos outros e a receber a ajuda de que necessita para viver dignamente.

Amai vossos inimigos

O chamado ao amor é sempre sedutor. Certamente muitos acolhiam com agrado sua mensagem. Mas o que menos podiam esperar era ouvi-lo falar de amor aos inimigos. Vivendo a cruel experiência da opressão romana e os abusos dos mais poderosos, suas palavras eram um autêntico escândalo. Só um louco podia dizer-lhes com aquela convicção uma coisa tão absurda: "Amai vossos inimigos, orai pelos que vos perseguem, perdoai setenta vezes sete, a quem vos bater numa face oferecei também a outra". O que Jesus está dizendo? Aonde os quer levar? É isto o que Deus quer? Viver submetidos resignadamente aos opressores?

O povo judeu tinha ideias muito claras. O Deus de Israel é um Deus que conduz a história impondo sua justiça de maneira violenta. O livro do Êxodo recordava a terrível experiência da qual havia nascido o povo de Deus. O Senhor ouviu os gritos dos hebreus e interveio de forma poderosa, destruindo os inimigos de Israel e vingando-os de uma opressão injusta. Se o adoravam como Deus verdadeiro era precisamente porque sua violência era mais poderosa do que a de outros deuses. O povo pôde comprová-lo repetidas vezes. Deus os protegia destruindo seus inimigos. Só com a ajuda violenta de Deus puderam entrar na terra prometida.

A crise chegou quando o povo se viu submetido novamente a inimigos mais poderosos do que eles. O que podiam pensar ao ver o povo eleito desterrado para a Babilônia? O que podiam fazer? Abandonar Javé e adorar os deuses da Assíria e da Babilônia? Entender de outra maneira seu Deus? Sem demora encontraram a solução: Deus não mudou; eles é que se afastaram dele desobedecendo a seus mandamentos. Agora Javé dirige sua violência justiceira sobre seu povo desobediente, transformado de alguma maneira em seu "inimigo". Deus continua sendo grande, pois se serve dos impérios estrangeiros para castigar o povo por causa de seu pecado[64].

Os anos se passaram e o povo começou a pensar que seu castigo era excessivo. O pecado já fora expiado sobejamente. As esperanças despertadas no povo ao retornar do exílio haviam ficado frustradas. A nova invasão de Alexandre Magno e a opressão sob o Império de Roma eram uma injustiça cruel e imerecida. Alguns visionários começaram então a falar de uma "violência apocalíptica". Deus interviria novamente de maneira poderosa e violenta para libertar seu povo, destruindo os que oprimiam Israel e castigando a todos quantos rejeitavam sua Aliança. No tempo de Jesus, ninguém duvidava da força violenta de Deus para impor sua justiça, vingando seu povo de seus opressores. Só se discutia quando ele interviria, como o faria, o que ocorreria ao chegar com seu poder castigador. Todos esperavam um Deus vingador. Um após o outro, os salmos que eles recitavam pedindo a salvação falavam da "destruição dos inimigos". Esta era a súplica unânime: "Deus da vingança, Javé, Deus vingador, manifesta-te! Levanta-te, juiz da terra, e dá aos soberbos o que merecem!"[65]

Neste clima tudo convidava a odiar os inimigos de Deus e do povo. Era inclusive um sinal de zelo pela justiça de Deus: "Senhor, como não vou odiar os que te odeiam e desprezar os que se levantam contra ti? Sim, odeio-os

---

64. O autor do Levítico expõe em termos terríveis esta teologia de um Deus violento, que dirige a história com seu poder destruidor. "Se andardes segundo meus preceitos, [...] a espada não atravessará vossas fronteiras. Perseguireis vossos inimigos, que cairão diante de vós ao fio da espada. [...] Mas, se não me ouvirdes e não cumprirdes meus mandamentos, [...] voltar-me-ei contra vós e sereis derrotados diante de vossos inimigos; os que vos odeiam vos tiranizarão" (Levítico 26,3.6-7.14-17).

65. Salmo 94,1.

com ódio implacável, considero-os meus inimigos"[66]. Este ódio era alimentado sobretudo entre os essênios de Qumran. Era uma espécie de princípio fundamental para seus membros: "Amar tudo aquilo que Deus escolhe e odiar tudo aquilo que ele rejeita". Concretamente, pedia-se aos membros da comunidade "amar todos os filhos da luz, cada um segundo sua sorte no desígnio de Deus, e odiar todos os filhos das trevas, cada um segundo sua culpa na vingança de Deus"[67]. O pano de fundo sombrio do ódio aparece em diversos textos nos quais se convida ao "ódio eterno contra os varões de corrupção" ou à "cólera contra os varões de maldade". Excitados por este ódio, preparavam-se para tomar parte na guerra final dos "filhos da luz" contra os "filhos das trevas"[68].

Jesus começa a falar uma linguagem nova e surpreendente. Deus não é violento, mas compassivo; ama inclusive seus inimigos; não busca a destruição de ninguém. Sua grandeza não consiste em vingar-se, castigar e controlar a história por meio de intervenções destruidoras. Deus é grande não porque tenha mais poder do que qualquer outro para destruir seus inimigos, mas porque sua compaixão é incondicional para com todos. "Faz sair seu sol sobre bons e maus, e manda a chuva sobre justos e injustos"[69]. Deus não retém ciumentamente seu sol e sua chuva. Compartilha-os com seus filhos e filhas da terra sem fazer discriminação entre justos e culpados. Não restringe seu amor apenas aos que lhe são fiéis. Faz o bem inclusive aos que se

---

66. Salmo 139,21-22.

67. 1QRegra da Congregação I, 3-4.9-11. De acordo com Flávio Josefo, ao entrar na comunidade, os essênios formulavam o terrível juramento de "odiar [...] sempre os injustos e lutar na facção do justos" (*A guerra judaica* II, 139).

68. Em Qumran excluía-se da comunidade os coxos, cegos, surdos, mudos, dementes, menores... provavelmente porque não podem tomar parte nessa guerra final. Jesus, pelo contrário, os acolhe porque não prepara ninguém para a guerra e o ódio e sim para a paz e o amor (Ranke-Heinemann, Nelson-Pallmeyer).

69. Fonte Q (Lucas 6,35 // Mateus 5,45).

opõem a ele. Não reage diante dos homens segundo o comportamento deles. Não responde à injustiça deles com injustiça, mas com amor[70].

Deus é acolhedor, compassivo e perdoador. É esta a experiência de Jesus. Por isso não sintoniza com as expectativas messiânicas que falam de um Deus belicoso ou de um Enviado seu que destruiria os inimigos de Israel. Não parece crer tampouco nas fantasias dos apocalípticos, que anunciam castigos catastróficos iminentes para todos os que se opõem a Deus[71]. Não se deve alimentar ódio contra ninguém, como fazem os essênios de Qumran. Este Deus que não exclui ninguém de seu amor deve levar-nos a agir como ele. Jesus tira uma conclusão irrefutável: "Amai vossos inimigos para que sejais dignos de vosso Pai do céu"[72]. Este apelo de Jesus deve ter provocado comoção, pois os salmos convidavam antes ao ódio, e a lei, em seu conjunto, orientava a combater contra os "inimigos de Deus"[73].

Jesus não está pensando só nos inimigos privados que alguém pode ter em seu próprio entorno ou dentro de sua aldeia. Pensa certamente em todo tipo de inimigos, sem excluir ninguém: o inimigo pessoal, o que prejudica a família, o

---

70. A bondade de Deus concedendo chuva e colheitas aos povos inimigos apresentava um problema para o qual os rabinos procuraram encontrar diferentes respostas (Hanina, Eleazar). Jesus não entra neste tipo de discussões. Simplesmente contempla a criação e constata que Deus é bom para com todos. Por volta de 260 d.C., um rabino chamado Samuel afirma algo que Jesus teria subscrito sem pestanejar: "O Senhor é bom para com todos e sua misericórdia é para todos, porque este é seu modo de comportar-se, já que é misericordioso" (*Bereshit Rabbá* 33,3).

71. Jesus sabia que Deus não havia apoiado os que se haviam sublevado por ocasião da morte de Herodes o Grande (4 a.C.). Pôde comprovar também que não interviera para salvar o Batista das mãos de Herodes Antipas. Nunca saberemos se tudo isso teve alguma influência sobre ele, como sugerem alguns investigadores (Jewett, Nelson-Pallmeyer).

72. É este o conteúdo substancial que se pode atribuir a Jesus do conjunto Mateus 5,43-45 // Lucas 6,27-28.35. O "amor aos inimigos" é considerado pelo grupo do *Jesus Seminar* como um dos três ditos que com mais segurança remontam a Jesus.

73. São terríveis as imprecações que se podem ler contra os inimigos (Salmo 137,8-9; 58,11). No mundo grego vigorava, em geral, o princípio enunciado por Platão: "Faze o bem aos amigos e faze o mal ao inimigos". Em Sêneca encontramos, no entanto, uma exortação que se aproxima de maneira surpreendente do pensamento de Jesus: "Se queres imitar os deuses, faze o bem aos ingratos, pois o sol nasce também para os criminosos e os mares estão abertos aos piratas".

adversário do próprio grupo ou os opressores do povo. O amor de Deus não discrimina, busca o bem de todos. Da mesma forma, quem se parece com ele não discrimina, busca o bem para todos. Jesus elimina dentro do reino de Deus a inimizade. Seu apelo poderia ser formulado assim: "Não sejais inimigos de ninguém, nem sequer de quem é vosso inimigo. Sede parecidos com Deus"[74].

Jesus não apresenta o amor ao inimigo como uma lei universal. A partir de sua experiência filial de Deus ele contempla esse amor ao inimigo como o caminho a seguir para parecer-se com Deus, como a maneira de ir destruindo a inimizade entre irmãos. Um processo que exige esforço, pois é preciso aprender a depor o ódio, superar o ressentimento, bendizer e fazer o bem. Jesus fala de "orar" pelos inimigos, provavelmente como um modo concreto de ir despertando no coração o amor para com aqueles que nos custa amar[75]. Mas, ao falar de amor, Jesus não está pensando em sentimentos de afeto, simpatia ou carinho para com quem nos faz mal. O inimigo continua sendo inimigo e dificilmente pode despertar em nós tais sentimentos. Amar o inimigo é, antes, pensar em seu bem, "fazer" o que é bom para ele, o que pode contribuir para que ele viva melhor e de maneira mais digna.

Sem respaldo algum da tradição bíblica, enfrentando os salmos de vingança, que alimentavam a oração de seu povo, opondo-se ao clima geral de ódio aos inimigos de Israel, distanciando-se das fantasias apocalípticas de uma guerra final contra os opressores romanos, Jesus apregoa a todos: "Amai vossos inimigos, fazei o bem aos que vos odiarem"[76]. O reino de Deus deve ser o início da destruição do ódio e da inimizade entre seus filhos. Assim pensa Jesus.

---

74. Não é acertado introduzir no pensamento de Jesus uma diferenciação entre inimigos pessoais (*inimicus*) e inimigos públicos ou políticos (*hostis*). É certo que Jesus tem quase sempre em seu horizonte imediato os inimigos que seus ouvintes podem ter no contexto de sua própria aldeia (Horsley), mas não exclui os adversários do povo nem os opressores das pessoas (Schottroff, Theissen, Gnilka, Schrage). Provavelmente, na transmissão da tradição, o acento foi se deslocando mais tarde para os "perseguidores" das comunidades cristãs (Mateus 5,44).

75. A fonte Q fala de "orar" pelos inimigos. Lucas diz: "Orai pelos que vos caluniarem" (6,28); Mateus escreve: "Orai pelos que vos perseguirem" (5,44). O papiro *Oxyrrinchus* 1224 e a *Didaqué* conservam literalmente: "Orai por vossos inimigos".

76. Lucas 6,27.

A luta não violenta pela justiça

Todas as esperanças do povo estavam postas na intervenção poderosa de Deus, que imporia sua justiça destruindo os inimigos de Israel. Ninguém podia pensar de outra maneira ao ouvir as promessas dos profetas e as expectativas dos escritores apocalípticos. No entanto, a experiência de Jesus é diferente. Deus ama a justiça, mas não é destruidor da vida, e sim curador; não rejeita os pecadores, mas os acolhe e perdoa. A justiça chegará, mas não será porque Deus a imponha de maneira violenta destruindo os que a ele se opõem.

A atitude de Jesus bate de frente com o ambiente geral. É impossível para ele crer num Enviado de Deus encarregado de guerrear contra os romanos; não espera nada dos levantes violentos contra o Império; não dá ouvidos aos apocalípticos, que alimentam no povo a esperança numa vingança iminente de Deus; não entende os essênios que vivem no deserto preparando-se para a guerra final contra "os filhos das trevas". A chegada de Deus não pode ser violenta e destruidora. Pelo contrário, significará a eliminação de toda forma de violência entre as pessoas e entre os povos. Por isso, Jesus vive desafiando cada dia diferentes formas de violência, mas sem usar nunca a violência que destrói o outro. Sua característica não é destruir, mas curar, restaurar, bendizer, perdoar. Assim vai irrompendo o reino de Deus no mundo[77].

Mas, se não virá um Messias guerreiro para derrotar os romanos e se Deus não intervirá violentamente vingando o povo de seus inimigos e fazen-

---

77. É significativo observar que, para apresentar o programa ou a atuação de Jesus, as fontes cristãs recorrem ao profeta Isaías, mas citam somente textos que falam de cura, libertação ou reparação, ao mesmo tempo que evitam os que falam de castigo, vingança ou destruição. De acordo com Lucas 4,18-19, Jesus lê um texto de Isaías que diz: "O espírito do Senhor está sobre mim, porque me enviou para proclamar a libertação dos cativos e dar a vista aos cegos, para libertar os oprimidos e para proclamar um ano de graça do Senhor". O texto detém-se aqui, suprimindo a frase completa: "Proclamar um ano de graça do Senhor e *um dia de vingança para nosso Deus*" (Isaías 11,4-5). Segundo a fonte Q (Lucas 7,22 // Mateus 11,5), Jesus responde assim aos discípulos de João: "Os cegos veem, os coxos andam, os leprosos ficam limpos, os surdos ouvem, os mortos ressuscitam e aos pobres é anunciada a boa notícia". A resposta se inspira em boa parte em Isaías 35,5-6, que diz: "Descolar-se-ão os olhos dos cegos, os ouvidos dos surdos se abrirão, o coxo saltará como um cervo, a língua do mudo cantará", mas evita-se citar o versículo anterior, que diz: "Vosso Deus traz a vingança e a desforra".

do justiça a seus pobres, o que se pode fazer? Submeter-se resignadamente aos opressores de Roma? Aceitar a injustiça dos grandes latifundiários? Calar-se diante dos abusos do templo? Abandonar para sempre a esperança de um mundo justo? Como pode ir se tornando realidade o reino de Deus diante de tanta injustiça? A partir de sua experiência de um Deus não violento, Jesus propõe uma prática de resistência não violenta à injustiça. O que é preciso fazer é viver unidos a esse Deus cujo coração não é violento, mas compassivo. Seus filhos e filhas devem parecer-se com ele, inclusive quando lutam contra abusos e injustiças. A linguagem de Jesus mostra-se ainda hoje escandalosa. Ele não dá normas nem preceitos. Simplesmente sugere um estilo de atuar que beira os limites do possível. E o faz propondo algumas situações concretas que ilustram de maneira expressiva como reagir diante do mal: "Não resistais violentamente a alguém que é mau convosco. Quando alguém te esbofetear a face direita, apresenta-lhe também a outra; a quem quiser discutir contigo para tirar-te a túnica, dá-lhe também o manto; e a quem te obrigar a andar uma milha, vai com ele duas"[78].

A proposta corresponde plenamente à maneira de agir de Jesus e parece ser sua desesperada tentativa de erradicar do mundo a injustiça sem cair na violência destruidora. Jesus não está estimulando a passividade. Não leva à indiferença nem à rendição covarde diante da injustiça. Convida, antes, a ser donos da situação, tomando a iniciativa e realizando um gesto positivo de amizade e de graça que pode desconcertar o adversário.

Jesus anima a reagir com dignidade, criando uma situação nova que torne mais patente a injustiça e obrigue o violento a refletir e, talvez, a abandonar sua atitude. Não se trata de adotar uma postura vitimista, mas de seguir uma estratégia amistosa que bloqueie toda possível escalada de violência. Talvez Jesus não esteja pensando tanto na reação do adversário quanto em que cada

78. Fonte Q (Lucas 6,29 // Mateus 5,39-41). Aceita-se de maneira bastante generalizada que os três exemplos provêm de Jesus. Seu caráter paradoxal e provocativo leva a pensar nele. Alguns autores duvidam da autenticidade do terceiro exemplo, que não aparece em Lucas.

um vença em si mesmo a reação de sinal violento e responda à agressão não na mesma linha que o agressor, mas exatamente em sentido oposto. Esta seria, para Jesus, a atuação mais digna de quem entra no reino de Deus[79].

Ao que parece, bater na face direita era uma prática bastante comum para humilhar os subordinados. Os amos batiam impunemente nos escravos, os latifundiários nos seus servos, os esposos nas suas mulheres. Quem podia protestar? O normal era aceitar a humilhação e submeter-se resignadamente aos abusos dos mais poderosos. Jesus pensa de maneira diferente. Não é possível reagir de forma inesperada? "Quando alguém te esbofeteia na face direita, não percas a dignidade diante de teu agressor, olha-o nos olhos, tira-lhe seu poder de humilhar-te, oferece-lhe a outra face, faze-lhe ver que sua agressão não teve efeito nenhum sobre ti, continuas sendo tão humano quanto ele ou mais".

Por que não reagir assim em situações semelhantes? "Se alguém quer arrebatar-te a túnica interior com a qual cobres o corpo, desprende-te também do manto que levas por cima e entrega-o. Apresenta-te assim diante de todos, nu mas com dignidade. Que o ladrão caia no ridículo e todos possam ver até onde chega sua ambição"[80]. Imaginemos outra situação. Suponhamos que, em algum momento, soldados a serviço de Roma te obriguem a transportar uma carga por uma milha. "Por que não te mostras disposto a continuar ainda por mais outra milha? Deixá-los-ás desconcertados, porque, segundo a lei romana, é proibido forçar alguém por mais de uma milha. Não

---

79. É esta, com diversos matizes, a interpretação mais geral (Schottroff, Theissen, Gnilka, Bruce, Nelson-Pallmeyer, Wink, Barbaglio). Contra, recentemente: Horsley. De acordo com seu estudo, Jesus não fala aqui de "resistência não violenta diante do mal", mas está convidando os vizinhos das aldeias da Galileia a "ajudar-se uns aos outros sem excluir os inimigos". A meu ver, a análise de Horsley ajuda a contextualizar melhor os ditos de Jesus, mas de modo algum os priva de sua carga de resistência não violenta diante daquele que nos trata mal.

80. A túnica (*chitôn*) era a roupa interior que se trazia diretamente sobre o corpo. O manto (*himation*) era a roupa de agasalho que se traz por cima. De acordo com o livro do Êxodo, não se podia tomar em penhor o manto do pobre, porque era o único agasalho com que podia defender-se do frio durante a noite (22,25-26).

será uma grande vitória contra Roma, mas mostrarás tua dignidade e tua rejeição à sua injusta opressão"[81].

O reino de Deus exige organizar o mundo não no rumo da violência, mas no sentido do amor e da compaixão. Certamente Jesus não pensava numa transformação mágica daquela sociedade injusta e cruel que ele conhecia tão bem. Logo poderia experimentar na própria carne o poder brutal dos violentos. Mas talvez queira pôr em andamento algumas minorias radicais e rebeldes que, desviando-se da tendência mais comum, possam libertar as pessoas da violência cotidiana que se apodera facilmente de todos. Jesus pensa em homens e mulheres que entrem na dinâmica do reino de Deus com um coração não violento, para enfrentar as injustiças de maneira responsável e valente, desmascarando a falta de humanidade contida em toda sociedade que se constrói sobre a violência e vive indiferente ao sofrimento das vítimas. Estas são as autênticas testemunhas do reino de Deus no meio de um mundo injusto e violento. Não serão muitas. Serão apenas umas minorias capazes de agir como filhos e filhas do Deus da compaixão e da paz. Não parece que Jesus esteja pensando em grandes instituições. Seus seguidores serão "semente de mostarda" ou pequeno punhado de "fermento". Mas sua vida, quase sempre crucificada, será uma luz capaz de anunciar o mundo novo de Deus de maneira mais clara e digna de crédito.

Bibliografia

Para o estudo de Jesus como mestre de sabedoria

WITHERINGTON III, Ben. *Jesus the Sage* – The Pilgrimage of Wisdom. Mineápolis: Fortress Press, 2000.

GRENIER, Brian. *Jesús, el Maestro*. Madri: San Pablo, 1996, p. 15-63.

---

81. Ao que parece, era obrigatório transportar carga pelo trecho de uma milha se assim o pediam as autoridades militares. No relato da paixão, Simão de Cirene é obrigado à força a carregar a cruz de Jesus.

PERKINS, Pheme. *Jesús como Maestro* – La enseñanza de Jesús en el contexto de su época. Córdoba: El Almendro, 2001.

BARBAGLIO, Giuseppe. *Jesús, hebreo de Galilea* – Investigación histórica. Salamanca: Secretariado Trinitario, 2003, p. 391-449.

STEIN, Robert H. *The Method and Message of Jesus' Teachings*. Louisville, /KY: John Knox Press, 1994, p. 1-32.

MARGUERAT, Daniel. Jésus le sage et Jésus le prophète. In: MARGUERAT, Daniel; NORELLI, Enrico & POFFET, Jean-Michel (orgs.). *Jésus de Nazareth* – Nouvelles approches d'une énigme. Genebra: Labor et Fides, 1998, p. 293-317.

CHILTON, Bruce & EVANS, Craig A. Jesus and Israel's Scriptures. In: CHILTON, Bruce & EVANS, Craig A. (orgs.). *Studying the Historical Jesus*. São Francisco: Harper and Row, 1983.

CROSSAN, John Dominic. *In Fragments* – The Aphorisms of Jesus. São Francisco: Harper and Row, 1983.

BRUCE, F.F. *Hard Sayings of Jesus*. Downers Grove, IL: Inter-Varsity Press, 1983.

WINTON, Alan P. *The Proverbs of Jesus* – Issues of History and Rhetoric. Sheffield: Academic Press, 1990.

Para o estudo da posição de Jesus perante a Lei

THEISSEN, Gerd & MERZ, Annette. *O Jesus histórico*: um manual. São Paulo: Loyola, 2002 [*El Jesús histórico*. Salamanca: Sígueme, 1999, p. 389-448].

LOADER, William. *Jesus Attitude towards the Law* – A Study of The Gospels. Grand Rapids, MI: Cambridge/Eerdmans, 2002.

GNILKA, Joachim. *Jesus de Nazaré*: mensagem e história. Petrópolis: Vozes, 2000 [*Jesús de Nazaret*: Mensaje e historia. Barcelona: Herder, 1993, p. 249-303].

BARBAGLIO, Giuseppe. *Jesús, hebreo de Galilea* – Investigación histórica. Salamanca: Secretariado Trinitario, 2003, p. 443-449.

SCHLOSSER, Jacques. *Jesús, el profeta de Galilea*. Salamanca: Sígueme, 2005, p. 159-181.

SANDERS, Ed Parish. *Jesús y el judaísmo*. Madri: Trotta, 2004, p. 353-386.

______. *La figura histórica de Jesús*. Estella: Verbo Divino, 2000, p. 219-227.

WRIGHT, N. Thomas. *Jesus and the Victory of God*. Mineápolis: Fortress Press, 1996, sobretudo p. 369-442.

Para o estudo da dimensão ética da mensagem de Jesus

CHILTON, Bruce & McDONALD, J.I.H. *Jesus and the Ethics of the Kingdom*. Grand Rapids, MI: Eerdmans, 1987.

WIEBE, Ben. *Messianic Ethics. Jesus' Proclamation of the Kingdom of God and the Church in Response*. Waterloo, Ont.: Herald Press, 1992.

SCHRAGE, Wolfgang. *Ética do Novo Testamento*. São Leopoldo: Sinodal, 1994 [*Ética del Nuevo Testamento*. Salamanca: Sígueme, 1987, p. 27-146].

SPOHN, William C. *Go and do Likewise* – Jesus and Ethics. Nova York: Continuum, 2000.

HARRINGTON, Daniel & KEENAN, James. *Jesus e a ética da virtude* – Construindo pontes entre os estudos do Novo Testamento e a teologia moral. São Paulo: Loyola, 2006 [*Jesus and Virtue Ethics*. Lanham, MD/Chicago, IL: Sheed and Ward, 2002].

Para o caráter não convencional de Jesus

WRIGHT, N. Thomas. *El desafío de Jesús*. Bilbao: Desclée de Brouwer, 2003, p. 71-96.

BORG, Marcus J. *Spirit, Culture and Life of Discipleship*. São Francisco: Harper, 1991, p. 79-124.

SANDERS, Ed Parish. La rupture de Jésus avec le judaïsme. In: MARGUERAT, Daniel; NORELLI, Enrico & POFFET, Jean-Michel (orgs.). *Jésus de Nazareth* – Nouvelles approches d'une énigme. Genebra: Labor et Fides, 1998, p. 209-222.

Para a resistência não violenta à injustiça

NELSON-PALLMEYER, Jack. *Jesus against Christianity* – Reclaiming the missing Jesus. Harrisburg, PA: Trinity Press International, 2001.

WINK, Walter. *Engaging the Powers*: Discernment and Resistance in a World of Domination. Mineápolis: Fortress Press, 1992.

HORSLEY, Richard A. *Jesus and the Spiral of Violence* – Popular Jewish Resistance in Roman Palestine. Mineápolis: Fortress Press, 1993, p. 255-284.

SWARTLEY, Willard M. (org.). *The Love of Enemy and Nonretaliation in the New Testament*. Louisville, KY: Westminster/John Knox Press, 1992 (especialmente, os artigos de WEAVER, D.J. Transforming Nonresistance: From Lex Talionis to: "Do not Resist the Evil One" [p. 32-71]; HORSLEY, Richard A. Ethics and Exegesis: "Love your Enemies" and the Doctrine of Nonviolence [p. 72-101]; WINK, W. Neither Passivity nor Violence: Jesus' Third Way [Matt. 5,38-42 par.] [p. 102-125]).

Outros estudos de interesse

HERZOG II, William R. *Jesus, Justice, and Reign of God* – A Ministry of Liberation. Louisville, KY: John Knox Press, 2000, sobretudo p. 144-167.

TOMSON, Peter. *L'affaire Jésus et les Juifs*. Paris: Cerf, 2003.

10

Criador de um movimento renovador

Desde o primeiro momento, Jesus rodeia-se de amigos e colaboradores. A chegada do reino de Deus está pedindo uma mudança de direção em todo o povo, e isto não pode ser tarefa exclusiva de um pregador particular. É necessário pôr em marcha um movimento de homens e mulheres saídos do povo que, junto com ele, ajudem os outros a tomarem consciência da proximidade salvadora de Deus.

A intenção de Jesus parece clara. Seus seguidores o acompanharão em sua vida itinerante pelos caminhos da Galileia e da Judeia; compartilharão com ele sua experiência de Deus; junto dele aprenderão a acolher a chegada de Deus; guiados por ele participarão da tarefa de anunciar a todos a vinda do reino de Deus. Ele mesmo os educará e preparará para esta missão. Como chegou a formar-se este grupo de discípulos e discípulas mais próximos de Jesus? Com quem contou para pôr em marcha seu movimento? Que estilo de vida vivia-se junto dele?

A experiência foi breve, mas intensa. Não houve tempo para uma atividade sossegada. Ao que parece, o grupo viveu mais animado pela força carismática de Jesus e não tanto sustentado por uma organização precisa. Neste grupo estão seus melhores amigos e amigas, os que o conhecem mais de perto, os que puderam captar como ninguém sua paixão por Deus e pelos últimos. Não serão um exemplo de fidelidade no momento em que executarem Jesus, mas, quando voltarem a encontrar-se com ele cheio de vida, converter-se-ão em suas testemunhas mais firmes e convictas: os que melhor transmitirão sua mensagem e transmitirão como que por contágio seu espírito. Destes partirá o movimento que deu origem ao cristianismo.

Poder de atração

Jesus tem algo que atrai as pessoas. Alguns aproximam-se movidos pela curiosidade e pela simpatia para com o profeta curador. Eram os mais numerosos. Entre esta multidão há, no entanto, os que sentem para com ele algo mais que curiosidade. Sua mensagem os convence. Alguns lhe manifestam plena adesão e, embora não abandonem sua casa para segui-lo, oferecem-lhe ajuda e hospitalidade quando ele se aproxima de sua aldeia. Há, por último, um grupo de discípulos e discípulas que o acompanham em sua vida itinerante e colaboram com ele de diversas maneiras. Entre estes Jesus escolhe doze que formam seu grupo mais estável e próximo[1].

Jesus causou um verdadeiro impacto nas pessoas simples da Galileia. Primeiro é surpresa e curiosidade. Logo depois, esperança e entusiasmo. São muitos os que se aproximam para ouvir suas parábolas. Muitos levam a ele seus familiares enfermos ou lhe pedem que vá às suas casas para curar algum ente querido. Eram, ao que parece, pessoas que iam e vinham. Provavelmente o acompanhavam até às aldeias vizinhas e depois retornavam a seu povoado. Não há dúvida de que Jesus mobilizava as pessoas e provocava seu entusiasmo[2]. Confirma-o o historiador Flávio Josefo, que, no final do século I, as-

1. Há um consenso bastante generalizado em distinguir no entorno de Jesus entre as "multidões", que se aproximavam sobretudo por curiosidade, os "adeptos", que o acolhiam em sua casa, os "seguidores", que o acompanhavam em suas andanças, e o grupo mais íntimo dos "Doze" (Theissen, Sanders, Meier, Stegemann e Stegemann, Barbaglio).

2. As diferentes fontes afirmam que Jesus atraía grandes multidões. Dizem que eram "muitos", "uma multidão", "todos" os da região... O termo mais repetido é *ochlos*, que significa "multidão", "turba", massa heterogênea de gente. Em alguns casos trata-se provavelmente de observações um tanto exageradas, introduzidas pelos redatores cristãos para realçar a importância de um milagre ou de um ensinamento (Meier), mas o dado não é questionável.

segura que Jesus "atraiu muitos judeus e também muitos de origem grega"[3]. Esta popularidade nunca decaiu. Durou até o fim de sua vida[4].

Não é difícil aproximar-se de Jesus, pois quase sempre fala ao ar livre. E o faz muitas vezes à beira do lago da Galileia, aproveitando os lugares próximos aos pequenos embarcadouros onde as pessoas comparecem para recolher o peixe[5]. Às vezes procura um lugar mais tranquilo na encosta de alguma das colinas que dão para aquele pequeno mar tão caro aos galileus. Outras vezes se detém para descansar em alguma curva do caminho. Qualquer lugar é bom para sentar-se e anunciar sua mensagem. Também fala nas pequenas praças das aldeias. Sem dúvida, seu lugar preferido são as sinagogas, quando os vizinhos se reúnem para celebrar o sábado. A multidão é às vezes sufocante. Provavelmente as fontes exageram a realidade, mas os "detalhes" que nos proporcionam levam a pensar na forte atração que Jesus exerce. Dizem-nos que certo dia teve que falar às pessoas de uma barca, enquanto elas se sentavam na margem. Há momentos em que a multidão o "espreme" ao ponto de quase não deixá-lo caminhar. Em certa ocasião são tantos os que vão e vêm que nem o deixam comer. Jesus chega a ter que pedir aos discípulos que o acompanhem a um lugar tranquilo para "descansar um pouco"[6].

A maior parte dos que se movem atrás de Jesus para ouvir suas parábolas e presenciar suas curas pertence aos estratos mais pobres e desgraçados[7].

---

3. *Antiguidades dos judeus* 16, 3,3.

4. Durante muito tempo pensou-se que, depois de uma acolhida entusiasta (a "primavera da Galileia"), as pessoas foram abandonando Jesus. A investigação atual defende com argumentos convincentes que a popularidade de Jesus continuou crescendo até sua detenção em Jerusalém (R. Brown, Meier, Aguirre, Sobrino). A observação do quarto evangelho: "A partir de então, muitos de seus discípulos se retiraram e já não andavam com ele" (João 6,6) reflete provavelmente um conflito surgido pelo final de século I na comunidade joânica.

5. Além do porto de Cafarnaum ou de Betsaida, encontraram-se restos de pequenos embarcadouros situados em estuários protegidos (Aish, Kefar Aqavya, Ein Gofra...). Alguns deles provavelmente existiam no tempo de Jesus (Duling).

6. Marcos 3,9; 5,31; 6,31-32.

7. De acordo com diferentes fontes, aproximam-se de Jesus também pessoas de posição social e econômica de relevo: Zaqueu, rico arrecadador de impostos de Jericó; Jairo, chefe da sinagoga de Cafarnaum; um "centurião" deste mesmo lugar, funcionário real a serviço de Antipas.

Pessoas simples e ignorantes sem nenhuma relevância social; pescadores e camponeses que vivem de seu trabalho; famílias que lhe trazem seus enfermos; mulheres que se atrevem a sair de casa para ver o profeta; mendigos cegos que procuram atrair com gritos a atenção de Jesus; grupos que vivem afastados da Aliança e são reconhecidos como "pecadores" que não praticam a lei; vagabundos e pessoas sem trabalho que não têm nada melhor para fazer. O coração de Jesus se comove, porque os vê "maltratados e abatidos, como ovelhas sem pastor"[8].

Nem sempre a curiosidade destas pessoas se traduzia numa adesão profunda e duradoura. Ouvem-no com admiração, mas resistem à sua mensagem. Fica difícil para eles a mudança de atitude que Jesus espera deles. Ao que parece, povoados como Corozaim, Betsaida e a própria cidade de Cafarnaum rejeitaram sua mensagem ou permaneceram indiferentes[9]. No entanto, são muitos os que sintonizam com ele.

Adesão cordial de muitos

Entre estes houve pessoas e famílias inteiras que lhe manifestaram uma adesão cordial. Seu entusiasmo não é um sentimento passageiro. Alguns o seguem pelos caminhos da Galileia. Outros não podem abandonar suas casas, mas estão dispostos a colaborar com ele de diversas maneiras. De fato são os que lhe oferecem alojamento, comida, informação e todo tipo de ajuda quando chega às suas aldeias. Sem seu apoio, dificilmente teria podido mover-se o grupo de discípulos itinerantes que andava acompanhando Jesus. Muitos deles são, provavelmente, familiares de enfermos curados por Jesus ou amigos e vizinhos que desejam agradecer de alguma forma sua visita ao povoado. Estes

---

8. Mateus 9,36; Marcos 6,34.

9. Jesus compara Corozaim e Betsaida com Tiro e Sidônia, as duas metrópoles ricas e orgulhosas da costa fenícia. A Cafarnaum augura uma sorte mais trágica que a de Sodoma (Mateus 11,21-24). Muitos autores duvidam que estas condenações tenham saído dos lábios de Jesus. Parecem refletir, antes, a frustração dos profetas cristãos, que fracassaram em sua missão itinerante nesta região.

adeptos repartidos pelos povoados da Galileia e da Judeia constituem verdadeiros "grupos de apoio" que colaboram estreitamente com Jesus. Nunca são chamados discípulos, mas são pessoas que o ouvem com a mesma fé e devoção como os que o acompanham em sua vida itinerante.

Não sabemos muito sobre estes discípulos sedentários. Sabemos que, quando sobe a Jerusalém, Jesus não se aloja na cidade santa; vai a Betânia, uma pequena aldeia situada a uns três quilômetros de Jerusalém, onde se hospeda na casa de três irmãos que ele amava de modo especial: Lázaro, Marta e Maria[10]. Em certa ocasião é convidado a comer possivelmente por um leproso de Betânia que ele havia curado anteriormente. Ao que parece, na aldeia de Betfagé, já bem perto de Jerusalém, emprestaram-lhe um jumento para subir até a cidade. Fala-se também de um amigo que vive em Jerusalém e lhes prepara a sala para celebrar aquela ceia memorável na qual Jesus se despede dos que o acompanharam desde a Galileia[11].

Estes constituem precisamente o grupo mais próximo de Jesus. É integrado por homens e mulheres que, atraídos pela pessoa de Jesus, abandonam a família, ao menos durante algum tempo, e se aventuram a seguir Jesus em sua vida itinerante. Durante pouco mais de dois anos, entre 28 e 30 d.C., compartilham sua vida com ele, ouvem a mensagem que ele repete em cada aldeia, admiram a fé com que cura os enfermos e se surpreendem sempre de novo com o afeto e a liberdade com que acolhe à sua mesa pecadores e gente de má fama.

Caminham geralmente alguns metros atrás de Jesus. Enquanto eles e elas falam de suas coisas, Jesus amadurece em silêncio suas parábolas. Juntos passam momentos de sede e também de fome[12]. Ao chegar a alguma aldeia,

---

10. O evangelho de João afirma que "Jesus amava Marta, sua irmã e Lázaro" (11,5).

11. É problemático assegurar a autenticidade destes dados. Os evangelistas refletem em boa parte o que aconteceu mais tarde, quando os missionários cristãos itinerantes eram apoiados por famílias simpatizantes das aldeias (Theissen). Mas no tempo de Jesus acontece provavelmente algo parecido (Horsley).

12. Marcos 2,23-28. Este episódio dos discípulos de Jesus arrancando espigas para saciar a fome com alguns grãos é considerado historicamente plausível (inclusive pelo grupo do *Jesus Seminar*).

preocupam-se em encontrar algumas famílias de simpatizantes que os acolham em suas casas. Buscam água e dispõem o necessário para sentar-se para comer. Os discípulos cuidam também que a multidão possa ouvir Jesus com tranquilidade; às vezes arranjam-lhe uma barca para que todos o possam ver melhor da margem; outras vezes pedem à multidão que se sente em torno dele para ouvi-lo melhor. Terminada a jornada, despedem as pessoas e se preparam para descansar. São os momentos em que podem conversar com Jesus de maneira mais sossegada. Estes discípulos e discípulas foram seus confidentes. Os melhores amigos e amigas que teve durante sua vida de profeta itinerante[13].

Não sabemos exatamente quantos eram, mas constituíam um grupo mais amplo do que os "Doze". Entre eles há homens e mulheres de procedência diversa. Alguns são pescadores, outros camponeses da Baixa Galileia. Mas encontramos também um arrecadador de impostos que trabalhava em Cafarnaum e que se chamava Levi, filho de Alfeu. Houve alguns que andaram com ele desde o princípio: Natanael, um galileu de coração puro, e dois varões muito estimados mais tarde na comunidade cristã, que se chamavam José Barsabás, a quem chamavam "o Justo", e Matias[14]. Também agregou-se ao grupo um cego de Jericó curado por Jesus, que se chamava Bartimeu[15].

Os integrantes deste grupo tão heterogêneo que compartilhou a vida itinerante de Jesus são chamados "discípulos". Não era um termo habitual naquela sociedade[16]. Possivelmente o próprio Jesus ou seus seguidores come-

---

13. A informação sobre os detalhes concretos da vida itinerante dos discípulos provém, em sua maior parte, dos escritores que redigiram os evangelhos, mas reflete o tipo de atividades que se podia esperar.

14. De acordo com um escrito redigido por volta do ano 80, que descreve os inícios do cristianismo, José Barsabás e Matias foram apresentados para substituir Judas Iscariotes no grupo dos Doze (Atos dos Apóstolos 1,23).

15. Sobre a presença de mulheres no grupo de seguidores, cf. o capítulo 9.

16. O termo "discípulo" (*talmid*) praticamente não aparece na Bíblia judaica e tampouco figura nos escritos de Qumran ou em livros da época. Por outro lado, "discípulo" (*mathêtês*) não era o termo habitual com que eram chamados os cristãos da primeira e segunda geração.

çaram a usá-lo entre eles sem, evidentemente, dar-lhe o conteúdo técnico que adquiriria mais tarde para designar os discípulos dos rabinos judeus. Talvez Jesus e alguns dos seus tenham recordado a experiência que haviam vivido como discípulos do Batista[17]. Também não devemos esquecer que Jesus se movia numa região onde eram lembrados dois grandes profetas do reino do Norte. Deles escreve Flávio Josefo que o mais jovem, chamado Eliseu, "seguiu" o profeta Elias e converteu-se em seu "discípulo e servidor"[18].

Os Doze

Em determinado momento, Jesus escolhe, dentre estes discípulos que o seguem, um grupo especial de doze que formam o círculo mais íntimo em torno dele[19]. Eles são o núcleo mais importante de discípulos e também o mais estável. A maioria deles não tem uma relevância notável como indivíduos. As fontes dão mais importância ao grupo como tal do que a cada um de seus componentes. Os Doze movem-se à sombra de Jesus. Sua presença em torno dele é um símbolo vivo que deixa entrever a esperança que ele traz em seu coração: conseguir a restauração de Israel como germe do reino de Deus[20].

---

17. De acordo com João 1,35-51, André, Simão, Filipe e Natanael haviam sido discípulos do Batista.

18. *Antiguidades dos judeus* 8, 13,7.

19. Nem Jesus nem os outros seguidores os chamaram nunca de "apóstolos". A investigação moderna conseguiu esclarecer bastante a confusão existente entre os próprios evangelistas no uso de diferentes termos. "Discípulos" são todos os varões e mulheres que seguem Jesus em sua vida itinerante. Os "Doze" formam um grupo especial dentro do conjunto de discípulos. Por outro lado, os "apóstolos" ou "enviados" são um grupo concreto de missionários cristãos (mais de doze) que eram enviados pelas comunidades cristãs para difundir a fé em Jesus Cristo (Rengstorf, Dupont, Rigaux, Meier).

20. Foi o próprio Jesus quem se fez rodear por este grupo de Doze. O dado aparece em múltiplas fontes, inclusive numa fórmula pré-paulina (1Coríntios 15,5); conservam-se os nomes dos Doze em diversas listas; diz-se que Judas, o discípulo que entregou Jesus, era "um dos doze". Dificilmente tudo isto pode ser uma invenção da comunidade cristã (Dupont, Bornkamm, Roloff, Schürmann, Hengel, Sanders, Gnilka, Brown, Fitzmyer e Meier entre outros. Contra: Vielhauer, Braun, Conzelmann, Crossan).

Provavelmente quase todos os que integram o grupo dos Doze são galileus[21]. Vários deles pescadores do lago, os outros certamente camponeses de aldeias próximas. Os Doze são pessoas simples e pouco cultas que vivem de seu trabalho[22]. Não há entre eles escribas nem sacerdotes. No entanto, há diferenças entre eles. A família de Tiago e João pertencia a um nível social elevado. Seu pai, chamado Zebedeu, possuía um barco próprio e tinha diaristas que trabalhavam para ele. Provavelmente mantinha relação com as famílias que se dedicavam à salgadura de peixes em Betsaida e Tariqueia (Mágdala). Pedro e seu irmão André pertenciam, pelo contrário, a uma família de pescadores pobres. Provavelmente não tinham barco próprio. Só algumas redes com que pescavam da margem em águas pouco profundas. Assim viviam não poucos vizinhos das margens do lago. Os dois irmãos trabalhavam juntos. Tinham vindo de Betsaida buscando provavelmente mais facilidades para seu modesto trabalho. Pedro havia casado com uma mulher de Cafarnaum e viviam formando uma família múltipla na casa de seus sogros. A única coisa que abandonam para seguir Jesus são suas redes[23].

O grupo era bastante heterogêneo. Alguns, como Pedro, eram casados, outros eram talvez solteiros. A maioria tinha abandonado toda a sua família, mas Tiago e João vêm com a mãe Salomé, da mesma forma que Tiago Menor e Joset, acompanhados por sua mãe Maria. A maioria provém de famílias judaicas tradicionais e trazem nomes hebraicos; no entanto, Simão, André e Filipe, nascidos os três em Betsaida, parece que viveram em ambientes mais helenizados e trazem nomes gregos[24]. A Filipe o pai deu o nome do tetrarca (!). Provavelmente Filipe e André falavam grego e, por isso, em certa ocasião fazem o papel de intermediários entre um grupo de peregrinos gregos e Jesus[25].

---

21. Talvez Judas possa ter sido a exceção, pelo menos se Iscariotes for traduzido como "homem de Keriot", uma pequena aldeia da Judeia, na região de Hebron, longe da Galileia.

22. A exceção seria Levi, arrecadador de impostos de Cafarnaum, se realmente deva ser identificado com Mateus, como se diz neste evangelho (Mateus 9,9; 10,3). O dado não é seguro.

23. Marcos 1,18. Só Lucas fala da "barca de Pedro", mas parece uma anotação do redator (5,3).

24. Por volta do ano 30, Filipe transformou o povoado de Betsaida numa "cidade" (*polis*) e a chamou Julias, em honra da esposa de Augusto.

25. João 12,20-22.

Talvez nem sempre tenha sido fácil a convivência entre eles. Simão, o "Cananeu", chamado assim certamente por causa de seu zelo no cumprimento da Torá[26], teve que aceitar a seu lado Levi, o arrecadador de impostos, aprendendo a viver com a atitude de Jesus, que insistia com eles em acolher pessoas tão indesejáveis como os pecadores, publicanos e prostitutas. Por outro lado, Tiago e João, a quem Jesus chamava de *Boanerges* ou "filhos do trovão", eram provavelmente de caráter impetuoso[27] e criaram tensões no grupo por causa de sua pretensão de ocupar um posto importante junto a Jesus[28].

Ao que parece, Jesus teve uma relação especial com Pedro e a dupla de irmãos formada por Tiago e João. Os três pescavam na mesma região do lago e se conheciam antes de encontrar-se com Jesus. Era com eles que Jesus se sentia mais à vontade. Tratava-os com grande confiança. Nos três pôs apelidos curiosos: Chamou Simão de "rocha"[29] e os dois irmãos de "filhos do trovão". Segundo a tradição cristã, só eles estiveram presentes em acontecimentos muito especiais como a "transfiguração" de Jesus no alto de um monte da Galileia e durante sua oração angustiada ao Pai no Getsêmani na noite em que foi detido[30].

---

26. O termo aramaico *quan'ana* significa "zeloso", "entusiasta". Sua tradução para o grego (*zelôtês*) levou muitos a pensarem que Simão era um terrorista zelote. Esta interpretação é falsa, porque o movimento revolucionário zelote surgiu muito mais tarde, concretamente durante o inverno de 67 para 68 d.C. em Jerusalém, na primeira guerra judaica.

27. De acordo com um relato conservado só em Lucas 9,52-56, em certa ocasião Jesus precisou repreendê-los severamente, porque, ao ver que uma aldeia da Samaria se negava a oferecer-lhes hospitalidade, lhe perguntaram: "Queres que mandemos que desça fogo do céu e os consuma?" O episódio é uma criação de Lucas para destacar a atitude pacífica de Jesus, tão diferente do profeta Elias, que, em duas ocasiões, mandou "descer fogo do céu" para "devorar" os soldados enviados pelo rei para detê-lo (2Reis 1,9-12).

28. Marcos 10,35-40. A historicidade do episódio é discutida. Meier inclina-se pela historicidade essencial do diálogo.

29. O nome *Kefas* ("Pedro") transformou-se no nome próprio de Simão, e assim ele foi sempre chamado nas comunidades cristãs. No entanto, curiosamente, quando Jesus se dirige a ele, chama-o regularmente por seu nome original, Simão, e nunca o chama de Pedro ou Cefas.

30. Marcos 9,2 e 14,33. Não é seguro historicamente este tratamento especial com este grupo. Por outro lado, fala-se também de outro grupo especial formado pelas duas duplas de irmãos: Pedro e André, Tiago e João (Marcos 1,6-20; 1,29; 13,2).

Sem dúvida, Pedro é o discípulo mais destacado dos Doze. As fontes o apresentam como porta-voz e líder dos discípulos em geral e dos Doze em particular. Em determinado momento, Jesus lhe dá o nome de *Kefas* ("rocha"), que, traduzido ao grego como *Petrós*, transformou-se em seu nome próprio: com esse nome aparece sempre à frente dos Doze[31]. O testemunho das fontes cristãs contribui para criar a impressão de um homem espontâneo e honesto, decidido e entusiasta em sua adesão a Jesus, e ao mesmo tempo capaz de duvidar e de sucumbir à crise e ao medo. Em seus lábios põe-se a mais solene afirmação de fé em Jesus: "Tu és o Messias, o filho de Deus vivo", e a mais categórica negação: "Não conheço esse homem"[32]. Sua atuação na Igreja primitiva apresenta também luzes e sombras: dirigente zeloso e resoluto da Igreja de Jerusalém e, ao mesmo tempo, capaz de atuações que, ao menos aos olhos de Paulo, eram ambíguas e pouco claras. Tudo isso conferiu-lhe desde sempre um atrativo especial entre os cristãos. Depois de preso várias vezes em Jerusalém, dirigiu-se a Antioquia e mais tarde a Roma, onde morreu martirizado no tempo do imperador Nero, entre os anos 64 e 68, talvez na colina do Vaticano.

O que pretendia Jesus ao rodear-se deste grupo inseparável de doze varões? Sem dúvida todos viam naquele grupo um símbolo sugestivo que, de alguma forma, evocava as doze tribos de Israel. Mas, em que pensava Jesus realmente? Este pequeno grupo que o rodeia é para ele símbolo de um novo começo para Israel. Uma vez restaurado e reconstruído, este povo tão querido por Deus se converterá no ponto de partida de um mundo novo no qual seu reinado chegará até aos confins do mundo. Associados por Jesus à sua missão de anunciar a chegada de Deus e de curar as pessoas, estes Doze irão pondo em marcha de maneira humilde, mas real, a verdadeira restauração de Israel.

Ao ver Jesus caminhando por seus povoados rodeado pelos Doze, despertava em muitos um sonho longamente acariciado: ver novamente reuni-

---

31. É aquele que sempre encabeça as listas dos Doze transmitidas pelas fontes cristãs (Marcos 3,16-19; Mateus 10,2-4; Lucas 6,14-16; Atos dos Apóstolos 1,1).

32. Mateus 16,16 e Marcos 14,71, respectivamente.

dos todos os judeus formando um só reino, como no tempo de Davi (*ca.* 1000 a.C.). Israel considerava-se formado por doze tribos nascidas dos doze filhos de Jacó, mas desde o século VIII a.C. não era assim. No ano 721 a.C. os assírios haviam destruído o reino do Norte (Israel), levando para o exílio as tribos que o constituíam. Nunca mais voltaram. No ano 587 a.C. os babilônios invadiram o reino do Sul (Judá) e deportaram para a Babilônia as tribos de Judá e Benjamim. O povo nunca mais voltou a ser o mesmo. É verdade que no ano 538 a.C. retornaram alguns dos desterrados e empreenderam a reconstrução do templo, mas Israel já era um povo destroçado, com seus filhos e filhas dispersos por todo o mundo. Assim o conheceu Jesus. Aquelas aldeias da Galileia eram apenas uma pequena porção do povo judeu, e ele desejava chegar a todo o Israel, também aos que viviam dispersos pelo Império. Eram filhos da "diáspora". Assim eram chamados: "Dispersão". Não seriam nunca um povo reunido novamente por Deus?[33]

Os profetas sempre mantiveram viva esta esperança na consciência do povo: "Javé reunirá os dispersos de Israel e congregará os dispersados de Judá das quatro extremidades da terra"[34]. No tempo de Jesus continuava-se esperando o milagre. Um escrito do qual Jesus talvez tenha ouvido falar declarava que o Messias de Davi "reunirá um povo santo [...] e julgará as tribos de um povo santificado pelo Senhor, seu Deus"[35]. Em Qumran falava-se repetidamente da restauração das "doze tribos de Israel" nos últimos dias: a presença de "doze varões" no Conselho que presidia a comunidade recordava-o a todos[36]. Jesus compartilhava a mesma esperança, mas não estava pen-

---

33. No tempo de Jesus, os judeus da diáspora eram mais de quatro milhões, duas vezes mais que os habitantes da Palestina. Sentiam-se membros das diversas tribos de Israel, embora muitos tivessem perdido a lembrança de seus ascendentes. Formavam mais de 150 colônias, algumas de grande importância: Babilônia, Antioquia, Alexandria, Roma, Éfeso, Esmirna, Damasco.

34. Isaías 11,12. Pode-se encontrar a mesma esperança em Miqueias 2,12; Jeremias 31,1; Ezequiel 20,27-44.

35. *Salmos de Salomão* 17,26-32.

36. Sobretudo no *Rolo da guerra*, no *Rolo do Templo* e na *Regra da comunidade*.

sando numa restauração étnica ou política, e sim numa presença curadora e libertadora de Deus em seu povo, a começar pelos enfermos, pelos excluídos e pelos pecadores. Por isso "deu-lhes poder para expulsar todo tipo de demônios e para curar enfermidades"[37]. A restauração de Israel estava começando assim de maneira quase insignificante, mas real. Que ninguém pensasse no triunfo político de Israel e na destruição dos pagãos. Jesus buscava a restauração de Israel fazendo-o experimentar em seu próprio seio a misericórdia de Deus. Assim o reino de Deus irá penetrando no meio dos povos[38].

Um chamado radical

Ao voltar do deserto do Jordão, Jesus dirigiu-se provavelmente a Nazaré. Ali estava sua casa; ali vivia sua família. Não sabemos quanto tempo permaneceu em seu povoado; mas, num determinado momento, sua presença provocou tensão. Aquele Jesus não era o que eles haviam conhecido. Viam-no transformado ao falar em nome de Deus. Pretendia inclusive curar e expulsar demônios, movido por seu Espírito. Seus vizinhos ficaram surpresos e perplexos. A seus amigos e amigas de infância, que haviam brincado e crescido com ele, tornava-se difícil crer em tudo aquilo. Haviam-no visto trabalhar como artesão; conheciam sua família. Como lhe ocorre apresentar-se diante deles com pretensões de profeta? Jesus abandonou seu povoado e foi para a região do lago[39]. Foi em Cafarnaum e seus arredores que começou a

---

37. Fonte Q (Lucas 9,1-2 // Mateus 10,7-8).

38. Os Doze tiveram importância durante a vida de Jesus e nos primeiros dias da Igreja. No entanto, pelo fato de Israel não ter respondido ao chamado de Jesus, o grupo pensado por ele para sua restauração perdeu seu sentido simbólico entre os gentios e logo desapareceu de cena. Somente Pedro, Tiago e João permaneceram em Jerusalém ou nos arredores, até que no ano 43/44 Tiago foi decapitado por Herodes Agripa, e Pedro dirigiu-se primeiramente a Antioquia e mais tarde a Roma. As cartas às primeiras comunidades falam de Paulo, Barnabé, Apolo e dos "apóstolos" enviados pelas comunidades, mas não dos Doze.

39. Marcos 6,1-6. Não é possível reconstruir a sequência dos fatos. Tampouco Marcos os conhecia com precisão quando redigia seu evangelho, mas é um dado geralmente aceito pelos investigadores que Jesus desconcertou seus vizinhos e não encontrou neles acolhida. Foi esta, talvez, uma das razões pelas quais deslocou-se para a região do lago da Galileia.

chamar seus primeiros discípulos para que o seguissem no projeto que fora se gestando em seu coração depois de abandonar o Batista[40].

Os futuros discípulos foram se aproximando de Jesus de formas diferentes. Alguns ele mesmo chamou, arrancando-os de seu trabalho. Outros aproximaram-se animados por quem já se havia encontrado com ele[41]. Houve talvez quem se oferecesse por própria iniciativa, e Jesus os fez tomar consciência do que significava segui-lo[42]. As mulheres aproximaram-se provavelmente atraídas por sua acolhida. Para grande surpresa de muitos, Jesus as aceitou em seu grupo de seguidores. Seja como for, o grupo forma-se por iniciativa exclusiva de Jesus. Seu chamado é decisivo. Jesus não se detém em dar explicações. Não lhes diz para que os chama nem lhes apresenta programa algum. Não os seduz propondo-lhes metas atraentes ou ideais sublimes. Eles irão aprendendo tudo junto dele. Agora os chama para segui-lo. E é só[43].

As fontes apresentam-no atuando com uma autoridade surpreendente. Não aduz motivos nem razões. Não admite condições. É preciso segui-lo imediatamente. Seu chamado exige disponibilidade total: fidelidade absoluta acima de qualquer outra fidelidade; obediência acima inclusive de deveres religiosos considerados sagrados. Jesus os vai chamando urgido pela paixão que despertou nele pelo reino de Deus. Quer pôr imediatamente em marcha um movimento que anuncie a Boa Notícia de Deus: as pessoas precisam experimentar já sua força curadora; é preciso semear nos povoados sinais de misericórdia.

---

40. Chama a atenção constatar que nenhum dos familiares de Jesus foi seu seguidor. Somente depois de sua morte, a mãe e os irmãos uniram-se aos discípulos (Atos dos Apóstolos 1,14).

41. De acordo com João 1,35-51, é André quem leva seu irmão Simão para ver Jesus. A mesma coisa faz Filipe com seu amigo Natanael. Este relato difere muito da versão que encontramos em Marcos 1,16-18. Não é possível saber nada com segurança. Provavelmente alguns discípulos de Jesus já haviam sido discípulos do Batista (como sugere João), mas certamente Jesus os chamou mais tarde, às margens do lago da Galileia (como diz Marcos).

42. Fonte Q (Lucas 9,57-62 // Mateus 8,18-22). Provavelmente ocorreu este tipo de diálogos entre Jesus e potenciais seguidores, embora o que foi recolhido na fonte Q não seja verídico.

43. Jesus não era um desconhecido para eles quando os chamou. Tinham já alguma ideia dele (Hengel, Sanders, Gnilka).

O chamado de Jesus é radical. Os que o seguem devem abandonar tudo o que têm nas mãos. Jesus irá imprimir uma orientação nova à sua vida. Arranca-os da segurança e os lança numa existência imprevisível. O reino de Deus está irrompendo. Nada os deve distrair. Doravante viverão a serviço do reino de Deus, incorporados intimamente à vida e à tarefa profética do próprio Jesus[44].

Jesus convida-os a deixar a casa onde vivem, a família e as terras pertencentes ao grupo familiar[45]. Não é fácil. A casa era a instituição básica onde cada indivíduo tinha suas raízes; dela recebiam todos seu nome e identidade; nela encontravam a ajuda e a solidariedade dos outros parentes. A casa era tudo: refúgio afetivo, lugar de trabalho, símbolo de posição social. Romper com a casa é uma ofensa grave para a família e uma desonra para todos. Mas significa sobretudo lançar-se a uma insegurança total. Jesus sabe-o por própria experiência e não o oculta a ninguém: "As raposas têm covil e os pássaros do céu têm ninho, mas este homem não tem onde encostar a cabeça"[46]. Vive com menos segurança do que os animais: não tem casa, come o que lhe dão, dorme onde pode. Não oferece a seus seguidores honra nem se-

44. O fato de Jesus ter chamado alguns e ter dado início a um movimento a serviço do reino de Deus é, sem dúvida, histórico (Käsemann, Hengel, Meier). No entanto, os relatos que descrevem o chamado de Jesus (Marcos 1,16-20; Mateus 4,18-22) são histórias estilizadas que seguem o esquema literário do chamado feito pelo profeta Elias a Eliseu (1Reis 19,19-21). Desta maneira, os redatores cristãos realçam as exigências do discipulado e a exemplaridade da resposta, para alentar os missionários itinerantes, que, seguindo o estilo de Jesus, continuavam anunciando o Evangelho nas regiões da Síria e da Galileia, e também para apoiar os convertidos que se viam obrigados a abandonar a própria família judaica por causa de sua adesão à nova fé em Jesus Cristo.

45. Marcos 10,28-30.

46. Fonte Q (Lucas 9,58 // Mateus 8,20); *Evangelho [apócrifo] de Tomé* 86,1-2. É preciso atribuir o dito a Jesus: essas imagens tão vivas são suas. Alguns autores veem nestas palavras uma crítica aos dois grupos sociais que estão despojando os camponeses de suas terras e casas: os "pássaros" (pagãos assentados nas cidades da Galileia) e as "raposas" (governadores herodianos). Entre outros: Manson, Bailey, Oakman.

gurança. Os que o seguirem viverão como ele, a serviço dos que nada têm[47]. Não é de estranhar que, vivendo nessas condições de desamparo e marginalização, se aproximassem deles vagabundos e pessoas desarraigadas[48].

Abandonar a casa era desinteressar-se da família, não proteger sua honra, não trabalhar para os seus nem contribuir para a conservação de seu patrimônio. Como pode Jesus falar-lhes em "abandonar as terras", o bem mais estimado para aqueles camponeses, o único meio de que dispõem para subsistir, a única coisa que proporciona à família um prestígio social? O que Jesus lhes pede é simplesmente excessivo: um gesto de ingratidão e insolidariedade; uma vergonha para toda a família e uma ameaça para seu futuro. Jesus está consciente dos conflitos que pode provocar naquelas famílias patriarcais. Em certa ocasião chega a dizer o seguinte: "Não penseis que vim trazer paz à terra, mas a espada. Sim, vim colocar o pai contra seu filho e o filho contra seu pai; a mãe contra sua filha e a filha contra sua mãe; a sogra contra sua nora e a nora contra sua sogra"[49]. Os conflitos entre pais e filhos eram os mais graves, porque solapavam a autoridade do pai; as tensões entre mães e filhas repercutiam na disciplina interna do lar; as relações entre sogras e noras nem sempre eram fáceis, mas sua importância era muito grande para conseguir a integração da esposa na casa do marido. Uma família desunida perdia a estabilidade necessária para proteger seus membros e defender sua honra. A família pede fidelidade total.

Jesus não vê as coisas assim. A família não ocupa o primeiro lugar; não está acima de tudo. Há algo mais importante: pôr-se a serviço do reino de Deus, que já está irrompendo. As fontes conservaram um dito desconcertan-

---

47. Na Galileia dos anos 30 abundam os mendigos, vagabundos, bandoleiros e outras pessoas sem domicílio fixo. Não se deve excluir que alguns seguidores de Jesus não tivessem casa fixa já antes de segui-lo (Theissen, Guijarro).

48. Nas primeiras comunidades cristãs diz-se que os missionários itinerantes vivem "o modo de vida do Senhor" (*Didaqué* 11,8).

49. Reconstrução do conteúdo substancial recolhido pela fonte Q (Lucas 12,51-53 // Mateus 10,34-36). Os ditos remontam provavelmente a Jesus.

te de Jesus: "Quem não odiar seu pai e sua mãe, seu filho e sua filha, não pode ser meu discípulo"[50]. Jesus exige de seus discípulos fidelidade à sua pessoa acima da fidelidade às suas próprias famílias. Se ocorrer um conflito entre as duas fidelidades, devem optar por ele. Entre aquelas pessoas, o "amor" e o "ódio" não estão unidos exclusivamente a sentimentos da pessoa; são, antes, atitudes que pertencem à esfera do grupo. Jesus lhes está pedindo adesão e fidelidade (amor), inclusive no caso de isso acarretar ruptura e oposição (ódio) à família.

De acordo com uma fonte, a um possível discípulo Jesus nem sequer permitiu despedir-se de sua família. Na verdade, o que aquele homem pede não é ter um gesto de cortesia para com os seus. O que ele quer é propor à sua família a possibilidade de seguir Jesus. Deseja ser seu discípulo, mas antes é preciso obter a aprovação dos seus e a bênção do pai. Como irá tomar uma decisão tão grave sem contar com eles? Jesus responde-lhe de maneira terminante: "Ninguém que põe a mão no arado e olha para trás é digno para o reino de Deus"[51].

Por que Jesus fala tanto dos conflitos que seu chamado pode provocar nas famílias? Será que teve problemas com sua própria família? É provável. Ao que parece, os familiares de Jesus não viram com simpatia sua atividade pela Galileia. Não entendiam seu comportamento. Em determinado momento, sua mãe e seus irmãos vieram para levá-lo consigo para casa, porque pensavam que estava louco. Informado da presença deles, Jesus deixa que o esperem fora da casa onde ele está ensinando e proclama abertamente que aqueles que estão sentados ao seu redor, ouvindo atentamente sua palavras,

---

50. Os exegetas coincidem basicamente nesta reconstrução que propomos da fonte Q (Lucas 14,26 //Mateus 10,37). Estas palavras são de Jesus. Não têm paralelo no judaísmo da época e atentavam contra o pilar mais sólido daquela sociedade. Mais tarde foram suavizadas por Mateus.

51. Lucas 9,62. Provavelmente esta resposta não é de Jesus. Foi redigida mais tarde na comunidade cristã para destacar a radicalidade de Jesus em contraposição a Elias, que permitiu a seu discípulo Eliseu despedir-se de seus familiares (1Reis 19,20). O convite à perseverança reflete uma situação posterior àquilo que foi vivido junto a Jesus durante aqueles poucos meses. Trata-se de um refrão agrícola adaptado para referir-se ao reino de Deus.

são sua verdadeira família[52]. Provavelmente na casa de alguns seguidores de Jesus originaram-se conflitos parecidos com os que ele viveu na sua. Aquele estranho grupo liderado por Jesus nem sempre contava com a simpatia dos seus: não estavam todos um pouco loucos?

Jesus sabia que aquelas famílias patriarcais eram controladas pela autoridade indiscutível do pai. O pai era o primeiro defensor da honra da família, o guardião de seu patrimônio, o coordenador do trabalho. Todos viviam submetidos à sua autoridade. Quando Jesus pede aos discípulos que abandonem seu pai, está exigindo deles ir contra o primeiro dever de todo filho, que é o respeito, a obediência e a submissão total à sua autoridade. Desafiar o poder supremo do pai, deixando-o só na casa, não é só sinal de profunda ingratidão; é, além disso, uma afronta pública que ninguém pode aceitar. Por isso, deve ter provocado verdadeiro escândalo a resposta de Jesus a alguém que lhe pedia ir primeiramente "enterrar seu pai" antes de incorporar-se a seu seguimento: "Deixa que os mortos enterrem seus mortos; tu vai anunciar o reino de Deus"[53]. Enterrar o pai era a obrigação mais importante e sagrada de um filho: as honras fúnebres, presididas pelo filho, constituíam o momento solene em que a autoridade do pai e seu controle da família passavam ao herdeiro. Mas, provavelmente, o que aquele homem pede a Jesus não é assistir ao enterro de seu pai recém-falecido, o que o teria ocupado apenas alguns dias. O que ele apresenta a Jesus é, antes, continuar atendendo seu pai até os últimos dias. Ausentar-se de casa sem cumprir esta obrigação sagrada não é um atentado contra a continuidade e a honra da família? Jesus responde-lhe com absoluta clareza: "O projeto de Deus está em primeiro lugar. Não continues cuidando do 'mundo do pai', essa família patriarcal auto-

---

52. Marcos 3,21.31-35. A maioria dos investigadores pensa que houve realmente uma forte desavença entre Jesus e sua família (Theissen, Meier). João concorda com aquilo que foi assinalado por Marcos quando nos informa que "nem mesmo seus irmãos acreditavam nele" (7,5).

53. Embora só Lucas 9,59 conserve estas palavras, não se duvida de sua autenticidade. São inconcebíveis naquela cultura (Schlatter, Hengel, Sanders). A frase "deixa que os mortos enterrem seus mortos" é um jogo de palavras um tanto enigmático. Provavelmente os mortos que devem enterrar seus mortos são os que ainda não entraram na vida do reino de Deus. Para Jesus estão "mortos".

ritária e excludente que se reproduz para a morte. Tu vai anunciar o reino de Deus, essa família nova que Deus quer aberta aos mais fracos e órfãos. Deixa teu pai e dedica-te aos que não têm pai que os possa defender".

O chamado radical de Jesus não tem nada a ver com o rigorismo promovido pelos mestres da lei. Não é inspirado por um ideal de vida ascética superior aos outros. Não pretende onerar a vida de seus seguidores com leis e normas mais exigentes. Chama-os a compartilhar sua paixão por Deus e sua disponibilidade total ao serviço de seu reino. Quer acender neles o fogo que arde em seu coração. Ele está disposto a tudo pelo reino de Deus, e quer ver no grupo de seus seguidores a mesma paixão. Há frases que dizem tudo: "Quem quiser salvar sua vida, perdê-la-á; mas quem perder sua vida por mim e pelo evangelho, salvá-la-á"[54]. Com esta afirmação paradoxal, na qual subjaz talvez um pensamento sapiencial conhecido, Jesus está convidando seus discípulos a viver como ele: agarrar-se cegamente à própria vida pode levar a perdê-la; arriscá-la de maneira generosa e valente pode levar a salvá-la. É assim. Um discípulo que se aferrar à sua vida, por causa da segurança, das metas e das expectativas que sem dúvida lhe oferece, pode perder o maior bem de todos: a vida dentro do projeto de Deus. Um discípulo que arrisca tudo e perde de fato a vida que leva até agora, encontrará vida entrando no reino de Deus.

Os discípulos puderam ouvir dele algo ainda mais plástico e terrível. Sem dúvida os impressionou: "Se alguém quer vir após mim, negue-se a si mesmo, tome sobre as costas sua cruz e siga-me"[55]. Um discípulo deve es-

---

54. Marcos 8,35. Poucos ditos estão tão atestados como este, porque, além deste texto de Marcos, aparece com diferenças insignificantes na fonte Q (Lucas 17,33 // Mateus 10,39) e em João 12,25. De acordo com alguns estudiosos, "por mim" e "pelo evangelho" podem ser acréscimos posteriores.

55. Marcos 8,34. O dito encontra-se atestado por Marcos, na fonte Q (Lucas 14,27 // Mateus 10,38) e no *Evangelho [apócrifo] de Tomé* 55,2. Alguns o consideram uma invenção cristã posterior elaborada à luz da crucificação de Jesus. No entanto, ao seguidor pede-se que carregue "sua" própria cruz, não "a cruz de Jesus". A metáfora não era desconhecida no século I. O filósofo estoico Epicteto (*ca.* 55-135 d.C.) diz a seus discípulos: "Se quereis ser crucificados, esperai, e a cruz virá". O aspecto escandaloso da imagem e o testemunho múltiplo apontam para Jesus (Hengel, Meier, Gnilka).

quecer-se de si mesmo, renunciar a seus interesses e viver doravante centrado em Jesus. Ele já não se pertence; sua vida é de Jesus; vive seguindo a ele. Até aqui não deixava de ser atraente. O inquietante era a metáfora que Jesus acrescentava. Todos conheciam o espetáculo terrível do condenado que, açoitado e ensanguentado, era obrigado a carregar sobre as costas o madeiro horizontal da cruz até ao lugar da execução, onde esperava o madeiro vertical, fixado na terra. Antes e depois de Jesus, a Palestina esteve salpicada de cruzes. Todos sabiam com quanta facilidade eram crucificados escravos, ladrões, rebeldes e pessoas que punham em perigo a paz. As pessoas ainda se lembravam daqueles dias terríveis em que o general Varo havia crucificado dois mil judeus ao redor de Jerusalém. Era o ano 4 a.C. e Jesus dava seus primeiros passos em sua casa de Nazaré[56]. Jesus não podia ter escolhido uma linguagem mais expressiva para gravar em seus discípulos o que deles esperava: uma disponibilidade sem limite para segui-lo, assumindo os riscos, a hostilidade, o escárnio e, talvez, a própria morte. Seu destino era compartilhar a mesma sorte dos desgraçados e miseráveis que, de tantas maneiras, eram "crucificados" naquela sociedade. Juntos entrariam no reino de Deus.

Vivendo com Jesus

O que o povo podia pensar deste grupo tão especial de pessoas que acompanhavam Jesus em sua vida de profeta itinerante? Para que os havia chamado? Queria ensinar-lhes uma doutrina nova para que a difundissem fielmente por todo o Israel? Neste caso era estranho que não se tivesse fixado em pessoas mais instruídas do que aqueles pescadores e camponeses ignorantes. Por que exigia deles uma adesão tão absoluta e incondicional? Estava pensando em iniciar uma "guerra santa" contra Roma? Era um grupo demasiado insignificante para tentar uma coisa dessas. Queria fundar uma comunidade pura e santa, parecida com a que os essênios haviam constituí-

56. Flávio Josefo. *A guerra judaica* II, 72-75.

do no deserto de Qumran? Mas, neste caso, o que faziam naquele grupo mulheres como Maria de Mágdala ou arrecadadores como Levi?

A figura de Jesus rodeado de discípulos podia levar a pensar em outros mestres de seu tempo. O próprio Flávio Josefo fala dele mais tarde como de "um homem sábio" que "foi mestre daqueles que aceitavam com prazer a verdade e atraiu muitos judeus e gentios"[57]. No entanto, nunca seus conterrâneos o confundiram com um mestre da lei. É verdade que as pessoas o chamavam *rabi*, mas, ainda por volta dos anos 30, este título tinha um sentido genérico de "senhor" e era empregado como uma maneira respeitosa de dirigir-se a alguém de grande prestígio. Só depois do ano 70 começou-se a utilizá-lo para designar os "rabinos" que ensinavam a Torá a seus discípulos. Havia algo que era impensável entre os rabinos: o grupo não era formado exclusivamente por varões; havia também mulheres. Por outro lado, não foram eles que vieram pedindo para serem admitidos numa escola. Jesus é que os havia arrancado de suas casas para segui-lo a fim de compartilhar com ele o serviço ao reino de Deus.

A atmosfera que se vive ao redor dele e em sua companhia não é a de uma escola rabínica. Jesus não os chamou para estudar a lei nem para aprender de cor as tradições religiosas. Não vivem dedicados ao estudo minucioso dos inúmeros preceitos e normas. Não estão ali para chegar a ser um dia mestres de Israel, peritos em ditar ao povo os caminhos da lei. A relação que se estabelece entre eles e Jesus não é uma relação escolar entre alunos e mestre. É uma vinculação pessoal com alguém que os vai iniciando no projeto de Deus. Jesus não lhes fala como um rabino que expõe a lei, mas como um profeta cheio de Deus. O objetivo deles não é alcançar um dia a honrosa posição de rabinos, mas compartilhar o destino inseguro e até perigoso de Jesus. O próprio destes discípulos não é aprender as ideias defendidas por seu mestre, mas "seguir" Jesus e viver com ele a acolhida do reino de Deus.

---

57. *Antiguidades dos judeus* 18, 3,3.

Aquele estranho grupo tampouco se parece com as grandes escolas da Grécia, onde sábios como Pitágoras, Sócrates, Platão ou Aristóteles ensinavam a seu discípulos a sabedoria. O seguimento de Jesus está bem longe da busca da verdade que se cultivava entre os filósofos gregos[58]. Talvez seu estilo de vida itinerante, seu modo de vestir e sua vida contestatária à margem da sociedade os assemelhasse a certos filósofos cínicos que, segundo parece, eram conhecidos em Gádara e outras regiões circundantes da Palestina no tempo de Jesus[59]. A primeira coisa que neles chamava a atenção era seu aspecto sujo e descuidado. Seu único traje consistia num manto surrado que deixava ver o braço nu, um alforje e um bastão. Andavam com os pés descalços, como os mendigos, e dormiam no chão duro. Podia-se vê-los nas praças públicas das cidades ou junto às termas[60].

Sua conduta antissocial era intencional. Os cínicos constituíam um movimento marginal e contestatário em face das instituições e valores daquela sociedade, que consideravam podre. Zombavam da autoridade, do poder, do matrimônio, da família ou da propriedade. Orgulhavam-se de não precisar de nada nem de ninguém para alcançar a felicidade. A liberdade era o

---

58. No entanto, encontramos em Sócrates (469-399 a.C.) alguns traços que levam a pensar, de alguma maneira, em Jesus. Ele recusava ser chamado mestre e preferia que seus discípulos fossem chamados "familiares", "seguidores" ou "amigos". É célebre o chamado ao seguimento que fez a Xenofonte. No final de um diálogo perguntou-lhe: "Onde se fazem o homens bons e perfeitos?" Diante de seu silêncio e perplexidade, disse-lhe: "Segue-me e aprende". E desde então Xenofonte tornou-se ouvinte de Sócrates.

59. Recentemente, alguns investigadores (Downing, Mack, Crossan) realçaram as semelhanças entre Jesus e os filósofos cínicos, ao ponto de transformá-lo num sábio cínico. Sem negar a possibilidade de alguma influência, Horsley, Betz, Witherington III, Meier, Aguirre e outros criticam este enfoque, destacando as grandes diferenças de fundo. É muito maior a influência da tradição sapiencial judaica do que a das ideias cínicas.

60. Os cínicos haviam tido seu período de esplendor nos séculos IV-III a.C. e, depois de certo eclipse, voltaram a florescer no século I d.C. A palavra "cínico" provém do termo grego *kyôn/kynos*, que significa "cão". Quando Alexandre Magno apresentou-se diante de Diógenes, fundador do movimento cínico, como o "grande rei", este lhe respondeu: "E eu sou Diógenes, o cão". Eram chamados assim por causa de sua vida de rua e da falta de vergonha com que zombavam da sociedade convencional.

bem supremo a que aspiravam. Libertados de todo apego, não se sentiam escravos de ninguém, mas autênticos reis. São famosas as palavras de Epicteto, um cínico um pouco posterior a Jesus (50-130):

> Olhai! Não tenho cidade, nem casa, nem bens, nem sequer um escravo. Durmo no chão, não tenho esposa nem filhos, nem um palácio, só o céu e a terra e um manto surrado. E o que me falta? Não vivo sem sofrer? Não vivo sem medos? Não sou livre? [...] Que atitude tomo diante daqueles a quem vós temeis ou admirais? Não os trato como escravos? Quem me vê, não pensará que está vendo seu rei e senhor?

Esta liberdade total e absoluta os levava a agir de maneira provocativa e desavergonhada. Sentiam-se ligados somente às leis da natureza, nunca às da sociedade[61].

Não sabemos se Jesus e seus discípulos conheceram os filósofos cínicos. Provavelmente nunca ouviram falar deles[62]. Há alguns traços que os assemelham, especialmente sua vida itinerante, sua mensagem contestatária e um modo de vestir que expressava plasticamente sua atitude diante da sociedade. No entanto, este grupo rural da Galileia pouco tem a ver com o fenômeno urbano dos cínicos nas cidades helênicas. A motivação e o significado de fundo são completamente diferentes. O bornal que cada cínico levava com suas pequenas provisões era símbolo de sua independência individualista; Jesus, pelo contrário, deseja criar uma família e por isso pede a seus discípu-

---

61. Os traços principais dos grupos cínicos são a autossuficiência (*autarcheia*), a liberdade (*eleutheria*), a imperturbabilidade (*ataraxia*) e a falta de vergonha (*anaideia*). É célebre o diálogo entre Diógenes e Alexndre Magno. Ao perguntar-lhe o imperador se podia satisfazer-lhe algum de seus desejos, Diógenes respondeu-lhe: "Sim. Afasta-te para um lado, porque me estás tirando o sol".

62. Ao que parece, o movimento cínico estava bastante arraigado em Gádara, cidade helênica que distava poucos quilômetros do lago da Galileia. Nela viveram cínicos de fama como Menipo, inventor da sátira (entre o século IV e III a.C.), Meleagro (século II a.C.), Teodoro (século I d.C.). Witherington III acha mais provável certa influência dos cínicos na tradição que ia transmitindo as lembranças de Jesus (sobretudo a fonte Q) do que sobre o próprio Jesus.

los que prescindam de alforje para recorrer à hospitalidade das aldeias. Enquanto os cínicos baseavam sua autossuficiência numa vida simples, Jesus ensina os seus a confiar no amor solícito de Deus e na acolhida mútua entre irmãos. Por outro lado, não é possível encontrar em seu grupo o desprezo para com os outros, o insulto grosseiro nem os atos indecentes tão próprios dos cínicos[63]. Os gestos de Jesus são os de um profeta que deseja curar a enfermidade, expulsar o mal e comunicar a todos a proximidade salvadora de Deus. É esta a diferença radical: enquanto os cínicos vivem de acordo com a natureza buscando a liberdade, Jesus e seus discípulos vivem acolhendo o reino de Deus e proclamando seu amor e sua justiça.

O que se respira junto a Jesus é inusitado, algo verdadeiramente único. Sua presença tudo enche. O decisivo é sua pessoa, sua vida inteira, o mistério do profeta que vive curando, acolhendo, perdoando, libertando do mal, amando apaixonadamente as pessoas acima de toda lei, e sugerindo a todos que o Deus que já está irrompendo em suas vidas é assim: amor insondável e só amor. Tudo aprendem de Jesus. Nele podem perceber como é uma vida inteiramente dedicada ao reino de Deus. Veem como ele confia num Deus bom, Pai de todos, Amigo da vida. Dele aprendem a oração do Pai-nosso, que repetem todos os dias à mesa, junto com pessoas de toda classe que se ajuntam a ele pelo caminho. Ouvem com atenção as parábolas que ele vai contando pelos povoados, animando a todos a descobrir um mundo novo. Surpreendem-se ao ver como ele desperta a fé dos enfermos para curá-los de suas doenças. Impressionam-se ao comprovar seu poder de expulsar demônios e curar vidas dilaceradas pelo mal. Veem-no repleto do Espírito de Deus.

Dele vão aprendendo outra maneira de entender e de viver a vida. Percebem a ternura com que acolhe os mais pequeninos e desvalidos. Emocionam-se ao observar como ele se comove diante da desgraça e do sofrimento dos enfermos: dele aprendem a tocar aqueles leprosos e leprosas que nin-

63. Chegavam a praticar o sexo em público.

guém toca. Inflama-os sua paixão por defender a dignidade de cada pessoa e sua liberdade para fazer o bem: comprovam que vão crescendo as tensões e conflitos com alguns setores mais rigoristas, mas nada nem ninguém pode deter seu Mestre quando se trata de defender os humilhados. Comove-os a acolhida amistosa dele a tantas pessoas vítimas de seu pecado: dele vão aprendendo a sentar-se à mesa com gente indesejável, mulheres de vida ambígua e pecadores esquecidos da Aliança. É invejável sua paixão pela verdade, essa capacidade de Jesus de ir ao fundo das coisas, por cima de teorias e legalismos enganosos. Custa-lhes acostumar-se a essa linguagem nova de seu mestre, que insiste em libertar as pessoas de seus medos para que possam confiar plenamente em Deus. Ouvem-no repetir por toda parte algo que não é frequente entre os mestres da lei: "Não tenhais medo". A todos deseja sempre a mesma coisa: "Vai em paz". Algo novo desperta no coração de seus discípulos e discípulas. Essa paz contagiosa, essa pureza de coração sem inveja nem ambição alguma, sua capacidade de perdão, seus gestos de misericórdia diante de toda fraqueza, humilhação ou pecado, essa luta apaixonada pela justiça em favor dos mais fracos e maltratados, sua esperança inquebrantável no Pai... Tudo isso vai suscitando neles uma fé nova: nesse homem está Deus, no fundo desta vida pressentem a proximidade misteriosa do Deus amigo e salvador. Mais tarde falarão da "Boa Notícia de Deus"[64].

Uma família nova

Naquele grupo de seguidores há pessoas de diferente procedência, mas Jesus vê a todos como uma família. A nova família que Deus quer ver crescer no mundo. Em torno dele irão aprender a conviver, não como aquela família patriarcal que deixaram para trás, mas como uma família nova, unida pelo desejo de fazer a vontade de Deus. Jesus o dizia abertamente: "Estes são mi-

---

64. Os cristãos da primeira geração resumiram com a palavra *euaggelion* ("boa notícia") o que os discípulos haviam aprendido de Jesus e o que haviam vivido junto dele (Marcos 1,14; 1Coríntios 15,1-3; Filipenses 1,27).

nha mãe e meus irmãos. Quem cumprir a vontade de Deus, esse é meu irmão, minha irmã e minha mãe"[65].

Não os unem laços de sangue nem interesses econômicos. Não se juntaram para defender seu *status* social; sua honra consiste em fazer a vontade do Pai de todos. Não é uma família estruturada hierarquicamente: entre eles reina a igualdade. Não é uma família fechada sobre si mesma, mas aberta e acolhedora. Sem dúvida, são estes os traços de que Jesus mais cuida entre seus seguidores e seguidoras: a igualdade de todos e a acolhida serviçal aos últimos. É esta a herança que quer deixar atrás de si: um movimento de irmãs e irmãos a serviço dos mais pequeninos e desvalidos. Este movimento será símbolo e germe do reino de Deus.

Nesta família não há mestres da lei. O movimento de Jesus não deve ser dirigido por letrados que guiem pessoas ignorantes. Todos devem aprender de Jesus. Todos devem abrir-se à experiência do reino de Deus. Jesus se alegra precisamente porque agrada a Deus revelar-se aos mais pequeninos: "Eu te louvo, Pai, Senhor do céu e da terra, porque ocultaste estas coisas aos sábios e inteligentes e as deste a conhecer aos simples. Sim, Pai, assim te pareceu bem"[66]. Nesta nova família também não há pais que impõem sua autoridade patriarcal sobre os outros. Ninguém exercerá em seu grupo um poder dominante. Ninguém há de chamar-se nem ser pai. No movimento de Jesus desaparece toda autoridade patriarcal e surge Deus, o Pai próximo que torna todos irmãos e irmãs. Ninguém está acima dos outros. Ninguém é senhor de ninguém. Não há categorias nem classes. Não há sacerdotes, levitas e povo. Não há lugar para os intermediários. Todos e todas têm acesso direto e imediato a Jesus e a Deus, o Pai de todos.

---

65. Marcos 3,35.

66. Fonte Q (Lucas 10,21 // Mateus 11,25-26) e *Evangelho [apócrifo] de Tomé* 61,3. Não há razões para não atribuir o conteúdo destas palavras ao próprio Jesus, que costuma sublinhar de diferentes formas a predileção de Deus pelos pequenos e diz que o reino de Deus lhes pertence (Marcos 10,13-16).

O clima que se respira junto a Jesus está muito longe da estrutura hierárquica de Qumran. Na comunidade do deserto ninguém é admitido sem passar pelo devido exame "sobre seu espírito e suas obras" e a perfeição de seu comportamento[67]; Jesus, pelo contrário, chama Levi diretamente de sua mesa de arrecadador de impostos para incorporar-se ao grupo, e acolhe entre seus seguidores Maria de Mágdala, a mulher que esteve possuída por espíritos malignos. Em Qumran, cada membro da comunidade tem seu próprio lugar designado: "O pequeno obedecerá ao grande" e todos "se submeterão à autoridade dos filhos de Sadoc, os sacerdotes que guardam a Aliança"[68]; na família de Jesus, pelo contrário, não há leigos que se submetem a sacerdotes nem pequenos que obedecem a grandes; o ideal é "tornar-se criança", porque "dos que são como as crianças é o reino de Deus"[69]. Nas refeições e reuniões de Qumran, cada um senta no lugar que lhe corresponde conforme sua categoria: "Os sacerdotes sentar-se-ão por primeiro, os anciãos como segundos e o resto do povo sentar-se-á cada um segundo sua categoria"[70]. Com Jesus é diferente. Seus seguidores, homens e mulheres, sentam-se em círculo ao seu redor; ninguém se coloca numa posição superior aos outros; todos ouvem sua palavra e todos juntos buscam a vontade de Deus. Também não se observa nenhum ritual nem normas hierárquicas nas refeições; a ninguém se reserva um lugar privilegiado nos banquetes de Jesus[71].

Dentro desta igualdade fraterna também não há diferenças hierárquicas entre varões e mulheres. Estas não são valorizadas por sua fecundidade nem são desprezadas por sua esterilidade. Jesus nunca fala de sua pureza ou de sua

---

67. *Regra da congregação* V, 24.

68. Ibid., V, 1-2 e VI, 2-4.

69. Marcos 10,14b.

70. *Regra da congregação* VI, 8-9.

71. Numa parábola recolhida por Lucas 14,8-10, Jesus convida a ocupar o último lugar nos banquetes. A parábola provavelmente não é de Jesus, mas a sentença com que se conclui é um dito que circulou de maneira independente e expressa uma ideia cara a Jesus: "Todo aquele que se exalta será humilhado; e aquele que se humilha será exaltado" (Lucas 14,11).

impureza. Não estão no grupo para submeter-se às ordens dos homens. Ninguém tem autoridade sobre elas pelo fato de ser varão. Homens e mulheres, filhos e filhas de Deus convivem com igual dignidade a serviço de seu reino.

Por isso, em nenhuma das tradições evangélicas apresenta-se alguém desempenhando algum tipo de função hierárquica dentro do grupo de discípulos. Jesus não vê os Doze atuando como "sacerdotes" em relação aos outros. Não imagina seus seguidores vivendo segundo o sistema hierárquico do templo: um sumo sacerdote, sacerdotes de diferentes linhagens e um conjunto de levitas. O tipo de relação que ele quer promover entre eles parece-se ainda menos com o modelo hierárquico vigente nas estruturas políticas do Império. Entre seus seguidores ficam invertidos os valores normais daquela sociedade. A grandeza não se mede pelo grau de autoridade que alguém possa exercer, mas pelo serviço que ofereça aos outros. Jesus outorga o posto mais distinto ao escravo, o que ocupa o nível mais baixo no Império: "Sabeis que os que são tidos como chefes das nações as dominam como senhores absolutos e seus grandes as oprimem com seu poder. Mas entre vós não deve ser assim. Quem quiser ser grande entre vós seja vosso servidor; e quem quiser ser o primeiro entre vós seja o escravo de todos"[72].

Assim imagina Jesus sua família de seguidores: um grupo de irmãos e irmãs que seguem seus passos para acolher e difundir o reino de Deus. Não pensa em doutores brilhantes nem em hábeis governantes, mas em discípulos que anunciem a proximidade salvadora de Deus e em curadores que vão transformando o mundo a partir de uma atitude de serviço e amor. Homens e mulheres que saibam viver como ele, servindo aos últimos. Eles serão suas testemunhas: o melhor símbolo e a semente mais eficaz do reino de Deus. Destas testemunhas e com sua própria vocação e missão deslanchará a Igreja de Jesus.

---

72. Marcos 10,42-44. Na origem destes ditos está o desejo manifestado por Jesus a seus discípulos: "Quem aspirar a ser grande, ponha-se a servir". A ideia de que o escravo será *number one* só pode ser sua. A redação de Marcos nasceu no contexto das rivalidades surgidas na primeira comunidade cristã.

A serviço do projeto de Deus

Era claro que Jesus não estava pensando em fundar uma escola rabínica. Tampouco havia chamado para "servi-lo" ao estilo rabínico. Jesus não precisava de uma corte de discípulos e discípulas, dispostos a satisfazer seus desejos. Era exatamente o contrário. É ele quem se sente servidor de todos: "Eu estou entre vós como aquele que serve"[73]. Sua intenção também não é criar uma comunidade ritualmente pura e obediente à lei, ao estilo dos grupos fariseus mais radicais. Ao contrário, ensinava-lhes a compartilhar a mesa com pessoas estranhas ao grupo; quer vê-los entre as "ovelhas perdidas de Israel". Nunca pensou num grupo fechado e excludente. Não queria formar com eles uma comunidade de "eleitos" de Deus. Não os levou ao deserto para separá-los de um povo contaminado e criar um "novo Qumran". Também não os recrutou para iniciar uma "guerra santa" contra Roma. Seu propósito é muito diferente quando os envia "como cordeiros no meio de lobos"[74]. Não se precisa de mais sangue, e sim de mais paz.

Jesus os chama para que compartilhem sua experiência da irrupção do reino de Deus e, juntamente com ele, participem da tarefa de ajudar as pessoas a acolhê-lo. Deixam seu trabalho, mas não para viver no ócio e na preguiça, e sim para entregar-se com todas as suas energias ao reino de Deus. Abandonam seu pai para defender tantas pessoas privadas de pai e proteção. É preciso criar uma família nova, acolhendo o único Pai de todos. Não é fácil. Seguir Jesus transforma-os em pessoas "deslocadas". Seu chamado os arranca da aldeia, da família e do trabalho onde até então encontraram identidade, segurança e proteção. Mas Jesus não os integra num novo sistema social; ele os conduz a um espaço novo, cheio de possibilidades, mas sem um lugar concreto onde encontrar uma identidade social. Segui-lo é toda uma

---

73. Lucas 22,27. Estas palavras representam o pensamento de Jesus. A redação de Lucas parece mais autêntica que a de Marcos 10,45.

74. Fonte Q (Lucas 10,3 // Mateus 10,16). Esta sugestiva imagem é muito frequente na literatura bíblica e rabínica. Nada impede de pensar que também Jesus a tenha empregado.

aventura. Doravante, a identidade deles consistirá em viver "caminhando" em direção ao reino de Deus e sua justiça[75].

Para Jesus, aquele pequeno grupo está chamado a ser símbolo do reino de Deus e de seu poder transformador. Naquele grupo começar-se-á a viver a vida como Deus realmente a quer. Tudo era humilde e pequeno, como um "grão de mostarda". Não é fácil perceber ali o "fermento" que pode transformar aquela sociedade. Mas naquele grupo de seguidores poder-se-á entrever algo do projeto de Deus. Com eles irá se definindo, dentro da cultura dominante do Império, uma vida diferente: a vida do reino de Deus. Não é difícil apontar alguns traços.

Os discípulos de Jesus já não vivem sujeitos a César. Não temem os arrecadadores de impostos, pois não têm terras nem negócios de pesca. Não vivem dependentes dos decretos do imperador, mas "cumprindo a vontade de Deus"[76]. Ele é seu Pai. Assim o chama Jesus: nunca o chama "Rei". Não emprega imagens imperiais, mas metáforas tiradas do mundo familiar. Não imagina os seus como germe de um "novo Império", mas de uma "família" de irmãos e irmãs. Para intuir as novas relações sociais exigidas pelo reino de Deus não se deve olhar para o Império, mas para este humilde grupo familiar concebido por Jesus.

Com eles Jesus cria um espaço novo sem dominação masculina. Os varões abandonaram a posição privilegiada que ocupavam em suas casas como pais, esposos ou irmãos. Renunciaram à liderança própria do varão e desprenderam-se de boa parte de sua identidade de homens naquela sociedade patriarcal. A nova família que Jesus está formando não é espelho da família patriarcal. Jesus nem sequer se apresenta como "pai" do grupo, mas como

---

75. Lucas descreve a vida cristã como "estar no Caminho". São cristãos os que "entram no Caminho" (Atos dos Apóstolos 9,2; 18,25-26; 19,9-23; 22,4; 24,14-22).

76. Marcos 3,35.

"irmão". Em seu movimento de seguidores, todos poderão descobrir que no reino de Deus não há dominação masculina[77].

O abandono das estruturas do Império e a saída do grupo familiar vão aproximando inevitavelmente os seguidores de Jesus dos que estão fora ou às margens do sistema. Esta "família" não se parece com as famílias herodianas que estão no centro do poder. Move-se, pelo contrário, nos espaços marginais daquela sociedade. Não têm casas, nem terras, nem bens. Não ocupam uma posição honrosa. Estão entre os mais pequenos e insignificantes da Galileia. Quem os contemplar descobrirá que Deus é acolhido a partir dos últimos.

Os seguidores de Jesus tiveram que aprender a viver na insegurança. Quando entravam num povoado, podiam ser acolhidos ou rejeitados. Só os simpatizantes lhes ofereciam hospitalidade. Não é de estranhar que, em certa ocasião, despertasse neles a preocupação: o que vão comer? Com que vão se vestir? São as preocupações de todos os vagabundos. Jesus infunde-lhes sua confiança em Deus: "Não vos preocupeis"[78]. O grupo deve viver com paz e confiança. Como não irá cuidar deles esse Pai que cuida dos pássaros do céu e das flores do campo? Ele os vê bater à porta das casas em busca de comida e hospitalidade. Nem sempre são bem recebidos, mas Jesus os anima: "Pedi e vos darão; buscai e encontrareis; batei e vos abrirão. Porque todo aquele que pede recebe; aquele que busca encontra; e ao que bate abrirão"[79]. Jesus está plenamente convencido: os simpatizantes que aderiram à sua cau-

---

77. De acordo com diversos autores (Sand, Blinzler, Braun, Meier, Moxnes, Freyne...), Jesus e seus seguidores foram denegridos por alguns setores, que os chamaram de "eunucos" (Mateus 19,12). Perante a sociedade apareciam como "meio homens", nem varões nem mulheres, sem a honra masculina vinculada a seu papel sexual e patriarcal. Jesus aceita que sejam vistos como "eunucos sociais" que abandonaram o espaço masculino da sociedade patriarcal pelo reino de Deus. A expressão que fala dos "que se castraram a si mesmos pelo reino" só pode provir de Jesus.

78. Este chamado insistente provém de Jesus e está no centro de um conjunto de exortações que convidam a viver confiando em Deus (fonte Q: Lucas 12,22-31 // Mateus 6,25-34). Ao que parece, originariamente dirigia-se a seus discípulos (de acordo com Horsley, aos camponeses). Mateus o entendeu mais tarde como uma exortação dirigida a todos os que se encontram numa situação de necessidade.

79. Fonte Q (Lucas 11,9-10 // Mateus 7,7-8).

sa os acolherão e sobretudo o Pai satisfará à suas necessidades. Todos poderão ver que a vida dos que buscam o reino de Deus sustenta-se na mútua acolhida e na solicitude do Pai.

Havia outro traço que Jesus queria fomentar em seu grupo: a alegria. Estes homens e mulheres haviam deixado tudo porque haviam encontrado "o tesouro escondido" ou "a pérola preciosa". Jesus podia ver nos olhos de alguns discípulos a alegria de quem começou a descobrir o reino de Deus. Não tinha sentido jejuar nem manifestar luto. Viver junto com ele era uma festa. Algo parecido com o ambiente que se criava nas bodas dos povoados. O melhor eram as refeições. Jesus ensinava-lhes a celebrar com alegria a recuperação de tanta gente perdida. Sentados à mesa com Jesus, os discípulos sentiam-se como os "amigos" do pastor, que, de acordo com uma parábola, sentiam prazer ao vê-lo chegar com a ovelha perdida; as discípulas, por sua vez, alegravam-se como as "vizinhas" daquela pobre mulher, que, de acordo com outra parábola, havia encontrado a moeda perdida. Nesta alegria de seus seguidores todos poderão descobrir que Deus é uma boa notícia para os perdidos.

Enviados para anunciar a Deus curando

Em algum momento Jesus enviou seus discípulos pelas aldeias da Galileia para colaborar com ele na tarefa de abrir caminho ao reino de Deus[80]. Tudo faz pensar que foi uma missão breve e limitou-se às imediações dos lugares onde ele se movia. Correspondia a uma estratégia amadurecida por Jesus com uma finalidade prática ou tratou-se de um modesto ensaio com um caráter fortemente simbólico?[81] Talvez Jesus quis mostrar-lhes como se po-

80. Marcos 6,7; fonte Q (Lucas 9,1 // Mateus 10,1). Há um notável consenso de autores que aceitam a autenticidade histórica desta missão (Manson, Creed, Schweizer, Meier, Witherington III, Schlosser, Barbaglio). Para Crossan é impensável imaginar um grupo de homens percorrendo as aldeias da Galileia nos anos 30, mas as razões que aduz não têm suficiente peso.

81. Nunca aparecem os discípulos pregando, e é difícil saber até que ponto o fizeram enquanto Jesus percorria a Galileia (Kaylor). Talvez se tenham limitado a convidar as pessoas a ouvir Jesus.

dia colaborar com ele no projeto do reino de Deus[82]. Os enviados não agem por iniciativa própria, mas em nome de Jesus. Fazem o que ele lhes indicou e assim como lhes ordenou. São seus representantes[83].

Concretamente, Jesus lhes dá poder e autoridade não para impor-se às pessoas, mas para expulsar demônios e curar enfermidades e doenças[84]. Estas são as duas grandes tarefas de seus enviados: dizer às pessoas o quanto Deus está próximo e curá-las de tudo quanto introduz mal e sofrimento em sua vida. As duas tarefas são inseparáveis. Eles farão o que viram Jesus fazer: curar as pessoas fazendo-lhes ver o quanto Deus está próximo de seu sofrimento: "Aonde chegardes, curai os enfermos que ali houver e dizei-lhes: o reino de Deus está perto de vós"[85]. Jesus estava criando assim uma rede de "curadores" para anunciar a irrupção de Deus, como o Batista havia pensado numa rede de "batizados" para alertar da chegada iminente de seu juízo. Para Jesus, curar enfermos e expulsar demônios é a primeira coisa e o mais importante de tudo. Não encontra um sinal melhor para anunciar a Deus, o amigo da vida. De acordo com um episódio recolhido nas fontes cristãs, certo dia os discípulos aproximam-se de Jesus para informá-lo de que viram alguém expulsando demônios em seu nome, embora não pertencesse ao grupo. Eles já trataram de impedi-lo, mas convém que Jesus seja avisado. Os

---

82. É difícil determinar se Jesus enviou só os Doze (Pesch, Schneider, Meier) ou, pelo contrário, um grupo indeterminado de discípulos (Karting). Além da missão dos Doze dirigida a Israel, Lucas criou artificialmente outro envio de setenta e dois (ou setenta) discípulos para realçar o caráter universal da missão cristã (Lucas 10,1).

83. A figura do "enviado" ou *shaliah* é bem conhecida no judaísmo. O enviado atua em nome de seu senhor e o representa: quem acolhe o enviado, acolhe seu senhor; quem o rejeita, rejeita seu senhor. Os "enviados" ou *shalihim* de Jesus darão origem em sua Igreja ao desenvolvimento de diferentes missões ou carismas cujos portadores "representam" Jesus e recebem dele "autoridade ministerial" a serviço do anúncio profético do reino de Deus, da direção da comunidade cristã, do ensino ou do serviço da caridade.

84. Marcos 6,7; fonte Q (Lucas 9,1 // Mateus 10,1).

85. Fonte Q (Lucas 10,8-9 // Mateus 10,7-9). "Anunciar o reino" e "curar enfermos" são as duas tarefas inseparáveis que Jesus confiou a seus discípulos. Os mandatos de "ensinar" e "batizar" que aparecem em Mateus 28,19-20 foram elaborados na comunidade cristã e refletem o que se pensava nela sobre a missão da Igreja.

discípulos não pensam na alegria dos que foram curados por aquele homem; o que os preocupa é seu grupo: "Não é dos nossos". A resposta de Jesus foi esta: "Não o impeçais, porque quem não está contra vós está a vosso favor"[86]. Como Jesus irá impedir que os enfermos sejam curados, se isso é o melhor sinal da força salvadora de Deus?

Jesus vê seus discípulos como "pescadores de homens". A metáfora é surpreendente e chamativa, bem própria da linguagem criativa e provocadora de Jesus. Ocorreu-lhe certamente às margens do mar da Galileia, ao chamar alguns pescadores a abandonar seu trabalho para colaborar com ele. Doravante pescarão homens em vez de peixes: "Segui-me e farei de vós pescadores de homens"[87]. A expressão é um tanto enigmática. Profetas como Jeremias haviam utilizado a pesca e a caça como imagens negativas para expressar a captura dos que seriam submetidos a um juízo de condenação; em Qumran falava-se do demônio como "pescador de homens"[88]. Jesus não pensava em nada disto. A metáfora recebia em seus lábios um conteúdo salvífico e libertador. Ele chama seus discípulos para resgatar as pessoas das "águas abismais" do mal, para libertá-las do poder de Satanás e para introduzi-las assim na vida do reino de Deus[89]. No entanto, a imagem não deixa de

---

86. Marcos 9,38-40, resumido mais tarde em Lucas 9,49-50. Não é fácil pronunciar-se sobre a autenticidade histórica deste episódio. No entanto, a resposta de Jesus ("quem não está contra vós está a vosso favor"), recolhida em Marcos, na fonte Q e no fragmento de Marcos conservado no papiro de Oxirrinco 1.224, apesar de ser um provérbio conhecido, foi pronunciada por Jesus.

87. Marcos 1,17. A expressão "pescadores de homens" é uma metáfora estranha cunhada por Jesus (Pesch, Meier, Witherington III, Guijarro). Nunca fora usada na tradição bíblica nem na literatura rabínica para descrever uma missão positiva. No Antigo Testamento fala-se de reunir "ovelhas", não de pescar "peixes".

88. Assim podemos ler em Jeremias 16,16: "Mandarei muitos pescadores, oráculo do Senhor, que os pescarão. Depois mandarei muitos caçadores que os caçarão nos montes, nas colinas e nas fendas dos rochedos. Porque eu vigio sua conduta; ela não me é ocultada, nem sua maldade pode ocultar-se a meus olhos". O profeta está pensando na invasão dos babilônios.

89. Na mentalidade semita, as águas do mar evocam facilmente as águas abismais, o caos e o horror do mundo do mal, hostil a Deus. Provavelmente devemos ler neste contexto a imagem de Jesus (Manek, Witherington III).

ser estranha e foi esquecida pelos missionários cristãos, que nunca se chamaram "pescadores de homens".

O que os discípulos nunca esqueceram foram as instruções que ele lhes deu ao enviá-los para a sua missão[90]. Jesus queria imprimir em seu grupo um estilo de vida profético e desafiador. Todo o mundo poderá vê-lo plasmado em sua maneira de vestir e equipar-se, e em sua forma de agir pelas aldeias da Galileia. O que surpreende é que Jesus não está pensando no que eles devem levar consigo, e sim, precisamente, no contrário: o que não devem levar, para não se afastar dos últimos.

Não devem levar consigo dinheiro nem provisões de nenhum tipo. Não levarão nem sequer bornal, ao estilo dos vagabundos cínicos, que penduravam ao ombro um alforje para guardar as provisões e esmolas que iam recolhendo. Renunciar a um bornal era renunciar à mendicância para viver confiando somente na solicitude de Deus e na acolhida das pessoas. Tampouco levarão consigo bastão, como costumavam os filósofos cínicos e também os essênios para defender-se dos cachorros selvagens e dos agressores. Devem aparecer diante de todos como um grupo de paz. Ao aproximar-se das aldeias, fá-lo-ão de maneira pacífica, sem assustar as mulheres e as crianças, posto que seus varões estão trabalhando no campo.

Irão descalços, como os escravos. Não levarão sandálias. Tampouco uma túnica de reposição, como levava Diógenes o cínico para proteger-se do frio da noite quando dormia ao relento. Todos poderão ver que os seguidores de Jesus vivem identificados com as pessoas mais indigentes da Galileia. As instruções de Jesus não eram tão estranhas. Ele era o primeiro a viver assim: sem dinheiro nem provisões, sem bornal de mendigo, sem bastão, descalço e sem túnica de reposição. Os discípulos não farão senão segui-lo. Este grupo, liber-

---

90. Conservaram-se em Marcos 6,8-11; na fonte Q (Lucas 9,3-5 // Mateus 10,9-14); em Lucas 10,4-11; no *Evangelho [apócrifo] de Tomé* 14,4. Estas instruções foram retocadas e combinadas segundo a diversa prática dos missionários cristãos, mas não podem derivar senão de Jesus (Gnilka, Theissen, Crossan, Meier, Hengel, Witherington III, Schlosser, Barbaglio).

tado de amarras e de posses, identificado com os mais pobres da Galileia, confiando inteiramente em Deus e na acolhida fraterna, e buscando para todos a paz, levará até às aldeias a presença de Jesus e sua boa notícia de Deus[91].

Jesus os envia "dois a dois". Assim poderão apoiar-se mutuamente. Além disso, entre os judeus era mais credível uma notícia quando vinha atestada por duas ou mais pessoas. Aproximar-se-ão das casas desejando a seus moradores a paz. Se encontrarem hospitalidade, permanecerão na mesma casa até sair da aldeia. Se não os acolherem, sairão do lugar "sacudindo o pó da planta dos pés"[92]. Era o que faziam os judeus quando abandonavam uma região pagã considerada impura. Talvez não se deva tomar isso no sentido trágico de um juízo condenatório, e sim como um gesto divertido e engraçado: "Azar de vocês! Virem-se!"

Em cada aldeia deverão fazer a mesma coisa: anunciar-lhes o reino de Deus compartilhando com eles a experiência que estão vivendo com Jesus e, ao mesmo tempo, curar os enfermos do povoado. Tudo devem fazer de graça, sem cobrar nem pedir esmola, mas recebendo em troca um lugar à mesa e na casa dos vizinhos. Não é uma simples estratégia para sustentar a missão. É a maneira de construir nas aldeias uma comunidade nova baseada sobre uns valores radicalmente diferentes da honra ou desonra, dos patrões e clientes. Aqui todos compartilham o que têm: uns sua experiência do reino de Deus e seu poder de curar; outros sua mesa e sua casa. A tarefa dos discípulos não consiste só em "dar", mas também em "receber" a hospitalidade que se lhes oferece[93].

---

91. A radicalidade primeira de Jesus não pôde ser mantida por seus seguidores. A análise da tradição permite observar uma clara evolução. De acordo com a fonte Q, os discípulos não devem levar nada; no evangelho de Marcos permite-se-lhes levar "sandálias" e "bastão"; na *Didaqué* admite-se que o apóstolo "leve pão suficiente até chegar aonde se hospedar" (Crossan).

92. Marcos 6,11.

93. Nem todos aceitam esta visão defendida por Crossan. Em todo caso, causa surpresa a insistência de Jesus em que, quando os receberem, "permaneçam na mesma casa comendo e bebendo o que tiverem" (Lucas 10,7).

O ambiente que se criava nos povoados era parecido com o que o próprio Jesus criava. A alegria espalhava-se por toda a aldeia ao correr a notícia de alguma cura. Era preciso celebrar o fato. Os enfermos podiam integrar-se outra vez na convivência. Os leprosos e endemoninhados podiam sentar-se novamente à mesa com seus entes queridos. Naquelas refeições, sentados com os discípulos de Jesus, estreitavam-se os laços, caíam as barreiras, aos vizinhos tornava-se mais fácil perdoar-se mutuamente os agravos. De maneira humilde, mas real, as pessoas experimentavam a chegada do reino de Deus àquela aldeia. Privado de poder político e religioso, Jesus não encontrou outra forma mais concreta para iniciar, no meio do imenso Império romano, a nova sociedade que Deus queria, mais sadia e fraterna, mais digna e feliz.

Bibliografia

Para um estudo de conjunto

MEIER, John Paul. *Um judeu marginal*: repensando o Jesus histórico – III/1: Companheiros; III/2: Competidores. Rio de Janeiro: Imago, 2003-2004 [*Un judío marginal*: nueva visión del Jesús histórico – III: Compañeros y competidores. Estella: Verbo Divino, 2003, p. 43-300].

THEISSEN, Gerd & MERZ, Annette. *O Jesus histórico* – Um manual. São Paulo: Loyola, 2002 [*El Jesús histórico*. Salamanca: Sígueme, 1999, p. 244-250].

BARBAGLIO, Giuseppe. *Jesús, hebreo de Galilea* – Investigación histórica. Salamanca: Secretariado Trinitario, 2003, p. 337-386.

SCHLOSSER, Jacques. *Jesús, el profeta de Galilea*. Salamanca: Sígueme, 2005, p. 95-112.

SANDERS, Ed Parish. *La figura histórica de Jesús*. Estella: Verbo Divino, 2000, p. 140-153.

GNILKA, Joachim. *Jesus de Nazaré*: mensagem e história. Petrópolis: Vozes, 2000 [*Jesús de Nazaret*: mensaje e historia. Barcelona: Herder, 1993, p. 203-236].

PUIG I TARRECH, Armand. *Jesús*: un perfil biográfico. Barcelona: Proa, 2004, p. 237-286.

MATEOS, Juan. *Los "Doce" y otros seguidores de Jesús en el evangelio de Marcos*. Madri: Cristiandad, 1982.

Para o estudo sociológico do movimento de Jesus

THEISSEN, Gerd. *O movimento de Jesus* – História social de uma revolução de valores. São Paulo: Loyola, 2008 [*El movimiento de Jesús* – Historia social de una revolución de los valores. Salamanca: Sígueme, 2005, sobretudo p. 35-130].

______. *Sociologia do movimento de Jesus*. São Leopoldo/Petrópolis: Sinodal/Vozes, 1989 [*Sociología del movimiento de Jesús* – El nacimiento del cristianismo primitivo. Santander: Sal Terrae, 1979].

______. *Estudios de sociología del cristianismo primitivo*. Salamanca: Sígueme, 1979.

STEGEMANN, E.W. & STEGEMANN, W. *História social do protocristianismo* – Os primórdios no judaísmo e as comunidades de Cristo no mundo mediterrâneo. São Leopoldo/São Paulo: Sinodal/Paulus, 2004 [*Historia social del cristianismo primitivo*. Estella: Verbo Divino, 2001, p. 259-302].

DRAPER, Jonathan A. Wandering Charismatics and Scholarly Circularities. In: HORSLEY, Richard A. & DRAPER, Jonathan A. *Whoever Hears You Hears Me*. Harrisburg, PA: Trinity Press International, 1999, p. 29-45.

Para o estudo do seguimento de Jesus

HENGEL, Martin. *Seguimiento y carisma* – La radicalidad de la llamada de Jesús. Santander: Sal Terrae, 1981.

GUIJARRO, Santiago. *Fidelidades en conflicto* – La ruptura con la familia por causa del discipulado y de la misión en la tradición sinóptica. Salamanca: Universidad Pontificia, 1998.

______. *Jesús y el comienzo de los evangelios*. Estella: Verbo Divino, 2006, p. 87-101.

MOXNES, Halvor. *Poner a Jesús en su lugar* – Una visión radical del grupo familiar y el Reino de Dios. Estella: Verbo Divino, 2005.

DUNN, James D.G. *La llamada de Jesús al seguimiento*. Santander: Sal Terrae, 2000.

CASTILLO, José María. *El seguimiento de Jesús*. Salamanca, Sígueme, 1986.

BEST, Ernest. *Disciples and Discipleship* – Studies in the Gospel according to Mark. Edimburgo: T. & T. Clark, 1986.

Para a comparação de Jesus com os filósofos cínicos

CROSSAN, John Dominic. *O Jesus histórico* – A vida de um camponês judeu do Mediterrâneo. Rio de Janeiro: Imago, 1994 [*Jesús*: vida de un campesino judío. Barcelona: Grijalbo/Mondadori, 1994, p. 110-126 e 383-408].

______. *Jesus*: uma biografia revolucionária. Rio de Janeiro: Imago, 1995 [*Jesus*: A Revolutionary Biography. São Francisco: Harper, 1994, p. 102-122].

WITHERINGTON III, Ben. *Jesus the Sage* – The Pilgrimage of Wisdom. Mineápolis: Fortress Press, 2000, p. 118-145.

KLOPPENBORG, John S. *Q*.: el evangelio desconocido. Salamanca: Sígueme, 2005, p. 236-251.

AGUIRRE, Rafael. La teoría de Jesús como un predicador cínico. In: PIÑERO, Antonio (org.). *Biblia y helenismo* – El pensamiento griego y la formación del cristianismo. Córdoba: El Almendro, 2006, p. 209-260.

Para a relação entre itinerantes e sedentários

CROSSAN, John Dominic. *O Jesus histórico* – A vida de um camponês judeu do Mediterrâneo. Rio de Janeiro: Imago, 1994 [*Jesús*: vida de un campesino judío. Barcelona: Grijalbo/Mondadori, 1994, sobretudo p. 383-408].

KAYLOR, R. David. *Jesus the Prophet* – His Vision of the Kingdom on Earth. Louisville, KY: John Knox Press, 1994, p. 174-191.

KOENIG, John. *New Testament Hospitality*. Eugene, OR: Wipf and Stock, 1985, p. 26-38.

THEISSEN, Gerd. *O movimento de Jesus* – História social de uma revolução de valores. São Paulo: Loyola, 2008 [*El movimiento de Jesús* – Historia social de una revolución de los valores. Salamanca: Sígueme, 2005, p. 35-100].

Outras obras de interesse

VIDAL, Senén. El seguimiento de Jesús en el Nuevo Testamento: visión general. In: GARCÌA LOMAS, Juan Manuel & GARCÍA-MURGA, José Ramón (orgs.). *El seguimiento de Cristo*. Madri: PPC, 1997, p. 13-31.

GESTEIRA, Manuel. La llamada y el seguimiento de Jesucristo. In: GARCÍA LOMAS, Juan Manuel & GARCÍA-MURGA, José Ramón (orgs.). *El seguimiento de Cristo*. Madri: PPC, 1997, p. 33-72.

LOIS, Julio. Universalidad del llamamiento y radicalidad del seguimiento. In: INSTITUTO SUPERIOR DE PASTORAL. *Quién decís que soy yo?*– Dimensiones del seguimiento de Jesús. Estella: Verbo Divino, 2000, p. 105-150.

MATURA, Thaddée. *Le radicalisme évangélique* – Aux sources de la vie chrétienne. Paris, Cerf, 1978.

PIKAZA, Xabier. *Sistema, libertad, Iglesia:* instituciones del Nuevo Testamento. Madri: Trotta, 2001, p. 141-164.

WITHERINGTON III, Ben. *The Christology of Jesus*. Mineápolis: Fortress Press, 1990, p. 118-143.

11

CRENTE FIEL

A experiência de Deus foi central e decisiva na vida de Jesus. O profeta itinerante do reino, curador de enfermos e defensor de pobres, o poeta da misericórdia e mestre do amor, o criador de um movimento novo a serviço do reino de Deus, não é um homem disperso, atraído por diferentes interesses, mas uma pessoa profundamente unificada em torno de uma experiência nuclear: Deus, o Pai de todos. É ele quem inspira sua mensagem, unifica sua intensa atividade e polariza suas energias. Deus está no centro desta vida. A mensagem e a atuação de Jesus não se explicam sem esta vivência radical de Deus. Se esta for esquecida, tudo perde sua autenticidade e conteúdo mais profundo: a figura de Jesus fica desvirtuada, sua mensagem debilitada, sua atuação privada do sentido que ele lhe dava[1].

Mas, que experiência de Deus Jesus tem? Quem é Deus para ele? Como se situa diante de seu mistério? Com o ouve e se confia à sua bondade? Como o vive? Não é fácil responder a estas perguntas. Jesus mostra-se muito discreto sobre sua vida interior. No entanto, fala e age de tal maneira que suas palavras e seus gestos nos permitem vislumbrar de alguma maneira sua experiência[2].

---

1. Infelizmente é fácil constatar na investigação atual um certo vazio no estudo da experiência religiosa de Jesus. O temor de cair em especulações sobre a psicologia de Jesus ou em considerações de caráter confessional sobre a natureza de Filho de Deus leva não poucos a prescindir de um dado histórico indubitável: Jesus atuou movido por sua experiência de Deus e convidou as pessoas e seus seguidores a crer e acolher a Deus com a mesma confiança com que ele o fazia. A relação de Jesus com Deus causou profunda impressão.

2. Naturalmente, nosso trabalho de aproximação histórica a Jesus não prejulga absolutamente o que a doutrina da Igreja afirma ou a cristologia estuda sobre a consciência filial e messiânica de Jesus, nem sobre a relação peculiar que o Filho de Deus encarnado vive com seu Pai em sua singularidade irrepetível, nem sobre a legitimidade ou não legitimidade da atribuição da fé a Jesus Cristo e em que sentido. São simplesmente temas que ficam fora do campo da investigação histórica.

Existe algo que se percebe imediatamente. Jesus não propõe uma doutrina sobre Deus. Nunca é visto explicando sua ideia de Deus. Para Jesus, Deus não é uma teoria. É uma experiência que o transforma e o faz viver buscando uma vida mais digna, amável e feliz para todos. Jesus não pretende em nenhum momento substituir a doutrina tradicional de Deus por outra nova. Seu Deus é o Deus de Israel: o único Senhor, criador dos céus e da terra, o salvador de seu amado povo, o Deus próximo da Aliança no qual os israelitas creem. Nenhum setor judaico discute com Jesus sobre a bondade de Deus, sua proximidade ou sua ação libertadora. Todos creem no mesmo Deus.

A diferença está em que os dirigentes religiosos daquele povo associam Deus com seu sistema religioso, e não tanto com a felicidade e a vida das pessoas. A primeira coisa e a mais importante para eles é dar glória a Deus observando a lei, respeitando o sábado e assegurando o culto do templo. Jesus, pelo contrário, associa Deus com a vida: a primeira coisa e a mais importante para ele é que os filhos e filhas de Deus desfrutem da vida de maneira justa e digna. Os setores mais religiosos sentem-se urgidos por Deus a cuidar da religião do templo e do cumprimento da lei. Jesus, pelo contrário, sente-se enviado para promover a justiça de Deus e sua misericórdia.

Jesus surpreende não porque expõe doutrinas novas sobre Deus, mas porque o implica na vida de maneira diferente. Não critica a ideia de Deus transmitida em Israel, mas revolta-se contra os efeitos desumanizadores produzidos por essa religião tal como está organizada. O que mais escandaliza é que Jesus não duvida em invocar a Deus para condenar ou transgredir a religião que o representa oficialmente, sempre que esta se converte em opressão e não em princípio de vida. Sua experiência de Deus o impele a libertar as pessoas de medos e escravidões que as impedem de sentir e experimentar a Deus como ele o sente e experimenta: amigo da vida e da felicidade de seus filhos e filhas.

Arraigado na fé de seu povo

Jesus nasceu num povo crente. Como todos os meninos e meninas de Nazaré, aprendeu a crer no seio de sua família e nos encontros que se celebravam aos sábados na sinagoga. Mais tarde conheceria em Jerusalém a alegria religiosa daquele povo que se sentia acompanhado ao longo de sua história por um Deus amigo que eles louvavam e cantavam nas grandes festas. É possível captar algo daquilo que Jesus interiorizou das diferentes tradições religiosas que alimentavam a espiritualidade de Israel? O que é que ficou mais gravado em seu coração?[3]

Deus é o amigo de Israel. As *tradições históricas* judaicas não fazem senão contar, recordar e celebrar os gestos que Deus vai realizando com seu povo. Desde o começo Deus foi seu aliado: quando os israelitas viviam como escravos do faraó, ele ouviu seus gritos, teve compaixão daquele pequeno povo oprimido pelo poderoso Império egípcio, libertou-o da escravidão e levou-o a uma terra escolhida por ele para que Israel pudesse viver em liberdade. É esta a experiência central que Jesus capta na fé de seu povo. Não é uma fé ingênua. Deus atua na história de Israel, mas ninguém o confunde com um líder ou um rei humano. Deus é transcendente. Ninguém o pode ver nem experimentar diretamente[4], mas ele atua no mais profundo dos acontecimentos. O que acontece na história tem suas próprias causas e protagonistas. Todos sabem que é assim, mas Deus está atuando no interior da vida movido por seu desejo de ver o povo livre e feliz. Os israelitas procuram "sugerir" isso por meio de símbolos diversos. A ação de Deus é como a do "vento", que ninguém pode ver, mas cujos efeitos são sentidos[5]; é também como a ação da "palavra", que, quando sai da boca, é alento que não se vê, mas cuja força se pode observar quando se cumpre o que foi pronunciado[6].

---

3. Não é possível saber com certeza quais textos bíblicos Jesus leu ou ouviu, nem a que tradições religiosas pode ter tido acesso, nem quais salmos rezou com mais frequência. Mas não é ilegítimo verificar o pano de fundo bíblico que se pode perceber por trás das principais linhas de força de sua mensagem ou de sua atuação, para captar melhor sua "herança judaica" e as ênfases pessoais com que Jesus a vive (Haight).

4. Por isso, no povo judeu era severamente proibido qualquer tipo de imagens que pretendessem representar fisicamente a Deus.

5. Na tradição religiosa de Israel diz-se que Deus é "Espírito" ou *ruach*, que literalmente significa ar, alento ou vento.

6. Segundo o livro do Gênesis, Deus criou o mundo com sua palavra: "Disse Deus: 'Haja luz', e houve luz" (1,3).

Desde criança ficou gravada em Jesus a imagem deste Deus salvador, preocupado com a felicidade do povo, um Deus próximo que atua na vida movido por sua ternura para com os que sofrem. Seu próprio nome o lembra: *Yeshua*, "Javé salva". Esta convicção enche de alegria seu coração: Deus procura o melhor para seus filhos e filhas. No entanto, Jesus não parece interessar-se muito pelo que Deus fez no passado: não fala da libertação do Egito ou do êxodo de seu povo até chegar à terra prometida; quase não diz nada sobre a eleição de Israel ou sua aliança com Javé[7]. Jesus sente Deus atuando agora, no presente. A ação criadora de Deus não é algo do passado: enquanto percorre os caminhos da Galileia, ele mesmo intui seu alento de vida alimentando os pássaros do céu e vestindo de cores as flores do campo. A ação salvadora de Deus também não é algo que só os antepassados puderam captar: ele capta a presença de seu Espírito ao curar os enfermos e ao libertar do mal os possuídos por "espíritos malignos". Não foram só Moisés ou os grandes líderes do povo que ouviram em outros tempos a Palavra de Deus; Jesus se alegra pelo fato de as pessoas mais simples e ignorantes ouvirem agora a revelação do Pai[8].

Jesus vai conhecendo também a mensagem dos *profetas de Israel*. A palavra destes era ouvida com atenção nas sinagogas, antes de traduzi-la e comentá-la em aramaico para que todos a entendessem melhor. Os profetas eram as sentinelas que haviam alertado sempre o povo de seu pecado. O "povo de Deus" estava chamado a ser espelho de sua justiça e de sua atenção aos oprimidos: em Israel devia-se tratar os pobres, órfãos, viúvas e estrangeiros recordando o que Deus havia feito com eles quando "eram escravos no país do Egito"[9]. Os profetas não têm dúvida nenhuma: introduzir no povo de

---

7. A Aliança só é lembrada em Marcos 14,24 e o tema da eleição não emerge claramente em sua mensagem.

8. Este acento que Jesus põe na ação de Deus no presente e seu pouco interesse pelo passado o diferenciam claramente de seus contemporâneos (Schlosser).

9. Deuteronômio 24,17-22.

Deus injustiças e cometer abusos contra os mais fracos é simplesmente destruir a Aliança. Deus não pode permanecer indiferente. Os profetas vão anunciando em cada caso o juízo de Deus sobre Israel e seus dirigentes: "Vós odiais o bem e amais o mal, arrancais a pele de meu povo e a carne de seus ossos. [...] Deus esconderá de vós seu rosto por causa dos crimes que cometestes"[10]. Este juízo não é a reação de um Deus rancoroso ou vingativo, mas a expressão de seu amor para com as vítimas. Sua ira contra os injustos é a outra face de sua compaixão para com os oprimidos: as dramáticas ameaças que os profetas pronunciam não fazem senão revelar com força ainda maior o compromisso de Deus de ver transformado em realidade seu desejo de um mundo onde reine a justiça. Esta é a única coisa que Deus quer do ser humano: "Que defenda a justiça, ame com ternura e ande humildemente com seu Deus"[11].

Jesus sempre entende Deus assim. Deus é para ele o grande defensor das vítimas, aquele que o impele a conviver com os pobres e a acolher os excluídos. Ele invoca esse Deus para combater a injustiça, condenar os latifundiários e inclusive ameaçar a religião do templo; um culto vazio de justiça e compaixão não merece outro futuro senão o de sua destruição. Deus é amor para com os que sofrem e, precisamente por isso, é juízo contra toda injustiça que desumaniza e faz sofrer. No entanto, Jesus vive sempre mais comovido pelo amor salvador de Deus do que por seu juízo. Fascina-o o perdão insondável de Deus, totalmente imerecido pelos seres humanos.

Jesus pode perceber esta mensagem de Deus ouvindo os profetas que consolaram o povo depois de seu desterro para a Babilônia no ano 587 a.C. Humilhados por seus inimigos, os israelitas precisavam recordar a bondade de Deus. O profeta Jeremias os havia animado a confiar no perdão divino. É isto que ele ouve no coração de Deus: "Eu perdoarei sua maldade e não me

10. Miqueias 3,2.4. Assim gritava este profeta, nascido de uma família camponesa, como Jesus, que fustigou os abusos sociais e as injustiças que se cometiam contra os pobres na Samaria e em Jerusalém (738-693 a.C.).

11. Miqueias 6,8.

lembrarei mais de seus pecados"[12]. Não é também isto que Jesus ouve? Foi um profeta anônimo, discípulo de Isaías, quem conseguiu expressar de forma comovedora o amor incondicional de Deus para além de condenações e castigos: "Num arroubo de ira ocultei de ti meu rosto por um momento, mas meu amor por ti é eterno. [...] Juro não tornar a irar-me contra ti, nem ameaçar-te nunca mais. [...] Não mudará meu amor por ti, não desmoronará minha aliança de paz. Assim diz o Senhor, que está enamorado de ti"[13]. Nunca saberemos o eco preciso que palavras como estas puderam ter sobre o coração de Jesus, mas seu distanciamento em relação à mensagem ameaçadora do Batista, seu silêncio sobre a ira de Deus ou a maneira de acolher incondicionalmente os pecadores nos levam a pensar que elas foram alimentando sua experiência de Deus como Pai perdoador.

Jesus nutre-se também da *tradição sapiencial* de Israel. Estes "sábios" não eram profetas, mas ofereciam ao povo sua reflexão sobre a vida, o ser humano, o comportamento sensato ou a felicidade. Sua contribuição era considerada um enriquecimento da Torá[14]. No horizonte desta literatura está sempre Deus, criador do ser humano e do mundo; sua Sabedoria preside a criação inteira e é fonte de comportamento sábio para as pessoas. Provavelmente esta tradição sapiencial teve sobre Jesus uma influência mais importante do que geralmente se pensa[15]. Jesus contempla o mundo como saí-

---

12. Jeremias 31,34. Este profeta, nascido por volta de 650 a.C. na aldeia de Anatot, não longe de Jerusalém, anunciou ao povo o castigo iminente de Deus, mas, uma vez consumado o desastre, convidou todos a confiar em seu perdão.

13. Isaías 54,8-10. Este profeta é o autor daquilo que hoje se chama o "Livro da consolação" (Isaías 40–55), escrito nos últimos anos do exílio, pouco antes de Ciro conquistar Babilônia no ano 539.

14. Esta literatura sapiencial teve um grande desenvolvimento depois do retorno do cativeiro, entre 500 e 50 a.C. Alguns livros, como os Provérbios, apresentam uma visão otimista da vida. Outros, como o Coélet (ou Eclesiastes), estão marcados pelo pessimismo. O livro de Jó formula o problema de um Deus justo e bom apesar do sofrimento do inocente.

15. Apesar de importantes trabalhos como os de Ben Witherington III ou Elisabeth Schüssler Fiorenza, os investigadores não dão muita atenção a este aspecto.

do da Sabedoria de Deus. É Deus quem cuida da vida e alimenta as aves do céu e os lírios do campo. Não é só o Salvador de Israel. Deus está presente na criação, abençoando as crianças e fazendo crescer as colheitas. Jesus gosta de refletir sobre a bondade desse Deus: todos deveriam imitar sua atuação e ser bons como ele. Não sabemos se Jesus conheceu o livro da Sabedoria. Tê-lo-ia entusiasmado encontrar-se com sua belíssima visão de Deus como "amigo da vida"[16].

Provavelmente é sobretudo na oração dos salmos que Jesus alimenta sua experiência de Deus. Alguns ele guarda na memória de seu coração, porque são salmos que os judeus repetem ao despertar e ao deitar-se, ou ao abençoar a mesa; outros são recitados na oração dos sábados, ou são cantados ao peregrinar a Jerusalém, ou nas celebrações do templo. Não nos é possível conhecer os salmos preferidos por Jesus, mas é fácil intuir com que intensidade e profundidade pronuncia alguns deles. O que sentia o poeta da misericórdia de Deus quando pronunciava este salmo da ação de graças: "O Senhor é clemente e compassivo, paciente e misericordioso; o Senhor é bom para com todos, é carinhoso com todas as suas criaturas. Que todas as tuas criaturas te rendam graças, Senhor"?[17] Que confiança desperta neste profeta que acolhe incondicionalmente os pecadores quando ora um salmo como este: "O Senhor é paciente e misericordioso; não está sempre acusando nem guardando rancor perpétuo. Não nos trata como nossos pecados merecem nem nos paga segundo nossas culpas. [...] Como um pai sente ternura por seus filhos, assim o Senhor sente ternura por seus fiéis"?[18] Com que alegria o defensor dos pobres e humilhados canta estas palavras: "Senhor, quem é como tu, que defendes o fraco do poderoso; o pobre e humilde do explorador"?[19] Com

---

16. Sabedoria 11,26. Este livro foi redigido provavelmente em Alexandria entre os anos 100 e 50 a.C.

17. Salmo 145,8-10.

18. Salmo 103,8-10.13.

19. Salmo 35,10.

que paixão pede a Deus pelos pobres fazendo sua esta oração: "Não esqueças irremediavelmente teus pobres. Pensa em tua aliança, pois os rincões deste país estão cheios de violências. Que o oprimido não saia defraudado, que os pobres e aflitos louvem teu nome"?[20] Como vibra sua alma com este salmo que já parece anunciar suas bem-aventuranças: "Feliz aquele que espera no Senhor, seu Deus [...] que mantém sua fidelidade perpetuamente, que faz justiça aos oprimidos, que dá pão aos famintos"?[21] Neste povo profundamente religioso Jesus foi alimentando sua experiência de Deus.

Uma experiência decisiva

Mas Jesus não se contenta em rememorar e reviver o itinerário espiritual de Israel. Busca Deus em sua própria existência e, da mesma forma que os profetas de outros tempos, abre seu coração a Deus para ouvir o que ele quer dizer naquele momento a seu povo e a ele mesmo. Entra no deserto e ouve o Batista; busca a solidão de lugares retirados; passa longas horas em silêncio. E o Deus que fala sem pronunciar palavras humanas torna-se o centro de sua vida e a fonte de toda a sua existência. As fontes cristãs coincidem em afirmar que a atividade profética de Jesus começou a partir de uma intensa e poderosa experiência de Deus. Por ocasião de seu batismo no Jordão, Jesus experimenta algum tipo de vivência que transforma decisivamente sua vida. Ele não permanece por muito tempo junto ao Batista. Também não retorna a seu trabalho de artesão na aldeia de Nazaré. Movido por um impulso interior irrefreável, começa a percorrer os caminhos da Galileia anunciando a todos a irrupção do reino de Deus.

Eis o que se lê no evangelho mais antigo: "Logo que saiu da água, viu que os céus se rasgavam e que o Espírito, em forma de pomba, descia sobre ele. E ouviu-se uma voz que vinha do céu: 'Tu és meu Filho amado, em ti eu

20. Salmo 74,19-21.

21. Salmo 146,5-7.

me agrado'"[22]. Este relato é uma composição muito trabalhada na comunidade cristã, mas não há razões para negar a historicidade de uma experiência vivida por Jesus. A cena está construída com traços claramente míticos: "Os céus se rasgam", o Espírito de Deus desce com suavidade sobre Jesus "em forma de pomba", imediatamente ouve-se "uma voz que vem dos céus". São os recursos de quem deseja sugerir uma "teofania" ou comunicação de Deus, que vai além das vivências ordinárias. A tradição conservou dessa forma a recordação de uma experiência decisiva de Jesus difícil de expressar, mas essencial para "entender" melhor sua atividade e sua mensagem[23].

A experiência ocorre num momento muito especial. Jesus aproximou-se do Jordão buscando Deus e uniu-se humildemente a outras pessoas de seu povo para receber o batismo de João. Jesus coloca-se diante de Deus. Sua atitude é de disponibilidade total. É então que, segundo o relato, "viu que os céus se rasgavam": o Deus misterioso e insondável vai comunicar-se a ele; o Pai vai "dialogar" com Jesus. Recém-saído das águas do Jordão, aquele buscador de Deus vai viver uma dupla experiência. Vai descobri-se a si mesmo como Filho muito querido: Deus é seu Pai! Ao mesmo tempo vai sentir-se cheio de seu Espírito. Estas duas vivências constituem na verdade dois aspectos de uma única experiência que irá marcar Jesus para sempre[24].

Nada pode expressar melhor o que Jesus vivenciou do que estas palavras insondáveis: "Tu és meu filho querido". Tudo é diferente daquilo que Moisés vivenciou treze séculos antes no monte Horeb, quando se aproxima trê-

---

22. O relato de sua experiência pode ser lido em Marcos 1,10-11; Mateus 3,16-17; Lucas 3,21-22; João 1,32-34. Aparece também no *Evangelho [apócrifo] dos Hebreus*, em Justino e em Clemente de Alexandria.

23. Entre outros, posicionam-se a favor da historicidade desta experiência Scobie, Ernst, Jeremias, Hollenbach, Meier, Barrett... Inclusive o grupo do *Jesus Seminar* pensa que "provavelmente Jesus viveu algum tipo de experiência religiosa muito poderosa" no contexto de seu batismo.

24. Seria um erro pretender analisar o que Jesus viveu em sua consciência. A única coisa que podemos fazer é evocar o que o relato sugere e rastrear em sua trajetória histórica as pegadas desta "experiência fundante".

mulo da sarça ardente, descalço para não manchar a terra sagrada[25]. Deus não diz a Jesus: "Eu sou aquele que sou", mas "tu és meu filho". Não se mostra como Mistério inefável, mas como um Pai próximo que dialoga com Jesus para descobrir-lhe seu mistério de Filho: "Tu és meu, és meu filho. Teu ser inteiro está brotando de mim. Eu sou teu Pai". O relato sublinha o caráter íntimo e prazeroso desta revelação. Assim a ouve Jesus em seu interior: "És meu filho querido, em ti me agrado". Amo-te profundamente. Enche-me de alegria que sejas meu Filho. Sinto-me feliz[26]. Jesus responderá com uma só palavra: *Abbá*. Doravante não o chamará com outro nome ao comunicar-se com ele. Esta palavra diz tudo: sua confiança total em Deus e sua disponibilidade incondicional. "Temos boas razões para afirmar que Jesus percebia Deus como especialmente próximo e acessível e que se punha em relação a ele numa intimidade filial muito peculiar"[27].

Esta consciência de uma intimidade filial com Deus, seu Pai, não é equiparável à que possam ter outros filhos e filhas de Deus. Jesus fala sentindo-se o Filho enviado por Deus: "Quem me recebe [...] recebe aquele que me enviou"[28]; "Quem me rejeita, rejeita aquele que me enviou"[29]. Esta maneira de expressar-se mostra a consciência que Jesus tem de sua missão e de sua vinculação única com Deus, seu Pai. Precisamos recordar também um dito muito significativo de Jesus, no qual se emprega o termo absoluto de "o Filho" e no qual se expressa a relação singular e única entre Jesus, o Filho, e Deus, seu Pai: "Tudo me foi entregue por meu Pai, e ninguém conhece bem o Filho senão o Pai, e ninguém conhece bem o Pai senão o Filho e aquele a quem ele o quiser revelar"[30]. Para não poucos investigadores, este dito, de tom propria-

25. Êxodo 3,1-14.

26. O texto sugere provavelmente a alegria de Deus, que se alegra pela bondade de suas criaturas (Gênesis 1,27-28) e alcança uma intensidade plena com Jesus.

27. Assim se expressa J. Schlosser.

28. Marcos 9,37.

29. Lucas 10,16.

30. Mateus 11,27.

mente joânico, é o testemunho mais primitivo, dentro da tradição sinótica, da clara consciência que Jesus tem de sua filiação divina[31].

A vida inteira de Jesus transpira esta confiança[32]. Jesus vive abandonando-se a Deus. Tudo faz animado por esta atitude genuína, pura, espontânea, de confiança em seu Pai. Busca sua vontade sem receios, nem cálculos, nem estratégias. Não se apoia na religião do templo nem na doutrina dos escribas; sua força e sua segurança não provêm das Escrituras e tradições de Israel. Nascem do Pai. Sua confiança faz dele um ser livre de costumes, tradições ou modelos rígidos; sua fidelidade ao Pai o faz agir de maneira criativa, inovadora e audaz. Sua fé é absoluta. Por isso aflige-o tanto a "pequena fé" de seus seguidores e alegra-o a grande confiança de uma mulher pagã[33].

Esta confiança gera em Jesus uma docilidade incondicional perante seu Pai. Busca unicamente cumprir sua vontade. É a primeira coisa para ele. Nada nem ninguém o afastará de seu caminho: como filho bom busca ser a alegria de seu Pai; como filho fiel vive identificando-se com ele e imitando sempre seu modo de atuar. É esta a motivação secreta que o anima em tudo[34]. As fontes cristãs conservaram a lembrança de que Jesus foi tentado. A cena é uma composição posterior da comunidade, e sua intenção não é re-

---

31. O costume bem atestado que Jesus tem de invocar a Deus com o termo aramaico *abbá*, que indica proximidade e imediatez singular (Marcos 14,36); sua consciência de ter poder para perdoar pecados na terra (Marcos 2,10); sua declaração de atuar como "Senhor do sábado" (Marcos 2,28); suas duas atitudes básicas de confiança absoluta e de docilidade incondicional a Deus, seu Pai, até à sua morte (Marcos 14,36); a experiência do Jordão, na qual Deus não se mostra a ele como Mistério inefável e sim como um Pai que dialoga com ele para revelar-lhe seu mistério de Filho (Marcos 1,10-11)... constituem a base histórica principal que permitiu a seus discípulos chegarem à fé em Jesus Cristo como Filho de Deus à luz da fé pascal.

32. Autores judeus veem nesta confiança de Jesus a *'emunah* que caracteriza os grandes crentes de Israel (Flusser, Vermes).

33. Mateus contrapõe a "fé pequena" dos discípulos (16,8; 17,20) e a "fé grande" de alguns pagãos (8,10; 15,28).

34. "Obediência" e "obedecer" são termos ausentes nos ditos de Jesus (Schlosser). Sua atitude diante do Pai não consiste em cumprir "leis" ditadas por ele, mas em identificar-se com ele e buscar o que mais lhe agrada: a vida plena de seus filhos e filhas.

produzir algo ocorrido num lugar e num momento concretos de sua vida, mas evocar o clima de provação e dificuldade no qual Jesus viveu sua fidelidade ao Pai[35]. As tentações não são de ordem moral. Seu verdadeiro pano de fundo é mais profundo: a crise põe à prova sua atitude última diante de Deus: como deverá viver sua tarefa? Buscando seu próprio interesse ou ouvindo fielmente sua Palavra? Como deverá agir? Dominando os outros ou pondo-se a seu serviço? Buscando sua própria glória ou a vontade de Deus?[36] A lembrança que permaneceu entre seus seguidores não deixa lugar a dúvidas: Jesus vive ao longo de sua vida situações de escuridão, conflito e luta interior, mas mantém-se sempre fiel a seu Pai querido.

No Jordão, Jesus não vive só a experiência de ser Filho querido de Deus. Ao mesmo tempo sente-se cheio de seu Espírito. Vê que, daquele céu aberto, "o Espírito descia sobre ele". O Espírito de Deus, que cria e sustenta a vida, que cura e dá alento a todo vivente, vem encher tudo com sua força vivificadora. Jesus experimenta-o como Espírito de graça e de vida. Baixa sobre ele com suave murmúrio, "como uma pomba"[37]. Enche-o não para julgar, condenar ou destruir, mas para curar, libertar de "espíritos malignos" e dar vida.

Jesus experimenta em si a força do Espírito com tanta intensidade que, consciente de seu poder vivificador, aproximar-se-á dos enfermos para curá-los de seu mal; a única coisa que lhes pede é fé nessa força de Deus que atua nele e através dele. Cheio do Espírito bom do Pai, não sente medo ne-

---

35. O relato das tentações pode ser lido em Marcos 2,12-13 e na fonte Q (Lucas 14,1-13 // Mateus 4,1-11). A maioria dos autores o interpretam como uma reflexão teológica em torno das lutas internas de Jesus ao longo de sua vida. De acordo com a fonte Q, Jesus é tentado no deserto depois de quarenta dias de jejum, revivendo assim as tentações de idolatria vividas por Israel quando sentia fome no deserto. Este tipo de leitura atualizada do passado é um gênero literário muito conhecido entre os judeus e se chamava *hagadá*.

36. As três citações do Deuteronômio (8,3; 6,13; 6,16) com que Jesus responde ao tentador expressam a vontade de Deus.

37. A comparação do Espírito com uma pomba era desconhecida no judaísmo antigo. Os exegetas costumam buscar explicações diversas mais ou menos forçadas. Provavelmente o autor não quer dizer que o Espírito tenha forma de pomba, mas que desceu sobre Jesus pousando suavemente, como o faz a pomba (Jeremias).

nhum de enfrentar espíritos malignos com o fim de fazer chegar a misericórdia de Deus às pessoas mais indefesas e escravizadas pelo mal. Jesus vê nessas curas o "dedo de Deus" ou, como diz Mateus, o "Espírito de Deus". Se expulsa os demônios, é porque o Espírito libertador de Deus está atuando nele e através dele; sua vitória sobre Satanás é o melhor sinal de que Deus quer saúde e vida libertada para seus filhos[38]. A apresentação de Jesus na sinagoga de Nazaré como "ungido pelo Espírito" para anunciar aos pobres a boa notícia e libertar cativos e oprimidos é provavelmente uma composição de Lucas, mas resume muito bem o que encontramos em todas as fontes[39].

Retirava-se para orar

Jesus nunca esqueceu sua experiência do Jordão. No meio de sua intensa atividade de profeta itinerante cuidou sempre de sua comunicação com Deus no silêncio e na solidão. As fontes cristãs conservaram a lembrança de um costume que causou profunda impressão: Jesus costumava retirar-se para orar[40]. Não se contenta com rezar nos tempos prescritos para todo judeu piedoso, mas procura pessoalmente o encontro íntimo e silencioso com seu Pai. Esta experiência, repetida e sempre nova, não é uma obrigação acrescentada a seu trabalho diário. É o encontro pelo qual suspira seu coração de Filho, a fonte da qual necessita beber para alimentar seu ser.

Jesus nasceu num povo que sabia rezar. Em Israel não se vivia a crise religiosa que se observa em outros povos do Império. Não se ouviam zombarias em relação aos que dirigiam suas preces a Deus; ninguém fazia paródia da oração[41]. Os pagãos rezam a seus deuses, mas não sabem em quem confiam;

---

38. Fonte Q (Lucas 11,20 // Mateus 12,18).

39. Lucas 4,16-22. Lucas cita um texto de Isaías, mas, intencionalmente, conserva as palavras que falam do Espírito de graça e bênção para os pobres e oprimidos, suprimindo as que falam da "vingança de Deus" (compare-se Isaías 61,1-2 com Lucas 4,18-19). Lucas não tem dúvida nenhuma: com Jesus chega "o ano de graça", não "o dia da vingança"; Jesus é portador da salvação de Deus, não de sua ira.

40. Este costume de Jesus é considerado um fato histórico pela investigação moderna.

41. São famosas as paródias e zombarias das comédias de Aristófanes (446-385 a.C.) ridicularizando a oração, ou as críticas de Sêneca para extirpar a fé nos deuses.

por via das dúvidas, levantam altares a todos, inclusive aos "deuses desconhecidos"; tentam utilizar as diferentes divindades pronunciando nomes mágicos; procuram "cansar" os deuses com suas rezas até arrancar deles seus favores; se não o conseguem, chegam a ameaçá-los ou desprezá-los[42].

A atmosfera que Jesus respira em Israel é muito diferente. Todo judeu piedoso começa e termina o dia confessando a Deus e bendizendo seu nome. Di-lo o historiador judeu Flávio Josefo: "Duas vezes por dia, ao começar a jornada e quando se aproxima a hora do sono, é preciso evocar diante de Deus, em atitude de ação de graças, a lembrança dos gestos que Deus fez desde a saída do Egito"[43]. Esta oração da manhã e da noite é um costume consolidado já no tempo de Jesus, tanto na Palestina como na diáspora judaica[44]. Todos os varões sentem-se obrigados a praticá-la a partir dos treze anos. Provavelmente Jesus não passa um só dia de sua vida sem fazer a oração da manhã ao sair o sol e a oração da noite antes de ir dormir[45].

Tanto a oração do amanhecer como a do anoitecer começa com a recitação do *Shemá'*, que não é propriamente uma oração, mas uma confissão de fé. Curiosamente, o orante não se dirige a Deus, mas o ouve: "Ouve, Israel, o Senhor é nosso Deus, o Senhor é um só. Amarás o Senhor teu Deus, com todo o teu coração, com toda a tua alma e com todas as tuas forças. Guarda em teu coração estas palavras que hoje te digo..."[46] Como Jesus ouve cada manhã e

42. É conhecida a expressão latina *fatigare deos*. É preciso "cansar" os deuses com rezas até conseguir sua ajuda.

43. *Antiguidades dos judeus* 4, 212.

44. Também os essênios de Qumran e os terapeutas de Alexandria rezavam ao nascer e ao pôr do sol.

45. Havia também outra oração que se dizia às três da tarde, no momento em que se oferecia o "sacrifício vespertino" no templo de Jerusalém. Ao que parece, também esta oração se havia arraigado já no século I, talvez por influência dos grupos fariseus. Provavelmente Jesus a praticou. Nos Atos dos Apóstolos se diz que "Pedro e João subiam ao templo na hora da oração, pelas três da tarde" (3,1).

46. O *Shema'* era composto por três textos tirados do Deuteronômio 6,4-9, Deuteronômio 11,13-21 e Números 15,37-41.

cada noite este chamado insistente a amar a Deus com todo o coração e com todas as forças? Ao que parece, ele o traz profundamente gravado em seu interior, pois durante o dia o recorda e algumas vezes o cita explicitamente[47].

Ao *Shema'* seguia-se uma oração formada por dezoito bênçãos (*Shemoné esré*)[48]. Todos os dias Jesus a repetia duas vezes. Algumas das bênçãos ecoaram sem dúvida muito profundamente em seu coração. O que sente este profeta que, durante o dia vai comer com pecadores e indesejáveis, ao pronunciar esta bênção comovedora: "Perdoa-nos, Pai nosso, porque pecamos contra ti. Apaga e afasta nosso pecado de diante de teus olhos, porque tua misericórdia é grande. Bendito sejas, Senhor, que abundas em perdão"? Com que confiança e alegria pronuncia esta outra bênção que o convida desde a manhã a sanar feridas e curar enfermos: "Cura-nos, Senhor, nosso Deus, de todas as feridas de nosso coração. Afasta de nós a tristeza e as lágrimas. Apressa-te a curar nossas feridas. Bendito sejas, tu que curas os enfermos de teu povo"? O que despertava em seu coração quando repetia duas vezes ao dia estas palavras: "Reina tu só sobre nós. Bendito és, Senhor, que amas a justiça"? O que sentia ao invocá-lo assim: "Ouve, Senhor, nosso Deus, a voz de nossa oração. Mostra-nos tua misericórdia, pois tu és um Deus bom e misericordioso. Bendito sejas, Senhor, que ouves a oração"?[49]

Jesus não se contenta em cumprir rotineiramente a prática geral. Às vezes levanta-se bem de madrugada e vai a um lugar solitário para rezar já antes do amanhecer; outras vezes, ao terminar o dia, despede-se de todos e prolonga a oração do entardecer durante grande parte da noite[50]. Esta oração de Jesus não

---

47. Marcos 12,29.

48. Chamavam-na também *Amidá*, porque era pronunciada de pé, ou simplesmente *Tefilá*, a "oração" por excelência.

49. Bênçãos n. 6, 8, 11 e 15 respectivamente.

50. Marcos 1,35; 6,46; 14,32-42; Lucas 6,12. Provavelmente os evangelistas (sobretudo Lucas) introduziram por sua conta alguns dos textos que falam da oração de Jesus, mas o dado conservado na tradição é autêntico: Jesus buscava a solidão e o silêncio para orar.

consiste em pronunciar verbalmente as preces prescritas. É uma oração sem palavras, de caráter antes contemplativo, onde o essencial é o encontro íntimo com Deus. É o que Jesus procura nessa atmosfera de silêncio e solidão[51].

É pouco o que sabemos sobre a postura exterior que Jesus adota ao rezar. Quase sempre ora de pé, como todo judeu piedoso, em atitude serena e confiante diante de Deus, mas as fontes nos dizem que, na noite que passou no Gestsêmani, na véspera de sua execução, ora "prostrado por terra", num gesto de abatimento, mas também de submissão total ao Pai[52]. Jesus se expressa diante de Deus com total sinceridade e transparência, inclusive com seu corpo. Ao que parece, tinha o costume de rezar "elevando os olhos ao céu"[53], algo que não era frequente em seu tempo, porque os judeus oravam em geral dirigindo o olhar para o templo de Jerusalém, onde, segundo a fé de Israel, habita a *Shekiná*, ou seja, a Presença de Deus entre os homens[54]. Ao elevar o olhar para o céu, Jesus orientava seu coração não para o Deus de templo, mas para o bom Pai de todos. Curiosamente, na Mixná se diz que o olhar para o céu deve ir acompanhado da aceitação do reino de Deus: quem levanta os olhos para o céu deve orientar seu coração para acolher as exigências do reino[55].

Jesus alimenta sua vida diária nesta oração contemplativa, saindo de manhã bem cedo para um lugar retirado ou passando grande parte da noite a sós

---

51. Diversos textos da Mixná e alguns *targumim* sublinham a importância do silêncio prolongado para centrar o coração em Deus. Diz-se que, "em outros tempos, os primeiros *hassidim* esperavam em silêncio uma hora antes de pôr-se a orar, com a finalidade de orientar seu coração para Deus" (Mixná *Berakot* 5,1) Talvez Jesus fizesse algo parecido.

52. Marcos 14,35. Referindo-se a essa noite do Getsêmani, um escrito cristão redigido entre os anos 65 e 67, e que se chama tradicionalmente carta aos Hebreus, diz que Jesus orava "com gritos e lágrimas" (5,7).

53. Marcos 7,34; João 11,41; 17,1.

54. Encontra-se uma alusão a este costume já em 1Reis 8,48-49 e em Daniel 6,11. Na Mixná se diz que "aquele que ora deve orientar-se para o Santo dos santos" (*Berakot* 4,5). Ao que parece, os essênios e também os terapeutas oravam orientando o rosto para o sol.

55. Em diferentes textos da Mixná (época tannaíta) fala-se da *qawaná*, que é uma atitude orante que inclui a orientação do olhar para o céu e a submissão do coração às exigências do reino de Deus" (Manns).

com seu Pai[56]. Mas as fontes deixam entrever que também durante seu dia de atividade continuava vivendo em comunhão com ele. Dizem as fontes que, em certa ocasião, ao descobrir que os mais letrados e entendidos se fechavam à mensagem do reino, enquanto os mais pequenos e ignorantes a acolhiam com fé simples, brotou do mais profundo de seu ser uma bênção cheia de alegria ao Pai. Jesus alegra-se por Deus ser tão bom com os pequenos. Não é preciso esperar pela noite para bendizê-lo. Ali mesmo, no meio das pessoas, proclama diante de todos seu louvor a Deus: "Eu te bendigo, Pai, Senhor do céu e da terra, porque ocultaste estas coisas aos sábios e entendidos e as deste a conhecer aos simples. Sim, Pai, assim te pareceu bem"[57]. Jesus sabe bendizer a Deus em qualquer momento do dia. Escapa-lhe com toda a espontaneidade essa típica oração judaica de "bênção", que não é propriamente uma ação de graças por um favor recebido, mas um grito do coração para aquele que é a fonte de tudo o que é bom. Ao "bendizer", o crente judeu orienta tudo para Deus e remete as coisas à sua bondade original[58].

Jesus ora também ao curar os enfermos. Deixa-o transparecer seu gesto de impor sobre eles as mãos para bendizê-los em nome de Deus e envolvê-los com sua misericórdia. Enquanto suas mãos bendizem os que se sentem malditos e transmitem força e alento aos que vivem sofrendo, seu coração eleva-se a Deus para comunicar aos enfermos a vida que ele próprio re-

---

56. Na literatura rabínica se diz que carismáticos como Honi ou Hanina ben Dosa retiravam-se para orar a sós sobre o telhado de sua casa ou no quarto superior (Vermes).

57. Fonte Q (Lucas 10,21 // Mateus 11,25-26); *Evangelho [apócrifo] de Tomé* 61,3. O estilo é típico de Jesus e também o conteúdo: preferência de Deus pelos pequenos. Não há razões de peso para negar sua autenticidade.

58. A bênção ou *beraká* começa em geral com uma introdução: "Bendito és, Senhor...", segue depois o motivo da bênção e conclui-se com um breve resumo. Jesus provavelmente recitou mais de uma vez uma preciosa bênção que fazia parte da oração para depois das refeições: "Bendito és, Senhor, nosso Deus, rei do universo, que alimentas o mundo com tua bondade, teu amor e tua misericórdia, tu que dás o pão a toda carne. Seu amor para conosco é eterno e sua grande bondade não nos faltou. Nenhum bem nos faltará por causa de seu grande Nome, pois ele alimenta e abastece a todos. Bendito és, Senhor, que alimentas a todos".

cebe do Pai[59]. Repete o mesmo gesto com as crianças. Há ocasiões em que Jesus "as abraça e as bendiz impondo-lhes as mãos". Os pequenos devem sentir antes que todos o carinho de Deus. Enquanto os bendiz, Jesus pede ao Pai o melhor para eles[60].

A oração de Jesus possui traços inconfundíveis. É uma oração simples, feita "no oculto", sem grandes gestos nem palavras solenes, sem ficar na aparência, sem utilizá-la para alimentar o narcisismo ou o autoengano. Jesus põe-se diante de Deus, não diante dos outros. Não é preciso orar nas praças para que as pessoas nos vejam: "Tu, quando orares, entra em teu quarto, fecha a porta e ora a teu Pai, que está no oculto"[61]. É, ao mesmo tempo, uma oração espontânea e natural; nasce-lhe sem esforço nem técnicas especiais; brota da profundidade de seu ser; não é algo acrescentado ou postiço, mas expressão humilde e sincera daquilo que ele vive. Sua oração também não é uma reza mecânica nem uma repetição quase mágica de palavras. Não é preciso multiplicar fórmulas, como fazem os pagãos até "cansar" os deuses, acreditando que assim serão ouvidos. Basta apresentar-se diante de Deus como filhos necessitados: "Vosso Pai já sabe do que necessitais antes de o pedirdes"[62]. A oração de Jesus é confiança absoluta em Deus.

Só se entende a oração de Jesus no horizonte do reino de Deus. Para além das orações habituais prescritas pela piedade judaica, Jesus procura o encontro com Deus para acolher seu reino e torná-lo realidade entre os ho-

---

59. Marcos 8,23; Lucas 4,40; 13,13. De acordo com a tradição de Marcos, diante do fracasso dos discípulos, que lhe perguntam por que não puderam expulsar o espírito maligno de um epiléptico, Jesus reponde: "Esta classe [de espíritos] não pode ser lançada fora senão com a oração" (9,29). Diferentemente de seus discípulos, Jesus vive em oração, e por isso é capaz de expulsar o mal com a força de Deus.

60. Marcos 10,16. Embora seja possível ver no texto alguma referência ao batismo cristão, o relato reflete possivelmente um incidente real ocorrido na vida de Jesus e é expoente de sua atitude para com os pequenos e indefesos.

61. Mateus 6,5-6. Por não ter um quarto privado em nenhuma casa, Jesus se retirava ao monte ou a um lugar afastado.

62. Mateus 6,7-8.

mens. Sua oração no Getsêmani representa, sem dúvida, o testemunho mais dramático de sua busca da vontade de Deus, inclusive no momento da crise total de sentido. Sua confiança no Pai é firme no meio da angústia. Seu desejo está claro: que Deus faça chegar o reino sem necessidade de tanto sofrimento. Sua decisão de obediência filial é também clara e definitiva: "*Abbá*, Pai, tudo é possível para ti. Afasta de mim esta taça de amargura. Mas não se faça como eu quero, e sim como tu queres"[63].

Deus é Pai

Jesus vive a partir da experiência de um Deus Pai. Assim ele o percebe em suas noites de oração e assim o vive ao longo do dia. Seu Pai Deus cuida até das criaturas mais frágeis, faz nascer seu sol sobre bons e maus, dá-se a conhecer aos pequenos, defende seus pobres, cura os enfermos, procura os perdidos. Este Pai é o centro de sua vida.

Desde tempos remotos, os judeus davam a Deus o nome de "Javé", para diferenciá-lo dos deuses de outros povos[64]. No entanto, após o exílio, este nome começou a ser empregado cada vez menos. Pouco a pouco foram sendo introduzidos outros para evocar a Deus sem nomeá-lo diretamente. O "nome" santo de Javé ficou reservado ao culto oficial do templo[65]. Na conversação ordinária utilizavam-se expressões como "os Céus", "o Poder", "o Lugar", "aquele que habita no Templo", "o Senhor"...[66] Também Jesus,

---

63. Marcos 14,36. A cena do Getsêmani foi muito trabalhada na comunidade cristã, mas seu núcleo é considerado histórico pela maioria dos investigadores.

64. Assim diz Miqueias, profeta judeu entre os anos 738-693 a.C.: "Todos os povos caminham cada um em nome de seus deuses, mas nós caminhamos em nome de Javé, nosso Deus, para todo o sempre" (4,5).

65. Sabemos que o pronunciava o sumo sacerdote quando, no dia da Expiação (*Yom Kippur*), entrava no espaço mais sagrado do templo.

66. "Senhor" (*Kyrios*) era um título divino muito arraigado no judaísmo helenista do século I. No entanto, Jesus quase não recorreu a este termo. Ao que parece, não punha o acento no senhorio de Deus (Schlosser).

como todo o povo, recorre a esta linguagem, mas não é seu traço mais característico. O que nasce de dentro dele é chamá-lo de "Pai".

Isto não é algo absolutamente original. Já nas Escrituras de Israel se fala de Deus como "pai" em sentido metafórico para destacar sua autoridade, que exige respeito e obediência, mas sobretudo sua bondade, solicitude e amor, que convidam à confiança. Esta imagem de Deus como "pai" não é central. É mais uma imagem ao lado das imagens de Deus "esposo", "pastor" ou "libertador". Jesus sabe que a tradição bíblica considera as relações de Deus com Israel como as de um pai com seus filhos. Algumas orações recolhidas no livro de Isaías são comovedoras: "Senhor, tu és nosso pai, nós somos a argila e tu o oleiro, somos todos obra de tuas mãos"[67]. "Tu, Senhor, és nosso pai, desde sempre te invocamos como libertador. Senhor, por que permites que nos afastemos de ti e endureces nosso coração para que não te respeitemos?"[68]

Esta visão de Deus como "pai" nunca se perdeu entre os judeus. No tempo de Jesus, enquanto ele percorre a Galileia, um sábio judeu de Alexandria chamado Fílon fala de Deus "pai e autor do universo" para realçar seu caráter de criador universal, fonte e princípio de tudo. Um escrito chamado livro da Sabedoria, redigido também em Alexandria pelo fim do século I a.C., afirmava repetidamente que o justo tem a Deus como "pai". Em Qumran ele não era chamado assim, mas pôde-se encontrar este texto comovedor: "Tu cuidarás de mim até minha velhice, pois meu pai não me reconheceu e minha mãe me abandonou a ti, porque tu és pai para todos os teus filhos"[69]. É difícil que Jesus, camponês da Galileia, conhecesse algo disto tudo, mas sabemos que todos os dias ele pronunciava as *Dezoito bênçãos*, onde repetidamente se invocava Deus como "nosso pai e nosso rei"[70].

67. Isaías 64,7.

68. Isaías 63,16b-17a.

69. 1QHinos IX, 34-35.

70. Na literatura rabínica designa-se a Deus como pai, mas não aparece nunca como uma invocação a Deus (Schlosser).

Jesus gosta de chamar Deus de "Pai". Esta invocação brota de dentro dele, sobretudo quando quer realçar sua bondade e compaixão[71]. Mas, sem dúvida, o mais original é que, ao dirigir-se a Deus, invocava-o com uma expressão insólita. Chamava-o *Abbá*. Vivencia Deus como algo tão próximo, bom e íntimo que, ao dialogar com ele, vem-lhe espontaneamente aos lábios uma única palavra: *Abbá*, meu Pai querido[72]. Este é o traço mais característico de sua oração. Jesus não encontra uma expressão mais profunda para chamar a Deus do que esta: *Abbá*. Este costume de Jesus provocou um impacto tal que, anos mais tarde, nas comunidades cristãs de língua grega, deixava-se sem traduzir o termo aramaico *Abbá* como eco da experiência pessoal vivida por Jesus[73]. Este modo de tratar com Deus não é convencional. Nasce de sua experiência mais íntima e distancia-se do tom solene com que, em geral, seus contemporâneos se dirigem a Deus, acentuando a distância e o temor reverencial[74].

As primeiras palavras que as crianças da Galileia balbuciavam eram: *immá* ("mamãe") e *abbá* ("papai"). Assim também Jesus chamou Maria e

---

71. Após um exame rigoroso de todas as fontes, Schlosser conclui que o costume de Jesus de chamar a Deus de Pai está firmemente atestado na tradição de Marcos (11,25; 14,36) e na fonte Q (Lucas 6,36; 10,21; 11,2; 11,13; 12,30; Mateus 5,45). No material particular de Lucas e de Mateus, todos os textos parecem secundários, exceto Lucas 12,32 e, talvez, Lucas 23,34.

72. A posição de Jeremias, muito conhecida e divulgada durante anos, foi matizada e corrigida pela investigação moderna: 1) não se pode assegurar que Jesus tenha utilizado o termo *Abbá* sempre que falava de Deus (Schlosser, Marchel); 2) talvez não fosse o único a dirigir-se assim a Deus (Dunn, Vermes); 3) *Abbá* tem sua origem na linguagem infantil, mas era usado também como forma solene e adulta de dirigir-se a alguém (Barr, Vermes, Schlosser).

73. Assim podemos ler em duas cartas de Paulo de Tarso. A primeira foi escrita no ano 55 às comunidades da Galácia: "A prova de que sois filhos é que Deus enviou aos nossos corações o Espírito de seu Filho, que clama: *Abbá*, isto é, 'Pai'" (Gálatas 4,6). A segunda é do ano 58 e é dirigida aos cristãos de Roma: "Vós recebestes um Espírito que vos faz filhos adotivos e vos permite clamar: *Abbá*, isto é, 'Pai'" (Romanos 8,15).

74. Nem na literatura rabínica nem nas orações oficiais do judaísmo tardio encontra-se o emprego absolto de *Abbá* para dirigir-se a Deus. São muitos os autores que destacam a atitude original de Jesus dentro deste horizonte (Jeremias, Marchel, Van Iersel, Schillebeeckx, Fitzmyer, Schlosser, Guijarro). Contra: autores judeus como Flusser e Vermes.

José. Por isso, *abbá* evoca o carinho, a intimidade e a confiança da criança pequena para com seu pai. Mas não precisamos exagerar. Parece que também os adultos empregavam esta palavra, expressando seu respeito e obediência ao pai da família patriarcal. Chamar a Deus de *Abbá* indica carinho, intimidade e proximidade, mas também respeito e submissão[75]. Jesus havia conhecido em sua própria casa a importância do pai. José era o centro de toda a família. Tudo gira em torno dele. O pai cuida dos seus e os protege. Se ele falta, a família corre o risco de desintegrar-se e desaparecer. É ele quem sustenta e assegura o futuro de todos. Há dois traços que caracterizam um bom pai. O primeiro é a solicitude para com os filhos: é ele quem deve assegurar-lhes o sustento necessário, protegê-los e ajudá-los em tudo. Ao mesmo tempo o pai é a autoridade da família: ele dá as ordens para organizar o trabalho e assegurar o bem de todos. Ele instrui os filhos, ensina-lhes um ofício e os corrige se necessário. Os filhos, por sua vez, são chamados a ser a alegria do pai. A primeira atitude deles deve ser a confiança: ser filho é pertencer ao pai e acolher com alegria o que dele recebe. Ao mesmo tempo devem respeitar sua autoridade de pai, ouvi-lo e obedecer às suas ordens. Ao pai se deve afeto e submissão. Ele é o ideal de todo filho. Esta experiência familiar ajuda Jesus a aprofundar-se em sua experiência de um Deus Pai.

O Pai bom de Jesus

No entanto, Jesus nunca confundiu Deus com aqueles pais da Galileia, tão preocupados em manter sua autoridade patriarcal, sua honra e seu poder[76]. É verdade que às vezes fala de Deus como um Pai que exige obediência

75. O carinho evocado pelo termo *abbá* usado por Jesus não se opõe ao respeito, mas à distância. Indica proximidade e imediatez, mas não exclui o respeito e a obediência (Schlosser, Schillebeeckx, Guijarro, Dunn).

76. O Deus Pai de que fala Jesus, longe de ser um símbolo machista, foi de fato uma crítica radical à "ideologia patriarcal" e àquilo que hoje chamamos sexismo (Hamerton-Kelly, Haight).

e respeito, mas não é este seu traço mais característico. Jesus vive seduzido pela bondade de Deus. Deus é bom. Jesus capta seu mistério insondável como um mistério de bondade. Não precisa apoiar-se em nenhum texto das Escrituras sagradas. Para ele é um dado primordial e indiscutível, que se impõe por si mesmo. Deus é uma presença boa que abençoa a vida. A solicitude amorosa do Pai, quase sempre misteriosa e velada, está presente envolvendo a existência de toda criatura.

O que define a Deus não é seu poder, como entre as divindades pagãs do Império; tampouco sua sabedoria, como em algumas correntes filosóficas da Grécia. A realidade última de Deus, aquilo que não podemos pensar nem imaginar de seu mistério, Jesus o percebe como bondade e salvação. Deus é bom com ele e é bom com todos os seus filhos e filhas. O mais importante para Deus são as pessoas; muito mais que os sacrifícios ou o sábado. Deus só quer o bem delas. Nada deve ser utilizado contra as pessoas, e menos ainda a religião.

Este Pai bom é um Deus próximo. Sua bondade já está irrompendo no mundo sob a forma de compaixão. Jesus vive esta proximidade amorosa de Deus com assombrosa simplicidade e espontaneidade. É como um grão de trigo semeado na terra, que passa despercebido, mas que logo se manifestará como esplêndida espiga. Assim é a bondade de Deus: agora está escondida sob a realidade complexa da vida, mas um dia acabará triunfando sobre o mal. Para Jesus, tudo isto não é teoria. Deus está próximo e acessível a todos. Qualquer um pode ter com ele uma relação direta e imediata a partir do segredo do coração. Ele fala a cada um sem pronunciar palavras humanas. Até os mais pequenos podem descobrir seu mistério[77]. Não são necessárias mediações rituais nem liturgias sofisticadas, como a do templo, para encontrar-se com ele. Jesus convida a viver confiando no Mistério inefável de um Deus bom e próximo:

---

77. Fonte Q (Lucas 10,21 // Mateus 11,25).

"Quando orardes, dizei: 'Pai!'"[78] Este Deus próximo busca as pessoas onde elas estão, mesmo que se encontrem perdidas, longe da Aliança de Deus.

Este Deus é bom para com todos. "Faz nascer seu sol sobre bons e maus. Manda a chuva sobre justos e injustos"[79]. O sol e a chuva são de todos. Ninguém pode apropriar-se deles. Não têm dono. Deus os oferece a todos como um presente, rompendo a tendência moralista de discriminar os maus. Deus não é propriedade dos bons; seu amor está aberto também aos maus. Esta fé de Jesus na bondade universal de Deus para com todos não deixa de surpreender. Durante séculos ouviu-se algo muito diferente naquele povo. Fala-se com frequência do amor e da ternura de Deus, mas este amor é preciso merecê-lo. Assim dizia um conhecido salmo: "Como um pai sente ternura para com seus filhos, assim o Senhor sente ternura", mas para com quem? Só para com "aqueles que o temem"[80]. Ainda por volta do ano 190 a.C., um escritor judeu chamado Jesus filho de Sirac, nascido em Jerusalém, afirmava: "O Altíssimo detesta os pecadores"[81].

Muitas vezes Jesus fala de Deus como Pai bom, mas nunca o faz com a maestria sedutora com que descreve numa parábola um pai acolhendo o filho perdido[82]. Deus, o Pai bom, não é como um patriarca autoritário, preocupado só com sua honra, controlador implacável de sua família. É como um pai próximo que não pensa em sua herança, respeita as decisões dos filhos e permite-lhes seguir livremente seu caminho. A este Deus sempre se pode retornar sem temor algum. Quando o pai vê chegar o filho faminto e

---

78. Lucas 11,2. Em Mateus 6,6 recolhe-se esta recomendação de Jesus: "Tu, quando orares, entra em teu quarto, fecha a porta e ora a teu Pai, que está no oculto". Alguns exegetas duvidam que Jesus chegasse a fazer observações tão concretas sobre a oração, mas a atitude de fundo é tipicamente sua.

79. Fonte Q (Lucas 6,35 // Mateus 5,45). As versões de Lucas e Mateus diferem um pouco, mas a ideia de que Deus não restringe seu amor exclusivamente aos bons remonta a Jesus.

80. Salmo 103,13. Pode-se ver também os Salmos 5,6; 11,5-6 e outros.

81. Eclesiástico 12,6.

82. Lucas 15,11-32.

humilhado, corre ao seu encontro, abraça-o e beija-o efusivamente como uma mãe e grita para todo o mundo sua alegria. Interrompe a confissão do filho para poupar-lhe mais humilhações; não precisa de nada para acolhê-lo tal como ele é. Não lhe impõe castigo algum; não lhe impõe nenhuma condição para aceitá-lo de novo em casa; não exige dele um ritual de purificação. Não parece sentir necessidade de perdoá-lo; simplesmente o ama desde sempre e só procura a felicidade dele. Presenteia-o com a dignidade de filho: o anel de casa e a melhor veste. Oferece festa, banquete, música e danças. O filho precisa conhecer junto ao pai a festa boa da vida, não a diversão falsa que viveu entre prostitutas pagãs.

Este não é o Deus vigilante da lei, atento às ofensas de seus filhos, que dá a cada um o que merece e não concede o perdão se antes não forem cumpridas escrupulosamente algumas condições. Este é o Deus do perdão e da vida; não precisamos humilhar-nos nem degradar-nos em sua presença. Do filho não se lhe exige nada. Só se espera que creia no pai. Quando Deus é concebido como poder absoluto que governa e se impõe pela força de sua lei, surge uma religião regida pelo rigor, pelos méritos e pelos castigos. Quando Deus é experimentado como bondade e misericórdia, nasce uma religião fundada na confiança. Deus não aterroriza por seu poder e grandeza, mas seduz por sua bondade e proximidade. Pode-se confiar nele. Jesus o dizia de mil maneiras aos enfermos, desgraçados, indesejáveis e pecadores: Deus é para aqueles que têm necessidade de que ele seja bom.

O Deus da vida

Jesus não pode pensar em Deus sem pensar em seu projeto de transformar o mundo. Nunca separa Deus de seu reino. Não o contempla fechado em seu próprio mundo, isolado dos problemas das pessoas; sente-o comprometido em humanizar a vida. Os sacerdotes de Jerusalém o vinculam ao sistema cultual do templo; os setores fariseus o consideram fundamento e garantia da lei que rege Israel; os essênios de Qumran o experimentam como inspirador de sua vida pura no deserto. Jesus o sente como a presença de um Pai bom que está se introduzindo no mundo para humanizar a vida[83]. Por isso, para Jesus, o lugar privilegiado para captar Deus não é o culto, mas lá onde se vai tornando realidade seu reino de justiça entre os homens. Jesus capta Deus no meio da vida e o capta como presença acolhedora para os excluídos, como força de cura para os enfermos, como perdão gratuito para os culpados, como esperança para os esmagados pela vida.

Este Deus é um Deus da mudança. Seu reino é uma poderosa força de transformação. Sua presença entre os homens é incitadora, provocativa, interpeladora: atrai para a conversão. Deus não é uma força conservadora, mas um chamado à mudança: "O reino de Deus está próximo; mudai a maneira de pensar e de agir, e crede nesta boa notícia"[84]. Não é o momento de permanecer passivos. Deus tem um grande projeto. É preciso ir construindo uma terra nova, tal como ele a quer. É preciso orientar tudo para uma vida mais humana, começando por aqueles para os quais a vida não é vida. Deus quer que os que choram riam e que os que têm fome comam: que todos possam viver.

Se o ser humano deseja alguma coisa, é viver, e viver bem. E se Deus busca alguma coisa, é que esse desejo se torne realidade. Quanto melhor as pessoas viverem, melhor se realiza o reino de Deus. Para Jesus, a vontade de Deus não é nenhum mistério: consiste em que todos cheguem a desfrutar a vida em plenitude. Em nenhuma parte encontramos um melhor "aliado" de nossa felicidade do que em Deus. Qualquer outra ideia de um Deus interessado em receber dos homens honra e glória, esquecendo o bem e a felicidade de seus filhos e filhas, não é de Jesus. A Deus interessa o bem-estar, a saúde, a convivência, a paz, a família, o desfrute da vida, a realização plena e eterna de seus filhos e filhas.

---

83. Na realidade, Jesus não fala de Deus, mas do reino de Deus. No fundo de sua experiência religiosa há uma mudança decisiva de acento: Deus é para os homens, e não os homens para Deus (Schillebeeckx, Sobrino). Por isso não pode haver sábado ou culto agradável a Deus se não for para o bem dos seres humanos.

84. Assim resume Marcos a mensagem de Jesus (1,15).

Por isso, Deus está sempre do lado das pessoas e contra o mal, o sofrimento, a opressão e a morte. Jesus acolhe a Deus como uma força que só quer o bem, que se opõe a tudo o que é mau e doloroso para o ser humano e que, portanto, quer libertar a vida do mal. Assim Jesus o experimenta e assim o comunica através de sua mensagem e de toda a sua atuação. Jesus nada mais faz do que lutar contra os ídolos que se opõem a este Deus da vida e são divindades de morte. Ídolos como o Dinheiro ou o Poder, que desumanizam os que lhes prestam culto e exigem vítimas para subsistir. A fé em Deus leva Jesus a ir diretamente à raiz: a defesa da vida e o auxílio às vítimas. Foi sempre esta a sua trajetória[85].

A atividade curadora de Jesus inspira-se nesse Deus que se opõe a tudo o que diminui ou destrói a integridade das pessoas. A Deus interessa a saúde de seus filhos e filhas. O sofrimento, a enfermidade ou a desgraça não são expressão de sua vontade; não são castigos, provas ou purificações que Deus vai enviando a seus filhos. É inimaginável encontrar em Jesus uma linguagem desta natureza. Se ele se aproxima dos enfermos, não é para oferecer-lhes uma visão piedosa de sua desgraça, mas para potencializar sua vida. Aqueles cegos, surdos, coxos, leprosos ou possessos pertencem ao mundo dos "sem-vida". Jesus lhes dá algo tão básico e elementar como caminhar, ver, sentir, falar, ser donos de sua mente e de seu coração. Esses corpos curados contêm uma mensagem para todos: Deus quer ver seus filhos cheios de vida.

É o que revela a defesa que Jesus faz dos últimos. Ele se distancia dos ricos e poderosos, que produzem fome e miséria, para solidarizar-se com os despossuídos. Os ricos estão criando uma barreira entre eles e os pobres: são o grande obstáculo que impede uma convivência mais justa. Essa riqueza não é sinal da bênção de Deus, porque está crescendo às custas do sofrimento e da morte dos mais fracos. Jesus não tem dúvida nenhuma: a miséria é contrária

---

85. É significativa a posição de Jesus perante César ou perante o Dinheiro (*mammon*), ídolos por antonomásia que oferecem salvação, mas produzem miséria, desnutrição e morte: "Não podeis servir a Deus e ao Dinheiro" (Lucas 16,13 // Mateus 6,24); "Dai a César o que é de César, e a Deus o que é de Deus" (Lucas 20,25 // Mateus 22,21).

aos planos de Deus. O Pai não quer que se introduza a morte entre seus filhos. Só uma vida digna para todos corresponde à sua vontade primigênia.

Jesus se posiciona também a favor dos excluídos. Não pode ser de outra maneira. Sua experiência de Deus é a de um Pai que traz no coração um projeto integrador onde não haja honoráveis que desprezem indesejáveis, santos que condenem pecadores, fortes que abusem de fracos, varões que submetam mulheres. Deus não abençoa os abusos e as discriminações, mas a igualdade fraterna e solidária; não separa nem excomunga, mas abraça e acolhe. Diante do "batismo" de João, ato simbólico de uma comunidade que espera Deus em atitude penitente de purificação, Jesus promove sua "mesa aberta" a pecadores, indesejáveis e excluídos como símbolo da comunidade fraterna que acolhe o reino do Pai.

Sua experiência filial de Deus impele também Jesus a desmascarar os mecanismos de uma religião que não está a serviço da vida. Não se pode justificar em nome de Deus que alguém passe fome quando esta pode ser saciada[86]; não se pode deixar alguém sem ser curado porque assim o pede a suposta observância do culto. Para o Deus da vida, não será precisamente o sábado o melhor dia para restaurar a saúde e libertar do sofrimento?[87] Uma religião que vai contra a vida é falsa; não há leis de Deus intangíveis se ferem as pessoas, já por si tão vulneráveis. Quando a lei religiosa causa dano e mergulha as pessoas no desespero, fica vazia de autoridade, pois não provém do Deus da vida. A posição de Jesus ficou gravada para sempre num aforismo inesquecível: "O sábado foi instituído por amor ao homem, e não o homem por amor ao sábado"[88].

Movido por este Deus da vida, Jesus aproxima-se dos esquecidos pela religião. O Pai não pode ficar açambarcado por uma casta de piedosos nem

86. Marcos 2,23-27.

87. Marcos 3,1-6; Lucas 13,10-16.

88. Marcos 2,27.

por um grupo de sacerdotes controladores da religião. Deus não outorga a ninguém uma situação de privilégio sobre os outros; não dá a ninguém um poder religioso sobre o povo, mas força e autoridade para fazer o bem. Assim atua sempre Jesus: não com autoritarismo e imposição, mas com força curadora. Liberta de medos gerados pela religião, não os introduz; faz crescer a liberdade, não a servidão; atrai para a misericórdia de Deus, não para a lei; desperta o amor, não o ressentimento.

A oração de Jesus

Jesus deixa como herança a seus seguidores e seguidoras uma oração que condensa em poucas palavras o mais íntimo de sua experiência de Deus, sua fé no reino e sua preocupação pelo mundo. Nela deixa entrever os grandes desejos que pulsavam em seu coração e os clamores que dirigia a seu Pai nas longas horas de silêncio e oração. É uma oração breve, concisa e direta, que sem dúvida surpreendeu os que estavam acostumados a rezar com uma linguagem mais solene e retórica[89].

Esta oração de Jesus, chamada popularmente de "Pai-nosso", sempre foi considerada pelas primeiras gerações cristãs a oração por excelência, a única ensinada por Jesus para alimentar a vida de seus seguidores. A maneira de orar própria de um grupo expressa uma determinada relação com Deus e constitui uma experiência que vincula todos os seus membros na mesma fé. Assim entendem o "Pai-nosso" também os primeiros cristãos: é seu melhor sinal de identidade como seguidores de Jesus. Os discípulos do Batista tinham seu próprio modo de orar. Não o conhecemos, mas, se correspondia à sua mensagem, era a oração de um grupo em atitude penitencial diante da

89. Os dois primeiros desejos da oração de Jesus são breves e concisos: "Santificado seja teu nome. Venha teu reino". De acordo com o sentimento geral, estes dois pedidos inspiram-se no *qaddish*, uma oração com a qual terminava a oração na sinagoga e que Jesus sem dúvida conheceu. No entanto o tom e o clima desta oração judaica é diferente: "Exaltado e santificado seja seu grande nome no mundo, que ele criou por sua vontade. Faça prevalecer seu reino em vossas vidas e em vossos dias, e na vida de toda a casa de Israel, logo e em breve".

chegada iminente do juízo, suplicando a Deus ver-se livres de sua "ira vindoura". A oração de Jesus, pelo contrário, é uma súplica cheia de confiança ao Pai querido, que contém dois grandes anseios centrados em Deus e três clamores de petição centrados nas necessidades urgentes e básicas do ser humano. Jesus expõe ao Pai os dois desejos que traz em seu coração: "Santificado seja o teu nome. Venha o teu reino". Depois profere os três pedidos: "Dá-nos pão", "perdoa nossas dívidas", "não nos submetas à prova"[90].

O Pai-nosso chegou até nós em duas versões ligeiramente diferentes. A análise rigorosa dos textos permite detectar acréscimos e modificações posteriores, até chegar a uma oração breve, simples, de sabor aramaico, que estaria muito próxima da pronunciada por Jesus. Seria esta a oração que ele ensinou: "Pai, santificado seja o teu nome; venha o teu reino; dá-nos hoje nosso pão de cada dia; perdoa-nos as nossas dívidas como nós perdoamos aos nossos devedores e não nos submetas à prova"[91]. Podemos aproximar-nos do "segredo" desta oração?

Pai! Esta é sempre a primeira palavra de Jesus ao dirigir-se a Deus. Não é só uma invocação introdutória. É entrar numa atmosfera de confiança e intimidade que vai impregnar todos os pedidos que seguem. Seu desejo é este: ensinar aos homens a orar como ele, sentindo-se filhos queridos do Pai e irmãos solidários de todos[92]. Ele é o "Pai do céu". Não

---

90. Lucas descreve as circunstâncias concretas em que Jesus ensinou aos discípulos sua oração: "Estava rezando em certo lugar e, quando terminou, lhe disse um de seus discípulos: 'Senhor, ensina-nos a rezar, como João ensinou aos seus'" (11,1). O episódio foi elaborado pelo evangelista, mas nos ajuda a ver como os primeiros cristãos entendiam a oração de Jesus.

91. Fonte Q (Lucas 11,2-4 // Mateus 6,9-13). O texto de Mateus é mais extenso, pois introduziu vários acréscimos para dar à oração um tom mais solene e esmerado, próprio da piedade judaica. Lucas, por sua vez, introduz modificações de menor importância. A oração provém de Jesus. Alguns investigadores pensam que o Pai-nosso contém "pedidos soltos" que os discípulos o ouviam pronunciar e que, mais tarde, alguém compilou numa só oração. Não há argumentos para defender esta hipótese.

92. Jesus não reserva exclusivamente a si o chamar a Deus de "Pai", mas convida os seus a fazer o mesmo... Por isso, na liturgia cristã, a oração do Pai-nosso foi sempre rodeada de grande respeito e veneração: "Fiéis ao Salvador, e seguindo seu divino ensinamento, nos atrevemos a dizer: Pai nosso" (liturgia romana). "Digna-te, Senhor, conceder-nos que, alegres e sem temeridade, nos atrevamos a invocar-te como Pai" (liturgia oriental).

está ligado ao templo de Jerusalém nem a qualquer outro lugar sagrado. É o Pai de todos, sem discriminação nem exclusão alguma. Não pertence a um povo privilegiado. Não é propriedade de uma religião. Todos podem invocá-lo como Pai[93].

Santificado seja o teu nome. Não é um pedido a mais. É o primeiro desejo que nasce da alma de Jesus, sua aspiração mais ardente. "Faze que teu nome de Pai seja reconhecido e venerado. Que todos conheçam a bondade e a força salvadora que teu nome santo encerra. Que ninguém o ignore ou despreze. Que ninguém o profane violando teus filhos e filhas. Manifesta já plenamente teu poder salvador e tua bondade santa. Que sejam banidos os nomes dos deuses e ídolos que matam teus pobres. Que todos bendigam teu nome de Pai bom"[94].

Venha o teu reino. É esta a paixão da vida de Jesus, seu objetivo último: "Que teu reino vá abrindo caminho entre nós. Que a 'semente' de tua força salvadora continue crescendo, que o 'fermento' de teu reino fermente tudo. Que aos pobres e maltratados chegue já tua Boa Notícia. Que os que sofrem sintam tua ação curadora. Enche o mundo com tua justiça e tua verdade, com tua compaixão e teu perdão. Se tu reinas, já não reinarão os ricos sobre os pobres; os poderosos não abusarão dos fracos; os varões não dominarão as mulheres. Se tu reinas, já não se poderá dar a nenhum César o que é teu; ninguém viverá servindo a ti e ao Dinheiro"[95].

---

93. Foi Mateus que à invocação "Pai" acrescentou "que estás nos céus", seguindo o estilo de certas orações judaicas. No entanto, não se afasta do espírito de Jesus, que, ao rezar, "levantava os olhos ao céu", para o Pai que "faz nascer seu sol sobre bons e maus e manda chuva sobre justos e injustos" (Mateus 5,45).

94. Na cultura semita, o "nome" não é só um termo para designar uma pessoa; indica o ser ou a natureza dessa pessoa. O "nome" de Deus é sua realidade de Deus bom e salvador. Assim diz um salmo: "Esperarei em teu nome, porque é bom" (52,11).

95. Na oração de Jesus pede-se o "reino definitivo" de Deus e sua "realização atual" entre nós: o pão do banquete eterno e o pão de hoje; o perdão final e o que precisamos receber agora; a vitória final sobre o mal e a libertação nas provações de hoje.

Faça-se a tua vontade na terra como no céu. Este pedido, acrescentado provavelmente por Mateus, não faz senão repetir e reforçar os dois anteriores de Jesus, comprometendo-nos ainda mais no projeto salvador de Deus: "Que se faça a tua vontade e não a nossa. Que se cumpram os teus desejos, pois tu só queres o nosso bem. Que na criação inteira se faça o que tu queres e não o que desejam os poderosos da terra. Que vejamos feito realidade entre nós aquilo que decidiste em teu coração de Pai"[96].

Dá-nos hoje nosso pão de cada dia. A atenção de Jesus dirige-se agora diretamente às necessidades concretas dos seres humanos[97]. "Dá-nos a todos o alimento de que necessitamos para viver. Que a ninguém falte pão hoje. Não te pedimos dinheiro nem bem-estar abundante, não queremos riquezas para acumular, só pão para todos[98]. Que os famintos da terra possam comer; que teus pobres deixem de chorar e comecem a rir; que possamos vê-los vivendo com dignidade. Que esse pão que um dia poderemos comer todos juntos, sentados à tua mesa, possamos pregustá-lo desde agora. Queremos conhecê-lo já"[99].

Perdoa-nos as nossas dívidas como também nós, ao dizer-te isto, perdoamos aos nossos devedores. Estamos em dívida com Deus. É nosso grande pecado:

---

96. Há um acordo bastante geral em considerar Mateus 6,10 um acréscimo posterior. O pedido pode ser entendido de duas maneiras diferentes. Se "céu e terra" são entendidos como a totalidade de tudo quanto existe, estamos pedindo que a vontade de Deus encha a criação inteira. Se o "céu" é entendido como o lugar próprio de Deus e a "terra" como o espaço habitado pelos seres humanos, estamos pedindo que se torne realidade entre os homens o que já ocorre em Deus. Procuro manter os dois matizes.

97. Os dois primeiros pedidos sobre o "nome" e o "reino" de Deus inspiram-se no *qaddish*. Os que seguem agora sobre o pão, o perdão e a libertação do mal constituem a parte nova acrescentada por Jesus, que não sabe apresentar a Deus os grandes desejos de santificação de seu nome ou da vinda do reino sem pensar imediatamente nas necessidades concretas das pessoas.

98. Certamente Mateus conserva o pedido de maneira mais autêntica, tal como brotava de Jesus a partir de sua vida de vagabundo itinerante que, confiando na providência do Pai, só pede o pão do dia, o de hoje: "Dá-nos hoje o nosso pão de cada dia" (*sêmeron* = hoje). Lucas, por sua vez, escreve a partir da perspectiva dos orantes cristãos, que pedem o pão necessário para cada dia: "Continua dando-nos nosso pão diário dia após dia" (*kath'êmeran* = dia após dia).

99. O termo *epiousios* costuma ser entendido como pão "diário" ou "cotidiano", mas pode ser traduzido também como pão "de amanhã", o pão do futuro (*Evangelho [apócrifo] dos nazarenos*). O pedido seria: "Dá-nos hoje o pão de amanhã".

não corresponder ao amor do Pai, não entrar em seu reino. Assim reza Jesus: "Perdoa-nos as nossas dívidas, não só as ofensas contra tua lei, mas o imenso vazio de nossa falta de resposta a teu amor[100]. Precisamos de teu perdão e de tua misericórdia. Nossa oração é sincera. Ao fazer-te este pedido estamos perdoando aos que estão em dívida conosco. Não desejamos alimentar em nós ressentimentos nem desejos de vingança contra ninguém. Queremos que teu perdão transforme nossos corações e nos faça viver perdoando-nos mutuamente[101].

Não nos deixes cair na tentação. Somos seres fracos, expostos a todo tipo de perigos e riscos que podem arruinar nossa vida, afastando-nos definitivamente do reino de Deus. O mistério do mal nos ameaça. Jesus ensina a rezar assim: "Não nos deixes cair na tentação de rejeitar definitivamente teu reino e tua justiça. Dá-nos tua força. Não nos deixes cair derrotados na prova final. Que no meio da tentação e do mal possamos contar com tua ajuda poderosa"[102].

Livra-nos do mal. Mateus acrescentou este pedido final para reforçar e completar o pedido anterior de Jesus. Desta maneira, enquanto as orações judaicas acabam quase sempre com um louvor a Deus, o Pai-nosso termina

---

100. Mateus conservou provavelmente a versão mais original. Jesus conhece de perto a angústia dos camponeses, que, afundados em dívidas, vão perdendo suas terras. Seu pedido de perdão está condicionado por esta preocupação: "Perdoa-nos as nossas dívidas como também nós perdoamos aos nossos devedores". Lucas, por sua vez, esquece o plano econômico e substitui as "dívidas" por "pecados", embora na segunda parte do pedido continue falando de "devedores": "Perdoa-nos os nosso pecados, pois também nós perdoamos a todos os nossos devedores". A tradução litúrgica posterior esqueceu já totalmente o plano das dívidas: Perdoa nossas ofensas como também nós perdoamos aos que nos ofendem".

101. O perdão de Deus é totalmente gratuito. Nosso perdão aos outros não é uma condição para que Deus nos perdoe, mas apenas para que nosso pedido seja sincero. Não é possível adotar duas atitudes opostas: uma diante do Pai, para pedir-lhe perdão, e outra diante dos irmãos, para recusar todo perdão. Por isso aceito a sugestão de J. Jeremias: "Perdoa-nos as nossas dívidas como também nós, ao dizer-te isto, perdoamos aos nossos devedores".

102. O texto diz literalmente: "Não nos faças entrar na tentação". No entanto, o sentido da súplica não é pedir para ser livrados (isentos) da tentação, mas não sucumbir caindo em sua armadilha.

com um grito de socorro, que fica ressoando em nossa vida: Pai, arranca-nos do mal!

Bibliografia

Para um estudo geral da experiência de Deus vivida e comunicada por Jesus

DUQUOC, Christian. *Dios diferente*. Salamanca: Sígueme, 1978.

SCHLOSSER, Jacques. *El Dios de Jesús*: estudio exegético. Salamanca: Sígueme, 1995.

VERMES, Geza. *A religião de Jesus, o Judeu*. São Paulo: Imago, 1995 [*La religione di Gesù l'ebreo*. Assis: Cittadella, 2002].

DUNN, James D.G. *Jesús y el Espíritu*. Salamanca: Secretariado Trinitario, 1981, p. 31-160.

SOBRINO, Jon. *Jesus, o Libertador*– I: A história de Jesus de Nazaré. 2. ed. Petrópolis: Vozes, 1996, p. 202-283 [*Jesucristo liberador* – Lectura histórico-teológica de Jesús de Nazaret. Madri: Trotta, 1991, p. 179-250].

SCHILLEBEECKX, Edward. *Jesus* – A história de um Vivente. São Paulo: Loyola, 2008 [*Jesús* – La historia de un Viviente. Madri: Cristiandad, 1981, p. 209-246].

HAIGHT, Roger. *Jesus*: símbolo de Deus. São Paulo: Paulinas, 2003 [*Jesus, Symbol of God*. Maryknoll, NY: Orbis Books, 1999, p. 88-118].

AGUIRRE, Rafael. *El Dios de Jesús*. Madri: Fundación Santa María, 1985.

PIKAZA, Xabier. *Dios judío, Dios cristiano*. Estella; Verbo Divino, 1996.

GUIJARRO, Santiago. *Jesús y el comienzo de los evangelios*. Estella: Verbo Divino, 2006, p. 37-69.

Para o estudo da experiência de Deus como Pai

JEREMIAS, Joachim. *Teologia do Novo Testamento*. São Paulo: Teológica/Paulus, 2004 [*Teología del Nuevo Testamento* I. Salamanca: Sígueme, 1974, p. 80-87 e 210-238].

______. *Abba* – El mensaje central del Nuevo Testamento. Salamanca: Sígueme, 1981, p. 19-89.

GUIJARRO, Santiago. "Dios Padre en la actuación de Jesús". *Estudios Trinitarios*, 34/1, jan.-abr./2000, p. 33-69.

SCHNEIDER, Gerhard. "El Padre de Jesús: visión bíblica". *Estudios Trinitarios*, 24/3, set.-dez./1990, p. 401-441.

TORRES QUEIRUGA, Andrés. *Creio em Deus Pai*. São Paulo: Paulus, 1993 [*Creo en Dios Padre* – El Dios de Jesús como afirmación del hombre. Santander: Sal Terrae, 1986, p. 73-97].

Para o estudo de outros aspectos do Deus de Jesus

BORG, Marcus J. *Jesus, a New Vision* – Spirit, Culture and the Life of Discipleship. São Francisco: Harper, 1991, p. 23-56.

AGUIRRE, Rafael. El Dios de Jesús y la realidad social de su pueblo. In: AGUIRRE, Rafael. *Del movimiento de Jesús a la Iglesia Cristiana* – Ensayo de exégesis sociológica del cristianismo primitivo. Estella: Verbo Divino, 2001, p. 53-77.

ROSSÉ, G. Dieu Amour dans le Nouveau Testament. In: ARAÚJO, V.; CASTELLANO CERVERA, J.; COLA, S.; DRESTON, A.; MORA, G. & ROSSÉ, G. *Dieu Amour dans la tradition chrétienne et la pensée contemporaine*. Paris: Nouvelle Cité, 1993, p. 51-84.

JOHNSON, Elizabeth A. *Aquela que é* – O mistério de Deus no trabalho teológico feminino. Petrópolis: Vozes, 1995 [*She Who is* – The Mystery of God in Feminist Theological Discourse. Nova York: Crossroad, 1992].

SCHÜSSLER FIORENZA, Elisabeth. *Cristología feminista crítica* – Jesús, hijo de Miriam, Profeta de la Sabiduría. Madri: Trotta, 2000.

Para o estudo da oração de Jesus e do Pai-nosso

MANNS, Frédéric. *La prière d'Israël à l'heure de Jésus*. Jerusalém: Franciscan Printing Press, 1986.

SCHÜRMANN, Heinz. *El Padrenuestro*. Salamanca: Secretariado Trinitario, 1982.

DI SANTE, Carmine. *El Padrenuestro* – La experiencia de Dios en la tradición judeo-cristiana. Salamanca: Secretariado Trinitario, 1998.

SOBRINO, Jon. La oración de Jesús y del Cristiano. In: SOBRINO, Jon; GALILEA, Segundo & CASTILLO, José María (orgs.). *Oración cristiana y liberación*. Bilbao: Desclée de Brouwer, 1980, p. 55-94.

BOFF, Leonardo. *O Pai-nosso:* a oração da libertação integral. 10. ed. Petrópolis: Vozes, 2003.

HELEWA, Juan. *Orar* – Enseñanzas del evangelio. Burgos: Monte Carmelo, 1994.

PAGOLA, José Antonio. *Padrenuestro* – Orar con el espíritu de Jesús. Madri: PPC, 2002.

Outros livros de interesse

SEGUNDO, Juan Luis. *A história perdida e recuperada de Jesus de Nazaré*: dos sinóticos a Paulo. São Paulo: Paulus, 1997 [*La historia perdida y recuperada de Jesús de Nazaret*: de los sinópticos a Pablo. Santander: Sal Terrae, 1991, p. 149-232].

GIROUX, Gertrude. *La spiritualité de Jésus perdue et retrouvée*. Outremont, Quebec: Carte Blanche, 2002.

VIVES, Juan. *"Si oyerais su voz"*– Exploración cristiana del misterio de Dios. Santander: Sal Terrae, 1998.

PIKAZA, Xabier. *Para descubrir el camino del Padre* – Nuevos itinerarios para el encuentro con Dios. Estella: Verbo Divino, 1999, p. 71-119.

12
CONFLITIVO E PERIGOSO

Jesus não pôde desfrutar de uma velhice tranquila. Morreu violentamente em plena maturidade. Não foi abatido por uma enfermidade. Tampouco foi vítima de um acidente. Uns soldados às ordens de Pilatos, máxima autoridade romana na Judeia, executaram-no fora das portas de Jerusalém, junto a uma velha pedreira. Era provavelmente o dia 7 de abril do ano 30. Nessa mesma manhã o prefeito o havia condenado à morte como culpado de insurreição contra o Império. Sua vida apaixonante de profeta do reino de Deus terminava assim no patíbulo da cruz.

Mas, o que podia ter acontecido para chegar a este trágico final? Foi tudo um incrível erro? O que fez o profeta da compaixão de Deus para terminar neste suplício que só era aplicado a escravos criminosos ou a rebeldes perigosos para a ordem imposta por Roma? Que delito cometeu o curador de enfermos para ser torturado numa cruz? Quem teme o mestre que prega o amor aos inimigos? Quem se sente ameaçado por sua atuação e sua mensagem? Por que o matam?

O final trágico de Jesus não foi uma surpresa. Fora sendo gestado dia a dia desde que ele começou a anunciar com paixão o projeto de Deus que ele trazia no coração. Enquanto as pessoas o acolhiam quase sempre com entusiasmo, em diversos setores ia soando o alarme. A liberdade daquele homem cheio de Deus revelava-se inquietante e perigosa. Sua conduta original e inconformista os irritava. Jesus era um estorvo e uma ameaça. Seu empenho em anunciar uma inversão da situação e seu programa concreto para acolher o reino de Deus e sua justiça eram um desafio ao sistema. Provavelmente a atuação de Jesus desconcertava a quase todos, provocando reações diversas, mas a rejeição ia se gestando, não no povo, mas entre os que viam seu poder religioso, político e econômico correr perigo. Por que Jesus transformou-se em poucos meses num profeta tão perigoso?

Em conflito com setores fariseus

De acordo com os evangelhos, Jesus entrou sem demora em conflito com os fariseus. Estes constituem, ao que parece, um dos grupos que mais se movimentam entre as pessoas. Os "monges" de Qumran viviam retirados em seu "mosteiro", junto ao mar Morto; de resto, dos essênios não sabemos quase nada. Os saduceus formavam uma minoria aristocrática que vivia em torno do templo, sem se preocupar em conquistar adeptos nas aldeias. Os fariseus eram, provavelmente, os que mais procuravam influir na vida das pessoas. É lógico que Jesus entrasse em rota de colisão com eles[1].

Os fariseus eram um grupo formado por letrados, muito familiarizados com as tradições e costumes de Israel. Muitos deles exerciam tarefas de caráter administrativo ou burocrático sobretudo em Jerusalém: provavelmente ganhavam a vida como escribas, educadores, juízes ou oficiais subordinados às classes governantes. Não sabemos quase nada sobre sua organização interna. Sentiam-se unidos por um conjunto de crenças e práticas que os identificava diante do povo. Não constituem, no entanto, um bloco homogêneo. Há entre eles desacordos e diferentes pontos de vista. Pode-se Inclusive constatar a presença de mestres como Hillel, Shammai ou Judas, "o funda-

---

1. Os fariseus eram um grupo surgido no começo do período asmoneu, por volta do ano 150 a.C. Representam uma reação contra o programa de helenização desencadeado por Antíoco Epífanes. Tiveram muito poder no tempo de Salomé Alexandra. Sob Herodes o Grande foram marginalizados, embora nunca tenham renunciado a influir na política do povo. Após a destruição de Jerusalém no ano 70, unidos a outros setores de escribas e homens piedosos, fundaram o movimento rabínico, que está na origem do judaísmo atual.

dor da quarta filosofia", segundo Flávio Josefo, que com seu prestígio arrastam um grupo de seguidores entusiastas[2].

A primeira preocupação do movimento fariseu era assegurar a resposta fiel de Israel ao Deus santo que lhes dera a lei, que os distinguia de todos os povos da terra. Daí seu desvelo em aprofundar-se no estudo da Torá e seu cuidado em cumprir estritamente todas as prescrições, em especial as que reforçavam a identidade do povo santo de Deus: o sábado, o pagamento dos dízimos para o templo ou a pureza ritual. Além da lei escrita de Moisés, consideravam obrigatórias as chamadas "tradições dos pais", que favoreciam um cumprimento mais atualizado da Torá. Preocupados com a santidade de Israel, os setores mais radicais pretendiam obrigar todo o povo a cumprir regras de pureza que só obrigavam os sacerdotes no exercício de sua tarefa cultual no templo.

Não é nada fácil reconstruir a relação que Jesus pode ter tido com os setores fariseus. Os evangelhos o apresentam sempre em conflito com eles. São seus adversários por excelência: os que o enfrentam, lhe fazem perguntas capciosas e procuram desacreditá-lo diante do povo. Jesus, por sua vez, lança sobre eles todo tipo de ameaças e condenações: não entram no reino de Deus nem deixam entrar os que querem fazê-lo; estão "cheios de hipocrisia e de maldade"; são "guias cegos" que se preocupam com minúcias e "descuidam a justiça, a misericórdia e a fé"; parecem-se com sepulcros caiados, "belos por fora", mas, por dentro, "cheios de ossos de mortos e de podridão"[3]. No entanto, este enfrentamento tão hostil precisa ser revisado e corrigido.

---

2. Dada a falta de fontes diretas, não é fácil reconstruir o movimento fariseu. Os estudos mais recentes apontam na seguinte direção: não parece um "grupo religioso" dedicado ao estudo da Torá (interpretação tradicional); tampouco constitui uma "escola" de caráter acadêmico (Rivkin), embora seus membros possuam uma boa formação; tem traços próprios de uma "seita" muito centrada em torno de suas refeições (Neusner os identifica como *table fellowship*); mas, ao mesmo tempo, não deixa de ser um grupo que procura influir na sociedade judaica (Saldarini). Os importantes trabalhos de Neusner, Sanders e Saldarini estão contribuindo para situar melhor o grupo fariseu no contexto sociorreligioso dos anos 30.

3. Esta hostilidade mútua vai se tornando mais dura e grave à medida que se vão desenvolvendo as tradições sobre Jesus. Em Mateus já é de uma virulência extrema. São famosos os "ais" de Jesus contra "escribas e fariseus" (Mateus 23,2-36).

Por volta dos anos 30, o farisaísmo como fenômeno de grupo era um movimento mais urbano do que rural. Parece que se concentrava sobretudo em Jerusalém e seus arredores. Não há dados para pensar que, no tempo de Jesus, desenvolvesse uma atividade importante na Galileia. Em todo caso, os fariseus não possuíam uma liderança política ou religiosa de primeira ordem. Eram uma força social menor que, no tempo de Jesus, andava procurando uma maior influência entre o povo. Na Galileia representavam, provavelmente, os interesses do templo e alguns, talvez, serviam como funcionários ou escribas no círculo de Antipas. Jesus pode ter-se encontrado com alguns deles em aldeias da Galileia de certa importância, mas sobretudo entrou em contato com eles em Jerusalém e arredores. Por que, então, aparecem na tradição cristã como os grandes adversários de Jesus?[4] Há uma razão muito verossímil. Os evangelhos foram sendo redigidos depois do ano 70, quando se estava vivendo uma hostilidade muito forte entre os seguidores de Jesus e os escribas fariseus, único grupo que havia conseguido sobreviver após a destruição de Jerusalém e que estava lutando para unir forças e restaurar o judaísmo. O que os evangelistas descrevem reflete mais estes enfrentamentos posteriores do que os conflitos reais entre Jesus e os fariseus na Galileia dos anos 30. No entanto, estão tão presentes em todas as fontes que dificilmente se pode negar que tenha havido enfrentamentos. Isso não é estranho, porque tanto Jesus quanto os fariseus competiam para conquistar as pessoas para sua própria causa[5].

---

4. Nos evangelhos fala-se frequentemente de "escribas e fariseus". Não se deve confundi-los. Os "escribas" não formam uma organização autônoma. São indivíduos que trabalham como copistas, redigem documentos legais, escrevem cartas, são encarregados da contabilidade, educam os jovens das elites urbanas, garantem a transmissão escrita das tradições religiosas... Sua vida e seu trabalho dependem das classes dirigentes. No tempo de Jesus vivem a serviço do templo ou no círculo de Antipas e das famílias herodianas; nas aldeias podiam exercer tarefas de administração a serviço de proprietários de terras. Alguns podiam conseguir certo poder como conselheiros. Provavelmente havia escribas que pertenciam ao grupo fariseu (Saldarini).

5. Há quem negue o confronto de Jesus com os fariseus ou o minimize ao extremo (Mack, Sanders, Fredriksen). Em geral aceita-se o testemunho dos evangelhos de maneira crítica para precisar o núcleo histórico do confronto entre o profeta do reino de Deus e a posição farisaica de seu tempo (Meier, Borg, Schürmann, Schlosser, Léon-Dufour, Rivkin, Gourgues).

Os fariseus não podem ignorar um homem que procura com tanta paixão a vontade de Deus. Certamente ouvem com agrado o apelo ardente que ele faz a todo o povo para buscar sua justiça. Atrai-os sua radicalidade. Compartilham com ele a esperança na ressurreição final. No entanto, seu anúncio do reino de Deus os desconcerta. Jesus não entende nem vive a lei como eles. Seu coração está centrado na irrupção iminente de Deus. Quanto mais o ouvem, mais inevitáveis são as discrepâncias.

O que mais os irrita é, sem dúvida, a pretensão de Jesus de falar diretamente em nome de Deus, com autoridade própria, sem atender àquilo que ensinam outros mestres. Esta liberdade inusitada de Jesus contrasta com a atuação de seus mestres, que sempre se apoiam nas "tradições dos pais" ou nos ensinamentos de sua própria escola[6]. Vão descobrindo que, enquanto eles se esforçam por interpretar, explicar e atualizar a vontade de Deus expressa na lei e nas tradições, Jesus insiste em comunicar sua própria experiência de um Deus Pai empenhado em estabelecer seu reinado em Israel. O que é decisivo para Jesus não é observar a lei, e sim ouvir o chamado de Deus a "entrar" em seu reino. O absoluto já não é a Torá, e sim a irrupção de Deus promovendo uma vida mais humana.

Provavelmente os fariseus não sabiam o que pensar de Jesus. Suas curas os atraem como atraem a todos, pois veem em Jesus um profeta curador no estilo de Elias, tão popular entre as pessoas. A força de sua palavra os leva a pensar talvez em Isaías, Jeremias ou algum dos grandes profetas, mas sua conduta os deixa perplexos. Não podiam entender que ele se atrevesse a eliminar uma disposição mosaica como a do direito do varão de repudiar sua mulher[7]. Irrita-os a liberdade de Jesus para transgredir algo tão sagrado

---

6. Marcos diz que as pessoas ficavam maravilhadas com a doutrina de Jesus, porque "ensinava-lhes como quem tem autoridade, e não como os escribas" (1,22). De acordo com a opinião mais generalizada, esta afirmação de Marcos reflete realmente a impressão que Jesus causava.

7. De acordo com a maioria dos autores, a atuação de Jesus sobre o repúdio é escandalosa. Sanders, no entanto, pensa que, de acordo com uma prática habitual nas disputas rabínicas, interpretar uma disposição da Torá recorrendo a outro texto da mesma, como faz Jesus no caso do repúdio, não significava nenhuma violação da lei.

como o sábado. Molesta-os o fato de ele não se sentir obrigado a seguir a norma da pureza ritual na linha que eles ensinam[8].

Há algo em Jesus que desperta de maneira especial sua perplexidade. Por um lado, cativa-os aquele profeta que sente como próprio o sofrimento dos enfermos, a humilhação dos pobres e a solidão dos excluídos: é comovente vê-lo aproximar-se deles movido pela compaixão de Deus. O que não podem entender é sua incrível acolhida aos pecadores. Nenhum profeta de Deus atuava assim. Ele se sente amigo dos "perdidos". Sua mesa está aberta a todos, inclusive aos que vivem fora da Aliança sem dar sinais de arrependimento. Resulta ofensivo que os admita amistosamente em nome de Deus, sem exigir deles a penitência e os sacrifícios prescritos para todo pecador afastado da lei[9].

Houve, portanto, enfrentamento entre Jesus e os setores fariseus, mas não tão violento e fanático como o apresentam os evangelhos. Não foram eles, os fariseus, os instigadores da execução de Jesus. A ação de Jesus podia irritá-los; certamente discutiram com ele e procuraram desacreditá-lo; talvez tenham trocado mutuamente invectivas mordazes, mas não procuravam sua morte. Não era este o modo da agir dos fariseus, e provavelmente tampouco o de outros grupos. Discutiam entre si, defendiam com paixão suas próprias posições, mas não há dados para pensar que procurassem a morte de Jesus pelo fato de ele não comungar de sua própria visão[10]. A morte de Jesus não vai sendo gestada nestes enfrentamentos com os fariseus. De fato, nos relatos da pai-

---

8. Após um estudo aprofundado, Sanders afirma no entanto que "não houve nenhum conflito importante entre Jesus e os fariseus por causa dos assuntos do sábado, da refeição e das leis de pureza". Sua posição está influindo bastante na investigação atual.

9. Não devemos esquecer que os fariseus eram fundamentalmente *a table fellowship sect* (Neusner). De acordo com Sanders, foi sobretudo a conduta de Jesus com os pecadores que provocou uma explosão de indignação entre os fariseus e outros setores piedosos.

10. Rivkin lembrou a coexistência vigente no tempo de Jesus entre os diferentes grupos e tendências, de acordo com a prática de "viver e deixar viver". As notícias de Marcos e de João, que apresentam os fariseus buscando a morte de Jesus, não são historicamente dignas de crédito.

xão nunca eles aparecem tomando parte, como grupo, em sua condenação ou execução. A verdadeira ameaça contra ele provém de outros setores: da aristocracia sacerdotal e laica de Jerusalém e da autoridade romana[11].

Oposição às autoridades religiosas

A aristocracia de Jerusalém era formada por uma minoria de cidadãos ricos e importantes, muitos deles sacerdotes. Alguns membros destas classes dirigentes, não todos, pertenciam ao grupo saduceu[12]. Muitos deles possuíam grandes riquezas. São conhecidas suas elegantes mansões no bairro alto de Jerusalém e as propriedades que iam adquirindo através de diversas estratégias e pressões. O povo, ao que parece, os considerava um setor poderoso e corrupto que vivia dos dízimos, taxas e doações que chegavam ao templo provenientes de toda a diáspora judaica[13]. De fato, não contavam com seguidores nem simpatizantes nas aldeias e povoados rurais.

No tempo de Jesus, o sumo sacerdote tinha poder de governo tanto em Jerusalém como na Judeia. Por um lado, gozava de plena autonomia nos assuntos do templo: regulação do sistema sacrificial, taxas, dízimos, adminis-

---

11. Esta é hoje a posição mais generalizada (Meier, Schlosser, Sanders, Rivkin, Crossan...). É possível que alguns escribas ou conselheiros de Caifás, de tendência farisaica, tenham agido individualmente contra Jesus. Outros certamente o defenderam (Meier).

12. Durante a dinastia asmoneia, os saduceus gozaram de poder até à chegada de Salomé Alexandra (76-67 a.C.), que se apoiou nos setores fariseus e provocou sua decadência. Quando Herodes o Grande subiu ao trono, nomeou como sumos sacerdotes membros de famílias judaicas oriundas da Babilônia e do Egito, marginalizando assim a aristocracia sacerdotal de Jerusalém, que provinha, segundo a tradição, de Sadoc, o sacerdote que havia servido em Jerusalém aos reis Davi e Salomão. Quando a Judeia foi sujeitada ao governo direto de um prefeito romano (6 d.C.), os saduceus recuperaram parte do poder que tinham no tempo de Hircano I e seu sucessores asmoneus (134-76 a.C.).

13. Flávio Josefo descreve os abusos cometidos pelos sumos sacerdotes por volta dos anos 50 e 60, que chegaram inclusive a enviar servos para arrancar à força dízimos de sacerdotes de categoria inferior, espancando quem resistia (*Antiguidades dos judeus* 20, 179-181.206). Quando no ano 66 o povo se revoltou contra Roma, atearam fogo na casa do sumo sacerdote Ananias e queimaram os arquivos públicos para impedir a cobrança das dívidas atrasadas (*A guerra judaica* II, 426-427).

tração do tesouro; para isso contava com diferentes serviços e uma polícia responsável por manter a ordem tanto no recinto do templo como em Jerusalém. Por outro lado, intervinha nos litígios e assuntos correntes dos habitantes da Judeia, aplicando as leis e tradições de Israel. Diversos membros da aristocracia sacerdotal e leiga o assistiam em seu governo. Quando os evangelhos falam dos "sumos sacerdotes", referem-se a um grupo que compreende o sumo sacerdote em exercício, sacerdotes que exerceram este cargo no passado e sacerdotes responsáveis por importantes serviços, como o comandante do templo ou o responsável pelo tesouro. Esta aristocracia do entorno do templo atuava como "instância de poder" com a qual contava o prefeito de Roma para governar a Judeia[14].

Não sabemos se Jesus se encontrou alguma vez diretamente com os saduceus[15]. A maior parte de seu tempo passou-a dirigindo-se a judeus comuns dos povoados da Galileia e da Judeia, não ao pequeno grupo de ricos aristocratas de Jerusalém. Mas Jesus não lhes era desconhecido quando subiu a Jerusalém para celebrar a Páscoa no ano 30. Haviam ouvido falar dele e talvez algum o tenha ouvido[16]. Não era a primeira vez que Jesus visitava a cidade para anunciar sua mensagem durante os dias de uma festa judaica. E,

14. É um erro considerar os sumos sacerdotes como uma autoridade exclusivamente religiosa com certas competências limitadas ao âmbito do templo. Eles exerciam um poder político em estreita colaboração com o prefeito romano, que era quem os nomeava ou destituía. Roma reservava-se a defesa das fronteiras, a manutenção da *pax romana* contra qualquer tipo de sedição, a arrecadação pontual dos tributos e a faculdade de ditar sentenças de morte.

15. O desaparecimento dos saduceus com a destruição do templo (70 d.C.) e a visão negativa e distorcida que deles fornece a literatura rabínica tornam praticamente impossível a reconstrução do grupo saduceu. Pouca coisa se pode dizer com segurança: era um grupo minoritário bem estabelecido; integrava em seu seio alguns leigos e sacerdotes da aristocracia de Jerusalém; tinha suas próprias tradições, diferentes das dos fariseus e essênios; como grupo vinculado ao poder, colaborava com as autoridades romanas para manter o *status quo* que favorecia seu poder e prosperidade; não se interessava pela "outra vida" e rejeitava a doutrina da ressurreição.

16. Só numa ocasião se nos fala nos evangelhos de um confronto entre Jesus e os saduceus (Marcos 12,18-27). A cena, situada no templo, é uma disputa sobre a ressurreição dos mortos. É possível que o relato conserve basicamente um episódio histórico.

naturalmente, ensinava no recinto do templo, onde se aglomeravam as pessoas e onde se moviam os setores saduceus[17].

O que ouviam a respeito de Jesus não podia senão despertar receio e desconfiança nos dirigentes de Jerusalém. Sabiam que ele provinha do círculo do Batista, o profeta do deserto que havia oferecido o perdão nas águas do Jordão, ignorando o processo de purificação dos pecados que eles controlavam no templo. Nunca aceitaram o batismo daquele sacerdote rural, que um dia se havia afastado deles abandonando suas obrigações[18]. Agora, desaparecido o Batista, a atuação carismática de Jesus colocando-se na mesma linha profética dele, à margem do sistema sacrificial do templo, não podia senão irritá-los. Mais ainda ao verem que Jesus prescindia inclusive da liturgia penitencial de João e acolhia amistosamente os pecadores, oferecendo-lhes o perdão gratuito de Deus. De acordo com sua prática escandalosa, até os arrecadadores de impostos e prostitutas tinham um lugar no reino de Deus, sem passar antes pelo processo oficial de expiação! Como tolerariam aquele desprezo ao templo?

Talvez também não pudessem ver com bons olhos as curas e exorcismos de Jesus, que tanta popularidade lhe davam entre o povo, porque solapavam de alguma forma seu poder de intermediários exclusivos do perdão e da salvação de Deus para Israel. Quando Jesus curava ou libertava de espíritos malignos, não só produzia um efeito curador nos enfermos, mas os arrancava do pecado que, segundo a crença geral, se encontrava na origem de toda en-

---

17. É sabido que, segundo o evangelho de João, Jesus visitou Jerusalém em diversas ocasiões: por motivo da Páscoa em três ocasiões (2,13; 6,4; 11,55), durante a festa das Tendas (7,2), na da Dedicação (10,22) e em outra festa não precisada (5,1). De acordo com Marcos, sobe apenas uma vez, na festa da Páscoa em que é executado. No entanto, de acordo com seu relato, logo que chega comporta-se como se já tivesse estado ali antes, pois tem amigos e conhecidos que o ajudam a preparar a última ceia.

18. De acordo com um episódio situado no templo, do qual nos informa Marcos 11,27-33, quando Jesus pergunta aos sumos sacerdotes, escribas e anciãos: "O batismo de João era do céu ou dos homens? Respondei-me", seus adversários eludem a resposta, porque nunca creram no batismo do Jordão. Nem todos admitem a historicidade deste relato.

fermidade, e os incorporava novamente ao povo de Deus. Ao que parece, nenhum judeu tinha direito de exercer essa mediação da bênção de Deus sem pertencer a uma linhagem sacerdotal. A atuação de Jesus é um desafio ao templo como fonte exclusiva de salvação para o povo[19].

A atuação de Jesus suscitava uma pergunta decisiva: será que os dirigentes religiosos de Jerusalém continuavam contando com a autoridade de Deus sobre o povo de Israel ou estava Jesus abrindo caminho a uma situação nova, para além do poder religioso do templo? A tradição cristã conservou uma parábola que, segundo Marcos, parece dirigida às autoridades religiosas do templo[20]. Não é possível hoje reconstruir o relato original de Jesus, chamado tradicionalmente parábola dos "vinhateiros homicidas", mas provavelmente ela encerrava uma forte crítica às autoridades religiosas de Jerusalém: não souberam cuidar do povo que lhes foi confiado, pensaram somente em seus próprios interesses e sentiram-se como proprietários de Israel, quando eram apenas seus administradores. Mais grave ainda: não acolheram os enviados de Deus, mas os foram rejeitando um após o outro. Chega o momento em que "a vinha será entregue a outros". Aquela aristocracia sacerdotal ficará sem nenhum poder de Deus para servir a seu povo de Israel[21]. Se foi realmente esta a mensagem da parábola, a vida de Jesus corria grave perigo. Os sumos sacerdotes não podiam tolerar semelhante agressão.

---

19. Nem todos estão convencidos deste caráter subversivo das curas de Jesus contra o templo, sublinhado por autores como Crossan, Herzog, Kaylor...

20. A parábola dos vinhateiros homicidas encontra-se em Marcos 12,1-8 e paralelos (Lucas 20,9-15 e Mateus 12,33-39) e no *Evangelho [apócrifo] de Tomé* 65. O texto dos sinóticos foi trabalhado para oferecer uma visão alegórica da história da salvação (sobretudo por Mateus): o senhor da vinha é Deus; os lavradores arrendatários são os sacerdotes de Jerusalém; os servos enviados são os profetas; o filho assassinado pelos lavradores é Jesus; os sucessores dos sacerdotes do templo são os discípulos que formam a Igreja. A sóbria versão do *Evangelho [apócrifo] de Tomé*, sem nenhum traço alegórico, parece mais próxima do original.

21. Esta crítica de Jesus à aristocracia governante de Jerusalém seria anterior à teologia alegórica elaborada pela comunidade cristã posterior, justificando a Igreja como sucessora de Israel.

Encontramos ainda mais ecos da crítica de Jesus aos dirigentes religiosos do templo. Em certo momento que não podemos precisar, Jesus pronunciou provavelmente um lamento profético sobre Jerusalém no estilo dos pronunciados por Amós e outros profetas. Jesus não está pensando em todos os habitantes da capital, mas sobretudo nos líderes religiosos que a governam. Ainda se pode perceber no texto o ritmo triste do lamento e da profunda dor de Jesus:

> Jerusalém, Jerusalém,
> que matas os profetas
> e apedrejas os que te são enviados!
> Quantas vezes eu quis reunir teus filhos
> como uma galinha reúne seus pintinhos sob as asas,
> e vós não quisestes!
> Eis que vossa casa está desolada!
> Pois vos digo que não me vereis até que digais:
> "Bendito o que vem em nome do Senhor!"[22]

Jesus insiste novamente na insolente atitude dos governantes religiosos, que assassinam os profetas a eles enviados. Também ele quis restaurar o verdadeiro Israel, mas eles se negaram. Jesus, antecipando o juízo iminente de Deus, considera já destruída a desgraçada cidade: o templo ficará abandonado sem a presença de Deus[23].

---

22. Fonte Q (Lucas 13,34-35 // Mateus 23,37-39). O tom profético e a imagem da galinha apontam para a linguagem típica de Jesus. O episódio parece ter ocorrido antes da última entrada de Jesus em Jerusalém. O texto insinua que Jesus visitou a cidade em diversas ocasiões.

23. O texto fala concretamente da "casa desolada". Provavelmente refere-se ao templo, designado correntemente como "casa de Deus". Horsley sugere que Jesus pode estar pensando na "casa governante", que concretamente era a família saduceia de Anás, um poderoso manipulador que, embora deposto do cargo de sumo sacerdote no ano 15 d.C., conseguiu que seus cinco filhos e seu genro Caifás continuassem ocupando esse cargo durante uns trinta e quatro anos. Era a família judia mais poderosa no tempo de Jesus.

O receio do poder romano

Este enfrentamento com os poderosos dirigentes do templo era muito mais temível do que as disputas com escribas e fariseus sobre questões de comportamento prático. Ao lado deles, o maior perigo para Jesus vinha dos que ostentavam o máximo poder. Seu anúncio da implantação iminente do reino de Deus, sua visão crítica da situação, seu programa de solidariedade com os excluídos e sua liberdade representavam uma radical e perigosa alternativa ao sistema imposto por Roma. Jesus foi se transformando num profeta inquietante, fonte de preocupação primeiro e perigo potencial de subversão mais tarde, conforme se ia conhecendo melhor o impacto de sua atuação. Jesus podia ser executado em qualquer território controlado por Roma, seja na Galileia, onde reinava Antipas, vassalo fiel do imperador, seja na Judeia, onde governava diretamente o prefeito romano.

Embora Jesus atue sobretudo na Galileia, não é Antipas quem o executa. Sem dúvida, Antipas ouviu falar de Jesus. Conhece sua vinculação com o Batista e sua possível periculosidade. Talvez em algum momento tenha seguido seus passos, mas nunca o detém[24]. Provavelmente o retém o temor do ressentimento popular que sua arbitrária execução do Batista despertou contra ele. Não quer provocar mais descontentamento[25]. Jesus, por sua vez, não mostra senão desprezo pelo tetrarca que executou o profeta admirado que tanto o havia seduzido. Chama-o "raposa", porque quer capturá-lo também a ele como fez com o Batista[26], e zomba do emblema cunhado em suas moe-

---

24. De acordo com Lucas 13,31, alguns fariseus avisam a Jesus: "Sai e vai embora daqui, porque Herodes quer matar-te". É possível que o dado esteja certo.

25. De acordo com Flávio Josefo, quando, mais tarde, o exército de Antipas foi destruído por Aretas, o rei nabateu, pai da esposa repudiada pelo tetrarca galileu, houve gente que interpretou a derrota como "uma justa vingança" por aquilo que ele havia feito com o Batista (*Antiguidades dos judeus* 18, 114-116).

26. Lucas 13,32. O insulto pode remontar a Jesus, embora as frases que seguem tenham sido muito trabalhadas literariamente na comunidade cristã.

das, vendo nele um simples "caniço agitado pelo vento", por mais que se vista com elegância e habite em seu esplêndido palácio de Tiberíades[27].

Provavelmente, no palácio de Cesareia Marítima, onde residia Pilatos, e na torre Antônia de Jerusalém, onde permanecia vigilante uma guarnição de soldados, a ninguém deixavam indiferente as confusas notícias que lhes chegavam da Galileia, mas tampouco os inquietavam sobremaneira. Só quando vão comprovando a atração que Jesus exerce sobre o povo e, sobretudo, quando veem a liberdade com que executa alguns gestos provocativos na própria capital, no ambiente explosivo das festas da Páscoa, tomam consciência de sua potencial periculosidade.

Há algo que desde o princípio pode ter despertado o receio das autoridades. Jesus emprega como símbolo central de sua mensagem um termo político. Procura convencer a todos de que é iminente a chegada do "império de Deus". O termo *basileia*, que as fontes cristãs repetem invariavelmente para traduzir "reino [de Deus]", só era empregado nos anos 30 para falar do "império" de Roma. É o César de Roma quem, com suas legiões, estabelece a *pax romana* e impõe sua justiça ao mundo inteiro. Ele proporciona bem-estar e segurança aos povos, exigindo, em troca de sua proteção, uma implacável tributação. O que pretende agora Jesus ao convidar as pessoas a "entrar no império de Deus", que, diferentemente de Tibério, não busca poder, riqueza e honra, mas justiça e compaixão precisamente para os mais excluídos e humilhados do Império romano?

Ouvi-lo falar de um "império", mesmo que o chame "de Deus", não é muito tranquilizador. Construir um "império" diferente, sobre a base da vontade de Deus, encerrava uma crítica radical a Tibério, o César que ditava

27. "O que saístes a ver no deserto? Um caniço agitado pelo vento? [...] Um homem elegantemente vestido? Ora, os que se vestem com elegância estão nos palácios do reis. Então, para que saístes? Para ver um profeta? Sim, eu vos digo, e mais que um profeta" (fonte Q: Lucas 7,24-27 // Mateus 11,7-9). Antipas mandou cunhar em suas moedas o tema vegetal do "caniço", que crescia abundantemente nas margens do mar de Tiberíades (Theissen).

sua própria vontade de maneira omnímoda a todos os povos[28]. Mas não é a linguagem de Jesus o que mais os inquieta, e sim seu posicionamento. O profeta da Galileia repete sempre de novo que, no projeto de Deus, têm prioridade precisamente os mais excluídos e marginalizados pelo Império. Esse homem está dizendo a todos que a vontade de Deus está em contradição com a de César. Sua mensagem é clara para quem o quiser ouvir: é preciso refundar a sociedade sobre outras bases, restaurando a verdadeira vontade de Deus. Para "entrar" no império de Deus é preciso "sair" do império de Roma.

Certamente Jesus não pensa numa sublevação contra Roma, mas a sua atuação é perigosa. Por onde passa, ele acende a esperança dos despossuídos com uma paixão desconhecida: "Felizes os que não tendes nada, porque vosso é o império de Deus". Quando em alguma aldeia se encontra com pessoas famintas, sua fé as contagia: "Felizes os que tendes fome, porque comereis". Se vê camponeses afundados na impotência, grita-lhes sua convicção: "Felizes os que agora chorais, porque rireis". Sua palavra é de fogo. O que pretende ao sugerir uma reviravolta total da situação? Uma das palavras de ordem mais repetidas é categórica e provocativa: "Os primeiros serão os últimos e os últimos serão os primeiros"[29]. É só o sonho de um profeta ingênuo? Jesus sabe que a mudança nunca poderia ser conseguida lutando contra as legiões romanas. Mas aquele homem punha toda a sua força no Deus de Israel, e com uma fé incrível animava seus seguidores a pedir sempre de novo: "Pai, venha teu império". Em que poderia terminar tudo aquilo[30].

---

28. A partir do ano 28 Tibério vivia retirado em seu refúgio na ilha de Capri. Era o todo-poderoso Sejano quem governava em seu nome. É conhecida sua postura hostil para com o povo judeu.

29. Este aforismo foi repetido provavelmente por Jesus em diversas ocasiões. Encontramo-lo em Marcos 10,31, na fonte Q (Lucas 13,30 // Mateus 20,16) e no *Evangelho [apócrifo] de Tomé* 4,2-3. Circulou nas comunidades cristãs como um dito avulso de Jesus que os evangelistas colocam em contextos diferentes e com sentidos diversos.

30. No Império ouviam-se críticas terríveis a que as autoridades romanas deviam estar muito atentas. São conhecidas as palavras que o historiador Tácito põe na boca de um caudilho rebele britânico: "Saquear, massacrar, roubar, a isto chamam 'império'; deixam atrás de si um deserto e o chamam 'paz'" (*Vida de Agrícola*, 30).

As autoridades romanas ouvem falar também de suas curas e de seu estranho poder de libertar as pessoas de forças demoníacas. Parece que Jesus se sente comprometido num combate entre Deus e as forças do mal que dominam as pessoas. Não é fácil para nós captar a tragédia político-religiosa vivida em Israel. Eram o povo eleito de Deus e, no entanto, viviam submetidos ao poder maléfico de Roma. Aqueles judeus não podiam conceber uma opressão tão cruel sem pensar na intervenção de forças sobre-humanas hostis a Israel. Algo demoníaco deve haver em tudo aquilo. As possessões diabólicas, tão frequentes ao que parece nessa época, não são senão um fenômeno que expressa de maneira trágica a situação real do povo. Os romanos são as forças malignas que se apoderaram do povo e o estão despojando de sua identidade[31]. Uma pergunta os corroía por dentro: Continua o Deus de Israel controlando a história? Por que vivem submetidos aos deuses de Roma? Onde está seu Deus? Neste contexto, os exorcismos realizados por Jesus adquiriam uma força insuspeitada. Se Deus, como pensa Jesus, está vencendo Satanás, é que os dias de Roma já estão contados. A expulsão das forças demoníacas está apontando para sua derrota. Deus já está atuando. Seu império começa a fazer-se sentir. Jesus o dizia: “Se eu expulso os demônios com o dedo de Deus, então é porque chegou a vós o reino de Deus”[32]. É possível que, por trás desta interpretação religiosa dos exorcismos de Jesus, as pessoas simples da Galileia já entrevissem a rápida derrota dos romanos, mas é pouco provável que estes tenham visto no estranho comportamento de Jesus uma ameaça ao Império[33].

---

31. Em Marcos 5,1-20, os demônios que possuem o homem de Gérasa são muitos e trazem o nome de “legião”, como as divisões armadas que controlavam o Império. Ao serem expulsos, entram nuns “porcos”, os animais mais impuros e os que melhor podiam definir os romanos. O javali era precisamente o símbolo da X legião Fretense, que controlava a partir da Síria a região palestina (Warren Carter).

32. Fonte Q (Lucas 11,20 // Mateus 12,28). De acordo com a opinião geral, a afirmação provém de Jesus. A versão de Lucas aproxima-se mais da linguagem de Jesus.

33. São cada vez mais numerosos os investigadores que sublinham a dimensão política que podiam ter os exorcismos de Jesus (Hollenbach, Horsley, Crossan, Sanders, Evans, Herzog II, Guijarro).

Deve tê-los inquietado mais a postura ambígua de Jesus sobre o tributo exigido por Roma, se é que alguma vez chegou até eles a notícia. O tema era candente. Não fazia muitos poucos anos que havia estourado com virulência especial. Era o ano 6 e Jesus tinha dez ou doze anos. Destituído Arquelau do posto de tetrarca da Judeia, Roma passou a governar diretamente a região. Daí em diante, os tributos seriam pagos diretamente ao prefeito romano e não a uma autoridade judaica, subordinada a Roma. A nova situação provocou uma forte reação promovida por Judas, oriundo da Galileia, e por um fariseu chamado Sadoc. Seu enfoque ia à raiz: Deus é o "único senhor e dono de Israel"; pagar o tributo a César é simplesmente negar o senhorio do Deus da Aliança sobre Israel. Na realidade, era este o sentir de todos, só que Judas e Sadoc o expressavam com radicalidade: os judeus devem aceitar o império exclusivo de Javé sobre a terra de Israel e negar-se a pagar o tributo a César"[34].

Roma acabou com aquele movimento, mas as discussões não cessaram. Em algum momento, formularam a questão diretamente a Jesus: "É lícito pagar tributo a César ou não? Pagamos ou deixamos de pagar?"[35] A formulação não podia ser mais delicada para Jesus. Se responder negativamente, pode ser acusado de rebelião contra Roma. Se aceitar a tributação, fica desacreditado diante das pessoas daqueles povoados, que vivem esfoladas pelos impostos, e que ele ama e defende tanto. Jesus pede que lhe mostrem a "moeda do imposto". Ele não a tem, porque vive como um vagabundo itinerante, sem terras nem trabalho fixo; faz tempo que não tem problemas com os arrecadadores de impostos. Depois pergunta-lhes a respeito da imagem que aparece naquele denário de prata. Representa Tibério e a legenda diz: *Tiberius Caesar, Divi Augusti Filius Augustus*; e no reverso pode-se ler: *Pontifex Maximus*. O gesto de Jesus já é esclarecedor. Seus adversários vivem como escra-

34. Para Flávio Josefo este movimento é a "quarta filosofia", depois dos fariseus, saduceus e essênios. Não se deve confundi-los com os "zelotes", grupo armado que só apareceu nos anos 60 em Jerusalém, na primeira revolta contra Roma.

35. O episódio aparece em Marcos 12,13-17 (e paralelos), no *Evangelho [apócrifo] de Tomé* 100,1-4 e no *Papiro Egerton* 3,1-6. Tudo aponta para a historicidade do fato.

vos do sistema, porque, ao utilizar aquela moeda cunhada com símbolos políticos e religiosos, estão reconhecendo a soberania do imperador. Não é o caso de Jesus, porque ele vive de maneira pobre, mas livre, dedicado aos empobrecidos e excluídos do Império. Jesus não está sob o império de César, ele entrou no reino de Deus.

A partir desta liberdade, proclama sua postura: "Devolvei a César o que é de César, e a Deus o que é de Deus"[36]. Estará sugerindo pagar o tributo para evitar novos massacres como no passado? Estará convidando a não reconhecer a nenhum César acima de Deus? Coincide sua postura com a concepção defendida por Judas e Sadoc?[37] O aforismo de Jesus parece encerrar um conflito de lealdades entre Deus e César. Mas pode haver, para Jesus, algo que não pertença a Deus? O que pode ser apenas de César? Seu dinheiro, nada mais. Não estará Jesus falando aos que manuseiam esses denários de prata? Sua mensagem talvez seja simples: "Se estais vos beneficiando do sistema e colaborais com Roma, cumpri vossas obrigações para com os arrecadadores de impostos e 'devolvei' a César o que vem dele. Mas que ninguém deixe nas mãos de César o que só pertence a Deus". Jesus o havia repetido muitas vezes: os pobres são de Deus; os pequenos são seus filhos prediletos. O reino de Deus lhes pertence. Ninguém deve abusar deles. Nem o César de plantão.

A posição de Jesus era sem dúvida hábil e driblava a armadilha que lhe haviam preparado, mas sua resistência ao opressor romano e seu reconhecimento absoluto do Deus dos pobres eram claros. Lucas mais tarde dá a entender que Jesus foi acusado diante de Pilatos de andar alvoroçando o povo e

---

36. Marcos 12,17. Há um consenso geral em afirmar a autenticidade deste dito. Provavelmente circulou de maneira independente entre os primeiros cristãos.

37. Não há consenso na interpretação do dito de Jesus. De acordo com alguns historiadores, Jesus sugeriu colaborar com Roma pagando o tributo (Bruce, Jeremias e, em parte, Stauffer). De acordo com outros, Jesus adotou uma crítica radical recordando a primazia absoluta de Deus (Belo, Tannenhill, Evans). Minha leitura segue sugestões de estudos recentes (Kennard, Horsley, Herzog II).

"proibindo pagar tributos a César"[38]. Não sabemos se foi assim. Mas o profeta do reino de Deus torna-se um elemento inquietante para os que vivem do Império de Roma: a aristocracia do templo, as famílias herodianas e o círculo dos representantes do César.

Coerente até o final

Jesus contou com a possibilidade de um final violento. Não era um ingênuo. Sabia do perigo a que se expunha se prosseguisse sua atividade e continuasse insistindo na irrupção do reino de Deus. Mais cedo ou mais tarde sua vida podia desembocar na morte. O perigo o ameaçava a partir de diversas frentes. Enquanto percorria as aldeias da Galileia, talvez não pensasse tanto na intervenção de Pilatos, que foi finalmente quem o executou: seu palácio de Cesareia Marítima ficava afastado do ambiente camponês em que Jesus se movia. No começo tampouco podia ver o perigo que a aristocracia saduceia do templo representava. Somente quando subiu a Jerusalém pôde comprovar de perto seu poder e sua hostilidade[39].

Era perigoso buscar uma vida digna e justa para os últimos. Jesus não podia promover o reino de Deus como um projeto de justiça e compaixão para os excluídos e rejeitados sem provocar a perseguição daqueles a quem não interessava mudança nenhuma nem no Império nem no templo. Era impossível solidarizar-se com os últimos, como ele o fazia, sem sofrer a reação dos poderosos. Jesus sabia que tanto Herodes como Pilatos tinham poder para matá-lo. Talvez a ameaça do prefeito romano ficasse mais longínqua, mas o que ocorreu com o Batista fez-lhe ver o que a qualquer momento podia acontecer também com ele. Todos sabiam que ele provinha do ambiente

---

38. Lucas 23,2. Provavelmente este versículo é criação de Lucas.

39. Não é possível demonstrar a autenticidade das três predições de sua morte atribuídas a Jesus em Marcos 8,30; 9,31; 10,33-34. A tendência geral dos exegetas é ver nelas, ao menos em parte, uma composição elaborada depois dos fatos e a partir da perspectiva teológica própria da comunidade cristã posterior.

de João; Antipas o olhava como um profeta que prolongava a sombra do Batista. Jesus não o ignorava. Algumas fontes nos informam que, ao inteirar-se da execução do Batista, Jesus se retirou para um lugar afastado. Nada sabemos de certo[40]. O que aconteceu ao Batista não era algo casual. É o destino trágico que geralmente espera os profetas. Jesus pressente que podem fazer o mesmo com ele. Também ele é profeta. De acordo com uma ideia muito espalhada entre os judeus do século I, o destino que espera o profeta é a incompreensão, a rejeição e a perseguição[41]. A mesma sorte não aguardará também a Jesus?

Provavelmente Jesus contou desde cedo com a possibilidade de um desenlace fatal. Primeiro era só uma possibilidade; mais tarde transformar-se-ia num final bastante provável; por fim, numa certeza. Não é fácil viver dia a dia tendo como horizonte um final violento. Podemos saber algo do comportamento de Jesus? Certamente ele não era um suicida. Não procurava o martírio. Não era esse o objetivo de sua vida[42]. Nunca quis o sofrimento nem para si nem para os outros. O sofrimento é mau. Toda a sua vida fora dedicada a combatê-lo na enfermidade, nas injustiças, na marginalização, no pecado ou no desespero. Se ele aceita a perseguição e o martírio será por fidelidade ao projeto do Pai, que não quer ver sofrer seus filhos e filhas. Por isso Jesus não corre atrás da morte, mas tampouco se esquiva. Não foge diante das ameaças; mas também não modifica sua mensagem; não a adapta nem suaviza. Ter-lhe-ia sido fácil evitar a morte. Teria bastado calar-se e não insistir na-

---

40. Assinala-o Mateus: "Ao ouvir isto, Jesus retirou-se dali numa barca para um lugar solitário à parte" (14,13). Provavelmente é uma anotação redacional de Mateus.

41. Nas Escrituras sagradas de Israel não se narra em nenhum lugar o martírio dos profetas; só se menciona a morte de alguns profetas pouco importantes. No entanto, a partir destes fatos isolados difundiu-se a ideia de que o destino dos profetas era o martírio. No século I, um escrito chamado *Ascensão de Isaías* descreve com detalhes a morte de Isaías, serrado ao meio com uma serra de madeira; outro, intitulado *Vida dos profetas*, narra o martírio de Isaías, Miqueias, Joel, Zacarias... Ao que parece, Jesus conheceu os monumentos funerários erguidos aos profetas nos arredores de Jerusalém (Jeremias).

42. Os investigadores modernos já não pensam que Jesus tenha subido a Jerusalém na Páscoa do ano 30 buscando sua morte para provocar a irrupção do reino de Deus.

quilo que podia irritar no templo ou no palácio do prefeito romano. Jesus não o fez. Continuou seu caminho. Preferia morrer a trair a missão para a qual se sabia escolhido. Atuaria como Filho fiel a seu Pai querido. Manter-se fiel não era só aceitar um final violento. Significava ter que viver dia a dia num clima de insegurança e confrontos, não poder anunciar o reino de Deus a partir de uma vida tranquila e serena, ver-se exposto continuamente à desqualificação e à rejeição.

Era inevitável que, em sua consciência, despertassem não poucas perguntas: como podia Deus chamá-lo a proclamar a chegada decisiva de seu reinado, para depois deixar que esta missão acabasse num fracasso? Será que Deus podia contradizer-se? Era possível conciliar sua morte com sua missão?[43] Era necessária muita confiança para deixar Deus atuar e colocar-se em suas mãos, apesar de tudo. Jesus o fez. Sua atitude não teve nada de resignação submissa[44]. Não se deixou levar passivamente pelos acontecimentos a uma morte inexorável. Reafirmou-se em sua missão, continuou insistindo em sua mensagem. Atreveu-se a fazê-lo não só nas aldeias afastadas da Galileia, mas também no ambiente perigoso do templo. Nada o deteve.

Jesus morrerá fiel ao Deus no qual sempre confiou. Continuará acolhendo pecadores e "excluídos", mesmo que sua atuação cause irritação; se acabarem rejeitando-o, morrerá como um "excluído", mas com sua morte confirmará o que foi sua vida inteira: confiança total num Deus que não rejeita nem exclui ninguém de seu perdão. Continuará anunciando o "reino de Deus" aos últimos, identificando-se com os mais pobres e desprezados do Império, por mais que moleste nos ambientes próximos ao governador romano; se um dia o executarem no suplício da cruz, reservado a escravos, sem direito a nada, morrerá como o mais pobre e desprezado de todos, mas

---

43. O relato das tentações (Marcos 1,12-13; fonte Q: Lucas 4,1-13 // Mateus 4,1-11) e a oração no Getsêmani (Marcos 14,36; Mateus 26,39; Lucas 22,42) nos permitem vislumbrar, embora de longe, a escuridão e as lutas vividas por Jesus.

44. Aplicar a Jesus a imagem da "ovelha muda que não abre a boca" (Isaías 53,7) pode falsear a realidade. Jesus não se calou. Foi executado por "abrir a boca" para defender as exigências do reino de Deus.

com sua morte selará para sempre sua mensagem de um Deus defensor de todos os pobres, oprimidos e perseguidos pelos poderosos. Continuará amando a Deus com todo o coração, não dará a nenhum "césar" e a nenhum "sumo sacerdote" o que só pertence a Deus, continuará defendendo seus pobres até o fim. Aceitará a vontade de Deus, inclusive agora que parece apresentar-se a ele sob a forma de martírio.

Ao que parece, Jesus não elaborou nenhuma teoria sobre sua morte, não fez teologia sobre sua crucificação. Viu-a como consequência lógica de sua entrega incondicional ao projeto de Deus. Apesar da dor e do medo de terminar torturado no patíbulo da cruz, não viu contradição entre a instauração definitiva do reino de Deus e seu fracasso como mensageiro e portador definitivo. Para além de sua morte, o reino de Deus alcançará sua plenitude. Jesus não interpretou sua morte a partir de uma perspectiva sacrificial. Não a entendeu como um sacrifício de expiação oferecido ao Pai. Não era esta a sua linguagem. Nunca havia vinculado o reino de Deus às práticas cultuais do templo; nunca havia entendido seu serviço ao projeto de Deus como um sacrifício cultual. Teria sido estranho que, para dar sentido à sua morte, ele recorresse no final de sua vida a categorias procedentes do mundo da expiação. Jesus nunca imaginou seu Pai como um Deus que lhe pedia a própria morte e destruição para que sua honra, justamente ofendida pelo pecado, fosse por fim restaurada e, como consequência, ele pudesse de agora em diante perdoar aos seres humanos. Nunca se vê Jesus oferecendo sua vida como uma imolação ao Pai para obter dele clemência para o mundo. O Pai não precisa que ninguém seja destruído em sua honra. O amor que ele tem por seus filhos e filhas é gratuito, seu perdão é incondicional[45].

---

45. Não há nenhum dito certo em que Jesus atribua à sua morte o significado de sacrifício de expiação. De acordo com a maioria dos autores (Schillebeeckx, Léon-Dufour, Schürmann, Sobrino), o dito recolhido em Marcos 10,45: "O Filho do homem não veio para ser servido, mas para servir e dar sua vida como resgate por muitos" é criação do evangelista. Basta compará-lo com Lucas 22,27 para ver que um dito sobre o serviço foi transformado numa afirmação teológica sobre a morte redentora. Por outro lado, o termo "resgate" (*lytron*) não é utilizado na Bíblia grega para falar de uma "expiação vicária" oferecida a Deus pelo pecado. Significa o pagamento a um senhor pela liberdade de um escravo.

Jesus entende sua morte como sempre entendeu sua vida: um serviço ao reino de Deus em favor de todos. Desvelou-se dia após dia pelos outros; agora, se for necessário, morrerá pelos outros. A atitude de serviço que inspirou sua vida será também a que inspirará sua morte. Ao que parece, Jesus quis que sua atuação fosse entendida assim: "Eu estou no meio de vós como aquele que serve"[46]. Assim estará também na cruz: como "aquele que serve". É o traço característico que o define do princípio ao fim, o traço que inspira e dá sentido último ao seu viver e ao seu morrer. É esta, provavelmente, sua atitude básica ao enfrentar a própria morte. Pouco mais podemos dizer: confiança total no Pai e vontade de serviço até ao fim[47].

Que valor salvífico atribuiu Jesus à sua morte? Será que pôde intuir o que sua morte violenta e dolorosa traria para o reino de Deus? Jesus vivera oferecendo "salvação" aos que viviam sofrendo o mal e a enfermidade, dando "acolhida" aos que eram excluídos pela sociedade e pela religião, dando o "perdão" gratuito de Deus a pecadores e pessoas perdidas, incapazes de voltar à amizade com Deus. Não só proclamava a vida e a salvação de Deus. Ao mesmo tempo as oferecia. Fazia-o movido por sua confiança no amor incrível de Deus por todos. Viveu seu serviço curando, acolhendo, abençoando, oferecendo o perdão gratuito e a salvação de Deus. Tudo leva a pensar que Jesus morreu como havia vivido. Sua morte foi o serviço último e supremo ao projeto de Deus, sua máxima contribuição à salvação do todos[48].

---

46. Este dito recolhido em Lucas 22,27 é considerado uma versão que nos aproxima do pensamento de Jesus de maneira mais autêntica que a de Marcos 10,45.

47. Entende-se que as comunidades cristãs interpretaram desde cedo a morte de Jesus à luz da figura do "Servo de Javé" cantada no livro de Isaías (1Pedro 2,21-24; 1Timóteo 2,6; Marcos 10,45b).

48. Embora provavelmente Jesus não tenha aplicado a si mesmo o título de "Servo de Javé" nem tenha elaborado nenhuma teologia sobre o caráter redentor de sua morte, viveu-a como serviço e oferecimento da salvação de Deus. H. Schürmann cunhou o termo "proexistência" (aceito depois por Léon-Dufour, Grelot e outros) para evocar a consciência e a atitude existencial de Jesus em sua vida e em sua morte, anterior às teologias elaboradas mais tarde com toda legitimidade nas comunidades cristãs (Paulo, Hebreus...), a partir precisamente dessa atitude de Jesus recordada pelos discípulos.

O evangelho põe na boca de Jesus algumas palavras com as quais Jesus fala claramente da entrega de sua vida com valor redentor: "O Filho do homem não veio para ser servido, mas para servir e dar a sua vida em resgate por muitos"[49]. Isto nos permite dizer que, embora não nos conste com certeza que Jesus tenha aplicado a si mesmo o título de "Servo de Javé"[50], ele viveu sua morte com sua própria atitude, entendendo-a como um serviço redentor e fonte de salvação para todos. Diversos autores utilizam o termo "pró-existência" para evocar a consciência e a atitude existencial de Jesus em sua vida e em sua morte[51]. Esta existência de Jesus não para si mesmo, e sim para os outros, não deve ser entendida como uma espécie de atitude filantrópica, mas constitui o próprio ser de Jesus e de sua missão redentora[52].

Peregrinação arriscada a Jerusalém

Era o mês de nisã[53] do ano 30. As chuvas do inverno haviam cessado aos poucos. A primavera começava a despertar nas colinas da Galileia e já despontava nos brotos das figueiras: isso lembrava a Jesus todos os anos a proximidade iminente do reino de Deus, enchendo o mundo de vida nova. O clima era agradável. As pessoas se preparavam para subir em peregrinação a Jerusalém a fim de celebrar a grande festa da Páscoa. Da Galileia eram neces-

49. Marcos 10,45.

50. No capítulo 53 do livro de Isaías descreve-se a figura do "Servo de Javé", que aceita todo tipo de humilhações e sofrimentos, mas o faz "dando-se a si mesmo como expiação" (v. 10). O poema vai desenvolvendo este tema com diversas expressões: "Ele carregava nossas enfermidades e suportava nossas dores" (v. 4); "foi ferido por nossas rebeldias e esmagado por nossas culpas" (v. 5); "ele suportou o castigo que nos traz a paz" (v. 5); "por nossas rebeldias foi entregue à morte" (v. 8); "por suas desventuras meu Servo justificará a muitos" (v. 11).

51. O termo "pró-existência" foi cunhado por H. Schürmann e logo foi aceito por X. Léon-Dufour, P. Grelot e um número notável de exegetas, sobretudo católicos.

52. J. Ratzinger-Bento XVI considera que esta "pró-existência" de Jesus deve ser entendida "não só como uma dimensão qualquer desta existência, mas como aquilo que constitui seu aspecto mais íntimo e integral". *Jesús de Nazaret. Desde la entrada en Jerusalén hasta la resurrección*. Encuentro, Madri 2011, 160.

53. O mês de nisã corresponde a março-abril de nosso calendário.

sários três ou quatro dias de caminhada. Podia-se passar a noite comodamente ao ar livre. Além disso, a lua ia crescendo: no dia da Páscoa seria lua cheia. Jesus comunicou aos seus sua decisão: queria subir a Jerusalém como peregrino, acompanhado de seus discípulos e discípulas.

Que motivos o impeliam? Queria simplesmente unir-se a seu povo para celebrar a Páscoa como mais um peregrino? Dirigia-se à cidade santa para aguardar ali a manifestação gloriosa do reino de Deus? Queria desafiar os dirigentes religiosos de Israel para provocar uma resposta que levasse todos a acolher a irrupção de Deus? Queria enfrentar todo o povo e urgir a restauração de Israel? Nada sabemos com certeza[54]. Até agora, Jesus dedicou-se a anunciar o reino de Deus pelas aldeias da Galileia, mas seu chamado dirige-se a todo o Israel. É normal que, num determinado momento, dirija sua mensagem também a Jerusalém.

É a ocasião ideal. A cidade santa era o centro do povo escolhido: para ela dirigiam seu olhar e seu coração todos os judeus dispersos pelo mundo. A data não pode ser mais apropriada. Milhares de peregrinos vindos da Palestina e de todos os rincões do Império reunir-se-ão para reavivar durante as festas da Páscoa seu anseio de liberdade. Seus discípulos, ao que parece, alarmaram-se com a ideia. Também Jesus está consciente do perigo que corre em Jerusalém. Sua mensagem pode irritar os dirigentes do templo e as autoridades romanas. Apesar de tudo, Jesus sobe à cidade santa. E não retornará mais.

Jesus segue provavelmente a rota mais oriental para peregrinar até à cidade santa. O grupo deixa Cafarnaum, caminha ao longo do rio Jordão e, depois de atravessar Jericó, segue a estrada que sobe pelo *wadi* Kelt até chegar ao monte das Oliveiras. Era o melhor ponto para contemplar a cidade santa em todo seu esplendor e beleza. Os peregrinos emudeciam e choravam de alegria ao vê-la. Provavelmente não é a primeira vez que Jesus chega a Jerusalém, mas nesta ocasião tudo é diferente. Em seu coração entremisturam-se

---

54. Nunca se afirma nas fontes o motivo que levou Jesus a subir a Jerusalém. Não é possível arriscar com certeza nenhuma hipótese.

a alegria e a tristeza, o temor e a esperança[55]. Nunca saberemos o que ele viveu. Faltam apenas alguns dias para sua execução.

Do monte das Oliveiras avista-se toda a cidade. Ao longe, no ponto mais elevado, o antigo palácio de Herodes, com suas faustosas salas e jardins, convertido em sede ocasional do prefeito romano: talvez Pilatos já se encontre ali para vigiar de perto as festas da Páscoa. Não muito distante pode-se entrever a residência de Antipas, o tetrarca da Galileia, que em geral não costuma faltar à celebração destas festas que reuniam grandes multidões; seu palácio trazia a todos lembranças trágicas do passado, pois ali vivera o rei pagão Antíoco IV, que tanto sofrimento causara aos judeus fiéis a seu Deus. Ao lado destes dois palácios, as luxuosas vilas do bairro superior da cidade; ali reside a família de Anás e a maior parte da aristocracia do templo. Ao sul desta zona residencial encontra-se o teatro romano e o circo, construídos por Herodes para que Jerusalém não fosse inferior a outras cidades importantes do Império. Provavelmente Jesus nunca pisou as ruas desta parte da cidade, habitada pelo alto clero e pelas famílias mais ricas e poderosas de Jerusalém[56]. Os bairros pobres e populares estão no outro extremo, ocupando a parte baixa da urbe. Do monte das Oliveiras não é possível observar a agitação e o burburinho que ali reinam. Em suas ruas estreitas alternam-se oficinas, tendas e negócios de todo tipo. Os vendedores oferecem aos gritos suas mercadorias: tecidos, sandálias, túnicas, perfumes, pequenas joias ou lembranças da cidade santa. As barracas de cereais, frutas e produtos do campo concentram-se sobretudo junto às portas da cidade. Não é fácil mover-se no

---

55. De todos os evangelistas, só João nos informa que Jesus subiu a Jerusalém em várias ocasiões para celebrar a Páscoa, a festa das Tendas e outra por ele não especificada. A fonte Q dá a entender que Jesus fracassou em diversas ocasiões ao pregar em Jerusalém (Lucas 13,34-35 // Mateus 23,37-39). Em todo caso, Jesus não era muito conhecido na cidade santa.

56. As escavações sistemáticas realizadas a partir de 1969 por Nahman Avigad trouxeram à luz o luxo e a riqueza da aristocracia sacerdotal que se mobilizou contra Jesus: vilas com belos aposentos e pátios; piscinas escalonadas revestidas de estuque para uso particular; mosaicos e afrescos de excelente qualidade; cerâmica e porcelana fina de mesa; esplêndidas jarras e vasos importados do Ocidente; lâmpadas de Éfeso, frascos de perfumes fabricados com vidro fenício...

meio de tanta gente ocupada em conseguir as provisões necessárias para os dias de festa.

Mas o que atraía o olhar de todos os peregrinos era a imensa esplanada[57] onde se ergue resplandecente o templo santo, dominando um conjunto complexo de edifícios, galerias e salas destinadas a diferentes atividades. Aquela era a casa de Deus! De acordo com o historiador Flávio Josefo, "estava quase inteiramente coberta de lâminas de ouro maciço e, ao sair o sol, brilhava com tal resplendor que os que a olhavam precisavam desviar o olhar. Os estrangeiros que se aproximavam de Jerusalém tinham a impressão de ver um pico coberto de neve"[58]. Ali entrarão nos próximos dias para oferecer os sacrifícios rituais, cantar hinos de ação de graças e degolar os cordeiros para a ceia pascal. Faltavam apenas algumas horas para o começo das festas e deviam ocupar-se em realizar as purificações. As condições de pureza eram exigentes. Os pagãos deviam deter-se no amplo "pátio dos pagãos"; a mesma coisa farão os leprosos, os cegos ou os entrevados. As mulheres não passarão do "pátio das mulheres" e os varões se deterão no "pátio dos israelitas". Dali assistirão aos diversos ritos. Nenhum peregrino pode entrar na área reservada aos sacerdotes, onde se encontra o altar dos sacrifícios. Diante da presença de Deus no *sancta sanctorum* só entra o sumo sacerdote, único mediador entre Israel e seu Deus.

Mais de um perguntaria o que era aquele poderoso edifício com quatro torres que se erguia numa extremidade da esplanada, dominando todo o recinto sagrado. Trata-se de uma fortaleza construída por Herodes e chamada popularmente "torre Antônia". De acordo com Flávio Josefo, "o templo era a fortaleza que dominava a cidade e a Antônia era a torre que dominava o templo"[59]. Ali permanece vigilante uma guarnição de soldados romanos para

57. Tinha 144.000m^2 e era cinco vezes maior que a Acrópole de Atenas. Os terraços que a prolongavam artificialmente sobre o vale do Cedron não estavam terminados no tempo de Jesus.

58. FLÁVIO JOSEFO. *A guerra judaica* V, 222-223.

59. *A guerra judaica* V, 243-245.

controlar qualquer motim que perturbe a ordem. Certamente em algum de seus calabouços mais de um desgraçado espera a hora da execução.

Só quando se aproximaram da cidade Jesus e seus discípulos puderam conhecer a atmosfera que se respirava em Jerusalém. Por todos os caminhos iam chegando os grupos de peregrinos. Os vales do Cedron, do Enom e o Tyropeon, que rodeiam Jerusalém, eram insuficientes para acolher as multidões que se encaminhavam para alguma das portas da cidade. As pessoas começavam já a acampar em todos os espaços livres: junto às muralhas, nas colinas dos arredores e no monte das Oliveiras. Mais de cem mil peregrinos tomariam parte nas festas[60]. Por estar situadas dentro do Império romano, as comunidades judaicas da diáspora já não encontravam problemas fronteiriços para deslocar-se até Jerusalém. Por outro lado, a impressionante reconstrução do templo levada a cabo por Herodes tinha dado um novo impulso às peregrinações. Era cada vez maior o número dos peregrinos que chegavam do Egito, da Fenícia ou da Síria; da Macedônia, da Tessália ou de Corinto; da Panfília, da Cilícia, da Bitínia e das costas do mar Negro; inclusive de Roma, a capital do Império. Nas festas da Páscoa Jerusalém transformava-se numa cidade mundial, a "capital religiosa" do mundo judaico no seio do Império romano[61].

A aglomeração de uma multidão tão numerosa dentro da cidade santa, carregada de tantas recordações, representa um perigo potencial. O encontro de tantos irmãos vindos do mundo inteiro fazia crescer o sentido de pertença: são um povo privilegiado, escolhido pelo mesmo Deus. A celebração da Páscoa inflama ainda mais seus corações. As festas giram em torno dessa noite memorável em que celebram sua libertação da escravidão do faraó. Fazem-no com nostalgia e também com esperança. O Egito foi substituído por

---

60. Os cálculos dos exegetas variam bastante. De acordo com J. Jeremias, os peregrinos que chegavam por ocasião da Páscoa no tempo de Jesus podiam ser uns 125.000; o investigador judeu Shemuel Safrai fala de 100.000; o estudo mais recente, de Ph. Abadie, eleva a cifra para 200.000. De resto, em Jerusalém viviam de 25.000 a 55.000 habitantes.

61. Calcula-se que o número de judeus da diáspora no século I era de seis a oito milhões.

Roma. A terra herdada de Javé já não é um país de liberdade: agora eles são escravos em sua própria terra. Nesses dias a oração dos peregrinos transforma-se num clamor: Deus ouvirá os gritos de seu povo oprimido e virá novamente libertá-los da escravidão. Roma conhece bem o perigo. Por isso Pilatos se desloca nesses dias para Jerusalém a fim de reforçar a guarnição da torre Antônia: é preciso cortar pela raiz qualquer ação subversiva antes que possa contagiar a massa de peregrinos[62].

Muitos deles aproximam-se da cidade cantando sua alegria por terem chegado a Jerusalém depois de uma longa viagem. A mesma coisa faz o grupo de Jesus. Já se aproximam das portas da cidade. É o último trecho, e Jesus quis percorrê-lo montado num jumento, como humilde peregrino que entra em Jerusalém desejando a todos a paz. Nesse momento, contagiados pelo clima festivo da Páscoa e inflamados pela expectativa da iminente chegada do reino de Deus, na qual Jesus tanto insistia, começam a aclamá-lo[63]. Alguns cortam qualquer ramo ou folhagem verde que cresce junto ao caminho, outros estendem suas túnicas à sua passagem. Expressam sua fé no reino de Deus e seu agradecimento a Jesus. Não é uma recepção solene organizada para receber um personagem ilustre e poderoso. É a homenagem espontânea dos discípulos e seguidores que vêm com ele. Conforme se nos

---

62. Flávio Josefo nos informa de dois graves incidentes ocorridos nas festas de Páscoa. O primeiro, no ano 4 a.C., quando Arquelau, atemorizado pela multidão reunida no templo, que o pressionava com suas exigências, e pela chegada de novos peregrinos, ordenou às suas forças de infantaria e cavalaria que atacassem a multidão: morreram cerca de três mil (*A guerra judaica* II, 10-13 = *Antiguidades dos judeus* 17, 204-205). O segundo, entre os anos 48-52 d.C., quando a multidão se sublevou diante de um gesto indecente de escárnio de um soldado; Cumano, prefeito de Roma, mandou seus homens irromper violentamente nos pórticos do templo; Josefo fala de trinta mil mortos (!) (*A guerra judaica* II, 224-227 = *Antiguidades dos judeus* 20, 106-112).

63. O relato encontra-se em Marcos 11,1-11 (e paralelos) e João 2,13-22. A maioria dos investigadores pensa que Jesus entrou realmente em Jerusalém montado num jumento, realizando assim um gesto simbólico para anunciar o reino de Deus como um reino de paz e justiça diante do Império de Roma, construído sobre a violência e a injustiça. O fato foi mais tarde elaborado teologicamente para transformá-lo na entrada triunfal do Messias em Jerusalém (Gnilka, Roloff, Schlosser, Cosssan).

diz, os que o aclamam são peregrinos que "iam diante dele" ou que "o seguiam". Provavelmente seu grito deve ter sido este: "*Hosanna*! Bendito aquele que vem em nome do Senhor!"[64]

O gesto de Jesus era certamente intencional. Sua entrada em Jerusalém montado num jumento dizia mais do que muitas palavras. Jesus busca um reino de paz e justiça para todos, não um império construído com violência e opressão. Montado em seu jumentinho, aparece diante daqueles peregrinos como profeta, portador de uma ordem nova e diferente, oposta à ordem imposta pelos generais romanos, montados em seus cavalos de guerra. A humilde entrada de Jesus se transforma em sátira e zombaria das entradas triunfais que os romanos organizavam para tomar posse das cidades conquistadas. Mais de um veria no gesto de Jesus uma engraçada crítica ao prefeito romano que, por esses mesmos dias, entrou em Jerusalém montado em seu poderoso cavalo, adornado com todos os símbolos de seu poder imperial[65]. Aos olhos dos romanos não podia ter graça nenhuma. Ignoramos o alcance que pode ter tido o gesto simbólico de Jesus no meio daquela enorme multidão. Em todo caso, aquela entrada "antitriunfal", estimulada por seus seguidores e seguidoras, é uma zombaria que pode inflamar os ânimos das pessoas. Este ato público de Jesus anunciando um antirreino não violento teria bastado para decretar sua execução[66].

---

64. Ao transformar o gesto original de Jesus numa afirmação de seu caráter messiânico realizou-se um trabalho redacional importante: acrescentou-se a lenda do encontro maravilhoso de "um burrico atado, sobre o qual ninguém ainda havia montado" (Marcos 11,1-6); enriqueceu-se a aclamação com outro grito: "Bendito o reino que vem de nosso pai Davi" (Marcos 11,10); Mateus e João acrescentaram por sua conta uma citação do profeta Zacarias, tomada da Bíblia grega, para ilustrar o sentido do fato: "Eis que vem a ti teu Rei, manso e humilde, montado num jumento e num potro, filho de animal de carga" (9,9).

65. É conhecida a visita imperial que Adriano organizou pelas províncias orientais nos anos 129-130 d.C. Ao entrar em cidades como Filadélfia, Petra, Gérasa, Citópolis ou Cesareia, fazia-o montado num cavalo ritual de cor branca e com armadura cerimonial, para ser recebido com hinos e discursos pelos dignitários do lugar. Assim entrava um imperador em suas cidades.

66. Assim pensam Crossan e diversos autores.

Um gesto muito perigoso

Poucos dias após acontece algo muito mais grave. Jesus, que enquanto está em Jerusalém costuma, ao que parece, hospedar-se no bairro próximo de Betânia, na casa de seus amigos Lázaro, Maria e Marta[67], retorna à cidade e realiza a ação pública mais grave de toda a sua vida. De fato, é esta intervenção no templo que desencadeia sua detenção e rápida execução[68]. Ninguém duvida do gesto audaz e provocativo de Jesus. Ele chega ao templo e, com passo decidido, entra no grande pátio dos gentios, onde se realizam diversas atividades necessárias para o culto. Ali se trocam as diferentes moedas do Império pelo *shekel* de Tiro, única moeda aceita no templo, sem dúvida por ser a mais forte e estável naquela época. Ali se vendem as pombas, rolas e demais animais necessários para os sacrifícios e o cumprimento dos votos; os peregrinos preferem comprá-los na própria Jerusalém em vez de trazê-los de casa, com o risco de perdê-los ou machucá-los pelo caminho, deixando-os imprestáveis para o culto.

De acordo com a fonte mais antiga[69], Jesus "começou a expulsar os que vendiam e compravam"; além disso, "derrubou as mesas dos cambistas e as barracas de vendedores de pombas"; por último, "não permitia que ninguém transportasse objetos pelo templo". Sua intervenção é provavelmente bastante modesta, e só altera momentaneamente o funcionamento rotineiro do dia. O pátio dos gentios é enorme e ocupa a maior parte da esplanada do templo; nesses dias concentram-se ali milhares de peregrinos; há dezenas de mesas para o câmbio e de barracas de venda de animais para os sacrifícios. O serviço de ordem do templo e centenas de sacerdotes cuidam que tudo transcorra em paz; os soldados de Pilatos controlam tudo da torre Antônia.

---

67. Betânia encontrava-se a uns 3km de Jerusalém, afastada da rota dos peregrinos.

68. Esta é a convicção da maior parte dos investigadores (Roloff, Brown, Sanders, Horsley, Borg, Fitzmyer, Schlosser, Crossan, Evans...).

69. O episódio encontra-se em duas versões provavelmente independentes: Marcos 11,15-19 e João 2,13-22. O fato é autêntico. Aconteceu no final da vida de Jesus e não no começo de sua atividade, como dá a entender João. Mais tarde foi iluminado com citações de Isaías 56,7 e Jeremias 7,11 postas nos lábios de Jesus. Por sua vez, João deu ao episódio umas dimensões que ele não tinha em sua origem: de acordo com ele, Jesus "faz um chicote com cordas" e expulsa "vendedores de bois e ovelhas", não só de pombas.

Possivelmente Jesus atropela um grupo de vendedores e compradores, derruba algumas mesas e barracas de venda de pombas e tenta interromper a atividade durante alguns momentos. Ele não pode fazer muito mais. Para bloquear o funcionamento do templo teria sido necessário um bom número de pessoas. Seu gesto foi pequeno e limitado, mas estava carregado de uma força profética e de um significado de consequências imprevisíveis.

Atacar o templo era atacar o coração do povo judaico, o símbolo ao redor do qual gira todo o resto, o centro da vida religiosa, social e política. Naquele lugar santo, sinal da eleição de Israel, habita o Deus da Aliança: sua presença garante a proteção e a segurança para o povo. Ali se torna visível a união do céu e da terra, a comunhão entre Israel e seu Deus. Só ali pode-se oferecer a Deus um sacrifício agradável e receber seu perdão. Neste lugar santo, protegido de toda impureza e contaminação, manifestar-se-á um dia a vitória final do Deus de Israel. Qualquer agressão ao templo era uma ofensa perigosa e intolerável não só para o dirigentes religiosos, mas também para todo o povo. O que seria de Israel sem a presença de Deus no meio deles? Como poderiam sobreviver sem o templo?

A ação de Jesus foi sem dúvida um gesto hostil de protesto, mas que significado concreto quis ele atribuir a seu arroubo profético?[70] Para entender todo o seu alcance precisamos aproximar-nos do clima de ambiguidade que envolve o templo e os altos dignitários que o controlam naqueles momentos. O receio vinha desde o próprio início das obras de restauração. Ninguém duvida da beleza e esplendor do novo templo, mas qual foi a intenção real de Herodes? Queria erguer uma casa ao Deus de Israel ou engrandecer sua imagem no Império? Para que construiu aquele gigantesco "pátio dos

70. São muito variadas as posições sobre o significado que Jesus deu a seu gesto. Nem todas se excluem entre si. Tampouco são igualmente plausíveis. Assinalo as mais importantes: purificação do culto judaico da profanação de atividades comerciais (Edersheim, Fitzmyer); protesto contra as injustiças e abusos dos sacerdotes (Evans, Taylor); protesto contra a exclusão dos gentios (Borg, Freyne); sinal de levante messiânico para ocupar o templo pela força (Brandon); juízo de Deus contra um templo corrompido (Derret); gesto simbólico de destruição para a restauração de um templo novo (Sanders); gesto profético do fim de um sistema injusto e preparação para o reino de Deus (Roloff, Crossan, Horsley, Herzog II, Wright etc., com acentos e conteúdos diferentes).

gentios" que ocupa três quartas partes da esplanada? Para acolher peregrinos fiéis à Aliança ou para atrair viajantes pagãos a admirar seu poder? O que é o templo nestes momentos? Casa de Deus ou sinal de colaboração com Roma? Templo de oração ou armazém dos dízimos e primícias dos camponeses? Santuário de perdão ou símbolo das injustiças? Está a serviço da Aliança ou beneficia os interesses da aristocracia sacerdotal?

Neste lugar de culto surgiu uma enorme organização mantida por um exagerado corpo de funcionários, escribas, administradores, contadores, pessoal de ordem e servos das grandes famílias sacerdotais[71]. Todos eles vivem do templo e implicam uma carga a mais para a população camponesa. As críticas das pessoas centram-se nas poderosas famílias sacerdotais. Embora todos se vangloriem de suas linhagens, a dinastia de Sadoc ficou interrompida há tempo; Herodes importou da Babilônia e do Egito famílias sacerdotais de duvidosa legitimidade; neste momento são as autoridades romanas que nomeiam e destituem a seu arbítrio o sumo sacerdote de turno. Não é estranho que os designados se preocupem mais em perpetuar-se no poder do que em servir ao povo: distribuem os cargos mais lucrativos entre seus familiares, exercem um forte controle das dívidas e, de acordo com Josefo, chegam inclusive a enviar seus escravos para arrebatar aos sacerdotes pobres os dízimos que lhes correspondem[72].

O que mais irrita é provavelmente sua vida luxuosa às custas das pessoas do campo. Na distribuição da terra prometida, a tribo de Levi não havia recebido um território como as demais. Sua herança seria Deus: viveriam dos sacrifícios, dízimos e tributos[73]. Apesar de tudo, pouco depois de retornar do

---

71. De acordo com Flávio Josefo, o conjunto de sacerdotes e ajudantes a serviço do templo era formado por umas vinte mil pessoas.

72. O Talmud da Babilônia conservou um poema que condena severamente a casa de Boeto, Anás, Katrós e Ismael, famílias sacerdotais do século I: "Ai de mim! [...] porque eles são os sumos sacerdotes, e seus filhos são os tesoureiros, e seus genros os administradores e seus criados espancam o povo com bastões!" (*Pesahim* 57a).

73. Deuteronômio 18,1-5.

exílio da Babilônia, alguns sacerdotes já possuíam terras; no tempo de Jesus, muitos haviam comprado extensas herdades e posses. Naturalmente continuavam ficando com a parte correspondente dos animais sacrificados, pressionavam o povo para cobrar as primícias e dízimos dos produtos do campo e exigiam o pagamento anual do meio *shekel* de tributo. Só com estas rendas não teriam podido viver na opulência, mas o desenvolvimento da monetização provocou uma acumulação de riqueza nas arcas do templo; uma hábil política de empréstimos fez o resto. O templo foi se transformando em fonte de poder e riqueza de uma minoria aristocrática que vivia às custas dos setores mais fracos[74]. É este o templo desejado pelo Deus da Aliança?

A ação de Jesus foi um gesto simbólico[75]. Sua intervenção no meio daquela grande esplanada durante um tempo provavelmente curto é pouco importante em si mesma, mas procura atrair a atenção sobre algo que para Jesus é muito importante. Ele escolheu bem a situação: está rodeado de peregrinos de todo o mundo, a polícia do templo está atenta a qualquer incidente e os soldados romanos vigiam da torre Antônia. É o cenário adequado para que sua mensagem tenha o devido eco. O que Jesus pretende não é "purificar" o culto. Não se aproxima do lugar dos sacrifícios para condenar práticas abusivas. Seu gesto é mais radical e profundo. Jesus bloqueia e interrompe as atividades normais, necessárias para o funcionamento religioso do templo, como a troca de moedas ou a venda de pombas. Sua ação não aponta para uma reforma dessa liturgia, mas para o desaparecimento da própria instituição: sem dinheiro não se pode comprar animais puros; sem animais não há sacrifícios; sem sacrifícios não há expiação do pecado nem segurança de

---

74. Flávio Josefo fornece dados que dão a entender a grande riqueza acumulada no templo: no ano 40 a.C., Sabino, prefeito interino, apoderou-se do tesouro do templo, recompensou com ele esplendidamente seus soldados e ele próprio ficou com quatrocentos talentos; durante seu governo, Pilatos provocou um grave incidente ao tomar dinheiro do templo para construir um aqueduto para trazer água a Jerusalém.

75. Jesus realizou diversas ações simbólicas: as refeições com pecadores, a escolha dos doze, a entrada em Jerusalém, a última ceia. Ele seguia o costume de grandes profetas como Isaías e Jeremias.

perdão[76]. A intervenção de Jesus não parece tampouco um gesto de protesto contra o culto privilegiado do povo judeu, que exclui a participação dos pagãos. Jesus espera que os gentios serão acolhidos no reino definitivo de Deus, mas não faz nenhum gesto preciso para que os pagãos comecem a já tomar parte nos sacrifícios do templo. Sua intervenção tampouco visa diretamente condenar a vida corrupta da aristocracia sacerdotal, embora no pano de fundo de sua ação esteja muito presente a atuação abusiva desta.

O gesto de Jesus é mais radical e total. Anuncia o juízo de Deus não contra aquele edifício, mas contra um sistema econômico, político e religioso que não pode agradar a Deus. O templo se transformou em símbolo de tudo quanto oprime o povo. Na "casa de Deus" acumula-se a riqueza; nas aldeias de seus filhos cresce a pobreza e o endividamento. O templo não está a serviço da Aliança. Ninguém defende a partir dele os pobres nem protege os bens e a honra dos mais vulneráveis. Está se repetindo novamente o que Jeremias condenava em seu tempo: o templo se convertera num "covil de ladrões". O "covil" não é o lugar onde se cometem os crimes, mas onde se refugiam os ladrões e criminosos depois de tê-los cometido. Assim acontece em Jerusalém: não é no templo que se cometem os crimes, mas fora; o templo é o lugar onde os ladrões se refugiam e acumulam seu butim[77]. Mais cedo ou mais tarde era inevitável o choque frontal entre o reino de Deus e aquele sistema. O gesto de Jesus é uma "destruição" simbólica e profética, não real e efetiva, mas anuncia o final dessa ordem de coisas[78]. O Deus dos pobres e excluídos

---

76. A intervenção de Jesus veio sendo qualificada erroneamente como "purificação" do templo. A investigação recente fala de um gesto simbólico de "destruição" do templo (Sanders, Crossan, Horsley, Wright, Theissen, Herzog II, Schlosser).

77. A maioria dos exegetas pensa que não foi Jesus quem justificou sua ação dizendo que o templo fora transformado em "covil de ladrões", mas foi Marcos quem pôs a citação de Jeremias em seus lábios para iluminar o sentido de seu gesto. S. Freyne não exclui, porém, que também Jesus recorresse às Escrituras, como outros judeus de seu tempo, para discernir a vontade de Deus nas questões mais decisivas. Em todo caso, a expressão é muito esclarecedora: Jeremias condena os que "oprimem o peregrino, o órfão e a viúva" e pensam escapar do castigo de Deus refugiando-se em seu templo (7,6.10-11).

78. Marcos diz literalmente que Jesus "derrubou" as mesas de cambistas e vendedores. O termo *katastrefô* evoca sem dificuldade a "destruição" catastrófica do templo.

não reina nem reinará a partir desse templo: jamais legitimará esse sistema. Com a vinda do reino de Deus, o templo perde sua razão de ser.

A atuação de Jesus foi longe demais. O pessoal da segurança do templo e os soldados da fortaleza Antônia sabem o que têm que fazer. É preciso esperar que a cidade se encontre mais tranquila e os ânimos dos peregrinos mais serenados. O caso não preocupa somente os sacerdotes do templo; inquieta também as autoridades romanas. O templo é sempre lugar de conflitos; por isso vigiam-no de perto. Qualquer incidente no recinto sagrado desperta sua desconfiança: os que põem em perigo o poder do sumo sacerdote, fiel servidor de Roma, põem em perigo a paz. Uma coisa é certa: se não abandonar sua atitude e não renunciar a atuações tão subversivas, este homem será eliminado. Não é aconselhável detê-lo em público, enquanto está rodeado de seguidores e simpatizantes. Logo encontrarão a maneira de capturá-lo de maneira discreta.

Despedida inesquecível

Também Jesus sabe que suas horas estão contadas. Mesmo assim, não pensa em esconder-se ou fugir. O que faz é organizar uma ceia especial de despedida com seus amigos e amigas mais próximos. É um momento grave e delicado para ele e para seus discípulos: Jesus quer vivê-lo em toda a sua profundidade. É uma decisão pensada. Consciente da iminência de sua morte, Jesus precisa compartilhar com os seus sua confiança total no Pai inclusive nesta hora. Quer prepará-los para um golpe tão duro; sua execução não deve mergulhá-los na tristeza ou no desespero. Precisam compartilhar juntos as interrogações que nascem em todos eles: o que vai ser do reino de Deus sem Jesus? O que devem fazer seus seguidores? Onde irão alimentar daí por diante sua esperança na vinda do reino de Deus?

Ao que parece, não se trata de uma ceia pascal. É verdade que algumas fontes indicam que Jesus quis celebrar com seus discípulos a ceia da Páscoa ou *seder*, na qual os judeus comemoram a libertação da escravidão egípcia.

No entanto, ao descrever o banquete, não se faz uma única alusão à liturgia da Páscoa, nada se diz do cordeiro pascal nem das ervas amargas que se comem nessa noite, não se recorda ritualmentee a saída do Egito, tal como estava prescrito. Por outro lado, é impensável que nessa mesma noite em que todas as famílias estavam celebrando a ceia mais importante do calendário judaico, os sumos sacerdotes e seus ajudantes largassem tudo para ocupar-se com a detenção de Jesus e organizar uma reunião noturna com a finalidade de ir formalizando as acusações mais graves contra ele. Parece mais verossímil a informação de outra fonte que situa a ceia de Jesus antes da festa da Páscoa, porque nos diz que Jesus é executado no dia 14 de nisã, a véspera da Páscoa. Assim, portanto, não parece possível estabelecer com segurança o caráter pascal da última ceia[79]. Provavelmente Jesus peregrinou até Jerusalém para celebrar a Páscoa com seus discípulos, mas não pôde levar a cabo seu desejo, pois foi detido e justiçado antes de chegar essa noite. No entanto, teve tempo sim para celebrar uma ceia de despedida.

Em todo caso, não é uma refeição comum, mas uma ceia solene, a última de tantas outras que eles haviam celebrado pelas aldeias da Galileia. Beberam vinho, como se fazia nas grandes ocasiões; cearam reclinados para poder conversar mais tranquilamente após a refeição, e não sentados como faziam todos os dias. Provavelmente não é uma ceia de Páscoa, mas no ambiente já se respira o alvoroço das festas pascais. Os peregrinos fazem seus últimos preparativos: adquirem pão ázimo e compram seu cordeiro pascal. Todos procuram um lugar nos albergues ou nos pátios e terraços das

---

79. Marcos, Mateus e Lucas dão indicações suficientes para que o leitor identifique a ceia com a Páscoa judaica (Marcos 14,1.12.16-17.18 e paralelos); Lucas inclusive nos diz que esse era o desejo de Jesus: "Quanto desejei celebrar esta Páscoa convosco antes de morrer!" (22,15). Jeremias, Gnilka e outros pensam que Jesus celebrou a ceia de Páscoa. No entanto, de acordo com João, ele foi crucificado na véspera da Páscoa (18,28) e, portanto, a ceia foi antes da Páscoa; também Paulo não fala nada de uma "ceia pascal" (1Coríntios 11,23-26). Hoje, de modo geral, os autores negam o caráter pascal da última ceia ou o põem sob interrogação (Schürmann, Léon-Dufour, Theissen, Roloff, Theobald...).

casas. Também o grupo de Jesus procura um lugar tranquilo[80]. Nessa noite Jesus não se retira para Betânia como nos dias anteriores. Permanece em Jerusalém. Sua despedida deve ser celebrada na cidade santa. Os relatos dizem que celebrou a ceia com os Doze, mas não precisamos excluir a presença de outros discípulos e discípulas que vieram com ele em peregrinação. Seria muito estranho que, contra seu costume de compartilhar sua mesa com todo tipo de pessoas, inclusive pecadores, Jesus adotasse de repente uma atitude tão seletiva e restrita. Podemos saber o que se viveu nessa ceia?[81]

Jesus vivia as refeições e ceias que fazia na Galileia como símbolo e antecipação do banquete final no reino de Deus. Todos conhecem estas refeições animadas pela fé de Jesus no reino definitivo do Pai. É um de seus traços característicos enquanto percorre as aldeias[82]. Também nesta noite, aquela ceia leva-o a pensar no banquete final do reino. Dois sentimentos invadem Jesus. Primeiro, a certeza de sua morte iminente; não o pode evitar: aquela é a última taça que irá compartilhar com os seus; todos o sabem: não devem alimentar ilusões. Ao mesmo tempo, sua confiança inquebrantável no reino de Deus, ao qual dedicou sua vida inteira. Fala com clareza: "Asseguro-vos: já não beberei mais do fruto da videira até o dia em que o beber, novo, no rei-

---

80. O relato de Marcos 14,13-15 e paralelos sobre a preparação da ceia pascal tem traços legendários e não permite deduzir nenhuma conclusão histórica.

81. A última ceia está consignada em Marcos 14,22-26; Mateus 26,26-30; Lucas 22,14-20 e 1Coríntios 11,23-26. Ninguém duvida da historicidade do fato. No entanto, são textos muito condensados e densos, que não pretendem descrever detalhadamente o ocorrido, mas proclamar uma ação de Jesus que deu origem a uma prática litúrgica que está sendo vivida nas comunidade cristãs. As divergências se devem a que cada redator narra a ceia a partir da prática cultual de sua própria comunidade. Não é difícil observar que são textos litúrgicos que fixam o essencial: gestos que é preciso fazer e palavras que é preciso pronunciar. Através deles devemos procurar aproximar-nos daquilo que se viveu na ceia de Jesus.

82. Jesus compara o reino de Deus com uma ceia em que tomam parte "os pobres, aleijados, cegos e coxos", sem excluir ninguém (fonte Q = Lucas 14,15-24 // Mateus 22,2-10). Inclusive os gentios tomarão parte nesse banquete (fonte Q = Lucas 13,28-29 // Mateus 8,11-12).

no de Deus"[83]. A morte está próxima. Jerusalém não quer responder ao seu chamado. A atividade de Jesus como profeta e portador do reino de Deus será violentamente truncada, mas sua execução não irá impedir a chegada do reino de Deus que ele esteve anunciando a todos. Jesus mantém inalterável sua fé nessa intervenção salvadora de Deus. Está seguro da validade de sua mensagem. Sua morte não deve destruir a esperança de ninguém. Deus não voltará atrás. Um dia Jesus sentar-se-á à mesa para celebrar, com uma taça nas mãos, o banquete eterno de Deus com seus filhos e filhas. Beberão um vinho "novo" e compartilharão juntos a festa final do Pai. A ceia desta noite é um símbolo.

Movido por esta convicção, Jesus dispõe-se a animar a ceia transmitindo a seus discípulos sua esperança. Começa a refeição seguindo o costume judaico: põe-se de pé, toma pão nas mãos e pronuncia, em nome de todos, uma bênção a Deus, à qual todos respondem dizendo "amém". Depois parte o pão e vai distribuindo um pedaço a cada um. Todos conhecem aquele gesto. Provavelmente viram Jesus fazê-lo mais de uma vez. Sabem o que significa aquele rito da pessoa que preside a mesa: ao obsequiá-los com este pedaço de pão, Jesus faz chegar a eles a bênção de Deus. Como ficavam impressionados quando ele o dava aos pecadores, arrecadadores de impostos e prostitutas! Ao receber aquele pão, todos se sentiam unidos entre si e com Deus[84]. Mas naquela noite Jesus acrescenta umas palavras que dão um conteúdo novo e insólito a seu gesto. Enquanto distribui a eles o pão, vai dizendo-lhes estas palavras: "*Isto é meu corpo*. Eu sou este pão. Nestes pedaços vede-me a mim *entregando-me* até ao fim, para fazer chegar a vós a bênção do reino de

83. Marcos 14,25 e paralelos. Em geral, os autores veem nestas palavras o eco de um dito genuíno de Jesus. Não se observa nenhum traço teológico da comunidade cristã. Jesus aparece como "comensal" à mesa do reino sem nenhum título cristológico.

84. Esta "fração do pão" era um ato importante entre os judeus ao começar a refeição. Ao que parece, no tempo de Jesus já se fazia de forma fixa e ritualizada. Criava entre os comensais uma "comunhão de mesa" diante de Deus (Jeremias, Schürmann, Léon-Dufour).

Deus"[85]. O que sentiram aqueles homens e mulheres ao ouvir pela primeira vez estas palavras de Jesus?

Surpreende-os muito mais o que Jesus faz ao acabar a ceia. Todos conhecem o rito costumeiro. Pelo final da refeição, aquele que presidia a mesa, permanecendo sentado, tomava na mão direita uma taça de vinho, mantinha-a a um palmo de altura sobre a mesa e pronunciava sobre ela uma oração de ação de graças pela refeição, à qual todos respondiam "amém". Em seguida bebia de sua taça, o que servia de sinal aos outros para que cada um bebesse da sua. No entanto, naquela noite Jesus muda o rito e convida seus discípulos e discípulas a beberem todos de uma única taça: a sua! Todos compartilham esta "taça de salvação" abençoada por Jesus[86]. Nessa taça que vai sendo passada e oferecida a todos, Jesus vê algo "novo" e peculiar que ele quer explicar: "*Esta taça é a nova Aliança em meu sangue*. Minha morte abrirá um futuro novo para vós e para todos"[87]. Jesus não pensa só em seus discípulos mais próximos. Neste momento decisivo e crucial, o horizonte de seu olhar se torna universal: a nova Aliança, o reino definitivo de Deus será para muitos, "para todos"[88].

---

85. Não é possível reconstruir as palavras exatas de Jesus a partir das diferentes versões. Grandes especialistas como Jeremias, Schürmann ou Léon-Dufour renunciaram a isto. A posição mais generalizada vê em Marcos (= Mateus) o substrato mais antigo: "Isto [é] meu corpo"; Paulo acrescentou: "por vós"; Lucas completou: "Isto é meu corpo entregue por vós" (Schlosser, Roloff, Theobald). "Corpo" em aramaico vem a ser a "pessoa concreta", "eu mesmo".

86. Talvez Jesus tenha seguido um costume que consistia em enviar uma "taça abençoada" a alguém a quem se desejava tornar participante da bênção, embora não estivesse à mesa (Dalman, Billerbeck, Schürmann). Chamava-se "cálice de salvação" (Salmo 116,13) e, ao que parece, tinha mais ou menos o valor de nossa ação de brindar a alguém: "Saúde!"

87. Todas as fontes falam da "aliança", mas de forma diferente. Paulo e Lucas dizem: "Esta taça é a nova aliança em meu sangue"; Marcos e Mateus, pelo contrário: "Este é meu sangue de aliança". Os autores duvidam em privilegiar um texto ou outro. Muitos preferem a forma de Paulo e Lucas, porque o paralelismo "isto é meu corpo" – "este é meu sangue" parece mais próprio de uma adaptação à ação litúrgica do que da linguagem de uma ceia (Theissen). Outros duvidam da historicidade das palavras sobre o sangue, porque nunca aparece nos lábios de Jesus a palavra "aliança", mas tampouco se exclui que a tenha empregado nesta ocasião.

88. Em Marcos 14,24 se diz que o sangue é derramado "por muitos". A expressão grega *hyper pollôn* significa literalmente "por muitos", porém na língua aramaica em que Jesus está falando não tem sentido exclusivo, mas sugere a ideia de totalidade. A melhor tradução é "por todos".

Com estes gestos da entrega do pão e do vinho, compartilhados por todos, Jesus transforma aquela ceia de despedida numa grande ação sacramental, a mais importante de sua vida, a que melhor resume seu serviço ao reino de Deus. Mais ainda: seu duplo gesto de entregar um pedaço de pão a cada um e fazer com que todos bebam do vinho de sua taça constitui a entrega definitiva de seu corpo e sangue. Sempre que comerem este pão e beberem este vinho, eles se alimentarão de seu corpo e de seu sangue. Jesus quer que continuem vinculados a ele e que alimentem nele sua esperança. Que o recordem sempre entregue a seu serviço. Ele continuará sendo "aquele que serve", aquele que ofereceu sua vida e sua morte por eles, o servo de todos. Assim ele está agora no meio deles naquela ceia e assim quer que o recordem sempre[89]. O pão e a taça de vinho hão de evocar para eles, antes de mais nada, a festa final do reino de Deus; a entrega desse pão a cada um e a participação na mesma taça lhes trarão à memória a entrega total de Jesus[90]. "Por vós": estas palavras resumem bem o que foi sua vida a serviço dos pobres, dos enfermos, dos pecadores, dos desprezados, das oprimidas, de todos os necessitados... Estas palavras expressam o que vai ser agora sua morte: ele "desejou ardentemente" oferecer a todos, em nome de Deus, acolhida, cura, esperança e perdão. Agora entrega sua vida até à morte, oferecendo a todos a salvação do Pai[91].

---

89. O mandamento: "Fazei isto em minha memória" (1Coríntios 11,24; Lucas 22,21) e a ordem: "Cada vez que beberdes, fazei o mesmo em minha memória" (1Coríntios 11,25) não pertencem à tradição mais antiga. Provavelmente provêm da liturgia cristã posterior, mas sem dúvida foi esse o desejo de Jesus ao celebrar esta solene despedida.

90. O pão partido não é analogia do corpo morto e despedaçado de Jesus, nem o vinho é imagem de seu sangue (a cor vermelha nunca é mencionada); são, antes, imagem do banquete e da festa do reino de Deus. O gesto de Jesus entregando um pedaço de pão a cada um e fazendo todos beberem de sua taça é que significa sua entrega até à morte.

91. Aprofundando mais essa entrega de Jesus até à morte, Marcos diz que o sangue de Jesus "é derramado por todos" (14,24); Mateus acrescenta que é derramado "para o perdão dos pecados" (26,28); Paulo e a carta aos Hebreus apresentam esta entrega teologicamente como "um sacrifício de expiação" pelo pecado da humanidade.

Foi assim a despedida de Jesus, que ficou gravada para sempre nas comunidades cristãs. Seus seguidores não ficarão órfãos; a comunhão com ele não ficará interrompida por sua morte; manter-se-á até que um dia bebam todos juntos a taça de "vinho novo" no reino de Deus. Não sentirão o vazio de sua ausência: repetindo aquela ceia poderão alimentar-se de sua lembrança e de sua presença. Ele estará com os seus, sustentando sua esperança; eles prolongarão e reproduzirão seu serviço ao reino de Deus até ao reencontro final. De maneira germinal, Jesus está traçando, em sua despedida, as linhas-mestras de seu movimento de seguidores: uma comunidade alimentada por ele mesmo e dedicada totalmente a abrir caminho para o reino de Deus, numa atitude de serviço humilde e fraterno, com a esperança posta no reencontro da festa final[92].

Além disso, faz Jesus um novo sinal convidando seus discípulos ao serviço fraterno? O evangelho de João diz que, num determinado momento da ceia, Jesus levantou-se da mesa e "pôs-se a lavar os pés dos discípulos". De acordo com o relato, ele o fez para dar exemplo a todos e dar-lhes a entender que seus seguidores deveriam viver em atitude de serviço mútuo: "Lavando-vos os pés uns aos outros". A cena é provavelmente uma criação do evangelista, mas recolhe de maneira admirável o pensamento de Jesus[93]. O gesto é insólito. Numa sociedade onde o papel das pessoas e dos grupos está perfei-

92. Recentemente, diversos investigadores viram na "última ceia" uma ação que "complementa" o gesto profético realizado pouco antes por Jesus contra o templo. De acordo com esta hipótese, Jesus teria entendido a "ceia" como uma alternativa nova e radical ao sistema do templo. O serviço ao reino de Deus e à sua justiça não estaria vinculado ao sistema religioso-político-econômico do templo judaico, mas à experiência fraterna de uma refeição onde os seguidores de Jesus se alimentariam de seu espírito de serviço ao projeto de Deus e de sua confiança na festa final junto ao Pai (Theissen, Neusner, Chilton, Wright, com diversos matizes e acentos).

93. Encontra-se apenas em João 13,1-16. Embora haja estudiosos que defendem sua autenticidade (Dodd, Robinson, Bauckham), a maioria tende a considerar o relato como uma composição tardia. A introdução (13,1-3), impregnada com a linguagem e a teologia próprias do evangelho de João, não oferece garantias para vincular este episódio ao contexto histórico da última ceia.

tamente determinado, é impensável que o comensal de uma refeição festiva, e menos ainda o que preside a mesa, se ponha a realizar esta tarefa humilde reservada a servos e escravos. De acordo com o relato, Jesus deixa seu lugar e, como um escravo, começa a lavar os pés dos discípulos. Dificilmente se pode pintar uma imagem mais expressiva daquilo que foi sua vida e daquilo que ele quer deixar gravado para sempre em seus seguidores. Repetiu-o muitas vezes: "Quem quiser ser grande entre vós será vosso servidor; e aquele que quiser ser o primeiro entre vós será escravo de todos"[94]. Jesus o expressa agora plasticamente nesta cena: limpando os pés dos discípulos, está atuando como servo e escravo de todos; dentro de algumas horas morrerá crucificado, um castigo reservado sobretudo a escravos.

Bibliografia

Caráter conflitivo da atuação de Jesus

MEIER, John Paul. *Um judeu marginal: repensando o Jesus histórico* – III/1: Companheiros; III/2: Competidores. Rio de Janeiro: Imago, 2003-2004 [*Un judío marginal: nueva visión del Jesús histórico* – III: Compañeros y competidores. Estella: Verbo Divino, 2003, p. 301-653].

THEISSEN, Gerd & MERZ, Annette. *O Jesus histórico* – Um manual. São Paulo: Loyola, 2002 [*El Jesús histórico*. Salamanca: Sígueme, 1999, p. 256-271].

SANDERS, Ed Parish. *Jesús y el judaísmo*. Madri: Trotta, 2004, p. 387-420.

SOBRINO, Jon. *Jesus, o Libertador* – I: A história de Jesus de Nazaré. 2. ed. Petrópolis: Vozes, 1996, p. 287-309 [*Jesucristo liberador* – Lectura histórico-teológica de Jesús de Nazaret. Madri: Trotta, 1991, p. 253-272].

BRAVO, Carlos. *Jesus, homem em conflito* – O relato de Marcos na América Latina. São Paulo: Paulinas, 1999 [*Jesús, hombre conflictivo*. Santander: Sal Terrae, 1986].

RIVKIN, Ellis. *What crucified Jesus?* Nova York: UAHC Press, 1997, p. 1-77.

94. Marcos 10,43-44. Cf. também Marcos 9,35.

BORG, Marcus J. *Conflict, Holiness and Politics in the Teaching of Jesus*. Harrisburg, PA: Trinity Press International, 1998, p. 88-173.

WRIGHT, N. Thomas. *El desafío de Jesús*. Bilbao: Desclée de Brouwer, 2003.

HORSLEY, Richard A. *Jesus and the Spiral of Violence* – Popular Jewish Resistance in Roman Palestine. Mineápolis: Fortress Press, 1993, p. 147-284.

______. *Jesus e o império* – O reino de Deus e a nova desordem mundial. São Paulo: Paulus, 2000 [*Jesús y el Imperio* – El Reino de Dios y el nuevo desorden mundial. Estella: Verbo Divino, 2003, p. 105-163].

EVANS, Craig A. From Public Ministry to the Passion: can a link be found between the (Galilean) Life and the (Judean) Death of Jesus? In: EVANS, Craig A. *Jesus and his Contemporaries*. Boston/Leiden: Brill, 2001, p. 301-318.

LÉMONON, Jean-Pierre. Les causes de la mort de Jésus. In: MARGUERAT, Daniel; NORELLI, Enrico & POFFET, Jean-Michel (orgs.). *Jésus de Nazaret* – Nouvelles approches d'une énigme. Genebra: Labor et Fides, 1998, p. 349-369.

SALDARINI, Anthony J. *Fariseus, escribas e saduceus na sociedade palestinense*. São Paulo: Paulinas, 2005 [*Pharisees, Scribes and Sadducees in Palestinian Society*. Grand Rapids, MI/Cambridge: Eerdmans, 2001].

O gesto profético de Jesus no templo

SANDERS, Ed Parish. *Jesús y el judaísmo*. Madri: Trotta, 2004, p. 99-142.

SCHLOSSER, Jacques. *Jesús, el profeta de Galilea*. Salamanca: Sígueme, 2005, p. 225-239.

GNILKA, Joachim. *Jesus de Nazaré:* mensagem e história. Petrópolis: Vozes, 2000 [*Jesús de Nazaret:* mensaje e historia. Barcelona: Herder, 1993, p. 337-341].

HERZOG II, William R. *Jesus, Justice, and Reign of Cod* – A Ministry of Liberation. Louisville, KY: Westminster/John Knox Press, 1999, p. 111-143.

CROSSAN, John Dominic. *Quem matou Jesus?* Rio de Janeiro: Imago, 1995 [*Who killed Jesus?* São Francisco: Harper, 1996, p. 50-65].

CROSSAN, John Dominic & REED, Jonathan L. *Em busca de Jesus* – Debaixo das pedras, atrás dos textos. São Paulo: Paulinas, 2007 [*Jesús desenterrado*. Barcelona: Crítica, 2003, p. 226-273].

BORG, Marcus J. *Conflict, Holiness and Politics in the Teaching of Jesus*. Harrisburg, PA: Trinity Press International, 1998, p. 174-212.

EVANS, Craig A. Jesus' Action in the Temple and Evidence of Corruption in the First Century Temple. In: EVANS, Craig A. *Jesus and his Contemporaries*. Boston/ Leiden: Brill, 2001, p. 319-344.

______. Jesus and the "Cave of Robbers": Towards a Jewish Context for the Temple Action. In: EVANS, Craig A. *Jesus and his Contemporaries*. Boston/Leiden: Brill, 2001, p. 345-365.

______. Jesus and Predictions of the Destruction of the Herodian Temple. In: EVANS, Craig A. *Jesus and his Contemporaries*. Boston/Leiden: Brill, 2001, p. 367-380.

A última ceia

JEREMIAS, Joachim. *La última cena*. Madri: Cristiandad, 2003.

LÉON-DUFOUR, Xavier. *La fracción del pan*: culto y existencia en el Nuevo Testamento. Madri: Cristiandad, 1983, p. 72-232.

______. *Jesús y Pablo ante la muerte*. Madri: Cristiandad, 1982, p. 100-111.

SCHÜRMANN, Heinz. *El destino de Jesús*: su vida y su muerte. Salamanca: Sígueme, 2003, p. 211-240.

THEISSEN, Gerd & MERZ, Annette. *O Jesus histórico* – Um manual. São Paulo: Loyola, 2002 [*El Jesús histórico*. Salamanca: Sígueme, 1999, p. 450-485].

SCHILLEBEECKX, Edward. *Jesus*: a história de um Vivente. São Paulo: Loyola, 2008 [*Jesús, la historia de un Viviente*. Madri: Cristiandad, 1981, p. 279-285].

SCHLOSSER, Jacques. *Jesús, el profeta de Galilea*. Salamanca: Sígueme, 2005, p. 241-258.

GNILKA, Joachim. *Jesus de Nazaré*: mensagem e história. Petrópolis: Vozes, 2000 [*Jesús de Nazaret*: mensaje e historia. Barcelona: Herder, 1993, p. 342-353].

BAUCKHAM, R.J. Did Jesus Wash His Disciples' Feet? In: CHILTON, Bruce & EVANS, Craig A. (orgs.). *Authenticating the Activities of Jesus*. Boston/Leiden: Brill, 2002, p. 411-429.

13

Mártir do Reino de Deus

Após sua despedida, Jesus mal e mal pôde desfrutar de algumas horas de liberdade. Por volta da meia-noite foi capturado pela polícia do templo num horto situado no vale do Cedron, ao pé do monte das Oliveiras, para onde se havia retirado para rezar. Um homem que condenava publicamente o sistema do templo e que falava diante de judeus vindos de todo o mundo sobre um "império" que não era o de Roma não podia continuar movimentando-se livremente no explosivo ambiente das festas da Páscoa.

Podemos saber o que foi que ocorreu nos últimos dias de Jesus? Um dado é seguro: Jesus foi "condenado à morte durante o reinado de Tibério pelo governador Pôncio Pilatos". Assim nos informa Tácito, o célebre historiador romano[1]. A mesma coisa afirma Flávio Josefo, acrescentando dados de grande interesse: Jesus "atraiu muitos judeus e muitos de origem grega. E quando Pilatos, por causa de uma acusação feita pelos homens principais dentre nós, o condenou à cruz, os que antes o haviam amado não deixaram de fazê-lo"[2]. Estes dados coincidem com o que sabemos pelas fontes cristãs. Podemos resumi-los assim: Jesus foi executado numa cruz; a sentença foi ditada pelo governador romano; houve uma acusação anterior por parte das autoridades judaicas; só Jesus foi crucificado, ninguém se preocupou em eliminar seus seguidores. Isto significa que Jesus foi considerado perigoso porque, com sua atuação e mensagem, denunciava pela raiz o sistema vigente,

---

1. *Anais* 15, 44,3.

2. *Antiguidades dos judeus* 18, 3,3.

mas nem as autoridades judaicas nem as romanas viram nele o cabeça de um grupo de rebeldes; se fosse assim, teriam agido contra todo o grupo[3]. Bastava eliminar o líder, mas era preciso fazê-lo aterrorizando seus seguidores e simpatizantes. Nada podia ser mais eficaz do que sua crucificação pública diante das multidões que enchiam a cidade.

Como se sabe, os evangelhos fornecem uma narração muito detalhada da paixão de Jesus[4]. No entanto, para utilizar suas informações corretamente, precisamos levar em consideração diversos aspectos. Em primeiro lugar, não sabemos quais pessoas podem ter sido testemunhas diretas dos fatos: os discípulos fugiram para a Galileia; as mulheres puderam observar alguma coisa a certa distância e ser testemunhas dos acontecimentos públicos, mas quem pode ter sabido como se desenrolou a conversa entre Jesus e o sumo sacerdote ou o encontro com Pilatos? Provavelmente os primeiros cristãos tinham conhecimento do curso geral dos acontecimentos (interrogatório diante das autoridades judaicas, entrega a Pilatos, crucificação), mas não de seus detalhes[5]. Por outro lado, o relato da paixão não se parece com o resto

---

3. Assim aconteceu por volta do ano 45 com Teudas e seus seguidores, contra os quais o governador Fado enviou um esquadrão de cavalaria, provocando inúmeras mortes (*Antiguidades dos judeus* 20, 98). Entre os anos 53 e 55, Félix mandou seus soldados contra um profeta popular chamado o Egípcio, matando quatrocentos de seus seguidores (*Antiguidades dos judeus* 18, 85-89).

4. Marcos 14–15; Mateus 26–27; Lucas 22–23; João 18–19; *Evangelho [apócrifo] de Pedro* (fragmento de um evangelho perdido em que se conserva o relato da paixão a partir da interpretação de Herodes). Até o momento ninguém apresentou uma teoria que explique de maneira convincente a relação entre estes escritos. De modo geral, reconhece-se a importância de Marcos como fonte de Mateus e de Lucas. Concretamente, Mateus o segue bem de perto, acrescentando alguns retoques. Lucas tem uma originalidade mais marcada, e por isso há quem opine que seu autor, além de utilizar Marcos, conta também com outra tradição particular. Discute-se se João representa uma fonte diversa de Marcos ou não. Recentemente J.D. Crossan reconstruiu, a partir do *Evangelho [apócrifo] de Pedro*, um texto breve a que dá o nome de *Evangelho da cruz*, e que seria, segundo ele, a fonte única de todos os relatos da paixão que conhecemos. Sua hipótese encontrou algum eco apenas entre membros do *Jesus Seminar*.

5. Esta é a opinião atual de não poucos autores (Sanders, Harvey, Reumann, Roloff, Schlosser...).

dos relatos evangélicos, compostos por pequenas cenas e episódios transmitidos pela tradição. É uma composição longa que descreve a sucessão de alguns fatos concatenados entre si[6]; tudo leva a pensar que a redação se deve ao trabalho de "escribas" que narram a paixão procurando nas sagradas Escrituras o sentido profundo do fatos; o que se observa no pano de fundo do relato não é tanto a transmissão de algumas tradições quanto o trabalho delicado de uns escribas peritos em buscar no Antigo Testamento textos que possam ajudar a captar o sentido profundo dos fatos. O problema está em saber se os relatos descrevem acontecimentos reais iluminados por uma citação bíblica ou se são os textos bíblicos que levaram o escriba a "inventar" total ou parcialmente determinado episódio[7].

Por outro lado, é necessário levar em consideração as tendências que se notam nestes relatos e que a investigação moderna está precisando com rigor cada vez maior. É fácil resumi-las brevemente. Diante dos que podem considerar os fatos da paixão como desprovidos de sentido, estes escritos se esforçam por fazer ver, às vezes de maneira artificiosa, que foram-se cumprindo providencialmente os desígnios de Deus[8]. É clara também a tendência cada vez maior da tradição de desculpar os romanos, realçando a inocência de Pilatos, enquanto se insiste de maneira cada vez mais brutal em culpar

6. Inclusive seguindo o horário romano, Marcos diz com precisão o que acontece "ao amanhecer" (15,1), "na hora sexta" (15,33), "na hora nona" (15,34).

7. As duas monografias mais recentes e autorizadas sobre a paixão refletem a diferente sensibilidade na investigação atual: R.E. Brown tende a considerar os relatos como "história recordada" nas comunidades cristãs, iluminada finalmente pelas citações dos escribas; J.D. Crossan, pelo contrário, pensa que a maior parte dos relatos são "profecia historizada", ou seja, composições dos escribas que não derivam da lembrança de alguns fatos concretos, mas foram elaboradas a partir dos textos bíblicos.

8. Mateus, sobretudo, vai fornecendo citações explícitas ou indicações implícitas do Antigo Testamento ao falar da fuga dos discípulos, da resposta de Jesus ao sumo sacerdote, das trinta moedas pagas a Judas por sua traição, dos gritos do povo pedindo a crucificação de Jesus, das zombarias e escárnios dos soldados, da bebida que lhe oferecem na cruz, da partilha de suas vestes, de sua execução entre dois malfeitores, de seu grito de queixa a Deus...

todo o povo judeu pela crucificação do Messias, Filho de Deus[9]. Ao mesmo tempo, nota-se também o interesse em apresentar Jesus como o mártir inocente, executado injustamente pelos ímpios, mas reabilitado por Deus, seguindo um esquema bem conhecido na tradição judaica; desta maneira, o crucificado se transforma em modelo exemplar para os cristãos que estão sofrendo perseguição. Não devemos esquecer, por fim, a tendência a desenvolver episódios legendários, muito ao gosto dos relatos populares[10].

Entregue pelas autoridades do templo

Aquilo que precipita a ação contra Jesus é sem dúvida o incidente do templo. Jesus não é detido imediatamente, pois convinha que a operação fosse levada a cabo sem provocar tumulto na multidão, mas o sumo sacerdote não se esquece de Jesus[11]. Parte dele, com certeza, a ordem de detenção, porque ele está autorizado a tomar medidas contra os agitadores no recinto sagrado. Quem irrompe no horto do Getsêmani são as forças de segurança do templo,

---

9. Este fato, que está na origem de tantas perseguições aos judeus, deve-se a que os cristãos, que estão se espalhando entre os gentios, não querem atrair a hostilidade de Roma apresentando-se como herdeiros de alguém condenado pelas autoridades romanas como perigoso para o Império; ao mesmo tempo desejam diferenciar-se claramente do resto dos judeus, que estão sendo perseguidos por Roma depois da queda de Jerusalém. Embora historicamente tenha sido Pilatos quem ditou a sentença de morte, Lucas o apresenta proclamando por três vezes a inocência de Jesus (23,4.14.22). De acordo com Mateus, Pilatos se declara "inocente" e lava as mãos (27,24). João o apresenta entregando Jesus aos judeus para que sejam eles os que o irão crucificar (19,16). Pelo contrário, embora no início Marcos 14,1 só fale da conspiração dos sumos sacerdotes e escribas, Mateus 27,25 insiste em que é todo o povo que exige a crucificação de Jesus ("seu sangue caia sobre nós e sobre nossos filhos"). De acordo com João, são os "judeus" que pedem a morte de Jesus (18,31.38). O "processo contra Jesus" transforma-se mais de uma vez em "processo contra os judeus" (A. Marchadour).

10. Pensamos, por exemplo, na amputação da orelha de Malco (João 18,10), nos sonhos da mulher de Pilatos (Mateus 27,19) ou no "campo de sangue" comprado com as trinta moedas da traição (Mateus 27,3-10).

11. Marcos 14,1-2 nos informa de uma conspiração dos sumos sacerdotes e escribas, que, faltando dois dias para a Páscoa, tramam como prender Jesus evitando a reação do povo. O fato pode ser certo.

não os soldados romanos da torre Antônia[12]. Vêm devidamente armados, e seu objetivo é capturar Jesus para conduzi-lo perante o sumo sacerdote Caifás. Ao que parece, as forças do templo solicitaram ajuda para identificar Jesus e, sobretudo, para localizá-lo e prendê-lo de maneira discreta. As fontes nos dizem que foi Judas, um dos Doze, quem prestou sua colaboração. O dado parece histórico, embora a cena do beijo público em Jesus tenha sido provavelmente criada para ressaltar mais ainda a infâmia de sua atuação[13]. Ao ser detido Jesus, os discípulos fogem assustados para a Galileia. Só ficam em Jerusalém algumas mulheres, talvez porque correm menos perigo. A fuga dos discípulos parece a reação instintiva de quem procura salvar sua vida; não há por que considerá-la como uma repentina perda de fé em Jesus[14].

Jesus foi conduzido à casa de Caifás, o homem forte de Jerusalém pelos anos 30[15]. Ele não só era o sumo sacerdote que governava o templo e a cidade santa, mas também a máxima autoridade do povo judeu disperso por todo o Império. Presidia o Sinédrio e representava o povo de Israel perante o poder supremo de Roma. Foi sem dúvida um homem sumamente hábil. Seu matrimônio com uma filha de Anás permitira-lhe aparentar-se com a família sacer-

---

12. João 18,3.12 fala da presença de uma "coorte", unidade militar formada por seiscentos soldados. O dado não merece o menor crédito, não só por causa do número evidentemente exagerado de homens, mas porque é impensável que soldados romanos conduzam Jesus diante do sumo sacerdote e não diante de seu prefeito. A cena descrita em 18,1-9 foi composta por João para destacar o senhorio de Jesus, que, ao dizer-lhes "eu sou", os faz cair todos por terra.

13. Não parece legítimo duvidar da intervenção de Judas. Na comunidade cristã não se teria inventado semelhante traição protagonizada por um dos Doze (R.E. Brown). A hipótese de que sua figura e atuação sejam pura criação de Marcos para simbolizar a traição do povo judeu (Judas = Yehuda = Judá) não se baseia em argumentos convincentes. O próprio J.D. Crossan o considera um personagem real, "seguidor" de Jesus, a quem traiu (contra a posição majoritária do *Jesus Seminar*).

14. Marcos 14,50. A fuga dos discípulos é considerada em geral um fato real. Os detalhes do jovem fugindo nu ou o episódio de um discípulo (Pedro?) cortando a orelha de um servo do sumo sacerdote e a posterior cura realizada por Jesus pertencem provavelmente ao mundo da lenda. Brown, no entanto, pensa que "o corte da orelha" é um detalhe desconcertante e escandaloso conservado na tradição mais antiga.

15. Seu nome completo, de acordo com Flávio Josefo, era Yosef Caifás. Provavelmente, *Caifás* é na realidade um apelido jocoso. De acordo com alguns autores provém de *qof* ("macaco") e refletiria o sentimento popular, que via nele um "macaco" nas mãos dos romanos, de quem fazia o jogo. Outros pensam que deriva do *kuf* ("forçar") e vem a significar "garrote" ou "tirano".

dotal mais poderosa de Jerusalém. Contando com a ajuda do sogro conseguiu ser nomeado sumo sacerdote por Valério Grato no ano 18. Quando, depois de oito anos, Grato foi substituído por Pôncio Pilatos, Caifás conseguiu ser confirmado pelo novo prefeito para continuar em seu cargo até que ambos foram destituídos no ano 36 por Vitélio, governador da província romana da Síria. Haviam se passado dezoito anos. Nenhum outro conseguiu manter-se durante tanto tempo no cargo de sumo sacerdote sob o mandato de Roma[16].

Por trás de Caifás movia-se um poderoso clã que dominou a cena religiosa e política de Jerusalém durante toda a vida de Jesus: a família de Anás, os *Ben Hanin*. Anás, seu fundador, havia sido sumo sacerdote durante muitos anos. Nomeado por Quirino no ano 6, no início da ocupação romana, deixou o cargo no ano 15, mas nem por isso perdeu sua influência e poder. Amigo pessoal de Valério Grato e de Pôncio Pilatos, conseguiu que cinco de seus filhos, um neto e, sobretudo, seu genro José Caifás o sucedessem no poder. O clã sacerdotal dos Anás deixou na tradição judaica a lembrança de uma família ávida de lucro, que utilizava todo tipo de intrigas, pressões e maquinações para monopolizar os cargos mais influentes e rentáveis do templo entre seus membros[17]. Os *Ben Hanin* eram a família mais poderosa e opulenta da aristocracia sacerdotal e seus principais membros viviam no bairro residencial dos sacerdotes, na parte alta da cidade, não longe do palácio onde residia Pilatos durante suas estadias em Jerusalém[18].

---

16. Tanto Herodes o Grande como os prefeitos romanos tendiam a mudar com muita frequência os sumos sacerdotes, às vezes a cada ano. Com isso conseguiam impedir a estabilização de seu poder e, ao mesmo tempo, assegurar melhor sua submissão.

17. No ano 30, o "chefe do clero", que vigiava o culto e controlava a polícia de segurança do templo, era Jônatas, um filho de Anás e cunhado de Caifás. Suspeita-se com fundamento que o comércio de animais para o sacrifício era um negócio rentável controlado pela família dos Anás (J. Jeremias). Vários membros do clã possuíam tendas e negócios em Jerusalém.

18. As escavações do arqueólogo israelita Nahman Avigad (1969-1980) permitiram descobrir um palácio que, segundo todos os indícios, poderia ser o da família de Anás. Trata-se de um luxuoso edifício, decorado com afrescos e mosaicos de estilo romano, com uma fachada que dava para o templo e o monte do Getsêmani. Contava com uma ampla sala de audiências, quatro piscinas para banhos rituais e três pequenas salas de jantar (*cubiculi*). É provável que tanto Valério Grato como Pôncio Pilatos, amigos da família, tenham sido convidados à mesa em alguma delas (J. Genot-Bismuth).

Há cada vez menos dúvidas das boas relações e estreita colaboração que existiram entre Caifás e Pilatos. Não devemos esquecer que os sumos sacerdotes eram selecionados pelo prefeito não por sua piedade religiosa, mas por sua disponibilidade a colaborar com Roma; por sua vez, os sumos sacerdotes procuravam, em geral, dobrar-se a uma "prudente" colaboração que lhes permitisse manter-se durante longo tempo no poder. O caso de Caifás é um exemplo palpável. Não reagiu em favor do povo em nenhuma das ocasiões em que este se levantou irado contra Pilatos: primeiro, por ter introduzido os estandartes imperiais na cidade santa e, depois, ao apoderar-se do tesouro do templo para construir um aqueduto. De maneira hábil conseguiu driblar os conflitos e manter-se no cargo junto a Pilatos. Só caiu quando Vitélio, governador romano da Síria, ordenou a Pilatos que regressasse a Roma para prestar conta de sua gestão perante o imperador, ao mesmo tempo que Caifás era destituído de seu cargo de sumo sacerdote[19].

O que foi que aconteceu nesta última noite que Jesus passou na terra, detido pelas forças de segurança do templo? Não é nada fácil reconstruir os fatos, pois as fontes oferecem versões notavelmente diferentes[20]. Em geral, os relatos dão a impressão de que foi uma noite confusa. Por outro lado, é possível que os próprios evangelistas não conhecessem com precisão as rela-

---

19. Em novembro de 1990 foi descoberto, ao sul da cidade antiga de Jerusalém, um esplêndido ossário familiar do século I que trazia a inscrição: "Yehosef bar Caiafa" Tudo leva os arqueólogos a pensarem que estamos diante do ossário do sumo sacerdote que interveio na execução de Jesus (Greenhut, Reed).

20. De acordo com Marcos, Jesus é levado do Getsêmani para a presença do sumo sacerdote; reunidos "todos os sumos sacerdotes, os anciãos e escribas", ou seja, os grupos que constituem o Sinédrio, chegam à conclusão de que ele é "réu de morte" (14,53-64); no dia seguinte pela manhã voltam a reunir-se, mas é apenas para "amarrar" Jesus e "entregá-lo" a Pilatos (15,1). De acordo com Lucas, não há reunião nenhuma durante a noite; o Sinédrio só se reúne no dia seguinte de manhã, mas a cena conclui-se sem o menor ato jurídico (22,66-71); em seguida, o conduzem à presença de Pilatos (23,1). De acordo com João, Jesus é conduzido à casa de Anás, sogro de Caifás (18,13), que lhe pergunta "sobre seus discípulos e sua doutrina"; em seguida, envia-o amarrado à casa de Caifás, onde nada acontece (18,24); finalmente é conduzido à residência de Pilatos (18,28); neste último relato, o Sinédrio está totalmente ausente e não há nada que evoque a realização de um processo por parte das autoridades judaicas.

ções existentes entre os sacerdotes dirigentes, os anciãos, os escribas e o Sinédrio[21]. O que podemos realmente concluir é que houve um confronto entre Jesus e as autoridades judaicas que haviam mandado prendê-lo, e que o sumo sacerdote Caifás e a classe sacerdotal dirigente tiveram um papel destacado. Os investigadores mais recentes vão aproximando suas posições rumo a uma reconstrução básica dos fatos[22].

De acordo com Marcos, o Sinédrio se reúne durante a noite e condena solenemente Jesus por ter-se proclamado Messias e Filho de Deus, e por ter-se arrogado a pretensão de vir um dia sobre as nuvens do céu, sentado à direita de Deus. A atitude de Jesus, segundo o relato, provoca o escândalo do sumo sacerdote, que grita horrorizado. Aquele pobre homem que está ali atado diante deles não é o Messias nem o Filho e Deus: é um blasfemo! O veredicto do Sinédrio é unânime: "Réu de morte". Na realidade, tudo leva a pensar que este comparecimento de Jesus diante do Sinédrio judaico nunca aconteceu. Provavelmente esta dramática cena é uma composição cristã posterior, elaborada para mostrar que Jesus morreu na cruz por causa dos títulos "Messias" e "Filho de Deus" que os cristãos lhe atribuem e que tanto escandalizam os judeus[23].

Provavelmente existia já no tempo de Jesus uma instituição parecida como o Sinédrio que é descrita anos mais tarde pela Mixná, mas certamente não tinha poder de ditar sentenças de morte, ou ao menos de executá-las. Hoje sabemos que Roma nunca deixava esta competência (*ius gladii*) nas

---

21. Esta é a opinião de Sanders e outros.

22. Sigo de perto os trabalhos de investigadores autorizados como Brown, Theissen, Gnilka, Schlosser, Légasse, Lémonon, Rivkin etc. Excluo a posição radical de J.D. Crossan, que pensa que o processo diante das autoridades judaicas não é um fato histórico, mas é, em sua totalidade, uma invenção cristã. Seja como for, de acordo com ele, já não é possível reconstrução alguma: pode ter havido detenção e execução de um homem como Jesus sem um processo tão formal nem diante de Caifás nem diante de Pilatos.

23. Também o evangelho de João reflete esta mesma sensibilidade: "Não queremos apedrejar-te por nenhuma obra boa, mas por uma blasfêmia e porque tu, sendo homem, te fazes a ti mesmo Deus" (10,33).

mãos das autoridades locais[24]. Por outro lado, o "processo" perante o Sinédrio, tal como aparece nos evangelhos, contradiz o que podemos saber pela Mixná, que, ao descrever o funcionamento do Sinédrio, diz que as reuniões estão proibidas em dias festivos ou preparatórios, não podem ser celebradas de noite e devem acontecer no átrio do templo, e não no palácio do sumo sacerdote.

Nessa noite não houve, portanto, uma sessão oficial do Sinédrio e muito menos um processo regular por parte das autoridades judaicas, e sim uma reunião informal de um conselho privado de Caifás para fazer as devidas indagações e precisar melhor os termos em que se podia formular a questão diante de Pilatos[25]. Uma vez detido Jesus, o que preocupa é formular claramente a acusação que eles levarão pela manhã ao prefeito romano: é necessário reunir contra ele acusações que mereçam a pena capital[26]. Não é possível saber quem esteve interrogando Jesus nessa noite. É provavelmente um grupo restrito no qual tem um papel destacado Caifás, sumo sacerdote em exercício, seu sogro Anás, antigo sumo sacerdote e chefe do clã, e outros membros de sua família[27].

A decisão de eliminar Jesus parece estar tomada desde o começo, mas quais são os motivos reais que movem este grupo de dirigentes judeus a con-

---

24. Durante muitos anos discutiu-se se o Sinédrio possuía ou não o *ius gladii*. Hoje afirma-se, de modo geral, que não tinha esta competência no tempo de Jesus. Os argumentos decisivos foram apresentados pelo perito em história romana A.N. Shervin-White.

25. Brown pensa que houve uma sessão formal do Sinédrio na qual decidiu-se a morte de Jesus, mas ocorreu muito antes de sua prisão (João 11,47-53; também Marcos 11,18). Também ele pensa que, nesta última noite, tem mais sentido um interrogatório prévio à entrega de Jesus aos romanos do que todo um processo noturno diante do Sinédrio.

26. Rivkin mostrou de maneira convincente que Jesus não foi conduzido perante o grande Sinédrio (*bet din ha-migdol*), e sim perante o "conselho privado" de Caifás, cuja função era assessorá-lo, não em doutrinas religiosas, mas em questões de governo com graves repercussões políticas.

27. Investigadores como Brown e Lémonon sublinham a importância que provavelmente desempenhou a atuação astuta de Anás. Seria bastante crível a observação de João, quando diz que Jesus foi conduzido primeiramente ao palácio de Anás, que "o interrogou sobre seus discípulos e sua doutrina", duas questões decisivas para determinar a periculosidade de Jesus (João 18,12.19).

dená-lo? Em nenhum momento se menciona sua atitude diante da Torá, sua crítica às "tradições dos antepassados", sua acolhida aos pecadores ou as curas realizadas no sábado. Este tipo de questões fora motivo de conflito e discussão entre Jesus e alguns setores fariseus, mas nenhum grupo judeu tomava medidas punitivas contra membros de outros grupos por defenderem posturas diferentes das suas[28]. Deste conselho de Caifás não participa o grupo fariseu enquanto tal e, por outro lado, o que realmente preocupa são as repercussões políticas que a atuação de Jesus pode ter.

Embora, segundo o relato, Jesus seja condenado como "blasfemo" por ter-se proclamado "Messias", "Filho de Deus" e "Filho do Homem", a combinação destes três grandes títulos cristológicos que constituíam o núcleo da fé em Jesus, expressa na linguagem cristã dos anos 60, nos indica que estamos diante de uma cena que dificilmente pode ser histórica. Jesus não é condenado por nada disto.

O título "Filho de Deus", na cultura monoteísta do povo judeu, é um título messiânico que ainda não expressa explicitamente o significado que adquirirá mais tarde quando os cristãos confessarem a condição divina de Jesus.

Jesus também não é condenado por sua pretensão de ser o "Messias" esperado. É possível que alguns de seus seguidores vissem nele o Messias e fizessem o título circular entre as pessoas, mas, ao que parece, Jesus nunca se pronunciou abertamente sobre sua pessoa. À questão de sua messianidade respondia de forma ambígua. Nem a afirmava nem a negava. Em parte porque tinha sua própria concepção do que devia fazer como profeta do reino de Deus; em parte porque deixava nas mãos do Pai a manifestação definitiva do reino e de sua pessoa. Em todo caso, sabemos que, desde o retorno de Israel do exílio, foram vários os que se apresentaram com a pretensão de ser o "Messias" de Deus, sem que as autoridades judaicas se sentissem obrigadas a perse-

28. Ao que parece, o princípio que regia as relações entre os diferentes grupos judaicos (saduceus, fariseus, essênios) era "viver e deixar viver" (Rivkin).

gui-los. Não se conhece o caso de nenhum pretendente messiânico julgado em nome da lei ou considerado blasfemo contra Deus. Mais ainda. Quando, no anos 132, Bar Kokhba se apresentou como Messias para liderar o levante contra Roma, foi reconhecido solenemente como tal por Rabi Aqiba, o rabino mais prestigioso naquele momento. Se alguém se apresentasse como "Messias", podia ser aceito ou rejeitado, mas não era condenado como blasfemo.

Evidentemente, nenhum dos que tomam parte neste interrogatório pensa que Jesus seja o Messias. O que realmente os preocupa não é esclarecer sua identidade. Eles o veem como um falso profeta que está se transformando num perigo para todos. Apresentar-se como "Messias" não é "blasfêmia", mas algo politicamente explosivo que pode dar motivos para acusá-lo contra Roma, sobretudo porque sua atitude na capital começa a ser uma ameaça à estabilidade do sistema. O ataque ao templo é, sem dúvida, a causa principal da hostilidade das autoridades judaicas contra Jesus e a razão decisiva de sua entrega a Pilatos. O relato cristão não conseguiu ocultá-lo[29]. O gesto do templo é o último acontecimento público que Jesus realiza. Já não o deixam mais atuar. Sua intervenção no recinto sagrado constitui uma atuação grave contra o "coração" do sistema. O templo é intocável. Desde o tempo de Jeremias, as autoridades haviam reagido sempre de forma violenta contra os que se atreviam a atacá-lo[30].

Trinta anos após a execução de Jesus ocorreu em Jerusalém um episódio que lança não pouca luz sobre o que pode ter acontecido com Jesus. Flávio Josefo nos informa. Pouco antes de estourar a primeira grande revolta con-

---

29. O ataque ao templo como causa da hostilidade contra Jesus não desaparece nunca do horizonte nas fontes cristãs. Recorda-o Marcos na cena diante do sumo sacerdote (14,57-58). Aparece depois nas zombarias feitas ao crucificado (Marcos 15,29-30 // Mateus 27,39-40); é lembrado na acusação a Estêvão (Atos dos Apóstolos 6,13-14).

30. Por volta de 610 a.C., o profeta Jeremias entrou no pátio do templo e lançou contra aquele lugar santo a maldição que Deus lhe havia ordenado pronunciar. Imediatamente, os sacerdotes e profetas, e todo o povo, prenderam-no dizendo: "Irás morrer!" Só a duras penas Jeremias conseguiu salvar a vida (Jeremias 26,1-19).

tra Roma, um homem estranho e solitário chamado Jesus, filho de Ananias, começou a percorrer as ruas da cidade santa gritando dia e noite: "Voz do oriente, voz do ocidente, voz dos quatro ventos, voz que vai contra Jerusalém e contra o templo, voz contra os recém-casados e contra as recém-casadas, voz contra todo o povo". Alguns dirigentes judeus o detiveram e castigaram, mas, não conseguindo silenciar seus gritos, o "entregaram" a Albino, o governador romano, que mandou açoitá-lo cruelmente sem conseguir que o homem respondesse às suas perguntas. Finalmente, mandou soltá-lo por considerá-lo louco[31]. Jesus, filho de Ananias, não tinha seguidores nem pregava programa algum. Era um excêntrico mais ou menos inofensivo. Apesar de tudo, os dirigentes de Jerusalém não duvidaram em detê-lo e "entregá-lo" à autoridade romana. O caso de Jesus de Nazaré, liderando um grupo de seguidores e convidando a "entrar no reino de Deus", é muito mais grave. Sua atuação contra o templo é uma ameaça à ordem pública suficientemente preocupante para entregá-lo ao prefeito romano. As questões relativas ao templo não deixavam os romanos indiferentes, como se se tratasse de simples assuntos religiosos internos dos judeus. O prefeito conhecia bem o perigo potencial que encerrava qualquer alteração da ordem em Jerusalém, sobretudo no clima da Páscoa e com a cidade cheia de judeus provenientes de todo o Império. O conselho de Caifás toma a resolução de entregá-lo a Pilatos. Com quase toda certeza, o prefeito romano o executará como um perturbador indesejável.

Condenado à morte por Roma

Pôncio Pilatos desembarcara em Cesareia Marítima no ano 26. Nomeado prefeito da Judeia por Tibério[32], vinha tomar posse de seu cargo. Perten-

---

31. *A guerra judaica* VI, 300-309.

32. Talvez foi nomeado diretamente por Sejano, o homem a quem Tibério confiou os assuntos ordinários do Império ao retirar-se, por esta data, para sua vila na ilha de Capri. Sendo assim, a posição de Pilatos ficou provavelmente muito debilitada quando Sejano perdeu o favor de Tibério e foi executado em outubro do ano 31.

cia à pequena nobreza da ordem equestre, não à classe senatorial mais aristocrática: aos olhos de seus superiores, um homem obrigado a "fazer carreira". Pilatos residia normalmente em seu palácio de Cesareia, a uns 100km de Jerusalém, mas durante as festas judaicas mais importantes subia à frente de suas tropas auxiliares até à cidade santa para controlar a situação. Em Jerusalém residia no palácio-fortaleza construído por Herodes o Grande no lugar mais alto da cidade. Este destacava-se sobre os demais edifícios por suas três imensas torres, erguidas para defender a parte alta de Jerusalém. Flávio Josefo nos diz que o palácio era indescritível em termos de luxo e extravagância. Aqui encontram-se, numa manhã de abril do ano 30, um réu manietado e indefeso chamado Jesus de Nazaré e o representante do mais poderoso sistema imperial que a história conheceu[33].

Não é fácil fazer uma ideia clara da personalidade de Pilatos. Se ouvirmos a voz de Fílon de Alexandria, contemporâneo de Jesus, Pilatos é um personagem conhecido por seus "subornos, injúrias, roubos, desmandos, danos injustificados, contínuas execuções sem julgamento e uma crueldade incessante e muito lamentável"[34]. Se atendemos a outras informações, Pilatos provavelmente não foi nem mais nem menos cruel do que outros governadores romanos: todos usavam e abusavam de seu poder para executar impunemente os que eles consideravam perigosos para a ordem pública. Através de Flávio Josefo conhecemos alguns incidentes provocados por Pilatos, nos quais se manifesta sua falta de tato, seu desconhecimento da sensibilidade religiosa do povo judeu e também sua capacidade de utilizar métodos brutais para controlar as massas. No entanto, sua atitude nem sempre é a mesma.

O primeiro episódio grave ocorreu no começo de sua prefeitura, quando uma grande multidão, irritada porque ele tinha introduzido de noite em Jerusalém estandartes militares com o busto do imperador, deslocou-se até Cesareia, cercou sua residência e resistiu ali por cinco dias e cinco noites

---

33. Embora alguns continuem identificando o pretório onde Jesus foi sentenciado com a fortaleza Antônia, são cada vez mais numerosos os que o localizam neste palácio.

34. *Ad Gaium* 28, 302. Em geral, os autores são de opinião que este retrato tão negativo de Pilatos é tendencioso e de caráter retórico.

exigindo do prefeito a retirada dos emblemas. Pilatos os convocou para o grande estádio, cercou-os de surpresa com seus soldados e ameaçou degolá-los a todos se não desistissem de seu protesto. Quando os soldados desembainharam as espadas, os judeus ofereceram o pescoço nu, dispostos a perder a vida antes que permitir a transgressão da lei. Pilatos ficou perplexo. Aquele comportamento pacífico, coerente e disciplinado desarmou-o. Considerou mais prudente ceder às suas exigências e retirar os estandartes[35]. Este prefeito não parece um déspota sem entranhas. Sabe ceder. Inclusive poderia ser fraco diante da pressão. Será que isto lança alguma luz sobre a atuação de Pilatos, que, de acordo com os evangelhos, cede ante a coação das autoridades judaicas e da multidão para acabar condenando Jesus?

No entanto, anos mais tarde, Pilatos agiu de maneira bem diferente. Tinha decidido construir um aqueduto de uns 50km para trazer água da região de Belém até Jerusalém. Como se tratava de uma obra pública de interesse para todos, sentiu-se no direito de utilizar o tesouro do templo, um dinheiro considerado *korban*, ou seja, consagrado a Deus. Mas, aproveitando uma de suas visitas a Jerusalém, uma multidão cercou seu palácio e começou a gritar contra ele. Desta vez Pilatos não cedeu. Introduziu entre as pessoas soldados vestidos à paisana com ordem de não utilizar a espada, mas de golpear com paus os manifestantes. Segundo Flávio Josefo, foram muitos os que morreram: uns por causa das feridas, outros esmagados na fuga[36]. No ano 36 sua atuação foi muito mais brutal. Um profeta samaritano convocou todo o povo para subir ao monte Garizim a fim de mostrar-lhes o lugar onde Moisés havia depositado os vasos sagrados. Pilatos, receoso de seu fanatismo, quis impedi-lo com suas forças de cavalaria e infantaria. No confronto, alguns samaritanos morreram, muitos caíram prisioneiros e os dirigentes foram executados[37]. Foi sua última intervenção. Vitélio, legado da Síria, ouviu as queixas dos samaritanos e ordenou ao prefeito que retornasse a Roma para prestar contas de sua atuação diante do imperador. Terminou seus dias exilado

35. *A guerra judaica* II, 169-174; *Antiguidades dos judeus* 18, 55-59.

36. *A guerra judaica* II, 175-177; *Antiguidades dos judeus* 18, 60-62.

37. *Antiguidades dos judeus* 18, 85-89.

nas Gálias (Vienne). Provavelmente não fora um homem tão sangrento e malvado como o descreve Fílon de Alexandria, mas certamente foi um governador que não duvidava em recorrer a métodos brutais e ágeis para resolver os conflitos.

Ao chegar à Judeia, havia encontrado Caifás instalado na dignidade de sumo sacerdote pelo prefeito anterior, Valério Grato. Pilatos o confirmou no cargo e o manteve até que ambos foram destituídos no ano 36/37. Ao que parece, encontrou em Caifás um sólido colaborador que soube apoiá-lo ou, ao menos, não tomou posição contra ele nos momentos críticos em que sua atuação provocou protestos populares[38]. Não estranha que os investigadores suspeitem cada vez mais que pode ter havido um bom entendimento e até uma certa "cumplicidade" entre Caifás e Pilatos na solução do problema que Jesus representava para ambos.

O que foi que realmente aconteceu? Os evangelistas quase não dão a conhecer detalhes legais do processo de Jesus diante de Pilatos. Não é esse o objetivo de seu relato. Por outro lado, parece também que eles não têm um conhecimento preciso do que ocorreu no palácio do prefeito[39]. No entanto, co-

---

38. No assunto do templo, Caifás não apoiou o protesto popular contra Pilatos porque provavelmente lhe havia dado anteriormente seu assentimento para fazer uso do tesouro do templo (McLaren). Na matança dos samaritanos, talvez o próprio Caifás teria animado Pilatos a agir, para que o monte Garizim não fizesse sombra ao templo do monte Sião em Jerusalém (Brown).

39. De acordo com Marcos (15,1-15), Jesus é conduzido à presença de Pilatos, que lhe pergunta se ele é o "rei dos judeus". Os sumos sacerdotes o acusam de "muitas coisas", de maneira genérica, enquanto Jesus mantém silêncio (1-5). Em seguida narra-se a tentativa de Pilatos de desbloquear a situação, libertando Jesus e condenando Barrabás; diante da pressão do povo, que pede a crucificação de Jesus, Pilatos cede e o envia para a cruz (6-15). Mateus (27,11-26) inspira-se em Marcos, mas acrescenta dois episódios carentes de fundamento histórico: o sonho da mulher de Pilatos (19) e seu gesto teatral lavando as mãos e provocando a terrível automaldição do povo judeu: "Seu sangue caia sobre nós e sobre nossos filhos" (24-25). Lucas (23,1-25) distancia-se bastante de Marcos. Apresenta os sumos sacerdotes acusando Jesus de diversas acusações concretas (v. 2.5) e nos informa de um comparecimento de Jesus diante de Herodes (6-12). João, por sua vez, oferece um relato muito longo e elaborado (18,28–19,16). Trata-se de uma construção artificial, na qual Pilatos vai passando constantemente do "interior" do palácio, onde dialoga com Jesus, ao "exterior", onde fala com "os judeus". Embora apresente detalhes de interesse para o historiador, sua composição é uma "lição de cristologia" que Pilatos recebe de Jesus.

incidem com o que sabemos por outras fontes não cristãs. Foi Pilatos quem ditou a sentença de morte e mandou crucificar Jesus; e o fez, em boa parte, por instigação das autoridades do templo e de membros de poderosas famílias da capital. Este é o dado histórico mais certo: Jesus é executado por soldados às ordens de Pilatos, mas na origem desta execução encontra-se o sumo sacerdote Caifás, assistido por membros da aristocracia sacerdotal de Jerusalém[40].

Mas, será que houve realmente um processo perante o prefeito romano? Pilatos poderia ter executado sem mais aquele peregrino galileu, sem ater-se a muitas formalidades. Seu estilo de atuar não se distinguia precisamente por sua índole humanitária. É isto o que pensam aqueles que, pelo caráter ingênuo da narrativa, pela imprecisão das acusações e pelo episódio legendário de Barrabás, são levados a suspeitar de que nos encontramos diante de uma composição cristã e não diante de uma informação histórica[41]. Na realidade, não se justifica um ceticismo tão radical. Perfeito ou imperfeito que tenha sido, houve um processo em que o prefeito romano condena Jesus a ser executado numa cruz, acusando-o da pretensão de apresentar-se como "rei dos judeus". As fontes oferecem indícios suficientes e o texto da condenação colocado na cruz o confirma[42].

O julgamento acontece provavelmente no palácio em que Pilatos reside quando vem a Jerusalém. É cedo. Seguindo o costume dos magistrados ro-

---

40. O historiador judeu Flávio Josefo, em sua obra *Antiguidades dos judeus*, aparecida por volta de 93 d.C., diz assim ao falar de Jesus: "Quando Pilatos, por causa de uma acusação feita pelos homens principais dentre nós, o condenou à cruz, os que antes o haviam amado não deixaram de fazê-lo" (18, 3). Por sua vez, por volta do ano 116/117, o historiador romano P. Cornélio Tácito, ao esclarecer a origem dos cristãos, acusados por Nero de terem incendiado Roma, afirma que "este nome vem de Cristo, que foi executado sob Tibério pelo governador Pôncio Pilatos" (*Anais* 15, 44).

41. Esta é a posição de J.D. Crossan e da maioria dos membros do *Jesus Seminar*, que consideram o relato uma criação cristã elaborada a partir do Salmo 2.

42. Assim pensa a maioria dos investigadores recentes, que afirmam a historicidade do processo romano contra Jesus, apoiando-se nas fontes evangélicas e na informação que possuímos sobre a prática jurídica no Império (Brown, Theissen, Rivkin, Gnilka, Lémonon, Bovon, Légasse, Schlosser, Roloff...). Em minha reconstrução dos fatos sigo sobretudo estes estudos.

manos, o prefeito começa a ministrar a justiça bem cedo, depois do amanhecer. Pilatos ocupa seu assento na tribuna, da qual dita suas sentenças[43]. Vários delinquentes esperam nessa manhã o veredicto do representante de César. Jesus comparece manietado. É mais um. As autoridades do templo o trouxeram até aqui. Quando chega sua vez, Pilatos não se limita a ratificar o processo ou a investigação que Caifás possa ter feito. Não dita um *exequatur* ("execute-se"). Procura sua maneira própria de propor o caso. Embora Jesus tenha sido entregue como culpado pelas autoridades judaicas, o prefeito deseja assegurar-se por si mesmo se este homem deve ser executado. É ele quem impõe a justiça do Império.

Pilatos não age de forma arbitrária. Para julgar um caso como o de Jesus numa província do Império como era a Judeia, ele podia escolher entre dois procedimentos vigentes naquele tempo. Ao que parece, ele não age seguindo a prática da *coertio*, que lhe dá poder absoluto para tomar, num determinado momento, todas as medidas que julgar necessárias para manter a ordem pública, inclusive a execução imediata; tratava-se, na realidade, de uma atuação arbitrária legalizada. Pelo que podemos saber, ele recorre, pelo contrário, à *cognitio extra ordinem*, que é a prática seguida normalmente na Judeia pelos governadores romanos: uma forma ágil de administrar a justiça, na qual não se seguem os passos exigidos nos processos ordinários[44]. Basta ater-se ao essencial: ouvir a acusação, interrogar o acusado, avaliar a culpabilidade e ditar a sentença. Parece que Pilatos age com grande liberdade e de maneira muito pessoal ao desenvolver a *cognitio*. Ouve os delatores, dá a palavra ao acusado e, prescindindo de mais provas e pesquisas, centra a questão no que realmente tem mais interesse para ele: o possível perigo de agitação ou insurreição que este homem pode representar. É esta a pergunta que

---

43. Só o evangelho de João 19,13 fala desta sede ou "tribunal" (*bêma*) que Pilatos ocupa. Sua informação é bem verossímil. Provavelmente está erguido diante da pequena praça que existe diante de seu palácio, um lugar muito apropriado para um julgamento público.

44. Por exemplo, no processo contra Jesus não há uma intervenção da defesa.

se repete em todas as fontes: "És tu o rei dos judeus?" É certo que Jesus procura arvorar-se em rei desta província romana? Esta questão é nova. Não fora apresentada com este conteúdo político diante das autoridades do templo. Do ponto de vista do Império é a pergunta decisiva.

Para Pilatos, a intervenção de Jesus no templo e as discussões que possa haver sobre sua condição de verdadeiro ou falso profeta são, em princípio, um assunto interno dos judeus. Como prefeito do Império, ele está mais atento às repercussões políticas que o caso pode ter. Este tipo de profetas que despertam estranhas expectativas entre as pessoas pode ser perigoso a longo prazo. Por outro lado, os ataques ao templo são sempre um assunto delicado. Quem ameaça o sistema do templo está tentando impor algum novo poder. As palavras de Jesus contra o templo e seu recente gesto de ameaça podem solapar o poder sacerdotal, fiel nestes momentos a Roma e peça-chave na manutenção da ordem pública.

A pergunta do prefeito significa um deslocamento da acusação. Se a imputação se confirmar, Jesus está perdido. O título "rei dos judeus" era perigoso[45]. Foram os sacerdotes asmoneus os primeiros a atribuir-se este título, ao proclamar a independência do povo judeu após a rebelião dos Macabeus (143-63 a.C.). Mais tarde foi Herodes o Grande (37-4 a.C.) quem foi chamado "rei dos judeus", porque assim o nomeou o Senado romano. Pode alguém pensar realmente que Jesus está tentando restabelecer uma monarquia como a dos asmoneus ou a de Herodes o Grande? Aquele homem não anda armado. Não lidera um movimento de insurgentes nem prega um levante frontal contra Roma. No entanto, suas fantasias sobre o "império de Deus", sua crítica aos poderosos, sua firme defesa dos setores mais oprimidos e humilhados do Império, sua insistência numa mudança radical da situação são uma rotunda desautorização do imperador romano, do prefeito e do sumo sacerdote designado pelo prefeito: Deus não bendiz aquele estado de coisas. Jesus

45. O significado real é "rei da Judeia" (G. Soslayan).

não é inofensivo. Um rebelde contra Roma é sempre um rebelde, embora sua pregação fale de Deus[46].

O que mais costumava preocupar os governantes eram sempre as reações imprevisíveis das multidões. Também a Pilatos. Era verdade que Jesus não tinha seguidores armados, mas sua palavra atraía as pessoas. Estes casos era preciso cortá-los pela raiz, antes que o conflito adquirisse maiores proporções. Não era necessário deter-se nas motivações religiosas destes visionários[47]. O que aconteceu naqueles dias numa Jerusalém repleta de peregrinos judeus vindos de todo o Império, no explosivo ambiente das festa da Páscoa, não augura nada de bom: Jesus atreveu-se a desafiar publicamente o sistema do templo e, ao que parece, alguns peregrinos andam aclamando-o pelas ruas da cidade. Está em perigo a ordem pública: a *pax romana*[48].

Pilatos considera Jesus suficientemente perigoso para fazê-lo desaparecer. Basta executar Jesus. Seus seguidores não constituem um grupo de insurrectos[49], mas convém que a execução do cabeça sirva de escarmento para os que sonham em desafiar o Império. A crucificação pública de Jesus diante daquelas multidões vindas de todas as partes era o suplício perfeito para aterrorizar os que poderiam alimentar alguma tentação de levantar-se contra Roma. Os peritos discutem se a sentença se baseia no delito de *perduellio*,

---

46. Lucas torna o relato do processo mais verossímil introduzindo acusações concretas contra Jesus: "Encontramos este homem alvoroçando nosso povo, proibindo pagar tributos a César e dizendo que ele é o Messias rei" (23,2); "Subleva o povo com seus ensinamentos por toda a Judeia, desde a Galileia, onde começou, até aqui" (23,5).

47. A decisão de Pilatos diante do caso de Jesus é muito parecida com a de Herodes Antipas diante de João Batista. Os dois agem por temor às reações imprevisíveis das pessoas, e os dois matam só o líder, não seus seguidores.

48. Lucas diz que Jesus compareceu também diante de Antipas (23,8-12). É difícil determinar o caráter histórico desta informação. Embora sendo da Galileia e, portanto, súdito de Antipas, Jesus podia ser justiçado em qualquer momento na Judeia pelo prefeito romano. Certamente o episódio é uma composição cristã elaborada a partir do Salmo 2 para realçar mais ainda a inocência de Jesus: "Os reis da terra se sublevam e os grandes conspiram entre si contra o Senhor e seu Ungido" (2,2).

49. Ao contrário do que se poderia ter esperado, ninguém tocou nos seguidores de Jesus. E não só isso. Depois da morte de Jesus foi-lhes permitido formar uma comunidade na mesma Jerusalém. É claro que Roma nunca viu em Jesus o organizador de um levante contra o Império (contra Brandon e Carmichael).

ou seja, sedição ou ataque grave contra Roma, ou antes no de *crimen laesae maiestatis populi romani*, ou seja, dano ao prestígio do povo romano e de seus mandatários. Pouco importa, Jesus é executado por ser perigoso[50].

A crucificação de Jesus não foi, portanto, um lamentável erro nem o resultado de um infeliz acúmulo de circunstâncias. O profeta do reino de Deus é executado pelo representante do Império romano por instigação e iniciativa da aristocracia local do templo. Uns e outros veem em Jesus um perigo. Não agem de maneira especialmente monstruosa. Muitas vezes age-se assim com os que representam uma ameaça aos interesses dos poderosos. Tibério nomeava seus prefeitos para assegurar seu "império" em todas as províncias submetidas a Roma. Pilatos deve cumprir com sua obrigação, suprimindo pela raiz toda disputa que possa pôr em perigo a ordem pública da Judeia. Caifás e seu conselho precisam defender o templo e impedir a intromissão de "fanáticos" difíceis de controlar. Os soldados cumprem ordens. Provavelmente, parte da população de Jerusalém que não conhecia muito Jesus e cuja vida depende em boa parte do funcionamento do templo e da chegada de peregrinos, deixa-se influir por seus dirigentes e se posiciona contra Jesus[51]. Os

---

50. A inocência de Pilatos, proclamada de diversas maneiras em todos os evangelhos, não é digna de crédito. Os estudos recentes são de opinião que esta apresentação escusatória do prefeito romano não é um dado histórico, mas "propaganda cristã". Em sua origem está a preocupação dos primeiros cristãos de não aparecer no Império como herdeiros de alguém condenado como uma ameaça contra Roma. Não obstante, Brown pensa que a teoria de que os evangelhos desculpam Pilatos mediante a criação de um personagem totalmente fictício peca por exagero.

51. É difícil determinar o caráter histórico do episódio de Barrabás. Até o momento não foi possível provar documentalmente que existisse o costume de soltar um preso por ocasião das festas da Páscoa (Brown, Crossan, Theissen, Gnilka, Schlosser, Bovon). Por isso, alguns pensam que o episódio foi criado por Marcos para simbolizar com força dramática a injustiça cometida contra Jesus (Crossan, *Jesus Seminar*). Outros pensam que existiu realmente um homem chamado Barrabás, que, depois de ser encarcerado por causa de um motim, foi posto em liberdade mais tarde por Pilatos. Ao ser condenado Jesus, os cristãos começaram a recordar com ironia o que aconteceu em Jerusalém: o "criminoso" que havia tomado parte numa rebelião fora libertado; o "inocente" que nunca havia agredido ninguém fora executado (Brown). É verossímil que no processo tenha havido algum grupo hostil a Jesus que acompanhou os dirigentes do templo (Brown, Theissen, Légasse, Gnilka, Schlosser). Não se trata de uma "aclamação" (*acclamatio*), como se tivessem voz e voto no julgamento, mas de uma pressão popular. O terrível grito "crucifica-o", repetido sempre de novo, é uma deplorável dramatização maquinada nas comunidade cristãs contra os judeus da sinagoga. Naqueles primeiros mo-

simpatizantes têm medo e se calam. Seus seguidores mais próximos fogem. O profeta do reino de Deus fica só.

A razão de fundo é clara. O reino de Deus defendido por Jesus põe em questão ao mesmo tempo toda aquela armação de Roma e do sistema do templo. As autoridades judaicas, fiéis ao Deus do templo, veem-se obrigadas a reagir: Jesus estorva. Invoca Deus para defender a vida dos últimos. Caifás e os seus o invocam para defender os interesses do templo. Condenam Jesus em nome de seu Deus, mas, ao fazê-lo, estão condenando o Deus do reino, o único Deus vivo em quem Jesus crê. O mesmo acontece com o Império de Roma. Jesus não vê naquele sistema defendido por Pilatos um mundo organizado segundo o coração de Deus. Ele defende os mais esquecidos do Império; Pilatos protege os interesses de Roma. O Deus de Jesus pensa nos últimos; os deuses do Império protegem a *pax romana*. Não se pode, ao mesmo tempo, ser amigo de Jesus e de César[52]; não se pode servir ao Deus do reino e aos deuses estatais de Roma. As autoridades judaicas e o prefeito romano movimentaram-se para assegurar a ordem e a segurança. No entanto, não é só uma questão de política pragmática. No fundo, Jesus é crucificado porque sua atuação e sua mensagem sacodem pela raiz esse sistema organizado a serviço dos mais poderosos do Império romano e da religião do templo. É Pilatos quem pronuncia a sentença: "Irás para a cruz". Mas essa pena de morte está assinada por todos aqueles que, por razões diversas, resistiram ao seu chamado de "entrar no reino de Deus"[53].

---

mentos do cristianismo era uma invenção relativamente ingênua de alguns cristãos que se sentiam ameaçados e procuravam defender-se diante do poder das autoridades religiosas judaicas. No entanto, quando o Império romano abraçou o cristianismo, estes relatos fantasiosos e irreais alimentaram contra o povo judeu a terrível acusação de "deicídio": uma arma letal que gerou o antijudaísmo e provocou a perseguição e o genocídio antissemita.

52. O evangelho de João põe na boca dos judeus estas palavras: "Se soltas a este, não és amigo de César" (19,12).

53. Provavelmente Jesus ouviu a sentença do prefeito romano em latim: *Ibis ad crucem*. Era a fórmula mais empregada. Pilatos falava latim e grego. Jesus falava aramaico e, talvez, um pouco de grego. No processo houve provavelmente algum serviço de tradução.

O horror da crucificação

Jesus ouve a sentença aterrorizado. Sabe o que é a crucificação. Desde criança ouviu falar desse horrível suplício. Sabe também que não é possível apelação alguma. Pilatos é a autoridade suprema. Ele, um súdito de uma província submetida a Roma, privado dos direitos próprios de um cidadão romano. Tudo está decidido. Esperam Jesus as horas mais amargas de sua vida[54].

Naquele tempo a crucificação era considerada a execução mais terrível e temida. Flávio Josefo a considera "a morte mais miserável de todas" e Cícero a qualifica como "o suplício mais cruel e terrível"[55]. Eram três os tipos de execução mais ignominiosos entre os romanos: agonizar na cruz (*crux*), ser devorado pelas feras (*damnatio ad bestias*) ou ser queimado vivo na fogueira (*crematio*). A crucificação não era uma simples execução, mas uma lenta tortura. Não se danificava diretamente nenhum órgão vital ao crucificado, de maneira que sua agonia podia prolongar-se durante longas horas e até dias. Por outro lado, era normal combinar o castigo básico da crucificação com humilhações e tormentos diversos. Os dados são de arrepiar[56]. Não é estranho mutilar o crucificado, vazar-lhe os olhos, queimá-lo, flagelá-lo ou

---

54. Os quatro evangelistas narram detalhadamente o que aconteceu. Marcos 15,15-39 nos oferece o relato mais antigo. Mateus 27,27-54 segue-o bem de perto, mas desenvolve muito mais os "prodígios" ocorridos por ocasião da morte de Jesus (v. 51-54). Lucas 23,24-28 tem alguns traços próprios: omite a flagelação; fala do encontro de Jesus com algumas mulheres que se compadecem dele a caminho do Calvário; põe nos lábios dele palavras de perdão para os que o crucificam (34), de salvação para o bom ladrão (39-43) e de oração confiante ao Pai ao entregar sua vida (46). João 19,17-29 tem um cunho próprio: omite o episódio de Simão de Cirene; dá grande importância à inscrição da cruz (19-22); da cruz, Jesus trava um breve diálogo com sua mãe e o discípulo amado (25-27) e pronuncia ainda duas breves frases antes de morrer (28-30). O *Evangelho [apócrifo] de Pedro* fornece um relato bastante resumido da crucificação (10-20) com alguns detalhes chamativos que iremos comentando.

55. *Crudelissimum teterrimumque supplicium* (*A Verres* 2, 5, 165). A crucificação era praticada em muitos povos da Antiguidade. Persas, assírios, celtas, germanos e cartagineses a utilizaram de diversas maneiras. Roma a aprendeu de Cartago e fez dela o suplício preferido para castigar os piores criminosos.

56. É impressionante o estudo de M. Hengel recolhendo minuciosamente os testemunhos e informações do mundo antigo sobre a crucificação.

torturá-lo de diversas formas antes de pendurá-lo na cruz. A maneira de levar a cabo a crucificação prestava-se sem mais ao sadismo dos verdugos. Sêneca fala de homens crucificados de cabeça para baixo ou empalados no poste da cruz de maneira obscena. Ao descrever a queda de Jerusalém, Flávio Josefo conta que os derrotados "eram açoitados e submetidos a todo tipo de torturas antes de morrer crucificados diante das muralhas... Os soldados romanos, por ira e por ódio, para zombar deles, penduravam de diferentes formas os que eles prendiam, e eram tantas as suas vítimas que não tinham espaço suficiente para pôr suas cruzes, nem cruzes para pregar os corpos"[57]. A crucificação de Jesus não parece ter sido um ato de assanhamento especial por parte dos verdugos. As fontes cristãs só falam da flagelação e da crucificação, além de zombarias e humilhações de diversos tipos.

A crueldade da crucificação tinha a intenção de aterrorizar a população e servir assim de escarmento geral. Sempre era um ato público. As vítimas permaneciam totalmente nuas, agonizando na cruz, num lugar visível: uma encruzilhada concorrida, uma pequena elevação não longe das portas de um teatro ou o próprio lugar onde o crucificado havia cometido seu crime. Não era fácil esquecer o espetáculo daqueles homens retorcendo-se de dor entre gritos e maldições. Em Roma havia um lugar especial para crucificar os escravos. Chamava-se *Campus Esquilinus*. Este campo de execução, cheio de cruzes e instrumentos de tortura, e rodeado quase sempre de aves de rapina e cães selvagens, era a melhor força de dissuasão. É provável que o pequeno monte do Gólgota (lugar da Caveira), não longe das muralhas, junto a um caminho concorrido que levava à porta de Efraim, fosse o "lugar de execução" da cidade de Jerusalém.

A crucificação não era aplicada aos cidadãos romanos, exceto em casos excepcionais e para manter a disciplina entre os militares. Era demasiado brutal e vergonhosa: o castigo típico para os escravos. Chamava-se *servile*

57. *A guerra judaica* V, 449-451. A partir do imperador Constantino, a crucificação foi substituída pouco a pouco pela forca, castigo mais humano, que provoca a morte de maneira rápida.

supplicium. O escritor romano Plauto (apr. 250-184 a.C.) descreve com quanta facilidade crucificavam-se escravos para mantê-los aterrorizados, cortando pela raiz qualquer tentativa de rebelião, fuga ou roubos[58]. Por outro lado, era o castigo mais eficaz para os que se atreviam a erguer-se contra o Império. Durante muitos anos foi o instrumento mais comum para "pacificar" as províncias rebeldes. O povo judeu o havia experimentado repetidas vezes. Só num período de setenta anos, próximos à morte de Jesus, o historiador Flávio Josefo nos informa de quatro crucificações em massa: no ano 4 a.C., Quintílio Varo crucifica dois mil rebeldes em Jerusalém; entre os anos 48 e 52, Quadrato, legado da Síria, crucifica todos os capturados por Cumano num enfrentamento entre judeus e samaritanos; no ano 66, durante a prefeitura do cruel Floro, são flagelados e crucificados um número incontável de judeus; na queda de Jerusalém (setembro do ano 70), numerosos defensores da cidade santa são crucificados brutalmente pelos romanos[59].

Os que passam perto do Gólgota nesse 7 de abril do ano 30 não contemplam nenhum espetáculo piedoso. Mais uma vez são obrigados a ver, em plenas festas de Páscoa, a execução cruel de um grupo de condenados. Não poderão esquecê-lo facilmente durante a ceia pascal dessa noite. Sabem muito bem como termina normalmente esse sacrifício humano. O ritual da crucificação exigia que os cadáveres permanecessem nus sobre a cruz para servir de alimento às aves de rapina e aos cães selvagens; os restos eram depositados numa fossa comum. Ficavam assim apagados para sempre o nome e a identidade daqueles desgraçados. Talvez agir-se-á de maneira diferente nesta ocasião, pois faltam só poucas horas para começar o dia da Páscoa, a festa mais solene de Israel e, entre os judeus, costumava-se enterrar os exe-

---

58. Na primeira revolução de escravos da Sicília (139-132 a.C.) foram crucificados 450 escravos. Depois da derrota de Espártaco, Crasso mandou crucificar 6.000 escravos na Via Ápia, entre Cápua e Roma.

59. *A guerra judaica* II, 75; II, 241; II, 305-308; V, 449-451. Entre os judeus praticava-se o apedrejamento, não a crucificação. No entanto, Alexandre Janeu crucificou oitocentos fariseus. Ao subir ao trono, Herodes o Grande a suprimiu.

cutados no mesmo dia. De acordo com a tradição judaica, "um homem pendurado numa árvore é uma maldição de Deus"[60].

As últimas horas

O que viveu realmente Jesus durante suas últimas horas?[61] A violência, os golpes e as humilhações começam na mesma noite de sua detenção. Nos relatos da paixão lemos duas cenas paralelas de maus-tratos. As duas ocorrem imediatamente após a condenação de Jesus por parte do sumo sacerdote e por parte do prefeito romano, e as duas estão relacionadas com os temas tratados. No palácio de Caifás, Jesus recebe "golpes" e "cusparadas", cobrem-lhe o rosto e riem-se dele dizendo-lhe: "Profetiza, Messias, quem foi que te bateu?"; as zombarias concentram-se em Jesus como "falso profeta", que é a acusação que está no pano de fundo da condenação judaica. No pretório de Pilatos, Jesus recebe novamente "golpes" e "cusparadas" e é objeto de uma farsa: colocam nele um manto de púrpura, ajustam-lhe na cabeça uma coroa de espinhos, põem-lhe nas mãos um caniço à maneira de cetro real e dobram os joelhos diante dele dizendo: "Salve, rei dos judeus"; aqui todo o escárnio se concentra em Jesus como "rei dos judeus", que é a preocupação do prefeito romano[62].

---

60. Assim se diz no Deuteronômio 21,22-23: "Se um homem, réu de delito capital, foi executado, pendurá-lo-ás numa árvore. Não deixarás que seu cadáver passe a noite na árvore; enterrá-lo-ás no mesmo dia, porque um pendurado é uma maldição de Deus".

61. Os relatos da paixão não oferecem uma informação fria dos fatos; desde o começo, os cristãos recorreram às sagradas Escrituras, e em especial aos salmos do sofrimento do justo (22 e 69), para dar algum sentido àquele final tão horroroso de Jesus. Esta referência às Escrituras influiu de maneira notável no modo de apresentar a paixão, mas isto não significa de modo algum que tudo tenha sido inventado a partir de textos bíblicos. Para determinar o caráter histórico de cada detalhe, é necessário analisar cuidadosamente o que pode ser reminiscência histórica e o que é ilustração proveniente dos textos bíblicos.

62. A zombaria dos judeus está descrita em Marcos 16,45; Mateus 26,67-68; Lucas 22,63-65. A zombaria dos soldados de Pilatos em Marcos 15,16-20; Mateus 27,27-31; João 19,2-3. Lucas fala do escárnio no palácio de Herodes (23,11).

Provavelmente, tal como estão descritas, nenhuma destas duas cenas goza de rigor histórico. O primeiro relato foi sugerido, em parte, pela figura do "servo sofredor de Javé", que oferece suas costas aos "golpes" dos verdugos e não evita os "insultos" e "cusparadas"[63]. A farsa dos soldados, por sua vez, inspira-se provavelmente no ritual da investidura dos reis, com os símbolos bem conhecidos que são a clâmide de púrpura, a coroa de folhas silvestres e o gesto da prosternação, no qual toma parte, de acordo com Marcos, "toda a coorte" (600 soldados!). Trata-se, sem dúvida, de duas cenas profundamente reelaboradas, nas quais, de maneira indireta e com não pouca ironia, os cristãos fazem os adversários de Jesus confessarem o que ele realmente é para eles: profeta de Deus e rei.

Isto não significa, de maneira alguma, que tudo seja ficção. Na origem da primeira cena no palácio de Caifás parece estar subjacente a lembrança de bofetadas assestadas por um ou vários guardas do sumo sacerdote na noite da detenção[64]. Este tratamento vexatório dado aos detentos era bastante comum. Quando, trinta anos mais tarde, por volta dos anos sessenta, Jesus, filho de Ananias, foi detido pelas autoridades judaicas porque profetizava contra o templo, recebeu numerosos golpes antes de ser entregue aos romanos[65]. Algo parecido se pode dizer do escárnio por parte dos soldados de Pilatos. A cena não se inspira em nenhum texto bíblico e a conduta vexatória para com um condenado é verossímil. Os soldados de Pilatos não eram legionários romanos disciplinados, mas tropas auxiliares recrutadas entre a população samaritana, síria ou nabateia, povos profundamente antijudaicos. Não é nada improvável que caíssem na tentação de zombar daquele judeu, caído em desgraça e condenado por seu prefeito. Não sabemos exatamente o

---

63. Assim diz este personagem que para os primeiros cristãos era figura de Jesus: "Ofereci minhas costas aos que me golpeavam. [...] Não desviei meu rosto dos insultos e cusparadas" (Isaías 50,6).

64. João fala da bofetada que um dos guardas deu em Jesus durante o interrogatório (18,22-23).

65. FLÁVIO JOSEFO. *A guerra judaica* VI, 302.

que fizeram com Jesus. A descrição concreta que os evangelhos fornecem parece inspirada em zombarias e incidentes como o narrado por Fílon. De acordo com este escritor judeu, no ano 38, para zombar do rei Herodes Agripa de visita a Alexandria, tomaram um deficiente mental chamado Carabás e o "entronizaram" no ginásio da cidade: puseram-lhe na cabeça uma folha de papiro em forma de diadema, cobriram-lhe as costas com um tapete à guisa de manto real e lhe deram para segurar uma vara à maneira de cetro; depois, como nas "pantomimas teatrais", alguns jovens puseram-se de pé de ambos os lados imitando uma guarda pessoal, enquanto outros o homenageavam[66].

Os soldados de Pilatos começaram realmente a intervir de maneira oficial quando seu prefeito lhes deu a ordem de flagelar Jesus[67]. A flagelação, neste caso, não é um castigo independente nem mais uma diversão dos soldados. Faz parte do ritual da execução, que começa em geral com a flagelação e culmina com a crucificação propriamente dita[68]. Provavelmente, depois de ouvir a sentença, Jesus é conduzido pelos soldados ao pátio do palácio chamado "pátio pavimentado com lajes", para proceder à sua flagelação. O ato é público. Não sabemos se algum dos acusadores assiste àquele triste espetáculo. Para Jesus começam suas horas mais terríveis. Os soldados o desnudam totalmente e o amarram a uma coluna ou a um suporte apropriado. Para a flagelação utilizava-se um instrumento especial chamado *flagrum*, que tinha um cabo curto e era feito com tiras de couro que terminavam em bolas de chumbo, ossos de carneiro ou pedacinhos de metal pungente. Desconhecemos os instrumentos que os verdugos de Jesus possam ter utilizado, mas sabemos qual era sempre o resultado. Jesus fica todo machucado, quase sem forças para manter-se de pé e com o corpo em carne viva. Assim ficou

66. Fílon, *In Flaccum* 6, 36-40.

67. O fato da flagelação é considerado histórico praticamente por todos (inclusive por J.D. Crossan e o grupo do *Jesus Seminar*).

68. Os romanos distinguiam entre a *fustigatio*, castigo preventivo e de caráter mais leve, e a *flagellatio*, prelúdio terrível da crucificação. Os autores pensam que Jesus foi submetido à flagelação que dava início à sua execução.

também Jesus, filho de Ananias, quando foi flagelado por Albino no ano 62. Flávio Josefo o descreve "esfolado a chicotadas até os ossos"[69]. O castigo é tão brutal que às vezes os condenados morrem durante o suplício. Não foi o caso de Jesus, mas as fontes dão a entender que ele ficou com muito poucas forças. Parece que precisou ser ajudado a carregar a cruz, porque não podia com ela, e de fato sua agonia não se prolongou: morreu antes dos outros dois réus crucificados juntamente com ele.

Terminada a flagelação, procede-se à crucificação. Não se deve demorá-la. A execução de três crucificados leva tempo e faltam poucas horas para o pôr do sol, que marcará o começo das festas da Páscoa. Os peregrinos e a população de Jerusalém apressam-se a realizar os últimos preparativos: alguns sobem ao templo para adquirir seu cordeiro e degolá-lo ritualmente; outros vão para suas casas a fim de preparar a ceia. Respira-se o ambiente festivo da Páscoa. Do palácio do prefeito põe-se em marcha uma lúgubre comitiva a caminho do Gólgota. O trajeto é relativamente curto. Talvez não chegue a quinhentos metros. Ao sair do pretório, seguem provavelmente pela estreita rua que corre entre o palácio-fortaleza de Pilatos e as muralhas; quando saírem da cidade pela porta de Efraim já se encontrarão no lugar da execução[70].

Os três condenados caminham escoltados por um pequeno pelotão de quatro soldados. A Pilatos pareceu suficiente para garantir a segurança e a ordem. Os seguidores mais próximos de Jesus fugiram: Pilatos não teme grandes tumultos por causa da execução daqueles desgraçados. Provavelmente na comitiva vão também com eles os verdugos encarregados de executá-los. São três os réus e a crucificação requer destreza. Levam consigo o material necessário: pregos, cordas, martelos e outros objetos. Jesus caminha em silêncio. Da mesma forma que os outros réus, carrega nas costas o *patibulum* ou travessa horizontal onde logo será pregado; quando chegarem

69. *A guerra judaica* VI, 304.

70. Os autores discutem o percurso exato que Jesus pode ter feito a caminho da crucificação.

ao lugar da execução, será ajustado a um dos paus verticais (*stipes*) que estão fixados permanentemente no Gólgota para ser utilizados nas execuções. Jesus leva pendurada ao pescoço uma pequena tábua (*tabella*) onde, segundo o costume romano, está escrita a causa da pena de morte. Cada um leva a sua. É importante que todos saibam o que espera aqueles que os imitarem: a crucificação deve servir de escarmento geral. De acordo com algumas fontes, Jesus não pôde arrastar a cruz até o final. Em determinado momento, os soldados, temendo que ele não chegasse vivo ao lugar da crucificação, obrigaram um homem que vinha do campo para celebrar a Páscoa a transportar a cruz de Jesus até o Calvário. Chama-se Simão, era oriundo de Cirene (na atual Líbia) e pai de Alexandre e Rufo[71].

Não demoram a chegar ao Gólgota. Sem ser tão famoso como o *Campus Esquilinus* de Roma, o local era talvez conhecido em Jerusalém como lugar de execuções públicas. Assim o sugere seu sinistro nome: "lugar do Crânio" ou "lugar da Caveira". Em português: "Calvário"[72]. Era um montículo rochoso que sobressaía uns dez ou doze metros ao seu entorno. A região fora antigamente um pedreira donde se extraía material para as construções da cidade. Naquele momento servia, ao que parece, como lugar de sepultura nas cavidades das rochas. Na parte superior do montículo podiam-se ver os paus verticais fincados firmemente na rocha. Junto ao Gólgota passava um caminho muito transitado que levava à vizinha porta de Efraim. O lugar não pode ser mais apropriado para fazer da crucificação um castigo exemplarizante.

Imediatamente procede-se à execução dos três réus. Com Jesus faz-se provavelmente o que se fazia com qualquer condenado. Desnudam-no total-

---

71. Assim o apresenta Marcos 15,21 (Mateus 27,32; Lucas 23,26). No entanto, nada se diz dele em João. Alguns autores o consideram um personagem fictício, inventado para apresentá-lo como seguidor fiel do crucificado: Simão Pedro não toma a cruz de Jesus, mas foge; Simão de Cirene toma a cruz de Jesus e o segue (Reinach, *Jesus Seminar*, Crossan). No entanto, como sublinha Brown, o gesto de Simão não é voluntário, mas forçado; seu gesto não serve como exemplo de seguimento; provavelmente é um fato histórico (Taylor, Gnilka, Brown).

72. O termo "Gólgota" vem do aramaico *gulgultá*, lugar do crânio ou da caveira.

mente para degradar sua dignidade, deitam-no no chão, estendem seus braços sobre a travessa horizontal e com pregos longos e sólidos o pregam pelos pulsos, que são fáceis de atravessar e permitem sustentar o peso do corpo humano. Depois, utilizando instrumentos apropriados, elevam a travessa junto com o corpo de Jesus e o fixam ao pau vertical antes de pregar os dois pés à parte inferior[73]. Geralmente a altura da cruz não passava muito dos dois metros, de maneira que os pés do crucificado ficavam a trinta ou cinquenta centímetros do solo. Deste modo, a vítima fica mais perto de seus torturadores durante o longo processo de asfixia e, uma vez morta, pode ser pasto fácil dos cães selvagens[74].

Os soldados preocupam-se em colocar na parte superior da cruz a pequena placa de cor branca na qual, com letras negras ou vermelhas bem visíveis, indica-se a causa pela qual Jesus é executado. É o costume nestes casos[75]. Ao que parece, o letreiro de Jesus estava escrito em hebraico, a língua sagrada mais utilizada no templo, em latim, língua oficial do Império romano, e em grego, a língua comum dos povos do Oriente, certamente a mais falada pelos

---

73. Não é possível precisar mais detalhes. Ao que parece, não ataram os braços de Jesus à cruz, mas os pregaram na altura dos pulsos. Não sabemos se pregaram os dois pés separadamente ou se utilizaram só um prego longo. Não parece que se tenha utilizado nem o *sedile*, pequeno assento de madeira colocado no pau vertical para descansar o peso do corpo, nem o *suppedaneum*, para apoiar os pés: não houve interesse em prolongar sua agonia.

74. Em junho de 1968 foi encontrada em Giv'at ha-Mitvar (a nordeste de Jerusalém) uma tumba do século I, escavada na rocha. Um dos ossários continha os ossos de um varão de vinte a trinta anos, chamado Yehohanan, que morreu crucificado. Seus braços não haviam sido pregados, mas atados à travessa horizontal. Os pés haviam sido separados de um lado e do outro do pau vertical para serem pregados não de frente, mas de lado. Pregaram-lhe cada um dos pés com um longo prego que atravessou primeiro uma tabuinha de oliveira (colocada para que não tirasse o pé), depois o calcanhar e, por fim, a madeira do pau. Um dos pregos entortou ao ser pregado na madeira nodosa da cruz e não pôde ser retirado do pé do cadáver. No ossário encontraram-se ainda unidos o calcanhar, o prego e a tabuinha de oliveira. O cadáver de Yehohanan, chamado entre os arqueólogos o "crucificado de Giv'at ha-Mitvar", lança uma luz sinistra sobre o suplício que Jesus padeceu.

75. Para a maioria dos historiadores, esta inscrição ou *titulus* da condenação é um dos dados mais sólidos da paixão de Jesus (Légasse, Fitzmyer, Brown, Bovon, Gnilka...), contra o ceticismo de Bultmann e Linnemann.

judeus da diáspora[76]. Deve ficar bem claro o delito de Jesus: "rei dos judeus". Estas palavras não são um título cristológico inventado posteriormente pelos cristãos[77]. Não é tampouco uma notificação oficial que conserve as atas do processo diante de Pilatos. Trata-se antes de uma maneira de informar a população para que a execução de Jesus sirva de escarmento. De maneira inteligível e com sua pequena dose de zombaria, chama-se a atenção de todos para o que os espera se seguirem os passos deste homem que pende da cruz.

Jesus é executado com outros condenados. Ao que parece era bastante comum este tipo de execuções em grupo. As fontes cristãs falam só de outros dois crucificados. Podem ter sido mais. Não sabemos se eram "bandidos" capturados em algum tipo de confronto com as autoridades romanas ou, antes, "delinquentes comuns" condenados por algum crime castigado com pena de morte[78]. Alguns põem em dúvida o fato: pensam que se trata de um detalhe inventado a partir de textos bíblicos como Isaías 53,12 ou o Salmo 22,17 para mostrar com mais força a atrocidade que se cometeu contra Jesus, que, sendo inocente, foi executado como um criminoso qualquer[79]. Talvez o detalhe tenha sido recolhido com essa intenção, mas não parece um fato fictício. Certamente Jesus foi executado junto com outros condenados seguindo uma prática habitual. No entanto, a maneira de representar Jesus num lugar preeminente e central, no meio de dois bandidos, pode dever-se a razões de "estética cristã"[80].

---

76. Só João 19,20 nos informa do caráter trilíngue do *titulus* da cruz.

77. Nunca os primeiros cristãos chamaram Jesus de "rei dos judeus". Teriam colocado na cruz outros títulos: "Messias", "Salvador do mundo", "Senhor"...

78. De acordo com Marcos e Mateus, são dois "bandidos" (plural de *lêstês*). De acordo com Lucas são "malfeitores" (plural de *kakourgos*). Talvez ele evite o termo "bandido" *lêstês*) por causa do conteúdo antirromano que podia ter para seus leitores.

79. Assim diz Isaías 53,12 do Servo de Javé, figura de Jesus para os cristãos: "Indefeso, entregou-se à morte e foi contado entre criminosos". No Salmo 22,17, um justo perseguido grita: "Um bando de malvados me encurrala". Crossan vê nestes textos a origem da cena narrada pelos evangelhos.

80. Assim sugere R.E. Brown.

Terminada a crucificação, os soldados não se afastam do lugar. Sua obrigação é vigiar para que ninguém se aproxime para tirar os corpos da cruz e esperar até que os condenados lancem seu último estertor. Enquanto isso, de acordo com os evangelhos, repartem entre si as vestes de Jesus sorteando o que cada um irá levar[81]. Provavelmente foi assim. Segundo uma prática romana comum, os pertences do condenado podiam ser tomados como "despojos" (*spolia*). O crucificado devia saber que já não pertencia ao mundo dos vivos[82].

Os evangelhos conservaram também a lembrança de que, em algum momento, os soldados ofereceram a Jesus algo para beber. Não é fácil saber o que ocorreu. Segundo Marcos e Mateus, ao chegar ao Gólgota, antes de crucificá-lo, os soldados oferecem a Jesus "vinho misturado com mirra", uma bebida aromática que adormecia a sensibilidade e ajudava a suportar melhor a dor; dizem-nos que Jesus "não a tomou"[83]. No final, pouco antes de morrer, acontece algo totalmente diferente. Ao ouvir Jesus lançar um forte grito invocando a Deus, um dos soldados apressa-se a oferecer-lhe um "vinho avinagrado", chamado em latim *posca*, uma bebida forte, muito popular entre os soldados romanos, que a tomavam para recuperar as forças e levantar o ânimo. Desta vez não é um gesto de compaixão para aplacar a dor do crucificado, mas uma espécie de zombaria final para que ele aguente um pouco mais para o caso de Elias vir em sua ajuda (!). Não se nos diz se Jesus o bebe. Provavelmente já não tem forças para nada. Este oferecimento de vinagre nos momentos finais está tão arraigado em todas as fontes que, provavelmente, é histórico: mais uma zombaria, desta vez em plena agonia[84]. Mas certamente o detalhe foi recolhido na tradição porque adquiria uma profun-

---

81. Marcos 15,24.

82. O detalhe é amplificado pelo evangelho de João 19,23-24, que fala de uma "túnica sem costuras", provável alusão à túnica que o sumo sacerdote vestia. Além disso, o episódio é iluminado teologicamente com a citação do Salmo 22,19: "Repartiram entre si minhas vestes, lançaram a sorte sobre minha túnica".

83. Marcos 15,23 // Mateus 27,34.

84. Todos os evangelistas falam deste episódio de diversas maneiras: Marcos 15,36; Mateus 27,48-49; Lucas 23,36 e João 19,28-30. De acordo com o *Evangelho [apócrifo] de Pedro* (15-16), dão a Jesus uma "mistura" para envenená-lo e conseguir que morra antes do pôr do sol (!).

didade especial à luz das queixas de um orante que se lamenta assim: "Espero inutilmente compaixão, não encontro quem me console; puseram-me veneno na comida, aplacaram minha sede com vinagre"[85].

Nada mais resta que esperar. Jesus foi pregado na cruz entre as nove da manhã e as doze[86]. A agonia não irá se prolongar. São para Jesus os momentos mais duros. Enquanto seu corpo vai se deformando, cresce a angústia de sua asfixia progressiva. Pouco a pouco vai ficando sem sangue e sem forças. Os olhos quase não enxergam mais nada. Do exterior só lhe chegam algumas zombarias e os gritos de desespero e raiva dos que agonizam ao lado dele. Logo lhe sobrevirão as convulsões. Depois, o estertor final[87].

Nas mãos do Pai

Como Jesus vive este trágico martírio? O que experimenta ao comprovar o fracasso de seu projeto do reino de Deus, o abandono de seus seguidores mais próximos e o ambiente hostil dos que o rodeiam? Qual é sua reação diante de uma morte tão ignominiosa como cruel? Seria um erro pretender desenvolver uma investigação de caráter psicológico que nos introduziria no mundo interior de Jesus. As fontes não se orientam para uma descrição psicológica de sua paixão, mas convidam a aproximar-nos de suas atitudes básicas à luz do "sofrimento do justo inocente", descrito em diferentes salmos bem conhecidos no povo judeu.

---

85. Salmo 69,22.

86. Parece que Marcos ordena cronologicamente o relato em intervalos de três horas. Às três da manhã o galo canta (14,72); à seis (amanhecer), Jesus é conduzido a Pilatos (15,1); às nove é crucificado (15,25); às doze a escuridão começa a envolver tudo (15,33); às três da tarde Jesus morre (15,34); às seis (entardecer) é enterrado. Este esquema, claramente artificial, não se afasta muito da realidade no fundamental: Jesus foi crucificado entre as nove da manhã e o meio-dia; morreu por volta das três da tarde.

87. Os evangelistas não se deleitam descrevendo o horror da agonia de Jesus. Podemos deduzi-lo dos dados que conhecemos da prática romana da crucificação (Hengel, Sloyan, Légasse...). As diversas teorias sobre a causa fisiológica da morte de Jesus (Le Bec, Barbet, Behaut, Gilly, Edwards...) são hipóteses médicas que às vezes se baseiam em detalhes evangélicos que não são de caráter histórico, mas teológico...

Entre os primeiros cristãos existe a lembrança de que, no final de sua vida, Jesus viveu uma luta interior angustiosa. Inclusive pediu a Deus que o livrasse daquela morte tão dolorosa[88]. Provavelmente ninguém sabe com certeza as palavras precisas que Jesus pronunciou. Para aproximar-se de alguma forma a esta experiência, recorrem ao Salmo 42: na angústia deste orante ouvem o eco do que Jesus pode ter vivido[89]. Ao mesmo tempo, associam sua oração neste terrível momento a formas de oração que eles mesmos recitam e que provêm de Jesus: sem dúvida foi ele o primeiro a vivê-las no fundo de seu coração[90]. Talvez, no começo, não se sabe determinar quando e onde Jesus viveu esta crise, mas logo o fato é situado no "horto do Getsêmani", no momento dramático em que acontecerá sua detenção[91].

A cena é de partir o coração. No meio das sombras da noite, Jesus adentra o "horto das Oliveiras". Pouco a pouco "começa a entristecer-se e angustiar-se". Depois afasta-se dos discípulos procurando, como é seu costume, um pouco de silêncio e paz. Imediatamente "cai ao chão" e fica prosternado tocando a terra com o rosto[92]. Os textos procuram sugerir seu abatimento com diversos termos e expressões. Marcos fala de "tristeza": Jesus está pro-

---

88. O fato ficou conservado em testemunhos diferentes: Marcos 14,32-42 (Mateus 26,36-46); Lucas 22,39-45; João 12,23.27.28.29; carta aos Hebreus 5,7-10.

89. Este orante expressa-se assim: "Por que te afliges, ó minha alma, por que te perturbas dentro de mim? Espera em Deus, pois tornarás a louvá-lo: 'Salvação de meu rosto, ó meu Deus. Sinto-me desfalecer, por isso me lembro de ti'" (Salmo 42,6-7).

90. "*Abbá*, Pai" (Marcos); "Faça-se tua vontade" (Mateus); "Pai, glorifica teu Nome" (João); "Não nos sujeites à provação" (Marcos).

91. Há posições diversas diante da historicidade da cena do Getsêmani. Alguns a consideram pura invenção da comunidade cristã, não um fato transmitido por testemunhas (Lüdemann, Crossan, *Jesus Seminar*). Muitos a aceitam como um dos fatos mais seguros; ninguém teria inventado uma cena tão desfavorável para Jesus (Lietzmann, Schnackenburg, Gnilka...). Outros consideram o relato "substancialmente histórico", mas muito trabalhado pela tradição cristã, pois não se conheciam as palavras pronunciadas por Jesus (Léon-Dufour, Grelot, Brown). Sigo esta posição mais matizada.

92. Lucas o apresenta "pondo-se de joelhos", numa atitude que pode servir de exemplo aos orantes cristãos (22,41). João não o apresenta "caído por terra", mas fala que o grão só é fecundo quando "cai na terra e morre" (12,24).

fundamente triste, com uma tristeza mortal; nada pode infundir alegria em seu coração; escapa-lhe uma queixa: "Minha alma está muito triste, até à morte". Fala-se também de "angústia": Jesus se vê desamparado e abatido; um pensamento apoderou-se dele: ele vai morrer. João fala de "perturbação": Jesus está desconcertado, interiormente dilacerado. Lucas destaca a "ansiedade": o que Jesus experimenta não é inquietude nem preocupação; é horror diante do que o espera. A carta aos Hebreus diz que Jesus chorava: "ao orar vinham-lhe as lágrimas aos olhos"[93].

Do chão Jesus começa a orar. A fonte mais antiga recolhe assim sua oração: "*Abbá*, Pai! Tudo é possível para ti; afasta de mim esta taça; mas não seja o que eu quero, e sim o que tu queres"[94]. Neste momento de angústia e abatimento total, Jesus volta à sua experiência original de Deus: *Abbá*. Com esta invocação no coração submerge confiante no mistério insondável de Deus, que lhe está oferecendo uma taça tão amarga de sofrimento e morte. Não precisa de muitas palavras para comunicar-se com Deus: "Tu podes tudo. Eu não quero morrer. Mas estou disposto ao que tu quiseres". Deus pode tudo. Jesus não tem nenhuma dúvida. Deus poderia tornar realidade seu reino de outra forma que não acarretasse este terrível suplício da crucificação. Por isso grita-lhe seu desejo: "Afasta para longe de mim esta taça. Não a aproximes mais de mim. Quero viver". Deve haver outra maneira de se cumprirem os desígnios de Deus. Há poucas horas, ao despedir-se dos seus, ele mesmo estava falando, com uma taça nas mãos, de sua entrega completa ao serviço do reino de Deus. Agora, angustiado, pede ao Pai que lhe poupe esta taça. Mas está disposto a tudo, inclusive a morrer, se é isso que o Pai quer. "Que se faça o que tu queres". Jesus abandona-se totalmente à vontade de

93. Hebreus 5,7. Esta imagem de um Jesus perturbado e angustiado, caído por terra para implorar a Deus que o livre de seu destino, contrasta fortemente com a morte de Sócrates descrita por Platão. Obrigado a tomar veneno, Sócrates aceita sua morte sem lágrimas nem súplicas patéticas, com a certeza de dirigir-se para o mundo da verdade, da beleza e da bondade perfeitas.

94. Marcos 14,36.

seu Pai no momento em que esta se lhe apresenta como algo absurdo e incompreensível[95].

O que há no pano de fundo desta oração? Donde brota a angústia de Jesus e sua invocação ao Pai?[96] O que o aflige é, sem dúvida, ter que morrer tão de repente e de uma forma tão violenta. A vida é o maior presente de Deus. Para Jesus, como para qualquer judeu, a morte é a maior desgraça, porque destrói tudo o que há de bom na vida e não conduz senão a uma existência sombria no *sheol*[97]. Talvez sua alma estremeça ainda mais ao pensar numa morte tão ignominiosa como a crucificação, considerada por muitos como sinal do abandono e até da maldição de Deus. Mas há ainda algo mais trágico para Jesus. Ele vai morrer sem ter realizado seu projeto. Viveu com tanta paixão sua entrega, está tão identificado com a causa de Deus, que agora sua dilaceração é mais horrorosa. O que vai ser do reino de Deus? Quem vai defender os pobres? Quem vai pensar nos que sofrem? Onde os pecadores vão encontrar a acolhida e o perdão de Deus?

A insensibilidade e o abandono de seus discípulos o fazem mergulhar na solidão e na tristeza. O comportamento deles faz-lhe ver a magnitude de seu fracasso. Reuniu ao redor de si um pequeno grupo de discípulos e discípulas; com eles começou a formar uma "nova família" a serviço do reino de

---

95. É preciso entender bem tudo isto. Em nenhum momento se diz nos evangelhos que Deus quer a "destruição" de Jesus. A crucificação é um "crime" e uma "injustiça". Como o Pai vai querer que torturem Jesus? O que Deus quer é que ele permaneça fiel a seu serviço ao reino sem ambiguidade alguma, que não renegue sua mensagem de salvação nesta hora do confronto decisivo, que não volte atrás em sua defesa e solidariedade com os últimos, que continue revelando sua misericórdia e perdão a todos.

96. Algumas correntes teológicas atribuíram a angústia do Getsêmani a diversas causas: Jesus toma consciência do fracasso de seu sacrifício, que não evitará a "condenação" de muitos; Jesus experimenta em si mesmo a "condenação do pecado", o "castigo reservado aos pecadores", a "cólera de Deus"... Estas leituras vão além dos textos, que não falam de "pecado" nem de "castigo". O cálice não simboliza a "cólera de Deus" sobre os ímpios, mas o destino doloroso e iminente da crucificação.

97. O *sheol* é o "país dos mortos". De acordo com a fé judaica, encontra-se nas profundezas da terra. Ali não há luz, mas trevas e densas sombras. Não há vida, nem cânticos, nem louvor a Deus. Para lá descem todos os mortos, bons e maus, sem que ninguém possa retornar a esta vida. No tempo de Jesus, muitos o consideravam o lugar de espera da ressurreição.

Deus; escolheu os "Doze" como número simbólico da restauração de Israel; reuniu-os nessa recente ceia para transmitir-lhes sua confiança em Deus. Agora os vê prestes a fugir, deixando-o só. Tudo rui por terra. A dispersão dos discípulos é o sinal mais evidente de seu fracasso. Quem os reunirá dali por diante? Quem viverá a serviço do reino de Deus?

A solidão de Jesus é total. Seu sofrimento e seus gritos não encontram eco em ninguém: Deus não lhe responde; seus discípulos "dormem". Capturado pelas forças de segurança do templo, Jesus já não tem nenhuma dúvida: o Pai não ouviu seus desejos de continuar vivendo; seus discípulos fogem procurado a própria segurança. Ele está só! Os relatos deixam entrever esta solidão de Jesus ao longo de toda a paixão. A atenção dos habitantes de Jerusalém e daquela multidão de peregrinos que enche as ruas não está naquele pequeno grupo que vai ser executado nas imediações da cidade. No templo tudo é agitação e azáfama. A estas horas, milhares de cordeiros estão sendo sacrificados no recinto sagrado. As pessoas movimentam-se febrilmente concluindo os últimos preparativos para a ceia pascal. Somente os que se encontram em seu caminho com o cortejo dos condenados ou passam perto do Gólgota prestam atenção. Como é habitual nas sociedades antigas, são pessoas familiarizadas com o espetáculo de uma execução pública. Suas reações são diversas: curiosidade, gritos, zombaria, desprezo e um que outro comentário de lástima. Da cruz, Jesus provavelmente só percebe rejeição e hostilidade[98].

Só Lucas fala de uma atitude mais amável e compassiva por parte de algumas mulheres que, no meio da multidão que observa os condenados a caminho da cruz, aproximam-se de Jesus chorando por ele[99]. Por outro lado, um grupo de discípulas de Jesus encontra-se no cenário do Gólgota "olhan-

98. Não é possível precisar com detalhes o caráter histórico das diversas reações ao pé da cruz de Jesus. As fontes cristãs acentuaram as zombarias e insultos inspirando-se no Salmo 22,7-9. De acordo com as diversas versões, zombam de Jesus "os que passam por ali", os "sumos sacerdotes", os "soldados" e até "os que são crucificados com ele". Só Lucas (e o *Evangelho [apócrifo] de Pedro*) falam de um sentimento de pesar por parte de alguns.

99. Lucas 23,27-31. Será que Lucas contou com uma fonte especial desconhecida dos outros evangelistas (Fitzmyer, Taylor...)? O certo é que quase em cada linha pode-se observar a mão e o espírito de Lucas (Brown).

do de longe", porque os soldados não permitem a ninguém aproximar-se dos crucificados subindo até o alto do montículo[100]. São-nos dados os nomes destas mulheres valentes que permanecem ali até o final. Todos os evangelistas coincidem na presença de Maria de Mágdala, a mulher que tanto ama a Jesus. Marcos e Mateus falam de outras duas mulheres: Maria, mulher de Alfeu, mãe de Tiago Menor e José, e Salomé, mãe de Tiago e João. Só o quarto evangelho menciona "a mãe de Jesus", uma tia dele, irmã de sua mãe, e "Maria, mulher de Clopas". Embora se tenha dito com frequência que a presença destas mulheres pode ter confortado Jesus, o fato é pouco provável. Cercado pelos soldados de Pilatos e pelos encarregados da execução, é difícil pensar que, durante sua agonia, Jesus tenha podido perceber sua presença, obrigadas como estavam a permanecer à distância, perdidas entre as pessoas.

Provavelmente as primeiras gerações cristãs não sabiam com exatidão as palavras que Jesus pode ter murmurado durante sua agonia. Ninguém esteve tão perto para poder recolhê-las[101]. Existia a lembrança de que Jesus morrera orando a Deus e também que, no final, havia soltado um forte grito[102]. Pouco mais. Quase todas as palavras concretas que os evangelistas põem nos lábios de Jesus refletem provavelmente as reflexões dos cristãos, que vão se aprofundado na morte de Jesus a partir de diversas perspectivas, pondo o acento em diferentes aspectos de sua oração: desolação, confiança ou abandono nas mãos do Pai. Não podendo recorrer a lembranças concretas conservadas na tradição, recorrem a salmos bem conhecidos na comunidade cristã, nos quais se invoca Deus a partir do sofrimento[103].

---

100. O fato é aceito em geral como histórico, embora o detalhe tenha sido provavelmente recordado por influência do Salmo 38,12: "Os mais próximos permaneceram à distância" (Brown).

101. As "sete palavras" de Jesus na cruz não estão arraigadas na tradição senão de forma débil. Só o grito: "Meus Deus, meu Deus, por que me abandonaste?" está atestado por mais de um evangelista (Marcos-Mateus). As outras palavras só aparecem umas em Lucas e outras em João, sem coincidência alguma.

102. O dado parece histórico. Assim pensa a maioria dos autores. Talvez fosse recordado porque esse grito não é normal num crucificado que morre asfixiado.

103. Esta maneira de entender as "sete palavras" pode desconcertar algumas pessoas, mas é a posição da maioria dos especialistas, inclusive autores tão equilibrados como Brown, Léon-Dufour, Grelot, Dunn...

Devemos então resignar-nos a não saber nada com certeza? Parece bastante claro que o "diálogo" de Jesus com sua "mãe" e com o "discípulo amado" é uma cena construída pelo evangelho de João[104]. A mesma coisa devemos dizer do "diálogo" entre os dois malfeitores e Jesus, redigido quase com certeza por Lucas[105]. Por outro lado, causa um certo desencanto saber que a oração talvez mais bela de todo o relato da paixão é textualmente duvidosa. De acordo com o evangelista Lucas, ao ser pregado na cruz, Jesus dizia: "Pai, perdoa-lhes, porque não sabem o que fazem". Sem dúvida, foi esta sua atitude interior. Sempre o fora. Ele pediu aos seus para "amarem a seus inimigos" e "orarem por seus perseguidores"; insistiu em perdoar até "setenta vezes sete". Os que o conheceram não duvidam que Jesus morreu perdoando, mas, provavelmente, o fez em silêncio, ou ao menos sem que ninguém pudesse ouvi-lo. Foi Lucas ou talvez um copista do século II quem pôs na boca de Jesus aquilo que todos pensavam na comunidade cristã[106].

---

104. De acordo com João 19,26-27, "Jesus, vendo sua mãe e junto a ela o discípulo a quem amava, diz à sua mãe: 'Mulher, eis aí teu filho'. Depois diz ao discípulo: 'Eis aí tua mãe'". É difícil aceitar a historicidade deste episódio. Nenhuma outra fonte fala da presença da mãe de Jesus junto à cruz. Por ouro lado, a figura do "discípulo amado" só aparece no evangelho de João. Provavelmente a cena é uma composição joânica.

105. De acordo com Lucas 23,39-43, enquanto um dos malfeitores insulta Jesus, o outro, repreendendo o companheiro, defende a inocência dele. Depois, dirigindo-se a Jesus, lhe diz: "Jesus, lembra-te de mim quando fores ao teu reino". Jesus lhe diz: "Asseguro-te que hoje estarás comigo no paraíso". Este diálogo entre os malfeitores pendurados junto com Jesus, do qual só Lucas fala, é artificial. Os insultos do primeiro malfeitor inspiram-se em insultos que, em Marcos 15,30, são proferidos pelos que passam. Por outro lado, a linguagem de Jesus resulta estranha: ele costumava falar do "reino de Deus", não do "paraíso". De acordo com o *Evangelho [apócrifo] de Pedro* (13-14), um dos malfeitores repreendeu os soldados por maltratarem Jesus, e eles, por vingança, "ordenaram que não se lhe quebrassem as pernas para que morresse entre tormentos". Ao que parece, não existia uma lembrança precisa a respeito da atuação destes malfeitores na cruz. Provavelmente a intenção de Lucas é apresentar Jesus como o justo insultado pelos injustos e anunciar o perdão a todo pecador arrependido.

106. Esta bela oração de perdão de Jesus a seus verdugos não aparece em códices importantes e antigos como o Vaticano, Beza ou versões siríaca e copta do Sinaítico. A oração inspira-se provavelmente no Pai-nosso. Foi pronunciada por Jesus e conservada só por Lucas? Circulou como um dito independente inserido mais tarde no evangelho de Lucas por um copista, enquanto outros o ignoravam? Foi redigida por Lucas porque correspondia à atitude de Jesus e suprimida mais tarde por um copista que não via com bons olhos "perdoar os judeus"? Nada sabemos com certeza.

O silêncio de Jesus durante suas últimas horas é surpreendente. No entanto, no final, Jesus morre "lançando um forte grito". Este grito inarticulado é a recordação mais segura da tradição[107]. Os cristãos nunca o esqueceram. Três evangelistas põem, além disso, na boca de Jesus moribundo três palavras diferentes, inspiradas em outros tantos salmos: de acordo com Marcos (= Mateus), Jesus grita com voz forte: "Meus Deus, meu Deus! Por que me abandonaste?" Lucas, no entanto, ignora estas palavras e diz que Jesus grita: "Pai, em tuas mãos entrego meu espírito". De acordo com João, pouco antes de morrer, Jesus diz: "Tenho sede" e, depois de beber o vinagre que lhe ofereceram, exclamou: "Tudo está cumprido". O que podemos dizer destas palavras? Foram pronunciadas por Jesus? São palavras cristãs que nos convidam a penetrar no mistério do silêncio de Jesus, rompido somente no final por seu grito surpreendente?

Não é difícil entender a descrição que nos é apresentada por João, o evangelista mais tardio. De acordo com sua visão teológica, "ser elevado à cruz" é para Jesus "retornar ao Pai" e entrar em sua glória. Por isso seu relato da paixão é a marcha serena e solene de Jesus para a morte. Não há angústia nem espanto. Não há resistência a beber o cálice amargo da cruz: "A taça que o Pai me ofereceu, por acaso não hei de bebê-la?"[108] A morte de Jesus não é senão a coroação de seu desejo mais profundo. Assim o expressa ele: "Tenho sede", quero terminar minha obra; sinto sede de Deus, quero entrar já em sua glória[109]. Por isso, depois de beber o vinagre que lhe oferecem, Jesus exclama: "Tudo está cumprido". Ele foi fiel até ao fim. Sua morte não é a desci-

---

107. Assim o atestam de alguma forma os três sinóticos e o *Evangelho [apócrifo] de Pedro*. Também a carta aos Hebreus fala do "vigoroso clamor" que Jesus dirige "àquele que podia salvá-lo da morte" (5,7).

108. João 18,11.

109. João inspira-se, sem dúvida, no Salmo 69,22: "Saciaram minha sede com vinagre". Mas na exclamação de Jesus estão ressoando outros salmos: "Minha alma tem sede de Deus, do Deus vivo. Quando poderei ir ver o rosto de Deus?" (42,3); "Deus, tu és meu Deus, eu te procuro, minha alma tem sede de ti" (63,2).

da ao *sheol*, e sim sua "passagem deste mundo para o Pai". Nas comunidades cristãs ninguém o punha em dúvida.

É fácil também entender a reação de Lucas. O grito angustioso de Jesus, queixando-se a Deus por causa de seu abandono, torna-se duro para ele. Marcos não tivera nenhum problema em pô-lo na boca de Jesus, mas talvez alguns o pudessem interpretar mal. Então, com grande liberdade, substitui-o por outras palavras, a seu ver mais adequadas: "Pai, em tuas mãos abandono minha vida"[110]. Era preciso ficar claro que a angústia vivida por Jesus não havia anulado em nenhum momento sua atitude de confiança e abandono total ao Pai. Nada nem ninguém pudera separá-lo dele. Ao terminar sua vida, Jesus entregou-se confiante a esse Pai que estivera na origem de toda a sua atuação. Lucas queria deixar isso claro.

No entanto, apesar de todas as suas reservas, o grito conservado por Marcos: *Eloí, Eloí, lema sabactani!*, ou seja, "Meus Deus, meu Deus, por que me abandonaste", é, sem dúvida, o mais antigo na tradição cristã e poderia remontar ao próprio Jesus. Estas palavras, pronunciadas em aramaico, língua materna de Jesus, e gritadas no meio da solidão e do abandono total, são de uma sinceridade esmagadora. Se Jesus não as tivesse pronunciado, ter-se-ia alguém na comunidade cristã atrevido a pô-las em seus lábios? Jesus morre numa solidão total. Foi condenado pelas autoridades do templo. O povo não o defendeu. Os seus fugiram. Ao seu redor só ouve zombarias e desprezo. Apesar de seus gritos ao Pai no horto do Getsêmani, Deus não veio em sua ajuda. Seu Pai querido o abandonou a uma morte ignominiosa. Por quê? Jesus não chama Deus de *Abbá*, Pai, sua expressão habitual e familiar. Chama-o de *Eloí*, "meu Deus", como todos os seres humanos[111]. Sua invocação não deixa de ser uma expressão de confiança: *Meu Deus!* Deus continua

---

110. Lucas omite o grito angustiado de Jesus tomado do Salmo 22,2 e o substitui por uma oração de confiança tomada do Salmo 31,6. Além disso, acentua a atitude confiante de Jesus introduzindo o termo "Pai" (Léon-Dufour, Grelot, Brown...).

111. De acordo com o *Evangelho [apócrifo] de Pedro*, Jesus gritou: "Minha força, minha força, estás me abandonando!" (19).

sendo seu Deus apesar de tudo. Jesus não duvida de sua existência nem de seu poder para salvá-lo. Queixa-se de seu silêncio: onde está? Por que se cala? Por que o abandona precisamente no momento em que mais precisa dele? Jesus morre na noite mais escura. Não entra na morte iluminado por uma revelação sublime. Morre com um "por quê?" nos lábios. Tudo fica agora nas mãos do Pai[112].

Bibliografia

Estudo geral da morte de Jesus

HORSLEY, Richard A. The Death of Jesus. In: CHILTON, Bruce & EVANS, Craig A. (orgs.). *Studying the Historical Jesus* – Evaluations of the State of Current Research. Leiden/Boston/Colônia: Brill, 1998, p. 395-422.

THEISSEN, Gerd & MERZ, Annette. *O Jesus histórico* – Um manual. São Paulo: Loyola, 2002 [*El Jesús histórico*. Salamanca: Sígueme, 1999, p. 487-521].

BROWN, Raymond E. *La muerte del Mesías*: desde Getsemaní hasta el sepulcro. 2 vols. Estella: Verbo Divino, 2005-2006.

CROSSAN, John Dominic. *Quem matou Jesus?* Rio de Janeiro: Imago, 1995 [*Who killed Jesus?* São Francisco: Harper, 1995].

BORG, Marcus J. & CROSSAN, John Dominic. *La última semana de Jesús* – El relato día a día de la semana final de Jesús en Jerusalén. Madri: PPC, 2007.

LOHSE, Eduard. *História da paixão e morte de Jesus Cristo*. São Paulo: Paulus, 1977 [*La storia della passione e morte di Gesù Cristo*. Bréscia: Paideia, 1975].

---

112. Alguns autores (Sahlin, Boman, Léon-Dufour, Brown...) não descartam a possibilidade de que Jesus tenha gritado ao morrer apenas estas palavras: *'Eli 'attá*, "tu és meu Deus". Esta expressão encontra-se precisamente nos três salmos que inspiraram os evangelistas para pôr nos lábios de Jesus uma oração diferente em cada caso. O Salmo 22, citado por Marcos, começa com o "Meu Deus, meu Deus, por que me abandonaste?" Mas este desabafo culmina em "Desde o ventre materno, tu és meu Deus" (22,11). O Salmo 31, que fornece a Lucas a oração de Jesus: "Em tuas mãos encomendo meu espírito", diz mais adiante: "Eu confio em ti, Senhor; digo-te: Tu és meu Deus". O Salmo 63, que pode ter inspirado o "Tenho sede", dito por Jesus de acordo com João, começa assim: "Ó Deus, tu és meu Deus, por ti madrugo, minha alma tem sede de ti".

SANDERS, Ed Parish. *Jesús y el judaísmo*. Madri: Trotta, 2004, p. 421-456.

SCHILLEBEECKX, Edward. *Jesus*: a história de um Vivente. São Paulo: Loyola, 2008 [*Jesús*: la historia de un viviente. Madri: Cristiandad, 1981, p. 248-302].

SOBRINO, Jon. *Jesus, o Libertador* – I: A história de Jesus de Nazaré. 2. ed. Petrópolis, Vozes, 1996, p. 287-319 [*Jesucristo liberador* – Lectura histórico-teológica de Jesús de Nazaret. Madri: Trotta, 1991, p. 253-272].

SCHLOSSER, Jacques. *Jesús, el profeta de Galilea*. Salamanca: Sígueme, 2005, p. 259-276.

GNILKA, Joachim. *Jesus de Nazaré*: mensagem e história. Petrópolis: Vozes, 2000 [*Jesús de Nazaret*: mensaje e historia. Barcelona: Herder, 1993, p. 355-388].

WRIGHT, N. Thomas. *Jesus and the Victory of God*. Mineápolis: Fortress Press, 1996, p. 540-611.

ROLOFF, Jürgen. *Jesús*. Madri: Acento, 2002, p. 152-170.

BARBAGLIO, Giuseppe. *Jesús, hebreo de Galilea*: investigación histórica. Salamanca: Secretariado Trinitario, 2003, p. 451-511.

BORG, Marcus J. & WRIGHT, N. Thomas. *The Meaning of Jesus*: Two Visions. São Francisco: Harper, 1998, p. 79-107.

PUIG I TARRECH, Armand. *Jesús*: una biografía. Barcelona: Destino, 2004, p. 455-594.

BOVON, François. *Los últimos días de Jesús*: textos y acontecimientos. Santander, Sal Terrae, 2007.

NEITZEL, R. & WAYMENT, Th.A. (orgs.). *From the Last Supper through the Resurrection* – The Savior's Final Hours. Salt Lake City, UT: Deseret, 2003.

CARROLL, John T. & GREEN, Joel B. *The Death of Jesus in Early Christianity*. Peabody, MA: Hendrickson, 1995.

VERMES, Geza. *A paixão*. Rio de Janeiro: Record, 2007 [*La pasión* – La verdad sobre el acontecimiento que cambió la historia de la humanidad. Barcelona: Crítica, 2007].

O processo de Jesus

BLINZLER, Josef. *El proceso de Jesús*. Barcelona: Herder, 1960.

BAMMEL, Ernst (org.). *The Trial of Jesus*. Londres: SCM Press, 1971.

WINTER, Paul. *El proceso de Jesús*. Barcelona: Muchnik, 1983.

LÉGASSE, Simon. *El proceso de Jesús* – I: La historia. Bilbao: Desclée de Brouwer, 1994.

______. *El proceso de Jesús* – II: La pasión en los cuatro evangelios. Bilbao: Desclée de Brouwer, 1996.

JOSSA, Giorgio. *Il processo di Gesù*. Bréscia: Paideia, 2002.

LÉMONON, Jean-Pierre. Les causes de la mort de Jésus. In: MARGUERAT, Daniel; NORELLI, Enrico & POFFET, Jean-Michel (orgs.). *Jésus de Nazareth*: nouvelles approches d'une énigme. Genebra: Labor et Fides, 1998, p. 349-369.

RIVKIN, Ellis. *What crucified Jesus?* Nova York: UAHC Press, 1997, p. 3-77.

LÉGASSE, Simon & TOMSON, Peter. *Qui a tué Jésus?* Paris: Cerf, 2004.

A crucificação

HENGEL, Martin. *Crucifixion in the ancient world and the folly of the message of the cross*. Filadélfia: Fortress Press, 1997.

SLOYAN, Gerard S. *The Crucifixion of Jesus: History, Myth, Faith*. Mineápolis: Fortress Press, 1995, p. 9-44.

Atitude de Jesus perante sua morte

SCHÜRMANN, Heinz. *Cómo entendió y vivió Jesús su muerte?* Salamanca: Sígueme, 1982.

______. *El destino de Jesús*: su vida y su muerte. Salamanca: Sígueme, 2003.

LÉON-DUFOUR, Xavier. *Jesús y Pablo ante la muerte*. Madri: Cristiandad, 1982, p.73-165.

GOURGUES, Michel. *Jesus diante de sua paixão e morte*. São Paulo: Paulinas, 1984 [*Jesús ante su pasión y su muerte*. Estella: Verbo Divino, 1995].

CHORDAT, J.L. *Jésus devant sa mort dans l'évangile de Marc*. Paris: Cerf, 1970.

BASTIN, M. *Jésus devant sa passion*. Paris: Cerf, 1976.

Outros livros de interesse

LOUPAN, Victor & NOËL, Alain. *Enquête sur la mort de Jésus*. Paris: Presses de la Renaissance, 2005.

FREDRIKSEN, Paula & REINHARTZ, Adele (orgs.). *Jesus, Judaism, and Christian Anti-Judaism* – Reading the New Testament after the Holocaust. Louisville, KY/Londres: Westminster/John Knox Press, 2002.

VARONE, François. *El Dios "sádico"* – ¿Ama Dios el sufrimiento? Santander: Sal Terrae,1988.

14
RESSUSCITADO POR DEUS

"Por quê?" Essa é também a pergunta que se fazem todos os seguidores de Jesus. "Por que Deus abandonou aquele homem executado injustamente por defender sua causa?" Eles o viram ir para a morte numa atitude de obediência e fidelidade total. Como pode Deus desinteressar-se dele? Eles têm ainda gravada no coração a lembrança da última ceia. Puderam intuir em suas palavras e gestos de despedida a imensidão de sua bondade e de seu amor. Como pode um homem assim terminar no *sheol*?[1]

Irá Deus abandonar no "país da morte" aquele que, cheio de seu Espírito, infundiu saúde e vida a tantos enfermos e desvalidos? Irá Jesus jazer para sempre no pó, como uma "sombra" no "país das trevas", ele que havia despertado tantas esperanças nas pessoas? Já não poderá viver em comunhão com Deus ele que confiou totalmente em sua bondade de Pai? Quando e como se cumprirá aquele anseio seu de "beber vinho novo" juntos na festa final do reino? Foi tudo uma ilusão ingênua de Jesus?

Sem dúvida aflige-os a morte de um homem cuja bondade e grandeza de coração puderam conhecer de perto, mas mais cedo ou mais tarde é este o destino de todos os humanos. O que mais os escandaliza é sua execução tão brutal e injusta. Onde está Deus? Não irá reagir diante do que fizeram com

---

1. De acordo com a concepção bíblica mais primitiva, ao morrer, as pessoas descem a um lugar situado debaixo da terra, chamado *sheol*, onde reina o silêncio total, a escuridão e o pó. É a "região das trevas". Não há ali nenhum sinal de vida. Os mortos são como "sombras" (*refaim*) e dormem no pó sem poder louvar a Deus. Ninguém retorna do *sheol*. Ali permanecem esquecidos pelo próprio Deus (Salmo 115,17; 88,6-13; Jó 17,13-14; 38,17).

ele? Não é Deus o defensor das vítimas inocentes? Equivocou-se Jesus ao proclamar sua justiça em favor dos crucificados?

Deus o ressuscitou!

Nunca poderemos precisar o impacto da execução de Jesus sobre seus seguidores. Sabemos apenas que os discípulos fugiram para a Galileia. Por quê? Ruiu sua adesão a Jesus? Morreu sua fé quando Jesus morreu na cruz? Ou antes fugiram para a Galileia pensando simplesmente em salvar a vida? Nada podemos dizer com segurança. Só que a rápida execução de Jesus os mergulha, se não num desespero total, pelo menos numa crise radical. Provavelmente, mais do que homens sem fé, são agora discípulos desolados que fogem do perigo, desconcertados diante do que aconteceu[2].

No entanto, pouco tempo depois acontece algo difícil de explicar. Estes homens retornam novamente a Jerusalém e se reúnem em nome de Jesus, proclamando a todos que o profeta justiçado dias antes pelas autoridades do templo e pelos representantes do Império está vivo. O que ocorreu para que abandonem a segurança da Galileia e se apresentem novamente em Jerusalém, um lugar realmente perigoso onde logo serão detidos e perseguidos pelos dirigentes religiosos? Quem os arrancou de sua covardia e desconcerto? Por que falam agora com tanta audácia e convicção? Por que voltam a reunir-se em nome daquele a quem abandonaram ao vê-lo condenado à morte? Eles só dão uma resposta: "Jesus está vivo. Deus o ressuscitou". Sua convicção é unânime e indestrutível. Podemos comprová-la, pois aparece em todas as tradições e escritos que chegaram até nós. O que é que dizem eles?

De diversas maneiras e com linguagens diferentes, todos confessam a mesma coisa: "A morte não pôde com Jesus; o crucificado está vivo. Deus o ressuscitou". Os seguidores de Jesus sabem que estão falando de algo que

2. A fuga dos discípulos é aceita como um fato histórico pela maioria dos estudiosos. Alguns a consideram um sinal de sua "perda de fé" em Jesus (Vögtle, Kessler). Outros pensam que é mais justo e preciso falar de uma "crise radical" (Pesch, Schillebeeckx, Müller, Torres Queiruga).

supera todos os humanos. Ninguém sabe por experiência o que acontece exatamente na morte, e menos ainda o que pode acontecer a um morto se é ressuscitado por Deus depois de sua morte. No entanto, logo conseguem condensar em fórmulas simples o mais essencial de sua fé. São fórmulas breves e muito estáveis, que circulam já por volta dos anos 35 a 40 entre os cristãos da primeira geração. Empregavam-nas, certamente, para transmitir sua fé aos novos crentes, para proclamar sua alegria nas celebrações e, talvez, para reafirmar-se em sua adesão a Cristo nos momentos de perseguição. É isto que eles confessam: "Deus ressuscitou Jesus dentre os mortos"[3]. Ele não permaneceu passivo diante da execução de Jesus. Interveio para arrancá-lo do poder da morte. A ideia de ressurreição expressam-na com dois termos: "despertar" e "levantar"[4]. O que estas duas metáforas sugerem é impressionante e grandioso. Deus desceu ao próprio *sheol* e adentrou o país da morte, onde tudo é escuridão, silêncio e solidão. Ali jazem os mortos cobertos de pó, adormecidos no sono da morte. Dentre eles, Deus "despertou" Jesus, o crucificado, o pôs de pé e o "levantou" para a vida.

Sem demora apareceram outras fórmulas nas quais se confessa que "Jesus morreu e ressuscitou". Já não se fala da intervenção de Deus. A atenção se desloca agora para Jesus. É ele quem despertou e se levantou da morte, mas, na verdade, tudo se deve a Deus. Se ele está desperto é porque Deus o despertou, se está de pé é porque Deus o levantou, se está cheio de vida é porque Deus lhe infundiu a sua. Na origem sempre subjaz a atuação amorosa de Deus, seu Pai[5].

---

3. Esta maneira de expressar a fé na ressurreição de Jesus é, de acordo com os investigadores, a mais antiga. Encontramos um exemplo típico na carta de Paulo aos Romanos: "Se confessas com tua boca que Jesus é Senhor e crês em teu coração que Deus o ressuscitou dentre os mortos, serás salvo" (10,9).

4. Os primeiros cristãos empregam dois termos gregos: *egeirein*, que significa "despertar" o morto do sono em que está submerso, e *anistanai*, que significa "levantar" ou "pôr de pé" o morto que jaz no pó do *sheol*.

5. Encontramos um exemplo típico destas confissões de fé na carta mais antiga que conservamos de Paulo: "Se cremos que Jesus morreu e que ressuscitou, da mesma maneira Deus levará consigo os que morreram com Jesus" (1Tessalonicenses 4,14).

Em todas estas fórmulas, os cristãos falam da "ressurreição" de Jesus. Mas, por essa mesma época, encontramos também cantos e hinos litúrgicos nos quais se aclama Deus porque exaltou e glorificou Jesus como Senhor depois de sua morte. Aqui não se fala de "ressurreição". Nestes hinos, nascidos do primeiro entusiasmo das comunidades cristãs, os crentes expressam-se com outro esquema mental e outra a linguagem: Deus "exaltou" Jesus, "elevou-o à sua glória", "sentou-o à direita de seu trono" e o "constituiu como Senhor"[6].

Esta linguagem é tão antiga como a que fala de "ressurreição". Para os primeiros cristãos, a exaltação de Jesus à glória do Pai não é algo que acontece depois de sua ressurreição, mas outro modo de afirmar o que Deus fez com o crucificado. "Ressuscitar" já é ser exaltado, ou seja, ser introduzido na vida do próprio Deus. "Ser exaltado" é ressuscitar, ser arrancado do poder da morte. As duas linguagens se enriquecem e complementam mutuamente para sugerir a ação de Deus no morto Jesus[7].

A confissão de fé mais importante e significativa encontramo-la numa carta que Paulo de Tarso escreve, por volta do ano 55/56, à comunidade cristã de Corinto, cidade cosmopolita onde convivem em estranha mistura diferentes religiões helenistas e orientais, com seus diversos templos erigidos a Ísis, Serápis, Zeus, Afrodite, Asclépio ou Cibele. Paulo anima-os a permanecer fiéis ao evangelho que ele lhes ensinou em sua visita por volta do ano 51: essa "Boa Notícia" é "aquilo que vos está salvando". Esta "notícia" não é uma invenção de Paulo. É um ensinamento que ele mesmo recebeu e que agora está transmitindo fielmente junto com outros pregadores de grande prestígio que vivem e anunciam a mesma fé:

> Eu vos transmiti, em primeiro lugar, o que eu por minha vez recebi:

6. São típicos o hino, anterior a Paulo, que encontramos em Filipenses 2,6-11 e o de 1Timóteo 3,16. Pode-se detectar também esta linguagem em fragmentos de origem hínica, como Efésios 4,7-10 ou Romanos 10,5-8.

7. De acordo com Lucas, os primeiros pregadores intercambiam as duas linguagens empregando-as indistintamente: "O Deus de nossos pais ressuscitou Jesus, a quem vós matastes pendurando-o num madeiro. Deus o exaltou à sua direita como Chefe e Salvador" (Atos dos Apóstolos 5,30-31).

> que Cristo morreu por nossos pecados, segundo as Escrituras,
> que foi sepultado.
> E que ressuscitou ao terceiro dia, segundo as Escrituras,
> que apareceu a Cefas e depois aos Doze...[8]

Há algo nesta confissão que nos pode surpreender. Por que se diz que Jesus "ressuscitou ao terceiro dia, segundo as Escrituras"? Será que esteve morto até que, por fim, Deus interveio ao terceiro dia? Alguém foi testemunha desse momento crucial? Por que os relatos evangélicos falam de aparições no "primeiro dia da semana", antes de chegar o "terceiro dia"? Na realidade, na linguagem bíblica, o "terceiro dia" significa o "dia decisivo". Depois de dias de sofrimento e tribulação, o "terceiro dia" traz a salvação. Deus sempre salva e liberta "no terceiro dia": ele tem a última palavra; o "terceiro dia" pertence a ele. Assim podemos ler no profeta Oseias: "Vinde, retornemos a Javé, ele dilacerou, mas nos curará; ele feriu, mas vendará nossas feridas. Dentro de dois dias nos devolverá a vida, ao terceiro dia nos levantará e viveremos em sua presença"[9]. Diferentes comentários rabínicos interpretavam este "terceiro dia", anunciado por Oseias, como "o dia da ressurreição dos mortos", "o dia das consolações no qual Deus fará reviver os mortos e nos ressuscitará"[10]. Os primeiros cristãos creem que, para Jesus, já chegou esse "terceiro dia" definitivo. Ele entrou na salvação plena. Nós conhecemos ainda dias de prova e sofrimento, mas com a ressurreição de Jesus amanheceu o "terceiro dia"[11].

---

8. 1Coríntios 14,3-5. A análise linguística permite suspeitar que esta confissão de fé é de origem judaica e foi adaptada ao mundo grego. Provavelmente é uma tradição que provém da Igreja de Jerusalém e foi cunhada pelos que dirigiam a Igreja de Antioquia por volta dos anos 35 ou 40. Paulo a conheceu certamente durante sua estadia nesta grande cidade por volta dos anos 40 ou 42.

9. Oseias 6,1-2.

10. Trata-se de escritos de caráter midráshico, como o *Midrash Rabbá* ou os targums que traduzem e comentam o texto de Oseias.

11. Esta é hoje a interpretação mais generalizada (Vögtle, Léon-Dufour, Grelot, Schillebeeckx). No entanto, alguns investigadores lembram que, de acordo com a mentalidade judaica, um defunto está realmente morto "depois de três dias". A expressão da confissão cristã significaria que Deus ressuscitou Jesus não de uma morte aparente de um ou dois dias, mas de uma morte real, depois de três dias (Kegel, Goguel, Schmitt).

Provavelmente esta linguagem poderia ser entendida em ambientes judaicos, mas os missionários que percorriam as cidades do Império sentiam que as pessoas de cultura grega resistiam à ideia de "ressurreição". Paulo pôde comprová-lo no Areópago de Atenas, quando começou a falar de Jesus ressuscitado. "Ao ouvir falar em ressurreição dentre os mortos, alguns puseram-se a rir e outros disseram: 'Ouvir-te-emos sobre isto em outra ocasião'"[12]. Por isso, em alguns setores encontraram outra linguagem que, sem distorcer a fé no ressuscitado, fosse mais apropriada e fácil de ser aceita por pessoas de mentalidade grega. Lucas foi, talvez, um dos que mais contribuíram para introduzir uma linguagem que apresenta o ressuscitado como "aquele que está vivo", "o vivente". Assim se diz em seu evangelho às mulheres que vão ao sepulcro: "Por que buscais entre os mortos aquele que está vivo?"[13] Anos mais tarde, o livro do Apocalipse põe na boca do ressuscitado expressões de forte impacto, muito afastadas das primeiras fórmulas de fé: "Sou eu, o primeiro e o último, aquele que vive. Estive morto, mas agora vivo para sempre e tenho em meu poder as chaves da morte e do abismo"[14].

Em que consiste a ressurreição de Jesus?

O que querem dizer estes cristãos da primeira geração quando falam de "Cristo ressuscitado"? O que entendem por "ressurreição de Jesus"? Em que estão pensando?

A ressurreição é algo que aconteceu a Jesus. Algo que se produziu no crucificado, não na imaginação de seus seguidores. É esta a convicção de todos. A ressurreição de Jesus é um fato real, não produto de sua fantasia nem

---

12. Atos dos Apóstolos 17,32.

13. Lucas 24,5. Pode-se ver também Lucas 24,23; Atos dos Apóstolos 1,3; 25,19.

14. Apocalipse 1,17-18 e 2,8. Este livro, que ocupa o último lugar entre os escritos do Novo Testamento, foi composto por volta do ano 95, no final do reinado de Domiciano, na Ásia Menor.

resultado de sua reflexão. Também não é uma maneira de dizer que despertou novamente sua fé em Jesus. É certo que no coração dos discípulos brotou uma nova fé em Jesus, mas sua ressurreição é um fato anterior, que precede tudo quanto seus seguidores podem ter vivido depois. É, precisamente, o acontecimento que os arrancou de sua perplexidade e frustração, transformando pela raiz sua adesão a Jesus.

Esta ressurreição não é um retorno de Jesus à sua vida anterior na terra. Jesus não retorna a esta vida biológica que conhecemos, para morrer um dia de maneira irreversível. As fontes nunca sugerem algo assim. A ressurreição não é a reanimação de um cadáver. É muito mais. Os primeiros cristãos nunca confundem a ressurreição de Jesus com o que pode ter ocorrido, segundo os evangelhos, a Lázaro, à filha de Jairo ou ao jovem de Naim. Jesus não retorna a esta vida, mas entra definitivamente na "Vida" de Deus[15]. Uma vida libertada, onde a morte já não tem nenhum poder sobre ele. Afirma-o Paulo de maneira taxativa: "Sabemos que Cristo, uma vez ressuscitado dentre os mortos, não volta a morrer, a morte já não tem domínio sobre ele. Porque, quando morreu, morreu para o pecado de uma vez para sempre; seu viver, em compensação, é um viver para Deus"[16]. No entanto, os relatos evangélicos sobre as "aparições" de Jesus ressuscitado podem criar em nós certa confusão[17]. De acordo com os evangelistas, Jesus pode ser visto e tocado, pode comer, subir ao céu até ficar ocultado por uma nuvem. Se entendermos estes

---

15. O evangelho de João não confunde a "revivificação" de Lázaro, que saiu do sepulcro "tendo os pés e mãos atados com faixas e o rosto envolto num sudário", com a ressurreição de Jesus, que deixa no sepulcro "os panos de linho e o sudário". Lázaro retorna a esta vida cheia de escravidões e trevas. Jesus, pelo contrário, entra no país da liberdade e da luz.

16. Romanos 6,9-10.

17. Mais tarde falaremos destes relatos, compostos entre os anos 70 e 90. Não são relatos biográficos. Não pretendem oferecer-nos informação para podermos reconstruir os fatos tal como aconteceram, a partir do terceiro dia depois da crucificação. São "catequeses" deliciosas que evocam as primeiras experiências para aprofundar-se mais na fé em Cristo ressuscitado e tirar importantes consequências para os crentes.

detalhes narrativos de maneira material, dá a impressão de que Jesus retornou novamente a esta terra para continuar com seus discípulos como em outros tempos. No entanto, os próprios evangelistas nos dizem que não é assim. Jesus é o mesmo, mas não é o de antes; apresenta-se a eles cheio de vida, mas não o reconhecem de imediato; está no meio dos seus, mas não o podem reter; é alguém real e concreto, mas não podem conviver com ele como na Galileia. Sem dúvida é Jesus, mas com uma existência nova.

Os seguidores de Jesus também não entenderam sua ressurreição como uma espécie de sobrevivência misteriosa de sua alma imortal, ao estilo da cultura grega[18]. O ressuscitado não é alguém que sobrevive depois da morte despojado de sua corporalidade. Eles são hebreus e, segundo sua mentalidade, o "corpo" não é simplesmente a parte física ou material de uma pessoa, algo que se pode separar de outra parte espiritual. O "corpo" é toda a pessoa tal como ela se sente enraizada no mundo e convivendo com os outros; quando falam de "corpo" estão pensando na pessoa com todo o seu mundo de relações e vivências, com toda a sua história de conflitos e feridas, de alegrias e sofrimentos. Para eles é impensável imaginar Jesus ressuscitado sem corpo: seria qualquer coisa, menos um ser humano[19]. Mas, naturalmente, não estão pensando num corpo físico, de carne e osso, submetido ao poder da morte, e sim num "corpo glorioso" que recolhe e dá plenitude à sua vida concreta desenvolvida neste mundo. Quando Deus ressuscita Jesus, ressuscita sua vida terrena marcada por sua entrega ao reino de Deus, seus gestos de bondade para com os pequenos, sua obediência até à morte. Jesus ressuscita com um "corpo" que recolhe e dá plenitude à totalidade de sua vida terrena[20].

---

18. Para falar do ressuscitado recorrem à linguagem da "ressurreição", da "exaltação" à glória de Deus ou da "vida", mas nunca pensaram na "imortalidade da alma" de Jesus.

19. Sigo de perto os estudos sobre a "corporeidade do ressuscitado" de autores como Kessler, Boismard, Deneken, Bouttier, Sesboüé, Martelet...

20. Filipenses 3,21.

Para os primeiros cristãos, por cima de qualquer outra representação ou esquema mental, a ressurreição de Jesus é uma atuação de Deus que, com sua força criadora, o resgata da morte para introduzi-lo na plenitude de sua própria vida[21]. Assim o repetem sempre de novo as primeiras confissões de fé cristãs e os primeiros pregadores. Por assim dizer, Deus acolhe Jesus no próprio interior da morte, infundindo-lhe toda a sua força criadora. Jesus morre gritando: "Meu Deus, por que me abandonaste?" e, ao morrer, encontra-se com seu Pai, que o acolhe com amor imenso, impedindo que sua vida fique aniquilada. No próprio momento em que Jesus sente que todo o seu ser se perde definitivamente seguindo o triste destino de todos os humanos, Deus intervém para dar-lhe sua própria vida. Onde para Jesus tudo acaba, Deus começa algo radicalmente novo. Quando tudo parece afundar irremediavelmente no absurdo da morte, Deus começa uma nova criação.

Esta ação criadora de Deus acolhendo Jesus em seu mistério insondável é um acontecimento que transborda a estrutura desta vida onde nós nos movemos. Subtrai-se a qualquer experiência que possamos ter neste mundo. Não o podemos representar adequadamente com nada. Por isso, nenhum evangelista atreveu-se a narrar a ressurreição de Jesus. Ninguém pode ser testemunha dessa atuação transcendente de Deus[22]. A ressurreição já não pertence a este mundo que nós podemos observar. Por isso pode-se dizer que não é propriamente um "fato histórico", como tantos outros que acontecem no mundo e que podemos constatar e verificar, mas é um "fato real" que aconteceu realmente. Por isso, "a ressurreição de Jesus vai além da história,

---

21. Embora, geralmente, a ressurreição apareça como uma ação realizada por Deus (ação transitiva), também se diz que "Jesus ressuscitou" da morte (ação intransitiva média). Este fato linguístico sugere que, de acordo com uma concepção mais desenvolvida e global da fé primitiva, a força vivificadora procede sempre de Deus, mas ao mesmo tempo é própria do Filho, que é um com o Pai.

22. Só o *Evangelho [apócrifo] de Pedro*, redigido provavelmente por volta do ano 150, na Síria, atreve-se a dizer que os soldados "viram sair do sepulcro três homens; dois sustentavam o terceiro, e uma cruz os seguia. A cabeça dos dois alcançava o céu e a daquele que eles conduziam pela mão superava os céus".

mas deixou sua marca na história". E por isso também "abre a história para além de si mesma e cria o definitivo"[23]. Para os que creem em Jesus ressuscitado é o fato mais real, importante e decisivo que ocorreu para a história humana, porque constitui seu fundamento e sua verdadeira esperança[24].

Como os cristãos da primeira geração falam desta ação criadora de Deus que não cai no campo de nossa observação? É esclarecedora a linguagem de Paulo. De acordo com ele, Jesus foi ressuscitado pela "força" de Deus, que é a que o faz viver sua nova vida de ressuscitado; por isso, cheio dessa força divina, ele pode ser chamado "Senhor", o mesmo nome que se dá a Javé entre os judeus de língua grega. Diz também que foi ressuscitado pela "glória" de Deus, ou seja, por essa força criadora e salvadora na qual se revela quão grande ele é; por isso Jesus ressuscitado possui um "corpo glorioso", que não significa um corpo radiante e resplandecente, mas uma personalidade transbordante da força gloriosa do próprio Deus. Por fim, diz que foi ressuscitado pelo "espírito" de Deus, por seu alento criador. Por isso seu corpo ressuscitado é um "corpo espiritual", ou seja, plenamente vivificado pelo alento vital e criador de Deus[25].

Os primeiros cristãos pensam que com esta intervenção de Deus inicia-se a ressurreição final, a plenitude da salvação. Jesus é só o "primogênito dentre os mortos"[26], o primeiro a nascer para a vida definitiva de Deus. Ele se antecipou a desfrutar de uma plenitude que nos espera também a nós. Sua ressurreição não é algo privado, que afeta somente a ele; é o fundamento e a

---

23. Assim se expressa J. Ratzinger-Bento XVI em sua obra *Jesús de Nazaret. Desde la entrada en Jerusalén hasta la resurrección*. Encuentro, Madri 2011, 160.

24. Talvez seja conveniente recordar que, na linguagem da conversação ordinária, costuma-se identificar com frequência fato "histórico" com fato "real", algo que aconteceu. No entanto, na linguagem técnica da teologia tende-se a designar como fato "histórico" só o fato que pode ser verificado empiricamente. Por isso, há teólogos que afirmam a ressurreição de Jesus como fato "real", mas não lhes parece adequado designá-la sem mais explicações como fato "histórico", porque não pode ser analisada empiricamente em sua realidade total.

25. Jesus ressuscitado pela "força" (*dynamis*) de Deus (2Coríntios 13,4; Efésios 1,9-20); ressuscitado pela "glória" (*doxa*) de Deus (Romanos 6,4; Filipenses 3,21); ressuscitado pelo espírito (*pneuma*) de Deus (Romanos 8,11; 1Coríntios 15,35-49).

26. Colossenses 1,18.

garantia da ressurreição da humanidade e da criação inteira. Jesus é "primícia", o primeiro fruto de uma colheita universal[27]. "Deus, que ressuscitou o Senhor, nos ressuscitará também a nós por sua força"[28]. Ressuscitando Jesus, Deus começa a "nova criação". Sai de seu ocultamento e revela sua intenção última, aquilo que buscava desde o começo ao criar o mundo: compartilhar sua felicidade infinita com o ser humano.

O caminho da nova fé em Cristo ressuscitado

O que ocorreu para que os discípulos possam ter chegado a crer algo tão assombroso a respeito de Jesus? O que é que provoca uma reviravolta tão radical nestes discípulos que, pouco antes, fugiam dando por perdida sua causa? O que é que eles vivem agora depois da morte de Jesus? É possível aproximar-nos da experiência primeira que desencadeia seu entusiasmo por Cristo ressuscitado?

Os relatos chegados até nós não permitem estabelecer de maneira segura e definitiva os fatos que aconteceram depois da morte de Jesus. Não é possível, com métodos históricos, penetrar no conteúdo da experiência dos discípulos. No entanto, é claro que a fé desses seguidores não se apoia no vazio. Algo aconteceu neles. De fato, a pregação apostólica, com seu entusiasmo e audácia, é impensável sem um contato real das testemunhas com o fenômeno totalmente novo e inesperado que lhes chegava de fora, e que consistia na manifestação de Cristo ressuscitado e no fato de ele falar com eles[29]. Todas as fontes o afirmam: viveram um processo que não só reavivou a fé que tinham em Jesus, mas os abriu para uma experiência nova e inesperada de sua presença entre eles.

Trata-se de um processo rico e complexo no qual concorrem diversos fatores, não um só. Os seguidores de Jesus refletiram sobre o ocorrido, recorre-

---

27. 1Coríntios 15,26.

28. 1Coríntios 6,14.

29. J. RATZINGER-BENTO XVI. *Jesús de Nazaret*, op. cit., 320.

ram à sua fé na fidelidade de Deus e em seu poder sobre a morte, recordaram o que viveram junto a Jesus com tanta intensidade. Neste processo confluem perguntas, reflexões, acontecimentos inesperados, vivências de fé especialmente intensas. Tudo foi contribuindo para despertar neles uma fé nova em Jesus, embora esta experiência que eles vivem de sua presença viva depois da morte não seja fruto exclusivo de sua reflexão. Eles a atribuem a Deus. Só Deus pode estar revelando a eles algo tão grande e inesperado. Sem a ação de Deus, eles se teriam perdido em suas perguntas e cavilações, sem chegar a nenhuma conclusão segura e prazerosa sobre o destino de Jesus[30]. O que podemos dizer deste processo?

Os discípulos de Jesus, como quase todos os judeus de sua época, esperavam para o fim dos tempos a "ressurreição dos justos". Sem este horizonte de esperança dificilmente teriam podido dizer algo da ressurreição. Esta não era uma convicção judaica arraigada ao longo dos séculos, mas uma fé bastante recente, que ainda era formulada com linguagens diferentes. O problema apresentou-se de maneira crucial quando, nos anos 168-164 a.C., um número incontável de fiéis judeus foram martirizados por Antíoco Epífanes por permanecerem fiéis à Lei: pode Deus abandonar definitivamente na morte os que o amaram até ao extremo de morrer por ele? Não devolverá a vida aos que a sacrificaram por ser-lhe fiéis? Eram estas provavelmente as perguntas que se faziam os seguidores de Jesus diante de sua morte. O profeta Daniel havia respondido proclamando uma fé nova: no final dos tempos, os que permaneceram fiéis a Deus se salvarão. "Muitos dos que dormem no pó da terra despertarão, uns para a vida eterna, outros para o opróbrio e o

30. Contra a tendência tradicional de explicar o nascimento da fé em Cristo ressuscitado a partir de experiências concretas, estudos recentes prestam maior atenção ao processo global (Müller, Kessler, Torres Queiruga) e a fatores como o horizonte de expectativas dos judeus para além da morte (Berger), a fé na ressurreição final dos mortos (Pannenberg, Wilckens), os modelos interpretativos a que podem recorrer os discípulos (Marxsen, Boismard), o processo cognitivo (Schillebeeckx) ou a lembrança da mensagem e da atuação de Jesus (Pesch). Por outro lado, Dunn e outros advertem que não é possível precisar a duração deste processo, pois o esquema de Lucas, limitando as manifestações do ressuscitado a quarenta dias, é meramente convencional.

horror eternos. Os sábios brilharão como o esplendor do firmamento; os que guiaram a muitos pelo bom caminho serão como as estrelas por toda a eternidade"[31]. Os mártires fiéis a Deus e os sábios que guiaram a muitos pelo bom caminho despertarão do sono da morte. Agora não são mais do que pó, mas Deus os fará brilhar como as estrelas.

Sem dúvida, os discípulos de Jesus compartilham esta fé. Já nessa época ela era amplamente aceita, sobretudo entre os escritores apocalípticos[32], embora sejam os grupos fariseus os que mais a promovem entre o povo; só os saduceus a rejeitam como uma "novidade" não atestada nas tradições mais antigas. Provavelmente, como os demais judeus piedosos, também os discípulos recitavam todos os dias, ao nascer e ao pôr do sol, a seguinte bênção: "Bendito és, Senhor, que fazes viver os mortos"[33]. Esta esperança ajuda sem dúvida os discípulos a interpretar melhor aquilo que estão vivendo. Se experimentam Jesus vivo, não será que ele já chegou a essa ressurreição final dos justos? Não estará Jesus vivendo essa salvação plena de Deus?

Mas a ressurreição antecipada de uma pessoa, antes de chegar o fim dos tempos, era algo insólito. Em geral esperava-se de maneira generalizada e no plural a "ressurreição dos justos". Certamente os discípulos tinham ouvido falar do martírio de sete irmãos torturados por Antíoco Epífanes juntamente com a mãe deles. O relato era muito popular, porque a cena em que desafiam o rei, confessando sua fé em sua própria ressurreição, é realmente impres-

---

31. Daniel 12,1-2.

32. Livros como 1Henoc 92-105 ou o *Testamento dos doze patriarcas* contêm afirmações claras: "Os mortos na dor levantar-se-ão na alegria [...] e os mortos no nome do Senhor despertarão para a vida".

33. Assim diz a segunda bençāo das *Shemoné esré*: "Tu és poderoso e humilhas os soberbos; tu és forte e julgas os opressores; vives para sempre e ressuscitas os mortos; tu dás ordens ao vento e fazes cair o orvalho; dás alimento aos vivos e fazes viver os mortos. Num momento fazes brotar nossa salvação. Bendito és, Senhor, que fazes viver os mortos" (texto breve palestinense da *genizá* do Cairo).

sionante[34]. Nada podemos dizer com certeza, mas a evocação de mártires concretos ressuscitados por Deus pode ter-lhes permitido superar mais facilmente o escândalo da cruz: Jesus, assassinado injustamente por sua fidelidade a Deus, não pode ter sido aniquilado pela morte; nele cumpriu-se de maneira eminente o destino do mártir reivindicado por Deus.

No entanto, esta visão permanecia limitada para eles. A ressurreição destes mártires só afeta cada um deles; nada tem a ver com a salvação dos demais seres humanos[35]. Pelo contrário, os seguidores de Jesus acabam falando de sua ressurreição como fonte de salvação para toda a humanidade, "primícia" de uma ressurreição universal, inauguração dos últimos tempos. Os discípulos haviam ficado muito "marcados" por Jesus. A crucificação não podia apagar de um só golpe o que haviam vivido junto a ele. Em Jesus haviam experimentado Deus irrompendo no mundo de maneira nova e definitiva. Sua força curadora destruía o poder de Satanás e resgatava do mal enfermos e possessos, apontando para um mundo novo de vida plena. Sua acolhida aos últimos como os privilegiados do reino de Deus despertava a esperança dos pobres num Deus que começava a manifestar sua força libertadora diante de tanta injustiça e abuso. Suas refeições com pecadores e indesejáveis antecipavam o banquete final e a alegria dos últimos tempos. Eles haviam experimentado em Jesus a irrupção da força e do amor salvador de Deus, não estavam experimentando agora em sua ressurreição a irrupção libertadora de Deus inaugurando já o reino definitivo da vida?

---

34. Os irmãos falam em termos como estes: "Criminoso, tu me tiras a vida presente, mas o Rei do universo nos ressuscitará para uma vida eterna a nós que morremos por causa de suas leis". Enquanto isso, a mãe os animava assim: "Deus, criador do universo, [...] vos devolverá misericordiosamente a vida, já que por causa de suas santas leis a desprezais" (2Macabeus 7,9.23).

35. A mesma coisa se pode dizer de Henoc ou do profeta Elias, arrebatados misteriosamente ao céu, sem nenhuma vinculação com a salvação final dos últimos tempos (Eclesiástico 44,16; 48,9.12).

A experiência decisiva

No próprio coração deste processo está Deus inspirando a busca dos discípulos, iluminando suas perguntas, desvanecendo suas dúvidas e despertando sua fé inicial para horizontes novos. É esta a convicção dos discípulos: Deus está tornando presente Jesus ressuscitado em seus corações. Em algum momento dão-se conta de que Deus lhes está revelando o crucificado cheio de vida. Não podiam percebê-lo assim antes. É agora que o estão "vendo" realmente, em toda a sua "glória" de ressuscitado. Sem esta experiência, talvez o tivessem venerado por algum tempo. Depois sua lembrança ter-se-ia apagado[36].

Como entendem os discípulos o que está acontecendo com eles? A expressão mais antiga é uma fórmula cunhada logo depois e que é repetida de maneira invariável: Jesus "se deixa ver"[37]. Jesus perdera-se deles no mistério da morte, mas agora se apresenta a eles cheio de vida. O termo é tomado da Bíblia grega, onde é empregado para falar das "aparições" de Deus a Abraão, Jacó e outros. Na realidade, nessas cenas não é que Deus apareça em forma visível, mas ele sai de seu mistério insondável para estabelecer uma comunicação real com os humanos: Abraão ou Jacó experimentam sua presença. Por isso, esta linguagem por si só não nos diz nada sobre como os discípulos percebem a presença do ressuscitado. O que se sugere é que, mais que mostrar sua figura visível, o ressuscitado atua em seus discípulos criando algumas condições nas quais estes podem perceber sua presença[38].

---

36. Ao que parece, algo disto aconteceu com João Batista, do qual correram diversas lendas que o viam como um profeta "retornado à vida" (Marcos 6,16; 8,28).

37. 1Coríntios 15,5-8. O termo grego *ôfthê* costuma ser traduzido dizendo que Jesus "apareceu". De acordo com todos os peritos, é mais adequado traduzir "fez-se ver" ou "deixou-se ver".

38. Esta é a posição mais geral dos analistas (Michiels, Pelletier, Léon-Dufour, Kessler, Lorenzen, Deneken...).

É mais enriquecedor saber o que diz Paulo sobre sua própria experiência, porque é a única testemunha que fala diretamente do que ele viveu[39]. Em nenhum momento Paulo a descreve ou explica em termos psicológicos. O que lhe aconteceu é uma "graça". Um dom que ele atribui à iniciativa de Deus ou à intervenção do ressuscitado. Ele só pode dizer que "foi alcançado" por Cristo Jesus; o ressuscitado apoderou-se dele, tomou-o como propriedade sua. Nessa experiência Paulo "descobriu o poder de sua ressurreição". Paulo tem consciência de que se lhe está revelando o mistério que se encerra em Jesus. O que ele está vivendo é "revelação de Jesus Cristo". Caem dele todos os véus; Jesus se lhe torna diáfano e luminoso. Não é uma ilusão. É uma grandiosa realidade: "Deus quis revelar em mim seu Filho". O impacto foi tão forte que provoca uma reorientação total de sua vida. O encontro com o ressuscitado leva-o a "compreender" de maneira radicalmente nova o mistério de Deus e a realidade da vida. Paulo já não é o mesmo. Aquele que perseguia os seguidores do crucificado anuncia agora a todos a Boa Notícia que antes queria destruir. Em sua vida produz-se uma revolução total de critérios. Paulo se sente um "homem novo". Sua própria transformação é o melhor testemunho daquilo que ele viveu. A partir de sua própria experiência pode proclamar a todos: "Já não vivo eu. É Cristo que vive em mim"[40].

Numa época relativamente tardia, quando os cristãos estão vivendo a fé em Cristo ressuscitado já há quarenta ou cinquenta anos, topamos com alguns relatos cheios de encanto que evocam os primeiros "encontros" dos discípulos com Jesus ressuscitado. São narrações que recolhem tradições anteriores, mas que cada evangelista trabalhou a partir de sua própria visão

---

39. Paulo fala de sua experiência em 1Coríntios 15,8-11; 1Coríntios 9,1; Gálatas 1,13-23; Filipenses 3,5-14. Enquanto não se indicar outra coisa, todas as referências sobre esta experiência são tomadas destes textos autobiográficos.

40. Gálatas 2,20.

teológica para concluir seu evangelho sobre Jesus[41]. Logo se vê que estes relatos não pretendem oferecer-nos informações detalhadas sobre o que ocorreu quarenta ou cinquenta anos antes. De fato, é impossível reconstruir os acontecimentos a partir daquilo que estes relatos nos contam[42]. São antes uma espécie de "catequeses" compostas para aprofundar diversos aspectos da ressurreição de Cristo, de consequências importantes para seus seguidores. Não surgiram do nada, sem base alguma na realidade, mas recolhem múltiplas vivências que ainda são lembradas entre os cristãos: experiências da presença inesperada de Jesus depois de sua morte, dúvidas e incertezas dos primeiros momentos, processos de conversão, reflexões sobre as Escrituras para ir compreendendo melhor o que eles vivem... No entanto, o objetivo dos evangelistas não é acrescentar mais informações ao que já contaram sobre Jesus. O que eles querem é levar todos a entender que a vida e a morte de Jesus precisam se compreendidas numa nova dimensão. Aquele Jesus que

---

41. Estes relatos encontram-se em todos os evangelhos, exceto no de Marcos, e servem para concluir a obra de cada evangelista (Mateus 28; Lucas 24; João 20–21). Em data mais tardia, alguém acrescentou ao evangelho de Marcos um breve sumário de algumas aparições (Marcos 16,9-20). Estas descrições configuraram de maneira decisiva a ideia que muitos cristãos fazem sobre as "aparições" do ressuscitado.

42. É praticamente impossível harmonizar os "dados" fornecidos por estes relatos, porque não concordam na hora de dizer-nos quem e em que ordem foram testemunhas das aparições, onde ocorreram, quando e em que circunstâncias. Nada se pode concluir com certeza. Apesar de tudo, a tendência atual dos que se empenham em rastrear vestígios históricos poderia ser resumida assim: 1) Trata-se de uma experiência compartilhada por diversos seguidores e repetida em diversas circunstâncias. 2) Provavelmente as primeiras experiências dos varões aconteceram na Galileia. 3) Discute-se se a primeira aparição foi a Pedro ou a Maria Madalena; são cada vez mais numerosos os autores que sustentam a primazia da aparição a Maria, silenciada depois na tradição (Hengel, Benoit, Schüssler Fiorenza, Theissen/Merz, Lorenzen...). 4) Talvez algumas experiências foram vividas no contexto de refeições ou ceias em que se recordava com mais intensidade a Jesus (Léon-Dufour). 5) A hipótese histórico-psíquica de Lüdemann, que explica estas experiências como superação de uma culpabilidade reprimida, sobretudo em Pedro (que negou Jesus) e em Paulo (que o perseguiu), é muito discutível e pouco fundamentada nos textos. A mesma coisa deve-se dizer das sugestões propostas por J.D. Crossan sobre a gênese destes relatos a partir da "elegia feminina" ou lamentação ritual do grupo de mulheres: sua posição baseia-se num conjunto de hipóteses muito difícil de justificar.

os leitores puderam seguir ao longo de seu relato anunciando o reino de Deus e morrendo por sua causa não está morto. Foi ressuscitado por Deus e continua cheio de vida acompanhando os seus.

O que é que sugerem estes relatos acerca da experiência que transformou os seguidores de Jesus?[43] O núcleo central é, sem dúvida, o encontro pessoal com Jesus cheio de vida. O que é decisivo é o seguinte: Jesus vive e está novamente com eles; todo o resto é secundário. Os discípulos encontram-se com aquele que os chamou ao serviço do reino de Deus e que eles abandonaram no momento crítico da crucificação: estando ainda cheios de medo das autoridades judaicas e com as portas fechadas, "Jesus apresenta-se no meio deles"[44]; nada nem ninguém pode impedir Jesus ressuscitado de voltar a estar em contato com os seus. As mulheres encontram-se com aquele que defendeu sua dignidade e as acolheu em sua companhia: "Jesus saiu ao seu encontro e as saudou; elas aproximaram-se e abraçaram-lhe os pés"[45]; novamente experimentam sua proximidade amorosa. Maria de Mágdala encontra-se com o Mestre que a curou e do qual se enamorou para sempre: ainda com lágrimas nos olhos ouve Jesus chamando-a pelo nome com um tom inconfundível; só ele podia chamá-la assim[46]. Não. As coisas, provavelmente, não ocorreram exatamente assim, mas dificilmente se pode evocar de maneira mais expressiva algo daquilo que estes homens e mulheres vivem quando experimentam novamente Jesus em suas vidas[47].

---

43. Devemos aprender a ler corretamente estes textos, vendo nessas cenas tão expressivas não descrições concretas sobre o ocorrido, mas procedimentos narrativos que procuram evocar, de alguma forma, a experiência de Cristo ressuscitado.

44. João 20,19.

45. Mateus 28,9.

46. João 20,16.

47. São muitos os exegetas que, seguindo Kessler, consideram a noção de "encontro" como o meio mais adequado para designar a experiência central e irredutível vivida pelos discípulos. Seria necessário esclarecer que não são os discípulos que encontram Jesus. É ele que "sai ao seu encontro" e os surpreende.

Este encontro com Jesus ressuscitado é um dom. Os discípulos não fazem nada para provocá-lo. Os relatos insistem em que é Jesus quem toma a iniciativa. É ele que se impõe a eles cheio de vida, obrigando-os a sair de sua perplexidade e incredulidade. Os discípulos veem-se surpreendidos quando Jesus se deixa ver no centro daquele grupo de homens atemorizados. Maria Madalena está à procura de um cadáver quando Jesus a chama. Ninguém está esperando Jesus ressuscitado. É ele quem se faz presente em sua vida ultrapassando todas as suas expectativas. Aquilo é uma "graça" de Deus, como dizia Paulo.

Trata-se, de acordo com os relatos, de uma experiência pacificadora que os reconcilia com Jesus. Os discípulos sabem que o abandonaram. Aquela dor que existe em seu coração não é só tristeza pela morte de Jesus; é a tristeza do culpado. No entanto, os relatos não registram nenhuma lembrança de reprimenda ou condenação. O encontro com Jesus é uma experiência de perdão. Põe-se repetidas vezes em seus lábios uma saudação significativa: "A paz esteja convosco"[48]. O ressuscitado presenteia-os com a paz e a bênção de Deus e os discípulos sentem-se perdoados e novamente aceitos à comunhão com ele[49]. Jesus continua sendo o mesmo. Essa era a paz que infundia nos enfermos e pecadores quando andava com eles pela Galileia. É este também agora o grande dom que Deus oferece a todos os seus filhos e filhas por meio de Cristo morto e ressuscitado: o perdão, a paz e a ressurreição.

De acordo com os relatos, o encontro com o ressuscitado transforma pela raiz os discípulos. Jesus lhes oferece novamente sua confiança: a infidelidade deles fica curada pelo perdão; eles podem iniciar uma vida nova. Com Jesus tudo é possível. Sua alegria é tanta que não o podem crer. Jesus lhes infunde seu alento e os liberta da tristeza, da covardia e dos medos que os paralisam[50]. O relato de Emaús descreve como nenhum outro a transformação

48. João 20,19.21.26; Lucas 24,36.

49. De acordo com Schillebeeckx, este perdão é "a experiência que, iluminada pela recordação da vida terrena de Jesus, vem a ser a matriz onde nasce a fé em Jesus enquanto ressuscitado".

50. João 20,19-22.

que se produz nos discípulos ao acolher em sua vida Jesus ressuscitado. Caminhavam "com ar entristecido" e, ao ouvir as palavras dele, "sentem o coração arder"; haviam ficado arrasados ao comprovar a morte de Jesus; mas, ao experimentá-lo cheio de vida, descobrem que suas esperanças não eram exageradas, e sim demasiado pequenas e limitadas; haviam-se afastado do grupo de discípulos, frustrados por tudo o que acontecera, e agora retornam a Jerusalém para contar a todos "aquilo que lhes aconteceu pelo caminho"[51]. Para eles começa uma vida nova.

Este encontro com o ressuscitado é algo que está pedindo ser comunicado e transmitindo a outros. Encontrar-se com ele é sentir-se chamado a anunciar a Boa Notícia de Jesus. Os relatos insistem sobretudo na experiência que os Onze viveram. Eles serão o ponto de partida da proclamação de Jesus Cristo a todos os povos. São recolhidas até três versões deste encontro "oficial". Sua redação é tardia e responde às necessidades das diferentes comunidades[52]. De acordo com João, se lhes diz assim: "A paz esteja convosco. Como o Pai me enviou, também eu vos envio"[53]: os Onze devem sentir-se "enviados" de Jesus; não se lhes diz para que são enviados nem a quem; devem fazer o que viram Jesus fazer; sua missão é a mesma que ele recebeu do Pai; só se lhes pede prolongar e atualizar Jesus. De acordo com Lucas, os Onze são constituídos testemunhas desta experiência do ressuscitado: "Vós sois testemunhas destas coisas"[54]: com este corpo de testemunhas dar-se-á início a um movimento que pregará, em nome de Jesus ressuscitado, "a conversão para o perdão dos pecados" a todas a nações[55]. Mateus, por sua vez,

51. Este extraordinário relato encontra-se em Lucas 24,13-35. Merece ser saboreado devagar.

52. Naturalmente, as palavras que cada evangelista põe na boca do ressuscitado não são termos pronunciados por Jesus numa aparição. Cada redator utiliza sua própria linguagem para sublinhar diversos aspectos da missão, tal como foi se desenvolvendo a partir da experiência pascal. João insiste no "envio"; Lucas, como é habitual nele, sublinha o "testemunho"; Mateus fala do "ensinamento" e do "batismo".

53. João 20,21.

54. Lucas 24,48.

55. Lucas 24,47.

apresenta Jesus como Senhor universal do céu e da terra, que envia os Onze a "fazer discípulos" todos os povos e a "batizá-los"[56]; não se trata simplesmente de proclamar uma doutrina, mas de suscitar discípulos e discípulas que aprendam a viver a partir de Jesus e se comprometam, através do gesto do batismo, a segui-lo fielmente[57].

Esta missão de evangelizar não é exclusiva dos Onze. Todos os que se encontram com o ressuscitado ouvem o chamado a transmitir sua própria experiência a outros. Maria Madalena ouve de Jesus este convite: "Vai aos irmãos e dize-lhes..."; com docilidade admirável, Maria deixa de abraçar Jesus, vai para onde estão os discípulos e lhes diz: "Vi o Senhor"[58]. A mesma coisa fazem os discípulos de Emaús; quando se lhes abrem os olhos e reconhecem o ressuscitado, retornam a Jerusalém com o coração ardente e "contam o que lhes aconteceu pelo caminho e como o reconheceram ao partir o pão"[59]. Entre os cristãos da segunda e terceira geração recordava-se que fora o encontro com Jesus vivo depois de sua morte que havia desencadeado o anúncio contagioso da Boa Notícia de Jesus[60].

---

56. Mateus 28,19-20. Esta linguagem tão precisa reflete uma prática missionária e alguns costumes litúrgicos estabelecidos mais tarde na comunidade.

57. No final de Marcos, Jesus lhes diz: "Ide por todo o mundo e proclamai a Boa Notícia a toda a criação" (16,15).

58. João 20,17-18.

59. Lucas 24,35.

60. Lucas é o único evangelista que narra a "ascensão" de Jesus ao céu. De acordo com Mateus, Jesus não abandona os seus nem se despede deles; o ressuscitado está sempre com os seus: "Eu estou convosco todos os dias até o fim do mundo" (28,20). Também João não fala da "ascensão"; o ressuscitado está com os seus, infundindo neles seu alento: "Recebei o Espírito Santo" (20,22). A "ascensão" é uma composição literária imaginada por Lucas com uma intenção teológica muito clara. No final de seu evangelho ele a apresenta como a culminação solene do tempo de Jesus (Lucas 24,50-53): o ressuscitado é levado ao céu (ao mundo insondável de Deus) enquanto abençoa os seus; os discípulos prostram-se e o adoram pela última vez; depois retornam transbordantes de alegria ao templo, onde permanecem bendizendo a Deus. No entanto, o mesmo Lucas volta a narrar a "ascensão", mas agora como ponto de partida do tempo da Igreja e da missão evangelizadora (Atos dos Apóstolos 1,6-11): Jesus é elevado ao céu "até que uma nuvem o oculta a seus olhos"; explica-se a eles que este Jesus "virá um dia como o viram ir embora"; depois retornam a Jerusalém, mas não vão ao templo, e sim ao "cenáculo", onde receberão o Espírito, que os impelirá à missão evangelizadora (Conzelmann, Lohfink, Léon-Dufour...).

Ficou vazio o sepulcro de Jesus?

Todos os evangelistas contam que, no dia seguinte à crucificação, bem cedo, algumas mulheres aproximaram-se do sepulcro onde havia sido depositado o cadáver de Jesus e o encontraram aberto e vazio[61]. Naturalmente ficaram surpresas e assustadas. Segundo o relato, um "anjo" de Deus tirou-as da perplexidade com as seguintes palavras: "Não vos assusteis. Vós buscais Jesus de Nazaré, o crucificado. Ele ressuscitou! Não está aqui. Olhai o lugar onde o puseram. Agora ide dizer a seus discípulos e a Pedro: ele vai diante de vós para a Galileia: ali o vereis"[62]. Trata-se de um relato tardio. As primeiras confissões e hinos litúrgicos que falam da ressurreição de Jesus ou de sua exaltação à vida de Deus não dizem nada do sepulcro vazio. Tampouco Paulo de Tarso menciona este fato em suas cartas. Só se fala do sepulcro vazio a partir dos anos setenta. Tudo parece indicar que não desempenhou uma função significativa no nascimento da fé em Cristo ressuscitado. Só adquiriu importância quando o dado foi integrado em outras tradições que falavam das "aparições" de Jesus ressuscitado.

Não é fácil saber se as coisas aconteceram tal como são descritas nos evangelhos. Para começar, não é fácil saber com certeza como e onde Jesus foi enterrado. Os romanos costumavam deixar os crucificados sobre o patíbulo, abandonados aos cães selvagens e às aves de rapina, para depois lançar seus restos numa fossa comum ou depósito de lixo, sem culto nem honras fúnebres. Esta humilhação final do justiçado fazia parte do rito da crucificação. Será que Jesus terminou assim, numa fossa comum onde já estavam apodrecendo muitos outros justiçados, expulsos da vida sem honra nenhu-

---

61. Marcos 16,1-8; Mateus 28,1-8; Lucas 24,1-12; João 20,1-18. As diferentes narrações dependem provavelmente de Marcos, embora seja possível que o relato de João que fala da aparição a Maria Madalena tenha certa independência.

62. Marcos 16,6-7. O portador desta mensagem de Deus aparece descrito de maneira diferente nas diversas versões: "um jovem vestido com uma túnica branca" (Marcos); "o anjo do Senhor" (Mateus); "dois homens com vestes resplandecentes" (Lucas); "dois anjos vestidos de branco" (João).

ma? Historicamente é pouco provável. Segundo uma tradição, Jesus foi enterrado pelas autoridades judaicas que "pediram a Pilatos que o fizesse morrer", e depois "o desceram do madeiro e o puseram num sepulcro"[63]. O dado é verossímil. As autoridades de Jerusalém estão preocupadas: vão começar as festas da Páscoa e aqueles corpos que pendem da cruz mancham a terra e contaminam toda a cidade. Jesus e seus dois companheiros devem ser enterrados com pressa, sem cerimônia alguma, antes que comece aquele solene sábado de Páscoa.

Os evangelhos, no entanto, apresentam outra versão. Reconhecem honestamente que não foram seus discípulos que enterraram Jesus: todos haviam fugido para a Galileia. Tampouco as mulheres puderam intervir, embora seguissem o enterro "de longe". Mas houve um homem bom, chamado José de Arimateia, desconhecido pelas fontes até este momento, que pede a Pilatos a devida autorização e pode enterrá-lo "num sepulcro escavado na rocha". Não deixa de haver pontos obscuros sobre a identidade de José de Arimateia e sua atuação[64], mas também é possível que as coisas tenham acontecido assim. Sabemos que, ocasionalmente, as autoridades romanas davam sua au-

63. Atos dos Apóstolos 13,28-29. No evangelho de João se diz: "Para que os corpos não permanecessem na cruz no sábado, porque aquele sábado era muito solene, os judeus rogaram a Pilatos que lhes quebrassem as pernas e os retirassem" (João 19,31).

64. O relato está conservado em Marcos 15,42-47; Mateus 27,57-61; Lucas 23,50-56; João 19,38-42. De acordo com Marcos, José de Arimateia é "membro respeitável do Sinédrio"; não aparece como seguidor de Jesus, mas "esperava o reino de Deus"; Lucas o descreve como "um homem bom e justo" que não estivera de acordo com os outros membros do Sinédrio ao condenarem Jesus; Mateus dá um passo importante, pois nos diz que José "fizera-se também discípulo de Jesus" (!) apesar de ser um "homem rico". João já o chama abertamente "discípulo de Jesus", embora "em segredo, por medo dos judeus". Pode-se também observar como o enterro vai se transformando conforme vai se desenvolvendo a tradição. De acordo com Marcos, José de Arimateia fez o que pôde: "Envolveu Jesus num lençol" e "colocou-o num sepulcro escavado na rocha"; Lucas precisa que era um sepulcro "onde ninguém ainda fora colocado"; Mateus acrescenta que era um "sepulcro novo" que o próprio José "mandou escavar na rocha"; em João, o sepultamento apressado transformou-se num enterro digno e até solene: em ajuda a José vem Nicodemos "com umas cem libras de uma mistura de mirra e aloés" (!); ambos envolvem o corpo de Jesus "em panos de linho e com perfumes, como é costume sepultar entre os judeus"; depois o depositam num "sepulcro novo" que está maravilhosamente ali, "no meio de um jardim" e onde "ninguém ainda havia sido depositado".

torização e permitiam que um crucificado pudesse receber uma sepultura mais digna e respeitável por parte de amigos ou familiares[65]. É difícil saber o que aconteceu. Certamente Jesus não teve um enterro com honras fúnebres. Seus seguidores não estiveram presentes: os varões estavam escondidos, as mulheres só podiam olhar de longe. Tudo foi muito rápido, pois era necessário acabar antes que chegasse a noite. Não sabemos com certeza se se ocuparam dele os soldados romanos ou os servos das autoridades do templo. Não sabemos se Jesus terminou numa vala comum como tantos justiçados ou se José de Arimateia pôde fazer algo para enterrá-lo em algum sepulcro dos arredores[66].

Para muitos investigadores, também não fica totalmente claro se as mulheres encontraram vazio o sepulcro de Jesus. A questão se coloca nestes termos: é uma narração que recolhe a lembrança do que ocorreu ou se trata de uma composição literária que deseja expor de maneira plástica o que todos creem: se Jesus ressuscitou, não se deve procurá-lo no mundo dos mortos? Com certeza, o episódio pode ter ocorrido realmente, e não faltam motivos para afirmá-lo. Torna-se difícil imaginar que se criasse esta história para reforçar com todo o realismo a ressurreição de Jesus, escolhendo como protagonistas precisamente um grupo de mulheres, cujo testemunho era tão pouco valorizado na sociedade judaica: não podia isso induzir a pensar que um fato tão fundamental como a ressurreição de Jesus era um "assunto de mulheres"? Por outro lado, era possível proclamar a ressurreição na cidade de

---

65. Fílon fala de crucificados que "foram descidos e entregues a seus parentes para que recebessem as honras da sepultura" (*In Flaccum*, 83). Flávio Josefo conseguiu de Tito que lhe entregasse três crucificados, familiares seus, antes de expirarem, e conseguiu inclusive que um deles sobrevivesse (*Autobiografia*, 420-421). Além disso, em 1968 descobriu-se em Giv'at ha-Mitvar, ao norte de Jerusalém, o cadáver de um homem crucificado no tempo de Jesus, chamado Yehohanan, depositado num ossário familiar; o fato mostra que foi enterrado por seus familiares.

66. Todas as possibilidades encontram defensores entre os investigadores contemporâneos. Só existe um consenso generalizado de que Jesus não recebeu os cuidados fúnebres habituais (Benoit, Léon-Dufour, Vögtle, Perrot, Pannenberg...).

Jerusalém se alguém podia demonstrar que o cadáver de Jesus continuava ali, no seu sepulcro?[67]

Uma leitura atenta do relato permite lê-lo a partir de uma perspectiva que vai além do puramente histórico. Na realidade, o que é decisivo na narração não é o sepulcro vazio, mas a "revelação" que o enviado de Deus faz às mulheres. O relato não parece escrito para apresentar o sepulcro vazio de Jesus como uma prova de sua ressurreição. De fato, o que ele provoca nas mulheres não é fé, e sim medo, tremor e espanto. É a mensagem do anjo que é preciso ouvir e, naturalmente, esta revelação exige fé. Somente quem crê na explicação apresentada pelo enviado de Deus pode descobrir o verdadeiro sentido do sepulcro vazio[68].

É difícil, portanto, chegar a uma conclusão histórica irrefutável. O que podemos dizer é que o relato não faz senão expor de maneira narrativa o que a primeira e a segunda geração cristã já vêm confessando: "Jesus de Nazaré, o crucificado, foi ressuscitado por Deus". Concretamente, as palavras postas na boca do anjo não fazem senão repetir, quase literalmente, a pregação dos primeiros discípulos[69]. É outra maneira de proclamar a vitória de Deus sobre a morte, sugerindo de maneira expressiva que Deus abriu as portas do *sheol* para que Jesus, o crucificado, possa escapar ao poder da morte. Mais do que

---

67. Este argumento, tão difundido a partir do estudo de H. von Campenhausen, não tem na realidade muito peso, pois não sabemos exatamente quando se começou a anunciar a ressurreição de Jesus em Jerusalém nem se era possível ter acesso ao seu sepulcro. Além disso, é curioso que se possa falar da ressurreição do Batista sem necessidade de indicar que seu sepulcro está vazio (Marcos 6,14-16).

68. Encontrar vazio o sepulcro de Jesus não serve como prova irrefutável de sua ressurreição, porque o fato se presta a explicações muito diversas: o cadáver pode ter sido roubado (essa é a explicação que, de acordo com Mateus 28,13, devem dar os soldados subornados); pode ter sido trasladado para outro lugar (é o que pensa Maria Madalena, de acordo com João 20,15); as mulheres podem ter-se confundido de sepulcro; o cadáver pode ter sido "revivificado" sem entrar na vida de Deus (também ficou vazio o sepulcro de Lázaro)...

69. Pode-se ver Atos dos Apóstolos 3,15; 4,10; 5,30... e sobretudo 2,23-24: "Vós o crucificastes. [...] Mas Deus o ressuscitou, libertando-o dos laços da morte, pois é impossível que esta o retivesse em seu poder".

informação histórica, o que encontramos nestes relatos é pregação dos primeiros cristãos sobre a ressurreição de Jesus. Tudo leva a pensar que não foi um sepulcro vazio que provocou a fé em Cristo ressuscitado, mas o "encontro" vivido pelos seguidores, que o experimentaram cheio de vida depois de sua morte.

Por que, então, foi escrito este relato? Alguns pensam que o relato nasceu para explicar a origem de uma celebração cristã que ocorria junto ao sepulcro de Jesus, ao menos uma vez ao ano, e que consistia numa peregrinação que subia até aquele lugar sagrado no dia da Páscoa, ao nascer do sol. O *culmen* desta celebração pascal era precisamente a leitura deste relato. Aos peregrinos chegados ao sepulcro anunciava-se a Boa Notícia: "Procurais Jesus de Nazaré, o crucificado. Ele ressuscitou. Não está aqui. Vede o lugar onde o puseram". A hipótese é sugestiva e não pode ser descartada. No entanto, é muito difícil demonstrar sua existência[70]. É mais fácil pensar que o relato nasceu em ambientes populares onde se entendia a ressurreição corporal de Jesus de maneira material e física, como continuidade de seu corpo terreno. Para estes crentes, este relato resultava fascinante. Onde se pode captar melhor a vitória de Deus sobre a morte do que num sepulcro vazio?

Em todo caso, a opinião mais geral é que os dados exegéticos não dirimem as diferentes questões levantadas por este relato. As narrações certamente supõem conhecido o desaparecimento do cadáver. Só assim é pensável a ressurreição na mentalidade bíblica[71].

O relato do sepulcro vazio, tal como está recolhido no final dos escritos evangélicos, contém uma mensagem de grande importância: é um erro procurar o crucificado num sepulcro vazio; ele não está ali; não pertence ao

---

70. Esta hipótese foi defendida sobretudo por L. Schenke e Van Iersel. Não conseguiu uma adesão significativa entre os investigadores.

71. Não é estranho que na teologia contemporânea exista um debate entre teólogos que, confessando sua fé no "fato" da ressurreição de Jesus, divirjam ao procurarem explicar o "como" da mesma. Como é natural, o debate supera a natureza e os limites deste trabalho.

mundo dos mortos. É um equívoco prestar-lhe homenagens de admiração e reconhecimento por seu passado. Ele ressuscitou. Está mais cheio de vida do que nunca. Continua animando e guiando seus seguidores. É preciso "retornar à Galileia" para seguir seus passos: é preciso viver curando os que sofrem, acolhendo os excluídos, perdoando os pecadores, defendendo as mulheres e abençoando as crianças; é preciso fazer refeições abertas a todos e entrar nas casas anunciando a paz; é preciso contar parábolas sobre a bondade de Deus e denunciar toda religião que vá contra a felicidade das pessoas; é preciso continuar anunciando que o reino de Deus está próximo. Com Jesus é possível um mundo diferente, mais amável, mais digno e justo. Há esperança para todos: "Retornai à Galileia. Ele irá à vossa frente. Ali o vereis"[72].

Deus lhe deu razão e lhe fez justiça

A execução de Jesus punha em questão toda a sua mensagem e atuação. Aquele final trágico colocava uma grave interrogação inclusive a seus seguidores mais fiéis: tinha razão Jesus ou estavam certos seus executores? Com quem estava Deus? Na cruz não haviam matado só a Jesus. Com ele haviam matado também sua mensagem, seu projeto do reino de Deus e suas pretensões de um mundo novo. Se Jesus tinha razão ou não, só Deus o podia dizer.

Ainda hoje se pode perceber nos textos chegados até nós a alegria dos primeiros discípulos ao descobrir que Deus não abandonou Jesus. Deus saiu em sua defesa. Identificou-se com ele, aclarando para sempre qualquer ambiguidade. Para os seguidores de Jesus, a ressurreição não é só uma vitória sobre a morte; é a reação de Deus, que confirma seu querido Jesus, desautorizando os que o condenaram. Esta é a primeira coisa que eles pregam sem-

---

72. Os autores interpretam o convite a dirigir-se para a Galileia de diversas maneiras. São cada vez mais numerosos os que entendem a Galileia em sentido simbólico: lugar do seguimento evangélico de Jesus (Beasley-Murray); ponto de partida da missão da Igreja a todos os povos (Evans); símbolo da vida cristã vivida dia a dia (Léon-Dufour); lugar da *parusia* (Lohmeyer, Lightfoot e, em parte, Marxsen).

pre de novo nas proximidades do templo e pelas ruas de Jerusalém: "Vós o matastes pregando-o na cruz pelas mãos de alguns ímpios, mas Deus o ressuscitou"; "aquele que vós crucificastes Deus o ressuscitou dentre os mortos"; "o Deus de nossos pais ressuscitou Jesus, a quem vós matastes pendurando-o num madeiro"[73]. Com sua ação ressuscitadora, Deus confirmou a vida e a mensagem de Jesus, seu projeto do reino de Deus e toda a sua atuação. O que Jesus anunciava na Galileia sobre a ternura e misericórdia do Pai é verdade: Deus é como Jesus o sugere em suas parábolas. Sua maneira de ser e de agir coincide com a vontade do Pai. A solidariedade de Jesus com os que sofrem, sua defesa dos pobres, seu perdão aos pecadores, é justamente isso que ele quer. Jesus tem razão quando procura uma vida mais digna e feliz para todos. É esse o anseio maior que Deus guarda em seu coração. É essa a maneira de viver que agrada ao Pai. É esse o caminho que leva à vida.

Deus não só deu razão a Jesus, mas lhe fez justiça. Não ficou passivo e em silêncio diante do que fizeram com ele; devolveu-lhe, plenificada, a vida que lhe arrebataram de maneira tão injusta. Os seguidores de Jesus veem na ressurreição a admirável resposta de Deus ao abuso cometido com Jesus. O mal tem muito poder, mas só até à morte: as autoridades judaicas e os poderosos romanos mataram Jesus, mas não o puderam aniquilar. Para além da morte só tem poder o amor insondável de Deus. Os verdugos não triunfam sobre as vítimas.

Mas por que Jesus teve que morrer? Se Deus o ama tanto, por que deixou-o morrer assim? Para que tanta humilhação e sofrimento? O que pode haver de bom nesse crime cometido com ele? Os cristãos tiveram que percorrer um longo caminho até encontrar alguma resposta a algo tão escandaloso e injusto. Por volta dos anos 40 ou 42 conseguiram cunhar uma fórmula estranha: "Cristo morreu por nossos pecados segundo as Escrituras"[74]; mas o que

73. Este esquema de "contraste" entre o que fizeram com Jesus e a reação de Deus é um elemento central na primeira pregação (Atos dos Apóstolos 2,23-24; 4,10; 5,30...).

74. 1Coríntios 15,3.

tem a ver a morte de um homem com o conjunto de pecadores de todos os tempos? A morte põe fim à vida, como pode a morte salvar a outros?

A ressurreição obrigou os primeiros crentes a aprofundar a morte de Jesus com uma luz nova. Acabam descobrindo que, ao morrer, Jesus entrou na "glória" de Deus. Morreu confiando no Pai e o Pai o acolheu em sua vida insondável. A morte de Jesus foi uma "morte-ressurreição". Ele não morreu para o vazio do nada, mas para a comunhão plena com Deus. O Pai não o salvou *da* morte, mas sim *na* morte. Pode-se dizer que, ao ressuscitá-lo, Deus o gerou como o filho mais querido. Os cristãos acham a coisa mais natural aplicar à ressurreição de Jesus um conhecido salmo: "Ressuscitando Jesus, Deus cumpriu o que está escrito no salmo segundo: 'Tu és meu filho, eu hoje te gerei'"[75]. Jesus ressuscita gerado por Deus para a vida.

Este Deus que acolhe Jesus no interior de sua morte nunca esteve separado dele. Enquanto Jesus agonizava, Deus estava com ele, sustentando-o com seu amor fiel, sofrendo com ele e nele, identificado totalmente com ele, como se pôde ver agora na ressurreição. O Pai não quer ver Jesus sofrer. Nunca o quis. Como irá querer a destruição injusta de um inocente? Como irá querer aquele final trágico para seu filho mais querido? O que o Pai quer é que Jesus seja fiel até ao fim, que continue identificado com todos os desgraçados do mundo, que continue buscando o reino de Deus e sua justiça para todos. Nem o Pai busca a morte ignominiosa de Jesus, nem Jesus lhe oferece seu sangue pensando que lhe será agradável. Os primeiros cristãos nunca disseram algo parecido. Na crucificação, Pai e Filho estão unidos, não buscando sangue e destruição, mas enfrentando o mal até às últimas consequencias. Aquele sofrimento é mau; aquela crucificação é um crime. Só a procuraram as autoridades judaicas e os representantes do Império, que se fecham ao reino de Deus. Jesus não quer que o matem; resiste a beber aquela "taça" de sofrimento: aquilo é absurdo e injusto. Mas irá até à morte, se for

75. Atos dos Apóstolos 13,33.

necessário, para ser fiel ao reino de Deus: todos poderão conhecer até onde chega sua confiança no Pai e seu amor aos homens. Por sua vez, o Pai não quer que matem seu Filho querido: é a ofensa mais dolorosa que lhe podem fazer. Mas, se for necessário, deixará que o sacrifiquem, não intervirá para destruir os que o crucificam, continuará amando o mundo e revelará a todos a que extremos insondáveis chega a "loucura de seu amor" aos homens.

Os primeiros cristãos confessam admirados: "Deus amou tanto o mundo que entregou seu Filho"[76]. Na cruz, ninguém está oferecendo nada a Deus para que mostre um rosto mais benevolente para com a humanidade. É ele quem está entregando o que ele mais ama: seu próprio Filho. Seu amor é anterior a tudo. Paulo não tem dúvida nenhuma: "A prova de que Deus nos ama é que, enquanto ainda éramos pecadores, entregou Cristo à morte por nós"[77]. Deus não podia revelar seu amor de maneira mais inequívoca. Não se deteve nem diante do mais querido. "Não perdoou seu próprio Filho, antes o entregou por nós, como não irá dar-nos gratuitamente todas a outras coisas juntamente com ele?"[78] Este amor de Deus é inaudito. Enquanto Jesus agoniza, Deus não faz nem diz nada. Não intervém. Respeita o que fazem com seu Filho. Não atende ao que Jesus lhe pediu com angústia no Getsêmani. Simplesmente sofre a morte de seu querido Filho por amor aos homens, que sem ele ficariam perdidos para sempre. Nessa "crucificação-ressurreição" se nos revela de maneira suprema o amor de Deus. Ninguém o teria suspeitado. Em Jesus "crucificado-ressuscitado", Deus está *conosco*, só pensa *em* nós, sofre *como* nós, morre *para* nós[79].

Esse silêncio de Deus na cruz não significava abandono do crucificado e cumplicidade com os crucificadores. Deus estava com Jesus. Por isso, ao

76. João 3,16.

77. Romanos 5,8.

78. Romanos 8,32.

79. Com diversos matizes e ênfases, a teologia contemporânea tende a aprofundar-se no mistério da cruz a partir desta implicação dolorosa de Deus (Pannenberg, Moltmann, Rahner, Kitamori, Sobrino, Durrwell).

morrer, Jesus encontrou-se ressuscitado em seus braços. A ressurreição mostrou que Deus estava com o crucificado de maneira real, sem intervir contra seus verdugos, mas assegurando seu triunfo final. Este é o aspecto mais grandioso do amor de Deus: que ele tem poder para aniquilar o mal sem destruir os maus. Faz justiça a Jesus sem destruir os que o crucificam. Paulo o disse de maneira admirável: "Em Cristo Deus estava reconciliando consigo o mundo, sem levar em conta as transgressões dos homens"[80]. Tudo isto parece incrível. A "pregação da cruz é uma loucura". Paulo o sabe, porque enfrenta constantemente a rejeição. "Enquanto os judeus pedem sinais e os gregos buscam sabedoria, nós pregamos um Cristo crucificado: escândalo para os judeus e loucura para os gentios. Mas para os que foram chamados, sejam judeus ou gregos, trata-se de um Cristo que é força de Deus e sabedoria de Deus. Pois o que em Deus parece loucura é mais sábio do que os homens, e o que em Deus parece fraqueza é mais forte do que os homens"[81]. Nessa cruz que a nós parece uma "loucura" encontra-se a "sabedoria" suprema de Deus encontrando um caminho para salvar o mundo. Nesse Cristo crucificado que a nós parece "fraqueza" e impotência encerra-se a "força" salvadora de Deus. Por isso dizem os cristãos que Cristo morreu por nossos pecados "segundo as Escrituras". Na cruz cumpriram-se os desígnios de Deus. "Era necessário" que Cristo padecesse. Com Deus tinha que ser assim, pois em sua loucura incrível ele ama seus filhos até ao extremo.

Os primeiros cristãos lançam mão de diversos modelos para explicar de alguma forma a "loucura" da crucificação. Apresentam-na como um "sacrifício de expiação", uma "aliança nova" entre Deus e os homens selada com o sangue de Jesus; gostam de descrever sua morte como a do "servo sofredor", um homem justo e inocente que, segundo o livro de Isaías, carrega as culpas e pecados de outros para converter-se em salvação para os outros[82]. É preciso

---

80. 2Coríntios 5,19.

81. 1Coríntios 1,22-25.

82. Sobretudo Isaías 53,1-12.

entender bem esta linguagem, porque em nenhum momento ela quer anular ou desfigurar o amor gratuito de Deus anunciado com tanta força por Jesus.

Deus não aparece como alguém que exige previamente de Jesus sofrimento e destruição para que sua honra e sua justiça fiquem satisfeitas e assim ele possa "perdoar" os homens. Jesus, por sua vez, não aparece procurando influir em Deus com seu sofrimento para obter dele uma atitude mais benévola para com o mundo. Nas primeiras comunidades cristãs a ninguém ocorreu dizer algo parecido. Se Deus fosse alguém que exige previamente o sangue de um inocente para salvar a humanidade, a imagem que Jesus deu do Pai teria ficado totalmente desvirtuada. Deus seria um ser "justiceiro" que não sabe perdoar gratuitamente, um credor implacável que não sabe salvar ninguém se antes não saldar a dívida que contraiu com ele. Se Deus fosse assim, quem poderia amá-lo com todo o coração, com toda a alma e com todas as forças? O melhor que se poderia fazer diante de um Deus tão rigoroso e ameaçador seria agir com cautela e defender-se dele deixando-o satisfeito com todo tipo de ritos e sacrifícios.

Deus também não aparece descarregando sua ira sobre Jesus. Em nenhum momento o Pai o torna responsável por pecados que ele não cometeu; não considera seu Filho como "substituto" de pecadores. Como um Deus justo irá imputar a Jesus os pecados que ele não cometeu?[83] Jesus é inocente; o pecado não entrou em seu coração. Na cruz ele não está sofrendo nenhum castigo de Deus. Está padecendo a rejeição dos que se opõem a seu reino. Jesus não é vítima do Pai, e sim de Caifás e Pilatos. Jesus carrega o sofrimento que lhe infligem injustamente os homens, e o Pai carrega o sofrimento que seu Filho querido padece. Assim se expressa um escrito atribuído a Pedro: "Cristo não cometeu pecado. [...] Injuriado, não devolvia injúrias, sofria

83. Não é fácil interpretar uma frase muito concisa de Paulo: "Aquele que não conheceu o pecado, Deus o fez pecado por nós, para que nele viéssemos a ser justiça de Deus" (2Coríntios 5,21). Provavelmente Paulo está sublinhando a solidariedade de Jesus com os pecadores. Sem dúvida, não parece que devamos forçar o sentido literal, pois Paulo começa afirmando a absoluta inocência de Jesus.

sem ameaçar, confiando em Deus, que julga com justiça. Ele carregou nossos pecados levando-os em seu corpo até o madeiro"[84].

O que dá valor redentor ao suplício da cruz é o amor e não o sofrimento. O que salva a humanidade não é algum "misterioso" poder salvador contido no sangue derramado diante de Deus. Por si mesmo, o sofrimento é mau, não tem nenhuma força redentora. Não agrada a Deus ver Jesus sofrendo. A única coisa que salva no Calvário é o amor insondável de Deus, encarnado no sofrimento e na morte de seu Filho. Não há nenhuma outra força salvadora a não ser o amor.

O sofrimento continua sendo mau, mas, precisamente por isso, transforma-se na experiência humana mais sólida e real para viver e expressar o amor. Por isso, os primeiros cristãos viram em Jesus crucificado a expressão mais realista e extrema do amor incondicional de Deus para com a humanidade, o sinal misterioso e insondável de seu perdão, compaixão e ternura redentora. Somente o amor incrível de Deus pode explicar o que aconteceu na cruz. Somente à sombra luminosa da cruz pôde surgir a transcendental e milagrosa afirmação cristã: "Deus é amor"[85]. É isto que Paulo intui quando escreve comovido: "O Filho de Deus me amou e se entregou por mim"[86].

Bibliografia

Estudos de caráter geral sobre a ressurreição de Jesus

LÉON-DUFOUR, Xavier. *Resurrección de Jesús y mensaje pascual*. 5. ed. Salamanca: Sígueme, 1992.

84. 1Pedro 2,22-24. Os pecados não são coisas que possam ser trazidas sobre o corpo. O autor expressa com uma imagem o peso enorme que cai sobre Jesus ao solidarizar-se com os que rejeitam a ele e seu projeto de Deus.

85. 1João 4,8.16.

86. Gálatas 2,20.

SCHMITT, J. *Jésus ressuscité dans la prédication apostolique:* étude de théologie biblique. Paris: Gabalda, 1968.

EVANS, C.F. *Resurrection and the New Testament*. Londres: SCM Press, 1970.

WILCKENS, Ulrich. *La resurrección de Jesús*: estudio histórico-crítico del testimonio bíblico. Salamanca: Sígueme, 1981.

RIGAUX, Beda. *Dieu l'a ressuscité*: exégèse et théologie biblique. Gembloux: Duculot, 1973.

RUCKSTUHL, Eugen & PFAMMATER, Josef. *La resurrección de Jesucristo*: Hecho histórico-salvífico y foco de la fe. Madri: Fax, 1973.

PERKINS, Pheme. *Resurrection:* New Testament Witness and Contemporary Reflection. Londres: Geoffrey Chapman, 1984.

LORENZEN, Thorwald. *Resurrección y discipulado*: modelos interpretativos, reflexiones bíblicas y consecuencias teológicas. Santander, Sal Terrae, 1999.

DENEKEN, Michel. *La foi pascale* – Rendre compte de la résurrection de Jésus aujourd'hui. Paris: Cerf, 1997.

BRAMBILLA, Franco Giulio. *El crucificado resucitado*. Salamanca: Sígueme, 2003.

ALVES, Manuel Isidro. *Ressurreição e fé pascal*. Lisboa: Didaskalia, 1997.

KESSLER, Hans. *La resurrección de Jesús:* aspecto bíblico, teológico y sistemático. Salamanca: Sígueme, 1989.

BONY, Paul. *La résurrection de Jésus*. Paris: Eds. de l'Atelier, 2000.

WRIGHT, N.T. *The Resurrection of the Son of God*. Mineápolis: Fortress Press, 2003.

MOINGT, Joseph. *El hombre que venía de Dios* II. Bilbao: Desclée de Brouwer, 1995, p. 49-88.

THEISSEN, Gerd & MERZ, Annette. *O Jesus histórico* – Um manual. São Paulo: Loyola, 2002 [*El Jesús histórico*. Salamanca: Sígueme, 1999, p. 523-560].

Para o estudo de novas propostas sobre a ressurreição de Jesus, o sepulcro, as aparições e a gênese da fé pascal

ALEGRE, Xavier. Perspectiva de la exégesis actual ante la resurrección de Jesus y el nacimiento de la fe Pascual. In: FRAIJÓ, Manuel; ALEGRE, Xavier & TORNOS, Andrés. *La fe cristiana en la resurrección*. Santander: Sal Terrae, 1998, p. 33-62.

DE SURGY, E.; GRELOT, Pierre; CARREZ, Maurice; GEORGE, Augustin; DELORME, Jean & LÉON-DUFOUR, Xavier. *La résurrection du Christ et l'exégèse moderne*. Paris: Cerf, 1969.

DELORME, Jean. La résurrection dans le langage du Nouveau Testament. In: CAZELLES, H.; DELORME, J.; DEROUSSEAUX, L.; LE DU, J. & MACÉ, R. *Le langage de la foi dans l'Écriture et dans le monde actuel* – Exégèse et cathéchèse. Paris: Cerf, 1972, p. 101-182.

KREMER, J.; SCHMITT, J. & KESSLER, H. *Dibattito sulla risurrezione di Gesù*. Bréscia: Queriniana, 1969.

D'ACOSTA, Gavin (org.). *Resurrection reconsidered*. Oxford: Oneword, 1996.

DAVIES, S.; KENDALL, D. & O'COLLINS, G. *The Resurrection* – An Interdisciplinary Symposium on the Resurrection of Jesus. Oxford: University Press, 1998.

BORG, Marcus J. & WRIGHT, N.T. *The Meaning of Jesus*: Two Visions. São Francisco: Harper, 1998, p. 111-142.

BOISMARD, Marie-Émile. *Es necesario aún hablar de "resurrección"?*: los datos bíblicos. Bilbao: Desclée de Brouwer, 1996.

MÜLLER, Ulrich B. *El origen de la fe en la resurrección de Jesús*. Estella: Verbo Divino, 2003.

TORRES QUEIRUGA, Andrés. *Repensar a ressurreição*. São Paulo: Paulinas, 2004 [*Repensar la resurrección*. Madri: Trotta, 2003].

SCHILLEBEECKX, Edward. *Jesus*: a história de um vivente. São Paulo: Loyola, 2008 [*Jesús*: la historia de un Viviente. Madri: Cristiandad, 1981, p. 482-509].

______. *En torno al problema de Jesús*: claves de una cristología. Madri: Cristiandad, 1983, p. 103-128.

HAIGHT, Roger. *Jesus, símbolo de Deus*. São Paulo: Paulinas, 2003 [*Jesus, symbol of God*. Maryknoll, NY: Orbis Books, 2002, p. 119-151].

MARXSEN, Willy. *La resurrección de Jesús de Nazaret*. Barcelona: Herder, 1974.

LÜDEMANN, Gerd & ÖZEN, Alf. *La resurrección de Jesús*: Historia. Experiencia. Teología. Madri: Trotta, 2001.

WEDDERBURN, A.J.M. *Beyond Resurrection*. Peabody, MA: Hendrickson, 1999.

CROSSAN, John Dominic. *O nascimento do cristianismo* – O que aconteceu nos anos que se seguiram à execução de Jesus. São Paulo: Paulinas, 2004 [*El nacimiento del cristianismo* – Qué sucedió en los anos posteriores a la ejecución de Jesús. Santander: Sal Terrae, 2002, p. 481-573].

SCHENKE, L. *Le tombeau vide et l'annonce de la Résurrection (Mc 16,1-8)*. Paris: Cerf, 1970.

Para um estudo geral do significado da ressurreição de Jesus

MOULE, C.F.D. *The significance of the Message of the Resurrection for Faith in Jesus Christ*. Londres: SCM Press, 1968.

BEASLEY-MURRAY, Paul. *The Message of the Resurrection*. Downers Grove, IL: Inter-Varsity Press, 2000.

VIDAL, Senén. *La resurreción de Jesús en las cartas de Pablo* – Análisis de las tradiciones. Salamanca: Sígueme, 1982.

PIKAZA, Xabier. *El evangelio*: vida y pascua de Jesús. Salamanca: Sígueme, 1990, p. 245-428.

KANNENGIESSER, Charles. *Foi en la Résurrection, résurrection de la foi*. Paris: Beauchesne, 1974.

COUNE, M.; DELORME, Jean; GAIDE, G.; GAMBIER, J.M.; MARTINI, Carlo Maria; MOLLAT, Daniel; RIDOUARD, A.; SEINAVE, J. & TRILLING, Wolfgang. *La Bonne Nouvelle de la Résurrection*. Paris: Cerf, 1981.

WAGNER, Guy. *La résurrection, signe du monde nouveau*. Paris: Cerf, 1970.

MICHIELS, Robrecht. *Jésus-Christ*: hier, aujord'hui, demain. Tournai: Casterman, 1971, p. 95-135.

LECLERC, Éloi. *Pâques en Galilée ou la rencontre de Christ pascal*. Paris: Desclée de Brouwer, 2003.

Para o estudo do conteúdo salvífico da morte-ressurreição de Jesus

KARRER, Martin. *Jesucristo en el Nuevo Testamento*. Salamanca: Sígueme, 2002, p. 25-96.

SABOURIN, Léopold. *Redención sacrificial:* encuesta exegética. Bilbao: Desclée de Brouwer, 1969.

SESBOÜÉ, Bernard. *Jesucristo, el único Mediador* – Ensayo sobre la redención y la salvación I-II. Salamanca: Secretariado Trinitario, 1990.

______. Redención y salvación en Jesucristo. In: GONZÁLEZ DE CARDEDAL, Olegario; GONZÁLEZ FAUS, José Ignacio & RATZINGER, Joseph (orgs.). *Salvador del mundo*. Salamanca: Secretariado Trinitario, 1997, p. 113-132.

REY, Bernard. *Nous prêchons un Messie crucifié*. Paris: Cerf, 1989.

DURRWELL, François-Xavier. *La mort du Fils* – Le mystère de Jésus et de l'homme. Paris: Cerf, 2006.

LÉON-DUFOUR, Xavier; VERGOTE, Antoine; BUREAU, R. & MOINGT, Joseph. *Mort pour nos péchés*. Bruxelas: Facultés Universitaires Saint Louis, 1976.

SOBRINO, Jon. *Jesus, o Libertador* – I: A história de Jesus de Nazaré. 2. ed. Petrópolis: Vozes, 1996, p. 320-392 [*Jesucristo liberador* – Lectura histórico-teológica de Jesús de Nazaret. Madri: Trotta, 1991, p. 281-320].

VARONE, François. El Dios "sádico" – ¿Ama Dios el sufrimiento? Santander: Sal Terrae, 1988.

DUQUOC, Christian. Actualidad teológica de la cruz. In: DUQUOC, C. *Teología de la cruz*. Salamanca: Sígueme, 1979, p. 19-25.

Outras obras de interesse

MARTIN-ACHARD, Robert. *Da morte à ressurreição segundo o Antigo Testamento*. [s.l.]: Academia Cristã [*De la muerte y la resurrección según el Antiguo Testamento*. Madri: Marova, 1969].

BULTMANN, Rudolf; RAD, Gerhard von; BERTRAN, G. & OEPKE, A. Vie, mort, resurrection. In: KITTEL, Gerhard (org.). *Dictionnaire Biblique*. Genebra: Labor et Fides, 1972.

PUECH, Émil. Mesianismo, escatología y resurrección en los manuscritos del mar Muerto. In: TREBOLLE BARRERA, Julio (org.). *Paganos, judíos y cristianos en los textos de Qumrán*. Madri: Trotta, 1999, p. 245-286.

SCHLIER, Heinrich. *De la resurrección de Jesucristo*. Bilbao: Desclée de Brouwer, 1970.

RAMSEY, A. Michael. *La resurrección de Cristo*. Bilbao: Mensajero, 1971.

BUSTO, José Ramón. El resucitado. In: TAMAYO ACOSTA, Juan José (org.). *10 palabras clave sobre Jesús de Nazaret*. Estella: Verbo Divino, 1999, p. 357-399.

MUSSNER, Franz. *La resurrección de Jesús*. Santander: Sal Terrae, 1971.

BERTEN, I.; BOISMARD, Marie-Émile; BOUTIER, M.; CARREZ, Maurice; DUQUOC, Christian; GEFFRÉ, Claude & MOINGT, Joseph. "La Résurrection". *Lumière et Vie*, XXI, n. 107, mar.-mai./1972 [número monográfico].

SEIDENSTICKER, Philip. *La resurrezione di Gesùi nel messagio degli evangelisti*. Bréscia: Paideia, 1972.

BONNET, G. *Jésus est ressuscité*. Paris: Desclée, 1969.

GUILBERT, Pierre. *Il ressuscita le troisième jour*. Paris: Nouvelle Cité, 1988.

CHARPENTIER, Étienne. *¿Cristo ha resucitado?* Estella: Verbo Divino, 1981.

DUNN, James D.G. *Jesús y el Espíritu*. Salamanca: Secretariado Trinitario, 1981, p. 163-255.

SPONG, John Shelbi. *Resurrection*: Myth or Reality. São Francisco: Harper, 1994.

15

APROFUNDANDO A IDENTIDADE DE JESUS

Não é fácil evocar o impacto que a ressurreição de Jesus provocou em seus seguidores mais próximos. Sua execução na cruz os havia mergulhado na perplexidade. Quem tinha razão? Aquele Profeta querido que, com sua presença, com suas palavras e com seus gestos, tornava realidade entre eles o reino de Deus, ou aqueles que, em nome de Deus e para salvar sua honra, o haviam entregue à morte? A ressurreição confirma-os numa convicção que o próprio Jesus fora despertando em seu coração pelos caminhos da Galileia: Deus está com ele. Todos o abandonaram no momento de sua crucificação. Todos menos Deus. O Deus que ele invocava com tanta confiança deu-lhe razão e identificou-se com ele.

Quem é este Jesus em cuja vida eles experimentaram com tanta força a proximidade salvadora de Deus e em cuja morte e ressurreição puderam captá-lo totalmente identificado com ele? Na origem e gestação da fé em Jesus Cristo há uma pergunta que os primeiros discípulos se sentem urgidos a responder. Com quem conviveram na Galileia? Quem é este Jesus cuja vida despertou tanta esperança em seus corações e cuja morte terminada em ressurreição os convida agora a esperar a vida eterna de Deus? Que mistério se esconde neste homem a quem a morte não pôde vencer? Qual é a verdadeira identidade deste crucificado a quem Deus ressuscitou, infundido-lhe sua própria vida? Como devem chamá-lo? Como o haverão de anunciar?

Não é fácil conhecer as interrogações, esperanças e expectativas que Jesus despertou entre os que aderiram a ele e o seguiram de perto na Galileia.

Estas pessoas não tinham apenas curiosidade e entusiasmo passageiro. Era uma adesão cordial e sentida. Não conseguem captar bem nem a mensagem nem os gestos de seu Mestre e Jesus critica com frequência sua "fé pequena". Mas, para eles, Jesus não é João Batista retornado à vida, nem Elias, nem Jeremias ou algum outro profeta, como parece que se pensa em alguns setores do povo[1]. Mas quem é ele realmente? Como pode invocar com uma confiança tão íntima e filial a Deus como "Pai", sugerindo ter com ele uma relação única e incomparável? Por que experimentam eles com tanta força a proximidade salvadora de Deus em seus gestos de cura? Que mistério se esconde neste profeta que expulsa o Maligno com o Espírito de Deus? Donde provém sua segurança para proclamar que Deus é dos pobres, dos famintos, dos últimos e indefesos? Como se atreve, não só a anunciar Deus como Pai misericordioso e compassivo para com todos, mas a conceder o perdão em seu nome? O que o impele a ensinar a verdadeira vontade de Deus, sem conceder à lei de Moisés o lugar central, absoluto e indiscutível que lhe atribui o povo judeu? Como se atreve a confrontar todos diretamente com Deus, apresentando-se como profeta e portador de sua salvação definitiva?

A partir de sua experiência da ressurreição de Jesus, seus seguidores começam a fazer uma releitura de sua vida inteira[2]. Aquela vida surpreendente e cativante que conheceram de perto e cuja memória guardam viva no coração adquire agora uma profundidade nova. O conhecimento que tinham de Jesus, por causa de seu trato familiar com ele, vai se iluminando à luz de sua ressurreição, adquirindo uma profundidade insuspeitada. Os traços de Jesus que haviam ficado tão gravados em sua memória vão se explicitando agora em sua autêntica verdade à medida que, em torno às primeiras testemunhas,

---

1. Marcos 8,27-30; Mateus 16,13-20; Lucas 9,18-21.

2. Não devemos esquecer que os discípulos fazem sua releitura pascal do Jesus que eles conheceram na Galileia (não do "Jesus histórico" que os investigadores modernos possam recuperar ou "reconstruir" com maior ou menor acerto). O ponto de partida da fé cristológica é a lembrança daqueles que o experimentaram como "Boa Notícia" durante sua vida, interpretado agora à luz da sua ressurreição depois da morte.

as comunidades cristãs vão espalhando a luz que a experiência pascal lança sobre o que antes lhes era difícil de penetrar.

Releitura da história de Jesus

De acordo com o relato do evangelho mais antigo, o jovem "vestido de branco", que anuncia às mulheres que Jesus ressuscitou, confia-lhes o seguinte encargo: "Ide dizer a seus discípulos e a Pedro: 'Ele irá à vossa frente para a Galileia; ali o vereis, como ele vos disse'"[3]. Estas palavras são provavelmente um convite feito aos leitores para retornar à Galileia a fim de "ver" ali o Ressuscitado. Retornar ao início para contemplar, a partir da perspectiva da ressurreição, tudo o que se recorda de Jesus, sua atuação e sua mensagem. É a experiência da ressurreição que pode revelar-lhes a verdadeira identidade de Jesus e o conteúdo profundo de sua mensagem e de sua atuação[4].

De fato é o que pretendem os evangelistas. Ler a história de Jesus com um novo olhar. Reavivar o que experimentaram junto dele, mas desta vez à luz de sua ressurreição. Impulsionados por sua fé em Jesus ressuscitado, começam a recordar suas palavras, mas não como se fossem o testamento de um mestre morto que pertence para sempre ao passado, e sim como palavras de alguém que está "vivo" no meio deles e continua a lhes falar com a força de seu Espírito. Seus escritos não recolhem os ditos pronunciados em outro tempo por um rabino famoso, mas a mensagem de alguém ressuscitado por Deus que agora mesmo está comunicando seu espírito e sua vida às comunidades de crentes que o seguem[5]. As palavras recolhidas em seu relato devem

---

3. Marcos 16,7.

4. Esta é a posição de importantes especialistas que estudam a origem e o desenvolvimento narrativo dos evangelhos (Rhoads, Dewey, Michie, Kingsbury, Aletti...).

5. É tão forte a convicção de que Jesus está vivo, falando na comunidade de seus crentes, que inclusive, com toda a liberdade, põem-lhe na boca palavras que recolhem seu espírito, embora não coincidam literalmente com as pronunciadas por ele na Galileia.

ser ouvidas como palavras que são "espírito e vida", "palavras de vida eterna"[6], que transmitem a alegria e a paz do Ressuscitado.

Os evangelhos não recordam apenas as palavras de Jesus. Recolhem também seus feitos e sua vida. Não o fazem para redigir a biografia de um grande personagem do passado nem para esboçar seu retrato histórico ou psicológico. Não é isso que lhes interessa[7]. O que querem é revelar a presença salvadora de Deus, que ressuscitou Jesus, mas que estava já atuando em sua vida. Quando Jesus curava os enfermos, estava comunicando a eles a força, a saúde e a vida desse Deus que revelou todo o seu poder salvador ressuscitando-o da morte. Ao defender a dignidade dos pobres, vítimas de tantas injustiças, estava exigindo a justiça de Deus, que se manifestou como seu primeiro defensor ressuscitando Jesus dentre os mortos. Ao acolher "pecadores e publicanos" à sua mesa, Jesus estava oferecendo a eles o perdão e a paz de Deus, que os discípulos estão saboreando ao encontrar-se com o Ressuscitado.

Este olhar novo lançado sobre Jesus, suscitado pela fé num Deus que se identificou com ele até ao ponto de ressuscitá-lo dentre os mortos, abre um horizonte insuspeitado a seus seguidores da Galileia. Na história de Jesus contemplam a irrupção de Deus[8]. A história que narram é uma história vivida por Deus encarnado em seu Filho. Uma história cheia de conflitos e desafios, mas, sobretudo, uma história cheia de promessas e de esperanças. Os evangelistas narram a história de Jesus como "o acontecimento central da história do mundo". Dali em diante, o passado e o futuro estão ligados a este fragmento de história no qual se nos dá a conhecer definitivamente o rosto de Deus encarnado em Jesus[9].

---

6. João 6,63.68.

7. De fato, não se interessam por fatores tipicamente biográficos (educação, retrato físico...) nem se esforçam – se excetuarmos algumas anotações de Lucas – por situar a atividade de Jesus no marco sociopolítico concreto de seu tempo.

8. De acordo com D. Marguerat, "de alguma maneira, o evangelho inteiro nos é dado a ler como um longo relato de aparição do Ressuscitado".

9. A partir da perspectiva cristã, este processo de releitura de Jesus à luz de sua ressurreição não é só um fato literário, mas parte do processo pelo qual Deus se nos revela em palavras humanas. Nós crentes reconhecemos neste processo a ação do Espírito do Ressuscitado que guia os discípulos em sua progressiva compreensão de Jesus.

Evangelho de Marcos

Marcos não escreve uma "vida de Jesus" no estilo como Tácito ou Suetônio escreviam a história dos imperadores. Como se diz no título de seu pequeno escrito, o que ele quer é anunciar "a Boa Notícia de Jesus, Messias, Filho de Deus"[10]. Desde as primeiras páginas, a atuação de Jesus cria "suspense". Sua maneira de agir coloca interrogações: "O que é isto?", "quem é este?"[11] Os discípulos não conseguem entendê-lo. Seus adversários pedem um "sinal do céu" em vez de descobri-lo no próprio Jesus. Os demônios conhecem seu segredo, mas Jesus os manda calar, porque não sabem adorar seu mistério nem sua ação salvadora. Marcos irá mostrar o itinerário que pode levar a confessar Jesus como verdadeiro Messias e Filho de Deus.

O mistério de Jesus, *Messias ou Cristo*, começa a esclarecer-se na região de Cesareia de Filipe. Entre as pessoas correm opiniões diversas: uns dizem que ele é João Batista que voltou à vida, alguns pensam em Elias, outros dizem que é algum profeta. Quando Jesus faz a pergunta decisiva aos discípulos: "E vós, quem dizeis que eu sou?", Pedro, como porta-voz de todos, responde: "Tu és o Messias"[12]. Pedro está pensando num Messias que conduza Israel à sua libertação, destruindo todos os seus adversários. Jesus começa então a ensinar-lhes pacientemente que seu destino é passar por uma morte ignominiosa até chegar à ressurreição. Não é o Messias poderoso e glorioso no qual eles estão pensando. É um Messias que seguirá o caminho da cruz, que se fará o último e o servo de todos, porque "não veio para ser servido, mas para servir e dar sua vida como resgate por muitos"[13]. Seus discípulos entenderão sua verdadeira identidade messiânica quando tomarem a cruz,

---

10. Marcos 1,1.

11. Marcos 1,27; 4,41; 6,3.

12. Marcos 8,29.

13. Marcos 10,45.

aprenderem a ser os últimos, os servos de todos, e o seguirem até à crucificação. Na cruz ser-lhes-á revelado seu mistério[14].

O mistério de Jesus, *Filho de Deus*, é revelado ao leitor desde o início. É o próprio Deus quem o apresenta como seu Filho. Jesus acaba de sair das águas do Jordão, onde foi batizado; rasgam-se os céus e ouve-se uma voz: "Tu és meu filho amado. Em ti eu me agrado"[15]. Ninguém parece estar presente. É preciso esperar a ação decisiva de Deus para confessá-lo, mas Jesus está atuando "secretamente" como Filho querido de Deus. Mais uma vez ouve-se a voz do céu. Acontece no alto de uma montanha onde Jesus "se transfigura". Desta vez está presente o círculo mais íntimo de discípulos. Também eles ouvem a voz: "Este é meu Filho amado. Escutai-o"[16]. O próprio Deus os convida a ver em Jesus seu Filho e a escutar o que ele está lhes ensinando sobre o caminho da cruz e da ressurreição. No entanto, ao descer do monte, Jesus os adverte a não contarem a ninguém o que viram até que ele "ressuscite dos mortos"[17]. Então poderão captar seu mistério e confessá-lo. Só no final, um centurião pagão, vendo Jesus expirar abandonado por todos, confessa: "Verdadeiramente este era o Filho de Deus"[18]. É precisamente no abandono da crucificação que se pode confessar Jesus não como Filho poderoso de um Deus onipotente, mas como Filho crucificado, entregue por seu Pai por amor à humanidade.

Não é fácil, e Marcos o sabe. Os discípulos que seguiram Jesus até Jerusalém, ao aproximar-se a crucificação, "o abandonam e fogem todos"[19]. As mu-

---

14. O ensino de Jesus sobre seu caminho de sofrimento e ignomínia até à morte-ressurreição e a incompreensão de seus discípulos encontram-se em três seções: 8,31-34; 9,30-35; 10,32-44.

15. Marcos 1,11.

16. Marcos 9,7.

17. Marcos 9,9-10.

18. Marcos 15,39.

19. Marcos 14,50.

lheres ocupam então o lugar dos varões. Elas seguem Jesus até à cruz. Mas, uma vez morto, quando se lhes anuncia que o crucificado "ressuscitou", saem fugindo do sepulcro, pois "um grande tremor e espanto se havia apoderado delas e não disseram nada a ninguém, porque tinham medo..."[20] Dá medo mergulhar no mistério da morte e ressurreição de Jesus. É fácil fugir e abandoná-lo... No entanto, para crer nele, verdadeiro Messias e Filho de Deus, Marcos convida seus leitores a colocar-se diante de "Jesus crucificado" e diante de seu "sepulcro vazio". É ali que Deus pode revelar-nos seu Filho.

Esta vida do Messias Jesus, Filho de Deus, que termina crucificado por seus adversários mas ressuscitado por Deus, é a proclamação da "Boa Notícia de Deus". Marcos resume a mensagem de Jesus dizendo que ele proclamava: "Cumpriu-se o tempo e o reino de Deus está próximo; convertei-vos e crede nesta Boa Notícia"[21]. De acordo com o relato, são os gestos de Jesus e não tanto suas palavras que vão aproximando o reino de Deus das pessoas: "A multidão acorria a ele para ver o que fazia"[22]. Cheio do Espírito de Deus, sua vida se transforma em fonte de vida e cura. À medida que ele vai avançando pela Galileia, os espíritos malignos saem das pessoas fugindo[23]. Com sua autoridade de Filho ele oferece o perdão gratuito de Deus: "Filho, teus pecados estão perdoados"[24]. Sua força salvadora purifica os leprosos, cura os cegos e devolve a vida à filha de Jairo[25]. Jesus é o Filho de Deus que traz consigo a salvação de Deus, não como o imperador de Roma, a quem chamam "filho de deus" (*divi filius*), embora não possa salvar. Jesus, o Messias e Filho querido, é a Boa Notícia de Deus, porque traz consigo sua salvação.

---

20. Marcos 16,8.

21. Marcos 1,14-15.

22. Marcos 3,8.

23. Marcos 1,27; 5,13.

24. Marcos 2,1-12.

25. Marcos 5,37-43.

Evangelho de Mateus

Depois da queda de Jerusalém no ano 70, e com o templo destruído pelos romanos, os rabinos fariseus esforçam-se por restaurar o judaísmo em torno da lei de Moisés. Enquanto isso, os seguidores de Jesus vão estabelecendo comunidades cristãs entre os judeus da diáspora. Não são raras as tensões e conflitos. Neste momento crucial, Mateus quer confessar o que os seguidores de Jesus descobrem nele à luz da ressurreição. Convencido da total identidade entre o Jesus recordado pelos discípulos e o ressuscitado presente nas comunidades cristãs, Mateus proclama que Jesus não é um falso profeta executado na cruz, mas o verdadeiro "Messias" no qual alcança sua culminância a história de Israel; não é um rabino fracassado, mas o "novo Moisés" portador de uma nova Lei de vida; dele está nascendo o "novo Israel", a Igreja convocada pelo Ressuscitado; destruído o templo, Jesus, Filho amado de Deus, é a nova presença de Deus no mundo. Vejamos os traços mais importantes de seu evangelho.

Jesus é o *Messias* (o Cristo) no qual chega a seu cumprimento a história de Israel. Sua ressurreição deixou-o claro. Não se deve continuar esperando ninguém mais. Ressuscitando Jesus, Deus identificou-se com sua vida e com seu ensino, dissipando as dúvidas que possam surgir entre os judeus que aderem a Jesus ou os que o rejeitam. Jesus é a plenitude, o cumprimento, as esperanças de Israel feitas realidade. Só ele merece ser presenteado com os títulos messiânicos da tradição judaica: Filho de Davi, Messias, Filho do Homem. Mateus vai apresentar esta identidade messiânica de Jesus adaptando-se à mentalidade de seus leitores judeus: Jesus pertence à família de Davi[26]; nasceu em Belém, lugar onde, segundo as Escrituras judaicas, devia nascer o Messias[27], e sua vida vai cumprindo as profecias recolhidas em Israel[28].

---

26. Mateus começa seu escrito apresentando a "genealogia de Jesus, o Messias, filho de Davi, filho de Abraão", no qual culmina a história do povo escolhido (1,1-17).

27. Mateus 2,1-12.

28. Mateus vai narrando a história de Jesus, mostrando que nela tudo vai se realizando como cumprimento das Escrituras. Podemos contabilizar mais de setenta citações do Antigo Testamento.

No momento em que os fariseus, uma vez destruído o templo, se esforçam para restaurar o judaísmo em torno da lei de Moisés, Mateus apresenta Jesus como o único "Mestre"[29], não só intérprete da lei mosaica, mas o "novo Moisés", portador da Lei nova e definitiva de Deus[30]. Por isso Mateus expõe cinco grandes discursos que resumem a mensagem essencial de Jesus e que constituem os cinco pilares que dão a seu evangelho uma estrutura original[31]. Aqui se contém a "nova Lei", autenticada pelo Deus que ressuscitou Jesus; a mensagem que o Senhor ressuscitado pede que seus discípulos ensinem os povos a guardar, pois é o que ele mandou[32]. Mateus propõe esta Lei de Jesus Cristo não só às comunidades a que se dirige seu escrito, mas a todos os povos. O essencial desta Lei pode ser resumido em três formulações. 1) A chamada "regra de ouro": "Tudo o que quiserdes que os homens vos façam a vós, fazei-o também vós a eles, porque esta é a Lei e os Profetas"[33]. 2) O "duplo mandamento do amor": "Amarás o Senhor, teu Deus, com todo o teu coração, com toda a tua alma e com toda a tua mente. Este é o maior e o primeiro mandamento. O segundo é semelhante a este: 'Amarás o teu próximo como a ti mesmo'. Destes dois mandamentos dependem toda a Lei e os Profetas"[34]. 3) "O mais importante da Lei": "A justiça, a misericórdia e a fé"[35].

---

29. Mateus 23,8.

30. No evangelho da infância, Mateus descreve Jesus com traços que parecem evocar a figura de Moisés: livrado de uma matança (2,13-14), vindo do Egito (2,14-15), "salvador do povo" (1,21).

31. Estes discursos são: o *discurso da montanha* (5–7) ou promulgação da lei e do espírito que devem guiar os que entram no reino de Deus; o *discurso da missão* (10), para orientar os que são enviados a anunciá-lo; o *discurso das parábolas* (13), sobre diversos aspectos do reino de Deus; o *discurso sobre a Igreja* (18) e a vida no seio da comunidade de discípulos; o *discurso escatológico* (24–25) sobre a espera, a vigilância e o juízo final.

32. Mateus 28,20a.

33. Mateus 7,12.

34. Mateus 22,37-40.

35. Mateus 23,23.

Mateus apresenta Jesus como o Messias, Filho de Deus que *convoca* o "novo Israel". Seu relato realça primeiramente a incompreensão e a rejeição do Messias em seu próprio povo. Quando Jesus nasce em Belém, "o rei Herodes se perturba e com ele toda Jerusalém"[36]. Quando, no fim de sua vida, sobe a Jerusalém, os dirigentes do templo o condenam e os habitantes da cidade santa exigem sua crucificação[37]. O evangelho de Mateus começa a falar explicitamente da "Igreja"[38], um termo que significa "convocação", "congregação", "assembleia". É a comunidade formada por aqueles que ouvem o chamado de Jesus a segui-lo; não é uma nova escola rabínica; não é a religião de um povo ou de uma raça concreta como Israel. É uma comunidade aberta a uma missão universal[39]. Esta Igreja é de Cristo. Ele a constrói sobre a "rocha" ou fundamento que é Pedro. Nesta Igreja todos são "discípulos", porque Cristo é o único Mestre do qual todos devem aprender. Todos são "irmãos", porque todos são filhos e filhas de um só Pai, o do céu[40]. Nela deve-se cuidar sobretudo dos "pequenos", porque são os que precisam de mais proteção[41]. A Igreja é uma comunidade onde se deve viver a "correção fraterna" e o "perdão incondicional"[42].

Para Mateus, Jesus não é só um profeta ou um enviado de Deus. É seu Filho. Ele o expõe de maneira tipicamente judaica. Jesus é mais do que Davi e mais do que Salomão. É mais do que os profetas e os sábios populares: "Aqui há algo mais do que Jonas"[43]; "aqui há algo mais do que Salomão"[44]. Je-

36. Esta perspectiva de Mateus (2,3) está em nítido contraste com a de Lucas, que apresenta Jesus acolhido alegremente no templo (2,22-32).

37. Mateus 27,25.

38. Mateus 16,18; 18,17.

39. Mateus 28,19.

40. Mateus 23,8-12.

41. Mateus 18,10-14.

42. Mateus 18,19-20.21-22.

43. Mateus 12,41.

44. Mateus 12,42.

sus é "o Filho" que conhece como ninguém o Pai, e como ninguém o pode revelar a quem ele quiser[45]. Mas o traço mais próprio de Mateus é talvez apresentar Jesus como a "nova presença de Deus" no mundo. De acordo com a tradição bíblica, Deus está com seu povo eleito e habita no meio deles. Sua presença no templo é o centro da experiência religiosa de Israel. Agora, destruído o templo, Mateus anuncia que Jesus, o ressuscitado por Deus, vem ocupar seu lugar. Jesus é a nova presença de Deus no mundo. Em cumprimento da profecia de Isaías, ao filho de Maria "pôr-se-á o nome de *Emmanuel*, que traduzido significa 'Deus conosco'"[46]. Na ressurreição, Deus se mostra tão identificado com Jesus que só a ele se pode chamar de *Emmanuel*, "Deus conosco". Mateus quer que leiamos seu evangelho vendo em Jesus e em toda a sua atuação a presença de Deus no meio de nós: em suas palavras ouvimos a Palavra de Deus, em seus gestos podemos experimentar o Amor salvador de Deus. Por isso Mateus conserva uma promessa de Jesus que se torna realidade na comunidade de seus seguidores: "Onde estiverem dois ou três reunidos em meu nome, ali estou eu no meio deles"[47]. O evangelho de Mateus termina com uma promessa inesquecível do Ressuscitado: "Eis que estou convosco todos os dias até o fim do mundo"[48]. Começa um tempo novo: Jesus é para sempre a presença salvadora de Deus no mundo.

Evangelho de Lucas

O protagonista do evangelho de Lucas é o "Messias" e "Senhor" que os seguidores de Jesus confessam, mas seu evangelho o apresenta, sobretudo,

---

45. Este dito, de surpreendente sabor joânico, diz literalmente: "Tudo me foi entregue por meu Pai e ninguém conhece bem o Filho senão o Pai, nem ninguém conhece bem o Pai senão o Filho, e aquele a quem o Filho o quiser revelar" (11,27).

46. Mateus 1,23.

47. Mateus 18,20. Talvez estas palavras aludam a um texto judaico que dizia: "Onde se reúnem dois ou três para estudar a Torá, ali está a *Shekiná* [a Presença] de Deus". Agora Jesus torna Deus presente onde se estuda e se vive a nova lei.

48. Mateus 28,20.

como "Salvador". O anjo do Senhor anuncia assim o nascimento de Jesus: "Nasceu para vós hoje na cidade de Davi um Salvador que é o Messias, o Senhor"[49]. Quando Simeão toma o menino nos braços, canta agradecido a Deus: "Agora, Senhor, podes, de acordo com a tua palavra, deixar que teu servo vá em paz, porque meus olhos viram tua salvação"[50]. Jesus é "a salvação de Deus". Nele podemos ver, tocar, apalpar a salvação que Deus nos oferece[51]. Esta "salvação de Deus" que chega com Jesus introduz no mundo a "alegria". Já antes de nascer, sua presença faz João "saltar de alegria" no seio de sua mãe[52]. Ao anunciar seu nascimento, o anjo exclama: "Anuncio-vos uma grande alegria, que o será para todo o povo"[53]. A vida de Jesus salvador difunde alegria por onde passa. Suas curas despertam o louvor: "Deus os está visitando"[54]. Ao chegar pela última vez a Jerusalém, "toda a multidão dos discípulos, cheios de alegria, puseram-se a louvar a Deus em alta voz por todos os milagres que haviam visto"[55]. Lucas insiste em outro aspecto muito próprio de sua teologia: Jesus é o "hoje da salvação". Nele Deus nos está oferecendo sempre, hoje, agora, a salvação de Deus. "Nasceu para vós *hoje* [...] um salvador"[56]. A Escritura que anuncia um Messias libertador "cumpriu-se *hoje*"[57] com sua presença salvadora que traz a Boa Notícia aos pobres, a libertação aos cativos, a vista aos cegos, a liberdade aos oprimidos e a graça do Se-

---

49. Lucas 2,11.

50. Lucas 2,30.

51. Já Zacarias bendiz a Deus pelo nascimento de seu filho João, pois este "vem para preparar os caminhos do Senhor e para dar a conhecer a seu povo a salvação pelo perdão dos pecados" (1,77).

52. Lucas 1,44.

53. Lucas 2,11. Essa "alegria" que há de inundar a todos e essa "paz" que cantam os anjos em Belém experimentaram-nas os discípulos ao encontrar-se com o Senhor ressuscitado (24,36-43).

54. Lucas 7,16; 13,17; 18,43.

55. Lucas 19,37-38.

56. Lucas 2,11.

57. Lucas 4,21.

nhor aos desgraçados. Por isso, na casa de Zaqueu, Jesus pode dizer: "*Hoje* chegou a salvação a esta casa"[58], e na cruz pode prometer ao bom ladrão: "*Hoje* estarás comigo no paraíso"[59]. Em Jesus, ressuscitado por Deus, sempre está sendo oferecida a nós a salvação.

Esta salvação é fruto da misericórdia de Deus. Lucas apresenta Jesus como "encarnação da misericórdia de Deus". Já no canto de bênção de Zacarias se nos anuncia que "as entranhas de misericórdia de nosso Deus farão com que nos visite uma Luz do alto, a fim de iluminar os que se encontram em trevas e sombras de morte e guiar nossos passos pelo caminho da paz"[60]. Esta misericórdia de Deus encarnada em Jesus se manifesta de formas diversas. Em primeiro lugar, no *perdão* que ele oferece aos pecadores: "Ele veio buscar e salvar o que estava perdido"[61]. Jesus é como o "pai" da parábola que acolhe os filhos perdidos e celebra com eles refeições festivas, como o "pastor" que procura as ovelhas perdidas e, ao encontrá-las, faz festa com seus amigos, como a "vizinha" pobre que procura e encontra com alegria sua pequena moeda perdida[62]; oferece sua amizade e seu perdão a pecadores e publicanos[63] e, ao ser crucificado, pede a Deus o perdão para os que o crucificam: "Pai, perdoa-lhes porque não sabem o que fazem"[64]. Jesus manifesta também sua misericórdia nas "curas", que são ao mesmo tempo sinais do poder salvador de Deus e de sua compaixão. Ele é como o bom "samaritano" que, ao ver em seu caminho alguém caído, "comove-se", "aproxima-se" e,

---

58. Lucas 19,9.

59. Lucas 23,43.

60. Lucas 1,78-79.

61. Lucas 19,10.

62. Lucas 15,1-32.

63. São inesquecíveis as cenas de sua acolhida à mulher pecadora (7,36-50) e a Zaqueu, o chefe dos publicanos (19,1-10).

64. Lucas 23,34.

movido por sua misericórdia, cura-lhe as feridas[65]. Lucas realça mais que ninguém a compaixão de Jesus para com as *mulheres*: "liberta" de espíritos malignos Maria Madalena[66] e outras; "compadece-se" da viúva de Naim[67] e "consola" as mulheres que vêm lamentar-se por ele quando o levam a caminho da cruz[68].

O povo não pôde captar isso plenamente na Galileia, mas, agora que Jesus vive ressuscitado pelo Espírito de Deus, Lucas convida todos a descobrir que esse mesmo Espírito sempre o esteve animando. Jesus é "Portador do Espírito de Deus". Nele se torna presente no mundo o Espírito Santo, doador de vida. João Batista "está cheio do Espírito Santo já desde o seio de sua mãe"[69]. Mas Jesus é inclusive concebido por ele de Maria Virgem. Assim o anjo anuncia a Maria: "O Espírito Santo virá sobre ti e o poder do Altíssimo te cobrirá com sua sombra. Por isso aquele que irá nascer será santo e será chamado Filho de Deus"[70]. O Salvador do mundo não aparece na história humana como fruto do amor de um casal que se ama, mas como fruto do amor de Deus pela humanidade. O Messias, Filho de Deus, não nasce como expressão e confirmação do amor humano entre Maria e José, mas como expressão e confirmação do amor que Deus tem por nós[71]. Este Espírito, que está na origem da presença de Jesus no mundo, é aquele que "desce sobre ele" visivelmente enquanto está em oração após o batismo[72]. Este Espírito o conduz ao deserto e o guia com sua "for-

65. Lucas 10,33-37.

66. Lucas 8,2.

67. Lucas 7,13.

68. Lucas 23,27-31.

69. Lucas 1,15.

70. Lucas 1,35.

71. Ao anunciar o nascimento do Salvador, o Cristo, o Senhor, o anjo diz aos pastores: "Nasceu para vós hoje..." O menino não nasceu para Maria e José como fruto de seu amor conjugal. Nasceu para todos nós.

72. Lucas 3,22.

ça" pelos caminhos da Galileia[73]. Ungido por esse Espírito, Jesus vive anunciando aos pobres, oprimidos e desgraçados a Boa Notícia de sua libertação[74]. À luz de sua ressurreição, Lucas pode formular de maneira profunda a lembrança que ficou de Jesus entre os seus: "Ungido por Deus com o Espírito Santo e com poder, passou fazendo o bem e curando todos os oprimidos pelo diabo, porque Deus estava com ele"[75].

Evangelho de João

O evangelho de João ilumina a vida de Jesus com uma profundidade nunca antes desenvolvida de forma parecida por nenhum evangelista. Isto se deve, segundo o autor, ao fato de que neste escrito os discípulos vão "recordando" os ditos e os feitos de Jesus à "luz de sua ressurreição". Assim acontece, por exemplo, com sua intervenção profética no templo: só "quando ressuscitou dentre os mortos seus discípulos lembraram-se de que era isso que ele quis dizer, e creram na Escritura e nas palavras que Jesus havia dito"[76]. A mesma coisa acontece com a acolhida solene a Jesus em sua entrada em Jerusalém: "A princípio, seus discípulos não o compreenderam; mas, quando Jesus foi glorificado, deram-se conta de que isto estava escrito a seu respeito e que foi isso que lhe fizeram"[77]. Esta "lembrança" de Jesus não se deve só ao esforço deles. É fruto de um trabalho que o Espírito do Ressuscitado vai fazendo neles. João chama este Espírito Santo de "Paráclito", o "Defensor". O Pai o envia aos discípulos "para recordar-lhes tudo o que Jesus lhes disse"[78]. É o "Espírito da verdade" que "dá testemunho" de Jesus como

---

73. Lucas 4,1.14.

74. Lucas 4,7-20.

75. Estas palavras foram redigidas por Lucas, mas não se encontram em seu evangelho, e sim em seu livro dos Atos dos Apóstolos 10,38.

76. João 2,22.

77. João 12,16.

78. João 14,26.

testemunha fiel[79]. Este Espírito "os guiará até à verdade completa"[80]. O evangelista quer, portanto, que leiamos seu relato sobre Jesus como fruto do olhar retrospectivo de seus discípulos à luz da ressurreição. Um olhar que é guiado pelo Espírito do Ressuscitado e que lhes permite penetrar na "verdade completa" que se encerra em Jesus.

Jesus é a *Palavra de Deus feita carne*. De acordo com o prólogo, é este o marco no qual se deve ler o relato. A história que vai ser contada no evangelho não é a história de mais um profeta que atua e fala em nome de Deus. É a história da Palavra de Deus feita carne em Jesus. Esta Palavra existe desde sempre junto a Deus. Esta Palavra é Deus. Nesta Palavra, oculta em Deus, está a origem de todas as coisas. A realidade inteira foi criada per ela. O admirável é que esta "Palavra se fez carne, estabeleceu sua morada entre nós e nós contemplamos a sua glória"[81]. Deus assumiu carne em Jesus. Em suas palavras, em seus gestos, em sua vida e em sua morte estamos nos encontrando com Deus. Nesta história concreta de Jesus que nos vai ser contada devemos ouvir Deus falando-nos a partir da vida frágil e vulnerável de um ser humano[82]. A partir desta visão grandiosa, o evangelho de João nos irá apresentando Jesus como o Filho de Deus, *enviado* pelo Pai para salvar o mundo; como o autêntico *revelador* que nos pode contar o mistério desse Deus que ninguém jamais viu; como o *salvador* que cumpre e supera ao mesmo tempo todas as esperanças do ser humano.

Jesus é o *Enviado* do Pai. É o Filho que existe desde sempre no seio do Pai e que Deus, num gesto de amor, envia ao mundo[83]. Como enviado do Pai, Jesus o torna presente no mundo, o "representa". Não pronuncia suas pró-

79. João 15,26.

80. Cf. João 16,13-15.

81. João 1,14.

82. Cf. mais adiante o que dizemos da Palavra de Deus feita carne em Jesus, p. 555s.

83. No evangelho de João, a denominação mais frequente de Deus nos lábios de Jesus é: "O Pai que me enviou".

prias palavras, mas as palavras que ouve do Pai[84]; não realiza suas próprias obras, mas as de seu Pai[85]; não cumpre sua própria vontade, mas a do Pai[86]. Jesus não é senão a "voz" e a "mão" do Pai. Nas palavras de Jesus nos está falando o Pai; em suas ações o Pai nos está estendendo a sua mão. Este presente que Deus dá ao mundo enviando seu Filho é motivado apenas pelo amor. "Deus amou tanto o mundo que deu seu Filho unigênito, para que todo aquele que nele crer não pereça, mas tenha vida eterna. Porque Deus não enviou seu Filho ao mundo para julgar o mundo, mas para que o mundo seja salvo por ele"[87]. Jesus, portanto, "vem de Deus"[88]. O Pai está tão presente nele que Jesus diz a Filipe: "Quem me viu, viu o Pai"[89].

Este Jesus, que vem diretamente do coração do Pai, é o único que o pode revelar. É seu grande *Revelador*. "A Deus ninguém jamais viu: o Filho unigênito, que está no seio do Pai, ele o deu a conhecer"[90]. Ao fazer-se carne, "contemplamos sua glória, glória que ele recebe do Pai como Unigênito, cheio de graça e de verdade"[91]. Essa "glória" que Jesus recebe do Pai enquanto Filho manifesta-se nos milagres que ele realiza. João chama-os de "sinais" e foram escritos para que os leitores "creiam que Jesus é o Cristo, o Filho de Deus, e para que, crendo, tenham vida eterna"[92]. Estes "sinais" revelam o poder de Jesus como Filho de Deus, manifestam sua compaixão, e Jesus os realiza

84. João 14,10; 17,8.14.

85. João 14,10; 5,15.36; 8,28; 14,10.

86. João 4,34; 5,30; 6,38.

87. João 3,16-17.

88. João 7,28; 8,42; 16,27-28.

89. João 14,8.

90. João 1,18.

91. João 1,14.

92. João 20,30.

para produzir fé[93]. Provavelmente, para o evangelista João, Jesus, ao revelar o mandamento do amor, revela realmente tudo o que ele deve comunicar da parte do Pai. Ao menos, só nesse momento ele sublinha explicitamente que Jesus disse a seus discípulos "tudo" aquilo que ouviu de seu Pai. "Este é o meu mandamento: que vos ameis uns aos outros como eu vos amei. Ninguém tem maior amor do que aquele que dá a vida por seus amigos. Vós sois meus amigos se fazeis o que vos mando. Já não vos chamo servos, porque o servo não sabe o que seu amo faz; eu vos chamei amigos, porque tudo aquilo que ouvi de meu Pai eu vo-lo dei a conhecer"[94]. Este mandamento do amor diz realmente tudo o que Jesus deve comunicar a partir de sua intimidade com o Pai. Da parte do Pai, Jesus traz à terra o mandamento do amor. Deste modo supera-se toda a revelação anterior, porque "a Lei foi dada por meio de Moisés, mas a graça e a verdade nos chegaram por Jesus Cristo"[95]. Até este momento, os discípulos eram "servos" de Deus e de Jesus. Agora transformaram-se em "amigos".

Além de Revelador, o evangelho de João apresenta Jesus como *Salvador* que, ao mesmo tempo, cumpre e supera as esperanças humanas de salvação. Desde o começo de seu escrito, os discípulos dizem que encontraram o "Messias", e Natanael confessa que Jesus é o "Filho de Deus"[96]. Mas é apenas um primeiro conhecimento. Jesus diz a Natanael que ele "verá coisas maiores"[97]. Jesus ainda não é plenamente conhecido quando sua identidade é ex-

---

93. Podemos ler os relatos dos "sinais" nos diferentes episódios: as bodas de Caná (2,1-12), a cura do filho de um funcionário real em Caná (4,46-54), a cura de um enfermo na piscina de Betesda (5,1-18), a multiplicação dos pães (6,1-15), a cura do cego de nascimento (9,1-40) e a ressurreição de Lázaro (11,1-43). Estes sinais são a manifestação, ainda discreta, de sua glória à espera da plena manifestação, que ocorre na hora de sua morte-ressurreição, quando se cumpre sua "elevação" e "glorificação" definitiva.

94. João 15,12-15.

95. João 1,17.

96. João 1,41-49.

97. João 1,50.

pressa apenas com os títulos tradicionais. O decisivo é ouvir como Jesus se define a si mesmo ao revelar-se dizendo: "Eu sou". Nas imagens postas em seus lábios se nos dá a conhecer toda a força salvadora de Jesus Cristo, que, como enviado do Pai, satisfaz plenamente as necessidades mais fundamentais da existência humana[98]. Ao que parece, o evangelho segue uma certa ordem ao expor estas imagens. Ao apresentar-se como "pão da vida", Jesus convida a *ir* a ele: "Eu sou o pão da vida. Aquele que vier a mim não terá fome"[99]: o ser humano busca diversos tipos de pão para saciar sua fome profunda; só em Jesus ele encontra o pão de vida que o saciará plenamente. Ao revelar-se como "luz do mundo", Jesus chama a *segui-lo*: "Eu sou a luz do mundo: quem me seguir não andará na escuridão, mas terá a luz da vida"[100]: o ser humano precisa de luz para não errar em seu caminho; só em Jesus ele encontrará a luz que o levará à vida. Quem realmente o segue transporá um umbral que conduz a um mundo novo; por isso Jesus se apresenta como "a porta": "Eu sou a porta; se alguém entrar por mim estará salvo"[101]: ao ser humano abrem-se muitas portas e muitos caminhos; só se entrar por Jesus ele encontrará sua salvação. Acede então a um novo âmbito de existência onde é protegido e alimentado por Jesus, que se lhe oferece como "bom pastor": "Eu sou o bom pastor. [...] Vim para que [minhas ovelhas] tenham vida, e a tenham em abundância"[102]: o ser humano é frágil, indefeso, vítima de maus pastores; só em Jesus ele encontra o "pastor bom" que lhe dá a vida pela qual anseia. Tendo Jesus como "bom pastor", o ser humano encontra nele a *ressurreição* e a vida: "Eu sou a ressurreição. Aquele que crê em mim, mesmo

---

98. No evangelho de João, a "cristologia dos títulos" é superada por uma "cristologia em imagens".

99. João 6,35.

100. João 8,12.

101. João 10,9.

102. João 10,10-11.15.

que morra, viverá; e todo aquele que vive e crê em mim, jamais morrerá"[103]: quem crê em Jesus tem a vida, não só como vida futura, mas como realidade presente. Ainda nos discursos de despedida, Jesus pronuncia outros ditos que, de alguma forma, resumem e dão mais profundidade à sua autorrevelação, relacionando-a com o Pai. "Eu sou *o caminho, a verdade e a vida.* Ninguém vai ao Pai senão por mim"[104]: Jesus, oferecendo sua vida e sua verdade, nos abre o caminho para o Pai. Depois da morte e ressurreição de Jesus, a coisa decisiva será "permanecer" nesse caminho, nessa verdade e nessa vida. Por isso Jesus diz a seus discípulos: "Eu sou a *vide verdadeira* e meu Pai é o vinhateiro"[105]. Os discípulos não devem esquecê-lo: devem permanecer em Jesus como os sarmentos permanecem na vide. "Permanecei em mim. [...] Permanecei em meu amor. [...] Se guardardes os meus mandamentos, permanecereis em meu amor como eu guardei os mandamentos de meu Pai e permaneço em seu amor. [...] Este é o meu mandamento: que vos ameis uns aos outros como eu vos amei"[106].

Procurando o nome para Jesus

Antes inclusive de serem redigidos os relatos evangélicos, apresentando sua rica releitura de Jesus à luz da experiência pascal, acontece entre os seguidores de Jesus outro fato singular. O impacto de sua ressurreição impele-os a buscar "nomes" e "títulos" para procurar exprimir o "mistério" que eles intuem naquele profeta a quem seguiram pelos caminhos da Galileia. Qual é sua verdadeira identidade? Como devem chamá-lo? Com que nome o devem anunciar? Na mentalidade semita, o "nome" possui uma importân-

---

103. João 11,25-26.

104. João 14,6.

105. João 15,1.

106. João 15,4.9-10.12.

cia singular. Não é uma designação qualquer que, a partir de fora, se dá a alguém. O "nome" indica o ser da pessoa, sua missão, seu destino[107].

O mistério que os discípulos intuem em Jesus não pode ser expresso só com esse nome. Já Mateus encontra no nome "Jesus" um significado profundo: seu pai o dá por inspiração do "anjo do Senhor", porque aquele menino nasceu parda "salvar o seu povo de seus pecados"[108]. Mas não é suficiente para expressar tudo o que se lhes revela no Ressuscitado. Bem cedo circularão pelas comunidades cristãs diversos títulos e nomes tomados do mundo cultural judaico ou de âmbitos mais helenizados[109]. Apesar de sua variedade, não se observa nenhuma sensação de dispersão ou confusão. Todos os nomes referem-se a Jesus, o Profeta admirável que conheceram na Galileia, e todos são interpretados à luz de sua pessoa e de sua atuação: Jesus é o "Senhor", mas um Senhor que só sabe "servir", não dominar; ele é o "Messias", mas um Messias crucificado, não um rei vitorioso que destrói seus adversários.

Messias

Desde o começo, os cristãos chamam Jesus de "Messias" ou "Cristo"[110]. É um título central. O mais usado por todos. Assim já o proclamam com entusiasmo os primeiros pregadores: "Deus, ao ressuscitá-lo, constituiu-o 'Cristo' ou 'Messias'"[111]. O Messias, tão esperado em alguns ambientes, foi crucificado. Parece incrível, mas foi assim. Não se deve continuar esperando ninguém. Jesus é o Messias, Por isso, com toda a espontaneidade, os seguidores de Jesus começam a ser chamados "cristãos" ou "messianistas". Foi

---

107. Por isso, Deus muda o nome de *Abrão* para que doravante se chame *Abraão* ("pai de muitos"), pois o constituirá "pai de muitos povos" (Gênesis 17,5). A mesma coisa faz Jesus com Simão: chama-o "Pedro" (*Kefa* = rocha), pois sobre esta "rocha" edificará sua Igreja.

108. Mateus 1,21. De fato, o nome hebraico Yehoshua significa "Javé salva".

109. Pode-se falar de mais de trinta nomes, títulos e apelidos (Sabourin).

110. A palavra "messias" provém do termo hebraico *mashiah*, que significa "ungido". Seu equivalente grego é "cristo" (*christos*).

111. Atos dos Apóstolos 2,36; 5,42; 9,22...

em Antioquia que receberam pela primeira vez esse nome[112]. O impacto da ressurreição de Jesus deve ter sido muito grande, porque na memória dos discípulos persistia a recordação de que Jesus se havia oposto a ser considerado "Messias" ou "Cristo". De fato, a figura do Messias tornara-se muito difusa e até ambígua. A maioria via nele um descendente da família real de Davi. Alguns pensavam num personagem sacerdotal. Em todo caso, quase todos o imaginavam com traços de um libertador guerreiro: ele acabaria com a dominação romana, limparia Israel da presença de pagãos, restauraria o povo eleito e estabeleceria a paz. Provavelmente Jesus suscitou expectativas que faziam pensar no Messias: não seria ele o libertador que tanto esperavam? Ao que parece, Jesus resistiu[113]. Não quer ser confundido com um Messias nacionalista. Seu projeto do reino de Deus era muito mais.

A crucificação terminou com todos os mal-entendidos. Já não é possível imaginar Jesus como um guerrilheiro nacionalista, ao estilo de Judas, filho de Ezequias, de Simão da Pereia ou de Atronges. Paulo o diz com clareza: "Eu resolvi não saber entre vós a não ser Jesus Messias, e este crucificado"[114]. Jesus é o Messias verdadeiro, mas não traz a salvação destruindo os romanos, e sim buscando o reino de Deus e sua justiça para todos. Não é um Messias vitorioso, mas "crucificado" por viver libertando as pessoas de opressões e injustiças. Assim o conheceram todos. Pouco a pouco, por influência de Paulo, o termo "Cristo" foi se transformando no nome próprio de Jesus. Entre os cristãos fala-se indistintamente de "Jesus", de "Cristo" ou de "Jesus Cristo". Lamentavelmente, usado de maneira rotineira, o nome "Cristo" foi perdendo sua força original. Logo seria esquecido seu conteúdo real[115].

---

112. Atos dos Apóstolos 11,26.

113. Esta é a convicção da maioria dos exegetas. Os textos evangélicos, como Mateus 16,13-20, onde Jesus aparece aceitando ser confessado como Messias, refletem a fé dos primeiros cristãos, não a atuação de Jesus.

114. 1Coríntios 2,2.

115. Provavelmente muitos creem hoje em Cristo sem saber que "Cristo" quer dizer libertador de injustiças e opressões, lutador por uma vida mais digna e justa, buscador do reino de Deus e sua justiça. E se chamam "cristãos" sem suspeitar que esta palavra quer dizer "messianistas", buscadores de um mundo novo segundo o coração de Deus, lutadores pela paz e a justiça, portadores de esperança para as vítimas.

Homem novo

Ao que parece, Jesus nunca se chamou de "Messias" ou "Cristo". Pelo contrário, ao falar de si mesmo e de sua missão empregou com frequência uma expressão bastante estranha, de sabor tipicamente semita: "Filho do homem"[116]. Esta expressão resultava ininteligível e enigmática aos ouvidos gregos, mas, inclusive para os que falavam aramaico, referir-se a si mesmo nestes termos não deixava de ter certo ar misterioso[117]. "Filho do homem" não é propriamente um título atribuído a Jesus. Ninguém o confessa nem o invoca com esse nome na comunidade cristã. É uma maneira de falar que os evangelistas põem na boca de Jesus e que, antes de mais nada, sublinha a sua condição humana: Jesus é um ser humano e vulnerável, um "filho de homem" que não tem onde reclinar a cabeça, que veio não para ser servido mas para servir e dar sua vida como resgate, que sempre anda atrás dos excluídos e pecadores procurando salvar o que está perdido, um "Filho de homem" que, finalmente, será crucificado para ressuscitar no terceiro dia.

Mas, ao mesmo tempo, Jesus fala também do "Filho do homem sentado à direita do Todo-poderoso, que virá entre as nuvens do céu"[118]. Foi Jesus quem se expressou assim durante sua vida ou é a comunidade cristã que, à luz da ressurreição, o imagina como o Filho do homem que aparece na impressionante visão do livro de Daniel?[119] De acordo com muitos investigado-

---

116. Os evangelhos utilizam a expressão grega *hyios tou anthrôpou*, que é a tradução literal do aramaico *bar enasha*. É uma maneira tipicamente semita de dizer "humano".

117. Trava-se um debate interminável e às vezes bastante confuso sobre o "Filho do homem" (Vielhauer, Cullmann, Bultmann, Stuhlmacher, Perrin, Vermes, Merklein, Vögtle, González Faus...). Discute-se se Jesus utilizou esta expressão, se com ela quis apresentar sua identidade misteriosa, se esperou a vinda gloriosa do Filho do homem como um personagem diferente dele, se foi a comunidade cristã quem desenvolveu esta maneira de falar a partir a figura do "Filho do homem" que aparece no livro de Daniel. Não existe até agora um consenso. Sigo as tendências mais generalizadas.

118. Marcos 14,62; 13,26.

119. Na visão de Daniel, depois das quatro bestas que vêm do mar e representam os reinos poderosos que oprimiram o povo escolhido, fala-se de alguém que "vem sobre as nuvens, semelhante a um filho de homem, que se dirigiu ao ancião [= Javé] e foi apresentado diante dele. Foi-lhe dado poder, glória e reino, e todos os povos, nações e línguas o serviam. Seu poder é eterno e nunca passará, e seu reino jamais será destruído" (7,13-14).

res, foram os primeiros cristãos que, partindo certamente do costume de Jesus de designar-se como "filho de homem", viram nele o "Filho do homem" que está agora exaltado e glorificado à direita de Deus, e virá como Juiz definitivo do mundo. Em todo caso, Jesus é visto como um ser verdadeiramente humano que lutou até à morte por uma vida digna para todos e que, constituído agora por Deus como Juiz definitivo, virá um dia para instaurar justiça no mundo. Seu julgamento não será um julgamento arbitrário; Jesus sabe o que é ser humano. Por isso julgará a humanidade a partir de dentro. Tudo será confrontado com a verdade de Deus encarnada na humanidade de Jesus. Então aparecerá o autenticamente humano. Por fim, poder-se-á ver onde está a verdade e onde está a mentira, quem agiu com justiça e quem foi injusto e desumano.

No início do ano 58, Paulo de Tarso escreve da Grécia uma carta à comunidade cristã de Roma. Também ele vê Jesus como o Homem no qual se manifestou o verdadeiramente humano. Mas sua reflexão teológica segue um caminho diferente e original. Paulo considera Jesus o "novo Adão", um Homem novo que deu início a uma humanidade nova[120]. A partir de sua visão religiosa, o primeiro Adão, com sua "desobediência" a Deus, deu início a uma história de pecado que leva inevitavelmente à destruição e à morte. Mas Jesus, o "novo Adão", com sua atitude fiel e leal de "obediência" a Deus, deu origem a uma nova época de justiça que leva à salvação. Com o primeiro Adão, a injustiça, o sofrimento e a morte foram penetrando na história humana. Com Jesus, a graça e a salvação estão ao alcance de todos. Paulo não esconde sua alegria e entusiasmo. É certo que, a partir de Adão abunda o pecado e o mal, mas, a partir de Jesus, "onde abundou o pecado superabundou a graça"[121].

120. Romanos 5,12-21.

121. Romanos 5,20. Provavelmente seria mais conforme com a visão de Paulo dizer que o ser humano nasce não em "pecado original", mas em "redenção original". A força salvadora de Jesus não é comparável à ação maléfica de Adão.

Sumo sacerdote

Apesar de sua riqueza, o título "Filho do homem" logo caiu no esquecimento. Quase não dizia nada aos novos cristãos do Império. Algo parecido aconteceu com outro nome introduzido por um escrito que chama Jesus de "Sumo sacerdote"[122]. Não conseguiu impor-se. No entanto, este título surpreendente e até escandaloso ilumina de maneira profunda a atuação mediadora de Jesus entre Deus e os homens. O descrédito dos sumos sacerdotes era muito grande no tempo de Jesus. O sumo sacerdote continua sendo o grande "mediador" entre Deus e seu povo, mas, de acordo com o sentir de muitos, mais que defender os pobres de Deus, servia a seus próprios interesses e aos do Império. Como se podia atribuir este título a Jesus? O que tinha ele a ver com Anás ou Caifás?

A intuição do autor cristão era audaz e fascinante. Apresentar Jesus como "Sumo sacerdote" era a melhor maneira de desmitificar a religião do templo e uma forma impressionante de apresentar ao mundo judaico a identidade de Jesus. Que imagem podia causar mais impacto entre os judeus que continuavam peregrinando a Jerusalém para oferecer sacrifícios ao Deus da Aliança? O sacerdote continua sendo o homem do sagrado, separado dos impuros para poder oferecer pelos pecados sacrifícios agradáveis a Deus[123]; Jesus, pelo contrário, acolheu pecadores e prostitutas, tocou leprosos e enfermos excluídos do templo; não se separa de ninguém para poder estar perto de Deus; move-se entre as pessoas e está próximo de todos para tornar presente seu Pai querido no meio dos mais esquecidos e humilhados. Além disso, o sumo sacerdote oferecia sacrifícios incapazes de perdoar os pecados: "É impossível que o sangue de touros e bodes tire os pecados"[124]; mas Jesus

---

122. Assim o designa a carta aos Hebreus, uma espécie de exortação dirigida à comunidade de judeus convertidos ao seguimento de Jesus provavelmente em Alexandria. O escrito é anterior à destruição do templo, porque, quando é redigido, estão sendo realizados sacrifícios rituais (ano 64?).

123. "Todo sumo sacerdote é tomado dentre os homens e posto ao serviço de Deus em favor dos homens, a fim de oferecer dons e sacrifícios pelos pecados" (Hebreus 5,1).

124. Hebreus 10,4.

não oferece nenhum sacrifício ritual; não é isso que agrada a Deus; ele veio "fazer a vontade do Pai": seu sacrifício é "a oferenda de sua vida"[125].

É admirável como Jesus vai sendo descrito como verdadeiro "mediador" entre Deus e os homens. Por um lado, ele é "resplendor da glória de Deus" e "imagem perfeita de seu ser"[126]; é seu "Filho primogênito"; está entronizado à sua direita, não como os anjos, que estão a seus pés ou ao seu redor[127]. Por outro lado, este mesmo Jesus que compartilha a vida de Deus é plenamente humano; sua solidariedade com os homens é total; "não se envergonha de chamá-los irmãos"[128]; não é como aqueles sumos sacerdotes que as pessoas viam de longe quando entravam com ar solene no recinto sagrado e inacessível do templo; Jesus "fez-se semelhante em tudo aos seus irmãos, para ser, diante de Deus, um sumo sacerdote misericordioso e digno de crédito"[129], não como a família de Anás, que durante anos explorou sem misericórdia as pessoas, perdendo credibilidade diante dos pobres. E não só isso. Jesus se identifica com todos os que sofrem e, "tendo sido provado no sofrimento, pode ajudar os que se veem provados"[130]. O autor não encontra palavras para expor esta incrível solidariedade: Jesus "não é um sumo sacerdote incapaz de compadecer-se de nossa fraquezas, pois as experimentou todas, exceto o pecado"[131]. Ele é como nós. Também ele, "embora sendo Filho, tem que aprender a obedecer através do sofrimento"[132]. Também ele precisa viver da fé; por isso precisamos caminhar "com os olhos fixos em Jesus, aquele que inicia e consuma a fé"[133].

---

125. Hebreus 10,5-10.

126. Hebreus 1,3.

127. Hebreus 1,5-14.

128. Hebreus 2,11.

129. Hebreus 2,17.

130. Hebreus 2,18.

131. Hebreus 4,15.

132. Hebreus 5,8.

133. Hebreus 12,2.

Senhor

Jesus foi chamado "Senhor" desde o princípio. Não é só um tratamento de honra. Este título encerra um conteúdo mais profundo. De acordo com os primeiros pregadores, foi Deus mesmo quem "constituiu este Jesus como Senhor e Messias"[134]. Os cristãos não têm nenhuma dúvida. A partir da ressurreição "Jesus é o Senhor". Para Paulo, esta confissão é toda uma síntese da fé cristã: "Se proclamas com tua boca que Jesus é o Senhor e crês com teu coração que Deus o ressuscitou dentre os mortos, salvar-te-ás"[135]. Esta confissão é tão importante que "ninguém pode dizer 'Jesus é o Senhor' se não for movido pelo Espírito Santo"[136]. Onde está sua importância decisiva? Por que o título "Senhor" se transforma numa afirmação tão central para os seguidores de Jesus?[137] Os cristãos sabem que na Síria, na Grécia, na Ásia Menor ou no Egito os deuses recebem o nome de *Kyrios* ("Senhor"). Não ignoram tampouco como vai se gestando no Império o culto ao imperador. Quando, no fim do ano 54, Cláudio aceita ser chamado *Kyrios*, o título talvez não tenha ainda uma conotação divina clara, mas logo Calígula, Nero e sobretudo Domiciano (81-96) exigem ser adorados como "Senhores divinos". Domiciano, concretamente, é invocado como "Senhor e Deus" (*Kyrios kai Theos*). Os seguidores de Jesus reagem. Já Paulo escrevia anos antes: é verdade que muitos recebem o nome de "deuses " e "senhores", mas "para nós não há mais que um Deus, o Pai de quem procedem todas as coisas, [...] e um Senhor, Jesus Cristo"[138]. Lucas põe na boca de Pedro uma afirmação vital na fé das primeiras gerações cristãs diante da teologia imperial, segundo a qual os imperadores são os "senhores" que trazem a paz. Não é assim. É Deus "aque-

---

134. Atos dos Apóstolos 2,36.

135. Romanos 10,9.

136. 1Coríntios 12,3.

137. O termo grego *kyrios* significa simplesmente "senhor", "amo", "dono da casa". Seu correspondente aramaico *mar* costumava ser aplicado ao pai, ao juiz, ao rei... Ambos os termos adquirem um conteúdo muito mais profundo quando atribuídos a Deus ou a Jesus.

138. 1Coríntios 8,5.6.

le que enviou sua Palavra aos filhos de Israel, anunciando-lhes a Boa Notícia da paz por meio de Jesus Cristo, que é o Senhor de todos"[139]. O evangelho de João, por sua vez, numa cena comovente, desafia de maneira plástica e ousada as pretensões de Domiciano: Tomé, vencido diante de Jesus ressuscitado, pronuncia precisamente a confissão que o imperador exigia para si: "Meu Senhor e meu Deus!"[140] Somente Jesus é Senhor. Não porque ele mesmo se tenha atribuído orgulhosamente o título, como Calígula ou Domiciano, mas porque, "sendo de condição divina", "despojou-se de sua grandeza", "assumiu condição de escravo" e se fez obediente a Deus até terminar crucificado, pelo que "Deus o exaltou e lhe deu o Nome que está acima do todo nome [...] para que toda língua proclame que Jesus Cristo é Senhor, para glória de Deus Pai". Assim canta um hino cristão primitivo[141].

Este senhorio de Jesus não é uma apoteose do poder. Jesus não é Senhor para dominar, oprimir, governar ou controlar. Toda a sua vida esteve servindo e dando vida aos mais pobres e necessitados. Seu senhorio não é despótico, autoritário e impositivo. É força para fazer viver e energia para dar vida. Os imperadores de Roma governam como "senhores absolutos" e os grandes oprimem as pessoas com seu poder. Mas não é assim em Jesus nem deve ser assim em seus seguidores[142]. Este Jesus, exaltado por Deus, é o único Senhor da comunidade. Ele deve configurar a vida de seus seguidores. "Se vivemos, vivemos para o Senhor; e se morremos, morremos para o Senhor. Assim, pois, tanto se vivemos como se morremos, somos do Senhor. Para isso Cristo morreu e ressuscitou: para ser Senhor dos vivos e dos mortos"[143]. Assim viviam as primeiras gerações de cristãos: ouvindo a "Palavra do Senhor", ce-

---

139. Atos dos Apóstolos 10,36.

140. João 20,28.

141. Filipenses 2,6-11. Provavelmente trata-se de um hino cristão muito antigo que Paulo transcreve quase literalmente.

142. Marcos 10,42-45.

143. Romanos 14,8-9.

lebrando a "Ceia do Senhor"', esperando o "Dia do Senhor". Naquelas comunidades assim o invocam: *Marana tha*, "Vem, Senhor Jesus"[144].

Palavra de Deus encarnada

Assim é chamado Jesus numa espécie de "prólogo" com o qual inicia o evangelho de João. Depois a expressão desaparece inclusive neste mesmo evangelho. Ninguém volta a falar assim nas primeiras gerações cristãs. No entanto, esta expressão servirá mais tarde para aprofundar, a partir da fé cristã, o próprio núcleo do mistério encerrado em Jesus[145].

Na terminologia deste prólogo está ressoando a categoria grega de *Logos*, a fé judaica na "Palavra" de Deus e a meditação sapiencial sobre a "Sabedoria". Como se sabe, na cultura grega sente-se a realidade como impregnada de racionalidade e sentido; a realidade não é algo caótico e incoerente; nela há *Logos*; as coisas têm sua "lógica" interna. Por outro lado, de acordo com a fé judaica, Deus não tem imagem visível, não pode ser pintado nem esculpido; mas tem voz; com a força de sua "Palavra" cria o universo e salva seu povo. Por isso, segundo a tradição sapiencial de Israel, o mundo e a história humana não constituem uma realidade absurda, porque tudo é sustentado e dirigido pela "Sabedoria" de Deus.

Este precioso hino joânico realça sobretudo a fé judaica. A Palavra está já "no princípio" de tudo. Não devemos entender esta Palavra como algo criado. Esta Palavra é o próprio Deus falando, comunicando-se, revelando-se na criação e na história apaixonante da humanidade. Tudo é criado e dirigido por essa Palavra. Por toda parte podemos intuir suas pegadas. Nessa Pala-

---

144. 1Coríntios 16,22; Apocalipse 22,20; *Didaqué* 10,6. Jesus havia ensinado a seus discípulos a clamar: "Venha a nós teu reino". Convencidos de que chegou a plenitude desse reino, agora seus seguidores clamam a ele: "Vem, Senhor Jesus".

145. João 1,1-18. O prólogo é uma espécie de "hino" grandioso que precede o relato evangélico.

vra está a "vida" e a "luz verdadeira" que ilumina toda pessoa que vem a este mundo. No mundo há também trevas, mas "a luz bilha nas trevas".

Tudo isto é crido pelos judeus e pode ser aceito por muitas pessoas de cultura grega. O insólito é a audaz proclamação que vem em seguida: "A Palavra de Deus se fez carne e habitou entre nós"[146]. Agora podemos captar a Palavra de Deus feita carne neste profeta da Galileia chamado Jesus. Não é fácil. De fato, ele veio ao mundo e o mundo não o reconheceu; nem sequer os seus o receberam. Mas em Jesus Cristo nos está sendo oferecida a "graça" e a "verdade". Ninguém pode nos falar como ele. Deus assumiu carne em Jesus. Em suas palavras, em seus gestos e em sua vida inteira estamos nos encontrando com Deus. Deus é assim, como diz Jesus; olha as pessoas como Jesus as olha; acolhe, defende, ama, perdoa como Jesus o faz. Deus se parece com Jesus. E não só isso. Jesus é Deus falando-nos a partir da vida frágil e vulnerável deste ser humano.

Filho de Deus

Houve outro título que levaria os cristãos a aprofundar de maneira decisiva a relação de Jesus com Deus. Não é uma expressão isolada utilizada em alguns escritos. Praticamente em todas as comunidades, e desde muito cedo, Jesus começou a ser chamado "Filho de Deus". Era um título arraigado, certamente, na lembrança que se guardava de Jesus, um homem que eles haviam visto viver numa atitude de obediência, fidelidade e confiança íntima num Deus que ele chamava *Abbá*. E, ao mesmo tempo, um título aberto ao mistério inefável de Deus, que lhes permitia relacionar Jesus com esse Pai que o ressuscitou, infundindo-lhe sua própria vida.

O perigo de idolatria era grande. O mundo dos deuses e deusas orientais seduzia muitas pessoas. Era atraente sentir a proximidade protetora de Árte-

---

146. João 1,4.

mis, Cibele, Dioniso ou qualquer outro deus oferecendo "salvação" a seus adoradores. Por outro lado, ia adquirindo cada vez mais popularidade o culto divino ao imperador: no ano 40, Calígula pretendera introduzir no templo de Jerusalém a estátua do deus Zeus, esculpida com seus próprios traços. Enquanto isso, os cristãos, impressionados pela ação de Deus, que ressuscitou Jesus, querem afirmar sua máxima vinculação com ele, mas como designá-lo sem cair na idolatria? Como expressar sua união com Deus sem fazer de Jesus um "deus" a mais entre tantos deuses e deusas?

O título "filho de Deus" era muito sugestivo para os judeus. Na tradição bíblica assim era chamado Israel, aquele povo tão querido e cuidado por Deus; também o rei, representante do povo, é considerado "filho de Deus"; inclusive alguns homens justos que sobressaem por sua fidelidade a Deus são chamados seus filhos. Como não chamar assim a Jesus? Por outro lado, os discípulos recordam muito bem o comportamento singular de Jesus diante de Deus: vivia-o como um Pai querido; chamava-o *Abbá*; sua confiança nele era total; sua obediência e fidelidade eram absolutas. Jesus não é um "filho" de Deus a mais. É "*o* Filho". O mais querido de Deus. Foi o Pai quem o "enviou" ao mundo a partir de seu próprio seio[147]. Jesus "vem" de Deus. Sua raiz última está nele. A vinculação de Jesus com Deus não é como a nossa. Deus é o Pai de Jesus de um modo diferente de como é nosso Pai. Os primeiros cristãos marcam sempre a diferença. Nunca põem nos lábios de Jesus a expressão "Pai nosso": Jesus diz "meu Pai" e "vosso Pai"[148].

Provavelmente não era tão insólito, no século I, designar um homem como "filho de Deus". O absurdo e horrendo é proclamar "Filho de Deus" precisamente um desconhecido, executado pelas autoridades romanas numa cruz. Os cristãos o sabem. No entanto, Marcos atreve-se a pôr na boca um centurião romano uma confissão que ele só podia dirigir ao seu imperador,

---

147. Gálatas 4,4.

148. João 20,17.

mas que, no momento de Jesus morrer, ele dirige ao crucificado. "Verdadeiramente este era Filho de Deus"[149]. Para os cristãos, Jesus não é um "deus grego". Proclamá-lo "Filho de Deus" não é uma *apoteose* como a que se cultiva em torno da figura do imperador. É intuir e confessar o mistério de Deus encarnado neste homem entregue à morte só por amor[150]. Jesus é *verdadeiro homem*; nele apareceu o que é realmente ser humano: solidário, compassivo, libertador, servidor dos últimos, buscador do reino de Deus e sua justiça... É *verdadeiro Deus*; nele se torna presente o verdadeiro Deus, o Deus das vítimas e dos crucificados, o Deus Amor, o Pai que só busca a vida e a felicidade plena para todos os seus filhos e filhas, a começar sempre pelos crucificados[151].

O encontro com Jesus Cristo vivo

Os seguidores de Jesus viveram, depois de sua execução, um processo que os levou a "crer" em Jesus ressuscitado, superando dúvidas, incertezas,

---

149. Marcos 15,39.

150. De qualquer modo, para evitar mal-entendidos, os cristãos não falam de um "filho" gerado por um "deus pai", no estilo dos deuses gregos. Só Lucas sugere, de maneira delicada, que o filho de Maria tem sua origem última em Deus, dizendo que "é concebido pelo Espírito Santo". Por isso se chamará "Filho de Deus" (1,30-35).

151. Ao entrar em contato com outras correntes de pensamento e diante do aparecimento de visões consideradas incompletas ou distorcidas, os cristãos viram-se obrigados a procurar novas fórmulas que conservassem da maneira mais adequada possível sua fé em Jesus Cristo. Os concílios de Niceia (ano 325), Constantinopla (ano 381), Éfeso (ano 431) e Calcedônia (ano 451) marcam os momentos mais importantes desta busca. Este último concílio de Calcedônia vem a ser a conclusão dos esforços realizados nos concílios anteriores e o ponto de partida para orientar a reflexão posterior dos cristãos. Com linguagem própria da cultura de seu tempo, e sempre perfectível, como toda linguagem humana, neste concílio confessa-se Jesus Cristo como "verdadeiro Deus e verdadeiro homem" (*Deum vere et hominem vere*), "consubstancial ao Pai em sua divindade e consubstancial a nós em sua humanidade" (*consubstantialem Patri secundum deitatem et consubstantialem nobis secundum humanitatem*), "semelhante em tudo a nós, exceto no pecado" (*per omnia nobis similem absque peccato*). Esta confissão abstrata adquire vida e calor quando fazemos uma leitura viva dos relatos evangélicos e quando nos esforçamos por conhecer de maneira mais concreta e contextualizada a vida de Jesus. Talvez então crentes e não crentes, pouco crentes ou maus crentes, escutemos com mais força o convite a aproximar-nos com fé mais viva do mistério de Deus encarnado na fragilidade de Jesus.

interrogações e perplexidades. À luz desta fé foram aprofundando-se, não sem dificuldades, no mistério encerrado em Jesus, até confessá-lo de formas diversas como encarnação do mistério de Deus na fragilidade de um ser humano. Que caminhos podemos seguir, nós homens e mulheres de hoje, para seguir um processo semelhante? Esta não foi uma questão ignorada nos inícios da fé cristã. Os crentes da segunda e terceira geração pensam naqueles que um dia haverão de crer sem ter sido protagonistas diretos dos acontecimentos vividos em torno de Jesus[152]. Inclusive oferecem pistas para aceder à fé em Jesus Cristo. Com que experiências podemos contar nós para associar-nos à fé dos primeiros discípulos de Jesus?

O relato dos discípulos de Emaús

Este relato apresenta algumas sugestões de grande importância[153]. Dois discípulos abandonam o grupo que se encontra reunido em Jerusalém. Caminham com "ar entristecido". Seu estado de ânimo, após a crucificação de Jesus, é de tristeza, desolação e desesperança. Sua fé em Jesus apagou-se. Já não esperam nada dele. Aparentemente contam com tudo quanto poderia levá-los à fé em Jesus Cristo. Conhecem as Escrituras de Israel, conviveram com Jesus, ouviram sua mensagem, viram-no atuar como um "profeta poderoso", ouviram o anúncio pascal das mulheres, que dizem que o crucificado "está vivo", e o de seus companheiros, que confirmam que o sepulcro está vazio. Tudo é inútil. Sua fé continua morta. Falta-lhes o mais decisivo: reconhecer a presença do Ressuscitado em suas vidas, encontrar-se pessoalmente com Cristo vivo.

---

152. De acordo com João 20,29, Jesus ressuscitado diz a Tomé: "Creste porque me viste. Felizes os que creem mesmo não vendo".

153. Lucas 24,13-35. O relato é muito peculiar. Evita-se a linguagem tradicional das "aparições" e insiste-se no reconhecimento de uma presença. É o único relato em que o Ressuscitado passa horas com os discípulos, convivendo com eles (acompanha-os pelo caminho, discute com eles, fica para jantar...).

Embora caminhem tristes e desalentados, aqueles discípulos continuam lembrando Jesus e "conversam e discutem sobre ele". Enquanto caminham, o Ressuscitado "se aproxima", se faz presente em sua conversa e se põe a andar com eles. Jesus os convida a recordar "o que aconteceu". Os dois discípulos reavivam sua memória e relembram tudo. Falam ao desconhecido sobre "Jesus de Nazaré": foi "um profeta poderoso em obras e palavras diante de Deus e de todo o povo"; mas os dirigentes religiosos o crucificaram; neles havia despertado a esperança de que "seria ele quem iria libertar Israel", mas sua execução acabou com todas as suas expectativas; nem a notícia de que Jesus está vivo conseguiu reavivar sua fé nele. É então que Jesus começa a explicar-lhes, à luz das Escrituras, o verdadeiro sentido dos acontecimentos e do destino de paixão e ressurreição do Messias.

O que Lucas sugere é de grande importância. Lá onde um grupo de pessoas caminha pela vida procurando descobrir o significado das palavras e obras do profeta Jesus de Nazaré, lá onde se faz memória de sua paixão e se ouve a notícia de sua ressurreição... ali se faz presente o Ressuscitado. É uma presença real de alguém que nos acompanha no caminho; uma presença não fácil de captar, porque nossos olhos podem estar incapacitados para reconhecê-lo; um presença que nos convida a reconhecer que somos "tardos de coração para crer". Mas é uma presença que vai despertando neles a esperança. Mais tarde confessarão que, enquanto Jesus lhes falava pelo caminho, "seu coração ardia dentro deles". Um caminho para encontrar-nos com Cristo ressuscitado e sentir que nosso coração se inflama com a sua presença é reunir-nos em seu nome, ler os evangelhos procurando descobrir o sentido profundo de suas palavras e de seus atos, lembrar sua crucificação e ouvir a partir de dentro, com coração confiante, o anúncio de sua ressurreição.

E não basta isso. É necessária, além disso, a experiência da ceia eucarística para reconhecer a presença do Senhor ressuscitado, não só como alguém que ilumina nossa vida com sua Palavra, mas como alguém que nos alimenta em sua Ceia. É o que sugere o relato de Lucas. Os discípulos pedem ao viajante desconhecido que não os abandone. E Jesus "entra para ficar com eles". Os três caminhantes sentam-se à mesa para cear juntos como amigos e irmãos. Quando Jesus toma o pão, pronuncia a bênção, parte-o e o vai dando, "abrem-se-lhes os olhos e o reconhecem". É suficiente reconhecer sua presença, mesmo que seja apenas por alguns instantes. A experiência de sentir-se alimentados por ele transforma suas vidas. Agora se dão conta de que as esperanças que haviam depositado em Jesus não eram excessivas, mas demasiado pequenas e limitadas. Recuperam o sentido de sua vida. Retornam à comunidade dos discípulos e "contam o que lhes aconteceu no caminho e como o reconheceram ao partir o pão"[154].

Nossa fé em Cristo ressuscitado não é só fruto do sinal do sepulcro vazio nem do testemunho dos que viveram a experiência de encontrar-se com ele. É necessário, além disso, reconhecer a presença de Cristo vivo em nossa própria vida. Lucas sugere duas experiências privilegiadas pela comunidade cristã: a escuta pessoal da Palavra interpretada por Cristo e em Cristo e a experiência da ceia fraterna da eucaristia.

O encontro de Maria com o Ressuscitado

Também este relato oferece algumas sugestões importantes para chegar à fé em Jesus Cristo[155]. Maria de Mágdala está triste e desolada. Seus coração está chorando. O relato sublinha sobretudo que Maria é uma mulher que procura Jesus. Não se resigna a viver sem ele. Sua vida não teria sentido. A todos repete sempre de novo a origem de seu pranto: "Levaram do sepulcro meu Senhor e não sei onde o puseram". Há uma progressão intencional na resposta que ela recebe. Simão Pedro e o discípulo amado respondem-lhe com seu silêncio: também eles não sabem onde está o Senhor. Os "dois anjos" que estão junto ao sepulcro fazem-lhe uma pergunta, convidando-a a

154. A "fração do pão" é o termo técnico usado na comunidade cristã para designar a eucaristia (Atos dos Apóstolos 2,42).

155. João 20,11-18.

iniciar uma busca interior: "Mulher, por que choras?" Maria dirige-se então àquele que ela pensa ser o "encarregado do horto". Na realidade é Jesus. Está ali diante dela, mas Maria "não sabe que é Jesus". Ele lhe faz a pergunta completa: "Mulher, por que choras? A quem procuras". O relato de João sugere que, para encontrar-se com Cristo ressuscitado, não basta uma investigação qualquer. É preciso fazer um processo interior, colocando-se as perguntas decisivas da existência.

Esta busca interior pode ser insuficiente. Maria só reconhece Jesus quando se sente interpelada pessoalmente por ele: "Jesus lhe diz: 'Maria'. Ela o reconhece e lhe diz: *Rabbuni*, que quer dizer 'Mestre'". Para encontrar-nos com Jesus Cristo ressuscitado é necessário ouvir nosso próprio nome em seus lábios. Sentir-nos chamados pessoalmente por ele. Então nossa vida muda pela raiz. Maria precisa descobrir ainda que Jesus não é só o Mestre que ela conheceu. É o Filho de Deus que sobe para aquele que é seu Pai e nosso Pai. Precisa aprender a viver com o Senhor ressuscitado sem poder gozar de sua presença física, como na Galileia. Ela o abraçará em seus irmãos. O Ressuscitado a envia a eles para comunicar-lhes a Boa Notícia: somos todos irmãos. Todos temos, com Jesus, um único Deus e Pai. Jesus é o Filho unigênito, nosso irmão mais velho. Todos formamos a família de Deus. Jesus Cristo é nossa esperança. Com ele e por ele chegaremos um dia ao seio do Pai.

Bibliografia

Para a releitura da história de Jesus a partir da experiência pascal

GUIJARRO, Santiago. *Jesús y el origen de los evangelios*. Estella: Verbo Divino, 2007.

THEISSEN, Gerd. *O Novo Testamento*. Petrópolis: Vozes, 2007 [*El Nuevo Testamento*: historia, literatura, religión. Santander: Sal Terrae, 2003, sobretudo p. 137-176].

MARGUERAT, Daniel. *Le Dieu des premiers chrétiens*. Genebra: Labor et Fides, 1997, sobretudo p. 147-163.

MARGUERAT, Daniel (org.). *Introducción al Nuevo Testamento:* su historia, su escritura, su teología. Bilbao: Desclée de Brouwer, 2008.

***

GNILKA, Joachim. *El evangelio según san Marcos*. Salamanca: Sígueme, 1986.

LÉGASSE, Simon. *L'évangile de Marc*. Paris: Cerf, 1997.

MICHIE, Donald. *Marcos como relato* – Introducción a la narrativa de un evangelio. Salamanca: Sígueme, 2002.

***

LUZ, Ulrich. *El evangelio según Mateo*. Salamanca: Sígueme, 1993-2003.

BONNARD, Pierre. *El evangelio según san Mateo*. Madri: Cristiandad, 1976.

TRILLING, Wolfgang. *El verdadero Israel* – La teología de Mateo. Madri: Fax, 1972.

STIEWE, Martin & VOUGA, François. *Le Sermon sur la Montagne* – Un abrégé de l'Évangile dans le miroitement de ses interprétations. Genebra: Labor et Fides, 2002.

BOVON, François. *L'Évangile selon saint Luc*. 3 vols. Genebra: Labor et Fides, 1991-2001.

FITZMYER, Joseph A. *Luke the Theologian:* Aspects of his Teaching. Nova York: Paulist Press, 1989.

ALETTI, Jean-Noel. *El arte de contar a Jesucristo*. Salamanca: Sígueme, 1992.

CONZELMANN, Hans. *El centro del tiempo* – La teología de Lucas. Madri: Fax, 1974.

***

BROWN, Raymond E. *El Evangelio según Juan*. 2. ed. Madri: Cristiandad, 1999.

______. *A comunidade do discípulo amado*. São Paulo: Paulus, 2003 [*La comunidad del discípulo amado* – Estudio de la eclesiología juánica. 2. ed. Salamanca: Sígueme, 1987].

LÉON-DUFOUR, Xavier. *Lectura del evangelio de Juan*. Salamanca: Sígueme, 1989-1998.

MATEOS, Juan & BARRETO, Juan. *O evangelho de João*. São Paulo: Paulinas, 1989 [*El Evangelio de Juan*. Madri: Cristiandad, 1979].

MOLONEY, Francis J. *El Evangelio de Juan*. Estella: Verbo Divino, 2005.

Para o estudo dos nomes e títulos atribuídos a Jesus

SABOURIN, Léopold. *Los nombres y titulos de Cristo*. Salamanca: San Esteban, 1966.

CULLMANN, Oscar. *Cristologia do Novo Testamento*. São Paulo: Liber, 2001 [*Cristología del Nuevo Testamento*. Salamanca: Sígueme, 1998].

PERROT, Charles. *Jésus, Christ et Seigneur des premiers chrétiens* – Une christologie exégétique. Paris: Desclée, 1997.

PIKAZA, Xabier. *El evangelio* – Vida y pascua de Jesús. Salamanca: Sígueme, 1990, p. 287-428.

SOBRINO, Jon. *A fé em Jesus Cristo*: ensaio a partir das vítimas. Petrópolis: Vozes, 2000, p. 179-330 [*La fe en Jesucristo:* ensayo desde las víctimas. Madri: Trotta, 1999, p. 169-313].

MARTÍNEZ, Felicísimo. *Creer en Jesucristo, vivir en Cristiano* – Cristología y seguimiento. Estella: Verbo Divino, 2005, p. 195-273.

HAIGHT, Roger. *Jesus, símbolo de Deus*. São Paulo: Paulinas, 2003 [*Jesus, Symbol of God*. Maryknoll, NY: Orbis Books, 2002, p. 152-184].

SCHIERSE, Franz Joseph. *Cristologia*. Bréscia: Queriniana, 1990, p. 59-114.

QUESNEL, Michel. *Jésus, l'homme et le Fils de Dieu*. Paris: Flammarion, 2004, p. 125-193.

DUQUOC, Christian. *Mesianismo de Jesús y discreción de Dios* – Ensayo sabre los límites de la cristología. Madri: Cristiandad, 1985, p. 117-193.

HENGEL, Martin. *El Hijo de Dios* – El origen de la cristología y la historia de la religión judeohelenista. Salamanca: Sígueme, 1977.

DUNN, James D.G. *Christology in the Making* – A New Testament Inquiry into the Origins of the Doctrine of the Incarnation. Londres: Michael Glazier, 1980.

POKORNY, Petr. *The Genesis of Christology* – Foundations for a Theology of the New Testament. Edimburgo: T. & T. Clark, 1987.

FREDRIKSEN, Paula. *From Jesus to Christ*. Yale: Yale University Press, 2000.

EPÍLOGO

Segundo um relato evangélico, ao caminhar pela região de Cesareia de Filipe, Jesus perguntou a seus discípulos o que se dizia a respeito dele. Quando eles o informaram sobre os boatos e expectativas que começavam a originar-se entre o povo, Jesus lhes perguntou diretamente: "E vós, quem dizeis que eu sou?"

Transcorridos vinte séculos, qualquer pessoa que se aproxima da figura de Jesus com interesse e honestidade, encontra-se diante desta pergunta: "Quem é Jesus?" A resposta só pode ser pessoal. Sou eu que tenho que responder. Pergunta-se a mim o que digo eu, e não o que dizem os concílios que formularam os grandes dogmas cristológicos, não o que explicam os teólogos nem a que conclusões chegam hoje os exegetas e investigadores de Jesus.

Também eu, ao longo deste estudo, perguntei-me mais de uma vez quem é realmente Jesus para mim. Não é minha intenção confessar aqui minha fé em Jesus Cristo. Deverei fazê-lo, como todos os cristãos, sobretudo com minha vida de cada dia. O que quero efetivamente é compartilhar, com aqueles de vocês que se sentem cristãos, algumas convicções que foram crescendo em mim com força, à medida que fui avançando em meu esforço por aproximar-me da pessoa de Jesus.

Esta convicções não pretendem impor nada aos que pensam de maneira diversa. São apenas expressão de minha fé em Jesus Cristo. Quero compartilhá-las com vocês que amam a Jesus, creem em seu projeto do reino de Deus e trazem bem no fundo do coração a preocupação pelo destino da humanidade.

Voltar a Jesus

A primeira coisa e a mais decisiva é esta: pôr Jesus no centro do cristianismo. Todo o resto vem depois, é secundário. O que pode haver de mais urgente e necessário para os cristãos do que despertar entre nós a paixão pela fidelidade a Jesus? Ele é o melhor que temos na Igreja. O melhor que podemos oferecer e comunicar ao mundo de hoje.

É essencial para os cristãos confessar Jesus Cristo como "Filho de Deus", "Salvador do mundo" ou "Redentor da humanidade", mas sem reduzir sua pessoa a uma "sublime abstração". Não quero crer num Cristo sem carne. Resulta-me difícil alimentar minha fé só de doutrina. Não creio que nós cristãos possamos viver hoje motivados só por um conjunto de verdades acerca de Cristo. Precisamos do contato vivo com sua pessoa: conhecer melhor Jesus e sintonizar vitalmente com ele. Não encontro maneira mais eficaz de aprofundar e enriquecer minha fé em Jesus Cristo, Filho de Deus, feito humano por nossa salvação.

Todos nós corremos certo risco de converter Cristo em "objeto de culto" exclusivamente: uma espécie de ícone venerável, com rosto sem dúvida atraente e majestoso, mas do qual ficaram apagados, em maior ou menor grau, os traços daquele Profeta de fogo que percorreu a Galileia por volta do ano 30. Não precisamos hoje, nós cristãos, conhecê-lo de maneira mais viva e concreta, compreender melhor seu projeto, captar bem sua intuição de fundo e contagiar-nos com sua paixão por Deus e pelo ser humano?

Nós cristãos temos imagens muito diferentes de Jesus. Nem todas coincidem com a que tinham de seu Mestre querido os primeiros homens e mulheres que o conheceram de perto e o seguiram. Cada um de nós nos fizemos uma ideia de Jesus; temos nossa própria imagem dele. Esta imagem, interiorizada ao longo dos anos, atua como "mediação" da presença de Cristo em nossa vida. A partir dessa imagem lemos o evangelho ou ouvimos o que nos pregam; a partir dessa imagem alimentamos a fé, celebramos os sacramentos e configuramos nossa vida cristã. Se nossa imagem de Jesus é pobre e parcial, nossa fé será pobre e parcial; se está distorcida, viveremos a experiência cristã de forma distorcida. Entre nós há cristãos bons, que creem em Jesus e o amam sinceramente; será que não precisam muitos deles "mudar" e purificar sua imagem de Jesus, para descobrir com alegria a grandeza dessa fé que trazem em seu coração?

Crer no Deus da vida

Nestes tempos de profunda crise religiosa não basta crer em qualquer Deus; precisamos discernir qual é o verdadeiro. Não é suficiente afirmar que Jesus é Deus; é decisivo saber qual Deus se encarna e se revela em Jesus. Parece-me muito importante reivindicar hoje, dentro da Igreja e na sociedade contemporânea, o autêntico Deus de Jesus, sem confundi-lo com qualquer "deus" elaborado por nós a partir de medos, ambições e fantasmas que pouco têm a ver com a experiência de Deus vivida e comunicada por Jesus. Não chegou a hora de promover essa tarefa apaixonante de "aprender", a partir de Jesus, quem é Deus, como ele é, como nos sente, como nos busca, o que quer para os humanos?

Que alegria brotaria em muitos se pudessem intuir em Jesus os traços do verdadeiro Deus! Como se inflamaria sua fé se captassem com olhos novos o rosto de Deus encarnado em Jesus! Se Deus existe, parece-se com Jesus. A maneira de ser, as palavras, os gestos e reações de Jesus são detalhes da revelação de Deus. Em mais de uma ocasião, ao estudar como era Jesus, surpreendi-me a mim mesmo com este pensamento: é assim que Deus se preocupa com as pessoas, é assim que ele olha os que sofrem, é assim que procura os perdidos, é assim que abençoa os pequenos, é assim que acolhe, é assim que compreende, é assim que perdoa, é assim que ama.

Resulta-me difícil imaginar outro caminho mais seguro para aproximar-nos desse mistério que chamamos Deus. Ficou gravada bem no fundo de mim a maneira como Jesus o vive. Vê-se imediatamente que, para ele, Deus não é um conceito, mas uma presença amistosa e próxima que leva a viver e amar a vida de maneira diferente. Jesus o vive como o melhor amigo do ser humano: o "Amigo da vida". Não é alguém estranho que, de longe, controla o mundo e pressiona nossas pobres vidas; é o Amigo que, de dentro, compartilha nossa existência e se converte na luz mais clara e na força mais segura para enfrentar a dureza da vida e o mistério da morte.

O que mais interessa a Deus não é a religião, mas um mundo mais humano e amável. O que ele busca é uma vida mais digna, sadia e feliz para todos, a começar pelos últimos. Disse-o Jesus de muitas maneiras: uma religião que vai contra a vida, ou é falsa, ou foi entendida de maneira errada. O que faz Deus feliz é ver-nos felizes, desde agora e para sempre. É esta a Boa Notícia que nos é revelada em Jesus Cristo: Deus se nos dá a si mesmo como aquilo que ele é: Amor.

Viver para o reino de Deus

Uma pergunta brota em quem procura sintonizar com Jesus: o que é para ele o mais importante, o centro de sua vida, a causa à qual se dedicou por inteiro, sua preferência absoluta? A resposta não oferece dúvida nenhuma: Jesus vive para o reino de Deus. Esta é sua verdadeira paixão. Por essa causa se desvela e luta; por essa causa é perseguido e executado. Para Jesus, "só o reino de Deus é absoluto; todo o resto é relativo"[1].

O que ocupa o lugar central na vida de Jesus não é Deus simplesmente, mas Deus com seu projeto sobre a história humana. Jesus não fala de Deus simplesmente, e sim de Deus e seu reino de paz, compaixão e justiça. Não chama as pessoas a fazer penitência diante de Deus, mas a "entrar" em seu reino. Não convida, simplesmente, a buscar o reino de Deus, mas a "buscar o reino de Deus e sua justiça". Quando organiza um movimento de seguidores, que prolonguem sua missão, não os envia a organizar uma nova religião, mas a anunciar e promover o reino de Deus.

---

1. Paulo VI. Encíclica *Evangelii Nuntiandi*, 8.

Como seria a vida se todos nos parecêssemos um pouco mais com Deus? É este o grande anseio de Jesus: construir a vida tal como Deus a quer. Será necessário fazer muitas coisas, mas há tarefas que Jesus realça de maneira preferencial: introduzir no mundo a compaixão de Deus; levar a humanidade a olhar para os últimos; construir um mundo mais justo, começando pelos mais esquecidos; semear gestos de bondade para aliviar o sofrimento; ensinar a viver confiando em Deus Pai, que quer uma vida feliz para seus filhos e filhas.

Infelizmente, o reino de Deus é à vezes uma realidade esquecida por não poucos cristãos. Muitos não ouviram falar desse projeto de Deus; não sabem que é a única tarefa da Igreja e dos cristãos. Ignoram que, para olhar a vida com os olhos de Jesus, é preciso olhá-la a partir da perspectiva do reino de Deus; para viver como ele, é preciso viver com sua paixão pelo reino de Deus.

O que pode haver de mais importante para os seguidores de Jesus, neste momento, do que comprometer-nos numa conversão real do cristianismo ao reino de Deus? Esse projeto de Deus é nosso objetivo primeiro. A partir dele se nos revela a fé cristã em sua verdade última: amar a Deus é ter fome e sede de justiça como ele teve; seguir Jesus é viver para o reino de Deus com ele viveu; pertencer à Igreja é comprometer-se com um mundo mais justo.

Seguir Jesus

Jesus não deixou atrás de si uma "escola", no estilo dos filósofos gregos, para continuar aprofundando-se na verdade última da realidade. Tampouco pensou numa instituição dedicada a garantir no mundo a verdadeira religião. Jesus pôs em marcha um movimento de "seguidores" que se encarregassem de anunciar e promover seu projeto do "reino de Deus". Daí provém a Igreja de Jesus. Por isso, não há nada mais decisivo para nós do que reativar sempre de novo, dentro da Igreja, o seguimento fiel à pessoa de Jesus. O seguimento de Jesus é a única coisa que nos faz cristãos.

Embora às vezes o esqueçamos, é essa a opção primeira de um cristão: seguir Jesus. Esta decisão muda tudo. É como começar a viver de maneira diferente a fé, a vida e a realidade da cada dia. Encontrar, por fim, o eixo, a verdade, a razão de viver, o caminho. Poder viver dando um conteúdo real à adesão a Jesus: crer no que ele creu; viver o que ele viveu; dar importância àquilo a que ele dava importância; interessar-se por aquilo pelo qual ele se interessou; tratar as pessoas como ele as tratou; olhar a vida como ele a olhava; orar como ele orou; transmitir esperança como ele a transmitia.

Sei que é possível seguir Jesus por caminho diversos. O seguimento de Francisco de Assis não é o de Francisco Xavier ou o de Teresa de Jesus. São muitos os aspectos e matizes do serviço de Jesus ao reino de Deus. Mas há traços básicos que não podem faltar num verdadeiro seguimento de Jesus. Assinalo alguns.

Seguir Jesus implica pôr no centro de nosso olhar e de nosso coração os *pobres*. Situar-nos na perspectiva dos que sofrem. Fazer nossos seus sofrimentos e aspirações. Assumir sua defesa. Seguir Jesus é viver com *compaixão*. Sacudir de nós a indiferença. Não viver só de abstrações e princípios teóricos, mas aproximar-nos das pessoas em sua situação concreta. Seguir Jesus pede desenvolver a *acolhida*. Não viver com mentalidade de seita. Não excluir nem excomungar. Fazer nosso o projeto integrador e includente de Jesus. Derrubar fronteiras e construir pontes. Eliminar a discriminação.

Seguir Jesus é assumir a *crucificação* pelo reino de Deus. Não deixar de definir-nos e tomar partido por medo das consequências dolorosas. Carregar o peso do "antirreino" e tomar a cruz de cada dia em comunhão com Jesus e os crucificados da terra. Seguir Jesus é *confiar* no Pai de todos, invocar seu nome santo, pedir a vinda de seu reino e semear a esperança de Jesus contra toda esperança.

Construir a Igreja de Jesus

Falar de Jesus e da Igreja é decisivo, mas também delicado e às vezes conflitivo. Nem todos os cristãos temos a mesma visão da realidade eclesial; nossa perspectiva e índole, nosso modo de perceber e viver seu mistério é, com frequência, não só diferente, mas contraposto. Jesus não separa nenhum crente de sua Igreja, não o põe em confronto com ela. Ao menos esta é minha experiência. Na Igreja eu encontro Jesus como em nenhum outro lugar; nas comunidades cristãs ouço sua mensagem e percebo seu Espírito.

Alguma coisa, no entanto, está mudando em mim. Amo a Igreja assim como ela é, com suas virtudes e seu pecado, mas agora, cada vez mais, amo-a porque amo o projeto de Jesus para o mundo: o reino de Deus. Por isso quero vê-la cada vez mais convertida a Jesus. Não vejo maneira mais autêntica de amar a Igreja do que trabalhar por sua conversão ao evangelho.

Quero viver na Igreja convertendo-me a Jesus. Essa há de ser minha primeira contribuição. Quero trabalhar por uma Igreja que as pessoas sintam como "amiga de pecadores". Uma Igreja que busca os " perdidos", descuidando talvez outros aspectos que podem parecer mais importantes. Uma Igreja onde a mulher ocupe o lugar que Jesus realmente quis para ela. Uma Igreja preocupada com a felicidade das pessoas, que acolhe, escuta e acompanha todos os que sofrem. Quero uma Igreja de coração grande, na qual cada manhã nos ponhamos a trabalhar pelo reino, sabendo que Deus fez seu sol nascer sobre bons e maus.

Sei que não basta falar da "conversão da Igreja a Jesus", embora pense que é necessário e urgente proclamá-lo sempre de novo. A única forma de viver em processo de conversão permanente é que as comunidades cristãs e cada um dos crentes nos atrevamos a viver mais abertos ao Espírito de Jesus. Quando nos falta esse Espírito, podemos cair na ilusão de ser cristãos, mas quase nada nos diferencia daqueles que não o são; brincamos de ser profetas, mas, na realidade, não temos nada de novo a comunicar a ninguém. Terminamos frequentemente repetindo com linguagem religiosa as "profecias" deste mundo.

Viver e morrer com a esperança de Jesus

De acordo com os relatos evangélicos, ao morrer, Jesus "deu um forte grito". Não era só o grito final de um moribundo. Naquele grito estavam gritando todos os crucificados da história. Era um grito de indignação e de protesto. Era, ao mesmo tempo, um grito de esperança. Os primeiros cristãos nunca esqueceram este grito de Jesus. No grito deste homem rejeitado e executado por buscar a felicidade de todos está a verdade última da vida. No amor deste crucificado está o próprio Deus, identificado com todos os que sofrem, gritando contra todas as injustiças, torturas e abusos de todos os tempos.

Neste Deus pode-se crer ou não crer, mas não é possível caçoar dele. Este Deus não é uma caricatura de ser Supremo e Onipotente, esquecido de suas criaturas ou buscando nelas exclusivamente sua própria glória. É o Deus encarnado em Jesus, que sofre com os que sofrem, morre com os que morrem injustamente e que busca conosco e para nós a Vida.

Há no mundo um "excesso" de sofrimento inocente e irracional. Nós que vivemos satisfeitos na sociedade da abundância podemos alimentar algumas ilusões efêmeras, mas será que existe algo que possa oferecer ao ser humano um fundamento definitivo para a esperança? Se tudo acaba na morte, quem nos pode consolar? Nós, seguidores de Jesus, nos atrevemos a esperar a resposta definitiva de Deus lá onde Jesus a encontrou: para além da morte.

A ressurreição de Jesus é para nós a razão última e a força diária de nossa esperança: o que nos alenta para trabalhar por um mundo mais humano, segundo o coração de Deus, e o que nos faz esperar confiantes sua salvação. Em Jesus ressuscitado descobrimos a intenção profunda de Deus confirmada para sempre: uma vida plenamente feliz para toda a criação, uma vida libertada para sempre do mal. A vida vivida a partir de sua Fonte.

Onde posso eu encontrar um fundamento mais sólido para viver e morrer com esperança? Ninguém pode despertar e sustentar em mim uma alegria mais radical: agora sei que um dia verei com meus próprios olhos, gozando por fim de uma verdadeira vida, tantas pessoas crucificadas que hoje vejo sofrerem neste mundo sem conhecer a felicidade nem a paz. Só ressurreição espera sua vida crucificada. Deus mesmo "enxugará as lágrimas de seus olhos. Já não haverá morte, nem haverá aflição, nem pranto, nem dor"[2]. E não só. Sustentado por Jesus, atrevo-me a esperar minha própria ressurreição. Nele ouço as palavras mais grandiosas que Deus pode dirigir ao meu coração: "A quem tiver sede, dar-lhe-ei de beber gratuitamente da fonte da água da vida"[3]. Assim gratuitamente, sem merecê-lo, Deus saciará a sede de vida que existe dentro de nós.

2. Apocalipse 21,4.

3. Apocalipse 21,6.

Anexos

1

BREVE PERFIL HISTÓRICO DE JESUS

É útil delinear de maneira breve o perfil histórico de Jesus em seus traços básicos. Anotamos apenas os dados que, segundo a maioria dos investigadores, oferecem um alto grau de solidez histórica. Não é, de maneira alguma, a única coisa que se pode afirmar de Jesus, mas serve para esboçar uma primeira aproximação.

Nascimento

Jesus nasceu durante o reinado do imperador romano Augusto, certamente antes da morte de Herodes o Grande, ocorrida na primavera do ano 4 a.C. Não é possível precisar melhor a data exata de seu nascimento. Os historiadores coincidem em situá-lo entre os anos 6 e 4 antes de nossa era[1]. Provavelmente nasceu em Nazaré, embora Mateus e Lucas falem de Belém por razões teológicas. Seja como for, Nazaré foi sua verdadeira pátria. Seus pais chamavam-se Maria e José.

Língua materna

A língua materna de Jesus foi o aramaico. Falava-o segundo uma forma dialetal corrente na Galileia. Não sabemos com certeza se sabia ler e escrever. Conhecia certamente o hebraico, que nessa época era uma língua literá-

---

1. O calendário atual deve-se ao abade Dionísio o Pequeno, que viveu no final do século V. Ao fixar a data do nascimento de Jesus equivocou-se em seus cálculos e atrasou-a quase cinco anos.

ria empregada na liturgia do templo e nas sinagogas, onde as Escrituras sagradas eram lidas em hebraico antes de serem traduzidas ao aramaico. De acordo com um grupo crescente de autores, Jesus pode ter falado também um pouco de grego. Desconhecia o latim.

Vida em Nazaré

Jesus viveu a infância, a juventude e os primeiros anos da vida adulta em Nazaré, um pequeno povoado que se erguia sobre uma encosta na região montanhosa da Galileia, longe das grandes rotas comerciais. Jesus é um homem de mentalidade mais rural que urbana. O conhecimento do contexto sociocultural e religioso permite reconstruir de maneira plausível alguns aspectos sobre seu ofício de artesão e sua educação no seio de um família judaica. Discute-se se trabalhou na reconstrução de Séforis, que nesses anos estava sendo restaurada por Herodes Antipas.

Encontro com o Batista

Em determinado momento, Jesus ouviu falar de João Batista, que promovia um movimento de conversão numa região desértica junto ao rio Jordão. Deixou sua aldeia de Nazaré, ouviu a mensagem de João e recebeu seu batismo. Jesus viveu no Jordão uma experiência religiosa muito importante: não retornou mais à sua família de Nazaré, mas tampouco permaneceu por muito tempo com o Batista. Num primeiro momento, talvez ele também tenha desenvolvido uma atividade batismal, mas logo abandonou o deserto e começou uma atividade própria e original, diferente da de João.

Ruptura com a família

Jesus não gozou do apoio familiar. Sua família mais próxima não o apoiou em sua atividade de profeta itinerante. Chegaram a pensar que ele estava fora de si e consideraram que desonrava toda a família. Jesus criou novas relações em torno dele, formando um grupo de seguidores. Considerando os laços de família um obstáculo para sua missão, separou-se definitivamente de seu lar de Nazaré e dirigiu-se a Cafarnaum. Ao que parece, mais tarde, alguns familiares vincularam-se ao seu movimento.

Atividade itinerante

Por volta do ano 27-28, Jesus inicia uma atividade itinerante que o leva da Galileia a Jerusalém, onde será executado provavelmente a 7 de abril do ano 30. Trata-se, portanto, de uma atividade intensa mas breve, pois não chegou a durar três anos. Não é possível reconstruir com exatidão os lugares de sua atividade e suas rotas de viagem. Certamente movimentou-se nas proximidades do lago da Galileia. Andava de uma aldeia a outra, mas nunca aparece visitando Séforis nem Tiberíades, as duas cidades mais importantes da Galileia. Durante algum tempo, seu centro de operações foi Cafarnaum, nas margens do lago. Jesus deslocava-se de um lugar para outro acompanhado por um grupo de discípulos e discípulas. Sua atividade concentrava-se em duas tarefas: curar enfermos de diversos males e anunciar sua mensagem sobre o "reino de Deus". Sua fama cresceu rapidamente e as pessoas se mobilizavam para encontrar-se com ele. Jesus tinha o costume de retirar-se de noite a lugares afastados para rezar.

Profeta do reino de Deus

Jesus emprega uma linguagem característica e sugestiva. Seus ditos breves e penetrantes, seus aforismos e, sobretudo, suas belas parábolas são inconfundíveis. Jesus quase não fala de si mesmo. Sua pregação concentra-se no que ele chama de "reino de Deus". Sua mensagem parte da tradição judaica, mas não brota diretamente da literatura apocalíptica nem do ensino oficial dos escribas, e sim de sua profunda experiência de Deus, que ele procura comunicar através de uma linguagem simbólica e poética, extraída da vida. Em sua pregação ocupa um lugar central a experiência de um Deus Pai que "faz nascer seu sol sobre bons e maus" e acolhe e busca os filhos perdidos. É essencial sua exortação a "entrar" no reino de Deus e seu chamado a ser "compassivos" como o é o Pai do céu. O perdão aos inimigos constitui o ponto culminante deste chamado.

Atividade curadora

Embora seja difícil precisar o grau de historicidade de cada relato transmitido pelas tradições evangélicas, não há dúvida de que Jesus levou a cabo curas de diversos tipos de enfermos, que foram consideradas milagrosas por seus contemporâneos. Praticou também exorcismos, libertando de seu mal pessoas que, naquela cultura, eram consideradas possuídas por espíritos malignos. Jesus foi, na sociedade de seu tempo, um exorcista e curador popular que exerceu grande atração entre as pessoas. Apresentou estas curas e exorcismos como sinais da chegada do reino de Deus aos setores mais mergulhados no sofrimento e na alienação. Mas Jesus sempre se opôs a executar os sinais espetaculares que alguns setores críticos provavelmente lhe pediam.

Conduta desviada

Jesus adotou uma conduta estranha e provocativa. Infringia constantemente os códigos de comportamento vigentes naquela sociedade. Não praticava as normas estabelecidas sobre a pureza ritual. Não se preocupava como o rito de limpar as mãos antes de comer. Não praticava o jejum. Às vezes infringia as normas prescritas sobre o sábado. Vivia rodeado de gente indesejável como arrecadadores de impostos e prostitutas. Era visto acompanhado de mendigos, famintos e gente marginalizada. Concretamente, confraternizava-se e comia com "pecadores e arrecadadores de impostos". Contra as normas sociais estabelecidas, tratava publicamente com mulheres e as admitia entre seus discípulos. Concretamente, Maria de Mágdala ocupou um lugar importante no movimento de Jesus. Ao que parece, Jesus teve uma atitude especialmente acolhedora para com as crianças. Toda esta atitude provocativa Jesus não a adotou de maneira arbitrária. Sua intenção profunda era fazer ver a todos, de maneira plástica, que o reino de Deus está aberto a todos, sem excluir ou marginalizar ninguém.

Rodeado de discípulos

Jesus nunca pretendeu romper com o judaísmo nem fundar uma instituição própria em face de Israel. Aparece sempre convocando seu povo a entrar no reino de Deus. Mas, de fato, formou-se em torno a Jesus um grupo reduzido de seguidores itinerantes, entre os quais havia também um certo número de mulheres. Além deste grupo reduzido, houve um setor mais amplo de simpatizantes que continuaram vivendo em sus casas, mas que se identificavam com sua mensagem e acolhiam Jesus e seu grupo quando estes chegavam à sua aldeia. Jesus rodeou-se de um grupo mais próximo de "Doze", que simbolizava seu desejo de conseguir a restauração de Israel.

Reações diante de Jesus

Fora do grupo reduzido de discípulos e do círculo de simpatizantes, Jesus alcançou uma popularidade bastante grande na Galileia e regiões vizinhas. Não parece que este eco popular tenha diminuído durante o breve tempo de sua atividade itinerante. De fato, Jesus mobilizava massas relativamente importantes, e isso o transformava precisamente em personagem perigoso perante as autoridades. Jesus provocou também a rejeição de setores que procuraram estigmatizá-lo e desacreditá-lo para impedir sua influência. De fato, Jesus não foi bem recebido entre seus convizinhos e despertou a oposição de escribas e dirigentes religiosos tanto na Galileia quanto em Jerusalém. Foi criticado por comer com pecadores e acusado de estar possuído pelo demônio. Jesus defendeu-se com firmeza de ambas as acusações.

Execução

Na primavera do ano 30, Jesus subiu a Jerusalém, no território da Judeia, que, ao contrário da Galileia, era regida por um prefeito romano. A cidade de Jerusalém era governada diretamente naquele momento pelo sumo sacerdote Caifás. Jesus realizou um gesto hostil para com o templo, gesto que provocou sua detenção. Parece que não houve propriamente um julgamento de Jesus perante as autoridades judaicas. Antes, em vista do que aconteceu no templo, a aristocracia sacerdotal ficou ainda mais convencida da periculosidade que Jesus representava e confabularam para fazê-lo desaparecer. De fato, Jesus morreu crucificado provavelmente no dia 7 de abril do ano 30 e foi o prefeito romano Pôncio Pilatos quem ditou a ordem de sua execução. Ao que parece, Jesus contou com a possibilidade de sua morte violenta e celebrou uma ceia de despedida com seus discípulos, na qual realizou um gesto simbólico com o pão e o vinho. No momento de sua detenção foi abandonado por seus seguidores mais próximos.

Fé em Jesus ressuscitado

É possível verificar historicamente que, entre os anos 35 e 40, os cristãos da primeira geração confessavam com diversas fórmulas uma convicção compartilhada por todos e que rapidamente foram propagando por todo o Império: "Deus ressuscitou Jesus dentre os mortos".

2
Critérios gerais de interpretação

A exegese católica não tem um método de interpretação próprio e exclusivo, mas, partindo da base histórico-crítica das fontes, aproveita todos os métodos atuais. Os principais critérios de interpretação foram expostos em 1993 pela Pontifícia Comissão Bíblica[1]. Assinalamos os mais importantes.

Rejeição da leitura fundamentalista

Esta leitura parte do princípio de que a Bíblia deve ser lida e interpretada literalmente em todos os seus detalhes. Para isso não há necessidade de empregar nenhum método cientifico. Esta maneira de ler os evangelhos não leva em consideração a linguagem humana dos autores, costuma estar frequentemente ligada a uma tradução determinada e oferece muitas vezes interpretações piedosas, mas falsas. O fundamentalismo constitui "uma forma de suicídio do pensamento".

Caráter indispensável do método histórico-crítico

Com a finalidade de captar com a maior clareza possível o sentido expresso pelos autores, este método histórico-crítico leva em consideração a crítica textual, a análise linguística e semântica, o estudo dos gêneros literários e o processo da redação. É "o método indispensável" para o estudo científico dos

1. PONTIFÍCIA COMISSÃO BÍBLICA. *A interpretação da Bíblia na Igreja.* Petrópolis: Vozes, Petrópolis, 1994 [Original de 15 de abril de 1993 – Documentos Pontifícios 260].

textos antigos. Uma justa compreensão dos textos evangélicos "requer a utilização deste método". Por isso, "os exegetas devem se servir do método histórico-crítico. Eles não devem, no entanto, atribuir-lhe a exclusividade".

Necessidade da abordagem sociológica

O estudo crítico da Bíblia "necessita de um conhecimento tão exato quanto possível" do contexto sociológico onde nasceram os textos. "O conhecimento dos dados sociológicos que contribuem para fazer compreender o funcionamento econômico, cultural e religioso do mundo bíblico é indispensável à crítica histórica." De resto, é preciso estar atento ao risco de conceder mais atenção aos aspectos econômicos e institucionais do que às dimensões pessoais e religiosas.

Importância da abordagem a partir da antropologia cultural

A antropologia cultural procura definir as características antropológicas da sociedade onde se originaram os textos bíblicos (valores reconhecidos, modo de exercer o controle social, concepção da família, condição social da mulher, estruturação social etc.). Esta abordagem dos textos é de suma importância. "Nos textos que relatam o ensinamento de Jesus, por exemplo as parábolas, muitos detalhes podem ser esclarecidos graças a essa abordagem. Ocorre o mesmo para as concepções fundamentais, como aquela do reino de Deus." Convém recordar que toda esta abordagem não está em condições por si só de dar conta do sentido profundo que o crente descobre na mensagem de Jesus.

Contribuição da abordagem liberacionista

A teologia da libertação promoveu uma abordagem liberacionista da Bíblia que traz "elementos cujo valor é indubitável": maior atenção ao "Deus dos pobres, que não pode tolerar a opressão nem a injustiça"; insistência na dimensão comunitária da fé; urgência de um práxis libertadora enraizada na justiça e no amor. Esta leitura comprometida da Bíblia comporta riscos. "É certo que a exegese não pode ser neutra, mas ela deve também evitar de ser unilateral."

Contribuição da abordagem feminista

São numerosas as contribuições positivas que provêm da exegese feminista. As mulheres "conseguiram, muitas vezes melhor do que os homens, perceber a presença, o significado e o papel da mulher na Bíblia, na história das origens cristãs e na Igreja". Está crescendo uma sensibilidade feminina que "leva a revelar e a corrigir certas interpretações correntes, que eram tendenciosas e visavam justificar a dominação do homem sobre a mulher". Deve-se evitar, no entanto, o risco de cair numa leitura tendenciosa, apoiada no "argumento *ex silentio*" ou em "indícios fugitivos".

Importância da afinidade com o conteúdo do texto

Convém recordar que "o conhecimento justo do texto bíblico só é acessível àquele que tem uma afinidade viva com aquilo do qual fala o texto". Por isso todo intérprete deve colocar-se a pergunta seguinte: "Qual teoria hermenêutica torna possível a justa apreensão da realidade profunda da qual fala a Escritura e sua expressão significativa para o homem de hoje?" Não há dúvida de que a sintonia com a mensagem de Jesus, a acolhida de seu chamado e o seguimento fiel aumentam a capacidade do exegeta de captar sua realidade profunda.

Atualização da mensagem bíblica

A expressão da fé renovou-se continuamente para enfrentar situações novas. Por isso, "a interpretação da Bíblia deve igualmente ter um aspecto de criatividade e afrontar as questões novas, para respondê-las partindo da Bíblia". Pode-se dizer que a tarefa dos exegetas só termina quando "tiverem esclarecido o sentido do texto bíblico como palavra atual de Deus". Para alcançar esta finalidade, "devem levar em consideração as diversas perspectivas hermenêuticas que ajudam a perceber a atualidade da mensagem bíblica e lhes permitem de responder às necessidades dos leitores modernos das Escrituras". Daí a importância de adaptar a interpretação à mentalidade e à linguagem contemporâneas.

3
Fontes literárias

Assinalo alguns dados e observações gerais sobre as diferentes fontes literárias e sua importância na investigação atual sobre Jesus.

Importância do evangelho de Marcos

Há um consenso bastante generalizado em considerar o evangelho de Marcos como o mais antigo dos que chegaram até nós. Foi escrito provavelmente em Roma, pouco antes da destruição de Jerusalém em agosto do ano 70, em plena guerra judaica contra Roma (66-67?). O autor compila tradições de caráter oral e escrito que remontam aos anos cinquenta ou antes[1]. Seu aparecimento representa uma grande novidade, pois recolhe as recordações que circulam entre os seguidores de Jesus e as situa no marco de um grande relato fundacional no memento da transição da primeira para a segunda geração cristã. Anos mais tarde, este escrito servirá como modelo de relato evangélico e fonte da qual se servem Mateus e Lucas. Seu esquema cronológico e geográfico tem muito de reconstrução artificial, mas os materiais que ele compila são de máxima importância para conhecer como Jesus, sua atuação e sua mensagem foram lembrados desde o início.

---

1. De Buda, morto por volta de 480 a.C., só possuímos escritos legendários redigidos pelo menos meio milênio após sua morte. De Confúcio, contemporâneo seu na China, nos restam duas fontes de escassa credibilidade, que distam quatrocentos e setecentos anos do tempo em que o Mestre viveu.

A contribuição decisiva da fonte Q

Existiu também outro evangelho escrito antes do ano 70. Não chegou até nós como um escrito avulso, mas está incorporado em Mateus e Lucas, que o utilizaram como fonte importante de seus respectivos evangelhos. Os investigadores deduziram sua existência ao comprovar que Mateus e Lucas, que escrevem independentemente um do outro, coincidem no entanto em muitos momentos, inclusive literalmente. Este fato só se pode explicar se ambos estiverem copiando de uma fonte anterior a eles. A este escrito de autor desconhecido se deu o nome de "Evangelho dos ditos" ou "Fonte Q" (inicial do termo alemão *Quelle*, que significa "fonte"). Este evangelho, redigido em grego, foi composto certamente na Palestina, antes da destruição de Jerusalém. Contém apenas ditos e parábolas; não recolhe relatos de nenhum gênero, nem a narração da Paixão ou as aparições do ressuscitado. Estes ditos foram recolhidos provavelmente por missionários itinerantes dos primeiros anos, que continuaram o estilo de vida e pregação de Jesus e que tinham grande interesse em conhecer seu ensinamento. A fonte Q é hoje objeto da atenção preferencial de muitos autores e constitui um dos capítulos mais apaixonantes da investigação moderna sobre Jesus. Está-se progredindo no estudo das diferentes fases de sua composição, do grupo humano de profetas itinerantes que está em sua origem ou do estilo de vida contracultural que propõe. Embora em muitos pontos não seja possível falar de consenso, a fonte Q é considerada hoje a mais importante para reconstruir o ensinamento de Jesus.

O evangelho de Mateus

Foi escrito nos anos oitenta, após a destruição de Jerusalém. Apareceu provavelmente em território sírio, talvez na região de Damasco. É escrito num ambiente de forte polêmica entre setores cristãos e dirigentes judeus. Utiliza como fonte de composição o evangelho de Marcos, a fonte Q, diferentes tradições de ditos e parábolas compiladas somente por ele, e um material de caráter mais legendário que lhe serve para compor seu relato da infância de Jesus. Em linhas gerais segue Marcos, mas organiza muitos materiais de acordo com seu plano próprio. Às vezes adapta claramente as palavras de Jesus à situação conflitiva em que vive o autor, mas conservando seu conteúdo essencial.

Evangelho de Lucas

Também este evangelho foi escrito, como o de Mateus, pelos anos oitenta, provavelmente em algum lugar a oeste da Palestina. Está concebido como a primeira parte de uma grande obra dividida em duas: evangelho de Jesus e Atos dos Apóstolos. Utiliza como fonte, além de Marcos e da fonte Q, um abundante material compilado por ele próprio e que abarca quase a metade de seu evangelho. Isto lhe permite compor belas cenas e expor parábolas comovedoras. Emprega também tradições próprias para confeccionar seu evangelho da infância de Jesus. Em linhas gerais, segue Marcos com poucas mudanças e com algumas omissões importantes. Lucas trabalha e molda a figura de Jesus de acordo com sua própria perspectiva, mas o faz para dar relevo a uma imagem que já está na lembrança das tradições usadas por ele.

A contribuição histórica do evangelho de João

Este evangelho, em sua estrutura, aproxima-se dos evangelhos de Marcos, Mateus e Lucas, mas é muito diferente. Apareceu provavelmente na região da Síria, no final do século I. O esquema narrativo distancia-se do esquema dos sinóticos, porque, ao contrário deles, fala de três viagens de Jesus a Jerusalém por ocasião das festas da Páscoa, sugerindo que seu tempo de atividade foi superior a dois anos. Também a linguagem e o conteúdo de sua mensagem são diferentes: nos sinóticos Jesus narra belas parábolas ou pronuncia breves sentenças, ao passo que em João desenvolve longos discursos muito afastados desse estilo inconfundível; nos sinóticos a pregação de Jesus centra-se no reino de Deus, ao passo que em João ele fala de sua pessoa e de sua missão. Além disso, nos sinóticos Jesus defende constantemente a causa dos pobres e oprimidos, ao passo que em João quase nada se diz deles. Os investigadores consideram que os evangelhos sinóticos são os que melhores informações nos oferecem sobre a lembrança de Jesus transmitida pelas tradições, embora João proporcione às vezes informações de grande valor histórico: os primeiros discípulos de Jesus provêm do círculo do Batista; não houve processo judaico contra Jesus, mas sim um interrogatório para transferir a denúncia a Pilatos; Jesus foi executado na véspera da Páscoa (14 de nisã) e não num dia festivo.

O debate em torno do Evangelho [apócrifo] de Tomé

O *Evangelho de Tomé* é considerado atualmente pelos especialistas como o escrito de maior interesse dentre todos os evangelhos apócrifos. O texto não contém nenhum material narrativo. Não fala das curas de Jesus nem de sua morte ou ressurreição. Não atribui a Jesus nenhum título cristológico. Trata-se simplesmente de uma compilação de 114 ditos (*logia*) de Jesus: palavras sapienciais ou proféticas, parábolas ou diálogos breves. O título do escrito diz assim: "Estas são as palavras secretas que Jesus o Vivente pronunciou e que Dídimo Judas Tomé escreveu". No momento atual trava-se um debate acalorado sobre sua antiguidade e sua relação com os evangelhos sinóticos. Um grupo de autores (quase todos pertencentes ao *Jesus Seminar*) o equipara à fonte Q, lhe atribuem uma data de composição extraordinariamente antiga (50-70) e o consideram independente da tradição sinótica; se for assim, o Evangelho de Tomé se transformaria numa das fontes mais importantes para a investigação sobre Jesus. Mas a maioria dos autores pensa que foi composto na Síria, depois do ano 70, provavelmente dentro do século I, e que seu conteúdo não é independente dos evangelhos sinóticos. Todos admitem que o escrito tem, em maior ou menor grau, um colorido gnóstico. O Evangelho de Tomé pode ser útil para comprovar o arraigamento e o impacto da lembrança de Jesus em diferentes ambientes e para estudar a transformação que pode acontecer na tradição ao longo de sua transmissão.

O estudo crítico do historiador Flávio Josefo

Os escritos de Flávio Josefo são analisados pelos investigadores modernos com maior rigor crítico do que em tempos passados. Suas obras de maior interesse são *A guerra judaica* e as *Antiguidades dos judeus*, escritas ambas em Roma pelos anos 90; ambas trazem dados muito importantes para conhecer o contexto político, social e cultural da Palestina no tempo de Jesus; o autor conhece muito bem a Galileia, porque teve o comando militar supremo das forças judaicas daquela região na guerra contra Roma (66-67). Josefo menciona Jesus em duas ocasiões. Ao falar do apedrejamento de Tiago em Jerusalém no ano 62, diz que é "irmão de Jesus, chamado Cristo". O testemunho mais importante, depois de suprimidos os retoques acrescentados por copistas cristãos da Idade Média, diz assim: "Naquele tempo apareceu Jesus, um homem sábio. Foi autor de feitos admiráveis, mestre de pessoas que recebem com gosto a verdade. E atraiu muitos judeus e muitos de origem grega. E, quando Pilatos, por causa de uma acusação feita pelos homens principais dentre nós, o condenou à cruz, os que antes o haviam amado não deixaram de fazê-lo. E até o dia de hoje a tribo dos cristãos, chamados assim por causa dele, não desapareceu" (*Antiguidades dos judeus* 18, 3,3).

O testemunho neutro dos escritores romanos

O historiador Tácito (50-120), o escritor Suetônio (por volta de 120) e Plínio o Moço (61-120), legado do imperador Trajano na Bitínia, fornecem breves dados sobre Jesus. Suas referências têm um valor documental importante, pois eles são observadores neutros e inclusive hostis ao movimento cristão. Não duvidam, em nenhum momento, da existência de Jesus. Fornecem dele uma imagem esquemática: Jesus é oriundo da Judeia, foi executado sob Tibério pelo governador Pôncio Pilatos e, no memento em que escrevem, é venerado por seus seguidores "como um deus". Os dados coadunam-se plenamente com o que dizem as fontes cristãs.

Os manuscritos de Qumran

Os investigadores contam hoje com a tradução praticamente íntegra dos manuscritos não bíblicos recuperados nas grutas dos arredores de Qumran (ao norte do mar Morto), a partir da surpreendente descoberta de um pastor árabe que, em 1947, encontrou numa delas sete rolos manuscritos de importância excepcional. Sobressaem três escritos que lançam muita luz sobre a riqueza e diversidade do mundo judaico no tempo de Jesus: a *Regra da comunidade* (100-75 a.C.) que habitava o Qirbet Qumran; o *Rolo da guerra* (37-4 a.C.), que prepara para a guerra do fim do tempos entre "os filhos da luz" e "os filhos das trevas"; os *Hinos*, que são uma trintena de salmos nos quais transparece uma espiritualidade de grande ternura para com Deus. Os manuscritos de Qumran trazem também muita luz sobre as primeiras comunidades cristãs: imagens utilizadas, ideia da "nova aliança", uso do vinho em banquetes sagrados. Não existe nenhum argumento sério para fazer de Jesus um "essênio" de Qumran. Pelo contrário, os especialistas pensam que sua atuação e sua mensagem teriam encontrado uma rejeição frontal em Qumran.

A hostilidade da literatura rabínica

No Talmud fala-se de Jesus numa dúzia de passagens. É chamado *Yeshu* ou designado depreciativamente como *Ben Pandira* ou *Ben Pantera*, dando a entender que é filho ilegítimo de um soldado romano que violentou Maria. A imagem que se pinta de Jesus pode ser resumida assim: "Praticou a bruxaria" (fez milagres); zombou das palavras dos "sábios" (os mestres da lei); expôs as Escrituras como os fariseus; teve cinco discípulos; "desviou Israel" de seu caminho; "foi pendurado" (crucificado) como falso profeta e sedutor na véspera de uma festa de Páscoa. Esta imagem hostil, no entanto, encaixa-se, quanto ao essencial, nos dados evangélicos.

O interesse pelos evangelhos apócrifos

A descoberta dos códices de Nag Hammadi (Alto Egito) em 1945 despertou uma grande atração antes desconhecida pelos "evangelhos apócrifos", ao ponto de transformá-los em fonte de todo tipo de vidas e novelas de ficção sobre Jesus: há inclusive quem pensa ingenuamente que nestes escritos podemos encontrar a vida e a mensagem de Jesus em estado puro (!), antes de serem submetidas ao controle dogmático da Igreja. Estes evangelhos provêm de diversos lugares da bacia do Mediterrâneo. Alguns podem remontar até a meados do século II, mas a maioria foi composta muito mais tarde, quando, após um longo processo, havia-se chegado a uma seleção dos evangelhos que as comunidade cristãs aceitavam como autênticos.

Nem todos os evangelhos apócrifos são da mesma natureza. Alguns foram escritos para satisfazer a curiosidade popular, preenchendo alguns "vazios" dos evangelhos em torno da infância ou da juventude de Jesus (*Protoevangelho de Tiago*, *Evangelho do Pseudo-Mateus*, *O nascimento de Maria*, *História de José o carpinteiro*...) ou em torno da paixão e ressurreição de Jesus (*Evangelho de Pedro*, *Evangelho de Nicodemos* ou *Atas de Pilatos*...). Basta folhear estes relatos cheios de fantasia para comprovar que não oferecem dados históricos confiáveis (exceto o *Evangelho de Pedro*, que se assemelha um pouco ao relato sinótico da paixão).

Conhecemos também, embora de forma muito fragmentária, evangelhos apócrifos do ambiente judeu-cristão (*Evangelho dos nazarenos*, *Evangelho dos ebionitas*, *Evangelho dos hebreus*). São os evangelhos apócrifos mais antigos. Fornecem alguns elementos que permitem compará-los com as tradições dos evangelhos sinóticos, mas não permitem conhecer nada de novo.

Outro grupo de evangelhos apócrifos foram escritos por alguns grupos marginais para propagar suas próprias crenças como provenientes de Jesus. Por isso insistem nos "ensinamentos secretos" de Jesus a Marcos, Pedro, Tomé ou Maria Madalena. A maioria destes escritos pertence a ambientes gnósticos (*Diálogo do Salvador*, *Evangelho de Maria*, *Evangelho de Filipe*, *Pistis Sofia*...).

Na investigação atual observa-se uma nova avaliação das fontes não canônicas: para aproximar-nos da figura histórica de Jesus devem em princípio ser utilizadas todas as fontes disponíveis, não só os evangelhos oficiais, estudando rigorosamente em cada caso seu possível grau de historicidade. No entanto, o resultado é decepcionante. Excetuados J.D. Crossan e alguns autores da órbita do *Jesus Seminar*, a maioria estaria de acordo com o juízo pessimista de J.P. Meier: "Não creio que o material rabínico, os *agrapha*, os evangelhos apócrifos e os códices de Nag Hammadi (em particular o *Evangelho de Tomé*) nos ofereçam informação nova e confiável nem ditos autênticos independentes do Novo Testamento".

4
Critérios de historicidade

Assinalo brevemente os principais critérios levados em consideração na investigação atual para avaliar o grau de historicidade do conteúdo das fontes literárias.

Critério de dificuldade

Gozam de grande credibilidade histórica os fatos, atuações ou ditos de Jesus que dificilmente teriam sido inventados posteriormente pelos cristãos, pois isto lhes teria criado dificuldades. Às vezes observa-se como este material "embaraçoso" vai sendo suavizado e até suprimido ao longo da transmissão. Seguindo este critério de dificuldade, todos afirmam unanimemente, por exemplo, a historicidade do batismo de Jesus por João Batista.

Critério de descontinuidade

Atribuem-se com segurança a Jesus os feitos e palavras que não podem ser derivados do judaísmo de seu tempo nem da Igreja primitiva posterior: por exemplo, suas refeições com "publicanos e pecadores"; seu chamado a "entrar no reino de Deus"; sua invocação de Deus como *Abbá*. Este critério é muito útil para conhecer o que há de mais original e irredutível em sua mensagem e atuação, mas não para abarcar tudo. Seria absurdo utilizá-lo de maneira absoluta e exclusiva, pois ficaríamos com um Jesus "irreal", reduzido ao mínimo, isolado artificialmente de seu povo e desconectado do movimento de seguidores que nasceu dele. Por isso, na atualidade (Theissen,

Sanders, Meier etc.), este critério é corrigido e complementado com o princípio de "plausibilidade", que admite a inserção de Jesus no povo judeu (Jesus é judeu) e, por outro lado, seu impacto no movimento cristão (Jesus está na origem do cristianismo).

Critério de testemunho múltiplo

Gozam de maior credibilidade histórica os feitos e palavras de Jesus se foram conservados em mais de uma fonte literária independente (por exemplo, em Marcos, fonte Q, João, Paulo) e em mais de uma forma literária (ditos, parábolas, relatos de curas). De acordo com este critério, atribui-se muita credibilidade à atividade curadora de Jesus, à sua intervenção ameaçadora no templo, à sua pregação do reino de Deus... É preciso, no entanto, notar que uma tradição pode ser autêntica mesmo que tenha sido recolhida numa só fonte (a invocação aramaica *Abbá* só é assinalada em Marcos 14,36).

Critério de coerência

Uma vez obtido um conjunto de materiais em conformidade com os critérios anteriores, podem-se aceitar outros feitos e ditos de Jesus que se encaixam bem nesta "base de dados" já estabelecida, pois têm grande probabilidade de ser históricos (ditos sobre a vinda do reino de Deus, disputas com seus adversários...). Pode acontecer, no entanto, que algumas frases muito coerentes com a mensagem de Jesus não sejam suas, mas de missionários cristãos muito familiarizados com sua pregação.

Rejeição e crucificação

Já que ninguém duvida da crucificação de Jesus por ordem de Pilatos, é normal que os investigadores se perguntem pela mensagem e feitos que possam explicar esta execução. Seria inverossímil um Jesus cujo ensino e atuação não tivessem nenhuma relação com sua morte e cruz.

Outros critérios mais secundários

Pode-se enumerar critérios de caráter secundário, que não têm tanta força como os anteriores: vestígios de expressões aramaicas ou semitismos (podem provir também de cristãos judeus); "colorido local" palestinense (pode refletir também o contexto de um grupo cristão palestinense); relato contado com detalhes concretos e vivazes (não é suficiente).

5
PRINCIPAIS DADOS ARQUEOLÓGICOS

Enumeramos brevemente as descobertas e escavações de maior interesse na investigação atual sobre Jesus.

Os manuscritos de Qumran

Em 1947, um pastor árabe encontra numa gruta da encosta norte-ocidental do mar Morto alguns vasos de barro com sete rolos manuscritos de uma importância excepcional. Nos anos posteriores são exploradas dez novas grutas e é escavado um grande centro "monástico" situado num lugar próximo ao mar Morto chamado *Qirbet Qumran*. Os manuscritos encontrados datam aproximadamente do ano 200 a.C. até 70 d.C. Nenhum fala de Jesus, pois quase todos são anteriores a seu nascimento. No entanto, a publicação integral desta "biblioteca" de Qumran permitiu aos investigadores conhecer em primeira mão uma comunidade religiosa e alguns escritos da época de Jesus e da mesma região geográfica. Os manuscritos de Qumran são hoje indispensáveis para investigar as diferentes correntes e preocupações vividas na sociedade que Jesus conheceu.

Os códices de Nag Hammadi

Em 1945, um agricultor descobre casualmente perto da cidade egípcia de Nag Hammadi, a 600km ao sul do Cairo, diversos papiros com quarenta e cinco textos cristãos. São transcrições em língua copta que datam do século IV d.C., embora as obras originais remontem a vários séculos antes. Estes evangelhos apócrifos ("apócrifo" quer dizer "secreto") têm um caráter heterogêneo, mas quase todos apresentam Jesus a partir da perspectiva de um movimento sectário chamado "gnosticismo". São escritos posteriores aos evangelhos de Marcos, Mateus e Lucas, e não trazem nenhum dado confiável que complete as informações dos evangelhos oficiais. As obras de alguns escritores que pretenderam reconstruir de maneira fantástica a figura de Jesus, presumivelmente "sequestrada" pela Igreja, não resistem à mínima análise crítica e não estão referendadas por nenhum especialista na investigação sobre Jesus. O único evangelho apócrifo que merece uma cuidadosa atenção é o chamado "*Evangelho de Tomé* (cf. Anexo 3).

A inscrição de Pilatos

Em 1962, alguns arqueólogos italianos que estavam retirando vegetação das ruínas do teatro de Cesareia Marítima, sede do governador romano no tempo de Jesus, descobriram uma inscrição que traz o nome de Pôncio Pilatos. A inscrição está em latim e comemora a dedicação que o prefeito Pôncio Pilatos faz de um edifício público erigido em honra do imperador Tibério. É o primeiro testemunho físico da existência do prefeito que ditou a sentença de morte de Jesus.

O ossário do sumo sacerdote Caifás

Em novembro de 1990, alguns pedreiros que trabalhavam numas obras ao sul da cidade antiga de Jerusalém, em frente ao monte Sião, descobrem casualmente um ossário ricamente decorado, tal como corresponde à sepultura de uma família de classe alta da Jerusalém do século I. Numa das arquetas deste ossário aparece toscamente gravado em aramaico o nome de *Yehosef bar Caiafa*. É justamente assim que Flávio Josefo chama o sumo sacerdote Caifás. A arqueta contém os ossos de seis pessoas: duas crianças recém-nascidas, outra de idade entre dois e cinco anos, um adolescente, uma mulher adulta e um varão de uns sessenta anos. Os arqueólogos pensam que se trata da tumba da família de Caifás, sumo sacerdote entre os anos 18-36 d.C., que teve um protagonismo direto na entrega de Jesus à autoridade romana.

Yehohanan, o crucificado de Jerusalém

Em junho de 1968, o arqueólogo Vassilio Tzaferis descobre em Giv'at ha-Mitvar (a nordeste de Jerusalém) uma tumba do século I escavada na rocha. Um dos ossários continha os ossos de um varão de vinte a trinta anos, chamado *Yehohanan*, que morreu crucificado. Seus braços não haviam sido pregados, mas atados à travessa horizontal. Os pés haviam sido separados de um lado e do outro do pau vertical, para serem pregados não de frente, mas de lado. Pregaram-lhe cada um dos pés com um longo prego que atravessou primeiro uma tabuinha de oliveira (para que não tirasse o pé), depois o calcanhar e, por fim, a madeira do pau. Um dos pregos entortou ao ser fixado na madeira nodosa da cruz e não pôde ser retirado do pé do cadáver. No ossário encontraram-se ainda unidos o calcanhar, o prego e a tabuinha de oliveira. O cadáver de *Yehohanan*, chamado entre os arqueólogos o "crucificado de Giv'at ha-Mitvar", lança uma luz sinistra sobre o suplício que Jesus padeceu.

Localização do pretório e do Gólgota

As escavações realizadas em Jerusalém conseguiram precisar melhor a localização de alguns lugares. Os arqueólogos situam hoje o "pretório" ou residência oficial de Pilatos em Jerusalém não na torre Antônia, mas na parte alta da cidade, no antigo palácio de Herodes o Grande; Jesus ouviu sua sentença de morte certamente na pequena praça que havia na frente do palácio, que era pavimentada com grandes lajes (*lithostrôton*). Por outro lado, o estudo das antigas muralhas de Jerusalém confirmou que Jesus foi crucificado com toda probabilidade sobre a pequena rocha que atualmente se encontra dentro da Igreja do Santo Sepulcro. Foi possível comprovar que, no tempo de Jesus, esta rocha (Gólgota) encontrava-se fora das muralhas. Jesus pode ter sido enterrado nas imediações.

Escavações em Séforis e Tiberíades

As escavações realizadas em Tiberíades (bastante limitadas) e sobretudo em Séforis por quatro equipes de arqueólogos durante as últimas décadas permitiram comprovar a importância das duas cidades no tempo de Jesus (embora o teatro romano, o aqueduto subterrâneo e a vila de Dioniso encontrados em Séforis sejam posteriores). A investigação atual atribui grande importância à construção destas duas cidades no curto período de vinte anos, durante a vida de Jesus. Este fenômeno criou uma nova situação socioeconômica na Galileia, provocando a crise e o empobrecimento de não poucas famílias. Neste contexto concreto Jesus anunciou sua mensagem do reino pelas aldeias da Galileia, sem entrar nem em Séforis nem em Tiberíades.

As aldeias de Jodefat e Gamla

Jodefat (ou Jotapata), situada na Baixa Galileia, e Gamla, nas alturas do Golã, foram destruídas pelas legiões romanas no ano 67 d.C. e permaneceram soterradas e intactas até às escavações realizadas nos últimos anos. O trabalho dos arqueólogos trouxe à luz numerosas provas de como era a vida de um povoado judeu no tempo de Jesus. Hoje podemos aproximar-nos melhor da vida concreta que ele pode ter conhecido em Nazaré.

Escavações na Galileia

Escavações realizadas em diferentes lugares da Galileia permitiram confirmar o caráter judaico de sua população. As vasilhas de pedra, as piscinas para as purificações rituais (*miqwaot*), as sepulturas com ossários de pedra e a dieta na qual falta o porco demonstraram a etnicidade e a religião judaica dos galileus do tempo de Jesus. Estes indicadores aparecem também em Séforis e em Tiberíades, pelo que se pode dizer que, embora estas cidades fossem mais helenizadas do que as pequenas aldeias de camponeses, seus habitantes eram em sua maioria judeus.

Restos em Nazaré

Apesar das dificuldades que a cidade moderna de Nazaré oferece para levar a cabo escavações sistemáticas, foram feitas de uns tempos para cá diversas prospecções a leste da Nazaré do século I. Foi possível encontrar alguns terraços bem construídos para plantar videiras numa encosta, uma torre redonda relacionada também com alguma vinha e um lagar escavado na rocha. Trabalharam José e Jesus neste tipo de construções? A hipótese não pode ser descartada.

A embarcação de pesca do lago da Galileia

Por ocasião de uma grande seca que fez descer o nível das águas do lago a níveis muito baixos, dois membros do *kibbutz* Ginnosar observaram, em janeiro de 1986, o contorno de uma embarcação enterrada no lodo da margem que ficara a descoberto. As vasilhas e lâmpadas encontradas em seu interior e a análise com carbono 14 permitiram datá-la como sendo do século I d.C. É feita de madeira de cedro e mede 8,12 metros de comprimento por 2,35 de largura. Devia ter um mastro central para colocar uma vela quadrada, mas também continha remos. Nela cabem umas treze pessoas. Trata-se de uma barca da época de Jesus, do tipo utilizado habitualmente para a pesca ou para atravessar o lago. Talvez tenha afundado em alguma tempestade no início do século I.

6

TRAÇOS DA INVESTIGAÇÃO ATUAL SOBRE JESUS

Assinalo brevemente alguns traços que caracterizam de alguma forma o momento atual da investigação sobre Jesus[1].

• Ficou superado o ceticismo semeado por R. Bultmann. Os investigadores movem-se num clima de moderado otimismo e confiança. Foi-se superando também o preconceito de que a investigação histórica sobre Jesus é irrelevante para a fé cristã e também a convicção de que é muito pouco o que podemos saber sobre ele. Com exceção de Flávio Josefo e, talvez, Paulo de Tarso, "Jesus é o personagem judeu mais bem conhecido de seu tempo" (D. Flusser).

• Há um consenso muito generalizado de que não é possível escrever um biografia de Jesus, no sentido moderno da palavra. Aceita-se que os evangelhos, principal fonte da história de Jesus, recolhem o impacto que ele causou em seus seguidores, e conservam recordações que nos fazem remontar a ele, embora tenham sido compostas por crentes que escrevem e interpretam o passado de Jesus a partir de sua fé em Cristo ressuscitado, e o fazem não para redigir uma "biografia", mas para proclamar a Boa Notícia de Jesus: Messias, Senhor e Filho de Deus.

---

1. Discute-se se é adequado falar de uma "terceira busca" (*Third Quest*) a partir da década de 1980 até nossos dias, depois da "primeira busca" (*First Quest*), que vai desde Reimarus (1694-1768) até Schweitzer (1875-1965), e da "segunda busca" (*Second Quest*), que vai de E. Käsemann (1953) a E. Schillebeeckx (1979).

• Apesar de algumas brilhantes exceções (J.P. Meier), os investigadores, em geral, não se limitam ao estudo crítico das fontes literárias, mas empregam todo tipo de métodos para aproximar-se de Jesus a partir da arqueologia, da sociologia, da antropologia cultural, da economia das sociedades agrárias pré-industriais etc.

• Há consenso também em que a figura de Jesus deve ser investigada a partir de todas as fontes disponíveis, embora os evangelhos sinóticos sejam a fonte mais importante e decisiva. Está havendo progressos no conhecimento dos evangelhos apócrifos, da obra de Flávio Josefo, da literatura rabínica, dos *targumim* e dos escritos intertestamentários apócrifos ou pseudepígrafos. Deve-se destacar o rigor crítico com que se estudam os escritos de Flávio Josefo, levando em consideração sua tendência pró-romana na apresentação dos fatos (Freyne, Horsley), e os importantes esforços no sentido de analisar criticamente a literatura rabínica, a fim de não tirar falsas conclusões sobre o judaísmo anterior ao ano 70 (Neusner, Sanders).

• Observa-se também uma crescente atenção aos dados arqueológicos que as escavações vão trazendo sobre a Palestina romana anterior ao ano 70. Não se trata de esperar descobertas sensacionais, mas de compilar e avaliar os resultados dos trabalhos que estão sendo realizados: caráter judaico dos galileus, vida cotidiana nas aldeias da Galileia, grau de helenização, impacto da construção de Séforis e Tiberíades... (Reed, González Echegaray, Charlesworth).

• A investigação atual está fazendo um importante esforço para situar Jesus dentro do judaísmo de seu tempo, muito mais complexo e plural do que pensava até há pouco tempo. Não se deve esquecer que Jesus é o fundador de um “movimento de renovação judaica” (Theissen). Corrigiu-se a tendência, vigente há alguns anos, de destacar apenas o caráter original e único de Jesus, empregando de maneira menos exclusiva e mais flexível o “critério de descontinuidade”. É verdade que foram apresentados modelos de Jesus alheios ao judaísmo (por exemplo o Jesus “itinerante cínico” de Downing, Mack e, em parte, Crossan), mas foram alvo de uma crítica muito generalizada e contundente.

• Adquiriu grande importância nestes últimos anos o estudo da Galileia para conhecer de maneira mais concreta o contexto em que Jesus se moveu, já que foi sobretudo em suas aldeias e nos arredores do lago que realizou sua atividade e a pregação de sua mensagem (Freyne, Horsley, Reed, Charlesworth). A atenção concentra-se sobretudo no grau de possível helenização da região, na repercussão socioeconômica dos centros urbanos de Séforis e Tiberíades, na tributação e taxas que recaiam sobre as classes camponesas, na presença de fariseus e mestres da lei na Galileia...

• Durante estes mesmos anos desenvolveu-se de maneira importante a aplicação das ciências sociais e da antropologia cultural à investigação sobre Jesus (Malina, Rohrbaugh, E.W. Stegemann e W. Stegemann, Moxnes, Aguirre, Guijarro e membros do *Context Group*). Avançou-se também no conhecimento da situação econômica (Hanson, Oakman). Trabalha-se a partir de uma dupla convicção: na sociedade que Jesus conheceu não era possível separar a religião do sociopolítico; Jesus não foi um revolucionário social, mas com sua atividade e sua mensagem apresentava diretamente exigências de ordem social (Horsley).

• Houve aprofundamento na atividade concreta de Jesus a partir das ciências sociais e antropológicas: suas curas foram objeto de uma investigação sociocultural da antiga medicina, da magia e dos milagres (Kee, Pilch, Avalos, Guijarro, Stevan); a mesma coisa aconteceu no estudo de seus exorcismos (Twelftree, Strecher, Chilton, Guijarro); também sua comensalidade com "publicanos e pecadores" foi investigada a partir da antropologia da refeição e do sistema de pureza (Douglas, Malina, Neusner, Aguirre, Crossan).

• Falou-se da "criatividade caótica" da investigação atual, porque esboçaram-se diferentes modelos: Jesus "judeu marginal" (Meier); Jesus "reformador social" (Horsley, Theissen, Kaylor); Jesus "itinerante cínico" (Downing, Mack, Crossan); Jesus "mestre sapiencial" (Ben Whitherington III, Schüssler Fiorenza); Jesus "judeu piedoso (*hasid*)", cheio de Espírito (Vermes, Borg); Jesus "profeta escatológico" ou "Messias" (Meier, Wright,

Dunn, Stulmacher, Bocmuehl). Existe, sem dúvida, o risco de focalizar a investigação num determinado aspecto, esquecendo outros acolhidos também na tradição de Jesus. Daí a necessidade de atender à contribuição mais sólida e sensata de cada modelo. O Jesus que atua como "profeta escatológico" é o mesmo que promove a "mudança social" exigida pela vinda do reino de Deus; ele o faz movido pelo Espírito de Deus, que o impele também a curar a enfermidade e oferecer o perdão; Jesus não só anuncia o reino de Deus definitivo, mas também sua presença atual na busca de sua justiça. A aproximação a Jesus é provavelmente mais acertada se evitarmos o risco de ficar encerrado num modelo exclusivo e se acolhermos o que é compatível entre as diferentes contribuições.

• Recentemente, James D.G. Dunn lembrou duas questões que a investigação moderna sobre o Jesus histórico descuidou. Em primeiro lugar, geralmente não se leva em consideração que esta investigação não consiste em chegar até um "Jesus puro" mediante o expediente de ir eliminando da tradição tudo o que foi acrescentado ou retocado posteriormente, e sim em captar da maneira mais clara possível o "impacto" que Jesus causou de fato em seus seguidores. Por outro lado, habituados à cultura escrita, os investigadores modernos nem sempre levam em conta a importância que a transmissão oral tem na tradição de Jesus: não conhecem seu funcionamento nem seus traços característicos. Ao que parece, a crítica de Dunn está sendo bem acolhida.

• Podemos observar três marcas no trabalho dos investigadores contemporâneos: um certo deslocamento da investigação da Europa para o mundo anglo-saxão, onde cresce o número de trabalhos e publicações; o desenvolvimento cada vez maior do estudo interdisciplinar; o impulso do trabalho grupal em equipes: basta recordar a criação em 1983 da *Historical Jesus Section*, dentro da *Society of Biblical Literature*; a fundação em 1985 do discutido *Jesus Seminar*, que agrupa cerca de cem membros; o *Context Group*, com seus encontros regulares para o estudo do ambiente cultural da Bíblia; ou o *Projeto Internacional Q*.

• Os investigadores de Jesus formam hoje um exército impressionante de exegetas, linguistas, historiadores, antropólogos ou arqueólogos que trabalham intensamente nesta tarefa apaixonante de conhecer melhor Jesus.

Nos *Estados Unidos*: D.C. Allison (Pensilvânia); B.L. Blackburn (Geórgia); C.L. Blomberg (Colorado); M.J. Borg (Oregon); R.E. Brown (Nova York), já falecido; J.D. Crossan (Chicago); H.C. Kee (Pensilvânia); J.H. Charlesworth (Nova Jersey); B. Chilton (Nova York); P. Fredriksen (Boston); W. Farmer (Texas); R. Funk (Califórnia); R.A. Horsley (Massachusetts); W.R. Herzog (Nova York); D. Kaylor (Carolina do Norte); J.S. Kloppenborg (Toronto); H. Koester (Massachusetts); B. Malina (Nebraska); J.P. Meier (Nova York); J.H. Neyrey (Indiana); D.E. Oakman (Washington); S.J. Patterson (Saint Louis); J.L. Reed (Califórnia); A.J. Saldarini (Boston); E.P. Sanders (Carolina do Norte); B.B Scott (Oklahoma); E. Schüssler Fiorenza (Nova York). No *Reino Unido*: R.J. Bauckham (Escócia); J.D.G. Dunn (Inglaterra); J.H. Mc Donald (Escócia); M.B. O'Donnell (Inglaterra); N.T. Wright (Inglaterra). Na *Irlanda*: S. Freyne. No *Canadá*: C.A. Evans; B.F. Meyer; R.L. Webb. Na *Austrália*: G.H. Twelftree.

Na *Europa* (exceto o Reino Unido) podemos recordar os seguintes: Na *Alemanha*: J. Gnilka; M. Hengel; M. Karrer; J. Merklein; R. Pesch; J. Roloff; L. Schottroff; H. Schürmann; P. Stuhlmacher; G. Theissen. Na *Espanha*: R. Aguirre; S. Guijarro; J. González Echegaray; X. Pikaza; A. Puig; S. Vidal. Na *França*: S. Légasse; J.-P. Lémonon; A. Paul; Ch. Perrot; J. Schlosser. Na *Holanda*: E. Schillebeeckx (recentemente falecido). Na *Itália*: G. Barbaglio (recentemente falecido); R. Fabris. Na *Suíça*: P. Buhler; F. Bovon; D. Marguerat; E. Norelli. Nos *Países nórdicos*: P. Borgen (Escandinávia); T. Holmen (Finlândia); H. Moxnes (Noruega); H. Riesefeld (Escandinávia). Na *América Latina*: J.L. Segundo (Uruguai); J. Sobrino (El Salvador). *Investigadores judeus*: D. Flusser; D. Mendels; E. Rivkin; G. Vermes; J. Neusner.

7
Ficção científica em torno a Jesus

À margem de todo este trabalho de investigação científica foi aparecendo durante estes anos um número incontável de publicações, escritos e romances de ficção científica que apresentam diversas imagens de Jesus, sem vinculação alguma com os dados aceitos pelos peritos e exegetas.

Em alguns casos trata-se de obras vinculadas a correntes esotéricas e gnósticas que ganharam nova força no marco da chamada "Nova Era" (*New Age*). Nelas apresentam-se diversas imagens: Jesus segundo o esoterismo tradicional; Jesus segundo a religiosidade gnóstica; Jesus segundo o "segredo" dos templários; Jesus segundo a Sociedade teosófica; Jesus segundo a antroposofia de R. Steiner; *A vida mística de Jesus*, de H.S. Lewis, segundo a ordem dos Rosa-cruzes (Amorc); Jesus e o movimento esotérico do Santo Graal; Jesus segundo a Fraternidade Branca Universal; Jesus e os extraterrestres... A posição dos investigadores diante deste tipo de literatura é unânime: a imagem de Jesus exposta nesta obras nada tem a ver com o Jesus que viveu na Galileia no início do século I[1].

Por outro lado, publicam-se numerosas obras preparadas em poucos meses por autores que não se dedicam à investigação histórica de Jesus, mas provêm do campo do jornalismo, da literatura fantástica, da história oculta... Junto com estas obras sobre Jesus publicam também obras sobre ovnis, segredos das pirâmides do Egito, mistérios da história etc. São livros que trazem títulos como os seguintes: *Jesus viveu e morreu na Cachemira*; *A história*

1. Para uma informação completa pode-se ver: VERNETTE. Jean. *Jésus dans la nouvelle religiosité*: ésoterismes, gnoses e secyes d'aujourd'hui. Paris: Desclée, 1987. • VERNETTE, Jean. *Jésus au péril des sectes*. Paris: Desclée, 1994.

secreta de Jesus; *Jesus, o homem sem evangelhos*; *Jesus e Maria Madalena*; *Jesus, esse grande desconhecido*. Sem entrar na análise crítica de cada uma destas obras, de quase todas pode-se fazer as seguintes observações:

• Estas obras são escritas por autores que não levam em consideração a investigação moderna: seus retratos arbitrários de Jesus não se baseiam absolutamente nos dados dos peritos, mas antes os contradizem. É impressionante observar com que audácia escrevem amparando-se numa frívola referência geral à "investigação recente" ou aos últimos dados dos cientistas, sem poder trazer o nome de nenhum investigador sério sobre a matéria.

• Os leitores não iniciados não podem nem sequer suspeitar o uso arbitrário que se faz constantemente das fontes, sem tomar em consideração nenhum critério de historicidade. Por exemplo, Dan Brown, em seu romance *O Código da Vinci*, para provar que Maria Madalena estava casada com Jesus, baseia-se no *Evangelho [apócrifo] de Filipe*, afirmando que este escrito é anterior e mais original e seguro do que os evangelhos canônicos; o leitor não iniciado ignora que um perito de tanto prestígio como o alemão Hans-Josef Klauck conclui seu estudo sobre o evangelho de Filipe dizendo que "ninguém tenta datá-lo antes do século II".

• Nestas obras fazem-se afirmações provocativas contra aquilo que afirmam os investigadores de primeira mão. Afirma-se que "Jesus foi essênio"; os especialistas concluem que a atuação e a mensagem de Jesus teriam encontrado em Qumran uma rejeição frontal. Afirma-se que o matrimônio de Jesus com Maria Madalena é "o segredo mais importante e mais bem guardado de todos os tempos"; nenhum investigador competente podia tê-lo descoberto antes de chegar Dan Brown. Diz-se que "Judas foi assassinado por Pedro" (Michel Benoit); nenhum especialista o havia suspeitado.

• Em escritos deste gênero selecionam-se episódios de importância absolutamente secundária apenas por seu potencial sensacionalista (os amores de Jesus e Maria Madalena, a atuação de Judas, os "ensinamentos secretos" de Jesus...). Ao mesmo tempo, ignora-se o que historicamente constitui o núcleo do ensinamento de Jesus e de sua atuação: sua mensagem sobre Deus, sua defesa dos pobres, sua crítica aos poderosos, seu chamado à conversão ou seu projeto de um mundo mais justo para todos.

8

Cronologia

Data	Jesus	Acontecimentos
Anos 6-4 a.C. Ano 5 a.C.	Nascimento	Os mestres da lei Judas e Matias e mais quarenta e dois jovens discípulos são queimados vivos por Herodes, acusados de ter destruído a "águia imperial" colocada no templo.
		No final de março de 4 a.C. morre Herodes o Grande em seu palácio de Jericó. Seu filho Arquelau translada seu corpo para a fortaleza do Herodion a 11 de abril (Páscoa).
Ano 4 a.C.	Jesus dá seus primeiro passos.	Pouco tempo depois estoura a raiva contida do povo. Na Galileia, Judas toma Séforis e se apodera de um arsenal de armas. O escravo Simão e seus homens saqueiam o palácio de Jericó e o incendeiam. Nos arredores de Emaús, o pastor Atronges e seus seguidores enfrentam tropas herodianas que transportam cereais.
ca. ano 3 a.C.	Jesus tem entre 3 e 5 anos.	Os soldados de Varo, governador da Síria, destroem Séforis (a apenas 6 km de Nazaré) e arrasam as aldeias dos arredores, degolando seus habitantes ou levando-os como escravos.
		Varo crucifica cerca de mil judeus nas imediações de Jerusalém.
		Augusto nomeia Arquelau como etnarca da Judeia e da Samaria. Antipas é nomeado tertrarca da Galileia, da Pereia e da Itureia.

Data	Jesus	Acontecimentos
Ano 6	Adolescente entre 10 e 12 anos.	Arquelau é deposto pelo imperador Augusto, que o envia para o exílio em Vienne (nas Gálias).
		Quirino é nomeado governador da Síria.
		Judas e Sadoc levantam-se contra o pagamento de tributos a Roma.
Anos 6-9	Jovem entre 10-12 e 13-15 anos.	Copônio governa como prefeito da Judeia de 6 a 9.
		Anás é nomeado sumo sacerdote pelo prefeito romano Copônio, recém-chegado.
		Durante o governo de Copônio, e sendo Anás sumo sacerdote, um grupo de samaritanos profana o templo espalhando ossos de mortos em seu interior na véspera da Páscoa. Como represália proíbe-se daí em diante a entrada de samaritanos no recinto sagrado.
Ano 10	Jesus tem entre 14 e 16 anos.	Termina a reconstrução do templo de Jerusalém, iniciada por Herodes o Grande trinta anos antes.
Ano 14	Jesus tem entre 18 e 20 anos.	A 9 de agosto morre em Roma o imperador Augusto com a idade de setenta e sete anos. Sucede-o Tibério, que completou cinquenta e seis.
Ano 15	Jesus tem entre 19 e 21 anos.	O prefeito Valério Grato destitui Anás do cargo de sumo sacerdote, embora sua família continue exercendo um grande poder em Jerusalém.
Ano 18	Jesus tem entre 22 e 24 anos.	O mesmo prefeito Valério Grato nomeia sumo sacerdote José Caifás, casado com uma filha de Anás. Será ele quem, doze anos mais tarde, entregará Jesus às autoridades romanas.

ca. ano 19	Jesus tem entre 23 e 25 anos.	Antipas termina a construção de Tiberíades, nas margens do lago da Galileia, e estabelece nela sua residência. Ao que parece, Jesus nunca entrou na nova cidade.
Ano 26	Jesus tem entre 30 e 32 anos.	Desembarca em Cesareia Marítima o novo prefeito Pôncio Pilatos. Ao fim de quatro anos ordenará a execução de Jesus.
Anos 26-27	Jesus tem entre 30-32 e 31-33 anos.	Pilatos começa seu mandato provocando uma forte reação contra si ao introduzir em Jerusalém os estandartes militares com a efígie do imperador e as águias imperiais.
Anos 27-28	Jesus tem entre 31-33 e 32-34 anos.	Atividade de João Batista no Jordão. Jesus ouve seu chamado e é batizado por João.
Ano 28	Jesus tem entre 32 e 34 anos.	O Batista é encerrado por Antipas na fortaleza de Maqueronte, onde será decapitado.
		Atividade profética de Jesus pela Galileia.
Ano 30	Jesus tem entre 34 e 36 anos.	A 7 de abril, véspera do grande dia da Páscoa, Jesus é crucificado nas imediações de Jerusalém, junto a uma velha pedreira.

Bibliografia geral*

AGUIRRE, Rafael. *Del movimiento de Jesús a la Iglesia Cristiana* – Ensayo de exégesis sociológica del cristianismo primitivo. Estella: Verbo Divino, 2001.

______. *Ensayo sobre los orígenes del cristianismo*: de la religión política de Jesús a la religión doméstica de Pablo. Estella: Verbo Divino, 2001.

______. *La mesa compartida* – Estudios del NT desde las ciencias sociales. Santander: Sal Terrae, 1994.

AGUIRRE, Rafael (org.). *Os milagres de Jesus*: perspectivas metodológicas plurais. São Paulo: Loyola 2009 [*Los milagros de Jesús:* perspectivas metodológicas plurales. Estella: Verbo Divino, 2002].

ALLISON, Dale C. *Jesus of Nazareth, Millenarian Prophet.* Mineápolis: Fortress Press, 1998.

AVALOS, Hector. *Health Care and the Rise of Christianity*. Peabody, MA: Hendrickson, 1999.

BAILEY, Kenneth E. *A poesia e o camponês* – Uma análise literária-cultural das parábolas em Lucas. São Paulo: Vida Nova, 1985 [*Poet and Peasant: Through Peasant Eyes.* – A Literary-Cultural Approach to the Parables in Luke. Grand Rapids, MI: Eerdmans, 1983].

BARBAGLIO, Giuseppe. *Jesús, hebreo de Galilea* – Investigación histórica. Salamanca: Secretariado Trinitario, 2003.

BARTOLOMÉ, Juan José. *El evangelio y Jesús de Nazaret.* Madri: CCS, 1995.

BAUCKHAM, Richard (org.). *The Gospels for All Christians* – Rethinking the Gospel Audiences. Grand Rapids, MI: Eerdmans, 1998.

*Indico as obras principais utilizadas em meu estudo. São em geral trabalhos publicados a partir dos anos oitenta. Os livros sobre Cristo ressuscitado estão assinalados no capítulo 15.

BEASLEY-MURRAY, G.R. *Jesus and the Kingdom of God*. Grand Rapids, MI: Eerdmans,1986.

BEAUDE, Pierre-Marie. *Jesús de Nazaret*. Estella: Verbo Divino, 1988.

BERNABÉ, Carmen. *María Magdalena:* tradiciones en el cristianismo primitivo. Estella: Verbo Divino, 2003.

BEST, Ernest. *Disciples and Discipleship* – Studies in the Gospel according to Mark. Edimburgo: T. & T. Clark, 1986.

BLOMBERG, Craig L. *Interpreting the Parables*. Downers Grove, IL: Inter-Varsity Press, 1990.

______. *Preaching the Parables* – From Responsible Interpretation to Powerful Proclamation. Grand Rapids, MI: Baker Academic, 2004.

BOCKMUEHL, Markus (org.). *Jesus*. Cambridge: Cambridge University Press, 2001.

BOFF, Leonardo. *Jesus Cristo libertador* – Ensaio de cristologia crítica para o nosso tempo. 18. ed. Petrópolis: Vozes, 2003.

BOISMARD, Marie-Émile. *À l'aube du christianisme* – Avant la naissance des dogmes. Paris: Cerf, 1998.

______. *Jésus, un homme de Nazareth raconté par Marc l'évangéliste*. Paris: Cerf, 1996.

BORG, Marcus J. *Conflict, Holiness and Politics in the Teaching of Jesus*. Harrisburg, PA: Trinity Press International, 1998.

______. *Jesus: A New Vision* – Spirit, Culture and the Life of Discipleship. São Francisco: Harper, 1987.

______. *Meeting Jesus again for the First Time* – The historical Jesus and the Heart of Contemporary Faith. São Francisco: Harper, 1994.

BORG, Marcus J. & CROSSAN, John Dominic. *La última semana de Jesús* – El relato día a día de la semana final de Jesús en Jerusalén. Madri: PPC, 2007.

BORG, Marcus J. & WRIGHT, N.T. *The Meaning of Jesus:* Two Visions. São Francisco: Harper, 1998.

BORNKAMM, Günther. *Jesus de Nazaré*. São Paulo: Teológica, 2005 [*Jesús de Nazaret*. Salamanca: Sígueme, 1975].

BOUCHER, Madeleine. *The Mysterious Parable* – A Literary Study. Washington: Catholic Biblical Association, 1977.

BOVON, François. *Los últimos días de Jesús:* textos y acontecimientos. Santander: Sal Terrae, 2007.

BREECH, James. *The Silence of Jesus* – The authentic voice of the historical Man. Filadélfia: Fortress Press, 1987.

BROWN, Raymond E. *La muerte del Mesías*: desde Getsemaní hasta el sepulcro. 2 vols. Estella: Verbo Divino, 2005-2006.

______. *O nascimento do Messias* – Comentário das narrativas da infância nos evangelhos de Mateus e Lucas. São Paulo: Paulinas, 2005 [*El nacimiento del Mesías* – Comentario a los relatos de la infancia. Madri: Cristiandad, 1982].

BRUCE, Frederick F. *Testimonianze extrabibliche su Gesù*: da Giuseppe Flavio al Corano. Turim: Claudiana, 2003.

CARREIRA DAS NEVES, Joaquim. *Jesus de Nazaré, quem és tu?* Braga: Franciscana, 1991.

CARROLL, John T. & GREEN, Joel B. *The Death of Jesus in Early Christianity*. Peabody, MA: Hendrickson, 1995.

CASTILLO, José María. *El Reino de Dios* – Por la vida y la dignidad de los seres humanos. Bilbao: Desclée de Brouwer, 1999.

CHARLESWORTH, James H. *Jesus dentro do judaísmo*. Rio de Janeiro: Imago, 1992 [*Gesù nel giudaismo del suo tempo alla luce delle più recenti scoperte*. Turim: Claudiana, 1998].

CHARLESWORTH, James H. (org.). *The Messiah* – Developments in Earliest Judaism and Christianity. Mineápolis: Fortress Press, 1992.

______. *Jesus and Archaeology*. Grand Rapids, MI/Cambridge: Eerdmans, 2006.

______. *L'ebraicità di Gesù*. Turim: Claudiana, 2002.

CHILTON, Bruce. *Rabbi Jesus*: An Intimate Biography. Nova York: Doubleday, 2002.

______. *Jesus' Baptism and Jesus' Healing* – His Personal Practice of Spirituality. Harrisburg, PA: Trinity Press International, 1998.

______. *Pure Kingdom* – Jesus Vision of God. Michigan: SPCK, 1996.

CHILTON, Bruce (org.). *The Kingdom of God in the Teaching of Jesus*. Filadélfia: Fortress Press, 1984.

CHILTON, Bruce & EVANS, Craig A. (orgs.). *Authenticating the Activities of Jesus*. Boston/Leiden: Brill, 2002.

______. *Authenticating the Words of Jesus*. Boston/Leiden: Brill, 2002.

______. *Studying the Historical Jesus* – Evaluations of the State of Current Research. Boston/Leiden/Colônia: Brill, 1998.

CHILTON, Bruce & McDONALD, J.I.H. *Jesus and the Ethics of the Kingdom*. Grand Rapids, MI: Eerdmans, 1988.

COLERIDGE, M. *Nueva lectura de la infancia de Jesús* – La narrativa como cristología en Lucas 1–2. Córdoba: El Almendro, 2000.

CORLEY, Kathleen E. *Private Women, Public Meals*: Social Conflict in the Synoptic Tradition. Peabody, MA: Hendrickson, 1993.

COUSIN, Hugues (org.). *Le monde où vivait Jésus*. Paris: Cerf, 1998.

CROSSAN, John Dominic. *O nascimento do cristianismo* – O que aconteceu nos anos que se seguiram à execução de Jesus. São Paulo: Paulinas 2004 [*El nacimiento del cristianismo* – Qué sucedió en los años inmediatamente posteriores a la ejecución de Jesús. Santander: Sal Terrae, 2002].

______. *Who is Jesus?* Nova York: Harper Paperbacks, 1996.

______. *Jesus*: uma biografia revolucionária. Rio de Janeiro: Imago, 1995 [*Jesús*: biografía revolucionaria. Barcelona: Grijalbo/Mondadori, 1896].

______. *Quem matou Jesus?* Rio de Janeiro: Imago, 1995 [*Who killed Jesus?* São Francisco: Harper, 1995].

______. *O Jesus histórico* – A vida de um camponês judeu do Mediterrâneo. Rio de Janeiro: Imago, 1994 [*Jesús*: vida de un campesino judío. Barcelona: Crítica, 1994].

______. *In Parables* – The Challenge of the Historical Jesus. Sonoma, CA: Polebridge Press, 1992.

______. *In Fragments* – The Aphorisms of Jesus. São Francisco: Harper and Row, 1983.

CROSSAN, John Dominic & REED, Jonathan L. *Em busca de Jesus* – Debaixo das pedras, atrás dos textos. São Paulo: Paulinas, 2007 [*Jesús desenterrado*. Barcelona: Crítica, 2003].

DAVIES, Stevan L. *Jesus the Healer*. Londres: SCM Press, 1995.

DE HAVEN-SMITH, Lance. *The Hidden Teachings of Jesus* – The Political Meanings of the Kingdom of God. Grand Rapids, MI: Phanes Press, 1999.

DE JONGE, Marinus. *God's Final Envoy* – Early Cristology and Jesus' Own View of His Mission. Grand Rapids, MI: Eerdmans, 1998.

DODD, Charles Harold. *Las parábolas del Reino*. Madri: Cristiandad, 1974.

DONAHUE, John R. *The Gospel in Parable*. Filadélfia: Fortress Press, 1990.

DUNN, James D.G. *Redescubrir a Jesús de Nazaret* – Lo que la investigación sobre el Jesús histórico ha olvidado. Salamanca: Sígueme, 2006.

______. *Jesus remembered*. Grand Rapids, MI/Cambridge: Eerdmans, 2003.

______. *Jesús y el Espíritu* – Un estudio de la experiencia religiosa y carismática de Jesús y de los primeros cristianos, tal como aparece en el Nuevo Testamento. Salamanca: Secretariado Trinitario, 1981.

DUPONT, Jacques. *Les Béatitudes* – I: Le problème littéraire; II: La bonne nouvelle; III: Les évangélistes. Paris: Gabalda, 1969-1973.

EDELMANN, Eric. *Jésus parlait araméen* – À la recherche de l'enseignement originel. Gordes: Du Relié, 2000.

EHRMAN, Bart D. *Jesús, el profeta judío apocalíptico*. Barcelona: Paidós, 2001.

ESCUDERO FREIRE, Carlos. *Jesús y el poder religioso* – El Evangelio y la liberación de los oprimidos. Madri: Nueva Utopía, 2003.

ESPINEL, José Luis. *La poesía de Jesús*. Salamanca: San Esteban, 1986.

ETCHELLS, Ruth. *A reading of the Parables of Jesus*. Londres: Darton, Longman and Todd, 1998.

EVANS, Craig A. *Jesus and His Contemporaries*. Boston/Leiden: Brill, 2001.

FABRIS, Rinaldo. *Jesus de Nazaré* :história e interpretação. São Paulo: Loyola, 1998 [*Jesús de Nazaret*: historia e interpretación. Salamanca: Sígueme, 1985].

FERNÁNDEZ RAMOS, Felipe (org.). *Diccionario de Jesús de Nazaret*. Burgos: Monte Carmelo, 2001.

FLUSSER, David. *La secte de la mer Morte* – L'histoire spirituelle et les manuscrits. Paris: Desclée de Brouwer, 2000.

______. *Jesús en sus palabras y en su tiempo*. Madri: Cristiandad, 1975.

FORTE, Bruno. *Jesus de Nazaré*: história de Deus, Deus da história. São Paulo: Paulinas, 1985 [*Jesús de Nazaret*: historia de Dios, Dios de la historia. Madri: Paulinas, 1989].

FRAIJÓ, Manuel. *O cristianismo: uma aproximação ao movimento inspirado em Jesus de Nazaré*. São Paulo: Paulinas, 2002 [*El cristianismo*: una aproximación. Madri: Trotta, 1997].

______. *Jesús y los marginados*: utopía y esperanza cristiana. Madri: Cristiandad, 1985.

FREDRIKSEN, Paula. *From Jesus to Christ*. New Haven/Londres: Yale University Press, 2000.

______. *Jesus of Nazareth, King of the Jews*. Nova York: Vintage Books, 1999.

FREDRIKSEN, Paula & REINHARTZ, Adele (orgs.). *Jesus, Judaism and Christian Anti-Judaism*. Louisville, KY/Londres: Westminster/John Knox Press, 2002.

FREYNE, Sean. *Jesus, um judeu da Galileia* – Nova leitura da história de Jesus. São Paulo: Paulus, 2008 [*Jesus, a Jewish Galilean*. Londres/Nova York: Clark International, 2005].

______. *Galilee and Gospel*. Boston/Leiden: Brill, 2002.

FUELLENBACH, John. *The Kingdom of God* – The Message of Jesus Today. Maryknoll, NY: Orbis Books, 2002.

FUNK, Robert W. *Honest to Jesus* – Jesus for a New Millenium. São Francisco: Harper, 1996.

FUNK, Robert W. & HOOVER, Roy W. *The Five Gospels* – What Did Jesus Really Say? São Francisco: Harper, 1993.

FUNK, Robert W. & JESUS SEMINAR. *The Acts of Jesus* – What Did Jesus Really Do? São Francisco: Harper, 1998.

FUNK, Robert W.; SCOTT, Bernard Brandon & BUTTS, James R. *The Parables of Jesus* – Red Letter Edition. Sonoma, CA: Polebridge Press, 1988.

FUSCO, Vittorio. *Oltre la parabola* – Introduzione alle parabole di Gesù. Roma: Borla, [s.d.].

GIBERT, Pierre & THEOBALD, Christoph. *Le cas Jésus Christ* – Exégètes, historiens et théologiens en confrontation. Paris: Bayard, 2002.

GNILKA, Joachim. *Jesus de Nazaré*: mensagem e história. Petrópolis: Vozes, 2000 [*Jesús de Nazaret*: mensaje e historia. Barcelona: Herder, 1993].

GONZÁLEZ ECHEGARAY, Joaquín. *Pisando tus umbrales, Jerusalén* – Historia antigua de la ciudad. Estella: Verbo Divino, 2005.

______. *Jesús de Galilea*: aproximación desde la arqueología. Estella: Verbo Divino, 2000.

______. *Arqueología y evangelios*. Estella: Verbo Divino, 1999.

GONZÁLEZ FAUS, José Ignacio. *Clamor del Reino* – Estudio sobre los milagros de Jesús. Salamanca: Sígueme, 1982.

______. *Acesso a Jesus* – Ensaio de teologia narrativa. São Paulo: Loyola, 1981 [*Acceso a Jesús*. Salamanca: Sígueme, 1979].

GORDON, Thomas. *The Life and Inevitable Crucifixion of Jesus*. Oxford: Lion, 1997.

GOWLER, David B. *What are they saying about Parables?* Nova York: Paulist Press, 2000.

GRAPPE, Christian. *Le Royaume de Dieu* – Avant, avec et après Jésus. Genebra: Labor et Fides, 2001.

GREEN, Joel B.; Mc KNIGHT, Scot & MARSHALL, I. Howard (orgs.). *Dictionary of Jesus and the Gospels*. Downers Grove, IL: Inter-Varsity, 1992.

GREEN, Joel B. & TURNER, Max (orgs.). *Jesus of Nazareth: Lord and Christ* – Essays on the Historical Jesus and New Testament Christology. Grand Rapids, MI: Eerdmans, 1994.

GRELOT, Pierre. *A esperança judaica no tempo de Jesus*. São Paulo: Loyola, 1996 [*L'espérance juive à l'heure de Jésus*. Paris: Desclée de Brouwer, 1978].

GUEVARA, Hernando. *Ambiente politico del pueblo judío en tiempos de Jesús*. Madri: Cristiandad, 1977.

GUIJARRO, Santiago. *Jesús y sus primeros discípulos*. Estella: Verbo Divino, 2007.

______. *Ditos primitivos de Jesus* – Uma introdução ao Proto-evangelho de ditos Q. São Paulo: Loyola, 2006 [*Dichos primitivos de Jesús* – Una introducción al "Proto-evangelio de dichos Q". Salamanca: Sígueme, 2004].

______. *Jesús y el origen de los evangelios*. Estella: Verbo Divino, 2006.

______. *Fidelidades en conflicto* – La ruptura con la familia por causa del discipulado y de la misión en la tradición sinóptica. Salamanca: Universidad Pontificia, 1998.

HANSON, K.C. & OAKMAN, Douglas E. *Palestine in the time of Jesus* – Social Structures and Social Conflicts. Mineápolis: Fortress Press, 1998.

HARRINGTON, Daniel & KEENAN, James. *Jesus e a ética da virtude* – Construindo pontes entre os estudos do Novo Testamento e a teologia moral. São Paulo: Loyola, 2006 [*Jesus and Virtue Ethics*. Lanham: Sheed and Ward, 2002].

HARVEY, A.E. *Strenuous Commands* – The Ethic of Jesus. Londres: SCM Press, 1990.

HEDRICK, Charles W. *Parables as poetic Fictions* – The Creative Voice of Jesus. Peabody, MA: Hendrickson, 1994.

HELLER, Agnes. *La resurrección del Jesús judío*. Barcelona: Herder, 2007.

HENGEL, Martin. *Seguimiento y carisma* – La radicalidad de la llamada de Jesús. Santander: Sal Terrae, 1981.

______. *Crucifixion*. Filadélfia: Fortress Press, 1977.

HERZOG II, William R. *Jesus, Justice, and the Reign of God* – A ministry of Liberation. Louisville, KY: Westminster/John Knox Press, 2000.

______. *Parables as Subversive Speech* – Jesus as Pedagogue of the Oppressed. Louisville, KY: Westminster/John Knox Press, 1994.

HILL, Brennan R. *Jesus the Christ:* Contemporary Perspectives. Mystic, CT: Twenty-Third Publications, 2004.

HOOKER, Morna D. *The Signs of a Prophet* – The prophetic Actions of Jesus. Harrisburg, PA: Trinity Press International, 1997.

HORSLEY, Richard A. *Arqueologia, história e sociedade na Galileia* – O contexto social de Jesus e dos rabis. São Paulo: Paulus, 2000 [*Archeology, History and Society in Galilee* – The Social Context of Jesus and the Rabbis. Harrisburg, PA: Trinity Press International, 1996].

______. *Jesus e o império* – O reino de Deus e a nova desordem mundial. São Paulo: Paulus, 2000 [*Jesús y el imperio* – El Reino de Dios y el nuevo desorden mundial. Estella: Verbo Divino, 2003].

______. *Galilee*: History, Politics, People. Harrisburg, PA: Trinity Press International, 1995.

______. *Sociology and the Jesus Movement*. Nova York: Continuum, 1994.

______. *Jesus and the Spiral of Violence* – Popular Jewish Resistance in Roman Palestine. Mineápolis: Fortress Press, 1993.

HORSLEY, Richard A. & DRAPER, Jonathan A. *Whoever Hears You, Hears Me* – Prophets, Performance and Tradition in Q. Harrisburg, PA: Trinity Press International, 1999.

HORSLEY, Richard A. & HANSON, John S. *Bandidos, profetas, messias* – Movimentos populares no tempo de Jesus. São Paulo: Paulus, 1995 [*Bandits, Prophets, and Messiahs* – Popular Movements at the Time of Jesus. São Francisco: Harper, 1988].

HORSLEY, Richard A. & SILBERMAN, Neil Asher. *A mensagem do reino* – Como Jesus e Paulo deram início a uma revolução e transformaram o mundo antigo. São Paulo: Loyola, 2000 [*La revolución del Reino* – Cómo Jesús y Pablo transformaron el mundo antiguo. Santander: Sal Terrae, 2005].

HOUZIAUX, Alain. *Jésus-Christ, de quoi est-on sûr?* Paris: Éd. de l'Atelier, 2006.

HOUZIAUX, Alain (org.). *Jésus:* de Qumrâm à l'Évangile de Thomas – Les judaïsmes et la genèse du christianisme. Paris: Bayard, 1999.

JEREMIAS, Joachim. *Teologia do Novo Testamento*. São Paulo: Teológica/Paulus, 2004 [*Teología del Nuevo Testamento*. Salamanca: Sígueme, 1974].

______. *Jerusalém no tempo de Jesus* – Pesquisas de história canônico-social no período neotestamentário. São Paulo: Paulinas, 1983 [*Jerusalén en tiempos de Jesús*. Madri: Cristiandad, 1977].

______. *As parábolas de Jesus*. São Paulo: Paulinas, 1983 [*Las parábolas de Jesús*. Estella: Verbo Divino, 1971].

______. *Abba* – El mensaje central del Nuevo Testamento. Salamanca: Sígueme, 1981.

______. *La última cena* – Palabras de Jesús. Madri: Cristiandad, 1980.

JOSSA, Giorgio. *Il processo di Gesù*. Bréscia: Paideia, 2002.

______. *I gruppi giudaici ai tempi di Gesù*. Bréscia: Paideia, 2001.

KARRER, Martin. *Jesucristo en el Nuevo Testamento*. Salamanca: Sígueme, 2002.

KAYLOR, R. David. *Jesus, the Prophet* – His vision of Kingdom on Earth. Louisville, KY: Westminster/John Knox Press, 1994.

KINGSBURY, Jack Dean. *Conflicto en Marcos:* Jesús, autoridades, discípulos. Córdoba: El Almendro, 1991.

KISTEMAKER, Simon J. *As parábolas de Jesus*. São Paulo: CEP, 1992 [*The Parables* – Understanding the Stories Jesus Told. Grand Rapids, MI: Baker Books, 2005].

KLAUCK, Hans-Josef. *Os evangelhos apócrifos*. São Paulo: Loyola, 2007 [*Los evangelios apócrifos:* una introducción. Santander: Sal Terrae, 2006].

KLAUSNER, Joseph. *Jesús de Nazaret*: su vida, su época, sus enseñanzas. Barcelona: Paidós, 1991.

KLOPPENBORG, John S. *Q: el evangelio desconocido*. Salamanca: Sígueme, 2005.

KNIGHT, Jonathan. *Jesus*: An historical and Theological Investigation. Nova York: Clark International, 2004.

KNOHL, Israel. *O Messias antes de Jesus* – O Servo sofredor dos manuscritos do mar Morto. Rio de Janeiro: Imago, 2001 [*El Mesías antes de Jesús* – El Siervo sufriente de los manuscritos del mar Muerto. Madri: Trotta, 2004].

LAPIDE, Pinchas. *Predicava nelle loro sinagoghe* – Esegesi ebraica dei vangeli. Bréscia: Paideia, 2001.

LEIPOLDT, J. & GRUNDMANN, W. *El mundo del Nuevo Testamento*. Madri: Cristiandad, 1973.

LEIVESTAD, Ragnar. *Jesus in His Own Perspective* – An Examination of His Sayings, Actions and Eschatological Titles. Mineápolis: Augsburg Publishing House, 1987.

LÉON-DUFOUR, Xavier. *Agir selon l'Évangile*. Paris: Seuil, 2002.

______. *Jesús y Pablo ante la muerte*. Madri: Cristiandad, 1982.

LÉON-DUFOUR, Xavier (org.). *Los milagros de Jesús*. Madri: Cristiandad, 1979.

LEVINE, Amy-Jill (org.). *Una compañera para Mateo*. Bilbao: Desclée de Brouwer, 2003.

LINNEMANN, Etta. *Jesus of the Parables*: Introduction and Exposition. Nova York/Evanston: Harper and Row, [s.d.].

LOADER, William. *Jesus' Attitude towards the Law* – A Study of the Gospels. Grand Rapids, MI: Eerdmans, 2002.

LOIS, Julio. *Jesús de Nazaret, el Cristo liberador*. Madri: Hoac, 1995.

LONGENECKER, Richard N. (org.). *The Challenge of Jesus' Parables*. Grand Rapids, MI/Cambridge: Eerdmans, 2000.

LÜDEMANN, Gerd. *Jesus after two thousand years* – What he really said and did. Amherst, NY: Prometheus Books, 2001.

LUNY, William J. *The Jesus Option*. Nova York: Paulist Press, 1994.

MAGNANI, Giovanni. *Origini del cristianesimo* – Gesù costruttore e maestro; L'ambiente: nuove prospettive. Assis: Citadella, 1996.

MAIER, J. *Entre os dois Testamentos* – História e religião na época do Segundo Templo. São Paulo: Loyola [*Entre los dos Testamentos* – Historia y religión en la época del Segundo Templo. Salamanca: Sígueme, 1996].

MALINA, Bruce J. *O evangelho social de Jesus* – O reino de Deus em perspectiva mediterrânea. São Paulo: Paulus, 2004 [*The Social Gospel of Jesus* – The Kingdom of God in Mediterranean Perspective. Mineápolis: Fortress Press, 2000].

______. *El mundo social de Jesús y los evangelios*. Santander: Sal Terrae, 2002.

______. *El mundo del Nuevo Testamento*: perspectivas desde la antropología cultural. Estella: Verbo Divino, 1995.

MALINA, Bruce J. & ROHRBAUGH, Richard. *Los evangelios sinópticos y la cultura mediterránea del siglo I*. Estella: Verbo Divino, 1996.

MANNS, Frédéric. *La prière d'Israël à l'heure de Jésus*. Jerusalém: Franciscan Printing Press, 1986.

MANSON, T.W. *The Teaching of Jesus:* Studies in its form and content. Cambridge: University Press, 1963.

MARGUERAT, Daniel; NORELLI, Enrico & POFFET, Jean-Michel (orgs.). *Jésus de Nazareth*: nouvelles approches d'une énigme. Genebra: Labor et Fides, 1998.

MARSHALL, I. Howard. *I believe in the Historical Jesus*. Grand Rapids, MI: Eerdmans, 1977.

MARXSEN, Willy. *Jesus and the Church* – The Beginnings of Christianity. Filadélfia: Trinity Press International, 1992.

MATEOS, Juan. *Los "Doce" y otros seguidores de Jesús en el evangelio de Mateo*. Madri: Cristiandad, 1982.

McBRIDE, Denis. *Les paraboles de Jésus:* Paris: Ed. De l'Atelier, 2001.

McKNIGHT, Scot. *A New Vision for Israel* – The Teachings of Jesus in National Context. Grand Rapids, MI: Eerdmans, 1999.

MEADORS, Edward P. *Jesus, the Messianic Herald of Salvation*. Peabody, MA: Hendrickson, 1997.

MEIER, Elisabeth. *Women and Ministry in the New Testament*: Called to Serve. Lanham/Nova York/Londres: University Press, 1980.

MEIER, John Paul. *Um judeu marginal: repensando o Jesus histórico* – I: As raízes do problema e da pessoa; II/1: Mentor; II/2: Mensagem; II/3: Milagres; III/1: Companheiros; III/2: Competidores. Rio de Janeiro: Imago, 1993-2004 [*Un judío marginal: nueva visión del Jesús histórico* – I: Las raíces del problema y de la persona; II/1: Juan y Jesús: El Reino de Dios; II/2: Los milagros; III: Compañeros y competidores. Estella: Verbo Divino, 2001-2003].

MERKLEIN, Helmut. *La signoria di Dio nell'annuncio di Gesù*. Bréscia: Paideia,1994.

MEYER, Ben F. *The Aims of Jesus*. Eugene, OR: Pickwick, 2002.

MOLTMANN, Jürgen. *O caminho de Jesus Cristo*. Petrópolis: Vozes, 1987 [*El camino de Jesucristo*. Salamanca: Sígueme, 1993].

MOLTMANN, Jürgen & WENDEL, Elisabeth. *The Women around Jesus*. Nova York: Crossroad, 1982.

MORRICE, William. *Dichos desconocidos de Jesús* – Palabras atribuidas a Jesús fuera de los cuatro evangelios. Santander: Sal Terrae, 2002.

MOXNES, Halvor. *Poner a Jesús en su lugar* – Una visión radical del grupo familiar y el Reino de Dios. Estella: Verbo Divino, 2005.

NEITZEL, Richard & WAYMENT, Thomas A. (orgs.). *From the Last Supper through the Resurrection, the Savior's Final Hours*. Salt Lake City, UT: Deseret Books, 2003.

NELSON-PALLMEYER, Jack. *Jesus against Christianity* – Reclaiming the missing Jesus. Harrisburg, PA: Trinity Press International, 2001.

NEYREY, Jerome H. *Honor y vergüenza* – Lectura cultural del evangelio de Mateo. Salamanca: Sígueme, 2005.

NODET, Étienne. *Histoire de Jésus?* – Nécessité et limites d'une enquête. Paris: Cerf, 2003.

PAGOLA, José Antonio. *Jesús de Nazaret*: el hombre y su mensaje. San Sebastián: Idatz, 1981.

PARKER, Andrew. *Painfully Clear* – Parables of Jesus. Sheffield: Academic Press, 1996.

PATTERSON, Stephen J. *Beyond the Passion* – Rethinking the Death and Life of Jesus. Mineápolis: Fortress Press, 2004.

______. *The God of Jesus* – The Historical Jesus and the Search for Meaning. Harrisburg, PA: Trinity Press International, 1998.

PAUL, André. *Jésus Christ, la rupture*: Essai sur la naissance du christianisme. Paris: Bayard, 2001.

______. *O judaísmo tardio*: história política. São Paulo: Paulinas, 1983 [*El mundo judío en tiempos de Jesús*: historia política. Madri: Cristiandad, 1982].

PERRIN, Norman. *The Kingdom of God in the Teaching of Jesus*. Londres: SCM Press, 1975.

______. *Rediscovering the Teaching of Jesus*. Londres: SCM Press, 1967.

PERROT, Charles. *Jesús y la historia*. Madri: Cristiandad, 1982.

PIKAZA, Xabier. *La nueva figura de Jesús*: guía evangélica. Salamanca: Sígueme, 2003.

______. *Sistema, Libertad, Iglesia* – Instituciones del Nuevo Testamento. Madri: Trotta, 2001.

______. *A figura de Jesus*: profeta, taumaturgo, rabino e messias. Petrópolis: Vozes, 1995 [*La figura de Jesús*: profeta, taumaturgo, rabino, mesías. Estella: Verbo Divino, 1992].

______. *El evangelio* – Vida y pascua de Jesús. Salamanca: Sígueme, 1990.

PILCH, John J. *Cultural Tools for Interpreting the Good News*. Collegeville, MN: The Liturgical Press, 2002.

______. *Healing in the New Testament* – Insights from Medical and Mediterranean Anthropology. Mineápolis: Fortress Press, 2000.

PIÑERO, Antonio. *Biblioteca de Nag Hammadi II* – Textos gnósticos: Evangelhos, actos, cartas. Lisboa: Esquilo, 2006 [*Textos gnósticos* – Biblioteca de Nag Hammadi. II: Evangelios, Hechos, cartas. Madri: Trotta, 2004].

______. *O outro Jesus segundo os evangelhos apócrifos*. São Paulo: Paulus/Mercuryo, 2002 [*El otro Jesús* – Vida de Jesús según los evangelios apócrifos. Córdoba: El Almendro, 1996].

______. *En la frontera de lo imposible* – Magos, médicos y taumaturgos en el Mediterráneo antiguo en tiempos del Nuevo Testamento. Córdoba: El Almendro, 2001.

______. *Fuentes del cristianismo* – Tradiciones primitivas sobre Jesús. Córdoba: El Almendro, 1993.

PIÑERO, Antonio (org.). *Biblia y helenismo* – El pensamiento griego y la formación del cristianismo. Córdoba: El Almendro, 2006.

POWELL, Mark Allan. *Jesus as a Figure in History* – How Modern Historians View the Man from Galilee. Louisville, KY/Londres: Westminster/John Knox Press, 1998.

PUIG I TARRECH, Armand. *Jesús:* una biografía. Barcelona: Destino, 2005.

RAUSCH, Thomas. *Quem é Jesus?* – Uma introdução à cristologia. Aparecida: Santuário, 2006 [*Quién es Jesús?* – Introducción a la cristología. Bilbao: Mensajero, 2006].

REED, Jonathan L. *El Jesús de Galilea*: aportaciones de la arqueología. Salamanca: Sígueme, 2006.

RICHARDSON, Alan. *Las narraciones evangélicas sobre milagros*. Madri: Fax, 1974.

RILEY, Gregory J. *Un Jésus, plusieurs Christs* – Essai sur les origines plurielles de la foi chrétienne. Genebra: Labor et Fides, 2002.

RIVKIN, Ellis. *What crucified Jesus?* – Messianism, Pharisaism, and the Development of Christianity. Nova York: Uahc Press, 1997.

ROBINSON, James M.; HOFFMANN, Paul & KLOPPENBORG, John S. (orgs.). *El documento Q en griego y en español*. Salamanca: Sígueme, 2002.

ROLOFF, Jürgen. *Jesús*. Madri: Acento, 2003.

ROVIRA BELLOSO, José María. *Jesús, el Mesías de Dios*. Salamanca: Sígueme, 2005.

SALDARINI, Anthony J. *Fariseus, escribas e saduceus na sociedade palestinense*. São Paulo: Paulinas, 2005 [*Pharisees, Scribes and Sadducees in Palestinian Society*. Grand Rapids, MI/Cambridge: Eerdmans, 2001].

SANDERS, Ed Parish. *Jesús y el judaísmo*. Madri: Trotta, 2004.

______. *La figura histórica de Jesús*. Estella: Verbo Divino, 2000.

SANFORD, John A. *The Kingdom within* – The inner Meaning of Jesus Sayings. São Francisco: Harper, 1987.

SAUCY, Mark. *The Kingdom of God in the Teaching of Jesus in 20th Century Theology*. Dallas/Londres/Vancouver/Melbourne: Word Publishing, 1997.

SCHILLEBEECKX, Edward. *Jesus*: a história de um Vivente. São Paulo: Loyola, 2008 [*Jesús*: la historia de un viviente. Madri: Cristiandad, 1981].

______. *En torno al problema de Jesús* – Claves de una cristología. Madri: Cristiandad, 1983.

SCHLOSSER, Jacques. *Jesús, el profeta de Galilea*. Salamanca: Sígueme, 2005.

______. *El Dios de Jesús*. Salamanca: Sígueme, 1995.

SCHNACKENBURG, Rudolf. *Reino y reinado de Dios*. Madri: Fax, 1967.

SCHOTTROFF, Louise & STEGEMANN, Wolfgang. *Jesús de Nazaret, esperanza de los pobres*. Salamanca: Sígueme, 1981.

SCHRAGE, Wolfgang. *Ética do Novo Testamento*. São Leopoldo: Sinodal, 1994 [*Ética del Nuevo Testamento*. Salamanca: Sígueme, 1987].

SCHÜRER, Emil. *Historia del pueblo judío en tiempos de Jesús*. 2 vols. Madri: Cristiandad, 1985.

SCHÜRMANN, Heinz. *El destino de Jesús*: su vida y su muerte. Salamanca: Sígueme, 2003.

______. *A oração do Senhor*. São Paulo: Loyola, 1983 [*La prière du Seigneur* – À la lumière de la prédication de Jésus. Paris: Eds. de l'Orante, 1965].

______. *Cómo entendió y vivió Jesús su muerte?* Salamanca: Sígueme, 1982.

SCHÜSSLER FIORENZA, Elisabeth. *Cristología feminista crítica* – Jesús, el Hijo de Miriam, Profeta de la Sabiduría. Madri: Trotta, 2000.

______. *En memoria de Ella* – Una reconstrucción teológico-feminista de los orígenes del cristianismo. Bilbao: Desclée de Brouwer, 1989.

SCHWEIZER, Edward. *Jesús, parábola de Dios*. Salamanca: Sígueme, 2001.

SCOTT, Brandon Bernard. *Hear Then the Parable* – A Commentary on the Parables of Jesus. Mineápolis: Fortress Press, 1990.

______. *Jesus, Symbol-Maker for the Kingdom*. Filadélfia: Fortress Press, 1981.

SCOTT, F. *What did Jesus do?* – Gospel Profiles of Jesus' Personal Conduct. Harrisburg, PA/Londres/Nova York: Trinity Press International, 2003.

SEGUNDO, Juan Luis. *O homem de hoje diante de Jesus de Nazaré.* 3 vols. São Paulo: Paulinas, 1985 [*El hombre de hoy ante Jesús de Nazaret.* 3 vols. Madri: Cristiandad, 1982].

SHANKS, Hershel. *The Search for Jesus* – Modern Scholarship. Looks at the Gospels. Washington: Biblical Archaeology Society, 1994.

SHILLINGTON, V. George (org.). *Jesus and his Parables* – Interpreting the Parables of Jesus Today. Edimburgo: T. & T. Clark, 1997.

SLOYAN, Gerard S. *The crucifixion of Jesus*: History, Myth, Faith. Mineápolis: Fortress Press, 1995.

SNYDER, Howard A. *Models of the Kingdom.* Eugene, OR: Wipf and Stock, 1991.

SOBRINO, Jon. *A fé em Jesus Cristo.* Petrópolis: Vozes, 2001 [*La fe en Jesucristo* – Ensayo desde las víctimas. Madri: Trotta, 1999].

______. *Jesus, o Libertador* – I: A história de Jesus de Nazaré. 2. ed. Petrópolis: Vozes, 1996 [*Jesucristo liberador* – Lectura histórico-teológica de Jesús de Nazaret. Madri: Trotta, 1991].

______. *Jesus na América Latina*: seu significado para a fé e a cristologia. São Paulo/Petrópolis: Loyola/Vozes, 1985 [*Jesús en América Latina*: su significado para la fe y la cristología. Santander: Sal Terrae, 1982].

SÖLLE, Dorothee & SCHOTTROFF, Louise. *Jesus of Nazareth.* Louisville, KY/Londres: Westminster/John Knox Press, 2002.

SPOHN, William C. *Go and Do Likewise* – Jesus and Ethics. Nova York: Continuum, 1999.

STEGEMANN, E.W. & STEGEMANN, W. *História social do protocristianismo* – Os primórdios no judaísmo e as comunidades de Cristo no mundo mediterrâneo. São Leopoldo/São Paulo: Sinodal/Paulus, 2004 [*Historia social del cristianismo primitivo* – Los inicios en el judaísmo y las comunidades cristianas en el mundo mediterráneo. Estella: Verbo Divino, 2001].

STEGEMANN, Hartmut. *Los esenios, Qumrán, Juan Bautista y Jesús.* Madri: Trotta, 1996.

STEGEMANN, Wolfgang; MALINA, Bruce J. & THEISSEN, Gerd. *The Social Setting of Jesus and the Gospels*. Mineápolis: Fortress Press, 2002.

STEIN, Robert H. *The Method and Message of Jesus' Teachings*. Louisville, KY: Westminster/John Knox Press, 1994.

STIEWE, Martin & VOUGA, François. *Le Sermon sur la Montagne* – Un abrégé de l'Évangile dans le miroitement de ses interprétations. Genebra: Labor et Fides, 2002.

STUHLMACHER, Peter. *Jesús de Nazaret. Cristo de la fe*. Salamanca: Sígueme, 1996.

SWARTLEY, Willard M. (org.). *The Love of Enemy and Nonretaliation in the New Testament*. Louisville, KY: Westminster/John Knox Press, 1992.

TATUM, W. Barnes. *John the Baptist and Jesus* – A report of the Jesus Seminar. Sonoma, CA: Polebridge Press, 1994.

TAUSSIG, Hal. *Jesus before God* – The Prayer Life of the Historical Jesus. Santa Rosa, CA: Polebridge Press, 1999.

THEISSEN, Gerd. *O movimento de Jesus* – História social de uma revolução de valores. São Paulo: Loyola, 2008 [*El movimiento de Jesús* – Historia social de una revolución de los valores. Salamanca: Sígueme, 2005].

______. *O Novo Testamento*. Petrópolis: Vozes, 2007 [*El Nuevo Testamento*: historia, literatura, religión. Santander: Sal Terrae, 2003].

______. *La religión de los primeros cristianos*. Salamanca: Sígueme, 2002.

______. *Colorido local y contexto histórico en los evangelios*: una contribución a la historia de la tradición sinóptica. Salamanca, Sígueme, 1997.

______. *Sociologia do movimento de Jesus*. São Leopoldo/Petrópolis: Sinodal/Vozes, 1989 [*Sociología del movimiento de Jesús* – El nacimiento del cristianismo primitivo. Santander: Sal Terrae, 1979].

______. *The Miracle Stories of the Early Christian Tradition*. Filadélfia: Fortress Press, 1983.

THEISSEN, Gerd & MERZ, Annette. *O Jesus histórico*: um manual. São Paulo: Loyola, 2002 [*El Jesús histórico*. Salamanca: Sígueme, 1999].

TOMSON, Peter. *L'affaire Jésus et les Juifs*. Paris: Cerf, 2003.

TRAGÁN, Pius-Ramón. *La preistoria dei Vangeli. Tradizione cristiana primitiva.* Fontanella di Sotto il Monte: Servitium, 1999.

TREBOLLE, Julio (org.). *Paganos, judíos y cristianos en los textos de Qumrán.* Madri: Trotta, 1999.

TREVIJANO, Ramón. *Orígenes del cristianismo* – El trasfondo judío del cristianismo primitivo. Salamanca: Universidad Pontificia, 1996.

TRILLING, Wolfgang. *Jesús y los problemas de su historicidad.* Barcelona, Herder, 1970.

TUNC, Suzanne. *También las mujeres seguían a Jesús.* Santander: Sal Terrae, 1999.

TWELFTREE, Graham H. *Jesus*: The Miracle Worker. Downers Grove, IL: Inter-Varsity Press, 1999.

______. *Jesus the Exorcist* – A Contribution to the Study of the Historical Jesus. Peabody, MA: Hendrickson, 1993.

VERMES, Geza. *A paixão.* Rio de Janeiro: Record, 2007 [*La pasión* – La verdad sobre el acontecimiento que cambió la historia de la humanidad. Barcelona: Crítica, 2007].

______. *Enquête sur l'identité de Jésus*: nouvelles interprétations. Paris: Bayard, 2003.

______. *Jesus e o mundo do judaísmo.* São Paulo: Loyola, 1996 [*Jesus and the World of Judaism.* Londres: SCM Press, 1983].

______. *A religião de Jesus, o Judeu.* Rio de Janeiro: Imago, 1995 [*La religione di Gesù l'ebreo*: una grande sfida al cristianesimo. Assis: Cittadella, 2002].

______. *Jesús el judío.* Barcelona: Muchnik, 1977.

VIA, Dan Otto. *The Parables*: Their literary and existential Dimension. Filadélfia: Fortress Press, 1977.

VIDAL, Senén. *Jesus, o galileu.* São Paulo: Loyola, 2009 [*Jesús el Galileo.* Santander: Sal Terrae, 2006].

______. *Los tres proyectos de Jesús y el cristianismo naciente.* Salamanca: Sígueme, 2003.

VOUGA, François. *Los primeros pasos del cristianismo*: escritos, protagonistas, debates. Estella: Verbo Divino, 2000.

WEDER, Hans. *Metafore del Regno* – Le parabole di Gesù: ricostruzione e interpretazione. Bréscia: Paideia, 1991.

WENHAM, David & BLOMBERG, Craig L. (orgs.). *Gospel Perspectives* – The Miracles of Jesus VI. Eugene, OR: Wipf and Stock, 1986.

WHITE, L. Michael. *De Jesús al cristianismo*. Estella: Verbo Divino, 2007.

WILLIS, Wendell (org.). *The Kingdom of God in 20th century Interpretation*. Peabody, MA: Hendrickson, 1987.

WINTON, Alan P. *The Proverbs of Jesus* – Issues of History and Rhetoric. Sheffield: Academic Press, 1990.

WITHERINGTON III, Ben. *The Jesus Quest* – The Third Search for the Jew of Nazareth. Downers Grove, IL: Inter-Varsity Press, 1997.

______. *Jesus the Sage*: The Pilgrimage of Wisdom. Mineápolis: Fortress Press, 1994.

WRIGHT, N.T. *The Resurrection of the Son of God*. Mineápolis: Fortress Press, 2003.

______. *Jesus and the Victory of God*. Mineápolis: Fortress Press, 1996.

______. *Following Jesus*: Biblical Reflections on Discipleship. Grand Rapids, MI: Eerdmans, 1994.

YODER, John Howard. *A política de Jesus*. São Leopoldo: Sinodal, 1988 [*The Politics of Jesus*. Grand Rapids, MI: Eerdmans, 2002].

BIBLIOGRAFIA EM ESPANHOL E PORTUGUÊS*

Fontes

ARANDA, Gonzalo; GARCÍA MARTÍNEZ, Florentino & PÉREZ FERNÁNDEZ, Miguel. *Literatura judaica intertestamentária*. São Paulo: Ave-Maria, 2000 [*Literatura judía intertestamentaria*. Estella: Verbo Divino, 1996].

FLÁVIO JOSEFO. *La guerra de los judíos*. Livros I-III. Madri: Gredos, 1997.

______. *Autobiografía* – Contra Apión. Madri: Gredos, 1994.

______. *Antigüedades de los judíos*. 3 vols. Barcelona: Clie, 1988.

GARCÍA MARTÍNEZ, Florentino (org.). *Textos de Qumran*. Petrópolis: Vozes, 1995.

GUIJARRO, Santiago. *Ditos primitivos de Jesus* – Uma introdução ao "Proto-evangelho de ditos Q". São Paulo: Loyola, 2006 [*Dichos primitivos de Jesús* – Una introducción al "Proto-evangelio de dichos Q". Salamanca: Sígueme, 2004, p. 98-121].

PIÑERO, Antonio; MONTSERRAT TORRENTS, José & GARCÍA BAZÁN, Francisco. *Textos gnósticos*: Biblioteca de Nag Hammadi – II: Evangelios, hechos, cartas. 2. ed. Madri: Trotta, 2004.

VALLE, Carlos del (org.). *La Misná*. Salamanca: Sígueme, 2003.

* Assinalo obras tanto de caráter mais técnico como de divulgação que considero de interesse para uma aproximação a Jesus.

Contexto sociológico e histórico

CROSSAN, John Dominic & REED, Jonathan L. *Em busca de Jesus* – Debaixo das pedras, atrás dos textos. São Paulo: Paulinas, 2007 [*Jesús desenterrado*. Barcelona: Crítica, 2003].

GONZÁLEZ ECHEGARAY, Joaquín. *Pisando tus umbrales, Jerusalén* – Historia antigua de la ciudad. Estella, Verbo Divino, 2005.

______. *Jesús de Galilea*: aproximación desde la arqueología. Estella: Verbo Divino, 2000.

______. *Arqueología y evangelios*. Estella: Verbo Divino, 1999.

GUEVARA, Hernando. *Ambiente político del pueblo judío en tiempos de Jesús*. Madri: Cristiandad, 1977.

JEREMIAS, Joachim. *Jerusalém no tempo de Jesus* – Pesquisas de história canônico-social no período neotestamentário. São Paulo: Paulinas, 1983 [*Jerusalén en tiempos de Jesús*. Madri: Cristiandad, 1977].

LEIPOLDT, J. & GRUNDMANN, W. *El mundo del Nuevo Testamento* I. Madri: Cristiandad, 1973.

MAIER, J. *Entre os dois Testamentos* – História e religião na época do Segundo Templo. São Paulo: Loyola [*Entre los dos Testamentos* – Historia y religión en la época del segundo Templo. Salamanca: Sígueme, 1996].

MALINA, Bruce J. *El mundo social de Jesús y los evangelios*. Santander: Sal Terrae, 2002.

______. *El mundo del Nuevo Testamento:* perspectivas desde la antropología cultural. Estella: Verbo Divino, 1995.

MALINA, Bruce J. & ROHRBAUGH, Richard. *Los evangelios sinópticos y la cultura mediterránea del siglo I*. Estella: Verbo Divino, 1996.

NEYREY, Jerome H. *Honor y vergüenza* – Lectura cultural del evangelio de Mateo. Salamanca: Sígueme, 2005.

PAUL, André, *O judaísmo tardio*: história política. São Paulo: Paulinas, 1983 [*El mundo judío en tiempos de Jesús*: historia política. Madri: Cristiandad, 1982].

PENNA, Romano. *Ambiente histórico-cultural de los orígenes del cristianismo*. Bilbao: Desclée de Brouwer, 1999.

REED, Jonathan L. *El Jesús de Galilea* – Aportaciones de la arqueología. Salamanca: Sígueme, 2006.

RICHES, John. *El mundo de Jesús* – El judaísmo del siglo I en crisis. Córdoba: El Almendro, 1996.

SAULNIER, Christiane & ROLLAND, Bernard. *A Palestina no tempo de Jesus*. São Paulo: Paulinas, 1993 [*Palestina en tiempos de Jesús*. Estella: Verbo Divino, 1998].

SCHÜRER, Emil. *Historia del pueblo judío en tiempos de Jesús*. 2 vols. Madri: Cristiandad, 1985.

SICRE, José Luis. *El cuadrante* – II: La apuesta – El mundo de Jesús. Estella: Verbo Divino, 2002.

STEGEMANN, E.W. & STEGEMANN, W. *História social do protocristianismo* – Os primórdios no judaísmo e as comunidades de Cristo no mundo mediterrâneo. São Leopoldo/São Paulo: Sinodal/Paulus, 2004 [*Historia social del cristianismo primitivo* – Los inicios en el judaísmo y las comunidades cristianas en el mundo mediterráneo. Estella: Verbo Divino, 2001].

STEGEMANN, Hartmut. *Los esenios, Qumrán, Juan Bautista y Jesús*. Madri: Trotta, 1996.

TREBOLLE, Julio (org.). *Paganos, judíos y cristianos en los textos de Qumrán*. Madri: Trotta, 1999.

TREVIJANO, Ramón. *Orígenes del cristianismo* – El trasfondo judío del cristianismo primitivo. Salamanca: Universidad Pontificia, 1996.

VOUGA, François. *Los primeros pasos del cristianismo*: escritos, protagonistas, debates. Estella: Verbo Divino, 2000.

Estudo geral sobre Jesus

BARBAGLIO, Giuseppe. *Jesús, hebreo de Galilea*: investigación histórica. Salamanca: Secretariado Trinitario, 2003.

BARTOLOMÉ, Juan José. *Jesús de Nazaret*: un esbozo biográfico. Madri: Oriens, 1981.

BEAUDE, Pierre-Marie. *Jesús de Nazaret*. Estella: Verbo Divino, 1988.

BLANK, Josef. *Jesús de Nazaret*: historia y mensaje. Madri: Cristiandad, 1973.

BOFF, Leonardo. *Jesus Cristo libertador* – Ensaio de cristologia crítica para o nosso tempo. 18. ed. Petrópolis: Vozes, 2003.

BORNKAMM, Günther. *Jesus de Nazaré*. São Paulo: Teológica, 2005 [*Jesús de Nazaret*. Salamanca: Sígueme, 1975].

BRAUN, Herbert. *Jesús, el hombre de Nazaret y su tiempo*. Salamanca: Sígueme, 1975.

CASTILLO, José María & ESTRADA, Juan Antonio. *El proyecto de Jesús*. Salamanca: Sígueme, 1985.

CROSSAN, John Dominic. *Jesus*: uma biografia revolucionária. Rio de Janeiro: Imago, 1995 [*Jesús*: biografía revolucionaria. Barcelona: Grijalbo/Mondadori, 1896].

______. *O Jesus histórico* – A vida de um camponês judeu do Mediterrâneo. Rio de Janeiro: Imago, 1994 [*Jesús*: vida de un campesino judío. Barcelona: Crítica, 1994].

DODD, Charles Harold. *El fundador del cristianismo*. Barcelona: Herder, 1974.

DUQUESNE, Jacques. *Jesús*. Barcelona: Seix Barral, 1996.

EHRMAN, Bart D. *Jesús, el profeta judío apocalíptico*. Barcelona: Paidós, 2001.

ESPEJA, Jesús. *Jesucristo*: la invención del diálogo. Estella: Verbo Divino, 2001.

FLUSSER, David. *Jesús en sus palabras y en su tiempo*. Madri: Cristiandad, 1975.

GNILKA, Joachim. *Jesus de Nazaré*: mensagem e história. Petrópolis: Vozes, 2000 [*Jesús de Nazaret*: mensaje e historia. Barcelona: Herder, 1993].

GONZÁLEZ FAUS, José Ignacio. *Acesso a Jesus* – Ensaio de teologia narrativa. São Paulo: Loyola, 1981 [*Acceso a Jesús*. Salamanca: Sígueme, 1979].

KARRER, Martin. *Jesucristo en el Nuevo Testamento*. Salamanca: Sígueme, 2002.

KEE, Howard Clark. *Qué podemos saber sobre Jesús?* Córdoba: El Almendro, 1992.

KLAUSNER, Joseph. *Jesús de Nazaret*: su vida, su época, sus enseñanzas. Barcelona: Paidós, 1991.

LOIS, Julio, *Jesús de Nazaret, el Cristo liberador*. Madri: Hoac, 1995.

LOZANO, Juan Manuel. *Un retrato de Jesús*. Madri: Nueva Utopía, 2006.

MARGUERAT, Daniel. *El hombre que vino de Nazaret*. Barcelona: Gayata, 1996.

MEIER, John Paul. *Um judeu marginal: repensando o Jesus histórico* – I: As raízes do problema e da pessoa; II/1: Mentor; II/2: Mensagem; II/3: Milagres; III/1: Companheiros; III/2: Competidores. Rio de Janeiro: Imago, 1993-2004 [*Un judío marginal: nueva visión del Jesús histórico* – I: Las raíces del problema y de la persona; II/1: Juan y Jesús – El Reino de Dios; II/2: Los milagros; III: Compañeros y competidores. Estella: Verbo Divino, 2001-2003].

MEN, Alexsandr. *Jesús, el maestro de Nazaret*. Madri: Ciudad Nueva, 2002.

MOLTMANN, Jürgen. *O caminho de Jesus Cristo*. Petrópolis: Vozes, 1987 [*El camino de Jesucristo*. Salamanca: Sígueme, 1993].

NOLAN, Albert. *Quién es este hombre?* – Jesús antes del cristianismo. Santander: Sal Terrae, 1981.

PAGOLA, José Antonio. *Jesús de Nazaret*: el hombre y su mensaje. San Sebastián: Idatz, 1981.

PERROT, Charles. *Jesús de Nazaret*. Madri: Acento, 1998.

______. *Jesús y la historia*. Madri: Cristiandad, 1982.

PIKAZA, Xabier. *La nueva figura de Jesús*: guía evangélica. Salamanca: Sígueme, 2003.

______. *A figura de Jesus*: profeta, taumaturgo, rabino e messias. Petrópolis: Vozes, 1995 [*La figura de Jesús*: profeta, taumaturgo, rabino, mesías. Estella: Verbo Divino, 1992].

______. *El Evangelio* – Vida y pascua de Jesús. Salamanca: Sígueme, 1990.

PUIG I TARRECH, Armand. *Jesús*: una biografía. Barcelona: Destino, 2005.

ROLOFF, Jürgen. *Jesús*. Madri: Acento, 2003.

ROVIRA BELLOSO, José María. *Jesús, el Mesías de Dios*. Salamanca: Sígueme, 2005.

SANDERS, Ed Parish. *Jesús y el judaísmo*. Madri: Trotta, 2004.

______. *La figura histórica de Jesús*. Estella: Verbo Divino, 2000.

SCHILLEBEECKX, Edward. *Jesus*: a história de um Vivente. São Paulo: Loyola, 2008 [*Jesús*: la historia de un viviente. Madri: Cristiandad, 1981].

SCHLOSSER, Jacques. *Jesús, el Profeta de Galilea*. Salamanca: Sígueme, 2005.

SOBRINO, Jon. *Jesus, o Libertador* – I: A história de Jesus de Nazaré. 2. ed. Petrópolis: Vozes, 1996. [*Jesucristo liberador* – Lectura histórico-teológica de Jesús de Nazaret. Madri: Trotta, 1991].

THEISSEN, Gerd. *A sombra do galileu*. Petrópolis: Vozes, 1988 [*La sombra del galileo* – Las investigaciones históricas sobre Jesús traducidas a un relato. Salamanca: Sígueme, 1988].

THEISSEN, Gerd & MERZ, Annette. *O Jesus histórico*: um manual. São Paulo: Loyola, 2002 [*El Jesús histórico*. Salamanca: Sígueme, 1999].

TRILLING, Wolfgang. *Jesús y los problemas de su historicidad*. Barcelona: Herder, 1970.

TROCMÉ, Édouard. *Jesús de Nazaret visto por los testigos de su vida*. Barcelona: Herder, 1974.

VERMES, Geza. *Jesús el judío*. Barcelona: Muchnik, 1977.

VIDAL, Senén, *Jesus, o galileu*. São Paulo: Loyola, 2009 [*Jesús el Galileo*. Santander: Sal Terrae, 2006].

______. *Los tres proyectos de Jesús y el cristianismo naciente*. Salamanca: Sígueme, 2003.

Mensagem de Jesus

DODD, Charles Harold. *Las parábolas del Reino*. Madri: Cristiandad, 1974.

DUPONT, Jacques. *El mensaje de las bienaventuranzas*. Estella: Verbo Divino, 1999.

FISICHELLA, Rino. *Jesús, profecía del Padre*. Madri: San Pablo, 2001.

GRENIER, Brian. *Jesús, el Maestro*. Madri: San Pablo, 1995.

JEREMIAS, Joachim. *Teologia do Novo Testamento*. São Paulo: Teológica/Paulus, 2004 [*Teología del Nuevo Testamento*. Salamanca: Sígueme, 1974].

______. *As parábolas de Jesus*. São Paulo: Paulinas, 1983 [*Las parábolas de Jesús*. Estella: Verbo Divino, 1971].

______. *Abba*: el mensaje central del Nuevo Testamento. Salamanca: Sígueme, 1981.

LOHFINK, Gerhard. *El sermón de la montaña, para quién?* Barcelona: Herder, 1989.

LÓPEZ-MELÚS, Francisco M. *Las bienaventuranzas, ley fundamental de la vida cristiana*. Salamanca: Sígueme, 1988.

LUNEAU, René. *Jesús, el hombre que "evangelizó" a Dios*. Santander: Sal Terrae, 2000.

MAGGI, Alberto. *Las bienaventuranzas* – Traducción y comentario de Mateo 5,1-12. Córdoba: El Almendro, 2001.

MARGUERAT, Daniel. *Parábola*. Estella: Verbo Divino, 1999.

MATEOS, Juan & CAMACHO, Fernando. *El horizonte humano* – La propuesta de Jesús. Córdoba: El Almendro, 1988.

MESTERS, Carlos. *Las parábolas de Jesús*. Estella: Verbo Divino, 2005.

PERKINS, Pheme. *Jesús como maestro* – La enseñanza de Jesús en el contexto de su época. Córdoba: El Almendro, 2001.

PRONZATO, Alessandro. *Las parábolas de Jesús en los evangelios de Marcos y Mateo*. Salamanca: Sígueme, 2003.

______. *Las parábolas de Jesús en el evangelio de Lucas*. Salamanca: Sígueme, 2003.

RAVASI, Gianfranco. *Jesús, una buena noticia*. Madri: Marova, 1984.

SCHNACKENBURG, Rudolf. *Reino y reinado de Dios*. Madri: Fax, 1967.

SCHRAGE, Wolfgang. *Ética do Novo Testamento*. São Leopoldo: Sinodal, 1994 [*Ética del Nuevo Testamento*. Salamanca: Sígueme, 1987].

SCHWEIZER, Edward. *Jesús, parábola de Dios*. Salamanca: Sígueme, 2001.

SIDER, John W. *Interpretar las parábolas*: guía hermenéutica de su significado. Madri: San Pablo, 1997.

TAMAYO ACOSTA, Juan José. *Por eso lo mataron* – El horizonte ético de Jesús de Nazaret. Madri: Trotta, 1998.

WRIGHT, N.T. *El desafío de Jesús*. Bilbao: Desclée de Brouwer, 2003.

Atividade curadora

AGUIRRE, Rafael (org.). *Os milagres de Jesus*: perspectivas metodológicas plurais. São Paulo: Loyola 2009 [*Los milagros de Jesús*: perspectivas metodológicas plurales. Estella: Verbo Divino, 2002].

DUMAS, B.A. *Los milagros de Jesús* – Los signos mesiánicos y la teología de la liberación. Bilbao: Desclée de Brouwer, 1984.

EQUIPO "CAHIERS ÉVANGILE". *Los milagros del evangelio*. Estella: Verbo Divino, 1999.

GONZÁLEZ FAUS, José Ignacio. *Clamor del Reino* – Estudio sobre los milagros de Jesús. Salamanca: Sígueme, 1982.

IMBACH, Josef. *Milagros*: una interpretación existencial. Bilbao: Mensajero, 1998.

LÉON-DUFOUR, Xavier (org.). *Los milagros de Jesús*. Madri: Cristiandad, 1979.

PIÑERO, Antonio (org.). *En la frontera de lo imposible* – Magos, médicos y taumaturgos en el Mediterráneo antiguo en tiempos del Nuevo Testamento. Córdoba: El Almendro, 2001.

RICHARDSON, Alan. *Las narraciones evangélicas sobre milagros*. Madri: Fax, 1974.

Pobres/marginalizados

AGUIRRE, Rafael (org.). *La mesa compartida* – Estudios del NT desde las ciencias sociales. Santander: Sal Terrae, 1994.

ECHEGARAY, Hugo. *A prática de Jesus*. Petrópolis: Vozes, 1991 [*La práctica de Jesús*. Salamanca: Sígueme, 1982].

ESCUDERO FREIRE, Carlos. *Jesús y el poder religioso* – El Evangelio y la liberación de los oprimidos. Madri: Nueva Utopía, 2003.

______. *Devolver el evangelio a los pobres* – A propósito de Lc 1–2. Salamanca: Sígueme, 1978.

FRAIJÓ, Manuel. *Jesús y los marginados* – Utopía y esperanza cristiana. Madri: Cristiandad, 1985.

GUTIÉRREZ, Gustavo. *Em busca dos pobres de Jesus Cristo*. São Paulo: Paulus, 1995 [*En busca de los pobres de Jesucristo*. Salamanca: Sígueme, 1993].

RAMOS REGIDOR, Felipe F. *Jesús y el despertar de los oprimidos*. Salamanca: Sígueme, 1984.

SCHOTTROFF, Louise & STEGEMANN, Wolfgang. *Jesús de Nazaret, esperanza de los pobres*. Salamanca: Sígueme, 1981.

SOBRINO, Jon. *A fé em Jesus Cristo*. Petrópolis: Vozes, 2001 [*La fe en Jesucristo* – Ensayo desde las víctimas. Madri: Trotta, 1999].

Oração/Deus

AGUIRRE, Rafael. *El Dios de Jesús*. Madri: SM, 1985.

COMBLIN, José. *Jesus de Nazaré: mensagem e história* – Meditações sobre a vida e a ação humana de Jesus. Petrópolis: Vozes, 1974.

______. *A oração de Jesus*. Petrópolis: Vozes, 1973.

DI SANTE, Carmine. *El Padre nuestro*: la experiencia de Dios en la tradición judeo-cristiana. Salamanca: Secretariado Trinitario, 1998.

DUNN, James D.G. *Jesús y el Espíritu* – Un estudio de la experiencia religiosa y carismática de Jesús y de los primeros cristianos, tal como aparece en el Nuevo Testamento. Salamanca: Secretariado Trinitario, 1981.

HELEWA, Juan. *Orar*: enseñanzas del evangelio. Burgos: Monte Carmelo, 1994.

PAGOLA, José Antonio. *Padrenuestro* – Orar con el espíritu de Jesús. Madri: PPC, 2002.

SCHLOSSER, Jacques. *El Dios de Jesús*. Salamanca: Sígueme, 1995.

SCHÜRMANN, Heinz. *El Padrenuestro*. Salamanca: Secretariado Trinitario, 1982.

TAMAYO ACOSTA, Juan José. *Dios y Jesús* – El horizonte religioso de Jesús de Nazaret. Madri: Trotta, 2000.

Seguimento

AGUIRRE, Rafael (org.). *Del movimiento de Jesús a la Iglesia cristiana* – Ensayo de exégesis sociológica del cristianismo primitivo. Estella: Verbo Divino, 2001.

ÁVILA, Antonio (org.). *El grito de los excluídos* – Seguimiento de Jesús y teología. Estella: Verbo Divino, 2006.

CASTILLO, José María & ESTRADA, Juan Antonio. *El seguimiento de Jesús*. Salamanca: Sígueme, 1986.

DUNN, James D.G. *La llamada de Jesús al seguimiento*. Santander: Sal Terrae, 2000.

GARCÍA LOMAS, Juan Manuel & GARCÍA MURGA, José Ramón (orgs.). *El seguimiento de Cristo*. Madri: PPC, 1997.

GUIJARRO, Santiago. *Jesús y sus primeros discípulos*. Estella: Verbo Divino, 2007.

______. *Fidelidades en conflicto* – La ruptura con la familia por causa del discipulado y de la misión en la tradición sinóptica. Salamanca: Universidad Pontificia, 1998.

HENGEL, Martin. *Seguimiento y carisma* – La radicalidad de la llamada de Jesús. Santander: Sal Terrae, 1981.

INSTITUTO SUPERIOR DE PASTORAL. *Quién decís que soy yo?* – Dimensiones del seguimiento de Jesús. Estella: Verbo Divino, 2000.

LOHFINK, Gerhard. *La Iglesia que quería Jesús* – Dimensión comunitaria de la fe cristiana. Bilbao: Desclée de Brouwer, 1998.

MATEOS, Juan. *Los "Doce" y otros seguidores de Jesús en el evangelio de Mateo*. Madri: Cristiandad, 1982.

MOXNES, Halvor. *Poner a Jesús en su lugar* – Una visión radical del grupo familiar y el Reino de Dios. Estella: Verbo Divino, 2005.

THEISSEN, Gerd. *O movimento de Jesus*: história social de uma revolução de valores. São Paulo: Loyola, 2008 [*El movimiento de Jesús*: historia social de una revolución de los valores. Salamanca: Sígueme, 2005].

______. *Sociologia do movimento de Jesus*. São Leopoldo/Petrópolis: Sinodal/Vozes, 1989 [*Sociología del movimiento de Jesús* – El nacimiento del cristianismo primitivo. Santander: Sal Terrae, 1979].

TUNC, Suzanne. *También las mujeres seguían a Jesús*. Santander: Sal Terrae, 1999.

Paixão e morte

BORG, Marcus J. & CROSSAN, John Dominic. *La última semana de Jesús* – El relato día a día de la semana final de Jesús en Jerusalén. Madri: PPC, 2007.

BOVON, François. *Los últimos días de Jesús*: textos y acontecimientos. Santander: Sal Terrae, 2007.

BRAVO, Carlos. *Jesus, homem em conflito* – O relato de Marcos na América Latina. São Paulo: Paulinas, 1999 [*Jesús, el hombre en conflicto* – El relato de Marcos en América Latina. Santander: Sal Terrae, 1986].

BROWN, Raymond E. *La muerte del Mesías*: desde Getsemaní hasta el sepulcro. 2 vols. Estella: Verbo Divino, 2005-2006.

COUSIN, Hugues. *Los textos evangélicos de la pasión*. Estella: Verbo Divino, 1981.

GOURGES, Michel. *Jesus diante de sua paixão e morte*. São Paulo: Paulinas, 1984 [*Jesús ante su pasión y su muerte*. Estella: Verbo Divino, 1995].

HENDRICKX, Herman. *Los relatos de la pasión*. Madri: Paulinas, 1986.

JEREMIAS, Joachim. *La última cena*: palabras de Jesús. Madri: Cristiandad, 1980.

KINGSBURY, Jack Dean. *Conflicto en Marcos*: Jesús, autoridades, discípulos. Córdoba: El Almendro, 1991.

KNOHL, Israel. *O Messias antes de Jesus* – O Servo sofredor dos manuscritos do mar Morto. Rio de Janeiro: Imago, 2001 [*El Mesías antes de Jesús* – El Siervo sufriente de los manuscritos del mar Muerto. Madri: Trotta, 2004].

LÉGASSE, Simon. *El proceso de Jesús* – I: La historia; II: La pasión en los cuatro evangelios. Bilbao: Desclée de Brouwer, 1994-1996.

LÉON-DUFOUR, Xavier (org.). *Jesús y Pablo ante la muerte*. Madri: Cristiandad, 1982.

SCHÜRMANN, Heinz. *El destino de Jesús*: su vida y su muerte. Salamanca: Sígueme, 2003.

VERMES, Geza. *A paixão*. Rio de Janeiro: Record, 2007 [*La pasión* – La verdad sobre el acontecimiento que cambió la historia de la humanidad. Barcelona: Crítica, 2007].

Cristo ressuscitado

ALEGRE, Xavier. Perspectiva de la exégesis actual ante la resurrección de Jesús y el nacimiento de la fe pascual. In: FRAIJÓ, Manuel; ALEGRE, Xavier & TORNOS, Andrés. *La fe cristiana en la resurrección*. Santander: Sal Terrae, 1998, p. 33-62.

BOISMARD, Marie-Émile. *Es necesario aún hablar de "resurrección"?* – Los datos bíblicos. Bilbao: Desclée de Brouwer, 1996.

BRAMBILLA, Franco Giulio. *El crucificado resucitado*. Salamanca: Sígueme, 2003.

CHARPENTIER, Étienne. *Cristo ressuscitou?* São Paulo: Paulinas, 1983 [*Cristo ha resucitado?* Estella: Verbo Divino, 1981].

KESSLER, Hans. *La resurrección de Jesús*: aspecto bíblico, teológico y sistemático. Salamanca: Sígueme, 1989.

LÉON-DUFOUR, Xavier. *Resurrección de Jesús y mensaje pascual*. Salamanca: Sígueme, 1992.

LORENZEN, Thorwald. *Resurrección y discipulado*: modelos interpretativos, reflexiones bíblicas y consecuencias teológicas. Santander: Sal Terrae, 1999.

LÜDEMANN, Gerd & ÖZEN, Alf. *La resurrección de Jesús*: Historia. Experiencia. Teología. Madri: Trotta, 2001.

MARXSEN, Willy. *La resurrección de Jesús de Nazaret*. Barcelona: Herder, 1974.

MÜLLER, Ulrich B. *El origen de la fe en la resurrección de Jesús*. Estella: Verbo Divino, 2003.

PIKAZA, Xabier. *El evangelio*: vida y pascua de Jesús. Salamanca: Sígueme, 1990, p. 245-428.

RUCKSTUHL, Eugen & PFAMMATER, Josef. *La resurrección de Jesucristo*: hecho histórico-salvífico y foco de la fe. Madri: Fax, 1973.

SCHLIER, Heinrich. *De la resurrección de Jesucristo*. Bilbao: Desclée de Brouwer, 1970.

TORRES QUEIRUGA, Andrés. *Repensar a ressurreição*. São Paulo: Paulinas, 2004 [*Repensar la resurrección*. Madri: Trotta, 2003].

VIDAL, Senén. *La resurrección de Jesús en las cartas de Pablo*: análisis de las tradiciones. Salamanca: Sígueme, 1982.

Infância

BROWN, Raymond E. *El nacimiento del Mesías* – Comentario a los relatos de la infancia. Madri: Cristiandad, 1982.

COLERIDGE, M. *Nueva lectura de la infancia de Jesús*: la narrativa como cristología en Lucas 1–2. Córdoba: El Almendro, 2000.

PÉREZ RODRÍGUEZ, Gabriel. *La infancia de Jesús (Mt 1–2; Lc 1–2)*. Salamanca: Universidad Pontificia, 1990.

Diversos temas de interesse

AGUIRRE, Rafael (org.). *Ensayo sobre los orígenes del cristianismo*: de la religión política de Jesús a la religión doméstica de Pablo. Estella: Verbo Divino, 2001.

ARMELLINI, Fernando & MORETTI, Giuseppe. *Tenía rostro y palabras de hombre* – Un retrato de Jesús. Madri: San Pablo, 1998.

BARTOLOMÉ, Juan José. *El evangelio y Jesús de Nazaret*. Madri: CCS, 1995.

BERNABÉ, Carmen. *María Magdalena*: tradiciones en el cristianismo primitivo. Estella: Verbo Divino, 2003.

CROSSAN, John Dominic. *O nascimento do cristianismo* – O que aconteceu nos anos que se seguiram à execução de Jesus. São Paulo: Paulinas, 2004 [*El nacimiento del cristianismo* – Qué sucedió en los años inmediatamente posteriores a la ejecución de Jesús. Santander: Sal Terrae, 2002].

DUNN, James D.G. *Redescubrir a Jesús de Nazaret* – Lo que la investigación sobre el Jesús histórico ha olvidado. Salamanca: Sígueme, 2006.

ESPINEL, José Luis. *La poesía de Jesús*. Salamanca: San Esteban, 1986.

FABRIS, Rinaldo. *Jesus de Nazaré*: história e interpretação. São Paulo: Loyola, 1998 [*Jesús de Nazaret*: historia e interpretación. Salamanca: Sígueme, 1985].

FERNÁNDEZ RAMOS, Felipe F. (org.). *Diccionario de Jesús de Nazaret*. Burgos: Monte Carmelo, 2001.

FORTE, Bruno. *Jesus de Nazaré*: história de Deus, Deus da história. São Paulo: Paulinas, 1985 [*Jesús de Nazaret*: historia de Dios, Dios de la historia. Madri: Paulinas, 1989].

FRAIJÓ, Manuel. *O cristianismo*: uma aproximação ao movimento inspirado em Jesus de Nazaré. São Paulo: Paulinas, 2002 [*El cristianismo*: una aproximación. Madri: Trotta, 1997].

GILBERT, Maurice & ALETTI, Jean-Noël. *A sabedoria e Jesus Cristo*. São Paulo: Paulinas, 1985 [*La sabiduría y Jesucristo*. Estella: Verbo Divino, 1999].

GUIJARRO, Santiago. *Ditos primitivos de Jesus* – Uma introdução ao "Proto-evangelho de ditos Q". São Paulo: Loyola, 2006 [*Dichos primitivos de Jesús* – Una introducción al "Proto-evangelio de dichos Q". Salamanca: Sígueme, 2004].

______. *Jesús y el comienzo de los evangelios*. Estella: Verbo Divino, 2006.

GUILLET, Jacques. *El Jesús de los discípulos*. Bilbao: Mensajero, 1998.

HELLER, Agnes. *La resurrección del Jesús judío*. Barcelona: Herder, 2007.

HORSLEY, Richard A. *Jesus e o império* – O reino de Deus e a nova desordem mundial. São Paulo: Paulus, 2000 [*Jesús y el império* – El Reino de Dios y el nuevo desorden mundial. Estella: Verbo Divino, 2003].

HORSLEY, Richard A. & SILBERMAN, Neil Asher. *A mensagem do reino* – Como Jesus e Paulo deram início a uma revolução e transformaram o mundo antigo. São Paulo: Loyola, 2000 [*La revolución del Reino* – Cómo Jesús y Pablo transformaron el mundo antiguo. Santander: Sal Terrae, 2005].

IMBACH, Josef. *De quién es Jesús?* – Su significado para judíos, cristianos y musulmanes. Barcelona: Herder, 1991.

KLAUCK, Hans-Josef. *Os evangelhos apócrifos*. São Paulo: Loyola, 2007 [*Los evangelios apócrifos:* una introducción. Santander: Sal Terrae, 2006].

KLOPPENBORG, John S. *Q. El evangelio desconocido*. Salamanca: Sígueme, 2005.

LAMBIASI, F. *El Jesús de la historia*: vías de acceso. Santander: Sal Terrae, 1985.

LEVINE, Amy-Jill (org.). *Una compañera para Mateo*. Bilbao: Desclée de Brouwer, 2003.

MORRICE, William. *Dichos desconocidos de Jesús* – Palabras atribuidas a Jesús fuera de los cuatro evangelios. Santander: Sal Terrae, 2002.

ONIMUS, Jean. *Jesús en directo*. Santander: Sal Terrae, 2000.

PELIKAN, Jaroslav. *Jesús a través de los siglos*: su lugar en la historia de la cultura. Barcelona: Herder, 1989.

PIKAZA, Xabier. *Sistema, Libertad, Iglesia* – Instituciones del Nuevo Testamento. Madri: Trotta, 2001.

PIÑERO, Antonio. *Biblioteca de Nag Hammadi II*. – Textos gnósticos: evangelhos, actos, cartas. Lisboa: Esquilo, 2006 [*Textos gnósticos: biblioteca de Nag Hammadi*. II: Evangelios, Hechos, cartas. Madri: Trotta, 2004].

______. *El otro Jesús* – Vida de Jesús según los evangelios apócrifos. Córdoba: El Almendro, 1996.

PIÑERO, Antonio (org.). *Fuentes del cristianismo* – Tradiciones primitivas sobre Jesús. Córdoba: El Almendro, 1993.

RAUSCH, Thomas P. *Quem é Jesus?* – Uma introdução à cristologia. Aparecida: Santuário, 2006 [*Quién es Jesús?* – Introducción a la cristología. Bilbao: Mensajero, 2006].

SCHILLEBEECKX, Edward. *Jesús en nuestra cultura*. Salamanca: Sígueme, 1987.

______. *En torno al problema de Jesús* – Claves de una cristología. Madri: Cristiandad, 1983.

SCHÜSSLER FIORENZA, Elisabeth. *Cristología feminista crítica* – Jesús, el Hijo de Miriam, Profeta de la Sabiduría. Madri: Trotta, 2000.

______. *En memoria de Ella* – Una reconstrucción teológico-feminista de los orígenes del cristianismo. Bilbao: Desclée de Brouwer, 1989.

SEGUNDO, Juan Luis. *O homem de hoje diante de Jesus de Nazaré*. 3 vols. São Paulo: Paulinas, 1985 [*El hombre de hoy ante Jesús de Nazaret*. 3 vols. Madri: Cristiandad, 1982].

SESBOÜÉ, Bernard. *Imágenes deformadas de Jesús*: modernas y contemporáneas. Bilbao: Mensajero, 1999.

SOBRINO, Jon. *Jesus na América Latina*: seu significado para a fé e a cristologia. São Paulo/Petrópolis: Loyola/Vozes, 1985 [*Jesús en América Latina*: su significado para la fe y la cristología. Santander: Sal Terrae, 1982].

STANTON, Graham. *La verdad del evangelio?*– Nueva luz sobre Jesús y los evangelios. Estella: Verbo Divino, 1999.

STUHLMACHER, Peter. *Jesús de Nazaret* – Cristo de la fe. Salamanca: Sígueme, 1996.

TAMAYO ACOSTA, Juan José (org.). *10 palabras clave sobre Jesús de Nazaret*. Estella: Verbo Divino, 1999.

THEISSEN, Gerd. *El Nuevo Testamento*: historia, literatura, religión. Santander: Sal Terrae, 2003.

______. *Colorido local y contexto histórico en los evangelios* – Una contribución a la historia de la tradición sinóptica. Salamanca: Sígueme, 1997.

VV.AA. *Jesús de Nazaret*: perspectivas. Madri: PPC/Fundación Santa María, 2003.

WHITE, L. Michael. *De Jesús al cristianismo*. Estella: Verbo Divino, 2007.

A Palestina no tempo de Jesus

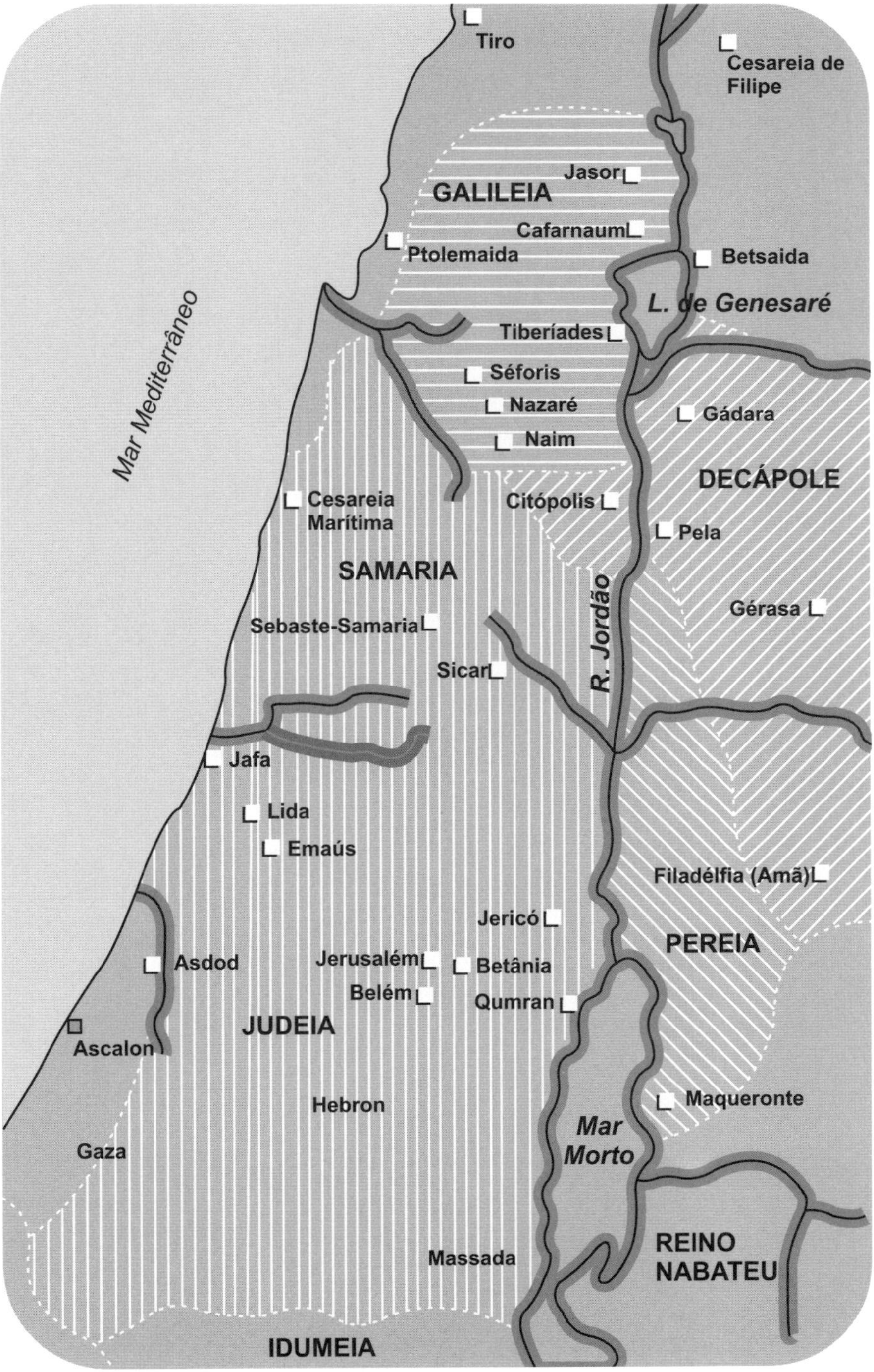

EDITORA VOZES LTDA.
Rua Frei Luís, 100 – Centro – Cep 25689-900 – Petrópolis, RJ
Tel.: (24) 2233-9000 – E-mail: vendas@vozes.com.br